KB111956

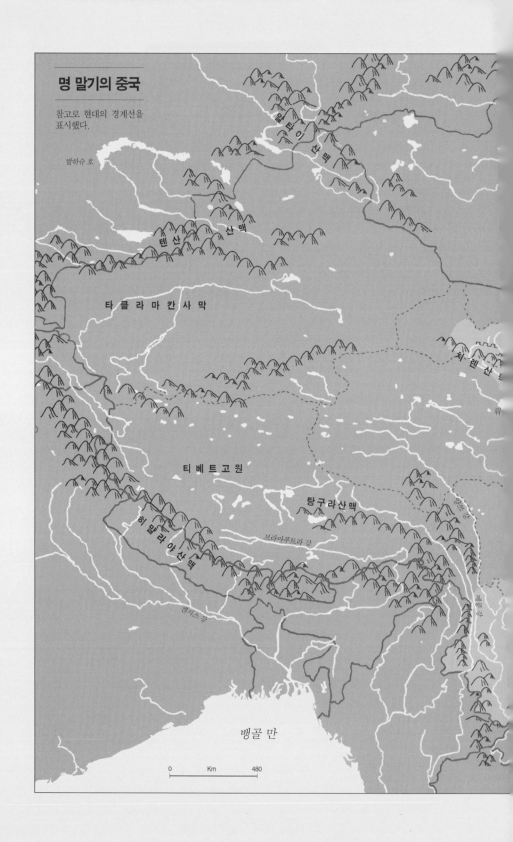

명 말기의 중국

참고로 현대의 경계선을
표시했다.

발하슈 호

알 타 이 산 맥

텐 산 산 맥

치 롄 산

타 클 라 마 칸 사 막

티 베 트 고 원

탕 구 라 산 맥

브라마푸트라 강

히 말 라 야 산 맥

갠지스 강

벵골 만

0   Km   480

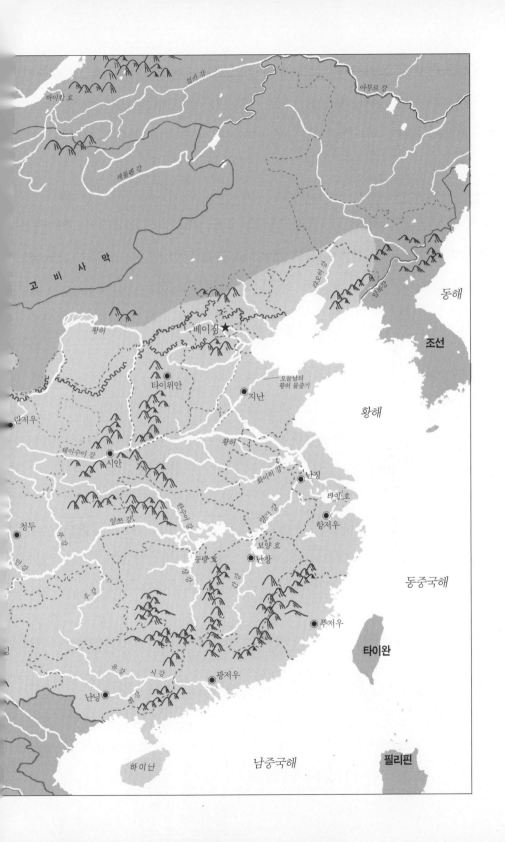

현대 중국을 찾아서 1

THE SEARCH FOR
MODERN CHINA 1

Jonathan D. Spence

이산

현대 중국을 찾아서 1

조너선 D. 스펜스 지음 / 김희교 옮김

현대중국을 찾아서 1

1998년 11월 6일 초판 1쇄 발행
2020년 6월 14일 초판 13쇄 발행
지은이 조너선 D. 스펜스
옮긴이 김희교
펴낸이 강인황
도서출판 이산
서울특별시 중구 필동로8가길 10
Tel : 334-2847/Fax : 334-2849
E-mail : yeesan@yeesan.co.kr
등록 1996년 8월 8일 제 2015-000001호

편집 문현숙
인쇄 한영문화사/제본 한영제책

ISBN 978-89-87608-07-5 04910
ISBN 978-89-87608-06-8 (전2권)
KDC 912(중국역사)

가격은 뒤표지에 있습니다.

www.yeesan.co.kr

나의 학생들을 위해

일러두기

1. 중국 고유명사 표기와 관련해서 현행 맞춤법은 신해혁명 이전은 우리 한자 발음대로, 그 이후는 중국어 원음대로 표기하도록 규정하고 있지만, 이 책에서는 시대에 관계 없이 인명과 지명은 원음대로 표기했으며, 표기법은 외래어 표기용례를 따랐다. 각 고유명사는 처음 나올 때 괄호 안에 한자를 병기했다. 단, 인명의 경우 특별한 호칭(예: 공자, 만력제, 강희제, 팔대산인 등)으로 쓰이는 말은 우리 한자음대로 했으며, 건축물의 경우(예: 자금성, 천안문, 원명원 등)에도 우리 한자음대로 표기했다.

2. 서양 인명과 지명 역시 원음 표기를 원칙으로 하되, 읽기에 편하도록 가급적 원어는 '찾아보기'에만 실었다.

3. 원서에는 미국식 도량형으로 표기되어 있으나 모두 우리가 일상적으로 쓰는 'km, kg, l'로 환산했다. 단, 넓이의 단위는 독자들의 이해를 돕기 위해 '평, m², km²'를 고루 사용했다.

4. 본문의 각주와 후주는 모두 지은이가 단 주이며, 옮긴이 주는 본문 안에서 괄호 안에 적고 '옮긴이'로 표시했다.

차례

1권

2권

지도와 도표

한국 독자 여러분께

중국에 관한 미국 사회의 일반적인 이해를 바탕으로 해서 중국 역사를 쓸 때에는 어느 정도 초연한 태도를 취할 수 있을 것이다. 비록 나처럼 풍요롭고 복합적인 중국의 전통문화에 오랫동안 매료되어 온 사람일지라도 말이다. 하지만 오늘날의 한국에서 이런 역사책을 접하게 되면 다소 거부감이 생길지도 모른다. 한국 독자들이 보기에 필경 자신들에게 흥미로운 주제는 적게 다룬 반면, 별로 중요해 보이지 않는 부분에는 지나치게 많은 지면을 할애하고 있다고 생각될 터이기 때문이다. 또한 (이런 부류의 역사책이) 한국사를 통상적인 군사·외교적 삽화 정도로 다룰 뿐, 오랜 세월 동안 한국인과 중국인 사이에 존재해 온 좀더 미묘하고 심원한 문화적·철학적인 교류에 대해서는 거의 또는 전혀 언급하지 않아 당혹스러울 수도 있을 것이다.

그럼에도 나는 이 책이 한국 독자들에게 얼마간 유익한 전망을 줄 수 있기를 기대한다. 1600년경부터 1990년대까지 중국이 경험한 것들 가운데 상당 부분은 한국에서도 그 반향들을 찾아볼 수 있다. 예컨대 만주족의 명 나라 (왕조) 침공은 만주족이 조선을 침략했을 때 이미 예견되었던 일이며, 카톨릭 선교사들이 끼친 강력한 충격은 두 나라의 철학적·종교적 삶을 풍요롭게 해주었을 뿐 아니라 두 관료적 군주정이 신앙의 영역을 둘러싼 전례(典禮) 문제에 직면하게 했다. 유교사상은 양국에서 각기 중요한 변화를 겪었던 만큼, 한국 독자들은 청

(淸) 중기 중국 학자들이 자신들의 치국책에서 좀더 실용적인 방안을 개발하고 지적 탐구에서도 훨씬 경험론적인 자세를 취하고자 했던 시도들 가운데 수긍이 가는 부분을 적잖이 발견할 수 있을 것이다. 한국과 중국은 서구가 강요한 상업적·외교적·교육적 변화, 곧 두 나라의 가장 뿌리깊은 사회적 가치들 중 상당 부분을 재고하게 만드는(그래서 어떤 이는 숙명적 허약성이라 주장하기도 했던) 변화에 적응하기 위해 안간힘을 써야 했다. 그리고 양국은 1880년대부터 1945년까지 계속해서 일본으로부터 끈질기고도 철저히 파괴적인 억압을 당해야 했으며, 그때의 경험은 양국에 영원히 잊지 못할 상처를 남겼다.

이 책 『현대 중국을 찾아서』는 1987년과 1989년 사이에 집필된 관계로, 희망에 도취되었던 봄의 시위에서 그 해 여름의 잔인한 진압에 이르는 1989년의 사건들이 결론 부분에 너무 무겁게 남아 있고, 그런 의미에서 [집필 당시의] '현재성'(presentism)의 지울 수 없는 흔적을 지니고 있다. 물론 1989년 이후 중국은 중요한 측면에서 변화하고 있다. 1997년에 사망할 때까지 덩샤오핑은 정부와 문화적 표현에 대한 공산당의 통제를 유지하려 애썼던 것만큼이나 농업·공업에 대한 국가의 통제를 풀기로 한 결정을 끝까지 고수했다. 소련은 붕괴했다. 홍콩은 '1국 2체제'라는 타협 아래 중국에 반환되었는데, 이는 극동에서 영국이 100여 년 동안 누려 왔던 제국주의의 종말을 상징할 뿐만 아니라, 필연적으로 장래 타이완의 정부구조와 최근 그곳에 확립된 민주주의의 존속에 대하여 심사숙고하도록 해준다. 군사적으로, 필리핀과 미국이 수빅(Subic) 만에 주둔하던 미 해군을 철수한다는 합의에 이름으로써 중국은 이 지역의 해군력에서 결정적인 잠재적 우위를 확보했다. 아시아의 경제적 붕괴와 불안정한 시장 상황은 새롭게 부상하는―그리고 대부분 불규칙한―금융 및 투자 체계나 국내외의 경제활동 무대에 군사력이 미치는 영향을 중국이 면밀히 주시하게끔 만들었다. 또한 이 시기에 중국과 남한은 한국전쟁 이후 지속되어 왔던 긴장과 냉전의 시대를 마감하면서 서로에 대한 편견을 재고하고 미래의 경제적 협력 가능성을 타진하려는 적극적 의지를 보여주었다.

앞으로 한국과 중국의 관계에 난관이 전혀 없지는 않을 것이다. 하지만 양국은 오래 전부터 줄곧 그래왔듯이, 서로에 대한 필요성과 중요성에 깊이 공감하면서 돈독한 관계를 유지해 나갈 것이다. 나는 이 책을 통해 오늘날의 한국인이 이웃 중국인이 겪은 지난 400년간의 경험을 이해함으로써 절대적 확신까지는 아니더라도 명확한 판단을 갖고 미래를 맞을 수 있게 되기를 바란다.

1998년 6월 6일
예일 대학에서

서문

　지난 몇 세기 동안 그 어떤 나라도 혼란과 비극으로부터 자유로울 수 없었다. 이는 마치 인간성 한가운데 결코 억제할 수 없는 불안과 폭력성이 있어서, 어떤 사회도 완벽하게 평온해질 수 없는 것처럼 보이게 한다. 하지만 한편으로는 어떤 나라도 예외 없이 인간은 어둠을 뚫고 세상을 빛으로 충만케 하는 미에 대한 사랑, 지적 모험에 대한 열정, 부드러움, 풍부한 정서, 그리고 정의에 대한 열망 등을 추구한다는 것을 보여주었다. 그들은 세계를 이해하고, 세계가 가져다 주는 재앙으로부터 스스로를 보호하며, 세계를 더욱 효율적으로 조직하여, 자신의 후손들이 기아나 공포 없이 살 수 있는 세상으로 만들기 위해 끊임없이 투쟁해 왔다.

　중국의 역사는 지구상 그 어떤 나라의 역사 못지않게 풍부하고도 특이하다. 단일 국가로서 중국의 운명은 이제 부족한 자원을 구하고 상품을 교환하고 지식을 확장하는 데 있어서 다른 많은 나라의 운명과 엉켜 버렸다. 그러나 중국은 오랫동안 서구인에게 전혀 알려지지 않은 나라였고, 오늘날까지도 언어·관습·사고방식 등의 차이로 인해 낯설어만 보인다. 현재 중국에는 10억이 넘는 사람이 살고 있고, 우리로서는 그저 추측밖에 할 수 없는 국내문제로 고통받고 있다. 또한 정치생활의 격변, 문화적 정서의 전환, 경제적 습관, 그리고 외세에 대한 적대감을 자주 환영의 미소와 함께 표명한다는 사실 등이 함께 어우러져서 중국의 진정한 본질을 이해하려는 우리를 당혹스럽게 만든다.

어떤 문화를 이해하는 데는 왕도가 없으며, 우리 자신의 문화를 이해하는 것 조차 어렵기는 마찬가지다. 하물며 중국을 이해한다는 것은 더 말할 나위도 없 다. 그러나 그러한 시도가 의미 있는 까닭은 중국의 이야기가 깜짝 놀랄 만한 것이며, 우리에게 많은 가르침을 주기 때문이다. 오늘날의 중국을 이해하려면 과거의 중국에 대해 이해할 필요가 있다는 것이 이 책의 취지다. 그런데 어떤 의미에서는 어느 정도까지 먼 과거로 거슬러올라가 탐구를 해야 할지가 핵심 과제다. 중국의 역사는 매우 길다. 실제로 지구상에 중국만큼 오랜 세월 동안 (약 4천 년에 가까운 시간 동안) 생명력을 유지하고, 꼼꼼한 기록을 남긴 사회도 없다. 우리는 그 기록의 어느 시점에라도 뛰어들 수 있고, 사건이나 인물, 정서 등을 찾아내 요즘 종종 접할 수 있는 방식으로 되살려 낼 수 있다.

이 책의 서술은 1600년경부터 시작되는데, 그 이유는 그렇게 해야만 현재 중 국의 문제들이 어떻게 발생했으며, 또 중국인이 어떤 자원—지적·경제적·정 서적—을 이용하여 그 문제들을 해결해 나갔는지를 최대한 알 수 있다고 생각 하기 때문이다. 이 책의 제목을 *The Search for Modern China*로 정하면서 나는 몇 가지 논지를 강조하고자 했다.

첫째, 중국에서는 오랜 세월에 걸쳐서 위정자나 위정자를 비판하는 사람 모 두 국경을 강화하는 전략의 수립이나 관료기구의 효율적 정비에 힘썼으며, 아 울러 그들의 자원을 외국이 침해하지 않도록 하고 정치행위의 도덕성이나 효과 를 분석하는 데 필요한 지적 도구의 엄정성을 연마하기 위해 끊임없이 노력해 왔다.

둘째, 비록 중국이 반드시 발전하고 있던 서구 열강이나 일본과 같은 '궤도' 에 있지는 않았다 하더라도, 심지어 어떤 불변의 가치를 수호하기 위해 싸우고 있을 동안에도 중국은 끊임없이 중요한 상황에서 적응과 변화를 거듭해 왔다. 우리가 여기서 검토할 대부분의 역사는 몰락과 재통합, 혁명과 개혁, 정복과 진 보를 향한 움직임의 순환으로 중첩되어 있다.

셋째, 이 책은 어떤 모색의 결과라기보다는 계속 진행되고 있는 것에 대한 모 색이다. 나는 '근대' 국가라는 것을 통합되어 있으면서 수용적이며, 자신의 정 체성에 자부심을 가지고 있으면서도 새로운 시장·기술·사상을 추구할 때는 다른 국가들과 대등하게 연합할 수도 있는 그런 나라로 이해했다. 만일 '근대'라는 것을 이렇게 열린 의미로 해석한다면, 과거를 '전통적'인 세계로, 또 미래를 '포스트 모던'의 세계로 따로 분리하여 단순히 동시대의 세계만을 '근대'의 의미와 연결짓지 않고, '근대'를 인간의 삶이 펼쳐지는 대로 시대에 따라 변화하는 의미로서 이해하기는 어렵지 않을 것이다. 나는 1600년 또는 그 이전에 이미, 1600년 이후 진행된 여러 세기와 마찬가지로 위와 같은 의미에서의 근대 국가가 존재했다고 생각한다. 그러나 그 어떤 시기에도, 20세기 말조차도 확실히 중국은 그런 근대 국가들 가운데 하나는 아니었다.

넷째, 나는 근대 중국을 '찾는' 일이 진행 중인 작업임을 강조함으로써 중국의 역사가 얼마만큼 현재를 잘 조명해 주고 있는지 명확히 하고 싶다. 지금 중국의 공산당 정부가 혁명의 공로를 주장하는 것은 정당하다고 할 수 있다. 그러나 공산당 정부 역시 더 높은 진리를 추구한다는 명분 아래 그 지도자들이 사실상 삶의 모든 영역에서 인민의 열망을 제한할 수 있는 권리를 주장해 온 거대한 관료조직이다. 이런 관료조직은 17세기 후반의 명 정부나 초기 청 정부에도 존재했다. 외부세계와의 관계에서 볼 때 중국 정부는 현재 자신의 독자적인 길을 걷고 있다고 당연히 주장할 수 있다. 그러나 인민을 부정적 영향으로부터 보호하고 동시에, 시급한 요구들을 해결하기 위해 발전된 외국 기술의 일부만을 도입하고자 중국은 19세기에 신중히 탐색되었던 기반을 재검토하고 있다. 단일한 정치체제 안에서 10억 시민을 통치하는 일 역시 그 어느 나라에도 유례가 없는 특별한 것이다. 그러나 인구로 인한 압박이 최초로 첨예화되었던 것은 18세기였다. 그리고 그렇게 증가하는 인구가 토지와 경제, 그리고 시민사회의 정부에 미치는 영향은 그 당시에도 이미 상세하게 관찰할 수 있었다.

과거의 모습은 지금도 많은 영역에서 찾아볼 수 있다. 여성을 낮은 사회적·경제적 지위에 묶어 둔 관습과 관행, 어린이에게 선조에 대한 존경과 복종의 개념을 주입시키기 위해 이용된 교육방법, 조직단위로서의 가문의 권력, 지역공동체 내에서 부정한 통제력을 얻고 유지하려는 특정인의 능력 등 중국의 사회와 문화의 이 모든 특성들은 1600년 이후 다양한 형태로 나타났다. 또 미술이나 문학에서의 미학적 열망과 언어상의 혁신, 행정구조와 절차에 대한 면밀한 조사도 찾아볼 수 있는데 이것들은 모두 중국에 심오한 변화를 초래했고 현재까지 지속되어 왔다.

이야기를 16세기부터 시작함으로써 우리는 또 하나의 목적을 이룰 수 있다. 우리는 얼마나 자주 중국인이 힘들고 절망적인 상황 속에서 자신의 운명을 직시하고 국가권력에 대항하여 투쟁했는지를 볼 수 있다. 우리는 1644년, 다시 1911년, 그리고 또다시 1949년에 어떻게 현재에 대한 환멸과 과거에 대한 향수가 미래에 대한 열정적 희망과 결합되어 구질서를 무너뜨리고 불확실한 새로운 세계로 나아가는 길을 개척했는지 살필 수 있다. 그리고 이런 과거의 투쟁에 대한 지식을 갖춘다면, 우리는 현재 중국 안에 서로 대립하고 있는 세력에 대해서뿐만 아니라 이 혼란스러운 국가가 과연 근대 세계에서 자신의 위치를 주장하는 데 성공할 수 있을지에 대해서도 좀더 명확히 이해할 수 있다.

감사의 말

이 책을 집필하는 여러 해 동안 나는 수많은 이들의 은혜를 입었다. 시종일관 나를 부추기고 타이르고 격려하며, 또 가장 필요한 순간에는 정중히 위협하기도 한 내 파트너인 노턴 출판사의 편집자 스티븐 포먼에게 가장 큰 감사의 빚을 졌다. 그는 매단계마다 놀랄 만큼 빠르고 빈틈없이 초고의 단편들을 읽어 주었을 뿐 아니라, 사진 선정과 사진설명, 지도, 세세한 저작권 취득, 꼼꼼한 배치나 디자인 등의 작업까지 해주었다. 그러나 스티븐 포먼도 늘 자신을 도와 준 사람들에게 감사의 말을 전했듯이, 나 역시 이 자리를 빌어 그들, 곧 화보를 찾아내기 위해 애쓴 레이철 리, 꼼꼼하게 예술적인 레이아웃 작업을 한 로버타 플레슈너, 힘든 원고 편집을 해준 캐롤 플레슈너, 중국어로 된 편지나 필사본 자료를 구해 준 왕렌우, 우아하고 명료한 지도를 만든 데이비드 린드로스, 나무랄 데 없는 디자인 감각을 발휘한 안토니나 크라스와 휴 오닐, 전체 제작을 효과적으로 진행한 로이 테도프에게 감사의 말을 전한다.

뉴욕의 메트로폴리탄 미술관의 카론 스미스, 맥스웰 헌, 제임스 C. Y. 와트, 수집가 로버트 엘스워드와 사진작가 쉰 하다, 항저우(杭州)의 판톈서우 박물관의 판궁카이, 그리고 중국연구소의 낸시 저비스는 화보를 구할 때 친절히 도와주었다. 미술가 량민웨이는 책 표지와 속표지, 인장 디자인을 다양한 서체로 써주었다. 언론인 스즈민은 사진을 제공해 주었고, 친 앤핑은 유교경전의 출전에

서부터 1989년의 대자보에 이르기까지 원문 해석과 관련해서 도움을 주었다. 루스 로가스키는 대단히 꼼꼼하게 권말 용어해설을 편집하였고, 청페이카이와 마이클 레츠는 값진 자료들을 제공해 주었다. 베이징의 유엔 개발계획의 허버트 버스탁과 뉴욕의 유엔 아프리카 경제부흥개발계획의 레온 시걸은 유익한 자료와 정보를 제공했다. 캐린 윙, 엘나 고드번, 에셜 힘버그, 플로런스 토머스 등 네 명의 참을성 많고 친절한 타자수들이 읽기 어려운 내 초고를 잘 처리해 주었고, 특히 플로런스는 과거에도 자주 그랬듯이 고비가 닥쳐올 때마다 마치 자신의 일인 양 최선을 다해 주었다.

타자한 초고를 외부에서 읽고 비평해 준 이들의 도움은 내게 너무나 소중했고, 만일 그들의 평이나 제안이 없었다면 이 책은 말할 수 없이 빈약해졌을 것이다. 네브래스카 대학의 팍스 코블, 앰허스트 대학의 제리 데너린, 오리건 대학의 조셉 에셔릭, 럿거스 대학의 마이클 가스터, 워싱턴 대학의 켄트 기, UCLA의 필립 황, 워싱턴 대학(시애틀)의 윌리엄 커비, 미시간 대학의 케네스 리버설, 컬럼비아 대학의 앤드류 네이션, 프리어 미술관의 루시아 피어스, 웨슬리언 대학의 베라 슈워츠, 예일 대학의 존 브라이언 스타, 버클리 대학의 프레드릭 왝먼, 그리고 남캘리포니아 대학의 존 윌스에게 진심으로 감사를 표한다. 그리고 익명으로 남아 있기를 원했던 기민하고도 꼼꼼한 또 다른 몇몇 외부 독자들에게도 감사한다. 그러나 이들 학자들은 원고만 보았고, 나는 이들의 비평을 전적으로 수용하지는 않았기 때문에(아마 가끔은 잘못 해석했을 것이다), 이 책의 오류나 부족한 점은 모두 내 책임이라는 것을 강조해야만 하겠다. 다른 수많은 동료들과 제자들이 초고를 통독하고 자신들의 견해를 피력해 주었다. 비애트러스 바틀럿(그리고 그녀의 학생 네 명, 빅토리아 캐이플런, 패트릭 청, 가브리엘 석, 앤 와이먼), 셔먼 코크런, 수잔 네이퀸, 조너선 오코, 케네스 포머런츠, 그리고 조안나 웨일리-코언에게 감사한다. 또한 가장 포괄적인 의미에서 중국근대사 분야에서 일하는 모든 학자들에게 빚을 졌다. '더 읽을 거리'(Further Readings)는 내가 그들로부터 얼마나 많은 것을 얻었으며, 그들의 작업이 중국의 과거에 대한 우리의 지식을 얼마나 변화시키고 있는지를 시사해 줄 것이다.

이 책은 거의 대부분 예일 대학의 CCL(Cross Campus Library)과 뉴 헤이븐 월 스트리트의 네이플스 피자(Naples Pizza)* 두 곳에서 썼다. 지난 400년

간의 중국 역사에 대해 곰곰이 생각하고 또 쓸 수 있는 보완적인 두 세계를 제
공해 준 이 훌륭한 시설의 모든 직원들에게도 감사한다.

1989년 10월 30일

네이플스 피자와 CCL에서

조너선 D. 스펜스

---

* 우리나라에서 흔히 보는 그런 피자 체인점이 아니라 조용한 카페에 가깝다고 한다. 예일 대학 출신이라면 이곳
  에 가보지 않은 사람이 없을 정도라고 하며, 일단 자리를 잡고 앉으면 주문을 하지 않더라도 가게 문을 닫을 때
  까지 절대로 눈치를 주거나 내쫓는 법이 없다고 한다.

I 정복과 통합

16세기 말, 명(明) 왕조의 영화는 절정에 달했다고 볼 수 있다. 문화나 예술 면에서의 성과도 뛰어났고, 도시생활과 상업은 전례 없이 번창했으며, 인쇄·도자기·비단 제조술은 동시대 유럽의 수준을 훨씬 뛰어넘는 독보적인 것이었다. 그러나 일반적으로 이 시기를 '근대 유럽'의 탄생기로 보는 것과 달리 중국의 경우 근대의 확실한 출발점으로 보기는 어렵다. 당시 서양은 전체로서의 세계에 대한 폭넓은 지식을 가져다 준 지구 탐험의 중심지였던 데 반해, 명의 통치자들은 오히려 해외원정과 그것에서 얻을 수 있는 지식으로부터 소외되어 있었을 뿐 아니라, 그로부터 50년도 채 못되어 왕조의 비극적인 종말을 초래한 일종의 자기파괴적 행태를 보이기 시작하고 있었기 때문이다.

이 시기 명 왕조의 방만한 관료·경제 체제는 여러 부분에서 해이해지기 시작했다. 세수는 군인들의 보수를 제때 지불할 수 없을 만큼 줄어들었고, 빈번한 탈영은 적대적인 부족들의 국경 침입을 부추겼다. 또한 서양에서 유입된 은은 중국 경제에 예상치 못한 압박을 가했다. 곡창지대에 대한 국가의 통제력이 약화되었으며, 모진 기후 조건으로 인해 농촌 사람들의 영양실조율과 전염병 감염률이 높아졌다. 불만세력은 무작위로 차출되어 징집되었지만, 그들의 관심사는 오로지 살아남는 것뿐이었다. 이 모든 악재들은, 1644년 명의 마지막 황제가 스스로 목숨을 끊을 수밖에 없을 만큼 치명적으로 뒤엉켜 있었다.

이런 혼란을 마감하고 질서를 새로이 확립한 세력은 농민반란군이나 소외되었던 관료들이 아니라 스스로를 만주(滿洲)라 부르는, 북쪽 변경에서 넘어온 여진족(女眞族)이었다. 그들이 승리를 거둘 수 있었던 기반은 중국 정복을 준비하기 훨씬 이전에 이미 군사·행정 체계와 관료제를 성공적으로 정비한 데 있었다. 이러한 제도들이 확립되고, 또 항복하거나 정복된 수많은 한인(漢人)이 그들의 정치 고문·군인·공장(工匠)·농민으로서 봉사하고 있었기 때문에 만주족은 1644년, 마침내 중국을 침략할 기회를 잡을 수 있었던 것이다.

수많은 만주족 군대가 중국 대륙으로 퍼져 나간 움직임을 추적해 보면 우리는 중국의 대체적인 지리적 특징을 파악할 수 있다. 농민반란 세력들과 명 왕조의 다양한 잔존 집단들은 서로 다른 지역을 각자의 세력기반으로 삼고 만주족의 침략에 대항했다. 만주족의 남하와 서진의 형태는 지형의 원리뿐만 아니라 정치·경제적 요충지를 새로운 국가에 확고히 통합시키기 위한 필요에 따른 것이었다.(만주족 군대의 진군 시기와 방향은 1949년 긴 분열기 이후 중국공산당이 대륙을 통일할 때 채택한 방법과 놀라울 정도로 일치한다.)

중국처럼 거대한 국가의 정복은 한인 가운데 수십만의 지지세력을 만주족 군대에 편입시키고, 또 만주인의 지위는 그대로 두되 한인 관료에게 실무를 맡김으로써 성공할 수 있었다. 비록 명 황실의 후손들이 맹렬히 저항했지만, 대다수 한인은 새 통치자를 받아들였다. 이는 만주족이 몇 가지 경우를 제외하고는 중국의 전통과 사회구조를 그대로 유지하겠다고 약속했기 때문이다. 만주족이 중국을 정복한 뒤 얼마 되지 않던 봉기들마저 곧 진정되었고, 새로 창건된 청(淸) 왕조는 굳건한 토대 위에서 1912년까지 중국을 통치했다.

그들의 선조나 후계자들과 마찬가지로 청 역시 국가체제를 확고히 통합시켜 안정화하는 작업이 시급했고, 이를 위해서는 전략적·경제적·정치적으로 꼭 필요한 정책들을 광범위하게 추진해야 했다. 청의 통합정책의 주요 설계자는 1661년에서 1722년까지 제위에 있었던 강희제(康熙帝)였다. 그는 중국의 동·남·북·서북 변방의 방어를 강화하기 위해 계획된 경로를 따라 군사 정벌을 시도했을 뿐만 아니라, 정복 이전 만주족 조상들이 대략적으로 고안해 놓았던 통치제도를 공고히 했다. 강희제는 특히 효율적인 국가 감시체제를 복구하고, 믿을 만한 비밀 정보망을 통해 국가 정보의 흐름을 장악했으며, 국가 지원사업을 통해 잠재적으로 반란 가능성이 있는 학자들의 지지를 끌어내고, 정부 관직이나 사회 전반에 걸친 만주인과 한인 사이의 긴장을 해소시키는 데 주력했다. 그러나 경제 면에서는 덜 성공적이었다. 그의 재위기간 동안 상업과 농업은 번성했으나 공정한 징세가 이루어지지 않았는데, 이것은 두고두고 청 왕조의 고질적인 병폐가 되었다.

강희제의 아들은 바로 이러한 문제점을 현명하게 개선하기 위해 노력했다. 그는 세법을 개정하고 문화생활을 활성화하였으며, 특정인에 대한 사회적 불평등을 없애고, 중앙관료제를 강화하는 데 주력했다. 그러나 중국 인구가 18세기 말엽 폭발적으로 증가하고 이에 따른 토지에 가해진 압박 때문에 심각한 사회불안이 야기되면서 왕조의 전체적인 기강이 무너져 내리기 시작했다. 비효율성과 부정부패는 국가의 대응능력을 약화시켰고, 국가는 이러한 국내문제에 신속히 대처하기보다는 회피했다. 대외정책에서도 사정은 마찬가지여서, 공격적인 서양 상인들이 중국이 시행하는 규제들을 시험해 보기 위해 중국 해안에 선박을 정박시키면서, 중국이 외국인을 상대하기 위해 만들어 놓은 제도는 새로운 도전에 직면했다. 이에 대한 청 왕조의 대응은 느리고 무기력했다. 다른 부문에서와 마찬가지로 여기에서도 청 왕조의 창조적 대응능력의 부재는 19세기에 닥쳐올 재앙의 한 원인이 되었다. 18세기 서양의 작가와 정치철학자들은 한동안 중국에 대한 존경심에 사로잡혀 있었으나, 예리한 눈으로 중국의 약점을 연구하기 시작한 뒤에는, 중국인이 세계 안에서 적응하며 살아갈 수 없다면 그것이야말로 중국이 망하는 지름길이 될 것이라고 주장했다.

1장 | 명 말기

명의 영화

서기 1600년, 중국 제국은 지구상의 모든 단일국가 가운데 가장 크고 세련된 국가였다. 이 무렵 러시아는 막 하나의 국가로 통합되기 시작했고, 인도는 무굴 제국과 힌두교 통치자 사이에서 분열되어 있었으며, 멕시코와 페루는 전염병과 스페인 정복자라는 두 요소가 결합함으로써 처참하게 멸망해 가고 있었기 때문에, 지구상에서 중국에 필적할 만한 영토를 가진 나라는 없었다. 게다가 당시 중국의 인구는 1억 2천만을 헤아려 유럽의 모든 나라의 인구를 합친 것보다도 많았다.

교토(京都)에서 프라하까지, 그리고 델리에서 파리까지 각 수도에는 거만한 국가적 상징물이 있게 마련인데, 그 도시들 가운데 베이징(北京)에 있는 궁전처럼 정교함을 자랑하는 곳은 어디에도 없었다. 엄청난 성벽 뒤에 자리잡은 베이징의 황궁에서는 번쩍이는 황금색 지붕과 자금성(紫禁城)의 넓은 대리석 정원이 황제의 위엄을 상징하고 있었다. 줄지어 서 있는 각 건물과 알현실의 넓은 계단과 거대한 문들은 기하학적 순서로 치밀하게 배치되어 있었고, 베이징 남쪽을 향해 세워진 아치문과 일직선을 이루고 있어서 모든 방문자들에게 만물의 이치가 중국어로 하늘의 아들(天子), 바로 황제에게 체현되어 있음을 암시한다.

31

유럽, 인도, 일본, 러시아, 오토만 제국의 통치자들은 하나같이 새 왕권의 중심지에 농업과 상업 자원을 끌어모으고, 세수원을 확대하고, 늘어난 영토를 효율적으로 관리할 수 있는 체계적인 관료제를 발전시키기 위해 애썼다. 한편 중국에서는 대규모 관료제가 일찍이 확립되어 수천 년에 걸친 전통과 조화를 이루고 있었고, 이론상으로나마 중국인의 일상생활에서 벌어지는 모든 문제에 대해 적절한 해결책을 제시해 주는 방대한 규모의 법률과 조례가 성문화되어 있었다.

이 관료사회의 한 부분은 베이징에 상주하면서, 국가의 사업을 재정과 인사, 의례와 법률, 군사와 공공사업 등 여섯 개의 독립적인 부서로 나뉜 정교한 계서제를 통해 황제를 받들었다. 또한 베이징에서는 원로학자들과 학사들이 의례문제에 대해 황제에게 조언을 하고, 정사(正史)를 기록했으며, 황손(皇孫)의 교육을 감독했다. 이런 관료들은 황궁에서 황제의 보다 사적인 일에 종사하는 수많은 궁정 관원(官員)들—궁녀들과 환관, 황손과 그들의 유모(乳母), 호위병, 연회장이나 주방의 식솔들, 마부, 청소부, 지게꾼 등—과 불편하면서도 가까운 관계를 유지하며 근무했다.

중국 관료사회의 또 다른 부분은 명 왕조 때에 설치한 15개 성(省)의 관직에 임명된 사람들로 구성되었다. 이 지방관들은 성의 장관을 정점으로 그 아래에 부(府)의 우두머리인 지부(知府), 현(縣)의 우두머리인 지현(知縣)까지 아우르는 정교한 계서제 안에 서열화되어 있었다. 지현의 밑으로는 순검(巡檢), 하급 관리, 군관(軍官) 그리고 농민으로부터 정기적으로 세금을 거둬들이는 징세인 등이 있었다. 한편 어사(御史)로 알려진 일단의 관료는 베이징과 각 성에서 관료들이 제대로 근무하는지 감시했다.

중국 대부분의 마을이나 도시에서는 르네상스 이후 유럽의 대도시에서와 같은, 돌과 벽돌을 이용한 우람한 건축물을 찾아볼 수 없다. 또한 몇몇 유명한 탑을 제외하면 중국의 스카이라인에서는 거대한 카톨릭 성당들이나 이슬람교 도시에서 볼 수 있는 하늘을 찌를 듯한 첨탑을 거의 볼 수 없다. 하지만 나지막한 건축물이 부(富)와 종교의 부재를 의미하는 것은 아니다. 중국에는 큰 불교사원이 많이 있었을 뿐만 아니라, 우주의 자연적 힘을 숭상하는 도교(道敎)사원이나, 조상을 모시는 사당 또는 중국의 도덕체계를 세운 기원전 5세기의 인물인 공자의 사당도 있었다. 이슬람 교도가 살고 있던 동부의 몇몇 도시와 먼 서역에는 이슬람교 사원(모스크)들이 산재해 있었다. 옛 유태인 여행자의 후손들이 모여 예배를 드리는 유태교의 성전도 여전히 존재했으며, 천년 전 중국에 전해진 네스토리우스파의 가르침을 어렴풋이 되살려 신봉하는 소수집단도 남아 있었다. 중국 도시의 건축물과 종교 사원들이 덜 거대했던 것은 공민적 자부심의 부재나 종교에 대한 경멸감 때문이 아니다. 거기에는 좀더 정치적인 이유가 있다. 중국은 세계의 다른 어느 나라보다 효율적으로 중앙집권화되어 있었고 종교도 훨씬 효과적으로 통제되고 있었다. 따라서 경쟁적인 권위의 중심지를 용납하지 않으려는 정부에 의해 강력하고 독립적인 도시는 아예 생겨날 수 없었던 것이다.

명 왕조의 황제가 중국을 통치하기 시작한 것은 1368년으로, 17세기 초반이 되면 명의 정치적 전성기는 지났다고 볼 수 있다. 그래도 1600년경 중국의 문화생활은 다른 나라들과는 비교할 수 없을 정도로 활기에 차 있었다. 17세기 말 유럽 사회의 특출난 지성과 식견을 가진 인물 못지않은, 같은 시기 중국에서 활동했던 천재적이고 상상력이 풍부한 인물을 찾을 수 있다. 셰익스피어에 버금가는 희곡작가는 아니었더라도, 1590년대에 나온 탕셴쭈(湯顯祖)──그는 집안의 반대에 부딪힌 젊은이들의 사랑과 가족 이야기 그리고 사회의 갈등을 다룬 희곡을 썼다──의 작품들은『한여름밤의 꿈』이나『로미오와 줄리엣』만큼 화려하면서도 복잡하다. 또한 서양 문학의 명작으로 꼽히는『돈키호테』를 쓴 미구엘 드 세르반테스에 필적하는 인물은 없었다고 하더라도, 구도(求道)와 악한의 모험 등을 다룬 중국의 가장 사랑받는 소설『서유기』(西遊記)가 출판된 때가 바로 1590년대이다. 이 소설의 주인공은 불교 경전을 찾기 위해 험난한 여행길에 오른 승려와 동행한, 인간의 외형을 한 장난스러운 원숭이인데, 지금까지도 중국 민속문화의 중요한 부분을 차지하고 있다. 비슷한 예를 더 들 것도 없이, 이 시기의 중국에서는 수필가·철학자·자연시인·산수화가·종교 이론가·역사가·의학자 들이 많은 의미 있는 작품을 남겼고, 그 중 다수가 오늘날까지도 중국 문명의 고전으로 평가되고 있다.

이러한 문화적 업적 가운데서도 명 사회의 생동감을 가장 잘 보여주는 것은 아마도 단편작가와 대중소설가의 작품들일 터인데, 이 작품들은 도시의 새로운 독자층과 문자 해독자, 그리고 일상생활의 소소한 부분에 집중적인 관심을 기울이고 있다. 또한 이러한 소설들은 전반적으로 남성 중심적인 사회에서 글을 읽을 수 있는 여성이 늘어나고 있었음을 증명해 주기도 한다. 중국에서 여성 문자 해독자가 증가하고 있었음을 보여주는 또 다른 증거는 명 말 사회이론가들의 글에서 발견할 수 있는데, 그들은 여성 교육이 도덕, 자녀양육, 가사경영을 개선시킴으로써 사회생활 전반을 향상시킬 것이라고 주장했다.

이런 주제들은 1600년대에 익명으로 출판된 또 다른 중국 최고의 소설 『금병매』(金瓶梅)에 잘 나타나 있다. 사회문제를 다룬 역작이며 성문제를 거침 없이 표현한 이 소설의 주인공—상업이나 관료와의 결탁을 통해 수입을 올리는—은, 인간 본성을 대표하는 그의 다섯 부인을 통해 분석될 수 있다. 여러 관점에서 볼 때 『금병매』는 은유, 곧 탐욕과 이기심은 행복의 기회를 가장 많이 향유하던 자들조차 파멸시킬 수 있다는 도덕적 우화로 읽힐 수 있다. 그러나 이 책은 다른 작품에서는 거의 볼 수 없는 중국인 엘리트 가정 내의 갈등과 비정함을 표현하고 있다는 점에서 대단히 현실적인 측면도 지니고 있다.

궁정생활과 관료적 관행을 반영하는 제국의 지침과 더불어, 소설, 그림, 연극 역시 명 말기 부유층의 영화를 보여준다. 부유층은 주로 시골보다는 상업 중심지에 모여 살았던 남자 쪽 가계(家系)에 기반한 씨족이나 종족(宗族)을 통해 서로 연계되어 있었다. 이러한 종족들은 방대한 토지를 소유하고(이런 토지를 족전〔族田〕이라 한다—옮긴이), 거기서 나오는 수입으로 자식들을 위한 학교를 운영하고, 생활이 어려운 사람들에게 자선을 베풀며, 죽은 조상에게 제사를 올리는 사당을 유지할 수 있었다. 부자의 광대한 소유지는 육중한 문과 높은 담으로 둘러싸였고, 그 안은 공장(工匠)의 공예품으로 가득 차 있었다. 공장(工匠)은 국영 공장(工場)에 고용되어 있기도 했으나, 그보다는 길드(guild)에 소속된 소규모 작업장에 무리지어 있는 경우가 많았다. 여성의 외모를 아름답게 장식해주는 수놓은 비단은, 만찬을 우아하게 만들어 주는 백자나 청자와 함께 늘 부자들의 사랑을 받았다. 반짝이는 칠기, 옥으로 만든 장식품, 가벼운 격자, 섬세한 상아세공품, 칠보자기, 빛나는 장미나무 가구 등은 부잣집을 미의 전당으로 만들었다. 정교하게 세공된 붓통, 값비싼 종이, 그리고 물과 함께 섞어 갈면 가장 훌륭한 검은 색을 내는 먹과 벼루 등은 모두 한데 어울려, 글씨를 한 자 쓰기도 전에 벌써 학자의 책상을 예와 미의 세계로 만들었다.

실내장식과 더불어, 부유한 중국인의 음식과 음료는 무한한 즐거움이었다. 양념한 새우와 두부, 튀긴 오리와 마름, 사탕, 맑은 차, 곡류나 포도로 빚은 부드러운 술, 생과일과 말린 과일, 그리고 과일즙이 문학과 종교와 시에 대한 논쟁이 오가는 동안 품위 있게 차례차례 나왔다. 식사를 마친 뒤에는 과실주를 권커니 잣거니 하는 동안에 집안 소장품들 중에서 최고 걸작이 결정되거나, 옛 거장의 정수를 흉내내려는 취객의 붓을 통해 새로운 예술품이 탄생하기도 했다.

사회적·경제적 상류층은 공자 시대 이전인 기원전 2천 년경 북부 중국이 통일을 이루었을 때 완성된 일련의 경전들을 지적으로 공유한, 고도로 교육받은 사람들이었다. 여성이 받은 혜택에 대해서는 연구자들 사이에 논란이 있는데, 어쨌든 부유한 가문의 남아에게는 엄격하고 장기적인 교육이 행해졌다. 이들은 6세 전후해서 고문(古文)의 운율을 익히는 것을 시작으로, 그 이후 학교에서 또는 가정교사와 함께 매일 암기하고 해석하고 반복해서 낭송하면서 20대 후반에서 30대 초반이 될 때까지 과거시험을 치를 준비를 했다. 이 시험에 합격하면, 지방에서 황제 직할 수도인 베이징으로 입성하게 되며, 재물이 들어오는 관직과 막대한 사회적 특권을 누릴 수 있었다. 여성이 이 시험을 치르는 것은 법으로 금지되어 있었다. 그래도 좋은 가문의 여성들 가운데는 부모나 형제에게서 시 작법을 배우는 경우가 더러 있었으며, 성내 유곽의 고급 기녀는 대부분 시와 노래를 능숙하게 익혀, 그것을 교육 수준이 높은 그들의 남자손님들에게 더욱 매력적으로 보이기 위한 기교로 이용하곤 했다. 중국에서는 10세기부터 목판 인쇄술이 발달하여 대규모 사설 도서관의 운영이 가능했으며, 철학·시·역사·교훈을 담은 서적이 광범위하게 유포된 것은 당연한 일이었다.

어떤 순수주의자들은 그다지 달가워하지 않았으나, 16세기 말에는 대중적 오락작품의 유포도 가속화되어 풍부하고 정교한 문화적 융합에 기여했다. 도시 거주자는 자신을 둘러싼 소음이나 혼잡과 대비되는 인공적인 자연을 즐겼고, 그들을 위해 연출된 예술작품에서 질서를 발견했다. 희곡작가 탕셴쭈는 1598년에 완성한 『모란정환혼기』(牡丹亭還魂記)에서 이런 안분지족(安分知足)의 가능성을 완벽에 가깝게 표현해 냈다. 탕셴쭈는 학자이자 지방관리인 두바오(杜寶)라는 인물의 입을 빌려 이야기한다. 두바오가 행복하게 된 일면은, 행정업무가 순조롭게 진행되고 있는 데서 비롯되었다.

산들이 가장 아름다운 시절이라

송사(訟事)도 줄어드네

"새벽녘에 떠난 새들

저물녘에 되돌아오는 걸 바라보나니"

꽃병에서 떨어진 꽃잎이 내 필통을 덮고

휘장이 고요히 드리워져 있구나

평화롭고 질서 있는 자연에 대한 감흥은 다시 자연에 대한 보다 직접적인 반응으로 이어지고, 이윽고 일상의 직무도 번거롭지 않게 되었을 때, 문학적 수사마저 잊어버리고 자연과 그 순수한 기쁨에 대해 그들 자신의 언어로 즐거이 노래한다.

복사꽃이 활짝 피고

창포잎이 펼쳐질 무렵,

봄의 들판은 새 계절의 생명을 따사롭게 하는구나

대나무 울타리의 초가지붕 위로 주막집 깃발이 올라오고

비가 지나간 후, 부엌에선 연기가 피어오른다[1]

이것은 아름다운 광경이며, 실제로 많은 이들에게 영화로운 나날이었다. 변방의 이민족이 침입하지 않았더라면, 관료제가 원활하게 기능했더라면, 그리고 들녘에서 열심히 일하는 농민들과 아름다운 물건을 만드는 공장(工匠)들이 자신의 삶에 만족했더라면 명의 광채는 영원히 빛났을 것이다.

읍과 농촌

명대의 읍(市鎭)과 도시(城市), 특히 비교적 인구가 밀집되어 있던 동부의 읍과 도시는 시끌벅적하고 번화한 분위기였다. 어떤 곳은 지방관이 세금을 걷거나 행정업무를 처리하는 관청 소재지였고, 어떤 곳은 순수한 상업 중심지로서 교역이나 지방 시장이 일상생활에 영향을 미쳤다. 대부분의 도시는 성벽으로 둘러싸여 있었고 밤에는 성문을 닫고 어떤 형태로든 통행을 금지하고 있었다.

세계의 다른 어느 곳과 마찬가지로, 중국의 읍과 도시도 전문화의 정도와 서비스 종류에 따라 구분되었다. 예컨대 소규모 저자는 관 짜는 사람, 대장장이, 옷 짓는 사람, 국수 뽑는 사람 등의 삶의 기반이 되었다. 소매점에서는 연장류, 술, 재갈, 그리고 향, 초, 번제로 쓸 특별한 지전(紙錢) 등의 종교적 물품처럼 약간 전문적인 물건을 팔았다. 이러한 저자에는 손님들이 편히 쉴 수 있는 주막이 있게 마련이었다. 이보다 큰 규모의 저자는 훨씬 먼 지방에서 무역상이나 부유한 거간이 찾아오기 때문에 직물염색공장, 신발 제조업자, 주물공장, 폭죽 제조업자, 대나무·옷감·차 판매상 등도 자리잡고 있었다. 이곳을 방문한 사람들은 목욕탕과 여관에 갈 수 있었고 여자를 살 수도 있었다. 여러 지역별 저자 사이의 교역을 통합하는 지방 도시에는 값비싼 문방구류, 가죽제품, 향내 나는 등, 제단 장식품, 밀가루 따위를 파는 상점과 주석 세공사, 도장 파는 사람, 칠기 판매업자 등이 있었다. 또한 이러한 곳에서는 전당포나 환전을 해주는 '은행'(錢莊)이 있었고, 가마를 세낼 수도 있었으며, 유곽을 편하게 예약하여 드나들 수도 있었다.[2] 도시가 커지고 고객들이 부유해지면서 사람들은 더욱 전문화된 사치품과 유흥시설을 찾게 되었고, 그런 분위기 속에서 부자들은 차츰 퇴폐, 속물근성, 착취의 세계로 — 때로는 극적으로, 때로는 눈에 띄지 않게 — 빠져 들었다.

도시 서열상 맨 밑바닥, 곧 읍 아래 단계에는 그 주민이 너무 가난하고 드문드문 흩어져 있어서 상점이나 공장이 생길 수 없는 소읍이 있었는데, 여기서는 대부분의 상품을 정기적으로 열리는 장에서 행상을 통해서만 구입할 수 있었다. 이런 소읍에는 부자나 관료는 살지 않았다. 따라서 여기에서는 가장 단순한 형태의 찻집이나 노점, 부정기적으로 사원에서 열리는 난장 등이 주된 기분 전환 장소였을 것이다. 그럼에도 불구하고 이런 소읍은 새로운 소식과 소문, 중매, 간단한 교육, 지방 종교행사, 곡예단 공연, 세금 징수, 재난시 구호품의 배급 등을 담당하는 중심지로서 다양한 기능을 수행했다.

명대의 읍과 도시가 상품과 시설, 건축, 세련미의 수준, 관리의 배치 등 모든 면에서 다양한 편차를 보이기 때문에 어떤 단순한 일반화도 경계해야 하는 것과 마찬가지로, 농촌지역 역시 아주 다양한 모습을 보여준다. 중국에서는 도시와 농촌의 경계가 분명하지 않다. 그 이유는 집약적인 농업을 하는 교외지역이 도시의 성벽 바로 바깥에 있거나, 때로는 심지어 성안에 있는 경우도 있었으며, 농번기에는 공장(工匠)이 논밭에서 일하거나 농한기에는 농민이 도시에서 일하는 경우도 많았기 때문이다.

가장 번성한 농촌지역은 황허(黃河) 강과 양쯔(揚子) 강 사이를 가로지르는 화이허(淮河) 강 이남으로, 이곳의 기후와 토양조건은 집약적 벼농사에 적합했다. 이 지역은 무수한 강과 운하, 그리고 관개수로가 교차하기 때문에 풍부한 물이 어린 모가 자라나는 푸른 논이나 물고기와 오리가 노니는 호수와 연못으로 흘러 들었다. 철마다 반복되는 하천의 범람은 토지에 필요한 양분을 보충해 주었다. 양쯔 강 바로 남쪽 지역에서는 농민들이 뽕나무를 길러 그 잎사귀를 먹고 사는 누에를 쳤고, 차나무와 같은 특수한 작물을 재배하여 부수입을 올림으로써 농촌경제를 더욱 풍성하게 만들었다. 그보다 더 남쪽에서는 사탕수수와 감귤류가 부업으로 재배되었고, 산림지대인 서남지방에서는 대나무숲과 값비싼 경(硬)목재가 부수입원이 되었다. 중국 남부지역의 수로를 이용한 교통은 빠르고, 간편하고, 경제적이었다. 이 지역의 촌락들은 공동체 구성원들을 하나로 결속시키는 역할을 하는 종족조직을 대단히 중요시했다.

화이허 강 이북으로도 부유한 농촌마을이 많이 있긴 했지만, 이곳의 삶은 좀 더 고달팠다. 겨울의 추위는 특히 극심했다. 몽골에서 얼음 섞인 바람이 불어오고, 땅은 침식되었으며, 강은 흙으로 가득 차고, 번듯한 피난처를 마련할 수 없는 사람은 눈과 코로 미세한 먼지가 소용돌이쳐 들어왔다. 주요 작물은 밀과 기장인데 토지의 지력이 쇠했기 때문에 농사짓는 데 더 많은 힘을 들여야 했고, 외따로 떨어진 농촌공동체에서는 사람과 동물의 배설물을 모아 재활용하여 지력을 보전하는 데 힘썼다. 다행히 콩과 면화, 그리고 사과나 배 같은 과일나무는 잘 자랐다. 그러나 16세기 말경에는 각지에서 벌목이 성행했고, 황허 강의 흙탕물은 바다에 이르기 전에 언제 어디서 드넓은 평야로 범람할지 예측할 수 없는 위협적인 존재가 되었다. 비적떼는 남부에서처럼 제방이나 논, 운하의 방해를 받지 않고 북부 농촌지역을 가로질러 무리와 장비를 수월하게 이동시킬 수 있었으며, 기마병들은 미리 전방과 측면으로 정찰을 하고 돌아와 보병에게 반대세력으로부터의 위험이나 요새로부터의 반격을 알릴 수 있었다. 이 지역은 종족조직이 미약했고, 마을들은 대개 고립되고 분산되어 있었다. 또 자작농은 부유한 지주나 소작농과는 달리 강인한 정신의 소유자이긴 했지만, 이들의 생활은 최저생활보다 조금 나은 수준이었다.

중국 농촌이 각양각색이라는 의미는 '지주'와 '농민'이 완전히 구분되지 않는다는 것이다. 예를 들어 보다 큰 읍내에 거주하는 부유한 부재지주들은 시골에 거주하는 좀더 작은 규모의 지방지주를 수십 명씩 거느렸는데, 이들은 토지의 일부를 임대하거나 토지를 경작할 시간제 노동자를 고용하고 있었다. 이와 유사하게 자신의 생계에 필요한 것보다 약간 많은 토지를 소유한 농민이 수백만 명 있었는데, 이들은 계절노동자의 도움으로 토지를 경작해 나갈 수 있었다. 한편 자신의 생계에 필요한 것보다 조금 적게 토지를 소유한 농민은 추가로 1,200평 정도를 소작하거나 그것도 아니면 농번기에 임시노동자로 일하곤 했다. 그리고 농가는 대개 상업망과 연결된 수공업 특산품을 생산하게 마련이었다.

놀라우리만치 다양한 토지매매 협상과 임대계약 방법 때문에 사회구조는 더욱 복잡해졌다. 국가에서는 공식 계약을 인정하는 붉은 관인(官印)의 대가로 토지매매 때마다 세금을 부과하여 추가 세수를 거두어들이려 했지만, '당연하게도' 많은 농민들은 이런 세금을 피하기 위해 비공식 계약을 선호했다. 더구나 토지매매에 대한 관념이 상당히 모호했다. 대부분의 토지매매는 언젠가는 판매자가 매입자로부터 원래 판매가에 그 토지를 되산다는, 또는 매입자가 계약서에 명시된 기간 동안 토지를 경작할 권리를 갖는 반면 판매자는 그 토지에 대한 '전저권'(田底權)을 갖는다는 일반적 관행을 바탕으로 이루어졌다. 따라서 만일 토지가격이 상승하거나 경작이 이루어지지 않거나 침수되거나 건물이 들어설 경우 법적·재정적 분쟁이 빈번하게 발생했으며, 때로는 가족간의 불화나 심지어 살인으로 번지기까지 했다.

수세기 동안 북부에서건 남부에서건 중국의 농민은 열심히 일한다는 것과, 갑작스런 자연재해가 극도의 궁핍을 초래했을 때에도 살아남을 수 있다는 것을 보여주었다. 가뭄이나 홍수 때에는 다양한 방식의 상호부조나 협력, 또는 구호식량을 통해 재난을 넘길 수 있었다. 짐 나르기, 관개사업, 노젓기 같은 부업은 늘 할 수 있었다. 어린이는 단기나 장기 계약을 맺고 부잣집의 가사를 보조하는 고용살이를 할 수 있었다. 여자아이는 종종 도시로 팔려 나갔으며, 설령 매춘굴에 빠진다 해도 어쨌든 살아남을 수는 있어서 가족의 입장에서는 입 하나를 덜수 있었다. 그러나 이런 모든 고난과 때를 같이하여 사회의 법과 질서를 유지하는 조직까지 방만해지기 시작하면, 그때는 정말이지 막다른 상황이 되고 만다. 도시가 성문을 닫아 굶주린 사람들의 무리가 농촌을 떠돌기 시작하고, 겨울의 추위를 피하기 위해 몇 안되는 농가에 침입하여 이듬해 봄에 파종하기 위해 소중히 남겨둔 마지막 곡식 낟알마저 훔치는 지경에 이르면, 가난한 농민은 자기 땅—그것이 임차한 것이든 소유한 것이든—을 버리고 유민(流民)의 대열에 끼는 수밖에는 달리 선택의 여지가 없었다.

1600년대 초, 부유한 엘리트가 분명 번영을 누리고 있었음에도 머지않아 이런 위험한 사태가 벌어지리라는 징조가 나타나고 있었다. 가난한 백성에 대한 국가적 후원사업이나 구제책이 전혀 없는 상황에서, 농촌 빈민들이 들어오는 것을 막고 있던 바로 그 도시가 이제 내부에서 폭발할 수도 있음이 드러났다. 양쯔 강 삼각주에 위치한 쑤저우(蘇州)의 수천에 달하는 비단 직공들은 무거운 세금과 불확실한 노동 전망 때문에 자포자기하여 1601년 파업을 선언, 집을 불지르고 증오의 대상이던 포악한 지방관들을 잡아 죽였다. 같은 해 쑤저우 서남쪽에 위치한 장시(江西) 성의 도자기 생산지인 징더전(景德鎭)에서는 저임금과 정교한 황실용 '어기'(御器)의 생산성을 최고로 높이라는 명 왕조의 가혹한 주문에 반발하여 수천 명의 노동자가 파업을 일으켰다. 한 도공은 활활 타오르는 가마에 자기 몸을 던져 동료들의 비참한 상황을 호소하며 산화했다. 다른 20여 개 도시와 읍에서도 같은 시기에 이와 비슷한 사회적·경제적 저항이 발생했다.

농촌지역 역시 도시 못지않게 불안정했다. 초기와 마찬가지로 명 말기에도 계급 갈등의 요소를 띤 농민반란이 있었다. 흔히 폭력을 수반하는 이러한 사건들은 두 종류로 나눌 수 있다. 하나는 계약제 노동자나 '노비'가 농민과 같이 자유로운 지위를 되찾기 위해 주인에게 저항하는 경우이며, 다른 하나는 소작농이 부당한 소작료 지불을 거부하는 항조운동(抗租運動)이었다.

이러한 사건들이 일반적이지는 않았다 해도 부유한 중국인에게 냉엄한 경고가 되기에는 충분했다. 관리가 누리는 삶의 즐거움을 그린 『모란정환혼기』에서 탕셴쭈는 소박한 시골뜨기를 점잖게 흉내내어, 그 시대의 고달프고 빠듯한 생활을 의도적으로 거친 시구로 표현했다.

미끄러운 진흙

질펀대는 소리

짧은 갈퀴, 긴 쟁기, 미끄러질라 꽉 잡아라

간밤에 비온 뒤에는 벼와 삼의 씨를 뿌려라

하늘이 맑으면 거름을 주어라

그러면 묵은 생선젓 비린내가

산들바람을 타고 풍겨 올테니[3]

이 시는 흥겹게 들린다. 그러나 이 시구가 그러한 조건에서 일하는 사람들이 주인을 타도하고자 할 때 발생할 일들에 대한 암시일 수도 있음을 탕셴쭈의 독자들은 미처 생각하지 못하고 있었다.

부패와 고난

이렇게 명 말기의 사회가 문화적·경제적으로 풍요를 누리고 있었음에도 사회 구조의 취약성을 암시하는 위험한 징후들이 나타났다. 문제의 일단은 다름 아닌 국가의 핵심부에서 시작되었다. 1572년에서 1620년까지 오랫동안 제위에 있었던 만력제(萬曆帝)는 본래 박식하고 경험 많은 조언자들의 인도를 받는 진지한 젊은 통치자로서 정치에 입문했다. 그러나 1580년대 이후 그는 점점 더 많은 시간을 자금성의 가장 깊숙한 궁정 안에서 보내게 되었다. 그는 나이가 들면서 태자 책봉문제로 관료들에게 시달려야 했고, 과잉 보호하는 신하들 때문에 멀리 여행하거나 직접 군대를 지휘하고 싶은 마음을 버려야 했으며, 끝내는 원로들간의 끊임없는 논쟁에 질려 버렸다. 말년에 이르자 그는 중요한 정치적 문제를 상의할 신하도 잃고, 유교적 학업의 핵심이라 할 수 있는 역사서와 철학서에 대한 연구도 포기했으며, 공문서를 읽는 일도 거부했고, 심지어는 관료제 상층부의 공석을 메우는 일마저 그만두었다.

그 결과 황실 환관의 권력이 엄청나게 드세지게 되었다. 환관은 거세된 남성 시종으로서, 그들의 공식적인 임무는 궁정의 일상적 업무를 관리·감독하는 일이었다. 중국의 궁정에서 환관을 부리는 관습은 2천년이 넘게 지속되어 왔다. 그러나 명의 통치자들은 그 어느 선조들보다도 많은 수의 환관을 거느렸고, 만력 연간에는 수도에만 1만 명이 넘는 환관이 있었다. 황제는 자금성의 가장 은밀한 곳—황족과 그 수행원 이외의 사람들에게는 닫혀 있는 영역—에서 나오지 않았기 때문에, 환관은 궁정 밖의 세계와 궁정 안 황제의 세계를 잇는 유일한 중재자였다. 황제의 결정이 필요한 용무가 있는 고관도 환관에게 그 용건을 전달해 달라고 부탁해야만 했다. 환관은 당연히 이러한 봉사에 대한 대가를 요구했고, 그러자 곧 야심 많은 관료들은 더 권세 높은 환관들에게 아부하며 뇌물을 바쳤다.

그 중 특정 당파에 속한 다수의 환관이 1590년대에 국가 정치에서 중요한 역할을 수행하기 시작했다. 만력제가 그들에게 성(省)의 세수를 거두는 일을 시키자 그들의 영향력은 하늘 높은 줄 모르게 되었다. 대부분의 경우 그들은 지방의 유력한 가문을 탄압했고, 그들의 뜻을 관철시키거나 정적을 제거하기 위해서—심지어 고문하고 죽이기 위해서—정예 호위병을 두는 등 고압적으로 변해 갔다. 이러한 권력 남용의 가장 극적인 예는 웨이중셴(魏忠賢)이라는 환관의 경우이다. 그는 만력제 아들의 후궁 밑에서 음식 시중을 들면서 영리하게 권좌에 올랐고, 그 후 1620년대에는 만력제 손자의 궁중생활을 거들었다. 그의 영향력이 최고조에 달했을 때 웨이중셴은 자신의 정적들을 모함하는 역사서를 편찬하게 했고, 중국 전역에 자신을 기리는 사당을 세우도록 지시했다.

황제나 황제의 측근을 비판하는 것은 언제나 위험한 일이었지만, 관료들과 저명한 학자들 중에는 이러한 상황을 몹시 우려하는 사람들이 있었다. 학자들은 으레 이런 문제의 논리적 원인을 찾게 마련인데, 그들 중 다수가 일반적인 윤리 기준의 쇠락, 교육제도의 모순, 방종한 개인주의의 횡행 등이 부패의 원인이라고 결론지었다. 이러한 비판자들이 지목한 최초의 악한은 명 초기의 철학자인 왕양명(王陽明)이었다. 왕양명은 그의 글에서 윤리적 이해의 열쇠는 인간의 도덕적 본성에 있으며, 고로 누구나 양지(良知)를 통해 존재의 의미를 파악할 힘을 가지고 있다고 주장했다. 그는 친구에게 보낸 편지에 이렇게 썼다.

양지는 도(道)와 동일하다. 이것은 마음에 존재하는데 현인이나 위인뿐만

아니라 보통 사람들에게도 마찬가지이다. 인간이 물질적 욕망에 대한 갈망이
나 관심으로부터 자유로울 때 모름지기 양지를 따르게 되며, 그것이 계속 기능
하고 작동하도록 내버려 둘 때 만물은 서로 도(道)와 조화를 이룰 것이다.[4]

계속해서 왕양명은 "학문이란 오직 양지를 따르는 방법을 탐구하는 것을 의
미한다"고 덧붙였다. 그러나 그는 지행합일(知行合一)도 옹호했다. 왕양명의
이론은 극단적인 추종자들의 가르침과 실천 속에서 규범적 교육을 거부하고 새
로운 평등주의를 요구하는 일탈적인 행태로 발전했다.

이러한 경향에 맞서 유교의 사상에 대해 도덕적 견해를 완고하게 견지한 16
세기 말의 일부 학자들은 서원(書院)으로 모여들기 시작했다. 여기서 그들은 과
거시험을 준비하고 윤리학 강의를 들었다. 윤리학으로부터 시작된 그들의 토론
이 정치문제로 확대되는 것은 당연한 일이었다. 그리고 정치토론을 하면서 다
시 정치개혁을 해야 한다는 열망이 싹트기 시작했다. 1611년경 이러한 서원 가
운데 가장 유명한 집단—1604년에 장쑤(江蘇) 성 우시(無錫)에 설립된 건물
의 이름을 따서 '동림당'(東林黨)이라고 불린—이 정치권에서 주요 세력으로
부상했다. 동림당원들은 그들의 영향력을 총동원하여 부패한 관료를 중앙관직
에서 몰아내기 위해 힘썼다. 1620년에 만력제가 죽자 이들은 만력제의 아들과
손자에 의해 관직에 발탁되고 그 지위가 급상승하게 되었다. 그들의 임무는 자
신들의 도덕적 신념을 실행에 옮기고 국경방위와 국내경제를 강화하는 일이었
다. 그런데 그들의 끊임없는 도덕적 훈계는 새 황제를 지치게 했다. 이것은 동
림당의 지도자 가운데 한 사람이 가장 악명 높은 환관 웨이중셴을 비난하자 그
에 대한 보복으로 웨이중셴이 궁중에서 한 고관을 때려 죽였는데도 황제가 웨
이중셴을 문책하지 않았던 사실에서도 잘 드러난다.

황제의 암묵적 승인으로 더 대담해진 웨이중셴과 일단의 궁중 관료들은 1624
~1627년에 걸쳐 동림당원에 대한 정치적 숙청을 단행하여, 많은 사람을 죽이
거나 자살하게 만들었다. 그러나 웨이중셴도 탄핵되어 1627년 죽임을 당하기는
했지만, 국가의 권위는 크게 손상되어 거의 회복할 수 없는 지경에 이르렀다. 동
림당의 한 지도자는—웨이중셴의 핵심 측근으로 구성된 기마 호위병이 그를
체포하러 왔다는 전갈을 듣고 이것이 바로 자신의 죽음을 의미한다는 것을 깨

닫고는——친구들에게 작별의 편지를 썼다. "나는 예전에 훌륭한 신하였다. 훌륭한 신하가 치욕을 당하면, 국가 역시 치욕을 당하는 것이다."5)

이러한 지적·정치적 소란으로 인하여 외교나 경제 분야에 내재해 있던 위험한 상황이 더욱 악화되었다. 16세기에 중국은 여러 외세로부터 위협을 당하고 있었는데, 그 중에서도 베이징의 북부와 서북부의 대초원지대에서 말과 양을 기르던 몽골의 유목민족과 동남 해안의 해구들의 위협이 가장 컸다. 몽골족은 명 왕조 초기에는 무역과 외교를 통해 통제되었으나, 이제 중국을 수시로 침략했다. 그들은 한때 교전하던 명의 황제를 사로잡은 일도 있으며, 또 한번은 베이징의 관문에 거의 다다른 적도 있었다. 16세기 말경이 되면 만리장성과 군사기지를 강화시키려는 노력에도 불구하고, 명은 공물을 정기적으로 보냄으로써 몽골의 침략을 가까스로 막는 형편이었다. 동남 해안에서는 해구들의 침입으로 중국의 도시들에 피해가 잇달았는데, 해구는 때로는 수백을 헤아렸고 그들 중에는 중국인 난민들뿐만 아니라 다수의 일본인, 심지어 포르투갈령 마카오(澳門)에서 탈출한 흑인 노예까지 있었다. 이러한 해구들은 제멋대로 약탈을 일삼고 몸값을 받기 위해 사람들을 납치해 갔다.

해구의 극심한 약탈행위는 1570년대에 이르러 일단 수그러들었지만, 일본의 무력은 점점 더 강해져 1590년대에 일본 주력군이 조선을 침략했다. 전쟁은 격렬했다. 명은 어떤 대가를 치르더라도 충성스런 맹방인 조선을 보호해야 한다고 생각했으므로 군대를 파견하여 위험에 처한 조선인을 돕도록 했다. 전쟁은 세 나라 모두에게 끔찍한 대가를 치르게 하면서 지속되었을 수도 있었다. 그런데 일본의 국내정치가 불안해지고 조선의 수군이 일본의 보급선을 효과적으로 차단하자, 1598년에 일본군은 조선에서 철수했다. 반면 전쟁으로 인한 부담 때문에 만주에서는 위기가 고조되었다. 이 무렵 만주에서는 여진족이 누르하치(奴兒哈赤)라는 탁월한 지도자의 지휘 아래 단합하여, 랴오둥(遼東) 지역을 중심으로 명의 권위에 도전하기 시작했다. 그 당시로서는 명확하지 않았으나, 누르하치의 군대는 종국에 가서는 명 왕조 자체를 무너뜨릴 준비를 진행시키고 있었던 것이다.

마카오 역시 중국의 새로운 문젯거리로 등장했다. 홍콩의 서남쪽에 위치한 반도 끝에 있는 이 도시는 1550년대에 중국의 암묵적 동의 아래 포르투갈이 점

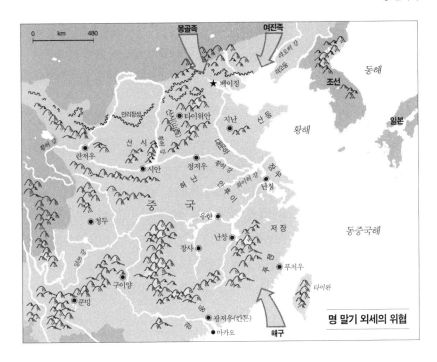

0 km 480
몽골족
여진족
랴오허 강
랴오둥
베이징
조선
동해
만리장성
타이위안
지난
산둥
일본
황허 강
황해
란저우
산 시
시안
정저우
허 난
양 쯔 강
황허 강
화이허 강
난징
중 국
우한
저 장
푸 젠
동중국해
청두
난창
장사
구이양
푸저우
쿤밍
타이완
광저우(칸톤)
마카오
해구

명 말기 외세의 위협

령하였다. 1600년대에 황제가 중국 상인이 호전적인 일본과 직접 교역하는 것을 금지시키자, 그 틈을 이용해 포르투갈인이 중개인으로 나서게 되었다. 그들은 지방 시장에서 중국의 비단을 사들여 일본으로 가지고 가서 일본의 광산에서 채굴된 은과 맞바꿨다. 이들은 일본 은을 가지고 중국에 돌아왔는데, 이 은은 일본에서보다 중국에서 가치가 더 높았으므로 포르투갈인은 더 많은 양의 중국 비단을 사들일 수 있었다. 포르투갈인에 의한 중국으로의 지속적인 은 유입은 16세기 세계 모든 지역에 치명적인 경제적 영향을 끼친 거대한 은 이동의 한 요인이 되었다.

　이러한 전세계적 연결망의 중심은 멕시코와 페루의 환상적인 은광이었다. 이 은광들은 이곳을 정복한 스페인으로부터 허가를 받은 사람들에 의해 개발되었다. 스페인이 필리핀의 마닐라에 새 기지를 건설한 1570년대에 아메리카 대륙의 은이 중국으로 들어오기 시작했다. 아메리카 대륙에서 직물에 대한 수요가 있음을 잽싸게 눈치챈 수천 명의 중국 상인들은 마닐라에 모여들어 옷감과 비단을 판매함으로써 모국에 은이 유입되는 것을 가속화시켰다. 은이 광범위하게 유통되자 상업이 활발해지고 만력제가 유용할 수 있는 은괴 저장고가 급격히 차오르게 되었다. 그러나 이와 동시에 은의 대규모 유입은 물가 인상, 투기, 전통적 경제구조를 무너뜨리는 도시 경제의 지나친 성장 따위의 많은 문제들을 야기시켰다.

따라서 1620년 만력제의 죽음으로 만력제의 통치가 끝나기 전에 이미 중국은 복합적인 경기 침체를 겪고 있었다. 중국 전역을 무대로 한 사치품의 원활한 유통과 어음에 기초한 최초의 체계적인 은행체제를 구축했던 명 상인들의 영화는 당시의 군사상의 문제들로 인해 곤란에 처했다. 중국의 국내외 교역―국가가 주로 농업 부문에 치중했기 때문에 한번도 효율적으로 과세된 적이 없는―은 성(省)의 부패한 환관 대리인이 자행하는 강탈이나 몰수로 인해 극도의 침체에 빠졌다. 치수(治水)나 기근 구호에 있어서도 정부가 비효율적으로 대처함으로써 지방의 위기를 가중시켰고, 따라서 효과적으로 과세할 수 있는 비옥한 토지가 줄어들었다.

만력 연간의 마지막 몇 년과 그의 후계자의 재위기간 동안 농민들의 상황은 처참했다. 기독교 국가인 네덜란드와 영국이 카톨릭 국가인 스페인과 포르투갈의 무역제국을 격파하고 입지를 넓히려 하자 국제무역의 형태가 변화하게 되었다. 그 결과 중국으로의 은 유입은 현저히 감소했는데, 이로 말미암아 중국 내에서는 은의 매점이 성행하고 은에 대한 구리의 가치가 떨어졌다. 작은 동전(銅錢) 1천 개를 엮은 한 꾸러미(貫)의 가치가 1630년대에는 은 1냥 정도였으나, 1640년경에는 반 냥, 1643년에는 거의 3분의 1냥 정도였다. 이러한 상황이 농민에게 끼친 영향은 치명적이었다. 농민이 지방간 교역을 하거나 수확물을 팔 때는 동화를 사용하는 데 비해 세금은 은으로 내야 했기 때문이다.[6]

이러한 '눈에 보이지 않는' 희생에는 아랑곳없이 만주에서 누르하치와 그의 부하를 상대로 벌이는 전쟁에 지출되는 비용 때문에 조정에서는 1618년부터 1639년 사이에 토지세를 7배나 올렸다. 기근이 빈번히 발생했고, 특히 북부지방에서는 전례 없이 차고 건조한 기후 때문에 농작물의 재배기간이 최대 2주나 짧아지면서 상황은 더욱 악화되었다.(17세기의 '소빙하기'라 불리기도 하는 이러한 현상은 이 시기 전세계의 농업지역에서 공통적으로 나타났다.) 이러한 자연재해와 세금 인상에 더하여 징집과 탈영에 의한 중압감이 반복되고 빈민 구호제도

가 유명무실해지고 주요 관개나 치수 계획이 방치될 때, 국가에 가해지는 사회
적 압력과 그로 인한 긴장이 어떠했는지는 짐작할 수 있을 것이다. 그리고 이런
상황이 두드러지면서 조정도 베이징이나 농촌의 관료도 이에 대응할 만한 능력
이나 자원, 그리고 의지가 없다는 것이 점차 드러났다.

명의 붕괴

17세기 초반 명 왕조는 농촌 관료조직에 대한 통제력을 서서히 잃어 갔으며, 그
결과 과세구조에 대한 통제력도 무너지게 되었다. 동시에 만주의 누르하치의 공
격에 대비한 군사비 지출로 압박받던 조정에서는 아직 통제를 유지하고 있던 인
구밀집지역에 부과세를 늘리는 한편, 국가에 끼치는 위험이 다소 덜해 보였던
서북지방에서는 많은 관리를 해고시켰다. 이러한 재정상의 조처로 인해 해고된
사람들 가운데 농촌 출신의 역졸(驛卒) 리쯔청(李自成)이라는 사람이 있었다.

리쯔청은 술 파는 가게에서, 그리고 대장장이의 도제로 일한 적이 있었으며,
당시 산시(陝西)* 성에서 많이 볼 수 있었던 막돼먹고 난폭한 사람들의 전형이
었다. 산시는 서북부의 메마른 지방으로 황허 강의 큰 굴곡을 그리는 지역을 포
함하여 만리장성까지 황량한 산악지대를 아우르는 곳이다. 산시에서 베이징까
지는 시카고에서 워싱턴 D.C. 정도(한라산에서 백두산 정도의 거리임―옮긴이)의
거리지만 산으로 둘러싸여 접근하기 어려웠던 까닭에, 산시는 옛날에 이미 천
연 요새지로 증명된 바 있었다. 많은 반란세력들은 동쪽이나 남쪽의 보다 비옥
하고 인구가 많은 지역을 공격하기에 앞서 이곳에서 세력을 키우곤 했다.

리쯔청은 1630년 산시 서부의 군대에 입대했으나 다시 한번 정부에 의해 해
고당했다. 약정된 보급품을 받지 못한 리쯔청과 병사들은 반란을 일으켰다. 그
후 몇 년이 지나는 사이 리쯔청은 타고난 전략가임을 증명하며, 자연스럽게 수
천을 헤아리는 떠돌이 반란집단의 우두머리가 되었다. 1634년 산중 협곡에 반

---

* 산시(陝西)와 산시(山西)는 성조는 다르지만 발음이 같기 때문에 우리말로 표기하면 둘 다 '산시'이다. 그래서
이 둘을 구분하기 위해 이하 산시(陝西)는 산시로 표기하고, 산시(山西)의 경우에는 항상 괄호 안에 한자를 병
기했다.

란군을 몰아넣는 작전을 쓴 유능한 명의 장수에 의해 리쯔청은 산시 남쪽 경계 부근에서 사로잡혔다. 리쯔청은 산시의 북쪽 황무지로 군사를 후퇴시키겠다는 약조를 하고 석방되었으나, 그 지역 지현(知縣)이 투항한 반란군 중 36명을 처형하면서 이 약속은 깨져 버렸다. 리쯔청과 그의 부하들은 그 지역의 관리들을 죽여 복수를 하고, 다시 한번 구릉지대를 점령했다. 1635년 무렵 리쯔청은 그 어느 때보다도 더 강성해졌고, 황허 강 바로 남쪽의 허난(河南) 성 중부에 있는 룽양(榮陽)에서 열린 반란군 지도자들의 비밀회의를 주도하는 대표가 되었다.

이 비밀회의에서 가장 강력한 반란군 지도자들은 북중국의 각기 다른 지역을 할당받아 자신의 군대를 배치하고 명의 수도인 베이징을 함께 공략할 계획을 세웠다. 그러나 그 같은 오합지졸 군대로는 군사연합작전이 무리임이 드러났다. 그 해가 저물어 갈 무렵 동맹은 깨졌으나, 그 전에 일부 반란군이 수도 바깥에 있는 명 황실 묘지를 장악하고 약탈했으며 거기에서 근무하던 사람들을 감금했다. 당시 제위에 있던 황제는 만력제의 손자 숭정제(崇禎帝)였는데, 그는 이 사건에 대해 분노를 표하고 조상에게 사죄하는 특별한 제사를 올리는 한편, 자신의 장수 여럿을 체포하고 황실 묘지를 관리한 환관을 처형했다. 한편, 전쟁 기간 중에 얼마나 빨리 폭력에 불을 붙일 수 있으며 또 얼마나 쉽사리 동맹이 깨질 수 있는지를 깨달은 리쯔청은 다른 반란군에게 그들이 사로잡은 환관 음악가들을 넘겨 달라고 요구한 적이 있었다. 묘지에서 제례음악을 연주하던 이들 음악가를 잡아 두었던 장셴중(張獻忠)은 어쩔 수 없이 동의하긴 했으나, 모든 악기를 때려 부순 다음 이들을 넘겨주었다. 그러자 리쯔청은 그 불쌍한 음악가들을 죽여 버렸다.

그 후 수년간, 리쯔청과 장셴중의 군대는 이 기지 저 기지를 옮겨 다니며 북부와 중부의 여러 지역을 휩쓸고 다녔다. 두 군대는 영토와 부하들을 확보하기 위해 명이나 다른 반란군과 경쟁하는 가운데 종종 연합하기도 했지만 대체적으로는 서로 반목했다. 1640년대 초반이 되자 두 사람은 각각 자신의 근거지를 확보하게 되었다. 장셴중은 리쯔청과 마찬가지로 전에 산시의 명 군대에서 복무하다가 해고당한 사람이었는데, 양쯔 강변의 깊숙한 내지인 쓰촨(四川)의 풍요로운 거점 도시 청두(成都)에 자리잡았다. 리쯔청은 후베이(湖北)에 자리잡고 산시와 허난의 대부분 지역을 자신의 영향권에 두게 되었다. 무의식적인 역

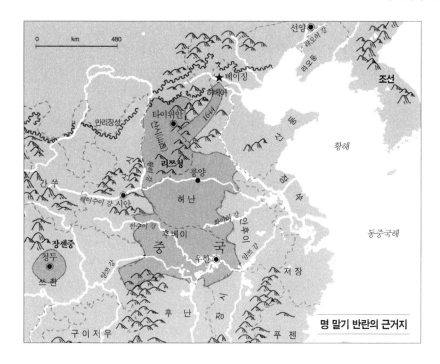

명 말기 반란의 근거지

설법이었다기보다는 아마도 장래에 중국 전체를 정복하겠다는 야심에서 리쯔청은 그의 새로운 왕국을 대순(大順), 곧 '위대한 복종의 지역'이라 불렀다. 쓰촨 지방의 장셴중은 후에 그 자신을 새로운 '대서국'(大西國)의 '대순왕'(大順王)이라고 자칭하며 이에 응수했다.

　리쯔청과 장셴중의 군사들이 초래한 참화는 바로 이 시기에 중국을 휩쓴 전염병으로 말미암아 더욱 악화되었다. 많은 공동체는 거주자의 절반, 아니 그 이상의 인명피해를 입었다. 저장(浙江) 성의 한 학자가 1642년에 쓴 글에 따르면 "역병 증상이 또다시 대규모로 퍼져 열 가구 가운데 여덟 내지 아홉 가구가 병에 걸렸다. 10～20여 명이 사는 어떤 집에서는 감염이 되지 않은 이가 한명도 없거나 아예 생존자가 없었다. 이런 지경이 되다 보니 처음에는 시체를 관에 넣어 묻었지만 그 다음에는 풀밭에 버렸고 나중에는 그냥 침상에 놔두었다." 허난 성의 한 관찰자는 1643년 여름 어떤 큰 도시에서 "거리에 사람이 살아 있는 흔적을 거의 찾아볼 수 없었으며, 들리는 것은 오직 윙윙대는 파리떼 소리뿐이었다"고 기록했다.[7]

인명 손실이 얼마나 컸던지, 중국의 전통 의학이론을 재고하게 만들었을 정도였다. 확실한 해결책을 찾지는 못했지만, 이 시기의 의학서들은 새로운 전염병 이론을 발전시키기 시작했다. 양쯔 강 삼각주 지역에 살던 한 의사는 1642년에 쓴 책에서 중국은 기후나 기온의 변화로부터만 영향을 받는 것이 아니라 '변이된 기(氣)'에 의해 생기는 하늘과 땅의 균형의 변화에도 영향을 받고 있다고 했다. 기는 원래 자연의 중성적 힘이다. 그런데 그에 따르면, 변이된 기는 "주로 전쟁이나 기근기에 나타난다." 그것은 보이지도 들리지도 않으며 그 의지대로 움직이는바, 이에 대해서는 인간의 어떠한 대응도 효과가 없다. "만일 인간이 그것과 충돌하게 되면, 그것은 각각의 본성에 따라 여러 질병을 만든다. 질병이 생성되면, 때로는 편도선이 붓고 때로는 얼굴과 머리가 부어 오른다. 때때로 설사나 간헐적인 열로 고통을 받기도 하고, 경련, 부스럼, 발진, 간지러운 딱지나 종기 등이 생기기도 한다."[8] 이러한 묘사와 분석의 정도로 보건대 1640년대 중국에 어떤 종류의 전염병이 퍼졌는지 추측할 수는 있으나, 그것이 정확히 무엇이었는지는 알 수 없다. 아마도 그 이전에 침략했던 만주인이 중국인에게 항체가 없는 세균을 전파함으로써, 유럽인이 멕시코와 북아메리카의 토착 인디언들에게 홍역과 천연두를 옮겨 초래한 것과 유사한 재앙을 일으켰을 가능성이 있다.

하지만 명 왕조의 마지막 시기에도 전혀 가망이 없었던 것은 아니다. 몇몇 충성스러운 장군들은 군대를 지휘하여 반란군에 대항하고 때로 그들에게 타격을 주기도 했으며, 아니면 적어도 그들을 후퇴시키거나 일시적으로 항복시키기도 했다. 또한 산둥과 해안 밖 섬들에 자리잡은 준독립적인 해군이나 육군 지휘관들이 랴오둥에서 만주군에 치명적인 공격을 가했다. 그리고 많은 지역에서 지방의 부유한 엘리트들이 의용군(원문의 militia를 옮긴 말로 지은이는 향용[鄕勇], 향병[鄕兵], 단련[團練]등 정규군이 아닌 향촌의 자위군을 총칭하는 개념으로 쓰고 있다─옮긴이)을 조직하여 반란군의 공격으로부터 재산과 고향을 지켰다. 숭정제도 베이징 정부의 기강을 바로잡기 위해 노력했다. 그는 환관의 폐해를 줄이고자 했으며, 할아버지인 만력제와는 달리 신하들을 정기적으로 만났다. 그러나 그의 관심은 만주에 집중되어 있었다. 만주에서는 누르하치와 그의 아들이 세력권을 계속 넓혀, 1625년에는 선양(瀋陽, 펑톈[奉天])을 손에 넣고 1632년에는 내몽골의 대부분을 차지했으며, 1638년에는 조선의 항복을 받아냈다. 이 시기에 중국은 만주에서 용감히 싸우는 뛰어난 장군들을 배출했고, 특히 1620년대 중반에 만주군에게 큰 피해를 안기면서 여러 도시들을 수복하였다. 그러나 베이징의 파벌 싸움과 계속되는 국고의 부족은 명의 선전(善戰)을 가로막았다.

명의 장군 중에서 가장 뛰어났던 인물은 위안충환(袁崇煥)으로, 그의 이력이 바로 이러한 명 말의 긴장을 잘 보여준다. 남중국에서 전통적인 교육을 받은 학자인 위안충환은 젊은 나이에 중앙 관직에 진출했다. 1622년 그는 만주 남부 지방에 시찰을 나갔는데, 이 여행에서 베이징으로 연결되는 주요 관문들을 방어할 수 있겠다는 확신을 얻었다. 그는 병법에 능했을 뿐만 아니라, 서양인과 친분이 있던 자신의 요리사로부터 유럽 총포에 대해 해박한 지식을 습득하고 있었기 때문에, 누르하치로부터 랴오허(遼河) 강을 지킬 수 있었다. 1628년 그는 동북부군 총사령관에 임명되었지만, 그 이듬해 휘하의 가장 유능한 장수를 시기하여 처형하는 실수를 범했다. 1630년에 베이징 근방에 만주의 침략군이 나타났을 때, 위안충환은 그들과 공모했다는 누명을 쓰고 반역음모죄로 재판을 받았다. 그가 처형했던 부하의 친구들과 적대적인 조신 그리고 환관이 결탁하여 그에게 등을 돌렸기 때문에 위안충환은 결백을 증명할 기회조차 갖지 못했다. 그는 중국의 형법에서 가장 모욕적이고도 끔찍한 형벌인 능지처참형을 선고받고 베이징 저잣거리에서 처형되었다. 뒷날 학자들은 그를 기려 중국의 가장 뛰어난 장군이었다고 애도했다. 그 이후 그와 같은 재능을 가진 이는 없었다. 소수의 동북부군 장군들이 그가 죽은 뒤에도 명나라의 대의명분을 따르긴 했지만, 대부분은 군대를 이끌고 만주에 투항했다. 위안충환에게 덮어씌웠던 거짓 죄목이 실제 현실로 나타났던 것이다.

그러나 마침내 명 왕조를 무너뜨린 것은 만주가 아니라 모반자 리쯔청이었다. 1644년 그는 수십 만의 군사를 이끌고 중국 북부를 가로질러 베이징에 대대적인 공격을 가했다. 도중에 반항하는 마을은 모두 도륙했고 항복하는 자들은 자신의 군대에 합류시켰다. 그는 지친 중국인에게 명 왕조의 실정과 잔인성을 지적하면서 새로운 평화와 번영의 시대를 약속하는 고도의 선전전을 폈다. 1644년 4월 그의 군대는 전투도 치르지 않은 채 베이징에 입성했다. 어이없게도 베이징의 성문은 열려 있었다. 숭정제는 반란군이 성에 쳐들어왔다는 소식을 듣고 신하들의 충고와 도움을 얻으려고 그들의 소집을 알리는 종을 울렸다. 그러나 아무도 나타나지 않자 그는 자금성의 후원으로 걸어갔다. 이 후원에는 동산이 하나 있는데, 황제와 후비(后妃)는 이곳에서 베이징의 전경을 바라보곤 했으리라. 그러나 이번에는 황제는 동산에 오르지 않고, 동산 기슭에 있는 한 그루 나무에 끈을 묶은 후 거기에 목을 매달았다. 1368년 이래 중국을 다스려 왔던 왕조의 마지막 통치자는 이렇게 생을 마감했다.

2장	만주족의 정복

청의 흥기

명 왕조가 최후의 몰락의 길로 치닫고 있을 무렵, 명의 뒤를 이을 계승자가 동북부지역에서 흥기하고 있었다. 현재 만주족으로 알려진 이 부족은 원래 여진족(女眞族)의 일원으로서, 지금의 헤이룽장(黑龍江) 성과 지린(吉林) 성에 거주하고 있었다. 이미 서기 1122~1234년에 여진족은 북부 중국을 차지하고 자신들의 본래 영토와 통합하여 금(金) 제국을 건설하였다. 1234년 그들은 몰락하여 북쪽 쑹화 강 유역까지 후퇴하였으나, 명 말기에 이르러 중국과 조선의 국경을 압박하기 시작했다. 명은 여진족을 통제하기 위하여 변방 방어체제의 일환으로 그들의 영토를 인정함과 동시에 명예직을 수여하고 무역을 허용했다.

16세기 말엽 여진족은 여러 집단으로 존재하고 있었다. 일부는 쑹화 강 지역에 남아서 주로 어로와 수렵 생활을 계속하고 있었고, 다른 일부는 조선의 북방 경계선인 창바이 산(長白山, 백두산)을 따라 확고한 기반을 구축하여 농업과 수렵의 혼합경제 형태를 발전시키고 있었다. 또 일부는 랴오허 강 동쪽의 보다 비옥하고 광활한 땅으로 이동하여, 중국인 이주자들과 뒤섞여 경작생활을 하거나 가죽·말·사치품 따위를 거래하는 상인으로 활동하였다. 이 세번째 유형의 여진족은 필연적으로 탈부족화되었는데, 그도 그럴 것이 자신들의 고향이 푸순(撫順)이나 선양과 같은 옛 금 왕조의 중심지였음에도 불구하고 대체로 한인의 풍습을 받아들였기 때문이다.

명 나라를 정복할 만주족의 기반을 다진 누르하치는 1559년 여진족 가운데 창바이 산 파의 명문가에서 태어났다. 누르하치는 젊은 시절 베이징을 방문하여 명의 통치자에게 의례적인 경의를 표하고 무역을 했으며, 조선이 왜구를 물리치도록 도와 준 대가로 명의 관직을 수여받기도 하였다. 그러나 그는 1610년경 명이 자기 가족을 공격하고 모욕했으며 자신의 경제적 기반을 침범했다는 이유로 명과의 관계를 끊어 버렸다.

그 이후 10년에 걸쳐 누르하치는 전쟁을 통한 점령이나 혼인정책을 통한 연합의 방식으로 이웃 여진족과 몽골족을 희생시키면서 꾸준히 힘을 키워 나갔다. 그는 군대와 그들의 가족을 여덟 개의 서로 다른 '깃발' 집단, 곧 팔기(八旗)로 편성했는데, 이것은 색깔(황색·홍색·남색·백색 네 가지 색깔을 사용했는데, 네 집단은 각기 해당 색깔의 단색 깃발을 쓰고 나머지 집단은 깃발마다 홍색 테두리를 두르되 바탕색이 홍색인 경우에는 백색 테두리를 둘렀다)에 따라 구별되었다. 깃발은 전투시에는 소속을 확인해 주는 수단으로 쓰였고, 평상시에는 인구를 등록하는 기초가 되었다. 또한 누르하치는 많은 숙련공들을 모아 무기와 갑옷을 만들게 했고, 굳건한 방어를 자랑하는 사령부에서는 여진족의 언어를 문자화하기 위한 작업이 진행되었다. 1616년, 그는 스스로 후금(後金)의 '칸'(Khan, 汗)임을 선언함으로써 의미 있는 상징적 발걸음을 내디뎠는데, 이는 여진족에게는 과거의 영광을 환기시키는 것이었고, 명나라에는 도발적인 도전을 알리는 것이었다. 2년 후 그는 랴오허 강 동쪽 랴오둥으로 알려진 지역의 혼혈 한인과 탈부족화한 여진족의 정착지에 일련의 강력한 군사 공격을 감행하였다.

명의 통치자들은 랴오둥을 중국의 영토로 여기고 있었으므로, 직접 장수를 파견하여 강력한 요새를 구축하도록 했다. 그러나 누르하치는 자신이 고용한 한인 고문들이 작성한 교묘한 메시지를 보내면서 협박과 회유를 반복하여 요새의 장수들을 항복시키려 했다. 예를 들면 그가 푸순의 명 지휘관에게 보낸 글에는 다음과 같이 씌어 있었다. "네가 싸운다 해도 나를 이길 수는 없다. ……네가 싸우지 않고 항복한다면 나는 네 직책을 그대로 보장하고 너를 우호적으로 대우할

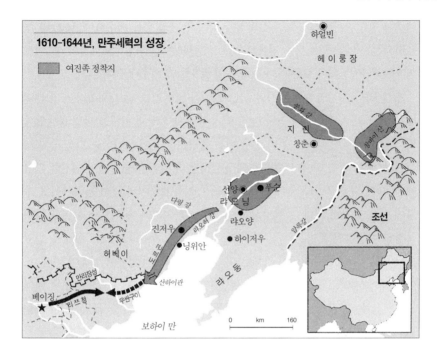

것이다. 하지만 네가 싸우려 든다면, 우리의 화살이 네가 누군지 어찌 알겠느냐?"[1] 누르하치는 또한 자신이 중국인에게 더 나은 생활을 가져다 줄 개혁적 통치자라고 선전함으로써 랴오둥에 대한 중국의 영향력에 흠집을 내는 한편, 랴오허 강 서쪽에 사는 사람들에게 자신의 새로운 왕국에 동참할 것을 권유했다. 변경지역에 유포했던 또 다른 메시지에서 그는 "토지와 가옥들이 너희 것이 되지 않고 주인에게 귀속될 것이라 생각지 말라. 모두 동등한 칸의 백성이 될 것이며 모두가 평등한 기초 위에 살고 일할 것이다"라고 설득했다.[2] 그뿐 아니라 누르하치는 만력제의 쇠퇴기에 그토록 철저히 무시돼 왔던 이상적 통치자의 자선적 기능을 도맡을 것임을 강조했다. 그는 결코 "부자들이 곡식을 쌓아 두고 썩히게 내버려 두지" 않을 것이며 "가난한 자들을 먹일 것"이라고 공언했다.

누르하치는 군대에 엄한 규율을 내려 랴오둥의 민간인을 공격하거나 약탈하는 일이 없게 하고, 이러한 죄를 저지른 군인이 있을 시에는 공개적으로 처벌하였다. 항복한 한인 가운데 교육을 받은 자들에게는 점점 확대되고 있던 여진의 관료제에 복무할 기회를 주었고, 그의 편이 된 한인 원로 관료들에게는 자신의 가족과 혼인관계를 맺도록 유도하거나 경칭과 관직 등을 제수했다. 1621년 누르하치는 선양과 랴오둥을 정복하고, 1625년에는 선양을 수도로 정했다. 이로써 랴오허 강 동쪽의 모든 땅과 서쪽의 일부가 그의 수중에 들어갔다.

정복지의 모든 남성은 여진의 관습에 따라 앞머리를 밀고 뒷머리는 변발(辮髮)을 하라는 누르하치의 명령은, 초반에 정복되어 강제 이주를 당한 중국인들의 적잖은 저항에 부딪치게 되었다. 이는 복종과 더불어 나타나는 반응 중의 하나였다. 예를 들면 하이저우(海州)의 장군들은 피리와 북을 울리며 여진을 환영했던 반면, 주민들 가운데 일부는 필사적으로 누르하치의 군대를 죽이려고 우물에 독을 풀기도 했다. 정복당한 한인과 누르하치의 지배 아래에 들어간 탈부족화한 여진족의 운명은 여러 갈래로 나뉘었다. 일부는 약속대로 포상을 받았고, 일부는 도시 거주지에서 강제로 이주당하여 여진의 땅에서 일해야 했다. 노예가 되어 계약노동을 해야 하는 사람도 있었고, 또 일부—특히 총포에 대해 지식이 있는 사람—는 새로 조직된 군대에 배치되거나 '중국군', 곧 기군(旗軍)에 통합되었다. 비록 당시는 초보적 수준이었지만 바로 이 포병대가 후에 만주족이 승리하는 데 결정적인 역할을 수행하게 된다.

이미 1622년에 누르하치는 만리장성이 북중국해와 만나는 산하이관(山海關)을 통해 군대를 침투시켜 중국을 공격하겠다는 야욕을 내비친 적이 있었다. 아마 그 이듬해 랴오둥의 중국인이 누르하치의 정복을 저지하려는 강력한 반란을 일으키지 않았더라면 그 공격은 실제로 추진되었을 것이다. 그 반란의 동력이 무엇이었는지는 밝혀지지 않았지만 여러 요인을 추정해 볼 수는 있다. 수많은 여진 군대가 랴오둥에 들어옴으로써 경작지는 극도로 압박을 받아, 곡식과 소금의 부족현상은 위기상황으로 치달았으며 몇몇 지역에는 기근까지 덮쳤다. 곡식 배급제가 실시되었고, 여진 지배하의 중국인은 할당받은 약 6,120평의 토지에서 3인 1조로 일정 기간 동안 주인을 위해 무보수로 일해야 했다. 랴오둥의 여러 지역에서는 한편으로는 통제수단으로, 또 한편으로는 주택부족문제의 해결책으로 여진족이 중국인의 집에 들어가 함께 살았다. 그러자 중국인은 불을 지르거나 우물에 독을 풀고, 여진족 부녀자와 어린이를 죽이고, 곡식을 숨기거나 산으로 달아나는 등의 방법으로 여진 군대에 저항했다. 어떤 중국인은 국경 수비군을 죽이고 남쪽으로 달아나려 했다. 그런 사람들은 여진족에게 붙잡혀 죽임을 당했다.

그러나 명 조정은 이 기회를 이용하려는 노력조차 하지 않았고, 이런 사태는 누르하치의 군대에 의해 곧 진정되었다. 누르하치는 여진족에게 "주야로 경계를 서고 마을의 중국인과 접촉하지 말라"[3]고 경고했다. 이후 여진족은 마을 안에 따로 분리된 숙소에 기거했고, 심지어는 중국인 거리를 걷거나 중국인 가정을 방문하는 것조차 금지당했다. 여진족은 항상 무기를 갖고 다니도록 명령받은 데 반해 중국인의 무기 소지는 어떤 경우에도 불법이었다. 범죄가 발생했을 경우 누르하치는 여진족에게는 관대한 처벌을 내리고 중국인에게는 엄벌에 처했는데, 도둑질을 했을 경우 당사자와 그 가족까지 사형시켰다.

중국인의 두번째 반란은 1625년 일어났는데, 이때는 더욱 잔혹하게 진압되었다. 반란지의 학식 있는 중국인에 대한 대대적인 처형이 있었다. 누르하치는 이들이 반란을 고무했다고 믿었던 것이다. 일반인을 통제하기 위해 누르하치는 중국인을 수장으로 하여 열세 가구를 한 단위로 분류한 뒤, 팔기의 관료가 그들의 노동을 감독하게 했다. 적어도 문서상으로는 각 집단에 일곱 마리의 황소와 12만 2,400평의 토지가 주어졌으며, 수확의 20%를 금국(金國)에 바쳐야 하는 것으로 되어 있었으나 실행되었는지는 확인할 수 없다.

비록 두 차례의 반란이 실패로 돌아갔으나, 명의 장수들은 1625년에 위안충환의 지휘 아래 용맹하게 들고 일어나 1626년 누르하치에 대항하여 첫번째 승리를 거두었다. 그 해 말 누르하치가 사망했다. 여진족의 풍습—중앙아시아의 몽골족으로부터 전해 내려온—에 따라 그는 자신의 영지와 칸의 칭호를 한 사람에게 몰아주지 않고 가장 뛰어난 아들과 조카들에게 나누어 주었다.

따라서 권력분쟁이 야기된 것은 놀랄 만한 일이 아니다. 승자는 누르하치의 여덟째 아들이자 단색 황기(正黃)와 황색 테두리기(鑲黃)의 총사령관이었던 홍타이지(皇太極)였다. 그는 중국인 고문의 도움을 받아 권좌에 올랐던 터라 아버지보다 중국인과 중국인의 관습에 호의적이었다. 명 조정을 본뜬 육부(六部)가 설치되었으며 관직에 한인들이 대거 기용되었다. 명목상 고관은 모두 여진족 출신이었으나 그들은 종종 군사업무나 다른 일로 자리를 비웠기 때문에 실질적인 업무는 한인 관료에 의해 수행되었다.

홍타이지는 누르하치가 만든 13가구 등록제를 한인들에게 처벌적이라는 이유로 폐지했다. 또한 그는 전통적인 중국의 방식대로 랴오둥의 공직자를 과거 시험을 통해 뽑았고, 여진의 새로운 지역에 대해 기록하고 인구조사 및 수세(收稅)에 더 적합하게 여진 문어(文語)를 개량할 것을 명했다. 자신의 군대를 이끌고 있던 장수들을 포함하여 명의 대의명분으로부터 벗어나 있던 수많은 한인들이 새로운 칸에게 복무하기를 청해 왔고 새로운 칸은 이들을 관대히 받아들였다. 너무나 관대했던 탓에 그의 측근들 가운데 일부는 '인격 없는 촌뜨기' 한인들이 궁정을 가득 채우고 있다고 항의했을 정도였다.

비록 촌뜨기였을지는 몰라도 압록강 초입 부근과 산둥 지역 북부의 방어를 포기하고 일찌감치 여진족에게 투항한 한인 고위 장수들은 홍타이지에게 새로운 힘을 실어 주었다. 1637년 그는 이전의 누르하치 체제에 더하여 완전히 '한인'으로 구성된 두 개의 '깃발로 상징되는 새로운 조직'(旗軍)을 증설했는데, 1639년에는 이것이 4개로, 1642년에는 8개로 늘어났다. 이미 1635년에는 명을 반대하고 홍타이지에게 충성을 맹세한 몽골인으로 구성된 몽골인 팔기가 만들어졌다. 따라서 1640년 초에 이 여진족의 칸은 이미 전장에 군대를 순번제로 파견하거나 군인들의 가족을 등록하고 보호하며 토지에서의 노동을 감독할 수 있는 완전한 군사·행정체제를 구축하게 되었다.

1636년에 홍타이지는 누르하치가 1616년에 금 왕조를 건설했던 단계를 자신이 뛰어넘었음을 보여주는 상징적인 조처를 단행했다. 그는 여진족이라는 명칭이 연상시키는 부족적 성격에서 벗어나지 못한 국가의 초보상태와 명 왕조에 복속되어 있던 기억을 떠올리게 하는 모든 요소를 일소하기로 결심했던 것이다. 그는 새 왕조를 청(淸)이라 선포하고, 이 나라가 만주와 이웃 민족을 다스릴 것이며 금(金)보다 더 강력한 권력과 더 넓은 영토를 가질 것이라고 주창했다. '순수함' 또는 '깨끗함'이라는 뜻을 지닌 청(淸)은, 1636년부터 만주의 통치가 종식되는 1912년까지 만주족 통치자와 그들이 다스린 중국을 뜻하는 왕조명으로 사용되었다. 또한 홍타이지의 백성은 이제 여진이 아니라 만주(滿洲)라 불렸다. '만주'는 새로운 용어로서 정확한 의미는 알려져 있지 않지만, 아마도 '대단히 좋은 행운'을 뜻하는 불교 용어(문수[文殊]를 지칭하는 문수사리[文殊師利]의 산스크리트어 만주슈리[mañjuśri]에서 차용했다—옮긴이)에서 따온 말로서 청국의 보편성에 대한 새로운 기준을 넌지시 제시하고 있는 것 같다.

홍타이지는 이때 더욱 광범위한 정복을 향한 태세를 갖춘 것으로 보인다. 1638년에는 조선을 공격하여 조선의 왕에게 명에 대한 충성을 그만두라고 강요하고 그의 아들들을 인질로 만주에 보내도록 했다. 중국 내 어디에서나 명이 쇠퇴하고 있음은 확연했는데, 이는 리쯔청이나 장셴중과 같은 반란자들이 나라의 북부와 서부를 대부분 장악하고 있었던 데서도 잘 알 수 있다. 만주의 침략군은 베이징 북쪽 만리장성을 통과하면서 산둥 성의 광활한 토지와 수도 주변 지역을 약탈했다. 그들은 부녀자와 아이를 강탈하고 가축과 비단, 은 등을 약탈했으므로, 그들이 휩쓸고 지나간 도시는 잿더미로 변했다.

그런데 이와 동시에 대단한 자부심을 갖고 새로 만들어 낸 이름에 걸맞지 않게 만주족이 점차 안이해져 가고 있었다는 증거도 솔찮이 있다. 만주족 중 일부는 전쟁에 염증을 느끼기 시작하고 랴오둥의 쾌락적인 도시생활에 젖어들고 있었다. 여태껏 접해 보지 못했던 사치가 그들을 둘러쌌다. 예전처럼 전쟁을 하는 것도 아니었는데 군대는 농사일에 전혀 관심이 없어 농업은 쇠퇴해 갔고, 젊은 이들은 더 이상 사냥조차 하려 들지 않았으며, 홍타이지가 탄식했듯이 "저자에서 빈둥거리며 쾌락만을 쫓아 다녔다." 전투에 소집될 때면 "군인들은 그저 막사에 머물면서 아첨꾼들이 하는 대로 내버려 둘" 뿐이었다.[4]

다링(大凌) 강 남쪽에 자리한 명의 전략도시 진저우(錦州)가 1642년에 만주족에 의해 점령된 사건은, 만주군이 거의 10년에 걸쳐 명군의 간헐적 공격에 고전을 면치 못하던 중에 일어난 일이었다. 이 승리는 때맞추어 만주군의 사기를 진작시켜 주었다. 몇 남지 않았던 명의 유능한 장군들 중 두 명이 이 전투 뒤에 항복했고 그들에게는 적절한 포상이 주어졌다. 그러나 산하이관을 통과해 베이징에 진입하는 핵심적인 통로에는 명의 명장 우싼구이(吳三桂)가 여전히 버티고 있었다. 1643년 홍타이지는 급사했고, 당시 겨우 다섯 살밖에 안되는 그의 아홉째 아들에게 제위를 계승시킨다는 약속 아래 홍타이지의 동생인 도르곤(多爾袞)이 섭정을 맡았다.

만주로서는 더 이상 팽창의 기회가 없을 것처럼 보였다. 그런데 1644년 봄 리쯔청과 그가 이끄는 반란군은 베이징을 점령한 후 우싼구이 장군을 공격하기 위해 베이징 동쪽의 평원으로 전진하기 시작했다. 리쯔청은 우싼구이를 명의 마지막 수호자로 생각하고 있었다. 우싼구이 장군은 리쯔청과 맞서기 위해 산하이관을 돌아 서쪽으로 진군했다. 이 천재일우의 기회를 맞이하여, 섭정 도르곤은 어린 황제의 군대를 소집하여 만주족·몽골족·한족 팔기를 해안가로 집결시켜 전투도 치르지 않고 국경을 넘었다. 누르하치의 꿈이 별안간 실현된 것이다.

명 정복

동쪽에서는 만주군을, 서쪽에서는 리쯔청의 군을 맞게 된 우싼구이 장군은 절망적인 상황에 빠졌다. 그가 살아남을 수 있는 유일한 방법은 두 적군 중 하나와 연합하는 것이었다. 리쯔청과의 연합을 주장하는 측에서는 그가 한인이라는 것과, 지역 주민들을 돌보아 줄 것 같다는 점, 그가 명 말기의 권력남용을 종식시키겠다고 약속한 사실, 그리고 우싼구이 장군의 아버지를 포로로 잡고 있다는 점 등을 들었다. 그러나 리쯔청은 속을 알 수 없는 인물로 포악하고 무식했으며, 1644년 봄 베이징을 점령했을 때 보인 그의 군대의 행동은 우싼구이와 같이 부유하고 교양 있는 관료에게는 만족스러운 것이 아니었다. 리쯔청의 군대는 도시를 약탈하고 파괴했으며 고관들의 집을 공격하여 강탈을 일삼았고, 그들의 친척들을 붙잡아 몸값이나 '보호비' 명목으로 어마어마한 액수를 요구하곤 했다. 리쯔청은 공식적으로 새 왕조의 개국을 선언하긴 했지만, 베이징에 있는 자신의 장수들조차 통제하지 못했기 때문에 우싼구이로서는 리쯔청이 중국을 효율적으로 통합할 수 있을지 의문을 갖지 않을 수 없었다.

만주족과 연합하는 방안은 그들이 민족적으로 한인이 아니며, 더욱이 그들의 여진적인 배경은 한인이 전통적으로 경멸해 왔던 반문명적 변방에 속한다는 결정적인 약점을 지니고 있었다. 뿐만 아니라 그들이 초기에 행한 북중국에 대한 공격은 가공할 만했고, 실제로 그들은 점령한 몇몇 도시를 완전히 초토화시킨 바 있었다. 그러나 만주족이 더 나았던 점은, 아직 미성숙하긴 했지만 그들이 건설한 왕조인 청이 질서를 기대할 만큼 계속해서 발전하고 있었다는 사실이다. 육부, 과거제, 한인 팔기의 구성, 주요 관직에 한인의 대거 등용, 이 모든 것들이 우싼구이에게는 고무적인 것으로 보였다. 또한 항복한 한인 관료에 대한 처우도 훌륭했다.

　이러한 복합적인 이유말고도 야사(野史)에 따르면, 리쯔청이 우싼구이의 애첩을 붙잡아 자기 여자로 만들었던 까닭에 우싼구이 장군은 만주족에 자신의 운명을 걸었다고 한다. 그는 리쯔청이 보낸 군대와 싸우면서, 도르곤에게 함께 베이징을 탈환하자고 제의했다. 이에 리쯔청은 우싼구이의 아버지를 처형하여 그의 머리를 베이징 성벽에 효수했다. 그러나 리쯔청 군대의 사기는 급격히 떨어졌고, 심지어는 1644년 6월 3일에 열린 그의 공식적인 황제 즉위마저도 그에게는 힘이 되지 못했다. 이튿날 그와 그의 군대는 약탈물을 가득 싣고 서쪽으로 도망쳤다. 6월 6일 만주군과 우싼구이는 수도에 입성하였고, 소년 황제는 자금성에서 순치(順治) 연호로 황위에 올랐다. '순'(順)은 리쯔청이 자신의 짧은 왕조에서 사용했던 '복종'과 같은 단어이며, 여기에 '통치하다'라는 의미의 '치'(治)를 덧붙여 만주가 중국을 통치하라는 하늘의 명을 받았음을 공식적으로 주창했다.

　비록 재임 중이던 명의 황제가 4월에 목을 맸고 이어 만주인 순치제가 제위에 올랐으나, 이것으로 명의 대의명분이 사라졌다는 것을 의미하지는 않았다. 리쯔청이 수도로 진군해 올 때 황실은 피난을 했으며, 황제의 방계 황족에 속하는 수백 명에 달하는 왕자들이 중국 전역에서 방대한 재산을 유지한 채 살아가고 있었다. 1368년부터 계속되어 온 명 왕조의 존엄성은 하루아침에 무너져 버릴 성질의 것이 아니었다. 우싼구이는 사면초가 속에서 만주족과 연합했지만, 수백 수천의 중국 학자와 관료에게 명(明)이라는 이름은 아직도 그것을 위해 싸우고 죽을 만한 가치가 있는 것이었다.

　만주족은 명의 마지막 수호자까지 물리치는 데 17년의 세월이 걸렸다. 그러나 그들은 순교한 명 황제의 진정한 복수자로서 베이징에 입성했다고 주장했던 만큼 반명 반란자들도 진압해야만 했다. 리쯔청은 그 첫번째 대상이었다. 그는 서남부에 위치한 산시의 시안(西安)으로 군대를 피신시키고 있었는데, 그곳은 20여 년 전에 군사 반란을 시작한 곳이었다. 청의 군대는 산시(山西) 성에서 힘을 다진 후 1645년 봄 고도의 협공작전을 개시하여 리쯔청을 압박하기 시작했다. 시안에서 패퇴한 리쯔청은 급격히 줄어든 추종자들을 이끌고 한수이(漢水) 강을 따라 동남쪽으로 이동하여 우창(武昌)으로 도주했고, 양쯔 강을 건너 결국 장시(江西) 성의 북쪽 경계 산악지대에서 만주군을 만나 궁지에 몰리게 되었다.

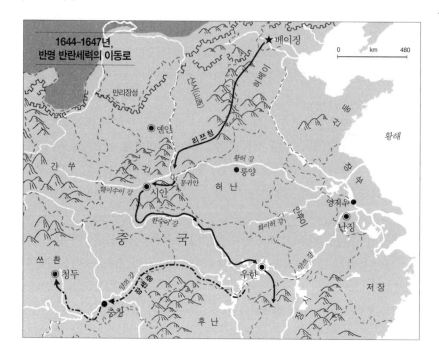

1645년 여름 리쯔청은 그곳에서 죽었는데, 일설에 따르면 자살을 했다고도 하고 식량을 훔치려다 농부들에게 맞아죽었다고도 한다.

　이 전투가 진행되고 있는 동안 두번째로 세력이 큰 반란군의 수령 장셴중은 중부지방의 근거지를 떠나 서쪽으로 양쯔 강까지 올라와 험한 골짜기를 지나 쓰촨 성까지 이동했다. 강변도시인 충칭(重慶)을 금세 점령한 후, 풍요로우면서도 방어하기 쉬운 청두(成都)에 수도를 정했다. 그곳에서 1644년 12월에 '대서국'(大西國)의 건립을 선언하고 리쯔청과 만주족이 썼던 바로 그 '순'(順)자를 차용하여 스스로 대순(大順)이라는 연호를 만들었다. 장셴중은 리쯔청만큼 장기집권할 운명이 아니었지만, 학자들(대부분이 강제로 동원된)로 구성된 민간 관료제를 만들고 과거제를 실시했으며 화폐를 주조했다. 장셴중은 또한 자신의 왕조를 수호하기 위해 120개의 복잡한 군사기지를 구축했지만 사실 그는 만주족보다 피난 중이던 명의 왕자들의 군대로부터 더 많은 위협을 받았다.

　그 이후 장셴중은 서서히 과대망상증과 잔혹성이 뒤섞인 기묘한 개인적 세계로 빠져든 것으로 보인다. 그는 방대한 정복 '계획'을 세웠고, 여기에는 남부와 동부 중국뿐 아니라 몽골·조선·필리핀 그리고 안남(安南, 지금의 베트남)까지 포함되었다. 그는 쓰촨에서 모반을 꾀했다고 짐작되는 사람들을 끔찍한 방법으로 처형했다. 여기에 말려든 수천 명의 지역 학자들과 그 가족들은 참수되거나 불구가 되었다. 마침내 1646년 말엽 그는 청두를 모조리 불살라 버린 후, 동쪽으로 이동하면서 무시무시한 초토화작전을 개시했다. 1647년 1월에 장셴중은 만주군에 의해 살해되었다.

만주족의 정복작전이 성공을 거두기 위해서는 리쯔청과 장셴중의 제거가 필수적이었지만, 만주의 군대는 저항세력에 가담할 가능성이 있는 명의 황족을 억압하는 데 주력했다. 중국 학자들이 지배왕조에 대해 강한 충성심을 갖도록 교육받았다는 사실과, 조상 대대로 물려 내려온 집과 재산을 외국인 침략자로부터 보호해야 한다는 의지의 당위성을 고려한다면, 명의 황족으로서 살아남은 자 가운데 출중한 자는 수백만의 추종자를 쉽게 끌어 모을 수 있을 것이다. 만주에 대항하여 명의 군대를 끌어 모으려는 시도를 한 첫번째 사람은 만력제의 손자 가운데 하나인 복왕(福王)이었다. 이 왕자는 어렸을 때 허난 성에 있는 가족의 가장 큰 영지에서 자랐다. 그러나 1640년대 초 그의 궁전은 불타 버렸고, 아버지는 리쯔청에게 살해되었다. 베이징에서 숭정제의 자살소식이 사실로 확인되자 일단의 명 원로들이 복왕을 숭정제의 후계자로 지명했고, 그는 양쯔 강변의 난징(南京)에서 황제로 등극했다. 난징은 14세기에 명의 수도였으며 그 이후로도 계속 왕조의 제2의 수도였다는 점에서 이 선택은 매우 상징적이었다. 복왕은 만일 만주가 만리장성 밖 랴오둥으로 물러난다면 막대한 선물과 함께 매년 공물을 바치겠다고 제안하면서 섭정 도르곤과 협상을 시도했다. 도르곤은 복왕이 황제로서의 자격을 버리면 작은 독립 왕조를 유지할 수 있게 해주겠다고 응수했다. 복왕은 가장 충성스러운 장군들의 충고에 따라 이 제안을 거절했다.

그 후 여러 달에 걸쳐 복왕이 난징 방어에 총력을 기울이고 있는 동안, 그의 조정은 만력제를 그토록 괴롭혔던 극심한 갈등, 비방 그리고 비효율성으로 인해 분열되었다. 동림당원과 웨이중셴 사이의 싸움과 흡사한 친/반 환관세력간의 죽고 죽이는 권력투쟁도 그 일부였다. 명의 장군들과 고관들이 서로 싸우고 있는 동안 만주군은 중국인의 손으로 만든 위대한 육상수로인 대운하를 따라 남진하여 1645년 5월에 번화한 상업도시 양저우(楊州)를 함락했다. 명의 군대는 성벽을 지키기 위해 설치한 대포로 일주일 정도는 버틸 수 있었으나, 결국 더 강한 화력과 놀라운 용맹성을 갖춘 만주군에게 패배했고, 만주군은 항복하지 않은 중국의 여타 지역에 대한 경고의 뜻으로 이 도시를 10일 동안 잔인하게 도륙했다. 이와는 반대로 난징을 방어하던 사람들은 거의 아무런 저항도 하지 않았고 6월 초에 만주에 항복해 버렸다. 복왕은 사로잡혀 베이징으로 압송되어 그 이듬해에 사망했다.

복왕이 죽자 황위 계승자임을 자처하는 새로운 인물들이 나타나 상황은 더욱 복잡해졌다. 명 태조의 자손인 두 형제가 동부 해안, 한 사람이 푸저우(福州)에서, 그리고 나중에 또 한 사람이 부유한 무역항인 광저우에서, 연이어 만주에 대한 저항세력을 규합하려고 했다. 푸저우의 통치자는 1646년에 잡혀 처형되었고, 그의 동생은 광저우가 만주에 함락된 1647년에 처형되었다. 명 창건자의 또 다른 후손이 동부 해안을 오르내리면서 만주에 저항했는데, 한동안은 저우산 섬(舟山島), 아모이(廈門) 그리고 심지어는 배 위에서 잠시 그의 왕정을 이끌었으나 실패로 끝났다. 그는 1653년에 왕위를 버렸고, 그 후로는 동부 해안

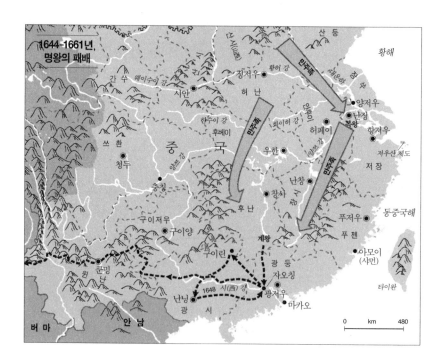

「불멸의 섬 잉저우로 향하는 18명의 학자들」(十八學士登瀛洲圖)
명대 추잉(仇英)의 그림으로, 부유한 학자들이 정원에 모여 담소하며 옛 유물을 살펴
보고 있다.

벼루(명 말기)
측면에 명각으로 "당신께 저를 바치오니／옥인 양
다루소서／저를 황금이나 곡식 가운데 두는 것은／
저를 욕보이는 것이니"라고 쓰여 있다.

먹(명 말기)
송진과 동물아교로 만들어진 이 먹 한쪽에는 무르익은
매화나무가, 반대쪽에는 「매실이 떨어진다」(摽有梅)라는
시 제목이 눈에 띈다.

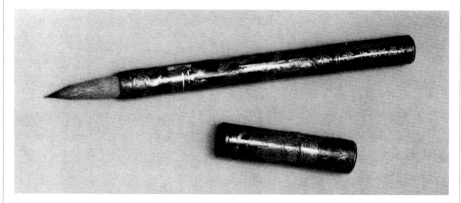

옻칠한 나무로 만든 붓과 붓두껍(명 말기)

명 말기, 장시 성 징더전(景德鎭)에서 도자기를 제작하는
모습을 담은 목판화
징더전의 도공들은 자신들이 만든 청백자가 값비싼 수출품
이 되었음에도 불구하고 여전히 저임금인 것에 분노하여
1601년에 폭동을 일으켰다. 위: 코발트 물감으로 자기를 장
식하고 있는 도공들. 아래: 그림을 새긴 도자기를 굽기 전에
유약 항아리에 담그고 있는 두 사람.

田家樂

竹枝詞

今歲收成
分外多
重官府沒
差科大家
喫得醲醲
醉老尾盆
邊拍手歌

풍년을 축하하는 농부들을 그린 목판화(명 말기)
"인사불성 되도록 취한 노인이 점심은 먹을 생각도 않고 가장자리에서 손뼉치며 노래 부르네"라고 쓰여 있다.

호화로운 유람선에 앉아 있는 만력제 만력제의 비활동적인 성격으로 인해 환관들이 권력을 잡게 되었다.

명 말, 목판화에 묘사된 여진족
명 말에 여진족은 누르하치와 그 아들 홍타이지의
지도 아래 랴오둥까지 세력을 확장했다.

만주족의 공격으로 일어난 전투에서 랴오양(遼陽)의 명(明) 방어군
들이 총을 버리고 도망치고 있다.

1637년 광저우 근처에서 목격된 무장 정크

용포를 입은 순치제

요한 아담 샬 폰 벨 신부
순치제는 점차 이 예수회 선교사와 가까워졌는데, 젊었을 때
아담 샬을 '할아버지'라 불렀으며, 뒷날 그를 궁정 천문학자로
임명했다.

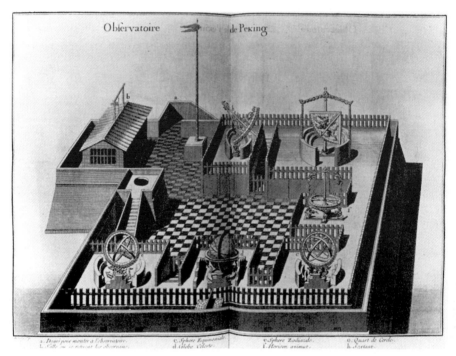

Obſervatoire　　　de Peking

a. Deſſein pour monter a l'obſervatoire.　　　c. Sphere Equinoxiale.　　　e. Sphere Zodiacale.　　　g. Quart de Cercle.
b. Celle qui en retient les obſervation.　　　d. Globe Céleste.　　　f. Horison azimut.　　　h. Sextant.

베이징 천문대　아담 샬의 예수회 동료 페르디난드 페르비스트는 육분의(六分儀)와 사분의(四分儀, 천체 고도 측정기) 등 여러 천문기기를 갖춘 천문대를 베이징 동벽(東壁)에 세웠다.

독서하는 강희제의 초상화 강희제는 유교 경전을 습득하여 '성인'의 기품을 갖췄다.

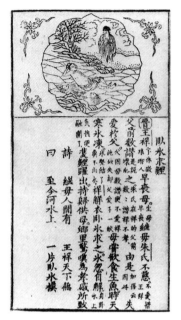

효도의 모범(1688)
이 목판화는 효성 지극한 아들이 한겨울에 부모에게 신선한 생선(잉어)을 구해 주기 위해 몸으로 얼어붙은 강물을 녹이고 있는 모습을 그린 것이다.

『고금집성』(古今集成)의 한 면(1726년 편찬)
강희 연간의 학자들이 집대성한 이 방대한 백과사전은 동활자로 조판되었다.

초조하게 시험결과를 기다리는 과거 응시자들(명 말기)
강희제에게는 학자들을 고무시켜 명에 대한 그들의 충성심을 청 왕조로 돌리는 일이 매우 중요했다.

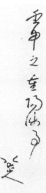

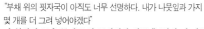

"부채 위의 핏자국이 아직도 너무 선명하다. 내가 나뭇잎과 가지
몇 개를 더 그려 넣어야겠다"
명 복왕의 궁을 무대로 한 쿵상런의 희곡 『도화선』이 강희제
때 궁정에서 가장 인기있는 작품이었다.

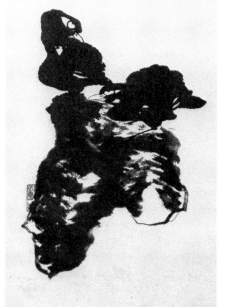

팔대산인(八大山人)의 「새와 바위」(鳥石圖軸, 1692)
팔대산인을 비롯한 당시 화가들은 회화를 통해 청 왕조에 대
한 저항을 완곡하게 표현했다.

「강희남순도」(康熙南巡圖, 부분). 양쯔 강의 제방 시찰

「강희남순도」(부분)
왕후이와 그의 조수들의 작품, 1695년경. 쑤저우에 막 발을 내딛으려 하는 강희제를 그린 두루마리 그림.

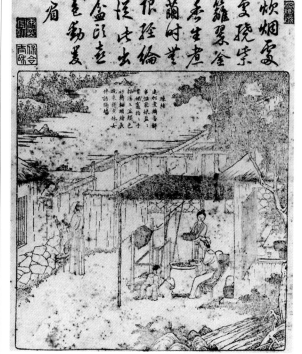

명주실 잣기
강희 연간의 황실의 그림책에 나오는
목판화로 아낙네들이 끓는 물에 누에를
담근 뒤 명주실을 뽑아 내고 있다.

같은 그림책에 나오는 또 다른 그림으로,
농부들이 풍작을 거둔 뒤 곡식의
신(后稷)에게 감사를 드리고 있다.

「유랑민」 옹정제는 이 그림에 보이는 것 같은 천민을 제도화된 차별로부터 해방시키고자 했다.

독서하는 옹정제 옹정제는 재정적·행정적·도덕적 개혁에서 위대한 모범을 보였다.

에서의 청에 대한 저항은 명의 마지막 수호자를 자처한 계왕(桂王) 지지자들에 의해 유지되었다.

양쯔 강 계곡과 해안 정권이 실패한 후, 계왕은 명조의 마지막 희망이 되었다. 만력제의 손자들 가운데 유일한 생존자로 알려진 계왕은 베이징이 적의 수중에 떨어졌을 때 행정이나 군사 면에서 경험이 전무한 21세의 방종한 청년이었다. 반역자 장셴중이 공격해 오자 후난(湖南)의 가족 영지를 떠나 광둥 서부에 있는 자오칭(肇慶)으로 피난했다. 통치자로서는 너무 어리고 나약하다고 그의 모후가 반대했음에도 불구하고, 피난 중이던 일단의 관료들이 그를 황제로 옹립한 것은 1646년이었다. 청군에 의해 광둥 밖으로 밀려난 계왕과 그의 조정은 수많은 청군의 추격을 받으며 1년 반 동안 광시 성을 떠돌며 지냈는데, 가장 자주 머물렀던 곳은 구이린(桂林)과 난닝(南寧)이었다.

일찍이 청군은 베이징에서 광둥까지 2만 4천km가 넘는 거리를 성공적으로 진군했을 만큼 놀라운 공적을 세웠지만, 이 방대한 지역은 부분적으로밖에 정복할 수 없었고, 따라서 만주족의 침공과 명의 수모에 분노하던 애국적인 중국인은 군대를 모을 시간적 여유를 가질 수 있었다. 1648년에 만주에 협력했던 명의 옛 관료들이 청에 대한 협력을 그만두고 명을 재건하기 위해 전력을 다하겠다고 선언했다. 당시 사람들이 "야자 씹는 사람, 염전 노동자, 토박이 포주"5) 같은 자들이 득실댄다고 표현했던 계왕의 남부정권(南明)이 갑자기 수많은 열정적인 지지자들의 영접을 받으며 자오칭으로 복귀하게 되었던 데 반하여, 광둥의 만주군은 몰살당했다. 그 전의 피난 정부가 그랬듯이 이 '황제'도 실무를 담당할 관료제를 계서제에 따라 재조직하고 과거를 실시하며 능력 있는 군지휘관을 임명하고, 지방을 통제하고 세금을 걷기 위해 얼마간의 지방 행정단위를 만들려고 하였다. 그러나 이전의 다른 정권과 마찬가지로 그의 조정도 서로 대립적인 계파에 속한 대부(大夫)·장군·환관들의 파벌 싸움으로 산산조각이 나 만주에 대한 저항을 제대로 지도할 수 없었다.

1650년대 초반에 이르면 청군은 공공연하게 계왕 정권을 지지했던 중부 주요 지역을 공격하여 진압하고, 계왕의 남부 거점을 두 갈래로 나누어 공격했다. 이러한 공격은 1633년에 홍타이지에게 망명한 명의 막강한 장군들에 의해 기획되었다. 1650년 12월에 계왕의 남명 조정은 광둥 성에서 쫓겨나 시(西) 강을 따라 내려가 광시로 갔다. 그들은 이후 10년 동안 제도적으로 볼 때 정부라 할 수 없는, 단지 외세의 중국 점령에 저항해야 한다는 목적을 공유한 일군의 피난자 집단이 되어 서쪽으로 서쪽으로 후퇴를 거듭하여 광시에서 구이저우(貴州)로, 구이저우에서 윈난의 산간지방으로 그리고 마침내 중국 국경을 넘어 버마(지금의 미얀마)로 밀려났다.

버마의 왕은 처음에는 이들에게 피난처를 제공했으나 곧 마음을 바꿔 계왕의 추종자 대부분을 죽이고 '황제'와 그의 가족을 포로로 삼았다. 1661년 청군의 버마 공격에서 선두에 섰던 사람은 한때 산하이관 요새의 명장이었던 우싼구이였다. 버마는 불쌍한 명 왕조의 생존자들을 우싼구이에게 넘겼고 우싼구이는 그들을 중국으로 송환했다. 1662년 초 윈난 성에서 명의 마지막 '황제'와 그의 외아들은 교살당했다. 이로써 청은 중국을 통치하는 데 있어서 더 이상 명 왕조의 혈통을 계승한 정적을 두려워할 이유가 없게 되었다.

중국화

만주족은 1644년에 놀라우리만치 쉽게 베이징을 정복했고 1662년이 되면 명의 마지막 후손들까지 제거하게 되지만, 군사적인 승리가 계속되었다고 해서 중국에 대한 통치문제까지도 해결됐다고 볼 수는 없었다. 어린 순치제의 섭정인 도르곤은 랴오둥 점령 때부터 시행해 온 육부제를 어설프게 모방한 정부체제와 만주족 고유의 팔기라는 군사·행정을 혼합한 체제를 관장하고 있었다. 이제 그는 이러한 제도를 대륙 하나만한 크기의 국가를 통치하는 데 적용시켜야만 했다.

적어도 만주식 의복과 머리모양에 관한 한 도르곤은 중국인들을 굴복시키는 단호함을 보였다. 베이징에 입성한 바로 이튿날, 그는 모든 중국인은 앞머리를 밀고 만주식으로 뒷머리를 땋아야 한다는, 누르하치가 랴오둥에서 명령했던 것과 같은 칙령을 발표했다. 폭풍과 같은 거센 반대로 도르곤은 칙령을 취소해야만 했으나, 6월에 중국인 군인은 반드시 뒷머리를 땋아야 한다는 명령을 다시 내렸다. 변발은 전장에서 만주군이 아군과 적군을 쉽게 식별할 수 있게 해주는 동시에, 항복한 사람들이 앞으로 그들에게 충성을 바치겠다는 보증이었기 때문이다. 그러나 도르곤의 원로 고문들은 이 정도로는 만족하지 않았고, 그래서 1645년 7월 도르곤은 다시 모든 중국인 남성들은 10일 안에 변발을 해야 하며, 그렇지 않으면 처형당할 것이라는 명령을 내렸다. 중국인은 목숨을 건 선택의 기로에 서게 되었다. 이 명령은 당시 민간에서 "머리카락을 지키고 머리를 잃든가, 머리카락을 잃고 머리를 지키든가 하라"[6]는 말로 압축적으로 표현되었다.

명대의 남자들은 길고 세심하게 치장한 머리카락을 남성다움과 고귀함의 상징으로 칭송해 왔기 때문에 도르곤의 칙령에 몹시 분노했다. 이로 인해 많은 지역의 중국인이 이미 공식적으로 항복했음에도 불구하고 만주족에 대항하기 위해 무장하기도 했다. 그러나 이번에는 도르곤의 의지도 확고부동했다. 중국인에게 명의 느슨한 도포 대신 만주 옷——높은 칼라에 오른쪽 어깨부분에 여밈이 있는 꽉 끼는 웃옷——을 입도록 하는 후속 칙령을 내렸다. 중국 관습에서 벗어나기 위한 또 다른 시도로서, 만주족 여성은 한인 여성들이 수세기 동안 해왔던 식으로 발을 묶어 작게 만드는 행위(纏足)를 할 수 없게 되었다. 중국에서는 작은 발이 여성의 아름다움을 가늠하는 척도였기 때문에 이 관습은 엘리트에서 농민에 이르기까지 널리 퍼졌고, 그로 인해 수백만 여성이 고통을 감내해야 했다. 만주족은 이 관습을 거부함으로써 그들의 문화적 독립성을 강조하는 동시에 만주족과 한족간의 결혼을 효과적으로 막을 수 있게 되었다. 한인 남성은 만주족 여성의 정상적인 발을 성적으로 매력적이지 않다고 생각했기 때문이다.

베이징 궁정에 들어간 만주족은 명 왕조에 치명적인 해를 끼쳤던 수천 명의 환관들을 제거하기 시작했다. 환관은 여전히 궁녀들의 숙소 감독자로 남아 있었으나, 그 밖에 다른 궁정 잡무와 특수한 재정적 업무 등은 1620~1630년대에 랴오둥에서 붙잡혀 노예가 되었던 한인(包衣)에게 맡겨졌다. 환관은 또한 명 치하에서 궁중 호위대의 역할을 하기 위해 가졌던 준군사적 지휘권을 박탈당했고, 그들 대신 대부분 누르하치 아래에서 여진족 국가의 건설을 도왔던 전사들의 후예이자 정예 팔기군단이 궁전을 경호하는 특별 호위대에 임명되었다.

팔기는 각각 베이징 성 외곽에 위치하여, 황제와 그 가족이 말 그대로 가장 충성스러운 군대의 보호를 받으며 지내도록 했다. 베이징 안의 중국인 거주자들은 성안의 남쪽 지역으로 강제 이주당했다. 그들에게 내린 이런 조치는 처음에는 고통스러운 것이었으나, 그들이 정착한 남쪽 지역은 오래지 않아 상업지역과 주거지로서 번창하게 되었다. 그 외에도 만주는 북중국의 비옥하고 광대한 토지를 몰수하여 요새의 군인들에게 양식과 포상을 하는 데 사용했다. 이와 같은 조치를 취한 대부분의 토지는 명나라 황족의 소유였지만 명의 부유한 관리들의 재산도 포함되어 있었다. 도합 4만여의 만주 팔기군이 각각 7,300평 정도의 토지를 받았고 고위 만주인 장교들은 훨씬 더 많은 토지를 하사받았다.

만주족과 중국인을 격리시키기 위한 또 다른 조치로서 도르곤은 북중국 지역의 중국인 농민들에게 이주를 명했다. 영리한 중국인 지주들은 이러한 왕조 교체기의 혼란을 이용하여 주인이 없거나 버려진 토지를 자기 소유로 만들었다. 이주의 결과는 대규모의 무질서와 황폐화였다. 수천 수만의 농민이 부랑자나 비적이 되거나 거의 다 그 지역을 떠나 버렸다. 반면에 만주인은 농사짓는 방법을 몰랐기 때문에 곧 여러 가지 계약을 통해 중국인 소작인을 이용할 계획을 세우게 되었다. 이러한 계약들 중 몇몇 경우는 중국인이 그들 주인에게 거의 농노 수준으로 의존하게 되는 결과를 낳았는데, 가축을 이용할 수 없는 경우 소작인이 직접 쟁기를 끌기도 했다. 만주족의 침략 후 불과 25년 사이에 베이징 주위의 반경 약 240km안의 2만 km²라는 막대한 토지가 만주인에게 넘어갔다. 당시까지는 여전히 완전히 발달된 봉건제도나 특정한 노예노동이 정착되어 있지 않았기 때문에, 전통적인 중국의 농경형태, 소작제, 그리고 독립적 소유권 등이 서서히 되살아나기 시작했다.

정부조직과 학술기구에 관련된 거의 대부분의 영역에서 만주족은 중국의 전례를 따르는 데 만족했다. 민사(吏)·재정(戶)·의례(禮)·군사(兵)·사법(刑)·공공사업(工) 등을 관장하는 육부(六部)가 그대로 존속되었고, 각 부서에는 만주인 1인과 한인 팔기, 또는 한인 민간인 1인으로 구성된 2명의 상서(尚書)를 두었다. 또한 각 부의 시랑(侍郎)도 이와 같이 두 민족으로 구성된 4명(만주인 2명과 한인 2명)을 두었다. 육부와 황제 직속기관을 긴밀히 연결시키기 위한 '대학사'(大學士)라는 고문직도 역시 계속 존재했다. 순치제 재위 초반에 대학사는 7명이 있었는데 그들 중 둘은 만주인, 둘은 한인 팔기, 그리고 셋은 최근 항복한 명의 고위관료 출신이었다.

만주에 충성을 맹세한 뛰어난 한인 학자들은 각 부에서 관직을 받거나 대학사로 제수되었다. 새로운 인물을 관리로 등용하기 위해서 고전문학 전통에 입각한 국가시험이 다시 시작되어 1646년에는 373명이 선발되어 상을 받았는데, 이들은 대부분 베이징이나 산시(山西)·산둥의 변방출신이었다. 지역적 범위를 넓히기 위해 1647년에는 다시 298명을 뽑았는데, 이들은 주로 재(再)정복지인 안후이(安徽)와 장쑤 출신들이었다. 고위 시험관의 구성을 보면, 도르곤이 중국인의 민감한 부분을 잘 눈치채고 있었음을 알 수 있다. 2명은 한인 팔기이고 만주인 학자도 1명 있었으나, 다른 1명은 고전학자이자 명의 관리로서 겨우 1644년에 가서야 항복한 한인이었다.

만주족은 명의 저항을 분쇄한 이후에 비로소 지방행정을 공고히 할 수 있었지만, 이미 초기부터 그들은 서서히 만주족 출신 관리들을 명과 비슷한 체제에 배치하기 시작했다. 그들은 처음에는 명에서 15개 성(省)으로 나뉘어 있던 주요 지방을 22개 성으로 세분하였으나, 결국 그 수를 줄여 가장 큰 성만 둘로 나누어 행정의 편의를 도모했다. 이 18성에는 각기 한 명의 순무(巡撫)를 두었는데, 청조 초기에 이 순무는 대부분 한인 팔기 출신이었다. 도르곤은 이들이 자신의 정권에 대한 충성심을 충분히 증명했다는 사실과, 민족적으로 한인이며 중국어를 구사한다는 바로 그 사실 때문에 자신의 동족에게 훨씬 더 잘 접근할 수 있으리라고 믿었다. 각 성을 다스리는 순무 아래에는 경제와 사법을 감독하는 2명의 관료와 다수의 어사와 감찰관(巡道)이 있었다. 그 다음으로는 큰 도시에 기반을 둔 지부가 교대로 지현(知縣)——서양인에게는 일반적으로 '지방관'(magistrates)으로 알려진——을 감독했는데, 그들은 읍과 농촌지역에서 일반행정과 징세의 업무를 맡았다.

청이 주요 지방도시에 군사 요새를 건설했다고는 하지만 만주의 권력은 중국의 방대한 영토에 아주 미약하게밖에 미치지 않았기 때문에 기본적으로 세 집단 사이의 힘의 균형을 통해 새 왕조를 유지해 나갈 수 있었다. 첫번째는 여진족 여러 부족과 누르하치의 후손에 기반을 둔 고유의 언어와 신분서열을 지닌 만주족이었다. 만주족은 사냥이나 기마궁술과 같은 훈련을 통해 힘의 우위를 확립하고자 했다. 또한 그들은 만주어와 만주문자를 사용함으로써 고유의 문화적 독자성을 강조했다. 비록 실리적인 이유에서 한인 관료가 문서를 작성할 때 중국어를 사용하는 것을 허락해야 했지만, 모든 중요한 문서는 만주어로

도 번역되었다. 그 밖에도 만주족은 중국인의 출입이 금지된 사원에서 샤머니즘적인 무당의 주관 아래 이루어지는 사적인 종교행사를 열었다.

두번째는 몽골인과 한인 기군으로, 대부분 1644년의 정복 이전에 이미 항복한 가문 출신이었다. 몽골인 기군은 주로 북부와 서북부 변경지역에 배치되어 있었기 때문에, 중국을 지배하는 데 중요한 역할을 수행했던 것은 한인 팔기였다. 그들은 자신들만의 정교한 서열을 이루고 있었는데, 이들 중 일부는 누르하치나 홍타이지가 수여한 귀족 칭호에 따라 서열이 나뉘었고, 다른 일부는 항복한 시기에 따라 가장 먼저 항복한 사람이 가장 높은 지위에 올랐다. 이러한 기군 가운데 다수가 만주어와 중국어를 모두 구사했으며 중국의 사회규범에 충실하면서 만주의 호전적 문화를 흡수했다. 이들의 협조가 만주로서는 필수적이었다. 이러한 기군이 없었다면 만주는 중국을 정복할 수 없었을 것이고 안정도 기대할 수 없었을 것이다.

세번째는 본래부터 중국에서 자라난 중국 민족 ─ 흔히 '한'(漢)족으로 알려진 사람들 ─ 이다. 이 중국인에게는 네 가지 선택의 가능성이 있었다. 우선 그들은 적극적 협력자나 소극적 협력자가 될 수 있었고, 아니면 적극적이거나 소극적으로 저항할 수도 있었다. 어떤 이들은 우싼구이처럼 만주족에게 적극적으로 협력하기도 했고(기군에 등록한 적은 없었을지라도), 어떤 이들은 만주족에 대항하여 싸우다 죽기도 했다. 그리고 앞으로 살펴보겠지만 소극적인 저항을 선택한 사람들도 있었다. 그러나 대부분은 바람이 부는 방향을 살피다가 새로운 질서에 순응했다.

재산을 많이 가진 사람은 조상 대대로 물려 내려오는 토지를 계속 소유할 수 있다는 것을 확실히 해두고자 했고, 가능하다면 자신의 아들을 등과시켜 새 왕조하에서 부를 가져다 줄 관직에 나가도록 했다. 그러나 수천의 항복한 중국인이 광저우 지역에서 명의 대의를 옹호하며 만주족에 대항해서 반란을 일으켰던 1648년의 경험에서 깨달은 바대로, 만주족은 이러한 집단의 충성에 대해 주의를 기울일 필요가 있었다. 양쯔 강 이남의 비옥한 농업지역에서는 1650년대에 유명한 전사 정청궁(鄭成功)이 중요한 도시 난징 요새를 공격했을 때, 수백만 명이 만주에 대한 충성을 저버리려고 했다. 비록 그들의 반란은 청군에 의해 신속히 진압되었지만, 청에게는 위험한 순간이었다. 만주족은 애당초 남부에서 강력한 입지를 구축하려 들지 않았다. 그 대신 명의 황제를 자처하는 인물이 죽자마자, 우싼구이와 만주 정부로 귀화한 지 오래 된 다른 두 명의 한인 장군에게 방대한 영토를 하사하여 실질적으로 독립적인 봉국을 이루도록 했다.

만주족은 파벌 싸움과 궁중 음모가 명나라 붕괴의 일부 원인이었음을 알고 있었으나, 그들도 이와 같은 취약점으로부터 자유롭지 못했다. 예를 들면 장셴중과 리쯔청의 반란군을 분쇄하는 데 결정적 역할을 했던 높은 가문 출신의 장군 2명은 후에 모두 직무 유기와 반역 혐의로 체포되어 베이징에 있는 감옥에서 의문사했다. 섭정 도르곤 자신도 사치스럽고 난폭하게 행동했고, 스스로 황제인 양 거만하게 행동했으며, 여러 기군을 마음대로 주무르고 그 장군들을 추방했으며, 죽은 정적의 미망인과 결혼하기도 했고, 조선에 여자를 요구했으며, 베이징 북쪽의 러허(熱河)에 궁전 요새를 건축할 계획을 세우기도 했다. 1650년 도르곤이 사냥여행 도중에 죽자 만주 귀족들은 그의 유산을 놓고 싸움에 돌입했고, 청은 분열될 위기에 처했다.

그러나 이제 13세가 된 어린 순치제는 지혜롭게 대처하여 황위를 굳건히 지킬 수 있었다. 만주 궁정에서 만주인으로 자랐지만, 순치제는 주변의 그 어떤 만주인들보다도 중국적 방식에 훨씬 더 잘 적응했던 것 같다. 도르곤을 이은 유력자들에게 휘둘리지 않을 정도로 영리했고, 명의 마지막 추종자들에게 공격을 가해 승리할 정도로 군사적으로도 뛰어났던 그는, 중국어도 열심히 공부하여 중국의 소설과 희곡을 즐겨 읽었으며, 궁중에서 함께 공부한 중국인 불승들에게서도 깊은 영향을 받았다. 생의 막바지에 순치제는 어린 애첩에게 푹 빠져 정실 황후를 완전히 무시하고, 게다가 상당한 권한을 환관에게 위임하여 청의 정복 이래로 폐쇄되었던 환관의 여러 부서가 부활되었다. 환관을 부활시킨 이유는 아직 정확히 밝혀지지 않았지만, 아마도 순치제는 자신의 행동을 주변의 귀족들에게 보고할 만주인 경호원과 하인을 없애고 궁중을 더욱 사적인 곳으로 만들기 원했던 것 같다.

또 하나 특이한 일은, 순치제가 예수회 카톨릭 선교사인 벨 신부와 가까운 친구가 되었다는 점이다. 예수회는 유럽에서 건너와 명 말기 이후 지속적으로 중국에서 활발히 선교활동을 펼치며 개종자를 늘려 가고 있었다. 어떤 예수회 선교사는 장셴중에게 붙잡혀 그의 군대와 함께 쓰촨으로 행군했으며, 또 다른 이들은 남명(南明)의 군대를 자칭한 사람들과 동행하기도 했다. 벨은 1644년 당시 베이징에 있었고, 그곳에 계속 머물 경우 당할지도 모르는 위험을 감수하기로 작정한 몇몇 사람들 가운데 한 명이었다. 벨은 높은 수준의 과학기술을 갖고 있었기 때문에, 도르곤은 그에게 천문대(欽天鑑)를 관장하도록 했다. 조정은 역법을 결정하는 것이 상례였고 날짜의 산정이 정확하면 할수록 순치제가 하늘의 아들(天子)이라는 주장이 더욱 설득력을 얻을 수 있었다. 벨에게 특전이 주어졌던 것은 아마도 순치제가 자신의 독립성을 표현하거나 어려서 잃은 아버지를 보상받는 또 다른 방식이었을지도 모른다. 왜냐하면 순치제는 60세의 벨을 '할아버지'라고 불렀고, 종교와 정치문제를 다루는 회의에 그를 정기적으로 초빙했으며, 심지어 베이징에 교회를 세우는 것을 허락하기도 했다.

순치제는 애첩이 세상을 떠난 후 얼마 지나지 않은 1661년에 갑자기 죽었는데, 천연두 때문이었을 것으로 추정된다. 그러나 순치제의 어린 아들의 섭정을 맡은 네 명의 원로 만주인은 그의 죽음을 애도하기는커녕 곧바로 그에 대한 비방을 일삼았다. 그들은 순치제의 마지막 유언과 유서를 가지고 있다고 주장하면서 그 문서를 국가 전역에 공표했다. 이들에 따르면, 순치제는 자신이 만주 조상의 군사적 규범을 어겼고 환관에게 수혜를 주었으며, 만주인보다 중국인 고문을 높게 평가한 데 대해 자책했다는 것이다. 그 문서에는 이렇게 적혀 있다. "명이 제국을 잃었던 이유는 환관에 의지하는 실수를 범했기 때문이다. 나는 이러한 부패를 잘 알고 있었으나, 주의를 기울이지 못했다. ……나는 만주인에게 봉사할 마음을 잃게 했고, 만주인의 열망을 산산이 부숴 버리고 말았다."[7]

네 명의 섭정(그 가운데 노련한 장군인 오보이[鰲拜]가 가장 강력한 세력으로 급부상했다)은 순치제가 펴온 정책의 방향을 단숨에 변화시켰다. 그들은 주도적인 환관을 처형하고 환관청을 폐지했으며, 그 대신 만주인이 감독하는 효율적인 내무부(內務府)를 만들었다. 그들은 중국 전역에 더 엄격한 징세정책을 시행했다. 유명한 일례로 장쑤의 경우, 그들은 납세를 게을리 한 1만 3천 명의 부유한 한인을 조사하도록 명했다. 그 결과 적어도 18명이 공개적으로 처형되었고, 수천 명이 과거합격자에게 부여되는 각급 학위를 박탈당했다.

한편 벨은 체포되어 감옥에 갇혔고 만주인은 높은 직위로 승격된 반면, 한인 원로학자는 모욕을 당했다. 타이완 섬에 남은 마지막 반만 반란자들을 굶겨 죽

이기 위해 중국 동부 해안에 산재하는 동조자들이 보낸 모든 보급품을 압수했을
뿐만 아니라, 많은 부작용에도 불구하고 해안에 거주하는 중국인을 내륙 쪽으로
32km 이주하도록 하는 야만적인 정책을 폄으로써 그들을 공격할 구실을 만들
었다. 예컨대 푸젠(福建) 성에서는 이 명령의 직접적 결과로 1661~1663년 사
이에 8,500명의 어부와 농민이 숨졌다고 보고되었다. 누르하치, 홍타이지, 도
르곤 그리고 순치제에 의해 여러 분야에서 발전을 이루어 왔고, 중국에 평화적
으로 적응하려는 정책이 1660년대 말이 되면 새로운 만주 민족주의의 기치 아
래 폐기될 위기에 처해 있었다.

계급과 저항

청 왕조가 기반을 공고히 하던 초반기 동안, 서로 다른 경제적·사회적 집단이
서로를 음해한 사건이 여러 번 있었다. 리쯔청이 중국인을 위한 새로운 평화와
번영의 시대에 대해 설파했던 것이나 리쯔청과 장셴중이 학자와 관료를 혐오하
여 많은 사람을 살해했던 사실은 앞에서 간략히 언급한 바 있다. 중국의 다른
지역에서는 1644년에 명의 황제가 자살했다는 소식이 깊이 잠재되어 있던 적
대감을 행동으로 표출시키게 하는 계기를 주기에 충분했다. 예컨대 농민은 지
주를 죽이고 부호의 집을 도륙하거나 불태웠고, 읍민들은 몰래 성안의 관리를
습격하거나 들판에서 농민군과 공개적으로 싸우기도 했다. 계약 노비들이 떼지
어 폭동을 일으켜서 주인을 죽이고 재산을 빼앗고 지역공동체를 위협했다. 가
난한 군인도 반란을 일으켰다. 어민들은 해적에 가담하여 해안을 오르내리며
노략질을 일삼았다. 리쯔청과 같은 지도자가 죽은 후에도 농민 의용군은 무리
를 지어 산발적으로 전투를 벌이면서 순치제 재위기간 내내 공포와 분란을 일
으켰다. 여성이 군대의 지도자로 등장했고, 짧은 기간 동안이나마 명성을 누렸
다. 하급 관리는 상급자의 지시에 반대하면서 항전을 주장했지만, 결국 그들이
방어하던 읍은 무참히 박살나기도 했다.
　그러나 계급간의 전쟁이라는 개념은 경제적 응집력과 자신의 사회적 역할에
대한 자각의 단계를 전제로 하는 것인데, 당시의 중국에서는 이러한 자각이 결

여되어 있었던 것으로 보인다. 사회적 갈등이 발생할 때마다 가진자와 없는자가 서로 협력하거나 돕는 또 다른 모습들을 보여주었기 때문이다. 리쯔청의 대순(大順) 정권 관원들 중에는 부유층 출신의 촉망받는 학자들이 여럿 포함되어 있었다. 농민반란군과 마주친 부유한 지주는 농민 의용군에 의해 구조되기도 했다. 산으로 도망간 학자들은 밀려오는 만주군과 맞서기 위해 지역민을 동원하여 방어망을 구축하기도 했다. 피난하던 명의 왕자들은 동부 산악 해안지방에 사는 전혀 가진 것 없는 빈민들의 도움을 받은 적도 있다. 읍민은 관할 지현을 보호해 주었다. 명의 옛 소유지를 장악한 만주인은 간혹 거기서 일하던 가난한 소작인에게 토지를 주어 그들이 이전에 꿈도 꾸지 못했던 경제적 향상에 대한 희망을 제공하기도 했다.

이처럼 17세기 중국에서 명확한 계급 구분을 하기란 어려운 일이다. 기득권을 유지하려 애쓰던 귀족으로부터 무력과 대의제도를 통해 서서히 권력을 장악한 도시 부르주아지의 주도라는, 봉건제에서 자본제로의 이행에 대한 〔서양사〕연구를 통해 '계급'의 역사적 의미를 배워 온 우리에게, 이 당시 중국의 계급 구분선은 매우 혼란스럽고 모호하고 불분명하다.

명과 청에서는 서구적인 의미의 귀족제는 거의 존재하지 않았다. 가장 거대한 왕조를 지배한 가문들의 후손도 일단 그 왕조가 몰락한 후에는 이전의 명망과 특권을 유지하지 못했다. 왕조가 지속되는 동안에는 명 황제들의 다른 아들과 더불어 명 건국자의 후손들이 명예로운 관직을 얻고 거대한 영지에서 여유로운 삶을 즐겼지만(복왕과 계왕이 바로 그러한 사람들에 속한다), 이들이 앞선 왕조인 원(元, 1271~1368)의 귀족들과 공존했던 것은 아니다. 마찬가지로 1644년 이후에는 명의 귀족은 존재하지 않았다. 만주에는 나름대로의 귀족제가 있었는데, 그것은 누르하치와 다른 유명한 전사들의 후예와, 청의 발흥기에 일찌감치 투항한 한인 장군들의 후예로 구성되어 있었다. 그러나 만주의 정책은 9등급으로 구성된 독창적인 귀족 순위 안에서 한 명의 귀족이 죽을 때 그 가족이 한 등급 강등되도록 했다. 그러므로 3등급은 4등급으로 이어지고 그 다음에는 다시 5등급으로 떨어질 수도 있었다. 결국 황제가 특별한 혜택을 주어 승격시키지 않는 한 한때 귀족이던 가문이 평민의 지위로 떨어질 수도 있었다.

그러나 중국에는 분명히 '상류계급'——비록 이 계급을 귀족들간의 결합관계나 확실한 경제적 지위를 기준으로 정의할 수는 없지만——이 있었고, 만주족은 중국을 정복했을 때 알게 된 이 체계를 영속시키기로 했다. 상류계급의 지위는 부(富)·혈통·교육·관직이라는 네 요소를 모두 갖추어야 획득할 수 있었다. 토지는 여전히 가장 가치 있는 부의 형태였지만, 청의 상류계급은 많은 양의 은괴(중국의 공식적 교환수단이기도 했던), 고전을 소장한 대규모 도서관, 그림이나 옥·자기·비단 같은 수집품, 대저택, 도시의 부동산, 또는 전당포에서 약국에 이르는 각종 상업활동에서 나오는 이윤 등도 소유하고 있었던 것으로 추정된다.

종족체계(때로는 씨족 또는 동족 집단)는 상호부조를 통해 여러 대가족을 한데 묶어 주었다. 일정 정도의 재산이 모이면 종족토지의 형태로 다음 세대에게 넘겨졌고, 거기서 나오는 수입으로 조상의 사당과 무덤, 그리고 종족학교의 교사에 대한 급료 등을 충당할 수 있게 했다. 막강한 종족의 자손들 사이의 결혼이 부모들에 의해 조심스레 흥정되고, 정교한 족보가 다량으로 부활되어 나타난 것으로 볼 때, 이와 같은 체계가 얼마나 뿌리 깊게 지속되고 관리되었는지 알 수 있다.

청에서 교육이 중요한 위치를 점할 수 있었던 것은 관료들이 권력과 특권을 장악하고 있었고, 그런 관료가 되는 길이 거의 전적으로 국가가 시행하는 과거시험에 한정되어 있었기 때문이다. 평상시에는 무공을 세워 고관에 오르는 사람이 거의 없었을 뿐만 아니라, 자신의 집안이 돈이 많거나 황제와 관계가 있다 하더라도 고관이 되는 것은 불가능했다. 청의 통치자들은 명 왕조의 과거 과목을 그대로 두었다. 과거는 주로 유교 성현이나 그들의 초기 제자들의 책과 그 책에 대한 공인된 몇몇 주석서를 암기하거나 분석하는 것에 기초를 둔 어려운 시험이었다. 책은 모두 고문(古文)으로 쓰여 있었는데, 그것은 일상적으로 쓰는 언어와는 문법적으로나 구조적으로 다른 언어였다. 그러므로 어떤 집안이 돈이 많아서 뛰어난 성적으로 상급 과거시험에 합격한 훌륭한 선생에게 아들을 보낼 수 있다면, 또는 종족학교를 세워 그만한 선생을 개인적으로 고용할 수 있다면, 그 집안 아들은 과거에 합격하여 고관이 될 가능성이 그만큼 높았던 것이다. 시험에 합격하면, 설사 관직을 얻지 못한다 하더라도 부역의 의무나 죄를 짓고 재판을 받게 될 때 체형을 면할 수 있었다.

파벌로 갈라진 조정이나 비적과 내란이 판치는 지방에서 관직을 수행한다는 것은 위험한 일이긴 했지만, 몇 년간 관직에 있으면서 받게 되는 봉급·부수입·수당 등은 그 직위에 오르기까지 쏟아부었던 비용을 상쇄하기에 충분했으며, 아마도 더 많은 토지와 자녀의 교육에 투자할 수 있는 충분한 여유 자금을 모을 수 있었을 것이다. 게다가 관료사회의 일원이라는 사실 자체만으로도 퇴직 후 귀향하여 여생을 보낼 때 현지 관료로부터 사회적으로 동등하게 대우받음으로써 자신을 보호할 수단까지 확보할 수 있었다.

이러한 상류층은 재산을 주로 토지에서 얻었기 때문에, 그 땅에서 소작인과 마찰을 빚을 소지가 항상 있었다. 명의 관료들이 관찰한 바에 따르면, 소작료가 너무 오르면 소작인이 소작료 거부운동을 벌이거나 심지어는 지주에 대항하여 봉기를 일으킬 가능성마저 있었다. 토지에서 추방당할 경우, 그들은 비적행위나 다른 종류의 사회적 폭력에 가담할 수 있었다. 그러나 17세기 중국에는 단순한 지주와 소작인 사이의 분규는 없었는데, 이는 토지에서 서로 다른 여러 계층의 사람들이 일하고 있었기 때문이다. 그러므로 1640년대에 '농민'이 '향신'(gentry)에 대항하여 무기를 들고 일어난 때는 예외 없이 그 원인은 해당 지역의 경제적·인간적 관계의 엄격한 등급화에서 찾을 수 있다. 리쯔청과 장센중, 그리고 그 동료들의 특권층에 대한 분노는 토지 없는 자와 지주 사이의 적대감에서 비롯된 것이 아니라, 광범위하게 산재해 있던 좌절감과 더 나은 삶을 공유하려는 욕망에서 발생한 것이다.

그런데 이 과도기 동안 사회적·경제적 관계에서 약간의 폭넓은 이동이 있었다. 오보이 섭정세력은 장쑤 성의 향신에게 제때 세금을 내도록 위협하고 강제로 구속하기도 했겠지만, 만주족은 부유한 중국인이 소유한 토지에 대해 효율적이면서도 시대에 걸맞은 새로운 인구조사를 하는 데는 명백히 실패했다. 이러한 인구조사만 이루어졌다면 만주족은 적합한 토지세제를 갖출 수도 있었을 것이다. 다만 그 작업은 너무나 방대한데다가 그 지역의 사정을 잘 아는 토박이 중국인에게 맡겨야 한다는 난점이 있었다. 끝없는 시간 끌기, 핑계, 보수에 대한 불만 등을 내세우며 지주들은 얼마든지 인구조사를 방해할 수 있었다. 혼란기에 토지를 크게 늘릴 수 있었던 가문들은 토지세제 개혁이 실패로 끝나자 이후 더 많은 토지를 소유할 수 있게 되었다.

어떤 중국사가는 만주족 정복자와 중국인 상류층의 결탁이 지방에서 '봉건적 관계'를 영속화시키고 도시에서 발전하고 있던 잠재적인 '자본주의의 싹'을 짓밟아 버렸다고 주장했다. 그러나 이것은 증명하기 어렵다. 어떤 종족의 경우 만주족의 정책으로 더 부유해졌다고는 해도 많은 향신 개혁가들(주로 명 말기의 동림당 개혁가들과 지적으로 연결되어 있는)은 이러한 정책에 반대했고, 그들이 부임한 지역에서는 자신이 속한 계층의 이익을 희생해서라도 더 공정한 세제를 시행하고자 했다. 이러한 향신 개혁가들의 실패는 1644년 이후 베이징의 관료 기구가 더 이상 그들의 지인들(대부분 1645년에 사망해 버린)로 구성되어 있지 않다는 사실에서 비롯되었다. 비록 이 개혁가들이 그 공을 인정받지는 못했으나, 이후 18세기에 이르러 그들의 제안 중 일부는 시행되었다.

　특히 중국에서 가장 비옥한 지역이면서 교육받은 학자이자 관료인 사람이 다수 밀집해 있던 양쯔 강 하구 장쑤 성의 경우, 만주족에 대한 저항은 주로 이념적인 것이었다. 이 지역의 반만(反滿)활동 지도자들은 때때로 지방 농민과 그들 배후의 호민(豪民)을 연합시키는 데 성공했다. 다시 말해 상류계급의 카리스마적 지도력으로 민족적 동질성을 내세워 계급간 분열에 다리를 놓을 수 있었던 것이다. 많은 경우 만주식 변발령이 촉매로 작용한 것은 사실이나, 그 너머에는 어떤 대가를 치르더라도 명에 충성을 바치겠다는 학자들의 강한 의식이 있었다. 다시 말하면 왕조적 이상에 대한 봉사와 의무에 충실해야 한다는 사회적 의식이 발전한 결과, 왕조의 결점을 초월하여 부유한 자와 가난한 자를 약하게나마 결합시켰던 것이다. 만주족이 정권을 완전히 안정시키기 위해서는 바로 이러한 동맹을 영원히 깨뜨려야만 했다. 그러나 만주족은 1660년대에 또 한번의 강경한 반한정책으로 이러한 형태의 동맹을 오히려 조장하게 되었다.

강희제의 통합정책

3장

1673~1681년, 삼번의 난

청의 황제들은 성장하려면 빨리 성장해야 했다. 순치제(順治帝)가 도르곤의 갑작스런 죽음을 기회로 권좌에 오른 것이 그의 나이 13세 때였다. 순치제의 아들 강희제가 섭정 오보이를 처음 권좌에서 축출한 것도 역시 13세 때였으며, 15세 때인 1669년에는 자기 할머니와 일군의 만주족 호위 장교들의 도움을 받아 오만과 부정이라는 죄목으로 오보이를 체포했다. 오보이는 감옥에서 죽었고, 강희제는 1722년까지 재위하면서 중국 역사에서 가장 존경받는 통치자 가운데 한 사람이 되었다.

이 어린 통치자가 직면한 많은 문제 가운데 가장 중요했던 것은 중국을 만주족의 통제 아래 통합시키는 일이었다. 1662년에 우싼구이가 서남지방을 근거지로 삼아 명의 마지막 황통 계승자로 자처하는 세력을 제거하기는 했지만, 그 지역이 베이징의 행정구조에 완전히 편입된 것은 아니었다. 이 지역은 수도에서 멀리 떨어져 있는데다가 기병이 전진하기 힘든 아열대성 산악지대이며, 자신의 영토를 지키기 위해 필사적으로 싸우는 수많은 비한족 부족들이 있었고 행정관들은 충성심이 부족했다. 순치제와 오보이는 이런 까닭에 이 지역으로 더 이상 만주군을 파견하지 않았다. 대신 1650년대 말 이 지역에서 벌어졌던 대부분의 전투를 지휘했던 세 명의 한인 장군들에게 이곳을 관할하도록 했다.

이들 가운데 상커시(尙可喜)와 겅지마오(耿繼茂) 두 사람은 뛰어난 한인 기군으로 1633년 만주에 항복한 이래 중국 정복과정에서 중요한 역할을 수행했다. 특히 두 사람은 1650년에 명 지지자들로부터 광저우를 탈환하고 방어하던 사람들을 학살함으로써 자신들의 충성심을 확실히 증명했다. 세번째 인물은 바로 우싼구이였다. 이 세 사람은 만주 조정에 의해 왕(王)으로 봉해졌고, 그들의 아들들은 만주 귀족의 딸들과 혼례를 맺는 영광을 얻었다. 또한 이 세 사람은 거의 독립적인 광활한 영토를 하사받았기 때문에 서양 역사서에서도 상·겅·우를 '세 번왕'(Three Feudatories)이라 부르고 있다. 우싼구이는 후난과 쓰촨뿐만 아니라 윈난과 구이저우 성을 통치했고, 상커시는 광저우를 거점으로 광둥과 광시의 일부를, 그리고 겅지마오는 해안도시인 푸저우에서 푸젠 성까지를 다스렸다.

그들은 모두 프랑스와 스페인을 합한 정도의 넓이, 또는 조지아에서 텍사스까지의 미국 남부지역에 상당하는 영토를 다스리는 실질적 군주였다. 모든 민간조직과 청의 관리가 명목상 존재했음에도 불구하고, 이 지역에서는 삼번(三藩)이 군사와 과거시험, 토착민과의 관계, 세금 징수 등을 감독했다. 그들은 지방세를 걷었고 이윤이 많은 무역을 독점했으며 청 왕조에 대한 충성의 대가로 많은 공물을 지속적으로 요구했다. 그리하여 1660년대에 그들은 매년 1,000만 냥의 은을 받고 있었다.

또한 얼마 안 있어 그들은 자신들의 봉토가 상속되는 것으로 생각하고 있었다는 사실이 드러났다. 1671년 상커시는 병이 들자 광둥의 군사권을 아들 상즈신(尙之信)에게 넘겨주었다. 같은 해 겅지마오가 죽자 그의 아들인 겅징중(耿精忠)이 푸젠 성을 물려받았다. 기록이 단편적이기는 하지만, 강희제는 재위 초반에 삼번에 대해 어떤 조치를 취할지 논의하기 시작했는데, 그의 고문들 사이에 의견이 분분했음에 틀림없다. 그의 고문들이 조심스러워했던 것과는 달리 강희제는 국가의 힘을 오래 지속시키려면 그들과의 일전도 불사해야 한다는 대담성을 보였다. 실제로 늙고 병든 상커시가 1673년에 은퇴하여 만주로 돌아가도록 허락해 달라고 요청했을 때 강희제는 선뜻 승낙했다. 우싼구이와 겅징중이 그

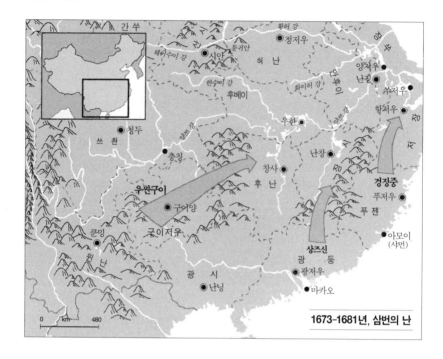

1673-1681년, 삼번의 난

를 떠보기 위해 비슷한 요청을 해왔을 때에도 같은 반응을 보였다. 이들의 요청
은 번의 존속에 대한 강희제의 전반적인 의중을 떠보려 한 것이었는데, 황제의
이 같은 반응으로 곧 공개적인 공격이 있을 것임이 자명해졌다.

　강희제가 가장 신임하는 측근들이 우싼구이에게 조용히 번을 떠나도록 설득
했음에도 불구하고, 1673년 12월 우싼구이는 청에 대한 충성을 파기하고 새로
이 주(周) 왕조의 성립을 선언한 뒤 군대를 후난 성 내륙으로 이동시켰다. 경징
중은 1674년에 반란을 일으켜 푸젠의 기반을 공고히 하고 저장으로 군대를 이
동시켰다. 상즈신은 자신의 아버지(청에 대한 충성을 계속 유지한)를 잡아 가두고
1676년에 반란에 가담, 광둥 성을 공고히 하면서 군대를 장시 성으로 급파했다.

　이 삼번의 난은 남부와 서남부에 거주하던 한인에게는 충성에 대한 고통스
러운 시험이었다. 1640년대와 1650년대의 전란기에 살아남아 청과 평화를 유
지하고 있었던 이들은 이제 청에 대한 충성을 지켜야 할지 우싼구이의 주 왕조
에 희망을 걸어야 할지 결정해야만 했다. 우싼구이는 한족의 자존심을 자극하
기 위해 명의 관습을 복원하고 변발을 자를 것을 명했다. 또한 그는 누가 주 왕

조의 첫번째 왕이 될 것인지에 대해서는 분명히 언급하지 않음으로써, 명 황실의 생존자가 있다면 그가 제위에 올라야 한다는 뜻을 내비쳤다. 더욱이 '주'라는 이름은 사람들에게 중국에서 가장 숭배받는, 기원전 첫 천년 동안 중국 북부를 다스렸고 여러 유교 경전에서 칭송하는 중국 초기의 왕조 가운데 하나를 떠올리게 했다. 우싼구이는 강희제에게 중국 땅을 떠나 만주와 조선에서 새로운 왕국을 건설한다면 사면해 주겠다는 제안을 했다. 당연히 강희제는 이를 거절했고 분노의 표시로 베이징에 볼모로 잡혀 있던 우싼구이의 아들을 처형해 버렸다.

거대한 상비군, 안정된 행정적·경제적 기반을 확보하고 있던 우싼구이와 그 추종자들은 이전의 계왕과 같은 명 황실의 후예들보다 성공할 가능성이 많았다. 더욱이 남부와 서부 전 지역에서 청에 대한 한인 충성파는 고립되고 숫적으로 점점 줄어들었다. 비록 많은 이들이 삼번의 통치자에게 봉사하기를 거부하려 했다는(일부는 산으로 도망가고, 일부는 병을 핑계삼고 심지어는 자해하여 불구가 되었다) 증거는 있지만, 대부분은 복종하는 것 외에 별다른 도리가 없음을 알고 있었다. 그 결과 이 반란은 청을 무너뜨리는 데 거의 성공할 뻔했다. 적어도 만주는 양쯔 강 남쪽의 중국에 대한 통제력을 잃어, 제국은 영원히 분할될 것처럼 보였다.

이때 중국이 통일국가로 남아 있을 수 있었던 것은 (이후 전개되는 세계사에서 중요성을 지니는) 다섯 가지 주요한 요인 덕분이었다. 하나는 우싼구이의 판단력 부족이다. 그는 1674년 처음 거사를 시작했을 때 후난의 경계를 넘어 북진하지 않았다. 두번째는 강희제의 능력이다. 그는 젊었음에도 불구하고 조정을 단합시키고 정복과 진지 재구축을 위한 장기적 전략을 세웠다. 세번째는 반격의 선봉에 섰던 청의 여러 만주족 장군들—역시 젊고 실전 경험이 없었다—의 용맹과 끈기였다.(강희제는 직접 전투를 지휘하지는 않았다.) 네번째는 삼번이 협력하여 모든 전선에서 청에 대한 전투를 지속시키지 못했다는 점이다. 다섯번째는 삼번이 명의 가장 충성스런 지지자들을 설득하지 못했다는 점인데, 이들은 삼번이 이전에 만주에 적극적으로 협력했었다는 사실을 너무도 잘 알고 있었던 것이다.

삼번은 왕정복고자로서 해야 할 새로운 역할도 제대로 수행하지 못했다. 우쌴구이는 점점 호화로운 생활과 화려한 치장에 빠져 들었고, 상즈신은 예전의 장셴중이 보였던 광적인 포악성을 보였는데 정적들을 사냥개에게 뜯겨 죽도록 할 정도였다. 경징중은 개인적인 능력도 없고 세력도 약해서인지 1676년 단독으로 청에 항복함으로써 세 사람이 제휴할 수 있는 기회를 없애 버렸다. 상즈신도 그 이듬해에 항복했는데, 그 이유는 자신의 몫으로 여기고 있던 광둥 성의 관료 임명을 우쌴구이가 하려 했기 때문이었던 것 같다.

1678년 마침내 우쌴구이는 새로운 주 왕조의 황제를 자칭했으나, 그것이 어떤 의미를 갖기에는 때가 너무 늦었다. 그 해에 우쌴구이는 이질에 걸려 폭풍과 같은 66년간의 생을 마감했다. 손자가 그를 계승하여 3년을 더 버텼으나 만주족 장군들에게 사로잡혔다가 윈난의 성도 쿤밍에서 자결했다. 강희제는 경징중과 상즈신, 그리고 우쌴구이의 추종자들의 항복을 받아들이고 다시 관직을 수여했지만, 결국에는 모두 처형했다. 황제는 그런 신뢰할 수 없는 사람들을 주변에 남겨둘 여유가 없었던 것이다.

1681년 반란이 끝났을 때 삼번에 대해 '강경' 노선을 고집하던 사람들이 강희제의 측근이 되어 있었다. 강희제와 그의 측근들은 왕국을 거의 잃을 뻔했으나, 마침내 승리를 거둠으로써 중국을 이제 더욱 강한 국가로 만들 수 있었다. 강희제는 고위직에 있으면서 반란군에 협조했던 자에게는 잔혹했지만, 어쩔 수 없이 전쟁에 가담했다가 포로가 된 사람들에게는 최대한 관용을 베풀었다. 그에 따르면 그들은 그저 "삶에 매달리고 죽음을 피하려는 자연스런 욕구"를 보였을 뿐인데, 만일 자신의 군대가 "그들 모두를 처형한다면 이는 백성을 구하려는 내 뜻을 거스르는 것이며, 그들이 개과천선할 수 있는 기회를 빼앗는 것"이라 했다. 황제는 '비적떼'(사실 그는 반란군을 이렇게 불렀다)와 싸우던 중에 붙잡힌 여성과 어린이에게도 이 같은 동정심을 보였다. '비적떼의 진지에 있던 여성들은 대개 강제로 잡혀 갔던 사람들이다. 그러니 비적떼가 진압되고 나면 지역민에게 난민과 그 자녀들의 신원을 확인해서 새삶을 살 수 있는 기회를 주도록 하고, 획일적으로 모든 이를 잡아들이지 말라."[1]

지도자들이 죽자 삼번의 흔적은 일소되었다. 새로운 총독과 순무—대부분 한인 기군 출신—들을 반란지역에 배치하여 강희제의 통치 아래 복속시켰다. 세수(稅收)가 베이징으로 다시 수송되기 시작했고, 이 세수는 남부와 서남부 지방의 과거제를 부활시켜 등과자(登科者)들이 나오게 했다. 그러나 생활기반은 극도로 피폐해졌기 때문에 빨리 복구되지 않았다. 후난·광시·윈난·구이저우 성은 모두 강희제의 재위 동안 줄곧 중국의 주변부에 머물러 있었고 불신은 여전히 뿌리깊게 남아 있었다. 이 지역 출신으로 높은 등급의 과거시험에 합격한 자는 드물었고 고위 관직에 오른 이는 더더욱 없었다. 강희제는 여행을 대단히 좋아했음에도 불구하고 양쯔 강 이남으로는 일정 거리 이상 내려가는 모험을 절대 하지 않았다. 그가 '강남'(江南)이라고 지칭하는 것은 지금의 양쯔 강 삼각주에 위치한 도시 난징과 쑤저우에 국한되어 있었고, 엄밀한 의미에서 남부와 서부 지역은 그가 상정하는 범위에 포함되지 않았다. 그는 일생 동안 그 전쟁이 그에게 얼마나 큰 충격을 주었는지, 그리고 삼번을 '철번'(撤藩)시키고자 한 결정으로 인해 얼마나 많은 사람들을 죽였는지를 곱씹었다. 하지만 그는 자신의 결정을 후회한 적은 결코 없었다.

타이완과 연해 중국

타이완이 중국 역사에 편입된 것은 17세기 초반으로 거슬러올라간다. 명 왕조 말기에도 타이완은 아직 잘 알려져 있지 않았고 거친 바다, 태풍, 사주(砂州)가 타이완 해안을 지켜 주었다. 평평한 서부평야는 접근하기 어려운 산악지대 뒤에 있어서 고립되어 있었다. 타이완 원주민의 비우호적 태도도 외지인의 탐험이나 정착을 어렵게 했다. 그럼에도 소수의 광둥·푸젠의 무역상들은 위험을 무릅쓰고 용감하게 타이완산(産) 사슴가죽과 사향(성적 최음제라고 믿었다)을 팔아 꽤 짭짤한 이익을 얻었고 타이완 섬의 서남쪽에 작은 정착지도 건설했다. 중국인 해적이나 일본인 해구도 이 해안에 은신처를 두었다.

　1620년대에 타이완은 세계 정치무대에 등장하기 시작했다. 처음에 이 섬의 유일한 유럽인 방문객은 좌초된 선원과 선교사들이었다. 그러다가 포르투갈인이 이 섬을 탐험했고, 여기에 '아름다운 섬'이라는 뜻의 '포모사'(Formosa)라는 이름을 붙여 주었다. 그러나 그들은 곧 동아시아 지역의 거점을 마카오로 선택하면서 철수했다. 하지만 스페인인은 물러가지 않고 북부의 지룽(基隆)에 소규모 기지를 건설했고, 신교도인 네덜란드인도 1624년에 남부의 안핑(安平, 지금의 타이난[台南]) 성에 요새를 만들어 젤란디아(Zeelandia)라 불렀다. 1640년대에는 네덜란드인이 스페인인과 일본 해구를 모두 몰아냈고, 타이완과 네덜란드령 동인도(지금의 인도네시아), 그리고 중국 동부 해안의 상인과 관리들간의 무역을 발전시켜 이윤을 남겼다. 섬의 발전 가능성을 알아챈 일부 중국인 정착민들이 처음에는 스페인인, 나중에는 네덜란드인 주위에 몰려들었고, 일부는 타이완 서부평야에 배수시설을 하고 농사를 지었다.

네덜란드인은 1640~1650년대 명의 유신(遺臣)들이 전개한 싸움에 대체로 초연했으나, 전쟁이 해안지역으로 확대되자 명 유신들과의 관계로 인해 결국 휘말려 들 수밖에 없었다. 푸젠, 타이완, 일본 남부 사이의 바다를 주름잡던 해적이자 상인인 동시에 부유한 세력가인 정씨(鄭氏)가의 지도자가 다급해진 명의 관리로 임명되자 싸움이 한층 고조되었다. 그는 1646년에 청 조정에 굴복했으나, 그의 기세등등한 아들 정청궁(鄭成功)은 이를 거부했다. 그는 자신의 군사와 선박으로 명 유신들의 피난을 도왔으며, 그들이 내륙으로 도망친 뒤에도 물심양면으로 도왔다.

역사서에서 일명 코신가(Koxinga)*로 알려진 이 뛰어난 해상 전사는 1624년 일본인 어머니에게서 나서 국제무역과 문화교류가 이루어지는 다언어적 세계에 걸맞은 성장과정을 거쳤다. 그의 아버지의 무역망은 나가사키(長崎)에서 마카오까지 걸쳐 있었고, 아모이(厦門) 부근의 요새화된 그들의 근거지에는 마카오의 포르투갈인들로부터 도망친 흑인 노예 경호단뿐만 아니라 기독교와 불교의 분위기를 고루 갖춘 교회도 있었다. 요새 안의 거주지에 접근할 수 있는 방법은 배를 타고 들어가는 것밖에 없었다.

정청궁의 선단은 1650년대 내내 중국의 동부 해안에서 만주족과 싸웠으며, 그의 지배 아래 있는 아모이는 국제적 무역항이 되었다. 또한 정청궁은 10개의 무역회사를 차려 비단과 설탕을 비롯한 귀중품을 팔아 선단과 군사력을 유지했다. 해상 물자와 화기를 구입해 1659년에 난징을 향해 결정적인 공격을 감행하기 전까지 그는 결코 패배한 적이 없었다. 청의 군대가 그의 아모이 주둔지를

---

* 명 황실이 그에게 황실의 성[國姓: 주(朱)]을 수여했기 때문에 그는 '국성야(國姓爺)'라 불렸는데, 이는 푸젠 방언으로 'Kok-seng-ia'로 발음되어 서양인들이 Koxinga로 표기하였다.

압박해 들어오자, 그는 대담하게도 젤란디아의 네덜란드 요새를 공격하기로 결정했다. 전에 네덜란드인 밑에서 일할 때 젤란디아의 방어체제를 상세히 알아둔 한인 통역관의 도움으로 정청궁은 포위공격을 시도했다. 그가 네덜란드인을 죽이고 그들의 아내를 노예로 삼으면서 주변 농촌지역을 어렵지 않게 점령했음에도 불구하고, 네덜란드 요새는 놀랍게도 9개월 동안이나 버텼다. 1662년 2월에야 네덜란드인은 정청궁에게 은 100만 냥에 달하는 물품과 현금을 넘기고 네덜란드령 동인도의 바타비아로 후퇴하겠다는 협정을 맺고 항복했다.

그러나 정청궁의 성공은 오래 가지 못했다. 아버지와 형제들이 자신의 비타협적인 태도 때문에 베이징에서 처형되었다는 소식(그의 일본인 어머니는 오래 전 청군에게 살해당했다)으로 인해 전부터 이미 불안정했던 그의 정신상태가 더욱 악화된 탓이었을까? 그는 부하들을 괴롭히고 자녀를 구박하는 등 파괴적인 행동을 보이기 시작하더니 1662년 말에 죽었다.

1661년부터 섭정 오보이는 해안에 거주하던 중국을 이주시키려는 정책을 강력히 추진했지만 타이완을 복속시키지는 못했다. 그들은 푸젠 해안에 정씨 가의 마지막 거점을 찾아내기 위해 네덜란드 세력과 잠시 연맹을 맺기까지 했으나 1664년과 1665년에 감행된 두 번의 타이완 정탐은 모두 실패로 끝났다. 어쨌거나 만주족은 해전에는 경험이 없었고, 1673년 이후로는 삼번의 난에 신경이 곤두서 있었다. 그 때문에 타이완의 정씨가는 무역·상업 제국으로 눈부신 발전을 거듭할 수 있었다. 정청궁의 자손들은 이민이나 피난을 위해 본토에서 건너온 10만 명이 넘는 중국인을 다스렸고, 대량의 쌀과 사탕수수를 생산하며 소금·정당(精糖)·조선(造船) 등의 분야에서 상당한 규모의 사업을 경영했다.

삼번의 난이 끝난 뒤에도 강희제는 여전히 정씨가에게서 섬을 빼앗는 데 필요한 힘을 규합하기가 쉽지 않다는 사실을 깨달았다. 황제의 마지막 전략은 정청궁 부친의 휘하 장군이었던 스랑(施琅, 이미 1650년대에 항복해 왔다)을 원정군의 고문으로 임명하는 것이었다. 이 선택은 탁월했다. 스랑은 뛰어난 장군이었을 뿐만 아니라 그가 만주에 투항했을 때 그의 아버지·형제·아들이 정청궁에게 살해당했기 때문에 복수심에서라도 끝까지 싸울 인물이었다.

스랑은 조직적으로 원정을 계획했다. 해군 자원이 완전히 개발되지 않았음에도 불구하고 그의 함대 규모— 전투용 선박 300척— 는 중국의 잠재적 해군

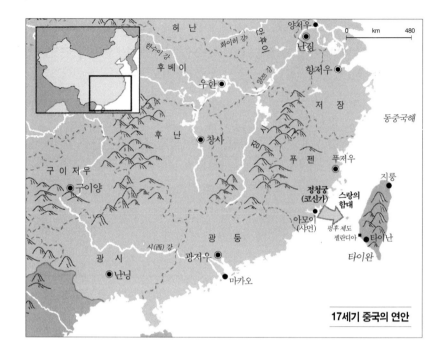

17세기 중국의 연안

력이 얼마나 막강했는지를 잘 보여준다. 1683년 7월 초 스랑 장군은 푸젠 성에서 함대를 이끌고 나가 펑후(澎湖) 제도에서 정씨가의 잔존세력을 박살내고 승리를 거두었다.

타이완은 3개월 후 항복을 했고, 강희제는 아마도 그 전 내란 때의 대학살에 지쳤던 탓인지, 패한 정씨가와 그 관료들을 호의적으로 대하고 그들 중 일부에게는 관직을 하사하고 베이징에 정착할 수 있게 해주었다. 정청궁의 군대는 대부분 타이완에서 중국 북부로 옮겨져 러시아에 대한 방어선을 강화하는 데 이용되었다. 타이완을 어떻게 처리할 것인가를 놓고 청 조정에서는 열띤 논쟁이 벌어졌다. 일부 조정 대신들은 섬을 완전히 버려야 한다고 주장했고, 스랑 장군은 '강하고 거대하여 천하무적인' 네덜란드 함대로부터 중국을 방어하기 위한 요새로 만들어야 한다고 주장했다. 강희제는 타이완을 그의 제국에 완전히 병합시키기로 결심했다. 섬은 타이난을 수도로 하여 푸젠 성 관할 아래 편입시키고, 세 지역으로 나누어 각각 문관 출신 지현을 두었다. 동시에 강희제는 8천 명의 청군을 영구적으로 섬에 주둔시키되 원주민의 거주지와 사냥터는 보호해 주도록 명했다. 이후 더 이상 중국인이 섬으로 이주하는 것은 제한되었다.

이러한 다소 모순되는 정책들을 통해 강희제는 청이(그 이전의 명과 마찬가지로) 해외무역과 식민지 건설에 대해 갖고 있던 양면성을 드러냈다. 중국의 지도자들은 무역에 대해 근본적인 불신을 갖고 있었고, 무역이 불안정과 무질서를 야기한다고 보았다. 그들이 무역을 두려워한 까닭은 무역이 중국의 방어체계에 대한 비밀정보를 외세에 유출하고 국내의 귀중한 은을 고갈시키며, 해적이나 다른 범죄행위들을 고무시킨다고 생각했기 때문이다. 따라서 정씨가의 몰락 이후 해안 소개정책을 포기했음에도 불구하고 청의 관료들은 아모이와 다른 해안도시에 있는 정부 대리인들을 통하여 선박의 크기를 규제하고 면허제를 실시하여 타이완과의 접촉을 계속해서 통제했다.

그러나 이런 정책은 중국 동부 해안과 같은 활기 넘치는 상업세계에서는 비현실적이었다. 이 정책은 해상과 해안의 무역 통제권을 갖고 있던 동부 해안의 고관들의 손에 막대한 이윤이 흘러 들어가는 결과를 초래했다. 포의였던 우싱쭤(吳興祚)는 아버지의 연줄로 푸젠에서 입관(入官)한 뒤, 1680년대에 광둥 성의 무역 대부분을 감독하는 양광(兩廣, 광시와 광둥 성을 말함—옮긴이)의 총독직을 얻기 위해 은 1만 냥을 뇌물로 바쳤다. 우싱쭤는 해안지역으로 돌아온 대규모 인구를 재배치하기 위해 선임된 특별행정관의 도움을 받아 3만 명이 넘는 사람들에게 거의 2천km²에 달하는 토지를 재배정해 줄 수 있었다. 푸젠에 있는 그의 동료들은 4만 명이 넘는 토착 지역민에게 2천km² 이상의 토지를 재분배했다. 총독 우싱쭤는 패배한 번왕 상즈신의 추종자였던 상인이 광둥에 갖고 있던 재산을 압류하는 일도 지휘했다. 이 상인 한 사람이 축적한 재산만도 은 40만 냥을 넘었다.

국가 차원에서 합법적 해외무역에 대해 신중하게 과세할 경우 얻을 수 있는 수입은 엄청날 것이 분명했고, 그 전에 이미 몇몇 통치자들은 이를 효율적으로 시행한 바 있었다. 그러나 청나라는 네 개의 해관(광둥·푸젠·저장·장쑤에 각 하나씩)을 설치하고 외국 수입품에 대해 20%의 전면적인 관세를 부과하는 등의 노력 이상으로, 리베이트와 매점매석에 치중함으로써 무역에 필요한 제도를 발전시키지 못했다. 18세기에 더욱 강력한 서양 무역상들이 도착했을 때 이는 치명적인 약점이 되었다.

마찬가지로 타이완으로의 이주 역시 금지했으나 그 금령을 적절히 시행하는데 실패함으로써, 청은 타이완이 일종의 길들여지지 않은 종속국, 거친 변방 사회, 곧 청의 행정구조에 일부만 종속되어 있는 상태로 발전시켰다. 강희 연간의 기록을 보면 섬 개발에 참여한 이들에 대해 어렴풋이나마 알 수 있다. 푸젠에서 이주한 어떤 형제는 지역 원주민에게서 땅을 헐값에 임차하고 중국의 관개시설을 도입하여 획기적으로 토지를 개발했다. 스랑 장군의 한 친척은 타이완 북부에 정착해서 사재를 털어 더 인구가 많은 남부에서 온 유민들을 고용하여 미개척지를 개간했다. 광둥 출신의 어떤 중국인 청년은 원주민 족장의 딸과 결혼하여 장인의 통역자가 되었고, 본토 이민자들에게 부족한 토지를 임대하여 돈을 벌었다. 이러한 예가 중국인의 전형적인 모습은 아니었지만, 전통 중화제국의 또 다른 모습을 보여준다.

지식인 회유

명 황실 유족들의 끈질긴 저항, 정청궁과 그 후예들이 지지를 받은 것, 삼번이 신속하게 세력을 확장하여 거의 반란에 성공할 뻔했다는 것, 이 모두가 한인이 청을 전적으로 지지하지 않았음을 뜻한다. 강희제는 제위에 오를 때부터, 한편으로는 만주인 귀족들을 통해 군사력과 정치적 단결을 강화하고, 다른 한편으로는 그가 신뢰하는 한인을 통해 그들의 전통문화를 지키도록 하여 상호 균형을 유지하도록 함으로써 이 문제를 해결하고자 했다.

강희제가 만주족의 호감을 사는 일은 비교적 쉬웠다. 강희제는 유년기에 천연두의 창궐 속에서도 살아남았을 만큼 강인했으며, 이 사실이 순치제의 후계자로 선택되는 데 중요한 요인으로 작용했다. 그는 어려서부터 사냥과 활쏘기를 좋아했고 말 타는 기술도 뛰어나서 조상의 땅인 만주까지 오랫동안 말을 타고 여행할 정도였다. 이 여행에 동행했던 정예 호위장교들과 만주 귀족들은 그들의 통치자에 대한 충성심으로 일치단결했다. 국가정책을 둘러싸고 상당한 이견이 있긴 했지만 그들은 강희제가 위기에 처할 때마다 그를 후원했다. 강희제를 무척 사랑했던 홍타이지의 미망인인 할머니 역시 그 가문의 인맥 덕분에 정치적으로 강력한 존재였고, 강희제의 황후와 후궁들(그가 처음 결혼한 것은 열한 살 때로 배우자는 오보이에게 대항했던 섭정들 가운데 한 명의 손녀였다)의 가문도 통치에 도움이 되었다. 또한 그는 베이징에 있는 만주족의 무속사원에서 의식을 거행하고 만주인을 한인과 마찬가지로 고위직으로 승진시켰고, 내무부 조직을 만주인 귀족에게 맡겼으며, 궁정의 여러 업무에 환관 대신 포의를 이용함으로써 환관의 권한을 제한할 정도로 치밀했다.

그러나 한족의 호감을 사는 일은 복잡한 문제였다. 만주족은 1644년에 중국에 들어온 이유가 명의 숭정제의 원수를 갚기 위해서였다고 주장했지만, 많은 한족은 이를 믿지 않았다. 그리고 그들이 이를 믿었다 해도 과거의 통치자에 대한 충성이 너무도 강해서 많은 한인이 숭정제가 승하했다는 소식을 듣고는 자결을 하거나 결국 실패할 것을 알면서도 무기를 들었고, 더 많은 이들이 어떤 형태로도 청 조정을 위해 일하지 않으려고 그들의 재능을 숨긴 채 살아갔다.

이와 같이 청조를 섬기기를 거부하는 것은 유교의 가르침을 근거로 정당화되었고, 이것이 강희제가 유교와 부딪쳐 보기로 결정한 배경이 되었다. 비록 17세기 중반 무렵에는 유교의 가르침이 의미하는 바에 대해서 서로 다른 견해가 있었지만, 공자의 가르침은 중국 사회에서 이론의 여지가 없는 위치를 점하고 있었다. 공자는 기원전 5세기에 개인생활이나 정치의 도덕성과 존엄성의 가치에 대해 설파한 대표적 인물이었다. 그는 의로움과 충성의 중요성을 강조하고 체계적인 의례를 통해 이를 강화시킴으로써 개인을 우주와 동시대인들과의 올바른 관계 속에 위치지으려 했다. 그는 존엄한 인간은 존엄하지 못한 통치자를 섬기지 말아야 하며, 원칙을 수호하기 위해서 필요하다면 목숨을 바칠 준비가 되어 있어야 한다고 천명했다. 또한 인간은 현세에 존재하는 문제에 집중해야 하며 조상의 유산에는 적절한 존경을 표해야 하지만, 하늘의 힘이나 영혼의 영역을 이해하려 해서는 안된다고 주장했다.

공자가 정치가나 학자들과 나눈 대화록인 『논어』(論語)는 공자를 끊임없이 자신을 시험하는 재치있고 강건한 인물로, 그리고 그의 주변 인물들은 의로운 행위의 가능성에 대한 신념을 버리지는 않으나 성격적 결함을 가진 것으로 묘사하고 있다. 도덕의 힘과 교육의 중요성에 대한 그의 믿음은 절대적이었다. 공자는 인간이 나이가 들면서 지혜를 갖추게 된다고 하고 이러한 자각의 발전단계를 나누었다. 공자가 죽은 지 수세기가 지난 후 그가 편집한 것으로 보이는 다섯 권의 책이 '오경'(五經)이라 불렀다. 각각 한 권의 의례와 시, 점성술에 관한 책(『禮記』·『詩經』·『易經』)과 두 권의 역사책(『書經』·『春秋』)이 그것이다. 이어 12세기에는 『논어』와 후대의 유가 제자인 맹자의 어록(『孟子』), 그리고 인간 본성과 도덕적 발전을 다룬 고전 의례서 가운데 두 권(『中庸』·『大學』)이 '사서'(四書)로 분류되었다. 이처럼 점진적으로 오경과 사서가 형성되어 온 과거 약 1,500년 동안 이 아홉 권의 책은 도덕적 삶을 영위하기 위해 필요한 기본원칙들을 담고 있으며, 중국 역사상 문명화된 정부와 백성의 만족감이 절정에 달했던 고대 주 왕조(西周)의 이상적인 시대에 대한 정확한 사실을 기록하고 있는 것으로 믿어졌다.

수세기에 걸쳐서 이 경전들에 대한 주석, 주해, 그리고 재해석이 풍부하게 이루어졌고, 5세기부터 중국에서 크게 유행한 불교나 그 밖의 전통적 철학에 의해 약간 수정되었다. 동시에 이러한 '유교' 경전의 다양성이 '교의'로 변화되어 사서와 오경은 공직 등용의 관문인 과거시험의 기초가 되었다. 유교는 이제 계서적 방식으로 해석되어 자녀에 대한 부모의, 아내에 대한 남편의, 그리고 백성에 대한 통치자의 절대적 권리를 유지하는 데 이용되었다.(유교가 과거제를 지배하고 관직을 남성에 제한시켰다는 것은 여성이 여전히 거의 교육을 받지 못했음을 의미한다.) 청대 유학을 주도한 학파는 세상의 원칙이나 이성(理)의 힘을 강조하고 그것을 생의 에너지(氣)의 바깥 더 높은 곳에 위치시켜 인간 본성이나 모든 형이상학적 구조를 이분법적으로 해석했다.

섭정 오보이를 감옥에 가두던 순간부터 강희제는 이 복잡한 유산에 최대한의 경의를 표했다. 1670년에 그는 전국에 16개조의 훈화를 발표했는데, 이것은 유교의 도덕적 가치를 종합한 것이었다. 이 훈화문은 '성유'(聖諭)라 불렸으며, 사회적 관계에서의 계서적 복종, 관대, 유순, 검소, 근면 등을 강조했다. 강희제는 이어 일단의 만주인과 한인을 가정교사로 임명하고, 그들과 더불어 사서에 이어 오경을 꼼꼼히 강독했다. 궁정의 공식 일기를 보면, 그는 한 장(章) 한 장 진도를 나갔으며, 해결되지 않는 부분에 대해 스승과 토의하였음을 알 수 있다. 서예에 대한 강도 높은 연습과 함께 이와 같은 강희제의 학업소식은 적절히 조정으로 '누설되어' 젊은 군주에게 '성왕'(聖王)의 영예를 더해 주었다. 이와 동시에 만주인과 한인 학자들은 성유를 알기 쉬운 구어체의 대중판으로 만들어 강희제의 윤리관을 백성에게 널리 알리도록 했다.

중국 국가의 위대한 힘 가운데 하나는 과거제를 통한 지배이다. 순치제는 이 제도를 부활시켰고, 강희제는 계속적으로 3년마다──심지어 내란기에도──시험을 치르게 하였다. 그러나 수많은 뛰어난 학자들이 그들이 성장했던 명 왕조를 배신하는 행위라는 이유로 시험장에 나와 앉는 것조차 거부했기 때문에 강희제는 화가 치밀었다. 이와 같은 곤란을 현명하게 해결하기 위해서, 강희제는 1679년 3년에 한 번 열리는 전국시험과는 별도로 뛰어난 재주를 지닌 사람들을 대상으로 하는 특별시험(別試)에 각 성에서 후보자들을 내보내도록 명령했다. 비록 일부 완고한 학자들이 여전히 베이징에 시험치러 오는 것을 거부했고, 어떤 이들은 자신이 후보자에 지명되는 것조차 용납하지 않았지만, 이 시도는 성공적이었다. 50개의 특별 학위가 내려졌는데, 대부분 양쯔 강 삼각주 지방 출신의 학자들이 받았다. 옛 왕조에 대한 충성을 무마시킬 요량으로, 이들 학자들은 멸망한 명 왕조의 공식적인 역사(『明史』)를 간행하는 작업을 돕도록 배치되었다.

이러한 대우에도 불구하고 많은 한인들은 새 왕조에 대해 양면적인 태도를 버리지 않았다. 어떤 학자들은 사적으로 명에 대한 사료를 모아 정부의 감시에서 벗어나 개인적으로 역사를 쓰려 했다. 성공적이진 못했으나 용감했던 양저우(揚州)와 장인(江陰) 등의 도시에서 일어났던 만주에 대한 저항이 기록되어 후손들을 위해 보존되었다. 또 그들의 근거지를 방어하는 데 앞장섰던 일부 철학자들은 정치생활에서 은퇴하여 동림(東林)과 같은 명 말의 단체의 일원이었던 도덕적이고 개혁적인 학자들을 소개하는 글을 조심스럽게 쓰기도 했다.

이 시기에 행동과 저술 면에서 가장 돋보이는 학자가 세 명 있었다. 한 사람은 후난 성 출신 왕푸즈(王夫之)였는데, 그는 1650년에 고향으로 돌아가기 전 일찍이 서남지방의 계왕의 망명정부에 수년간 몸담은 적이 있었다. 이후 그는 명 중기의 학자인 왕양명(王陽明)의 후학들의 개인주의적 철학을 공격하는 데 전력을 다했다. 그는 개개인의 양심에서 도덕심의 근원을 찾을 수 있다는 그들의 주장이 그 시대의 도덕성을 망쳤다고 주장했다. 왕푸즈는 이전의 '미개한' 왕정에 대한 비평문뿐만 아니라 계왕 정부의 역사 또한 기록했는데, 만약 만주인이 그 기록들을 발견했더라면 아마 그는 처형당했을 것이다.

두번째 학자는 저장 출신으로 동림당원과 그 밖의 개혁가들에게 심취한 황중시(黃宗羲)로, 그의 아버지는 1626년 환관 웨이중셴에게 처형되었다. 황중시는 동부 해안에서 명 왕조의 유족들 편에서 수년간 싸웠고, 만주군의 진입을 지연시키기 위해 산악지역에 방어벽을 구축하기도 했다. 이후 1649년에 마침내 그는 학자로서의 삶으로 복귀했다. 그는 명나라의 주요 인물에 대한 역사적 전기를 쓰고 정부의 구조를 분석하기도 했다. 황중시는 당시의 지나친 중앙집권의 대안으로 공동체의 행정관인 학자들의 도덕성에 의해 통치되던 과거의 이상적 중국 사회를 제안했다. 다른 대부분의 정치사상가들이 황제와 백성 사이에 존재하는 환관과 관료들의 행동을 개혁할 방법을 고민하고 있었던 데 반해, 황중시는 황제가 권력을 덜 소유해야 한다고 믿었다.

세 학자들 가운데 가장 유명한 구옌우(顧炎武)는 1613년 장쑤에서 나서 과부인 수양어머니 밑에서 자랐다. 그의 어머니는 도덕적으로 상당히 훌륭한 여인으로 아들이 유교의 윤리적 가치를 따르도록 가르쳤다. 명 말 구옌우는 낮은 등급의 과거를 통과하고 전통적 경제·행정·군사 등을 깊이 있게 공부함으로써 당시의 정치적·도덕적 타락에 맞서고자 했다. 1644년 그는 만주에 대항하여 복왕 편에서 잠시 일했고, 새로운 왕조에 굴복하기보다는 굶어 죽기를 택한 수양 어머니의 가르침에 크게 감화되었다. 그녀는 죽어 가면서 구옌우에게 "비록 여자이지만 나는 명 왕조의 은혜를 입었다. 왕조와 함께 죽는 것이 바로 내 의무다. 다른 왕조를 섬기지 말라"[2]는 유언을 남겼다.

구옌우는 어머니와 행동을 같이하지는 않았지만 그녀의 유언을 가슴에 새겨, 남은 일생(그는 1682년에 죽었다)을 여행하고 사색하며 연구하는 일로 보냈다. 그는 고향인 장쑤의 푸른 양쯔 강 평야를 떠나 산시 성의 거친 서북지역을 택했다. 구옌우는―동시대인 왕푸즈와 마찬가지로―지배적이었던 유교 학파의 도덕적 허위성, 형이상학적 이분법과 직관에 대한 강조 등을 비판하는 일련의 저작을 내놓았다. 그는 말을 타고 북중국을 두루 여행하면서 농업의 관행과 광업 기술, 그리고 지방 상인들의 은행체계 등을 관찰하기도 했다. 그는 그런 관찰을 바탕으로 많은 글을 써서 새로운 종류의 엄격하고 실용적인 학문의 기초를 확립하고자 했다.

구옌우는 방대한 저서에서 정부·윤리·경제·지리·사회관계와 같은 주제에 초점을 맞추어 서술했다. 특히 철학에 각별한 관심을 보였는데, 그는 철학을 과거의 학문을 정확히 평가하는 도구라고 여겼다. 그는 한 왕조(B.C.206～A.D.220)의 학자들이 문학적 수식이 없고 지적으로 엄격하며 형이상학적 치장이 없었다는 등의 이유로 특히 칭송했다. 구옌우는 명성이 점점 높아졌지만 청의 과거시험(1679년의 명예로운 특별시험을 포함하여)이나 강희제가 지원하는 명의 역사 편찬작업에 참여해 달라는 요청을 모두 거절했다. 구옌우는 사후 많은 학자들에 의해 학자로서의 엄격성과 완전무결성의 표본으로 추앙받았고, 18세기가 되면서 그의 저작들은 중국인의 사상에 큰 영향을 미치게 되었다.

만주에 저항한 것은 군인이나 학자뿐만이 아니었다. 청나라 초기의 화가들 중 다수가 그들의 작품을 통해 왕조에 대한 불만이나 불신을 표현했다. 그들은 대담하게 혁신적이고 기이한 붓놀림을 사용하거나 구도에 여백을 두는 방법으로 황폐하고 균형을 잃어버린 세계를 묘사했다. 외로이 서 있는 뒤틀린 소나무, 메마르고 각진 산맥들, 두껍고 농도 짙게 그려진 뒤엉킨 잎사귀의 이미지, 홀로 남은 새나 물고기 등이 화가들이 자주 선택한 소재였다. 가장 뛰어났던 스타오(石濤)와 팔대산인(八大山人, 본명은 주다(朱耷)) 등의 몇몇 화가들은 멸망한 명 황실과 인척관계였으며, 전쟁기에는 외딴 사원에 칩거했다. 팔대산인(자신이 직접 만든 이름으로 '큰 여덟 개의 산 속에 사는 사람'이라는 뜻)은 청에 대한 반항의 몸짓으로 침묵을 선택했다. 문에 '벙어리'를 뜻하는 한자를 쓴 후 그는 더 이상 말하는 것을 거부했는데, 술에 취하거나 창조적 열기에 휩싸일 때면 미친 듯이 웃거나 울부짖곤 했다. 하지만 스타오는 은둔생활을 청산하고 청을 위해 일하는 학자나 예술가와 어울리기도 하고 때로는 부유한 도시인을 위해 정원을 설계하는 일을 맡기도 하다가 궁정 외곽에서 생을 마감했다.

물론 이 시대의 역사가 청에 등을 돌린 지식인들에 의해서만 이루어진 것은 아니다. 행정관청에서 일하지 않거나 과거시험을 거부하던 사람들도 좋은 관직과 확실한 재물에 대한 약속에 유혹당할 수 있었다. 서적 편찬은 특히 지식인이 정열을 쏟을 수 있는 일이었다. 강희제는 학자들을 여러 집단으로 나누어 사전(辭典), 백과사전, 황제의 여행기, 고전 산문집과 시선집 등을 엮도록 했다. 고관들은 방대한 지리학 연구와 지방사 연구를 지원하고, 열성적인 학자들에게

자료수집을 위해 지방을 여행하고 집에 돌아와서는 편안하게 집필할 수 있도록
배려했다. 다른 관료들도 소설가, 단편 소설가, 시인, 극작가에 관계없이 장래
가 촉망되는 작가들에게 부담이 가벼운 사적인 비서직을 주어 창조적 활동을
위한 시간적 여유를 제공하기도 했다. 그 결과 불과 얼마 전에 있었던 이민족
통치가 몰고 온 피바람에도 불구하고 17세기 말에는 중국 문화가 활짝 꽃을 피
우게 되었다.

마침내 명의 저항과 충성이라는 행위 자체가 쿵상런(孔尙任)의 예술을 통해
강희제의 궁정에서도 하나의 소재로 받아들여졌다. 공자의 64대손인 쿵상런은
청의 정복 이후인 1648년에 태어났다. 그의 아버지는 명의 유명한 학자였다.
그는 명 왕조의 몰락과 명 왕조에 변함 없는 충성을 바치는 사람들에게 매료되
었다. 40대에 쓴 대중희곡『도화선』(桃花扇)에서 그는 청렴한 학자와 그가 사랑
하는 여인, 그리고 그들이 복왕의 왕궁에서 겪은 고통을 묘사했다. 여주인공은
자신에게 접근하는 사악한 명의 관료가 치근거리자 저항하며 부채로 그를 공격
하는데 피가 부채에 튄다. 한 화가가 점점이 묻은 부채의 핏방울을 복숭아꽃 그
림의 일부로 바꿔 놓는다. 이것은 바로 이 희곡의 제목을 뜻하는 동시에, 쿵상런
이 명 말 도덕적·지적 세계의 중심에서 발견한 폭력과 미의 혼재에 대한 훌륭한
은유인 것이다. 희곡은 명의 저항이 약해지자 두 연인은 수도승이 되고, 살아남
은 덕망 있는 관료들은 관직을 맡으려는 청의 요청을 피해 산악지방 깊숙이 은
둔하는 것으로 끝난다. 마지막 장면에서 연인은 한 친구와 함께 웅장한 아리아
를 부른다.

> 남명(南明)에 대한 이야기는 영원토록 울려 퍼지고
> 성난 피눈물은 시내를 이뤄 넘쳐흐르리
> 안개가 거대한 강줄기를 뿌옇게 만들듯
> 우리는 하늘을 향해 '혼을 부른다'[3]

1690년 무렵에 이 아리아는 강희제의 궁정에서 불리게 되었고, 그의 희곡은
궁정에서 가장 사랑받는 작품이 되었다. 쿵상런은 이 시기에 쓴 산문에서 청중
의 감정을 다음과 같이 파악했다.

유명한 귀족, 고관, 그리고 재능 있는 문인들이 인산인해를 이루고 있었다. 가구는 우주를 수놓은 듯 화려하게 배치되어 있었고 연회는 보석으로 장식한 듯한 산해진미로 장관을 이루었다. ……그런데 이 휘황찬란한 극장 한가운데 조용히 앉아 소매로 눈물을 훔치는 이들이 있었으니, 바로 전직 관료와 '살아 남은 자들'이었다. 등불이 꺼지고 술자리가 파한 뒤, 그들은 한숨을 내쉬며 제 갈길을 갔다.4)

그런 사람들은 여전히 향수에 젖어 지냈을지 모르지만 대신 그들은 평화를 얻었다.

국경의 확정

외국의 압력, 적어도 외국 기술의 일부 요소들은 청 초에 흔히 볼 수 있는 것이 되었다. 외국에 대해 지식도 관심도 없는 중국인일지라도 자신의 삶을 재빠르게 적응시킬 수 있었다. 예를 들어 쿵상런은 『도화선』을 쓰기 몇 년 전 서서히 시력을 잃어 가고 있었다. 그러던 그는 희열에 찬 시를 통해 학자로서 다시 활동할 수 있게 되었음을 기록하고 있다.

> 바다를 건너온 서양의 투명한 유리
> 마카오를 통해 들어왔지
> 동전만하게 다듬어진 알이
> 두 개의 테 안에서 두 눈을 감싸네
> 그것을 쓰니 갑자기 세상이 밝아졌어
> 내가 사물의 끝을 볼 수 있다니!
> 젊었을 때처럼
> 희미한 창문 불빛으로도 선명하게 글을 읽을 수 있게 되었지5)

쿵상런은 포르투갈의 거점을 파괴하지 않기로 한 청의 결정 덕분에 마카오

를 통해 수입된 유럽 기술로 시력을 되찾을 수 있었다. 1660년대에 타이완에
대한 억압책의 일환으로 실시된 해안 이주정책에 따라 청의 해군은 마카오를
봉쇄하고 중국인에게 모두 떠나라는 명령을 내렸다. 포르투갈 선박의 운행을
금지하였고 건물을 모조리 파괴하겠다는 위협도 했었다. 그러나 이 명령을 수
행해야 할 청의 관리들이 이 지역과의 경제적 이해관계 때문에 명령을 실행하
지 못했다. 포르투갈인은 계속적으로 외교사절을 파견했고, 베이징 예수회(당
시에는 우호적이었던)의 도움과 1678년에 강희제를 매혹시킨 아프리카산 사자
와 같은 훌륭한 선물을 통해 다시 동아시아 무역의 거점으로 마카오를 유지할
수 있도록 청을 설득했던 것이다.

   그러나 러시아에게는 이러한 관용이 베풀어지지 않았다. 명 말의 관료들이
나 순치제의 고문들은 동북 국경지역에 러시아 사냥꾼과 이주민이 늘어나는 것
을 파악하고 있었다. 러시아 사절은 중국에 정기적으로 대상을 파견하는 문제
로 청에게 타협을 제의해 왔지만, 강희제는 러시아가 국경지역 부족들의 충성
심에 미칠 영향에 신경이 쓰였다. 하지만 러시아의 진출선 남쪽에 사는 변방부
족을 철수시키고 중국인과 러시아인을 떼어놓을 수 있는 일종의 무인지대를 만
들려는 시도─아마도 정씨가를 초멸(剿滅)하고자 시행했던 해안정책을 거의
모방한─는 너무 비용이 많이 들고 현실성이 없다는 이유로 폐기되었다.

   강희제는 사실 아무르 강변의 러시아 기지인 알바진을 공격하려고 수년간
준비해 왔다. 앞에서 살펴본 바와 같이 타이완이 결국 1683년에 청에게 굴복했
을 때, 살아남은 일부 정씨가의 군대를 러시아와의 국경전쟁에 파견했다. 북부
의 강을 항해할 해군이 필요했던 강희제로서는 항해술에 능한 정씨가의 군대가
큰 도움이 되었던 것이다. 남쪽에서의 전쟁이 무사히 끝남에 따라 강희제는 알
바진에 예정된 공격을 감행하였고, 만주군은 치열한 전투 끝에 1685년 알바진
을 함락시켰다. 그런데 강희제의 명령으로 알바진─사실 당시에는 시라기보다
는 큰 요새였다─을 포기하고 물러나면서 청의 장군들이 그 지역 러시아 이주
민이 경작한 풍부한 농작물을 태워 버리라는 강희제의 명령을 어긴 사실은 다
소 이해하기 어렵다. 그도 그럴 것이 러시아의 두번째 무역기지이자 실카 강의
서쪽 아래에 위치한 네르친스크의 수비대장이 사람들을 보내 겨울이 오기 전에
농작물을 수확하고 이 도시를 다시 점령했기 때문이다.

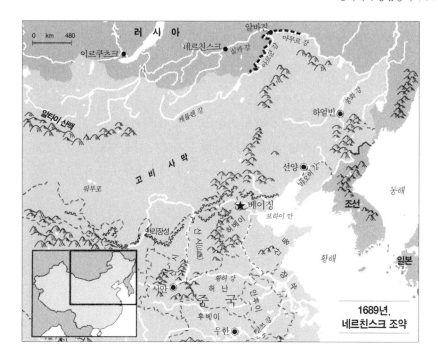

분노한 강희제는 1686년에 알바진에 대한 두번째 공격을 강행했는데, 이번
에는 러시아인의 저항이 더욱 거셌다. 그러나 러시아의 통치자는 만주의 강력
한 대응에 직면하여 방대한 영토를 지킬 능력이 없다는 점을 우려하고 있었기
때문에 이미 화평을 제안할 결심을 하고 있었다. 양측은 라틴어와 만주어 통역
이 가능했던 예수회 선교사의 도움으로 1689년에 네르친스크에서 만나 조약을
체결했다. 이 조약은 장기적 영향이라는 측면에서 볼 때 본질적으로 오늘날의
북쪽 국경을 확정지은 중국 역사상 가장 중요한 조약 중 하나였다. 가장 논란이
분분했던 남북 경계선은 기본적으로 고르비차 강과 아르군 강으로 정해졌다.
알바진은 러시아인이 버리고 떠난 후 파괴되었고, 아무르 강 분수령의 전지역
은 중국인이 차지했다. 양측 피난민은 서로 교환되었고, 무역은 청이 발급한 서
류를 지닌 상인에 한해서만 허락되었다.

　　따라서 타이완이 정복을 통해 중국 영토에 복속되었고, 마카오의 포르투갈
인이 조약이 아닌 관용에 의해 준독립적 지위를 얻었던 것에 비해 러시아의 경
우에는 중국과 동등한 주권 국가들 사이에 이루어지는 조약을 체결했던 것이

다. 이는 중국의 전통적 관행과 본질적으로 달랐다. 그러나 네덜란드·스페인·포르투갈 같은 나라와의 이른바 조공관계를 예부(禮部)를 통해 다루었던 것에 반해, 러시아의 경우는 청조 건국기부터 이번원(理藩院)이라는 특별 관청을 통해 다루었다는 사실에 주목할 필요가 있다. 이 관청은 홍타이지가 설치한 것으로 원래 몽골과의 외교통상 문제를 취급했다. 러시아와의 관계를 이 관청의 관할 아래 둠으로써, 만주는 그들의 북쪽 이웃은 특별한 경우이며 북부 변방지역의 문제는 동남부의 문제와 차별적으로 다루어질 필요가 있다는 점을 암묵적으로 승인한 셈이었다.

청이 러시아와 조약을 체결하게 된 것은 서부지역의 준가르부(準噶爾部)로부터 위협을 받았기 때문이다. 청은 러시아가 이 위험한 유랑 전사들과 연맹을 맺을까 두려웠다. 뛰어난 지도자인 갈단(噶爾丹)과 티베트의 달라이 라마(티베트인의 정신적 지도자)에 대한 깊은 존경으로 똘똘 뭉친 준가르부는 지금의 외몽골과 칭하이(靑海) 지역인 넓은 미개척지를 마음대로 휘젓고 다녔다. 1670년대 후반에 카슈가르, 하미(哈密), 투르판을 차례로 점령함으로써 갈단은 이슬람 교도들이 살고 있는 도시들과, 중국과 지중해지역을 연결하는 대상로를 거의 장악했다. 갈단은 동진해 나가며 적대적인 부족을 정복했고, 쫓겨난 부족들은 청의 서부지역인 간쑤(甘肅) 성으로 밀려들었다. 전사들이 대규모로 밀려오자 황제는 러시아와 준가르부가 연맹을 결성하지 않을까 심히 우려하게 되었다.

하지만 그런 연맹은 성립되지 않았고 네르친스크 조약이 순조롭게 체결되자 강희제는 군대(자신의 동생 휘하의)를 파견하여 갈단을 공격했다. 갈단과 그의 동쪽에 있는 경쟁 부족 사이의 수년간의 소모적인 전쟁 후 강희제는 직접 갈단을 정벌하기로 결심했다. 이 대담한 계획은 러시아와의 전쟁을 성공적으로 이끈 것이 바로 그 자신—자신의 장군들이 아니라—이라는 생각에서 비롯된 것이었다. 청군의 전술적인 성공은 약 8만 명이 세 갈래로 서진함으로써 시작되었다. 강희제의 군대가 고비사막을 넘어 케룰렌 강 북부의 준가르부를 압박하자 갈단은 궁지에 몰려 1696년 자오모도 대전투에서 패배하고 말았다. 그는 추종자들 대부분으로부터 배신당하고 이듬해 죽었다.

이 전투의 승리로 강희제는 황제로서 절정기를 맞이했다. 당시 42세였던 그는 전쟁의 흥분과 위험을 열정적으로 즐기게 되었다. 전쟁이 끝난 후 그는 자신이 베이징 조정의 총애하는 신하들에게 보낸 글에서 화창한 날씨, 새로운 음식, 그리고 예기치 못한 자연경관 모두가 자신을 기쁘게 한다고 적었다. 그는 1697년 봄의 편지에 "이제 갈단은 죽고 그의 추종자들은 다시 우리의 동맹자가 되었다"고 쓰고 있다. "내 최대의 과업을 완수했다. ……하늘과 땅, 그리고 조상들이 나를 수호하여 내게 이런 성취를 안겨 주었다. 내 생활에 대해서 말하자면 행복하다고 할 수 있다. 완성되었다고도, 원하던 것을 얻었다고도 할 수 있겠지. 내 조만간 궁으로 돌아가 너희들에게 친히 모든 걸 말해 주마. 붓과 먹으로는 말하기 힘들구나."6)

그러나 대외정책에서는 이런 해결책이 새로운 문제를 야기했다. 갈단의 죽음으로도 그 지역의 문제는 끝나지 않았고, 강희제는 달라이 라마가 살해되고 평판이 나쁜 후계자가 그의 자리를 차지하자, 준가르부의 다른 여러 지도자들과 복잡한 갈등에 휘말리게 되었다. 이것은 강희제에게 정의로운 정벌이라는 구실을(1644년에 만주가 중국에 침입한 것과 똑같이) 붙여 티베트를 침입할 기회를 주었다. 그는 두 부대를 파견했는데, 하나는 칭하이(靑海) 호를 지나 티베트로 들

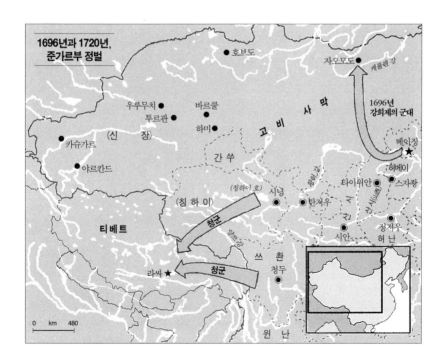

어가고 다른 하나는 쓰촨 성을 거쳐서 진군했다. 1720년 가을에 두 부대는 티베트의 수도인 라싸(拉薩)에서 합류하여 청에 복종하겠다는 새로운 달라이 라마를 앉혔다. 이렇게 해서 티베트의 정치에 대한 중국의 간섭이 시작되었다.

이와 비슷한 시기에 타이완에서는 생활의 불안정과 청의 심각한 실정(失政)으로 주이구이(朱一貴)라는 푸젠 원주민이 반란을 일으켰다. 관료의 하인으로 타이완에 온 그는 약 50명의 혈족을 규합해 반란을 일으켰다. 당시의 혼란스러웠던 상황과 그가 명의 옛 황족과 같은 성(姓)——주(朱)——을 가졌다는 사실로 인해 주이구이는 수백의 추종자를 모아 부성(府城)을 점령한 후 스스로를 타이완의 왕이라 선언했다. 이 반란은 겨우 두 달 뒤에 38년 전 이 섬을 처음 정복했던 스랑 장군의 아들 가운데 한 명이 이끈 원정군에게 진압되었다.

청은 동떨어진 두 전선에서의 지역적 문제를 근본적으로 해결하지는 못했지만, 신속하고 효율적인 대응을 할 수 있다는 저력만큼은 증명해 보였다. 1722년 강희제가 죽었을 때, 티베트나 타이완에서의 전쟁은 청의 서남부와 동부에 미치는 힘의 한계를 적나라하게 보여주기도 했다. 하지만 네르친스크 조약이 체결되고 청 왕조의 고향인 만주가 안전하게 복속됨으로써, 청은 중국의 이전 시기의 위대한 통치자들 가운데 불과 극소수만이 누렸던 광범위하고 심도 있는 권력을 얻게 되었다.

혼란스러운 유산

강희제가 칭송을 받았던 가장 큰 이유는 국가 통합을 강력하게 추진했고 정력적으로 대외정책을 펼쳐나갔다는 데 있었다. 자신의 결단력에 자부심을 가졌던 강희제는 종종 만주인이나 한인 측근 고문들의 의견을 무시했고, 뜻한 바대로 성공을 거두었을 때는 그 영예를 자신에게 돌렸다. 그러나 시간이 흐름에 따라 여러 주요 사안에서 문제점들이 발생했고, 따라서 그는 자신의 후계자에게 혼란스러운 유산을 남겨준 격이 되었다. 이는 세 문제에서 확실히 드러났다. 명실상부한 황위 계승자였던 인렁(胤礽)을 둘러싼 후계 분쟁, 카톨릭 선교단과의 관계, 그리고 지방 행정 문제가 그것이다.

강희제는 재위 초기부터 1640년대의 도르곤이나 1660년대의 오보이가 조정을 지배한 것과 같은 섭정체제를 되풀이하지 않겠다는 뜻을 분명히 했다. 따라서 1674년에 그의 첫째 황후가 아들 인렁을 낳았을 때, 강희제는 이 아이가 후계자로 지명되도록 신속히 대처했다. 인렁의 어머니는 그를 낳다가 죽었는데 이것은 그의 운명적 전조였고, 다른 첩과 후궁들에게서 태어난 배다른 형제들과 소원한 관계를 갖도록 만들었다.

인렁의 양육과정은 도덕적인 유교 교육에 만주의 덕이 첨가된 형태로 짜여졌다. 존경받는 스승들이 선발되어 품행이나 문학적 자질 등의 성장과정을 주의 깊게 지켜 보았다. 그는 서서히 통치술을 배웠고, 1696~1697년에 강희제가 갈단과 긴 전쟁을 치르러 떠났을 때는 베이징에 남아 통치자로서의 역할을 대행했다. 강희제는 종종 인렁이 황제로서 국가를 운영할 수 있도록 일찍 제위를 떠나겠다는 의지를 표명하기도 했다.

그러나 서부지역에서 돌아오던 중 강희제는 이 후계자의 행동에 대한 불쾌한 소문을 듣게 되었다. 그가 기이하고 폭력적이며 잔인한 행태를 보인다는 것이다. 강희제가 여러 아들을 데리고 그토록 좋아하던 순행—서쪽으로, 만주로, 또는 대운하와 양쯔 강변의 번창하는 도시들로—을 떠났을 때, 인렁은 또다시 괴팍한 행동으로 주위 사람을 괴롭히기 시작했다.

그런데 강희제가 처한 어려움 가운데 하나는 상황에 대한 정확한 정보를 얻기 힘들다는 점이었다. 조정에서 충분히 나이가 차고 인렁과 제위를 겨룰 수 있을 만큼 영리한 7명의 다른 황자(皇子)들 주변에 당파가 형성되기 시작했다는 사실은 그렇게 놀랄 일이 아니다. 그런데 이런 상황에서 기꺼이 직언을 할 만한 조신이나 관료는 만주인이건 한인이건 거의 없었다. 그래서 강희제는 안개 같은 소문을 분별할 수 있는 새로운 정보전달체계를 이용하기 시작했다.

수도와 성의 관료로부터 황제에게 오는 정보들은 가장 흔하게는 '상주'(上奏)의 형태로 입수되었다. 신중하게 쓰인 이 문서는 통정사(通政使)에 의해 궁정으로 전달되고 내각에서 처리했다. 내각은 이 문서를 필사하여 황제가 결정을 내리는 데 도움이 될 제안들을 부기했다. 그러나 이것은 상대적으로 공적인 체계였기 때문에 1690년대에 강희제는 정말로 비밀스런 체계인 '주접'(奏摺)제도를 만들었다. 이는 상주자가 개인적으로 부리는 문서 배달인이 바로 궁전에 전달하고, 황제가 가장 신임하는 환관이 이 밀봉된 문서를 직접 황제에게 전달하면 황제는 혼자서 읽고 주를 달아 봉하는 방법이었다. 그런 후 순서를 거꾸로 되밟아, 글쓴이의 문서 배달인이 주홍색 먹으로 쓰인 황제의 비밀 답서(答書)를 글쓴이에게 가지고 갔다.

강희제는 처음에는 이 체계를 비공식적으로 이용했다. 그가 신임하는 심복을 각 지방에 배치해 곡물류의 시세를 보고하도록 하여 그의 측근 관료들이 정확하게 보고하는지 감독하고 불만 요소를 점검했다. 18세기 초에 강희제는 이 체계를 확대시키기 시작했고, 1707년경에는 여러 명의 측근들이 주접을 이용하여 인렁의 세세한 행동을 황제에게 보고하고 있었다. 그들은 인렁이 자신이 미래의 황제라는 사실에 대해 얼마나 우쭐대고 백성과 식솔들을 폭압하는지, 또 어떻게 자신의 성적 쾌락을 위하여 소년 소녀를 남부지방에서 사서 궁중에 데려오는지를 보고했다. 강희제는 바로 조치를 취하지는 않았지만, 1708년에 이르면 부정적인 견해들이 너무나 많이 쌓여 더 이상 지체할 수가 없었다. 분노가 폭발한 강희제는 후계자로서의 인렁의 지위를 영원히 박탈하고, 그의 집을 포위하여 넷째 아들 인전(胤禛)에게 지키게 했으며, 인렁과 가까운 벗이나 그의 잘못된 행동에 관련된 원로들을 감금했다.

그 뒤로 강희제는 우유부단과 죄의식을 드러내거나 자책을 되풀이하며 고통스러워했다. 인렁에게 준 벌이 죄에 비해 너무 크며, 그가 그렇게 된 것이 귀신에 씌었기 때문이라고 믿게 된 강희제는 1709년에 그를 풀어 주었다. 그러나 1712년에 새로운 증거들─인렁이 그에게 양위를 하지 않으려는 황제를 암살하기 위해 모의했다는 소문도 포함하여─로 인해 강희제는 자신의 아들을 다시 감금했다. 그 후 10년간의 남은 재위기간 동안 강희제는 누구도 후계자로 지명하지 않았고 후계자 지명을 주장하는 관료는 엄벌에 처했다. 조정에는 소문이 무성했고 강희제의 다른 아들들 주변에 파벌이 생겨났으며 만주 왕조의 미래 자체가 불확실해져 갔다.

카톨릭 선교단의 문제 역시 황제의 권력과 특권에 대한 문제와 연관이 있었다. 강희제가 오보이 섭정을 타도한 후 그는 궁정의 예수회 선교사들을 호의적으로 대했다. 그는 그들을 천문학 부서의 책임자로 앉히고 지도 작성과 공학 문제에 대한 자문역으로 활용하였으며 베이징과 각 성(省)에서 예배를 드릴 수 있도록 허락했다. 황제가 기독교에 대한 관용을 허락하는 칙령을 발표한 덕분에, 특히 1692년 이후의 10년간은 예수회가 대대적인 선교를 할 수 있는 좋은 기회였다. 그러나 강희제는 조상에 대한 제사와 공자에 대한 존경은 종교적인 의식이라기보다는 백성이면 누구나 따라야 할 의무이므로 기독교로 개종한 이들도 계속해서 이를 지키도록 예수회에 강요했다. 강희제의 이러한 결정은 명 말의 유명한 예수회 선교사 마테오 리치의 주장에서 비롯된 것이었으므로, 대부분의 중국 주재 예수회 선교사들은 이에 반대할 이유가 없었다.

그러나 동아시아 지역 또는 로마에 있는 많은 다른 수도회의 선교사들이나 카톨릭 성직자들은 이것을 강력히 반대했다. 그들은 강희제가 본질적으로 교리에 대한 최고 결정권을 요구하고 있으며, 예수회가 기독교 신앙의 본질을 치명적으로 약화시키고 있다고 생각했다. 이를 시정하기 위하여 교황 클레멘트 2세는 젊지만 믿음직한 대사인 마야르 드 투르농을 파견하여 조사하게 했다. 1705~1706년 사이 베이징에서 연속적으로 이루어진 교황의 사절과 황제의 회담은 이 두 사람이 얼마나 심각한 의견 차이를 보이고 있는지를 명백히 드러냈다. 드 투르농이 강희제의 명령에 따르는 카톨릭 선교사들은 파문하겠다고 하자, 황제는 자신의 견해를 수용한다는 서약서에 서명하지 않는 선교사는 모두 추방하라는 명령을 내렸다. 중국에 있던 대부분의 예수회 선교사들이 서명을 했으나, 프란체스코파와 도미니크파를 비롯한 상당수 선교사들이 이를 거부하여 추방당했다. 양측의 이러한 충돌은 결국 중국에서의 선교 기반을 약화시켰고 서양의 학문과 과학이 전파되는 것을 실질적으로 차단해 버렸다. 만약 양측이 좀더 유연했더라면 그 이후 18세기에 카톨릭 교회가 갈릴레오의 발견을 수용하고 선교사들이 중국에 보다 발전된 서양 천문학을 전파하기 시작했을 때, 새로운 지식과 기술은 사상과 자연에 대한 중국인의 태도를 상당히 변화시킬 수 있었을 것이다.

마지막으로, 지방 행정과 과세라는 중요한 문제에서도 강희제는 건설적인 변화를 가져오지 못했다. 그는 당시의 사회적 환경에서는 토지 보유에 대한 광범위한 새로운 조사가 불가능하다는 입장이었던 것으로 보인다. 또한 그는 원래는 부역의 형태로 지불되던 세금을 은으로 대신하게 한 명 말의 체제를 유지했다. 이 돈 가운데 극히 일부만이 현에 남겨져 지현과 관원들의 봉급에 충당되고 지역의 구제나 건설사업을 추진하는 데 쓰였다. 따라서 지방관들은 광범위한 추가 징수를 통해 그들의 재원을 보충하고자 했는데, 그들은 이 돈의 대부분을 착복하고 상급자에게 선물을 보내거나 관련 부서에서 자신들의 행위를 대충 조사하고 넘어가도록 베이징에 뇌물을 바쳤다.

결과적으로 강희제의 정치적 통합과 국경의 공고화라는 극적인 성공에도 불구하고 수천만의 중국인은 농촌에서 힘든 싸움을 벌일 수밖에 없었다. 중국 내 많은 지역에서 소규모 비적떼를 대적할 무장한 의용군이 없었던 까닭에 비적들은 거의 아무런 제재도 받지 않고 여러 지역을 횡행할 수 있었다. 현청의 부패한 하급관원들은 농민들을 기만하여 영수증도 발행하지 않는 각종 세금을 내도록 했다. 토지계약을 둘러싼 법적 분쟁은 수십 년을 질질 끌었으며, 약자나 과부들이 그들 씨족의 성인 남성에게 괴롭힘을 당할 때도 의지할 곳이 전혀 없었다. 사적인 분쟁이 종종 폭력과 살인을 초래했지만 조사에 나설 시간도 관원도 갖지 못한 관료들은 그런 사건을 귀찮아할 뿐이었다.

1659년 전쟁에서 정청궁이 그 지역민으로부터 강력한 지지를 받았던 것을 기억하고 있었기 때문인지, 아니면 그곳이 유교문화의 중요한 근원지로 생각되었기 때문인지, 강희제는 특히 저장과 장쑤 성 같은 풍요한 지역의 세금 체납을 단속하는 데 열의가 없었다. 조화로운 모양새를 유지하기 위해 강희제는 늘 세금 체납 문제에 관용을 베풀 것을 주장했고, 재정적으로 심각한 곤란을 겪지 않는 대규모 지역에 대해서도 관대하게 정기적으로 환불을 시행했다. 또한 그는 고위 관료가 관직에 있을 때 권력을 남용하지 못하도록 그 출신지에 임명하지 않는 '회피제'(廻避制)를 지속적으로 강화했지만, 자신이 총애하는 관료의 가족이나 수도에서 장기간 일하다가 은퇴하고 귀향한 사람들이 파렴치한 범죄를 저질렀다는 신뢰할 만한 보고서들을 종종 무시해 버렸다.

재위 마지막 10년간 강희제는 농촌지역이 완전히 번영을 되찾았으며, 관료들도 주어진 자원으로 임무를 잘 수행한다고 진정으로 믿었던 것으로 보인다. 조정은 재정이 풍부했다. 토지세 수입과 더불어 부유한 상인들의 이른바 '자발적' 헌금과 통행세나 소금·인삼·옥에 대한 전매사업에서 얻는 수입이 상당했기 때문이다. 강희제는 중국의 번영이 인구의 수로 가늠할 수 있다고 생각했고, 따라서 인구가 증가했다는 사실을 그대로 호부(戶部)에 보고했다가는 자신들의 세액이 늘어날까 봐 두려워한 관리들이 실제 인구의 규모를 속이고 있다고 보고 극적인 조치를 취했다. 1712년에 그는 일정 지역의 토지를 경작하는 것으로 등록된 장정의 수를 고정하고, 이후 특정 지역에서 아무리 인구가 증가하더라도 국가는 그 지역의 세금을 늘리지 않겠다고 선언했다. 그러면 지방관은 미래에 세금 할당액이 늘어날지도 모른다는 두려움 없이 증가한 인구를 정확히 보고할 것이라고 생각했던 것이다.

강희제는 그 전의 순치제가 그랬듯이 토지 보유현황에 대해 전국적으로 조사를 벌일 뜻이 없었기 때문에 중국의 토지세제는 이때 이중적으로 고정되었다. 토지는 전체적인 합리적 조사로서는 가장 최근에 이루어졌던 1581년의 만력 연간에 등록된 대로였고, 세금 납부에 따라 조사된 인구는 1712년의 통계에 따르게 되었다. 이는 강희제의 후계자가 재정을 이해하려는 어떠한 시도에도 치명적인 장애가 되었다. 비록 늘어난 인구 통계수치가 베이징에 도착하긴 했지만, 재정적 비효율성의 근본적 원인은 아무 것도 제거되지 않았다.

"이제 나는 병들어 신경질적이 되고 건망증이 심하다"며 강희제는 1717년의 자기 계시적인 칙령에서 그에게 복종하는 신료들에게 이렇게 말했다. "옳고 그름을 구분하지 못하고 나의 임무를 혼란스럽게 남겨 두었다는 두려움에 빠져 있다. 나는 국가를 위해 내 정신을 소진하고, 세계를 위해 나의 신념을 산산히 부수었다."[7] 강희제는 이러한 감상적인 말을 남긴 후에도 5년을 더 살아, 당시까지 중국 역사상 가장 오랫동안 제위에 머물렀던 통치자가 되었다. 그러나 그 긴 시간이 그에게 위안을 주지는 못했다. 그는 1722년 12월 베이징의 궁전에서 자연사할 때까지 후계자를 정하지 않았다. 돌이켜 보건대 그로 하여금 그러한 기본적 의무까지 무시하게 만들었던 절망감의 깊이를 가늠하기란 아주 힘든 일이다.

4장	옹정제의 권위

청의 농촌 지배와 과세

강희제의 계승자인 옹정제의 짧은 재위기간은 폭풍우와 같았고 복잡했으며 중요했다. 옹정제는 강희제가 숨을 거둘 때 지명한 후계자가 자신이라 주장했을 때부터 논쟁에 휩싸였다. 그의 친형제와 배다른 형제들은 강희제의 임종을 보지 못한데다가 옹정제의 가까운 친구가 베이징 수비대의 대장이었기 때문에 그 주장에 대해 공공연하게 시비를 따지고 드는 사람은 없었지만, 그는 재위기간(1723~1735) 내내 찬탈자라는 비난에 시달려야 했다.

그럼에도 불구하고 그가 제위를 찬탈했다는 증거는 없는 데 반해 강희제가 다른 아들들보다 옹정제를 신임했다는 것을 보여주는 증거는 일부 남아 있다. 강희제와 옹정제(당시에는 가족이 부르는 이름인 인전으로 알려진)는 자주 함께 정치적 문제들을 토론했으며 함께 오락을 즐겼다. 이미 살펴본 바와 같이 한때 옹정제는 그의 배다른 형, 곧 폐위된 태자를 감시하는 역할도 맡았다. 이는 당시의 정치상황을 고려해 볼 때 민감하고도 위험한 임무였다.

일단 황제로 즉위하자 옹정제는 그의 등극을 가장 싫어할 것으로 보이는 형제들을 체포함으로써 자신의 자리를 굳건히 하는 데 상당한 노력을 기울였다.(하지만 그는 이보다 먼저 그들의 직위를 높여 줌으로써 그들의 의심을 잠재웠다!)

전 태자 인렁과 다른 두 형제가 체포된 직후 감옥에서(살인을 당했는지 또는 고문으로 죽었는지는 알 수 없으나) 죽었다. 다른 여럿은 가택연금되거나 심한 감시를 받았다. 옹정제는 강희제의 열셋째아들인 인샹(胤祥)만을 전적으로 신임하여 가장 높은 지위에 앉혔다.

죄의식에 의한 행동이었든 아니면 훗날 발생할 수 있는 문제를 예방하기 위한 행동이었든 옹정제는 헌신적으로 정무를 수행했다. 그는 매일 상당히 긴 시간을 열정적이고 세심하게 기꺼이 일했다. 대개 새벽 4시부터 7시까지 역사서를 읽은 다음 아침을 들었으며, 이른 오후까지 고문들과 회의를 갖고 종종 자정까지 서류들을 읽고 조언을 했다. 그는 아버지가 좋아했던 북부지방으로의 긴 사냥여행도, 양쯔 강 삼각주 지방의 도시들로의 여행도 하지 않았다. 그의 주된 오락은 불교예식에 헌신적이고도 학자적인 신도로서 참여한 것과, 베이징 서북부에 있는 궁전의 아름다운 정원에서 휴식을 취하는 것밖에는 없었던 것 같다. 그의 아버지는 주로 만주어를 쓰면서 중국어는 느리고 조심스럽게 했던 데 반해 옹정제는 중국어를 더 선호했던 것 같다. 그는 분명 글씨를 대단히 빠른 속도로 정확하게 썼으며 관용구를 즐겨 사용했다.

옹정제는 그의 시대뿐만 아니라 현재까지도 중요한 중국 정부의 주요 문제점 몇 가지에 정력을 집중했다. 중국 관료제의 구조와 지방의 재정문제, 효율적이고 신뢰할 만한 정보전달체계의 개발, 그리고 정부의 중앙 실행부서의 강화 문제 등이 그 속에 포함된다. 이 세 가지 문제는 서로 긴밀히 연결되어 있었으며(그리고 지금도 그렇다), 이 문제들을 성공적으로 관리하는 것이야말로 중국의 방대한 영토를 보다 효율적으로 통제할 수 있는 관건이었다.

옹정제는 재위 초부터 앞으로 어떻게 해나가야 할지에 대해 명확한 입장을 가지고 있었던 것으로 보인다. 그는 제위에 올랐을 때 그의 아버지나 할아버지처럼 섭정의 감독을 받는 어린아이가 아니었으며, 자기 아버지의 통치기반이 무너져 내리기 시작하는 것을 본 45세의 경험 많은 인물이었다. 그에게도 주접제도는 쓸모 있는 도구였기에 강희제가 개발했던 비공식적 제도를 확대하고 손질했다. 과거와 마찬가지로 육부와 내각에 보고되던 일상적 사건들을 다룬 공개적인 상주와는 별도로, 지방의 고위 관료들은 그들의 행정업무의 상세한 내용과 대상에 대해서 옹정제에게 비밀리에 보고해야 했다. 황제가 세수 부족액의 정도와 그의 아버지 대에 대수롭지 않게 여겨지던 재정적 위기를 깨닫게 되면서, 관료들에게 재정구조를 개혁할 방법을 건의토록 하고 호부에 재정문제를 담당하는 소규모 특별 부서를 만들었다. 그리고 옹정제는 이 부서의 책임자로 강희제의 열셋째아들인 인상을 임명했다.

재정적 위기는 너무 복잡한 것이어서 절대권력을 가진 황제일지라도 칙령한두 개로 해결할 수는 없었다. 1723년 중국의 중앙 세수입은 약 3,500만 냥(銀兩) 정도였고 그 가운데 600만 정도가 각종 상업세, 그리고 2,900만 정도가 '토지와 인두세'(地丁)였다. 이 2,900만 가운데 15~30% 정도는 '지방에서 사용'할 목적으로 각 지방에 남겨 두고 나머지를 베이징으로 거둬들였다. 그러나 그 '지방에서 사용'할 부분마저도 대부분은 군대 보급품이나 우편 업무를 담당한 역참(驛站)과 같이 엄밀한 의미의 국가적 사업에 쓰였다. 지방 사업을 위해 지방관이 사용할 수 있는 액수는 전체의 6분의 1에도 못 미쳤다. 토지와 인두세의 납부자 수를 늘리면 문제가 간단히 해결된다고 생각한 사람도 있었을 것이다. 그러나 이 점에 있어서 옹정제는 강희제에 대한 자식으로서의 의무감이 너무도 강했기 때문에 아버지가 시행한 1712년의 조치를 바꾸려 들지 않았다. 게다가 적은 세금이 국가복지의 필수조건이자 황제가 베푸는 자비의 진정한 증거라는 것이 중국 통치이론의 기본 전제였던 만큼, 만주족 역시 이를 고수했다. 개혁의 또 다른 장벽은 호부의 관료들이었다. 그들은 나름대로 절차와 원칙을 가지고 있었고 고래의 관습에 따라 '뇌물'을 많이 받고 있었기 때문에 당연히 변화를 싫어했다.

당시의 세제는 보신주의적이었을 뿐만 아니라 부패로 가득 차 있었다. 상류층 사람들은 대개 부유한 지주들이었는데, 강희제 시대와 마찬가지로 그들 중 대부분이 가명을 사용하거나 미등록·양도·저당 등등의 방법을 통해 정확한 재산을 파악할 수 없게 만들어 납부해야 할 세금의 양을 속이고 있었다. 더욱이 지방에서 대부분의 경제력은 지방민을 폭압하는 소규모 토지 보유자들의 손아귀에 들어가 있었다. 이러한 토지 보유자들은 지방관청의 관리와 결탁하여 세금을 납부하지 않는 대신 공동체 전체의 납세 의무량을 더 가난한 농민들에게 부당하게 전가시켰다. 농민은 이런 상황에 처해서도 어떻게 해볼 방법이 전혀 없었고, 사실상 착복된 것이나 다름 없는 돈은 납기일을 넘긴 '연체금'이 되어 농민들이 갚아야 할 빚이 되었다.

1725년부터 1729년 사이에 옹정제는 대수롭지 않게 여겼던 아버지와 달리 토지세를 개혁하고 지방 중개인 세력을 분쇄하기 위해 제반 노력을 기울였다. 그는 청 조정의 권력을 효율적으로 농촌까지 확대시키기로 했다. 옹정제는 1725년의 칙령에서 "평민들의 피와 살이 관리들의 부채를 갚기 위해 사용된다면 농촌이 어찌 어렵지 않겠는가? 나는 이러한 부패를 깊이 근심하고 있다"[1]고 공표했다.

그는 주접을 통해 정확한 정보를 모으고 순무나 포정사(布政使)와 같은 요직에 새로운 인물——대개 지방 엘리트의 영향을 덜 받은 만주인 또는 한인 기군——을 임명함으로써 서서히 개혁에 착수했다. 그런 다음 옹정제는 정액의 부과세를 기본적인 토지세(地) 및 인두세(丁)의 할당 인원수에 따라 과세하고, 이 모든 부과세는 포정사의 결재를 받게 하며, 그 밖의 다른 부가적 세금들은 모두 불법으로 간주할 것이라는 데 모든 관리들이 동의하도록 분위기를 몰아갔다. 그런 후 포정사가 거둔 세금은 해당 성(省)에서 형평의 원칙에 맞게 재할당되었다. 일부는 지방관료에게 그들이 전에 받은 적이 없는 아주 높은 보수('양렴은'〔養廉銀, 정직함을 키우는 돈)이라 불렸다)를 주는 데 사용되고, 일부는 관개사업, 도로나 학교 건설, 그리고 중앙의 호부 예산으로는 해결되지 않았던 다른 가치 있고 필요한 지출에 쓰이게 되었다. 그 중에는 재해로 희생당한 가축을 건질 그물, 감옥 보수, 신문 발간, 성내 하수구나 공동묘지, 과거시험에 대비한 기숙사 건립, 그리고 지방의 사원에 필요한 초와 향 등에 쓰일 비용도 포함되어 있었다.

이러한 개혁의 영향을 살펴보면 당시 중국의 지역적 편차를 개략적으로 조망할 수 있다. 개혁은 북부의 산시(山西)·허난·허베이 성에서 가장 성공적이었는데, 이들 성에는 자영농이 많고 토지 등기가 상대적으로 쉬웠으며, 지현들은 엄하게 감독당하여 그들의 전통적 특권을 포기해야만 했다. 이러한 지역에서는 부패한 중개자적인 성격을 지닌 토지 보유자나 일부 지나치게 탐욕스런 관료와 지현을 제외하고는 거의 모두가 궁극적으로 개혁의 혜택을 입었다. 기본적인 토지세가 15~20%로 단일하게 징수되었기 때문에 예전에 끝없이 중복 부과되던 세금들에 비하면 농민이나 심지어 대규모 토지 보유자도 훨씬 부담이 적었다. 또한 관료의 보수는 이전보다 규칙적으로 지급되었고 액수도 많아졌다. 예컨대 지현의 경우 개혁 전에 연 45냥을 받은 데 비해 이제는 600~1,000냥을 받게 되었다. 따라서 관청은 더 잘 운영되었고 업무는 보다 신속히 처리되었으며 진정한 지방자치와 자발적인 특별 기획사업을 수행할 수 있게 되었다.

그러나 남부와 서남부에서는 개혁이 이처럼 순조롭게 진행되지 않았다. 이곳은 최근에야 개발되기 시작했고 인구밀도가 낮은 지역이 많았기 때문에 기본적인 징세 대상의 수가 훨씬 적었다. 그러나 관료의 수는 여전히 많아서 정해진 부과세로는 북부에서처럼 많은 봉급을 줄 수 없었다. 이 체제가 제대로 운영되기 위해서는 광산이나 염전의 상인들로부터 세금을 걷거나 도로·운하·강의 검문소에서 통행세를 걷는 일을 지방관에게 어느 정도 인정해 주어야 했다. 그렇더라도 엄청난 거리와 비용 때문에 많은 지방관은 할당된 부과세를 전부 포정사에게 상납하지 못했고, 그래서 새로운 급료와 지방예산을 먼저 제한 뒤 그 나머지를 상납할 수 있게 해달라고 요구했다. 이런 연유로 예상대로 지방의 부정부패는 다시 시작되었고, 포정사가 실질적인 필요에 근거하여 세입을 완전하고도 공평하게 분배하는 것이 불가능하게 되었다.

하지만 이 체제가 가장 큰 도전을 받은 곳은 양쯔 강 중부지역—특히 장쑤·안후이·저장·장시—이었다. 이 지방에는 은퇴하고도 여전히 막강한 권력을 가진 전직 관료와 그 친척들이 많이 살고 있었는데, 이들의 토지는 한번도 제대로 등록된 적이 없었다. 또 이들은 수도에 있는 인맥을 통해 관할 지현을 협박할 수 있었다. 강희제가 이 지역의 부유한 엘리트에게 특히 관대했기 때문에 그들은 강력한 중앙의 통제에 순순히 복종하려 들지 않았다. 옹정제의 개혁에 대한 반발이 이 지역에서 집중적으로 발생하자 결국 황제는 만주인 특사와 함께 베이징의 관료 중 그를 도울 70인의 경험 많은 회계감사단을 파견하여 지방 재정에 대한 철저한 조사를 실시하고 토지를 완전하고 정확하게 등록하도록 했다.

그들이 적발해 낸 불법행위는 엄청난 것이었고 잘못되거나 중복 등록된 예들은 너무도 복잡해서 풀어도 풀어도 끝이 없어 막막할 정도였다. 회계감사단이 적발한 몇몇 경우를 보면, 토지 보유자들은 재산을 글자 그대로 수백 개의 가명을 이용해 분산시켜 놓고 그 각각에 대한 소액의 미납 세액을 일일이 추적할 지현이나 서리는 없을 것이라 확신하고 있었다. 게다가 그들은 회계감사단의 현장조사를 방해하기 일쑤였다. 시간을 끌거나 적개심을 드러내거나, 또는 돌로 길을 막거나 다리를 끊어 놓기도 하였고, 심지어 폭동을 일으키거나 인신 공격을 가하기까지 했다. 심문을 받기 위해 수감된 자들은 종종 감옥을 습격한 군중의 도움으로 탈출했다. 회계감사단은 압수한 비밀 재산장부를 보고서야, 지방의 서리들이 대를 이어서 뇌물을 받고 부유한 가문의 세금을 어떤 식으로 전액 면제해 주었는지 알 수 있었다. 그러나 심지어 이러한 증거를 가지고도, 회계감사단은 죄인들에게 자세한 설명을 요구하기가 어려웠을 뿐만 아니라 이 지역이 정부에 빚진 1,000만 냥 가운데 일부나마 추징하는 것조차도 힘들다는 사실을 알게 되었다.

이와 같은 거센 반발은 역으로 옹정제가 시도한 개혁이 올바른 방향으로 나아가고 있었음을 증명하는 것이었다. 끈기 있게 추진된 개혁, 성실히 노력한 관료, 그리고 황제의 적극적인 지원 덕분에 청의 중앙집권적 관료제는 새로운 수준의 효율성을 발휘할 수 있었다. 이렇게 해서 중국은 1644년부터 1683년 사이에 이룩한 국가통합의 성취를 공고히 하고, 연이어 대외정책에서도 성과를 거두었으며, 진정으로 장기간 지속될 수 있는 정부체계를 수립할 수 있었다. 특히 중앙정부가 중국에서 가장 넉넉한 지방의 풍부한 자원을 통제하고 이용할 수 있게 되었다는 것은, 나라 전체를 이롭게 하고 강화시킬 수 있음을 의미했다.

권력의 중심과 통로

통치자들은 한 번에 하나의 문제에만 집중할 수 있을 만큼 한가롭지 않은데, 옹정제 역시 중부지방의 조세와 행정 문제에만 심혈을 기울일 수는 없었다. 국경에서 청의 힘을 다시 강화시켜야 할 필요가 생겼기 때문이다. 1721년 타이완에서 일어난 주이구이의 난은 신속히 진압되었지만 완전히 평정하는 것은 간단한 문제가 아니었다. 오랜 숙고 끝에 옹정제는 지방통치를 강화하기로 결심하고 타이완의 행정구역들을 더 작은 단위로 나누고 타이완의 개척 이민자들이 부인이나 자녀들과 함께 살 수 있게 배려하여 더욱 안정된 사회적 환경을 만들도록 했다. 그는 또한 일부 공식적인 원주민 보호지역을 제외하고는 중국인이 계약을 통해 타이완 원주민의 토지를 임차할 수 있게 했다.

또한 러시아와 변방 부족이나 무역대상(隊商)과의 분쟁 또한 남부 시베리아의 금광 발견 등으로 네르친스크 조약이 유명무실해지기 전에 조심스럽게 새로이 협상해야 할 필요도 있었다. 1727년 만주인만으로 구성된 고위 협상단이 이번원과 협조하여 일종의 보완적인 성격의 조약을 캬흐타에서 체결했다. 캬흐타 조약은 두 나라 사이에 캬흐타에서 아르군까지의 경계선을 설정하고 어느 부족이 중국 영토에 거주해야 하는지 명시했다. 이로써 캬흐타는 두 개의 새로운 국경 무역도시 가운데 하나가 되었고, 3년마다 러시아의 대상 한 명이 베이징에서 무역을 할 수 있게 되었으며, 러시아 정교회의 교회가 베이징에 세워졌다. 수도의 소규모 러시아인 공동체 성원들은 대부분 이전의 전쟁에서 포로가 되어 이제 기군에 통합되어 있었다.(캬흐타 조약은 이들이 중국어를 배우도록 권장할 것을 특별히 명시해 두었다.) 옹정제는 여전히 만주족 왕자와 귀족에 의해 통제되고 있던 만주 기군의 권위도 강화시켰으며, 티베트나 중국 서남부의 먀오족(苗族) 원주민 문제에도 깊이 개입하기 시작했다.

옹정제는 1696년에 강희제가 진압했음에도 불구하고 또다시 재개된 준가르부의 위협이 장기적 안목에서 가장 심각한 문제임을 인식했다. 그는 서역에 강력한 군대를 파견해야만 준가르부를 진압할 수 있으리라 판단했다. 그러나 보급선이 너무 길고 준비상황을 비밀에 부치기가 쉽지 않았다. 조정에는 비밀이 새어 나갈 통로가 많았고, 황제의 주요 정책 토론 모임—의정왕대신회의(議政王大臣會議)—은 그 절차에 대해 비밀을 지키지 못한다는 것이 이미 판명되었다. 또한 베이징은 몽골족 왕자와 공주, 팔기의 장군, 여행 중인 상인, 티베트 불교사원에 충성하는 라마승들로 가득 차 있었고, 그들 중 누구라도 청의 의도를 알면 소문이 날 우려가 있었다. 그래서 옹정제는 가장 신임하는 소수의 대학사, 곧 그가 '내각대학사'라 부른 집단(이 명칭은 일상적 관료업무를 보는 외정[外廷]의 관리들과 구분된다)에 회의를 한정시킴으로써 대부분의 군사계획을 비밀에 부쳤다.

이 집단의 핵심적인 인물 세 사람은 옹정제가 가장 신임하는 동생인 인샹(재정관리부서[會計司]도 맡고 있었다)과 두 명의 한인 대학사 장팅위(張廷玉)와 장팅시(蔣廷錫)였다. 장팅위는 강희제가 가장 신임했던 측근의 아들로 만주어에 능통하고 호부에서 일하고 있었다. 장팅시는 장팅위와 같은 부서에서 일했고

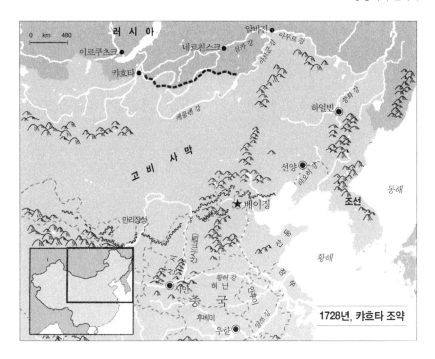

1728년, 캬흐타 조약

전국적으로 유명한 화가이기도 했다. 두 사람은 모두 진사(進士)시험에 합격했으며 학문적으로 뛰어남을 인정받아 처음에는 한림원(翰林院)에서 근무했다. 장팅위는 안후이, 장팅시는 장쑤 출신으로 모두 풍요로운 양쯔 강 삼각주 지역에서 태어났다. 따라서 그들은 정복이 끝난 지 80여 년이 지난 지금 중국화된 만주인 황제에게 완전히 충성하는 전통적 한인 관료사회에서 가장 유능한 고위층을 대표한다고 말할 수 있었다. 1729년에 이 세 사람은 만주인과 한인으로 이루어진 소수의 관원을 데리고 새로운 비밀부서인 군기처(軍機處)를 운영하게 되었는데, 이들 관원은 여러 부서—특히 호부—에서 일하고 있었으며 신중함에 관한 한 믿을 수 있는 사람들이었다. 이들의 업무에 대해서는 대학사라 하더라도 모두 자세히 알지는 못했다. 이들은 옹정제의 아들인 건륭제 시대가 되어서야 세인의 주목을 받는 유명한 집단이 되었다.2)

이로써 옹정제는 재정문제에서와 마찬가지로 자신의 권력을 증대시키고 특정한 정보와 결정사항을 계통적인 육부와 그 관료들로부터 보호할 수 있는, 비공식적이지만 효율적인 연락망을 창출해 냈다. 왜 공개적인 통로가 아닌 비밀스런 통로가 필요했던 것일까? 부분적이긴 하지만 아마도 옹정제와 그의 측근들은 서역 정벌을 위해서는 복잡하고 값비싼 군수물자가 필요한데, 만일 그 준비과정이 공개적으로 진행된다면 재정적으로 어떤 검은 거래가 발생하지 않을까 우려했던 것 같고, 그래서 그들이 갖고 있는 정보를 공식기구한테는 감추고 싶어했던 것 같다. 또한 그들의 활동 규모를 비밀에 부치길 원했던 것 같다. 그런 근거는, 군기처가 일정수의 군대에게 보급품을 수송하는 데 필요한 노새나 낙타, 마차의 수 같은 항목까지 아주 상세하게 회계장부에 기록하고 있었다는 데서 발견할 수 있다.

새로운 조직이 필요했던 또 다른 이유는 내각대학사가 주접에 대해 논의해야 하는 경우가 종종 있었다는 점이었다. 어떤 경우에는 이러한 주접들은 따로 정리해야 했다. 그도 그럴 것이 황제가 모든 자세한 내용을 기억하고 있을 수는 없었기 때문이다. 그것을 안전하게 보관해 둘 만한 장소는 엄중한 감시 아래 특정인만이 드나들 수 있는 곳뿐이었다. 또한 옹정제는 변방에 있는 그의 장수들과 이른바 '밀접'(密摺)을 통해 의사를 교환했는데, 이것은 내각대학사들의 논의를 거친 후 수신인에게 신속하고도 비밀리에 전달되었다. 이와 같은 방법은 하루에 50~100건의 상주를 검토하느라 이미 많은 시간을 보낸 황제에게 시간을 절약하게 해주었다. 이에 황제는 비밀리에 자신을 위해 쓰인 밀접에 개인적인 사연을 덧붙여 자신이 얼마나 변방의 장군들을 신임하는지 보여줄 수 있었다. 서역에 주둔하고 있던 웨중치(岳種琪) 장군에게 보낸 밀접에서 황제는 "눈보라 속에 말을 타고 다녀야 할텐데 건강은 어떠한가?" "장교·병사·가축들은 무사한가?" 따위를 자상하게 물었다. 그에게 보낸 또 다른 밀접에는 "짐은 네가 시안에서 전선으로 떠날 길일(吉日)을 택하여 보내노라"고 쓰고 있다.[3]

마지막으로 새로운 방책들은 황제 자신의 군대로부터 황제의 안전을 지키는 것이 국가 안보와 직결된다는 발상에서 추진되었다. 잠재적인 위협은 산더미처럼 많았다. 예컨대 형제들 가운데 황제가 가장 불신했던 인물은 옹정제가 제위를 계승할 때 티베트 전투에서 장군으로 복무하고 있었다. 옹정제의 가장 가까운 벗 중 하나는 쓰촨과 간쑤 성의 대장군(大將軍)이었는데, 옹정제 형제들의 음모에 연루되어 1727년에 자결하라는 명을 받았다. 그 지역의 새로운 대장군은 웨중치로서, 그는 황제의 총애와 높은 평가는 차치하고라도 모든 한인이 위대한 애국자로 떠받드는 웨페이(岳飛)의 후예였다. 웨페이는 12세기에 여진족의 침략에 용감히 맞서 싸웠음에도 불구하고 송 왕조의 통치자에 의해 감옥에서 살해된 인물이었다. 옹정제는 군 내부의 이러한 잠재적인 위협들 전부 또는 일부라도 막으려면 조심스럽게 군을 제압할 필요가 있었다.

장기적으로 계획된 준가르부와의 전쟁상황은 악화되어 갔다. 1732년에 웨중치 장군은 바르쿨에 있는 전진기지에서 우루무치에 있던 적군을 공격하는 데 성공했으나, 하미에 있던 아군이 적군에게 기습을 당했다. 이에 웨중치의 동료 장군이 재빨리 1만 대군을 이끌고 호브도 근처의 매복지로 후퇴했으나 군사의 5분의 4와 다수의 장군을 잃고 말았다. 옹정제는 패전과 부정부패의 책임을 물어 두 장군에게 사형을 명했다. 그들은 나중에 사면을 받긴 하지만, 이 실패로 인해 이 지역의 국경문제를 해결하는 데 30년의 세월이 더 걸리게 되었다.

한편 옹정제는 서남지역의 원주민 먀오족과 전쟁을 치르기 위해 그의 새로운 정보전달 통로를 부분적으로 이용했다. 삼번의 난이 진압된 후 윈난과 구이저우 성으로 몰려들기 시작한 중국인 정착민들은 그 지역의 계곡에 거주하는 사람들을 산으로 밀어내고 은광과 동광을 개발하기 위해 지역사회를 들쑤시고 있었다. 1726년에 옹정제는 오얼타이(鄂爾泰)를 윈난과 구이저우의 총독(雲貴總督)에 임명했다. 그는 남기(藍旗)의 전사 가문 출신의 경험 많은 정치인으로 만주어뿐만 아니라 중국어에도 능통했으며, 주접을 통해 황제와 끊임없이 연락을 취했다. 주접에 의하면 그는 먀오족 족장들의 권력을 분쇄하고 그들 부족의 토지를 몰수하여 중국의 지방행정체제의 일부로 편입시키기 위해 노력했다. 저항하는 자는 청군에게 체포되어 죽임을 당했다. 항복하는 자는 토지에 대한 권리는 빼앗겼지만 대개 봉급을 받는 행정관으로서 복권되었다.

먀오족에 대한 진압을 가속화하기 위해 1728년에 오얼타이가 광시 성의 총독도 겸하게 되었는데, 이는 상당히 이례적인 일이었다. 옹정제는 주접에 긴 논평을 달아 지속적으로 오얼타이를 격려하고 그와 애로사항을 논의하며 그 지역의 다른 관리들의 품행에 대해 이야기했다. 1732년에 오얼타이는 서남지역을 성공적으로 평정한 공을 인정받고 베이징으로 다시 올라와 군기처에서 일하게 되었다. 그는 인상과 장팅시의 자리를 대신하게 되었는데, 그들은 오얼타이가 서남지역에 머물던 시기에 사망했다. 따라서 그와 장팅위는 수도에서 옹정제가

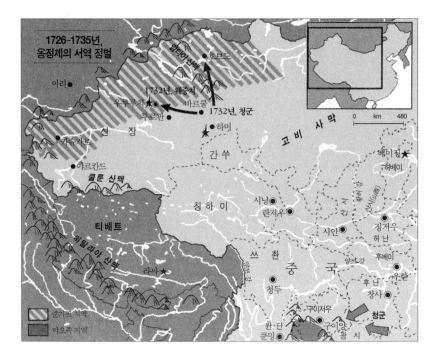

가장 신임하는 인물이 되었다.

이처럼 재정문제·정보전달체계·군사문제 등에 대한 변화를 살펴봄으로써 우리는 청의 통합과 전제정치가 어떻게 변화했는지 알 수 있다. 청의 정복 이후 시간이 흐를수록 만주족 대리인이나 귀족들—또는 그들의 기군조차—의 통치력은 약화되었다. 황제의 형제들은 황제에게 여전히 위협적인 요소였지만, 조종하거나 제압할 수 있었다. 정규 관료제는 많은 점에서 유용하긴 했지만 특별히 신속함과 비밀이 요구될 때는 오히려 장애가 되었다. 그러나 옹정제는 대부분의 전제군주처럼 중요한 관직을 신설하고 자신의 사람들로 채워 넣은 다음에 중요한 결정사항에 대한 독점권을 주장하는 단순한 방법을 택하지는 않았다. 대신에 그는 무슨 일을 하는지 알 수 없는 부서를 설치하고 거기서 일하는 사람에게 동시에 다른 임무도 맡게 한 후 그들의 보수와 지위를 다른 정규 관료제와는 다른 체계로 만드는 보다 우회적인 방법을 택했다. 옹정제는 비공식적이고 비밀스런 조직을 이용할 줄 아는 감각—그리고 신념—을 지닌 뛰어난 전략가였다. 그에게는 그러한 조직을 지배하는 것이 바로 권력의 본질이었다.

도덕적 권위

옹정제의 관심은 행정문제 이상의 것에도 미쳤다. 그는 도덕적·문화적 가치에 대해 폭넓은 관심을 가지고 있었고, 주요 정책결정 대부분은 그의 도덕적 신념 으로부터 영향을 받았다. 그는 자신의 정직에 확신을 가지고 있었던 것으로 보이며, 그의 결정은 권력에 대한 기본개념과 황제의 최고 권위에 대한 사상이 상호 연관된 결과였다. 이러한 사실은 카톨릭 교회, 뤼류량(呂留良) 사건, 그의 아버지가 만든 성유(聖諭)의 확대, 방대한 백과사전인 『고금도서집성』(古今圖書集成)의 편찬, 불교에 대한 관심, 공업노동자와 아편중독자 문제, 그리고 이른바 '천민'의 해방 등, 그가 다룬 광범위한 문제들에서 짐작할 수 있다. 어떤 면에서 그는 유교 군주의 역할을 수행했으나, 다른 면에서는 정복자 만주 조상의 전제적 성급함도 지니고 있었다.

카톨릭 선교사의 문제에 대해서 옹정제는 그의 아버지가 말년에 그랬던 것이상으로 엄격해졌다. 전례 문제 때문에 중국의 카톨릭 사회는 여전히 내분되어 있었고, 적어도 두 명의 예수회 선교사가 황제를 개종시킬 수 있을지 모른다는 생각으로, 옹정제가 가장 불신하던 형제 중의 한 명과 로마자 알파벳을 암호로 하여 서로 교신해 왔다는 사실이 드러났다. 옹정제가 이 사실을 알게 되자 그의 분노는 선교사와 교류가 있는 학자들과 카톨릭 교회 전체에 미쳤다. 베이징의 궁정에서 일하던 극소수의 선교사들을 제외하고 다른 지역에 살던 모든 선교사들은 광저우나 마카오로 추방당했다. 많은 지방 교회들이 학교나 여관으로 쓰이도록 개조되었다. 옹정제는 종종 '붕당'이라는 개념에 대한 공격을 통해 정치집단이나 당파를 공개적으로 비난해 왔기 때문에 교회의 분파적 영향력에 대해서도 분노를 표명했다. 그러나 그는 높은 도덕성을 견지하기 위해 금지령 만큼은 보류했다. 1726년에 그는 "머나먼 곳에서 야만인들이 우리의 문화에 매혹되어 이곳으로 왔다"면서 "우리는 그들에게 관대함과 덕성을 보여주어야 한다"고 썼다.[4] 이 시기에 실제로 처형된 선교사는 한 명뿐이었지만 선교사들은 행동을 각별히 조심해야만 했다. 그들의 영향력은 쇠퇴하여 궁정에 남아서 할 수 있는 일이라고는 천문학 연구기관의 감독이나 궁정 화원의 화가로 활동하는 것뿐이었다.

　뤼류량 사건에서도 황제는 이와 비슷하게 복수와 연민이 뒤섞인 복합적인 반응을 보였다. 뤼류량은 지독한 반만 학자이자 의사요 승려로서 1683년에 죽을 때 자신을 만주식 옷을 입혀서 입관하지 말라고 유언을 한 사람이었다. 만주족과 다른 야만족에 대한 조소어린 내용이 담긴 그의 저서는 중부지역에서 두루 읽혔는데 독자 가운데 쩡징(曾靜)이라는 감수성 예민한 젊은 교사가 있었다. 뤼류량의 글이 지닌 반만 열정에 자극받아 옹정제가 찬탈자라는 소문을 믿은 쩡징은, 1728년 당시 쓰촨 성에서 준가르부에 대한 전쟁을 준비하고 있던 웨중치 장군에게 반란을 일으키도록 부추겼다. 웨중치 장군은 음모의 전말을 알게 될 때까지 동조하는 척하다가 옹정제에게 이 사실을 알렸다.

　이 사건을 조사하던 중 옹정제는 뤼류량의 책과 자신이 찬탈자라는 소문이 그렇게 널리 퍼져 있다는 사실을 알고 몹시 분개했다. 황제의 대응은 세 가지였다. 우선 뤼류량의 시신을 부관참시하고 그의 유족을 모두 노비로 만들거나 유배시켰다. 그리고 자신이 자신의 아버지가 선택한 후계자가 틀림없음을 증명하려는 세세하고도 분노에 찬 반박문을 써서 모든 과거시험 등과자들에게 읽혔다. 그리고 나서 쩡징에 대해서는 그가 젊어서 속기 쉬웠다는 이유로 훈계하는 정도에서 용서하는 극적인 처분을 내렸다.

　이와 같이 옹정제는 유교적 관용과 가부장적 엄격함을 결합한 이미지를 만들기 위해 용의주도하게 계획했는데, 그의 아버지의 성유를 확대하는 사업도 그 경우에 포함된다. 강희제는 백성들을 순종적이고 평화로운 삶으로 이끌기 위하여 16개조로 된 도덕 조항의 간단한 요약문을 내리는 것으로 만족했다. 그러나 옹정제는 자신의 아버지가 만든 각 조항에 긴 설명을 첨가하고 한 달에 두 번 지방의 학자들로 하여금 마을 단위까지 직접 강의를 하게 했다. 이 설명을 통해 옹정제는 특히 세금을 제때 납부하고 분쟁을 피하며 범법자로부터 스스로를 보호하기 위해 지방공동체가 단결해야 할 필요성을 강조했다. 또한 농업경제에서 중요한 절약과 근면성, 소송의 자제, 도덕적 행동과 관행을 가르치고 '잘못된 관행'은 인정하지 않는 교육체제의 확립 등을 강조했다. 현 단위의 과거시험 참가자들은 이처럼 길어진 조항들뿐만 아니라 여기에 대한 황제의 견해를 모두 알고 있어야 했다. 옹정제의 신하들에 의해 다시 요약된 개정판도 마련되어 교육을 별로 받지 못한 사람들이나 방언을 사용하는 소수민족들에게도 전달되도록 했다. 이는 국가적인 교화를 위한 진지하고 포괄적인 시도로서, 옹정제는 이것을 통해 백성의 사상과 행동을 개선하고 국가에 대한 충성도를 높일수 있을 것으로 믿었다. 이러한 형태의 도덕적 교화는 19세기 중반 대규모 반란이 일어난 이후나 국민당과 공산당 정부 아래에서도 계속적으로 제기되는 주제가 되었다.

『고금도서집성』의 간행을 둘러싼 옹정제의 행동은 그의 성격의 야비한 측면을 보여주지만, 그가 이 사업을 진지하게 추진했다는 것은 청대의 정치적·문화적 가치가 상호 연관관계에 있었음을 증명하는 중요한 지표이다.『고금도서집성』(예로부터 현재까지 그림과 글을 완비한 모음집)은 방대한 백과사전으로, 학자 천멍레이(陳夢雷)가 수십 년에 걸쳐 연구한 성과물이다. 천멍레이는 강희제의 후원 아래 여러 학자들과 강희제의 셋째아들——그의 후원자였음——의 도움을 받아 자연현상·지리·역사·문학·정치에 대한 가장 뛰어난 과거의 글들을 모으고자 했다. 그 결과는 분명히 세계 역사상 가장 방대한 책 가운데 하나가 되었으며, 모두 80만 쪽에 1억 개의 한자를 담고 있다. 이 방대한 저술을 인쇄하기 위한 동판은 강희제가 죽을 무렵 이미 만들어져 있었다.

옹정제는 자신이 싫어하는 형에게 이러한 위대한 사업에 대한 찬사가 돌아가기를 원치 않아, 천멍레이가 예전에 경징중의 푸젠 반란군에서 강제로 복무했던 것을 이유로 그를 반역자로 몰아 만주로 쫓아 버렸다. 그 다음 옹정제는 편찬인으로서 천멍레이의 모든 흔적과 그의 셋째형이 이 사업에 참여했다는 증거를 전부 없애 버렸다. 이 백과사전을 '교정하느라' 4년을 보낸 뒤, 이 책은 강희제의 작품으로서 간행되었고 옹정제가 가장 신임하는 내각대학사가 이른바 '교정판'의 편집장으로 이름을 올렸다.

마찬가지로 불교 문제에서도 열정적인 신자이면서 동시에 전제군주라는 이중적 역할을 수행하는 옹정제의 양면성을 볼 수 있다. 불교 종파들 가운데 옹정제가 가장 매력을 느낀 쪽은 선종으로, 이미 천년 전에 중국에 처음 전파되기 시작했다. 선종 신자들은 금욕적 명상과 참선을 통해 궁극적으로는 그들이 살고 있는 이른바 '실제' 세계가 사실은 허상의 세계임을 깨닫는 것을 목표로 삼았다. 또한 그들은 부처의 본성이 모든 사물에 존재하고, 믿음과 집중력만 있으면 모든 인간은 깨달음에 도달할 수 있다고 믿었다. 이러한 교파의 신앙에 투철

했던 옹정제는 궁전에서 14명과 함께 정기적으로 선(禪)에 대한 연구 모임을 가졌는데, 이 중에는 그가 여전히 신임하고 있던 다섯 명의 형제, 선택된 고관, 도교 신자 한 명, 불교 승려 다섯 명이 포함되어 있었다. 그는 또한 불교 경전을 출판할 수 있도록 정식으로 허가했다. 그러나 옹정제는 명 말에 두 명의 불교 승려에 의해 집대성되어 그 당시까지 여전히 많은 선종 신자들이 받들고 있던 교조적 해석에 반대하여, 그 두 승려가 쓴 논쟁적 저서들을 불태우고 이를 따르는 승려의 신분을 박탈하고 활동을 금지시켰다.

옹정제의 사회적 가치관은 노동 관련 분야에서도 드러난다. 양쯔 강 남쪽의 쑤저우 변두리는 18세기에 비단과 면제품 무역의 중심지로 유명했다. 이 지역의 수많은 노동자 중에는 수백kg 이상의 무게가 나가는 거대한 롤러를 사용하여 옷감을 누르고 옷을 짓는, 전설에나 있을 법한 괴력의 소유자들이 있었다. 이 '직공'들은 얼마 되지 않는 임금을 바라고 열심히 일했다. 21m의 옷감을 공정하는 데 거의 하루가 걸렸는데, 그러면 일꾼 한 명당 11동전(銅錢) 또는 100분의 1은냥을 받았다. 시장에서 곡식 1섬(石, 약 60kg)이 1냥이었던 당시로서는 그만한 임금은 겨우 입에 풀칠하는 정도였다.

강희제 치하에서 이 직공들은 여러 차례 파업을 일으켰고, 단지 임금 인상뿐 아니라 병원, 고아원 그리고 회관을 지을 권리도 요구했다. 파업자들은 아무런 성과도 거두지 못하고 주동자들은 폭행을 당했지만, 직공들은 1723년과 1729년에 또다시 저항했다. 쑤저우 지역에는 이런 과격하고 적극적인 직공들이 8천 명 이상 있었기 때문에 옹정제는 이 문제를 심각하게 여겼다. 그러나 그는 그들의 열악한 경제적 조건에 관심을 가지기보다는 그들이 외부 반란군이나 선동가들과 연계하지나 않을까 하는 문제에 더 신경을 썼다. 그는 22명의 노동자를 체포하여 취조한 순무를 격려했다.

현재 남아 있는 주접의 행간에 적어 넣은 긴 글을 통해 우리는 옹정제가 노동자 가운데 일부가 무술인이나 점쟁이, 의사, 술집 주인 등과 관계되어 있다거나 필리핀으로 도망친 명 황실 유족과 연관되어 있다는 등의 조사내용을 얼마나 신중하게 검토해 나갔는지 짐작할 수 있다. 1730년 이 모든 요소들이 명백히 밝혀지고 음모자들이 처벌된 뒤에야 비로소 황제는 자신의 정보원에게 주홍색 글씨로 "좋다! 이제 공식적인 상주를 보내도 된다"고 썼다. 다시 말하면 황제와 일부 선택된 관료가 7년 동안 고민해 온 일의 전말을 베이징의 상서들과 대학사들은 그제서야 알 수 있게 되었던 것이다.

아편 중독문제는 황제가 이전에 미처 알지 못했고 경험해 본 적도 없는 분야였다. 아편을 치료나 마취를 위해 사용했던 예는 12세기부터 기록에 있지만, 중국 본토에 아편 중독이 퍼지기 시작한 것은 17세기에 담배가 유행하고, 이후 1721년 주이구이 반란을 진압하러 타이완에 갔던 병사들이 아편 흡연법을 배워 온 뒤부터였다. 옹정제는 이미 재위 초기에 이 문제의 심각성에 경악하고 아편 흡연을 금지시켰으나, 중국 법전에 이에 대한 선례가 명확치 않기 때문에 유추에 의해 여러 개의 특별 조항을 만들어야 했다. 이에 따라 아편상은 밀수품 상인과 마찬가지로 무거운 나무로 만든 '목가'(木枷)라 불리는 칼을 한 달 동안 찬 후 전방의 군사 요새로 유배되었다. 순진한 사람들을 아편굴로 유혹한 자들은 이교(異敎)를 유포하는 사람처럼 교수형(재심사 후 감형되기도 한다)에 처해졌고, 아편을 피우거나 재배한 사람은 황제의 명을 어긴 사람과 같은 벌칙에 해당하는 곤장 100대를 맞았다.

그러나 1729년에 아편 문제 전체를 보다 세밀하게 재검토할 것을 주장하는 긴 상주가 옹정제에게 올라왔다. 이 상주는 천(陳)이라 불리는 어떤 아편상에 관한 것이었는데, 그는 법에 따라 모든 재산을 압류당하고 칼을 차고 추방당하는 형을 받았다. 그러나 이 아편상은 건강상의 목적에서 의료용 아편을 팔았을 뿐 흡연용 아편을 팔지는 않았다며 자신의 무죄를 호소했다. 이 사건을 재심사하면서 옹정제는 이 사건은 분명히 예외이며, 관료가 심문에 임할 때는 반드시 행위의 동기를 가려 내야 한다는 사실을 깨닫게 되었다. 천은 푸젠의 상인으로서 광둥의 한 상인에게 '말린 귤 빵'을 주고 18kg 가량의 아편을 구입했는데, 그는 합법적인 상인이나 약사이지 협잡꾼은 아니었다. 황제는 예리하게 "만일 아편이 밀수품이라면 천은 관대하게 용서받을 수 없다. 만일 밀수품이 아니라면 너는 왜 그것을 성(省)의 귀중품 창고에 보관해 놓지 않았느냐? 이는 평민이 어렵게 얻은 자본이다. 하나의 잘못을 처리하면서 어떻게 또다른 잘못을 범하여 그의 삶을 빼앗을 수 있겠는가?"[5]라고 지적했다. 이것은 세계에서 가장 큰 제국의 전제적인 황제가 여전히 사회문제를 면밀히 관찰하고 경제적 형평을 유지할 방법을 모색하며, 최고 권위를 지닌 문화적 심판자로서 자신의 역할을 다한 실례를 보여준 것이다.

이런 점에서 옹정제의 가장 극적인 행동은 중국의 '천민'을 해방시키겠다고 결심한 일이다. 이 조처는 사회적으로 버림받아 정부의 어느 곳에서도 일할 수 없고 과거시험도 볼 수 없는 여러 집단에게 적용되었다. 그 중에는 결혼식이나 장례식에서 노래나 음악을 공연하는 산시나 산시(山西)의 낙호(樂戶), 저장의 이른바 몰락한 사람들인 타민(墮民), 안후이에서 대대로 종노릇을 하던 반당(伴當)과 장쑤의 거지무리인 개호(丐戶), 동남 해안의 위험한 바다에서 사공·굴따기·진주조개잡이로 일하던 단민(蛋民), 저장과 푸젠의 경계에서 대마와 인디고 (indigo)를 채집하던 붕호(棚戶), 그리고 가노로 일하던 세복(世僕) 등이 포함되었다. 옹정제가 이들의 낮은 지위를 개선하려 했던 것은 아마도 순수한 동정심에서라기보다는 통일된 공공 도덕률을 확립하려는 욕심에서였을 것이다. 어쨌든 그는 1723~1731년 사이에 일련의 칙령을 발표하여 그들을 해방시켰다. 이런 사실은 사회적 차별을 철폐하려는 그의 끈기와 집념을 잘 보여준다.

단기간의 효과라는 측면에서 보면 이 칙령들은 그의 기대에 못 미쳤다. 많은 '천민'들이 선택의 여지없이 천업에 머물렀고, 또 많은 사람들이 낮은 신분에 익숙해져 있어서 법이 바뀌었음에도 불구하고 자신의 현실을 그냥 받아들이고 있었다. 일반 백성은 황제의 칙령에도 불구하고 이 소외계층을 자신과 동등한 사람으로 받아들이는 데 열성적이지 않았다. 그러나 장기적 안목에서 보면 그의 칙령은 소기의 목적을 달성했고 천시받던 이들 계층은 서서히 청 사회에서 좀더 안정된 위치를 차지할 수 있게 되었다.

다른 때와 마찬가지로 이번에도 옹정제는 인간의 본성은 잘 변하지 않으며, 도덕적인 공식 포고령이 깊게 뿌리내린 사회구성원의 행동양식을 반드시 변화시키지 않는다는 사실을 배우는 기회를 얻었다. 그가 이러한 교훈을 가슴 깊이 간직했는지는 알 수 없지만, 그는 자신의 신념에 대한 믿음이 확고부동했으며 죽는 날까지 관료와 백성에게 훈계를 계속했다. 그의 현실적 도덕주의는 청의 만주족 통치자들이 전통적인 유교 덕목에 얼마나 깊이 내면화되어 갔는지를 보여주는 하나의 징표이다.

5장 | 중국 사회와 건륭제의 치세

사회적 압력과 인구의 증가

1736년에서 1799년에 이르는 건륭제의 재위기간은 중국 역사상 가장 길었다. 건륭제와 거의 비슷했던 강희제의 재위기간에 옹정제의 재위기간을 합치면, 1661년에서 1799년까지 단지 세 황제가 중국을 다스렸다는 사실을 알 수 있다. 이것은, 북미에서는 뉴욕에 영국 식민지를 건설했던 때부터 조지 워싱턴의 죽음까지에 해당하며, 영국에서는 찰스 2세의 왕정복고에서 산업혁명까지의 변화가 일어났던 기간이다. 이것을 이 세 황제 시기의 사건들과 비교해 보면, 왜 중국이 외국인에게 그토록 특이한 정체성과 연속성의 표상으로 인식되었는지 이해할 수 있을 것이다.

그러나 이런 명백한 정체성과, 강희제와 옹정제가 이룩한 국경의 안정이나 성공적인 중앙집권화에도 불구하고 여전히 중국은 완전히 통합된 동질적인 국가와 거리가 멀었다는 사실을 잊어서는 안된다. 광대한 영토확장으로 인해 중국은 경제변화의 속도, 종족조직의 형태, 교통의 효율성, 종교적 관행, 상업의 복잡성, 토지 사용과 소유의 형태 등에서 지속적으로 다양성을 유지하고 있었다. 만일 완전한 중국사를 쓰려면, 지역별로 이런 모든 차이에 대한 정보뿐만 아니라 정확한 변화의 모습을 추적하고 중앙에서 이루어진 정치적 결정과 연결

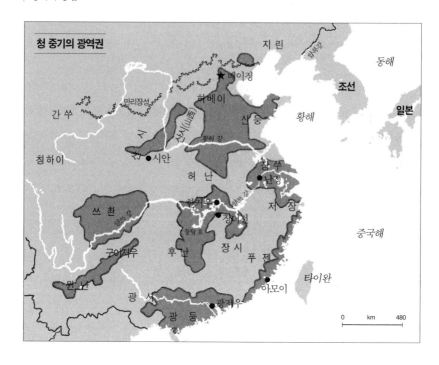

청 중기의 광역권

지 린

동해

조선

일본

베이징

만리장성

허베이

산둥

황해

간 쑤

황허 강

칭하이

시안

허 난

창 쑤

난징

쓰 촨

양쯔 강

항저우

저 장

장더전

둥팅 호

장 시

중국해

후 난

푸 젠

구이저우

윈난

광 시

아모이

타이완

광저우

광 동

0   km   480

해야만 이상적으로 할 수 있을 것이다.

　이와 같은 작업은 어려워 보이지만 여러 연구들이 그 가능성을 보여 왔다. 특히 청 말 중국을 전통적인 성이나 부 이하의 단위로 나누는 것과는 달리 경제적 통합의 단위로 분석함으로써, 우리는 당시의 통치자나 관료는 이용할 수 없었던 자료에 근거하여 당시의 사회를 새롭게 조망할 수 있다. 이러한 접근법을 사용하는 학자들은 아홉 개의 '광역권'(macroregion)을 설정했는데, 각 광역권은 여러 성을 포괄했다. 각 광역권에는 주요 도시에서 활발했던 경제활동, 인구의 집중, 식량과 상품을 나르는 비교적 정교한 교통로 등에 의해 정의되는 '중심부'가 있었다. 각 중심부는 인구가 적고 덜 개발된 지역인 '주변부'로 둘러싸여 있는데, 이 주변부는 한 광역권의 중심부를 이웃의 다른 중심부와 격리시키고 불법적인 무리나 비적이 비교적 자유롭게 성장할 수 있도록 정치적 통제가 미치지 않는 지역이었다.[1]

　이 9개 광역권 가운데 하나는 동북지역, 곧 남만주와 인접한 지역으로, 중국을 정복하기 전 청의 심장부였다. 두 개는 북부에 있었는데, 산시의 시안 일대와 베이징 산둥 서북지역이 그것이다. 다른 세 지역은 양쯔 강을 따라 하나는 난징 주변의 동부 해안에, 또 하나는 중상류 유역인 한커우(漢口) 일대에, 또 다른 하나는 이 강의 깊숙한 상류인 쓰촨에 자리잡고 있었다. 일곱번째 광역권은 푸젠 성의 동남 해안지역이었고, 여덟번째는 먼 동남지역으로 광저우 주변이 중심을 이루었다. 그리고 마지막은 서남부의 윈난과 구이저우 성을 아우르고 있었다. 여기서는 아홉 광역권 모두를 자세히 살펴볼 수는 없지만 세 광역권에 대해 간략히 살펴봄으로써, 18세기에 그와 같은 사회적·경제적 발전의 유형을 결정하는 데 영향을 미쳤던 요인들이 무엇인지 알아보고자 한다.

첫번째로 살펴볼 곳은 북부 광역권(베이징과 산둥 서부지역을 중심으로 허난과 장쑤 북부에 이르는 지역)이다. 이 광역권은 수도를 포함하고 있음에도 불구하고 다른 대부분의 광역권보다 도시화의 정도가 덜했고, 경제의 기본단위는 소규모의 독립 자영농이었다. 침적토로 가득한 황허 강이 자주 범람했지만 구호대책이나 기근을 대비한 비상곡물의 분배는 수도에서 먼 지역에 비해 잘 이루어지는 편이었다. 이 광역권에서는 면화가 값진 환금작물이 될 정도로 실을 잣고 짜는 기술이 효과적으로 발전했다. 이런 작업은 가족단위의 움집에서 이루어졌으며, 여린 실이 끊어지지 않을 만큼 적당한 습도가 유지되는 알맞은 '기후' 조건을 갖추고 있었다. 또한 유리 제조, 석탄 채굴, 양조 등과 더불어 담배 재배도 보급되었다. 변화하는 사회적 환경들, 곧 대운하의 곡물수송선에서 일하는 많은 노동자와 선원의 존재, 수확량이 적은 토지, 그리고 영세한 토지 소유 등은 이 지역이 범죄와 폭력의 온상이 되는 데 일조했다.

이와는 반대로 이 시기에 중부 양쯔 강 광역권은 비교적 인구밀도가 낮고 미개간지가 풍부했기 때문에 다른 지역에서 많은 사람들이 이주해 왔다. 자연히 이 지역에는 새 터전과 조상의 고향에 대해 이중적인 충성심을 지닌 새로운 '거주민들'과, 자신의 땅에서 밀려난 소수집단 중심의 불만세력이 형성되었다. 양쯔 강 연안의 신흥도시인 한커우는 행정 중심지라기보다는 은행과 길드가 복잡하게 얽혀 있는 상업 중심지로서 지역간 장거리 곡물교역의 중심지가 되었다. 동남쪽에 자리한 징더전은 공업도시로 발전하여 중국의 엘리트를 위해서뿐만 아니라 서양 시장에 수출할 도자기를 생산했다. 그러나 이러한 상업의 성장과, 홍수로부터 소규모 경작지를 보호하기 위해 둥팅(洞庭) 호 주변에 새로운 수로를 건설하려는 농민의 계획, 엘리트들의 대규모 토지 간척계획은 결국 무서운 강의 범람을 초래했다. 인간의 노력과 창조력이 강이 흘러가야 할 길을 빼앗아 버린 데 대한 대가였던 것이다.

세번째 지역인 동남 해안 광역권은 푸젠을 중심으로 저장 남부와 광둥 동부의 일부까지 포괄하는 지역으로, 위의 두 광역권과는 다른 요인들에 의해 움직이고 있었다. 이 광역권의 상인들은 해안에 자리한 덕분에 타이완이나 동남아시아 지역과 수지가 좋은 무역을 주도할 수 있었고, 특히 아모이(廈門) 항을 중심으로 일종의 사해주의(cosmopolitanism)와 신용 및 금융산업이 고도로 발달하였다. 이 지역의 풍요로운 차 재배지에서는 또 다른 부를 생산하고 있었다. 그러나 복잡한 역사적·지리적 원인 때문에 이 광역권 역시 극심한 지역주의로 분열되어 있었다. 힘있는 종족들이 마을 전체를 움직였고 이들 사이의 분쟁은 극심했다. 많은 부잣집들은 완전히 요새화되었다. 소작료가 상당히 높았으며, 이주민들과 계단식으로 개간된 산기슭에 사는 가난한 토박이 농민들 사이에 폭력분쟁이 자주 발생했다. 또한 방언과 사투리가 강했기 때문에 외부와의 접촉이 어려웠다. 이 지역에서 가장 높은 과거 등급인 진사가 점점 더 적게 배출됨에 따라 이곳의 엘리트는 전국적 규모의 상류계급에서 밀려나기 시작했다. 청 정부는 이곳을 분쟁 잠재지역으로 분류하고, 녹영(綠營)이라는 알려진 지방 한인 군대와 기군에게 계속적으로 삼엄한 경계를 하도록 했다.

각 광역권은 나름대로 내부적 경제원리에 충실했기 때문에 다른 광역권과의 차이가 분쟁의 요인이 될 위험이 늘 있었다. 만일 중앙정부가 이런 분쟁을 중재하거나 조정하는 데 실패할 경우 분열이나 내란이 발생할 수 있었다. 여기에 가장 근접한 상황이 1630년대와 1680년대 사이에 발생했다. 당시 농민반란군, 명 황실 유족, 정청궁 집단, 그리고 삼번이 각각 서로 다른 광역권의 중심부에 기반을 두고 있었다. 따라서 중앙정부는 각 광역권을 이념적으로나 행정적으로, 그리고 필요하다면 군사적으로 연결시켜야 했다. 아울러 이 작업은 광역권 간의 교역이 원활하면 쉬울 수 있었는데, 이런 현상이 18세기 말에 나타나기 시작했다. 경제적 유대가 정치적 유대를 강화시키자 청의 국가나 사회의 성격이 실제로 변화된 것이다.

청 중기의 사회와 경제를 복잡하게 만드는 또 다른 요인은 중국 인구의 급속한 증가였다. 1712년 강희제가 인두세 등록방식의 개혁을 통해 보다 정확한 거주자 수를 파악하려 했음에도 불구하고 수치는 여전히 불확실했고 이전 시기와의 비교도 정확히 이루어지지 않았다. 그러나 명 초기인 1390년경의 인구가 6,500만에서 8천만 명 사이였다는 것은 분명하다. 옹정제의 아들 건륭제의 재위가 끝나는 1790년대가 되면 3억을 넘어섰다. 그러나 중요한 점은 명·청 교체기가 꾸준하고 안정적인 인구 증가가 이루어질 수 없는 상황이었다는 것이다. 사실상 1620년 명의 만력제가 죽은 직후부터 강희제 때 삼번의 난이 끝나는 시기(1681)까지는 외적의 침입, 내란, 비적들의 홍기, 자연재해, 관개시설의 미비, 악성 전염병 때문에 중국 전체 인구가 대폭 감소했다. 그 감소의 정도가 얼마나 심각했는지 구체적으로 말하기는 어렵다. 다만 명 말의 중국 인구는 적어도 1억 5천만 명을 넘었을 것으로 추정되는 데 반해 1670년대에는 1억을 넘지 않았던 것으로 보인다. 아무튼 정확한 계산은 불가능하다.

분명한 것은 이러한 인구의 대폭적인 감소가 18세기의 경제 회복과 인구 증가를 가능케 했다는 점이다. 많은 지역에 소작이나 경작이 가능한 양질의 토지가 있었기 때문이다. 강희제의 통치기간에 중국 북부의 황무지와 한때 풍요로웠으나 전쟁으로 황폐해진 쓰촨의 일부 지역에 대한 재정착이 실시되었다. 옹정 연간에 정착민은 서남지역으로 밀려 내려오기 시작했다. 옹정제의 아들 건륭제 치하에서는 한족이 정부의 금지정책을 어기고 만주 남부지역으로 대규모로 이동했고 양쯔 강과 한수이 강 유역의 고지대에도 거주하기 시작했다. 또한 어떤 이들은 중국 동부에서 바다를 통해 타이완이나 마닐라 등 동남아시아 지역으로 건너갔다.

건륭제 시기에 중국의 인구는 모든 지역에서 급속히 증가했던 것 같다. 만약 강희제 치세 말기에 중국의 인구가 명 말 수준인 1억 5천만 명 정도로 다시 증가했다고 보면, 건륭제 말기에 그 두 배가 되었음은 의심의 여지가 없다. 건륭제 시기의 보다 정확한 인구수치 자료는 특정 지역에 한해서 도표(128쪽)로 만들 수 있으며, 청 왕조의 문서보관소 자료를 통해 그 정확도를 검증해 볼 수 있다. 다음의 표에 나타난 수치는 중국 전체뿐만 아니라 북부지방의 두 성인 허베이와 산둥의 인구를 1,000명 단위로 반올림한 것이다.

여기에 나타나는 인구 증가는 중요한 사회적·정치적 함의를 지닌다. 비록 이

허베이와 산둥 그리고 중국의 전체인구 통계[2]

연도	헤베이	산둥	중국
1573(무렵)	4,625,000	5,644,000	150,000,000
1685(무렵)	3,297,000	2,111,000	100,000,000
1749	13,933,000	24,012,000	177,495,000
1767	16,691,000	25,635,000	209,840,000
1776	20,291,000	26,019,000*	268,238,000
1790	23,497,000	23,359,000	301,487,000

시기에 이전의 토지에 다시 정착이 이루어지고 새로운 토지가 계속적으로 개간되었음에도 불구하고, 대략적인 수치로 보아 강희제 중기부터 건륭제 말기 사이에 인구는 세 배로 늘어난 반면 경작 가능한 토지는 겨우 두 배 증가했다. 따라서 개인이 보유하는 토지의 평균 크기는 줄어들었다. 더구나 중국인은 집안의 토지를 모두 맏아들에게 물려주는 관습을 따르지 않고 '분할상속'을 통해 아들 모두에게 공평히 나누어 주었기 때문에 대토지를 소유한 새로운 집안은 등장하지 않았다. 18세기의 중국 북부, 곧 베이징 광역권의 가문별 재산에 대해서는 완전한 자료가 남아 있는데, 이에 따르면 평균 3천 평(1정보) 정도밖에 소유하고 있지 않았다. 2만 4천 평 이상을 소유하는 집안은 드물었고 농촌 가정 중 4분의 1 이상이 토지를 소유하지 못했다. 중국은 소규모 농민 중심의, 특별한 기술적 혁신 없이 고도의 노동집약적 단계에 머물러 있었다.

전통적 관습에 따라, 농가는 양쯔 강과 한수이 강을 따라 고지대로 올라가거나 남만주의 숲으로 옮겨 가면서, 그 행위의 결과가 생태학적으로 어떤 영향을 미치는지 모르는 채 농경을 위해 이 지역을 개간해 나갔다. 처녀지에서 수확은 많았으나 시간이 갈수록 급속한 토양 침식과 삼림의 고갈을 초래했다. 많은 양의 빗물이 언덕을 휩쓸고 강으로 흘러 듦에 따라 침적토가 많이 발생하여 하류의 농경지역에서 심각한 하천 범람이 자주 일어났다. 더욱이 주로 인간의 배설물을 비료로 사용했기 때문에 외딴 고지대의 황폐해진 토양은 지력을 회복시키기가 어려웠고(예컨대 도시에 가까운 곳이라면 가능했을 법하지만) 많은 경우에 그

* 이 수치는 1773년의 것인데, 1776~1790년 사이 산둥 성의 인구 감소는 이 당시에 일어난 자연재해와 반란에 의한 것으로 추정된다.

대로 방치해 둘 수밖에 없었다.

18세기 중국의 인구가 급속히 증가한 원인은 대규모의 생태학적 변화, 곧 신세계에서 중국으로 새로운 작물이 들어왔기 때문이다. 예컨대 고구마는 건륭제 재위 중반경에 해안지방에 널리 보급되었고 옥수수와 감자는 비슷한 시기에 북부와 서남부에서 흔히 볼 수 있게 되었다. 땅콩은 명 말기에 남부와 서남부 지방에 급속도로 전파되어 건륭제 말기에는 북중국의 주요 작물이 되었다. 이러한 작물들은 농촌노동자들의 열량 섭취량을 증가시키는 데 일조했다. 한편 이들 작물은 메마르고 경사지거나 모래 섞인 토양에서 잘 자랐기 때문에 기존의 작물만으로는 생산력이 떨어졌던 지역—이러한 지역에는 다른 식량자원이나 돈벌이가 되는 일이 드물었다—의 인구를 급속도로 증가시켰다.

남만주 선양 북쪽의 농촌인 다오이(道義)에 남아 있는 문서를 통해 이 지방의 인구와 인구의 연령분포를 좀더 자세히 살펴볼 수 있으며, 건륭제 말기 가정생활의 주기를 어느 정도 짐작할 수 있다. 다오이에서는 출생일을 다달이 기록했는데, 2월과 3월에 가장 많은 것으로 보아 임신이 가장 많이 발생한 시기가 초여름, 곧 파종과 추수 사이의 농한기임을 알 수 있다. 남자의 3분의 1은 생의 첫해에 죽었고 절반은 스무 살이 되기 전에 죽었다. 다오이 남성의 평균수명은 서른두 살 정도였고 4% 가량이 65세를 넘겼다. 여성의 수명도 이와 비슷했다.

다오이 통계의 특징은 사내 아이를 출산한 여성의 나이를 알 수 있게 해준다는 사실이다. 놀랍게도 이 통계는 20대 후반의 여성이 가장 많이 출산했음을 보

1792년 다오이의 출산여성 연령[3]

출산여성의 나이	출산 남아의 수
15-19	87
20-24	226
25-29	255
30-34	191
35-39	118
40-44	68
45-49	23

* 이 자세한 수치는 남아 출산만을 계산한 것이다. 다오이가 팔기제에 따라 군역을 지던 지역이었으므로 인구조사자의 초점은 자연히 장래에 징집이 가능한 남아에 맞추어졌다. 그러나 중국의 다른 지역에서도 여아보다는 남아의 수를 정확히 조사하는 데 더 많은 관심을 쏟았다.

여주고 있다. 이는 식량 부족 때문에 부모의 압력이나 경제적 압박으로 여성의 출산력이 절정에 달한 나이에 아이를 갖지 못했음을 말해 준다.

이 수치를 통해서 하나의 결정적인 인구통계학적 요소의 사회적·문화적 결과를 확인할 수 있다. 아동기의 질병, 부족한 영양 섭취, 심지어는 기근기의 유아살해 때문에, 그리고 부유한 남성이 여러 여성을 거느릴 수 있었기 때문에 중국의 다른 지역과 마찬가지로 다오이에는 결혼 적령기의 여성이 남성보다 훨씬 적었다. 이러한 사실이 가족 형태에 미치는 영향은 현저해서 30세 이상의 다오이 여성은 거의 모두 기혼자이거나 과부였던 반면 성인 남성의 20%는 한번도 결혼한 적이 없었다. 중국인의 이상화된 가족관, 자녀 양육, 후손은 조상이 저승에서 편히 지내도록 제사를 지내야 한다는 관념 등을 신앙처럼 떠받든다는 것이 수백만 남성에게는 잔인한 조롱이었을 것이다. 어떤 이유에서이든 여성이 결혼을 기피하는 것은 불가능했다. 이와 같은 현상은 항상 나타나는 사회적 불안요소 가운데 하나였으나, 기존의 사회적 통념 때문에 좀처럼 밖으로 분출되기는 어려웠다.

'한낮의 태양 같으니'

건륭제는 나라에 만연하기 시작한 광범위한 문제들을 제대로 인식하지 못한 채 매우 낙관적인 사고 속에서 긴 통치(1736~1799)를 시작했다. 옹정제의 넷째 아들이었던 건륭제는 25세의 나이에 평화롭게 제위에 올랐는데, 그것은 그의 아버지가 젊었을 때 겪었던 치열한 파벌싸움을 피할 수 있었기 때문이다. 옹정제는 자신이 선택한 후계자를 밀지(密紙)에 적어 궁중의 비밀상자에 넣어 분쟁을 미연에 방지하는 혜안을 가지고 있었다. 건륭제는 황제 역할을 수행하는 데 필요한 교육을 세심하게 받았고, 그의 능력이나 그가 통치할 왕조의 권위에 대해 전혀 의심받지 않았다.

건륭제의 가장 중요한 업적은 광대한 서역(후에 신장(新疆), 곧 '새로운 영토'로 알려진 지역)을 정복하여 중국에 복속시킨 것이다. 이로써 그는 중국의 영토를 두 배로 확장했고, 마침내 준가르부 문제를 해결했으며 네르친스크와 캬흐타 조약으로 정리된 북부 국경과 더불어 러시아와의 서부 국경을 확고히 설정했다. 이러한 방대한 사업에는 많은 시간과 비용이 소요되었고, 그것은 쓰촨 서부와 티베트 북부에서의 전쟁의 승패와 직결(강희제와 옹정제 때 그랬던 것처럼)되어 있었다.

서역 전투에서 건륭제가 가장 신임했던 장군은 이제까지 별로 두드러지지 않았던 만주 기군 출신의 자오후이(兆惠)라는 사람이었다. 그는 1730년대에 내각의 관직에 오른 후 쓰촨에서 청군의 군량 감독자가 되었다가 같은 자격으로 준가르부 전선에 파견되었다. 거기에서 그는 적극적으로 임무를 수행했다. 1756년부터 1759년 사이 주요 동맹군이 변절하고, 투르키스탄에서 그의 밀사가 이슬람 교도에 의해 살해되었으며, 배고픔 때문에 그의 군대가 사람을 잡아 먹을 지경에 이르면서도 험한 지형을 따라 수백km를 전진하도록 과감히 밀어붙이는 등의 모험을 한 결과, 자오후이는 마침내 1759년에 카슈가르와 야르칸드를 정복할 수 있었다. 청군은 마지막 남은 준가르부 군사를 아주 잔인하게 살육했다. 이때 이후 새로 편입된 영토는 이리(伊犁)에 주둔한 청군의 총사령관과 우루무치에 기지를 둔 부사령관에 의해 다스려졌고, 몽골 지역의 부족들도 청에 복속되었다. 자오후이 장군이 베이징으로 돌아올 때 건륭제는 그를 환대하기 위해 성밖까지 직접 마중나갔는데, 이것은 신하로서는 더할 나위 없는 영광이었다.

준가르부나 몽골족과의 모든 외교적 협상이 이번원(理藩院)의 만주인 관원에 의해 지휘되었던 것과 마찬가지로 서역의 새 영토에 대한 행정도 만주족과 소수의 숙달된 한족 기군에 의해 이루어졌다. 이 지역은 한족을 통한 식민화나 정착을 추진하지 않고, 전략적 국경지대로 유지되었다. 10만여 명의 식솔을 거느린 1만 5천에서 2만 명 정도의 만주족과 한족 팔기 수비대가 이곳을 점령했는데, 청이 여기에 쏟아부은 비용은 적어도 연간 300만 냥에 달했다. 대부분 이슬람 교도였던 원주민은 그들의 종교 지도자를 계속 받들고 엄격한 식사습관을 유지했다. 청은 그들에게 앞머리를 밀고 변발하라고 강요하지는 않았다. 베그(Beg)라 불린 이슬람교의 민간 지도자들은 청의 봉급과 관직에 따라 편입되었다. 무역은 구리, 보석, 초석, 솔용 양모, 노예 등의 상품으로 확대되었지만, 이 지역의 가장 값진 광물인 옥이나 금의 채굴은 실질적으로 청이 독점했다.

이러한 방대한 사업은 옹정제 시기처럼 소규모의 비밀스런 기구인 군기처에

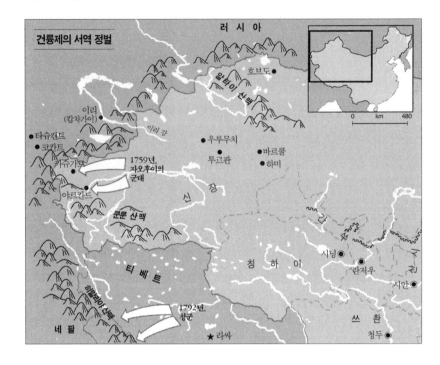

서 추진하지 않았다. 비록 이 사업을 총괄한 부서는 옹정제 때의 것과 명칭이 같
았지만, 그 업무와 인력이 크게 확대되어 정책 전반에 걸쳐 많은 권한을 행사하
고 있었다. 이런 까닭에 건륭제 시기부터는 이 부서가 영어로 'Grand Council'
로 번역되며(미국 학계에서는 옹정 연간의 군기처와 건륭 이후의 군기처를 구분하여
전자를 Military Finance Office, 후자를 Grand Council이라고 부른다─옮긴이),
그 권한은 육부와 심지어 본래의 내각을 능가하게 되었다. 건륭제의 첫 군기대
신 가운데 두 명은 아버지 옹정제가 가장 신임하던 고문인 오얼타이와 장팅위
였다. 그들은 정부에 연속성을 부여하였고 건륭제 치세 전반에 걸쳐 도합 6~7
명을 넘지 않는 엄선된 소수의 대신이 서서히 동참했다. 군기대신은 250여 명
의 비서관(章京)들의 도움을 받았는데, 이들은 24시간 순번제로 일함으로써 이
중요한 부서를 비우는 일이 없도록 하였다.

이때가 되면 군기처가 중국 전역에서 고위 관료들이 올려 보내는 중요한 주
접을 정리하는 임무를 맡게 됨으로써 관료와 통치자를 직접 긴밀히 연결시킨다
는 특별한 의미를 지녔던 주접제도의 상징적·실질적 기능은 약화되었다. 따라

서 주접은 여러 명의 고문에 의해 평가되고 필사되었으며 종종 육부에서 검토하도록 이첩되곤 했다. 이것은 건륭제가 주접에 붉은 먹으로 적은 주비(朱批)가 대개 피상적이었기 때문인데('적었음' '읽었음' '관련 부서로 보낼 것' 등등), 그의 아버지나 할아버지의 주비에서 보이는 따뜻함이나 친근함은 물론 분노나 근심의 표현도 거의 담겨 있지 않았다.

그렇다고 건륭제가 성실한 통치자가 아니었다는 것은 아니다. 그는 사실 성실한 통치자였다. 그는 정기적으로 고관대신들과 접견을 했고 일일이 보고서를 읽었으며 양쯔 강 삼각주의 도시와 만주를 광범위하게 여행했고 군사작전을 지휘했으며 중요한 정책에 대한 여러 칙령을 발표했다. 그는 실질적인 결정의 많은 부분을 군기대신들의 재량에 맡기는 편이었고, 강희제나 옹정제 시대를 특징지었던 역동적 중앙권력에 대한 의식이 약해지는 것에 무관심했다.

이러한 경향은 옹정제의 주된 관심사였던 농촌지역의 세제 개혁에 대한 그의 입장에서 엿볼 수 있다. 건륭제는 1742년의 진사시험 응시자 전원에게 지방 세수 보전정책에 대해 논하도록 했을 뿐만 아니라 기존 관료에게도 그것을 요구했음에도 불구하고, 이같은 세수정책의 주요 요소들은 점차—대부분 은연중에—약화되었다. 세수입이 초과 징수된 부유한 성들은 잉여분을 가난한 지방에 넘겨주어야 했다. 그 결과 부유한 성에서는 자신의 지방정부를 강화시킬 수 있는 중요한 자체 개혁의 기회를 가질 수 없게 되었고, 가난한 성에서는 징세체계를 확대하거나 경제적 기반을 개혁하고자 노력하지 않게 되었다.

지현은 관할 포정사에게 징세 잉여분을 보내지 않고 착복하는 일이 빈번하게 발생했다. 추징금, 각종 벌금, 불법적 부가세와 같은 과거 악습이 다시 활개를 치기 시작했다. 이에 호부는 서서히 모든 항목의 지방 경비는 지출하기 전에 베이징의 대신에게 승인받도록 하는 제도를 만들었다. 이 조치는 과도한 문서작업을 야기하여 사소한 문제가 수년 동안 지체되거나 중요한 사안들이 결정되지 않는 불합리한 문제점을 낳았다. 이 시기에 허베이 성의 성도에서 올린 어떤 호부의 문서는 성 관료가 다리를 지키는 보초의 급료 48냥, 선원의 임금 105냥, 그리고 두 명의 과부에게 지급할 연금 12냥과 같은 지출을 일일이 허락받아야 했음을 보여준다.

문화적 사안들에 대한 건륭제의 접근방식은 자신의 아버지와 비슷했다. 그

는 자신의 효성을 공공연히 과시했는데, 이는 특히 황태후인 어머니에 대한 예
우에서 볼 수 있다. 그는 양쯔 강 삼각주 지방으로 호화로운 여행을 할 때면 그
녀와 동반했고, 그녀가 여행을 더 이상 다닐 수 없게 되자 남부의 거리를 그대
로 본뜬 시가지를 북부의 궁전에 건설하는 등 놀라울 정도로 그녀를 극진히 모
셨고 즐겁게 해주었다. 그는 모욕당한 아버지에 대한 효성을 내세우며 옹정제
가 내린 사면령을 번복하고 불운한 쩡징(曾靜)——1728년에 뤼류량의 사상을
어설프게 유포했던—을 베이징의 저잣거리에서 능치처참시켰다. 또한 건륭제
는 재능이 뛰어나지만 정기적으로 열리는 과거시험에서는 별로 성공을 거두지
못한 학자들을 위해 추가로 특별시험을 실시했고, 지방에 유교의 가치와 성유
를 보급시킬 다수의 관립서원(官立書院)을 만들었으며, 특별한 잔치를 열어 노
인들을 치하했고 정숙한 아내와 과부를 표창했다.

　그는 어떤 분야에서는 최첨단을 걸었다. 황실의 그림과 서예의 수집량을 대
폭 증가시켜 이전 황금시대의 명작들을 궁중으로 모아들였다.(훗날 전문가들은
그가 훌륭한 그림들에다 별로 신통치 않은 글씨로 대충 쓴 시를 집어 넣는 바람에 원
작의 심미성을 떨어뜨렸다고 비판했다.) 그는 예수회 소속 궁정화가 몇 명을 후원
했는데, 그 중에서 이탈리아인 주세페 카스틸리오네는 특히 재능이 뛰어났다.
위엄이 서린 초상화와 사냥 모습과 행렬을 그린 거대한 두루마리 그림은 서양
의 시각과 색채를 중국인의 기질과 결합시킨 독특한 작품이다. 건륭제는 예수
회 건축가와 설계사를 고용하여 유럽풍의 화려한 여름별궁(離宮)인 원명원(圓
明園)을 베이징 근교의 호숫가에 지었다. 또한 여러 중요한 서적——족보, 역사
책, 의례집——을 편찬하여 만주의 유산을 확실히 보존해서 계승하도록 했다. 그
리고 종교적 후원자로서의 청의 권위를 강조하기 위해 티베트의 거대한 라마교
사원인 포탈라 궁과 똑같은 건물을 러허(熱河)의 여름별궁에 세웠다.

　또한 건륭제는 중국 문화의 위대함을 보존하기 위해 과거의 가장 유명한 문
학과 역사서를 모아 방대한 총서를 만들 것을 명했다. 이 총서는 그 가운데 가
장 주요한 네 부분인 경전(經)·역사(史)·철학(子)·문학(集)을 일컫는 말인 '사
고'(四庫)를 붙여 『사고전서』(四庫全書)라 했는데, 『고금도서집성』(건륭제의 할
아버지와 아버지 치하에서 만들어진 백과사전)처럼 단지 각 주제별로 해당 사항을
모아 엮은 것이 아니라 원문 전체를 수록하고 해박한 서문을 단 완벽한 선집이

었다. 최종적으로 3,450여 종의 작품 전문과 별도의 6,750여 종의 작품에 대한 주석으로 구성된 이 총서는 3만 6천 권의 필사본을 가득 채우고, 10년 만에 완성되었다. 이는 중국 서지학의 가장 위대한 성과 가운데 하나이다.

『사고전서』 편찬사업은 자연스럽게 문학의 검열기능도 수행했다. 그도 그럴 것이 서적 수집과정에서 사설 도서관이 수색당했고 만주족을 모욕하는 것으로 보이는 책을 소지한 사람들은 엄하게 처벌당했기 때문이다. 게다가 중국을 지키는 데 이롭지 않다고 생각되는 정보를 담은 지리나 여행에 관한 책들도 검열되었는데, 이 책들은 모두 폐기되었다. 이와 같은 압수수색이 얼마나 철저했던지 건륭제의 측근들이 없애기로 결정한 책 가운데 우리가 제목만 알고 있는 2천여 권의 책은 아직까지도 발견하지 못하고 있다. 또한 건륭제의 『사고전서』 편찬 사업에 참여했던 일부 고위 측근들은 경쟁관계에 있는 학파의 책을 제외시키거나 주석에서 자신의 철학적 견해를 강조함으로써 자신이 속한 학파의 철학적 입지를 강화시켰다.

건륭제의 수많은 칙령과 행적을 쭉 훑어보면 나약하고 불안한 그의 어떤 이면을 추적할 수 있다. 그것은 바로 지나칠 정도로 칭송받은 동시에 너무나 생각이 모자랐던 인간, 곧 공적 생활에서 타인의 관심을 끄는 행동만 하고, 겉모습을 본질로 착각하고, 일상적인 행동조차 확인과 도움을 필요로 하고 그래서 어렵거나 인기 없는 결정을 내리는 데는 별로 어울리지 않는 그런 사람의 모습이다. 건륭제의 영화의 정점에서 부패와 심지어 붕괴의 징조가 분명히 나타나기 시작했다. 교육받은 중국인이라면 누구나 알고 있는 오경 가운데 하나인 『역경』이 이를 예언하고 있었다. 『역경』의 55번째 괘는 풍(䷶)으로 '풍요'나 '충족'(豊)을 의미하는데, 『역경』은 이렇게 묘사하고 있다.

> 풍요는 성공이다
> 왕은 풍요를 얻는다
> 슬퍼하지 말라
> 한낮의 태양 같으니[4)]

그러나 이 글에 대한 고대의 주석은 다음과 같이 덧붙여져 있다.

태양은 중천에 떠 있을 때 기울기 시작하고 달은 만월일 때 이지러지기 시작한다. 천지(天地)의 가득참과 텅빔은 때에 따라 성하고 이운다. 하물며 사람임에야, 하물며 귀신임에야!

18세기의 유학

만일 누군가 물어 봤다면 건륭제는 유교적 방법으로 유교적 통치체제를 주재했다고 주장했을 것이 틀림없으며, 그가 이렇게 주장할 수 있는 근거 또한 많다. 예컨대 황제와 그의 관료는 공자의 글을 윤리적 지혜의 핵심적 보고라고 여겼으며, 유교 고전들은 학교의 기본 교재이자 과거시험을 잘 치르려면 꼭 봐야 할 책이었다. 또한 유교적 충성과 효도라는 가치는 관리를 통치자에, 자녀를 어버이에 종속시켰는데, 이와 마찬가지로 지방의 학자나 관리가 강학(講學)하는 유교적 주제는 백성을 국가에 복종시키는 것이었다. 그러나 '유교'는 다른 이질적 요소가 첨가되고 이전의 요소가 사라지는 과정을 통해 끊임없이 변화했다. 18세기 사회와 경제의 변화에 발맞추어 유교의 교의는 새로운 방향으로 발전하기 시작했던 것이다.

17세기 후반의 학자들은 명 왕조가 몰락한 원인을 찾는 일에 골몰해 있었는데, 그 중 많은 학자들이 찾아낸 답은 명 말에 그토록 유행했던 극단적 개인주의와 직관에 대한 믿음이었다. 청 초기의 황제인 순치제와 강희제 치하의 원로학자 겸 관료들— 황제 자신과 더불어—은 명의 부패풍조라 여긴 것을 쇄신하기 위해 송대(960~1279) 유학의 중심적 가치를 다시 강화하기로 결정했다. 그들이 송을 강조했던 것은, 그때가 바로 철학자 주시(朱熹)가 말한 하늘의 뜻을 설명하고 인간의 행동을 인도하는 근본 원리(理)가 도출되었던 시기였기 때문이다. 주시와 그의 제자들은 이러한 원리를 이해함으로써 이성적으로 하늘과 조화를 이루어 살 수 있으며, 도덕적 인간이 공적인 생활에서 의미를 찾으려는 시도를 정당화할 수 있다고 믿었다. 그러나 그러한 믿음에 천착하려면 개개인이 하늘의 뜻을 곰곰이 생각해 보아야 하므로 다양한 차원의 우주론적 사색이 요구되었음에도 불구하고, 송대 유학은 국가 중심적인 경향을 띠고 있었다. 더욱이 가장 도덕적인 인간조차도 하늘의 뜻을 모두 이해하는 것은 불가능하며, 따라서 국가와 공동체에 대한 그들의 의무를 완벽히 수행할 수는 없다는 깨달음으로 인해 유가 사상가들은 불안과 죄책감에 사로잡히게 되었다.

청 초에 관직에 등용된 학자들이 명대적 특성을 지닌 사상적 요소들을 거부하고 전 시대의 책과 12세기 송 왕조의 해석에서 해법을 구했던 것처럼, 청 후기의 사상가들은 송의 규범에 반대하고 다른 곳에서 확신을 얻고자 했다. 건륭제 시기에는 많은 학자들이 특정한 책보다는 방법론에서 새로운 자신감을 갖게 되었다. 이 방법론은 그들이 고증(考證)이라 부른 것으로, 엄밀하게 정확성에 대한 표준을 설정하고 꼼꼼하게 사료를 평가하기 때문에 '반복적으로 증거를 찾는 연구법'(practicing evidential research)으로 번역되어 왔다. 고증학자들은 전반적으로 사색을 피하고 '실제 사실'(實事)에 연구의 뿌리를 두고자 했다. 그들은 열정을 바쳐 언어학·수학·천문학·지리학을 연구했으며, 이러한 학문들이 고대 현인들의 글에 담긴 참된 의미를 더욱 정확히 알게 해줄 것이며, 나아가 지금 자신이 어떻게 살아야 하는지를 깨닫게 해줄 것이라고 확신했다.[5]

고증운동의 가장 중요한 선구자이자 후학들이 가장 경외심을 품고 이야기했던 인물들은 강희 연간에 살았던 사람들이다. 이런 고증의 영웅 가운데 한 사람은 명의 충신이며 만주족으로부터 고향을 지켰던 구옌우였다. 앞에서 살펴보았던 것처럼 그는 말년에는 청 왕조와 암묵적 화해를 하고 여생을 중국 북부를 여행하면서 보냈는데, 지방의 문화를 연구하고 옛 비문을 추적하여 학자들의 문헌학 연구를 도와 줄 세밀한 탁본을 남겼다. 구옌우는 또한 자신의 연구를 상세히 적어 놓았는데, 그의 기록은 사색적인 유학자들의 도덕주의적·형이상학적 '일기'와는 달리 정확한 고전 용어, 희귀한 사료, 지리적 관찰과 고대 유물에 대한 기록 등이 뒤섞여 있었다.(17세기 예수회 선교사들이 보급한 서양 학문의 요소들, 특히 수학과 계량적 천문학의 영역이 고증학자의 연구방법에 영향을 미쳤으며, 그들에게 개개의 철학적인 학파 이전에 '확실성'의 영역이 있다는 확신을 갖게 했음에 주목할 필요가 있다.)

구옌우의 친구인 옌뤄취(閻若璩)는 역사적 사료로 쓰인 일부 유교 고전의 연대기와 언어적 구조를 대조하는 데 비슷한 방법을 적용시켰다. 그의 책은 비록 1740년대까지는 필사본으로만 돌았지만 당시의 지식인에게 지대한 영향을 끼

쳤다. 엔뤄취는 증거를 조심스럽게 나열하여 유교 고전 가운데 여러 부분──과
거시험 문제가 수세기 동안 이에 근거하여 출제되었는데──이 후대에 위조된
것이며, 따라서 학자들이 바쳐 온 존경은 헛것이었음을 증명했다.

1740년대에 이르자 과거제는 전반적으로 뛰어난 학자들을 관직에 등용하는
데 실패한 쓸모없는 제도라는 비난을 받게 되었고, 엔뤄취의 연구는 이러한 측
면에서 국가 유교주의의 취약성을 폭로한 셈이었다. 18세기 중반 국가가 과거
응시자의 수를 인구 증가에 비례하여 늘리지 않자, 사회적 긴장감이 이 제도에
대한 신뢰를 더욱 약화시켰다. 결과적으로 학생들의 부담이 증가하고 시험을
통과하더라도 자리를 얻기 어렵게 되자 엘리트는 환멸과 좌절을 경험했다.

18세기의 학자들은 고증학의 통찰력과 방법론을 이용하여 과거의 유학에 대
해 깊이 탐구하기 시작했다. 많은 학자들이 한대(漢代, B.C.206~A.D.220)의
책과 주석서를 읽는 일에 많은 시간을 투여했던 이유는 공립학교의 교재로 쓰
이고 있는 송대의 고전들보다 이 책들이 공자의 시대에 훨씬 가까운 만큼 공자
의 참사상에도 더 가까울 것이라 생각했기 때문이다. 한대의 고전을 신봉하는
학자들은 한대의 전반과 후반 중 어느 시기에 더 비중을 두는가에 따라 두 집단
으로 나뉘었다. 이들은 단지 난해한 논박만 주고 받았던 것이 아니라, 고전을
역사로 취급하고 역사 자체를 날카롭고도 통찰력 있는 회의적 태도로 접근하기
시작했다. 또한 고증학자들의 업적은 18세기의 정책과도 중요한 연관성을 지
니고 있었는데, 그것은 학자들이 '개미와 같은 사실의 축적'(그들 중 한 사람이
자신의 연구를 묘사한 말)을 통해 수력공학, 천문학, 지도학, 고대 정부론 등에 대
한 식견을 갖추게 되면서 더욱 통찰력 있는 견해로 현실을 평가할 수 있게 되었
기 때문이다.

고증학자들은 건륭제 중반기에 이르면 아주 막강한 영향력을 행사하게 되었
고 그들과 이해관계가 있는 서적판매상, 출판업자, 인쇄공, 도서관 주인 그리고
이러한 종류의 연구를 진전시키는 데 필요한 기술을 가진 전문가 등 하부조직
의 구성원들로부터 도움을 받았다. 많은 상인들이 고증학의 후원자가 되었고
학자들의 뜻에 따라 대규모 도서관을 설립했으므로 종종 학계와 상업계의 구분
선이 흐려졌다. 어떤 고증학자들은 상인 가정에서 배출되기도 하여, 중국의 새
로운 도시 중심지가 성장하고 있으며 예전의 뚜렷했던 직업적 구분이 모호해지

고 있음을 반영했다.

건륭제의 방대한 『사고전서』 편찬과정에서 고증학자들은 편집과정을 장악하여 새로운 지식을 바탕으로 송대의 사변적 유학이론을 평가절하하고(비록 이 이론이 과거시험에서는 여전히 '정통'으로 남아 있었지만) 고증학파 학자의 명성을 드높이는 데 힘썼다. 건륭제는 이들이 유용한 희귀자료들을 발굴해서 바친 데 대한 보답으로 『사고전서』 가운데 가장 희귀한 작품들을 따로 모아 세 권으로 엮어 내도록 지시했다. 이 책은 고증학의 대표적인 세 지역—양저우·전장(鎭江)·항저우(杭州)—에 있는 도서관에 소장하게 해서 지방의 학자들이 참고할 수 있도록 했다.

이들 모든 작업은 고도로 지적이어서 폐쇄적이기까지한 경향을 띠고 있었다. 우선 이것은 몹시 어려운 작업이었기 때문에 고증학자들로서는 18세기에 등과하고도 벼슬을 얻지 못하여 위기에 처해 있던, 과도하게 늘어난 학자들에게 미래에 대한 새로운 전망을 제시할 수 있었다.(그러한 엘리트의 곤경이나 다수의 자기만족적인 학자들이 저지른 부패와 교만은 1740년에서 1750년 사이에 쓰이고 1768년에 처음 출판된 소설인 『유림외사』〔儒林外史〕에 신랄하고도 뛰어나게 묘사되어 있다.) 고증학자들이 형성하고 있던 엘리트 세계는 가난한 사람, 독학을 한 사람, 그리고 여성에게는 대체로 폐쇄적이었다. 비록 18세기의 일부 이론가들이 여성의 교육이라는 명 말 이래 보기 힘들었던 주장을 열정적으로 펼치고 건륭 연간에 여러 여성이 시인으로서 명성을 얻기도 했지만, 고증학에서 요구하는 새로운 학문방법과 수십 년이 걸리는 강도 높은 연구의 벽 때문에 여성은 지적 엘리트를 자처하는 집단에는 들어가지 못했다. 이러한 사정은 시간적 여유가 없고 스승이나 부유한 후견인을 두지 못한 학자들도 마찬가지였다.

건륭제 말기에 이르면 고증학의 전통에 헌신적이었던 일부 학자들마저도 그들의 방법이 한계에 이르렀음을 깨닫기 시작했다. 가장 명석한 학자 가운데 한 명인 다이전(戴震)은 고증학파에 속한다고 간주되었지만, 한편으로는 인간의 목표와 동기, 정열, 도덕적 행위의 의미 등을 사색하던 시기로 회귀하여 순수하게 철학적인 글을 쓰기 시작했다. 다이전에게는 이러한 문제를 모색하는 것이 주된 관심사였음에도 불구하고, 그의 가장 가까운 벗들이 이러한 작업의 중요성을 인정하려 들지 않았다는 것은 시사하는 바가 크다.

그러나 유교는 철학의 문제만은 아니었다. 회화와 서예는 언제나 유교적 가치체계의 주요 부속물이었고, 18세기에는 이 분야에서도 양식과 소재 면에서 중요한 변화가 일어났다. 중국의 일반적인 회화기법은 1701년의 『개자원화전』(芥子園畵傳)과 같은 그림 교본을 펴낸 적당히 교육받은 사람이 주도해 왔다. 그러한 책을 통해 누구든 매화가지나 초가마을, 먼발치의 산 풍경 등을 그리는 법을 쉽게 배울 수 있었기 때문에 교육받은 사람이면 누구라도 그럴듯한 그림을 그릴 수 있었다. 반면에 이 시기의 문인 화가들은 남다른 감각을 배양하기 시작했고, '아마추어리즘'—그러나 고도로 계산된—을 표현하기 위해 구도나 색상에서 의도적으로 형식을 깨뜨렸다. 이것은 17세기에 명 왕조에 대한 충성을 표현하는 그림의 주요 특징으로서 정치적 입장을 암시하기 위해 이용되었으며, 18세기경에는 좀더 계급의식을 반영하는 형태로 나타났다.

서예에서도 중요한 변화가 일어났다. 고증학자들이 고서체를 발견하여 모사하고 비문을 조심스럽게 탁본하여 유포시킴에 따라 먼 과거에 대한 동경이 현재를 지배하게 되었다. 심지어 어떤 도전적인 화가는 자신의 그림 위에 마치 끌로 새긴 것처럼 붓글씨를 써서 현학적이고 과거를 환기시키는 표현을 시도했다. 따라서 건륭 연간 말에 대체적으로 평화롭고 세련된 중국에 학문이 보급될수록 최고의 교육을 받은 사람들이 자기들 이외의 사람들은 도저히 쫓아갈 수 없는 새로운 문화적 표현양식을 발전시킨 것은 우연이 아니었다.

『홍루몽』

중국의 위대한 소설 『홍루몽』(紅樓夢)은 건륭제 중기에 쓰였다. 작가인 차오쉐친(曹雪芹)은 강희제의 총애를 받아 부와 권력을 누리던 한족 기인(旗人)의 후손이었다. 그런데 난징에서 오랫동안 대가족으로 살았던 차오쉐친의 가문은 옹정제 때 부정과 무능을 이유로 징치되어 대부분의 재산을 몰수당했다. 그래서 차오쉐친은 청 왕조 내내 지속되었던 한족-만주족 사이의 긴장상태에 너무나 잘 적응할 수 있었고 1763년 사망할 무렵에는 사치스런 생활의 달콤함과 몰락한 명문가의 씁쓸함을 모두 맛보았다.

『홍루몽』―종종 또 다른 제목인『석두기』(石頭記)로 불리기도 하는― 은 난징과 베이징의 분위기를 뒤섞은 듯한 어떤 이름도 없는 대도시에서 여러 저택을 소유한 부유한 한인 일가에 대한 사실적인 묘사다. 허구적인 자(賈)씨가에 대한 이야기의 많은 측면은 강희 연간의 작가 자신의 가족사에서 끌어온 것이 분명하다. 자씨가는 만주 문화와 행동양식을 잘 알고, 황제를 위한 비밀 재정업무를 수행하며, 자씨의 딸이 두번째 황후로 있는 등 궁정과 친밀한 관계를 맺고 있다. 그러나 소설은 청나라의 현실생활을 사실적으로 묘사하는 것만으로 만족하지 않는다. 이 소설의 두 가지 제목은 소설구조 속에 서로 다른 복잡한 요소가 있음을 나타내고 있다. '홍루' 탓으로 돌려진 '꿈'은 자씨가와 친척 또는 친분관계라는 방식으로 관계를 맺는 여주인공의 운명을 용의주도하고도 신비롭게 예언하고 있다. '이야기'를 듣는 '돌'은 기적의 가공품으로 신에 의해 마술적인 생명을 갖게 되어, 불교와 도교 승려의 종교적 명상을 통해 지상에 존재하고 있다.

대략적인 줄거리를 보면『홍루몽』은 연애소설이다. 소설의 주인공인 자바오위(賈寶玉)의 운명은 그의 이름자를 각각 하나씩 지닌 두 젊은 여성인 린다이위(林黛玉)와 쉐바오차이(薛寶釵)의 인생과 밀접히 연결되어 있다. 셋은 다른 여러 어린 동무들과 함께 자씨 저택에서 자라났다. 그러나 린다이위를 깊이 사랑하던 자바오위가 부모의 간계에 의해 더 부유하고 권세를 가진 쉐바오차이와 결혼하게 되면서 이들의 목가적인 관계는 끝난다. 이로 인해 린다이위는 죽음에 이르게 되고 소설의 말미에서 자바오위 ―과거에서 가장 높은 등급에 합격했음에도 불구하고― 는 젊은 아내와 폐허가 된 광대한 소유지를 버리고 순수한 삶을 찾아 종교적 순례를 떠난다.

차오쉐친은 소설을 쓰는 데 있어서 단순한 즐거움을 추구한 것 외에도 진지한 목적을 가지고 있었다.『홍루몽』은 이야기를 넘어서 정체성에 대한 의문과 인간이 세상에 태어난 목적을 찾고 있다. 또한 이 책은 이른바 성공과 실패의 내부에 얽혀 있는 다양한 실재와 허상의 단계들을 탐구한다. 책의 서문에 쓴 차오쉐친의 표현에 따르면,[6] "공(空, 곧 진실)에서 색(色, 곧 환상)을 보고, 색에서 정(情)이 생기고, 정을 통하여 색으로 들어가고, 색에서 공을 깨닫는다." 또는 서문의 다른 구절에 의하면 "허구(假)가 진실(眞)이 되는 때에 이르면 진실도 또한 허구"라고 말하고 있다.

이는 차오쉐친이 '리얼리즘'을 부인하려 했음을 시사하지만, 이 소설의 소재와 구조는 너무도 풍부하고(120개의 장으로 구성되고 주인공 이외에 수백 명의 인물이 등장한다) 청 중기 엘리트의 삶을 여러 면—가족구조·정치·경제·종교·심미·성 문제를 포함한—에서 종합했다고 볼 수밖에 없다. 창조적인 작가가 발하는 상상력의 자유분방함과 작품 전체에 흐르는 풍부한 비유적 표현을 고려한다 해도 여섯 가지의 범주 각각은 18세기 중반 청 사회의 화려함과 그 뒤안길까지도 이야기해 주고 있다.

가족구조라는 면에서 차오쉐친은 자녀에 대한 아버지의 절대적인 권위, 특히 도덕적 성장과 교육의 문제를 지적하고 있다. 지역에 있는 종족학교의 선생을 정하는 사람도, 자바오위가 유교 경전을 공부하도록 들볶는 사람도, 그리고 그의 무지나 타락을 벌하는 사람도 아버지였다. 아버지가 화를 내면 너무도 무서워서 단지 아버지라는 호칭을 언급하는 것만으로도 아들은 겁먹은 표정이었다. 이러한 측면에서 볼 때 어머니는 상대적으로 힘이 없었다. 그러나 집안의 여성 가운데 최고령인 자바오위의 할머니는 상당한 경제적·지적 힘을 행사하고 있고, 연륜 많은 인생의 선배로서도 공경받았기에 가족의 행동을 절제시킬 수 있었다. 마찬가지로 세대별 서열에 따라 자바오위는 자기보다 어린 형제나 사촌들에 대해 특권을 행사한 반면 자신의 연장자에게는 복종했다.

정치 면에서 자씨가가 강력했던 것은 단지 그 가족의 일원이 황제의 후비였다는 사실이나 높은 관직에 있고 황제의 명령을 수행했기 때문만은 아니다. 그들의 진정한 권력은 지역적인 것이었다. 지역에서의 명망을 배경삼아 이권을 챙기고 법체계를 악용했다. 지방관은 자씨가나 그 친지를 감히 기소해서는 안된다는 사실을 잘 알고 있고, 이는 그의 능력 밖의 일이었다. 그로 인해 자씨가의 아이들은 법을 어겨도 자기들은 벌받지 않는다고 믿게 되었으며, 심지어 가족이 연루된 살인사건까지 은폐하는 일도 생겨났다. 이러한 정치적 권력은 영속화될 가능성이 있었다. 왜냐하면 특권층과의 긴밀한 친분관계나 과거시험을 통한 성공이라는 패턴을 고려할 때 일족의 젊은이들은 계속 영향력 있는 자리에 오를 것이고 젊은 여성들은 유력한 가문과 혼사를 치를 것이기 때문이었다.

경제적으로 자씨가는 대다수 중국인 가정의 상상을 뛰어넘는 재산을 소유하고 있었다. 그 집에는 은괴, 두루마리 비단화, 그림, 족자 등으로 가득 차 있었다.

토지와 건물은 광대했고 금고는 도시에 있는 충직한 재산관리인과 지방에 있는 토지에서 올라온 소작료로 그득했다. 그들은 매우 다양한 고소득 사업에 몰두했고, 황제의 명령을 수행하거나 서양과 교역하는 상인에게서 이국적 상품을 얻어 부수입을 올렸다. 또한 집에서는 온갖 일을 다하고 밖에서는 종자(從者)처럼 행동하는 수십 명의 계약노비를 거느렸다.

종교문제에서 자씨가는 청 사회만큼이나 절충적이었다. 가문의 위신과 임무를 다함에 있어 가장 중요한 것은 유교적 전통에 따라 조상에게 올리는 꼼꼼한 제례였다. 결혼과 마찬가지로 장례 역시 겉치레와 의례적 행위로 성대하고 철저하게 치러졌다. 그러나 자씨가는 도교나 불교의 승려도 빼놓지 않고 찾아갔다. 이들 종교가 규정한 의식도 행하고, 심지어 일단의 젊은 비구니를 자신의 집 주변에 두기도 했다. 자씨가는 공포나 질병이 닥치면 불교와 도교 의식을 행했고, 때때로 집안의 악귀와 질병을 없애기 위해 승려에게 제를 올려 달라고 청하기도 했다. 이 소설에서 자바오위 자신도 오랜 시간 원수의 사술(邪術)에 의해 마비되는데, 이 사술은 매우 강력해서 그것을 막기 위한 귀중한 옥(玉)도 그를 보호하지 못했다. 가족 중의 한 노인은 자신의 종교적 해탈을 위해 사원에 칩거하기도 했다.(뒤에 그는 도교의 불로장생주를 너무 많이 마셔 죽고 만다.)

심미적으로 자씨의 저택에서 누리는 삶은 환희 그 자체이며 명 말 엘리트의 생활을 대표하는 규모와 우아함을 되살려놓은 듯하다. 젊은 남녀는 수준 높은 지식으로 끝없이 이어지는 시짓기 놀이나 현학적 농담, 그리고 수수께끼를 주고 받을 수 있었다. 의복이나 실내장식, 주인공의 장신구는 아름답고도 정교했으며 차를 준비하는 일이나 과실주, 저녁만찬을 즐기는 일 따위는 맛과 모양에서 멋진 조화를 이루었다. 음악과 연극 또한 자씨가의 삶에서 중요한 부분이었다. 집안에는 가문에 소속된 남녀 배우들이 있었기 때문에 주인의 요청이 있을 때면 언제나, 이제는 고전이 되어 버린 명의 극작가 탕셴쭈의 『모란정환혼기』 같은 작품을 공연했다.

마지막으로 성(性)의 영역을 보면, 자씨가에게는 행동의 제약이 거의 없었다. 어린아이와 청소년은 성적인 암시가 가득하긴 하지만 본질적으로 순수한 농담을 즐기며 어린시절을 보낸다. 하지만 어른들은 욕망의 동물이었고 결국 어린아이들도 자라나서는 그들처럼 되었다. 남성과 여성 모두 성적 쾌락을 얻기 위해 가족 내의 위계질서에서 파생된 권력을 악용했다. 질투는 간통을 동반했고 치정사건은 살인으로 이어졌다. 하인과 노비는 성적 대상이 되었고, 그들이 저항할 수 있는 방법이라고는 도망치거나 자살하는 것밖에는 없었다. 춘화도는 강렬한 욕망을 불러일으켰고, 자바오위가 성적 생활에 탐닉하게 된 것도 그 때문이었다. 자바오위는 춘화도를 본 후 잠이 들었다가 기괴하지만 너무도 생생하고 에로틱한 꿈을 꾸었다. 잠에서 깨어난 그는 꿈에서 한 체험을 이번에는 자신이 호감을 느끼던 하녀와 실제로 재현한다. 풋내기 비구니나 젊은 남자 배우들도 남을 유혹하고 계략을 꾸미고, 심지어는 유교의 교의를 철저히 지키고 있다는 서원에서도 젊은 남성 학자들 사이에 동성애가 만연한다.

차오쉐친은 1763년에 사망할 당시까지 소설을 끝맺지 못했는데, 수십 년 동안 이 책은 그의 가족과 친구들 사이에 여러 필사본으로 유포되었다. 1792년에야 후대 작가가 미완성된 부분을 채워 '완전판'이 출판되었고, 곧바로 성공을 거두었다. 이 소설의 독자층은 광범위해서 상류층 남녀, 고용된 학자들, 그리고 대체로 평화로웠던 청 중기에 번창하던 도시에서 상인이나 무역상으로 살아갔던 약간의 교육을 받은 사람들이었을 것으로 추정된다.

비록 『홍루몽』이 명 말의 희곡과 소설, 그리고 보다 이른 시기의 시가 전통에서 모방한 것이 많고, 또 마지막 40장 중에는 어디까지가 작가의 순수한 창작인지 알 수 없는 부분이 있긴 하지만, 그 정교함과 규모에서 19세기 서양의 많은 걸작들을 능가하는 경이적이고 창조적인 작품임에 틀림없다. 차오쉐친 자신도 자바오위 집안의 한 노부인의 입을 통해 자신의 작품에 대해 평가하면서, 왜 자신의 소설보다 먼저 쓰인 대부분의 전형적인 소설과 희곡이 천편일률적이고 사실적이지 못한지에 대해 설명하고 있다.

"거기엔 언제나 이유가 있지"라고 노부인은 말했다. "어떤 경우에는 작가가 자신보다 훨씬 나은 사람들을 시기하기 때문에, 아니면 그들로부터 후원을 얻으려는 노력이 실패했기 때문에 실망한 나머지 일종의 보복으로 그들의 치부를 의도적으로 드러낸단다. 또 다른 경우에는 작가들이 무엇을 쓰기 전에 관련된 자료를 읽고 거기에 빠져 들거나, 교육을 받은 귀족이 정말로 어떤지는 알지도 못한 채 단지 다른 사람들도 그렇게 했고 독자들도 좋아할 테니까 하는 식으로 여주인공을 묘사한단다. 이제 네게 부탁할 말은 권문세가나 우리와 같은 보통의 유복한 가족에 대해 이러쿵저러쿵 하는 이야기들에 전혀 개의치 말라는 거야. 그렇게 엄청난 거짓말을 했는데도 그들의 턱이 떨어져 나가지 않았다니 참 이상도 하구나!"[7]

차오쉐친은 자신의 삶에 낙담했을지는 모르지만 권세가를 부러워하지는 않았던 것 같고, 옛 글에서 비롯된 선입관을 가지고 있지 않았다는 것도 분명하다. 그의 업적은 그 자신의 것이다. 다만 한 가지 정말로 아이러니컬한 것은 차오쉐친이 날카로운 시각으로 건륭제 시대의 화려함 뒤에 가려진 수많은 비행을 들추어 냈음에도 불구하고, 그의 위대한 소설이 되레 건륭제 시대의 화려함을 더욱 빛내 주고 있다는 사실이다.

건륭제 말기

건륭제 말기는 풍(䷶)괘의 경고에 대한 메아리이기라도 하듯 일련의 위기상황이 계속 발생했다. 이 문제에 특별한 유형이 있었던 것은 아니다. 오히려 이것은 정부의 계속적인 판단 착오로 인해 이전에는 예측할 수 없었던 수준의 국내 분쟁과 맞물려 전반적인 긴장상태를 조성해 낸 것이었다. 실수로 야기된 국경에서의 전쟁, 지역 폭동, 관료제의 부패, 그리고 황제의 정실인사 등의 중요한 문제가 전통적 학문의 가치에 대한 지식인의 불만과 국가의 재정적·행정적 문제 해결에 대한 실패, 그리고 전례 없이 토지를 압박한 지속적인 인구 증가라는 배경 속에서 발생했다.

공식적으로도 천명할 만큼 건륭제는 자신이 명민한 군사작전의 조직가임을 자부하고 있었고, 실제로 1750년대에 있었던 신장 정복 — 운이 따랐기 때문이긴 하지만 — 은 큰 성과였음에 틀림이 없었다. 그러나 1760년대에 버마를 상대로 한 전쟁은 한 세기 전 같은 지역에서 명의 마지막 장군 우싼구이가 성공했던 것에 비하면 그 효율성이라는 면에서 비교가 되지 않는 것이었다. 그리고 1788년과 1789년에 베트남을 상대로 한 짧은 전쟁은 청의 정책이 근시안적임을 명백히 보여주었다.

1788년 베트남의 레(黎) 왕조의 왕은 구엔(阮)씨가 반란을 일으켜 하노이를 점령하자 가족을 이끌고 광시 성으로 피신하여 청의 지원을 요청했다. 건륭제는 이에 신속히 응답하여 세 갈래로 나눠 베트남 공격을 감행했는데, 첫번째 군대는 쑨스이(孫士毅) 장군의 지휘 아래 광시에서 남쪽으로 진군하고, 두번째는 윈난에서 서남쪽을, 그리고 세번째는 광둥에서 바다로 이동하게 했다. 쑨스이 장군 휘하의 한인 군대는 1788년 12월 하노이에 입성함으로써 완전한 승리를 거두고 레 왕조의 복귀를 선언했다. 건륭제는 즉시 쑨스이 장군을 상서(尙書)로 승진시켰다. 그러나 겨우 한 달 후 쑨스이 군이 하노이에서 음력 설을 축하하고 있을 때, 구엔의 군대가 반격하여 4천 명이 넘는 군사를 죽였고 쑨스이는 광시로 치욕적인 퇴각을 했다. 건륭제는 레가 패할 운명이었다는 현실적인 평가를 내리고 승자 구엔이 베트남의 적통임을 인정해 주었다. 이것은 일견 건륭제가 여전히 중국 변방의 통치자에게 왕위를 부여하는 권한을 가지고 있었음을 보여준 것으로 생각할 수 있다. 그러나 다른 한편으로는 중국의 군사력에 대해서 의문을 갖게 하는 사건이었다.(이것은 역시 성공하지 못한 1979년의 침공 이전까지 중국이 시도한 베트남에 대한 직접적 군사 개입으로서는 마지막이었다.)

1790년과 1791년에 티베트를 공격한 네팔의 구르카족에 대해 청군이 승리를 거둠으로써 일부 만주족 장군들이 여전히 놀라운 전술 능력을 발휘할 수 있다는 사실이 입증되었다. 1792년 만주족 장군 휘하의 청군은 티베트에 당도하여 일련의 전투에서 구르카 일파를 무찔러 그들이 히말라야 통로를 거쳐 네팔로 후퇴하도록 만들었다. 청군은 세계에서 가장 험준한 지역에서 치러진 전투에서 뛰어난 전술 능력을 발휘했다. 뒤이은 평화조약에서 네팔은 5년마다 청에 공물을 보내기로 약속했고, 이는 1908년까지 지켜졌다. 그러나 이 전쟁은 청으로서는 너무도 큰 대가를 치른 것이었고, 여기에 퍼부은 엄청난 돈을 계산해 볼 때 그 결과는 결코 만족스러울 수 없었다. 이때 회계관리를 담당했던 인물은 베트남과의 전쟁을 망친 바로 그 쑨스이 장군이었다. 건륭제는 쑨스이가 베트남에서 실패했음에도 불구하고 그를 라싸(拉薩)로 전근시켰다. 이는 황제가 사람을 평가할 때 능력보다는 사사로운 감정에 좌우되었음을 증명하고 있다.

이러한 외국 원정은 원주민의 반란이라는 불안한 배경 속에서 진행되었고,

결국 그런 반란들은 18세기 후반에 중국 각지에서 발생했다. 주요한 반란 중 하나는 베이징에서 그리 멀지 않은 산둥의 린칭(臨淸) 시 부근에서 일어났는데, 이곳은 북부와 남부 사이의 곡물을 수송하는 대운하 교통의 요지였다. 이 지역은 동북부 광역권과 가깝고 인구가 현격히 증가해 왔으며 불만을 품은 농민들이 견선(牽船)노동자나 대운하의 수문을 여닫는 쿨리와 쉽게 뒤섞일 수 있는 지역이었다. 1774년 권봉술(拳棒術)과 약초 의술 전문가 왕룬(王倫)의 지도 아래 한족의 반란이 일어났다. 이 반란은 '무생성모'(無生聖母)의 도움을 구한다는 점에서 민간 불교의 비밀 지하조직인 백련교(白蓮敎)의 전통과 연관되어 있음을 보여주었다. 뿐만 아니라 그 사상적 기원이 적어도 5세기 전으로 거슬러 올라가는 천지개벽이나 천년왕국 사상에 있다는 공통점도 있었다. 왕룬은 다양한 직업을 가진 추종자를 모았다. 대다수가 농민 또는 농촌노동자였으나, 개중에는 유랑 여배우, 마부, 생선장수, 두부장수, 승려, 식용유 소매상, 사채업자 등도 있었다. 그러나 왕룬이 확고한 정치적 전망을 가지고 있었다고 말하기는 어렵다. 농민들이 그를 지지했지만, 그가 소작료 폐지나 빈민구호, 또는 평등한 분배 등에 대해 이야기한 적은 없었다. 그의 추종자들이 반란에 가담했던 것은 사회적·경제적 개선을 위한 정치적 강령에 동의해서가 아니라 사회의 지배세력에 대한 일반적인 증오심이 단순한 형태의 정신적 도취감에 자극받아 분출되었기 때문이다.

왕룬의 가르침은 반란자들에게 청의 공격을 모두 물리칠 수 있다는 확신을

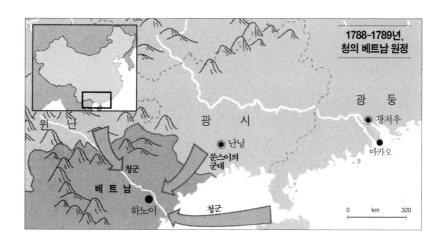

주었다. 그가 그들에게 "내가 하늘에 기원하면 하늘이 나를 도울 것이다. 내가
땅에 구하면 땅이 내게 마력을 줄 것이다. 그들의 총은 발사되지 않을 것이다.
어떤 인간이 감히 나를 막겠느냐?"[8)]라고 말했다. 초기의 전투에서 그의 예언은
일부 적중한 듯했다. 그는 여러 작은 마을과 심지어 린칭 시 일부를 점령했고,
그를 막으라고 보낸 만주인과 한인 부대는 대부분 도망치거나 탈영했다. 그러자
정부는 기군을 비롯하여 녹영으로 알려진 지방 한인 부대를 포함한 대규모 군대
를 파견했다. 주로 창과 칼로 무장하고 있었던 왕룬과 다양한 출신의 '병사들'은
청군의 조직적 공격을 감당해 낼 수 없었다. 시가전에서 용맹스럽게 싸웠음에도
불구하고 반란자들은 하나하나 쓰러져 갔고 가족들도 몰살당했다. 불타는 왕룬
의 진지에서 도망친 반란자가 청군에게 자신의 우두머리의 최후를 생생하게 묘
사해 주었다. 그의 증언에 따르면, 왕룬은 보라색 긴 도포를 입고 두 개의 은팔
찌를 낀 채 단도와 대검을 옆에 두고 죽음을 맞이했다고 한다. 방의 한 모퉁이에
책상다리를 하고 부동자세로 앉은 그의 옷과 수염이 불길에 휩싸였던 것이다.

왕룬의 반란은 우발적인 행동이었다기보다는 깊이 내재된 불만의 한 징후였
다는 점에서 더 중요하며, 때로는 정확한 불만의 원인이나 목표가 드러나지 않
은 다른 지역의 반란들과 함께 검토되어야 한다. 독자적인 종교의식과 충성서
약을 통한 사회적 결속관계를 유지하고 있던 천지회(天地會)가 1780년대에 타
이완에서 반란을 일으켜 여러 도시들을 정복하고 '하늘의 뜻에 따른다'는 뜻의
순천(順天)이라는 연호로 새 왕국의 성립을 선언했다. 이 반란자들이 1640년대
에 자주 사용되었던 연호를 계승함으로써 사람들은 만주족이 하늘을 격노시켰
기 때문이라고 생각했지만, 사실상 이 반란은 타이완 경제를 지배하던 푸젠에
서 이주한 서로 다른 집단들 사이의 분쟁이었다. 1788년에 반란은 진압되고 그
지도자들은 처형되었다.

또한 1780년대에 간쑤에서 이슬람교 집단의 반란이 두 번 있었다. 이는 근본
주의자들 가운데 '신교'(新敎)의 지지자들과 청 조정이 임명한 이슬람 교도 관
리간의 불화가 불거져 나온 것이었다. 두 번에 걸친 이슬람 교도의 난은 모두
격렬한 전투 끝에 진압되었고 중국 서남부의 먀오족 반란 역시 그러했다. 그러
나 청이 치러야 할 전쟁의 대가는 엄청났고 승리에도 불구하고 종교적·경제
적·민족적 대립이 일어날 잠재적 원인들은 제거되지 않았다. 1799년에 건륭제

건륭제 말기의 반란

의 시대가 끝나자 왕룬의 추종자들을 자극했던 바로 그 백련교와 관련된 반란 군이 중부지방 전역에서 일어나, 쓰촨·후베이·산시·허난 등의 많은 지역에서 청군과 격렬하게 접전을 벌였다.

이러한 사태들을, 민중을 소외시킨 특정한 만주족의 정책과 연관지을 수 있 을까? 이에 대한 증거는 불분명하지만, 18세기 말에 청 정부의 기구들이 비틀 거리기 시작한 것만은 확실하다. 비상식량 창고가 비는 일이 자주 생겼고 대운 하의 일부가 침적되었으며 정규 팔기군은 무능력하거나 잔인하게 행동했고 생 태학적으로 위험한 토지개간사업을 중지시키려는 노력은 무산되었으며 관료사 회는 사분오열되고 부정부패의 골은 깊어져만 갔다. 청 조정은 새로 정착한 지 역이나 인구 과밀지역에 새로운 지방정부를 세우려는 의지가 없었기 때문에 기 존 관리들에게 막대한 부담을 가중시켰다. 더욱이 관직을 얻기 힘든 가운데 마 침내 관직에 오른 사람들은 기다림과 근심에 대한 대가를 하루빨리 보상받고자 관할지역의 농민들에게 세금과 부가세를 빨리 내라고 못살게 굴었다. 실제로 1790년대의 백련교 반란군은 "백성이 난을 일으킬 수밖에 없도록 만드는 관리들"9)의 유형을 제시했다. 또한 지방의 반란을 진압할 때와 마찬가지로 국경에서 전쟁을 수행할 때도 청의 관리들은 상당한 거액의 부정 이득에 탐닉했다. 이러한 일이 가능했던 것은 문무 고관들이 공모하여 건륭제가 실제상황을 알지 못하도록 했기 때문이다. 그리고 건륭제는 아버지 옹정제의 밀접제도를 비개인적이고 일상적인 것으로 만들어 버려 관리들의 위법행위를 알려줄 믿을 만한 정보망을 가지고 있지 못했다.

이러한 부패현상들은 1775년에 허선(和珅)이라는 한 젊은 만주인 호위장교가 늙은 황제의 총애를 받게 되면서—비록 잘못된 일들이 전적으로 허선의 책임은 아니었을지라도—더욱 악화되었다. 어쨌든 등용 당시 허선은 25세였고 황제는 65세였는데, 이듬해 황제는 그를 전례 없이 승진시켰다. 건륭제는 허선을 만주족 남기(藍旗)의 부좌령(副佐領) 겸 황실관리를 맡은 내무부(內務府)의 총관대신(總管大臣), 호부시랑(戶部侍郎) 겸 군기대신으로 임명했다. 청나라 역사상 한 젊은이에게 그토록 막강한 여러 지위를 한꺼번에 하사한 예는 없었는데, 건륭제는 갈수록 그에게 명예에 명예를 더해 주었다. 허선은 호부상서(그리고 한동안은 이부상서를 지냈다), 대학사, 『사고전서』 편찬사업의 책임자, 베이징에 주둔한 군대의 총사령관, 베이징 관문의 통행세 감독관, 그리고 일등공(一等公)이 되었다. 1790년 그의 아들은 건륭제의 열째딸과 결혼했다.

황제와 그가 총애하는 신하의 관계에 대한 소문이 무성했음은 당연하다. 야사에 따르면 그들은 동성애 관계였으며, 허선은 건륭제가 젊었을 때 빠져 들었던 옹정제의 후궁이 환생했다는 것이다. 중국을 방문한 조선의 사신은 이러한 소문에 영향을 받아서인지 허선을 "겉모습은 우아하고 깔끔하게 잘생겼지만 그 이면에는 덕이 부족해 보인다"고 묘사했다. 1793년에 조지 3세의 사신으로 중국을 방문한 매카트니 경은 허선을 "잘생기고 공정한 40~45세 정도의 민첩하고 언변이 좋은 인물"로 묘사했다.10)

사실상 이들 사이에 어떤 특별한 관계가 있었다는 명백한 증거는 없다. 분명한 것은 건륭제가 그의 여생 동안 허선을 신임했다는 사실이다. 건륭제는 허선이 황제의 '귀와 눈'이 되어서 강희제나 옹정제 때 주접제도를 이용했던 관료나 충복과 같은 역할을 해주기를 바랐을 가능성이 있다. 그도 그럴것이 1780년에 황제는 허선을 비밀리에 윈난 성에 파견하여 그곳 총독의 부패 혐의를 조사하

도록 했고, 1781년에는 간쑤에 보내 이슬람 교도의 반란을 진압하는 일을 지원
하도록 했던 것이다. 그러나 허선은 종종 병이 났기 때문에 건륭제의 측근이자
막역한 벗으로 주로 베이징에 머물렀다. 허선의 주치의는 그의 "병은 여기 저기
떠돌아다니는 나쁜 기운이나 혼이 그의 몸에 스며들어 퍼졌기 때문"이라고 진단
했고, 따라서 그를 치료할 수 없다고 했다. 허선은 병을 고치기 위해 과감하게
서양 의학에 눈을 돌려 매카트니 경의 스코틀랜드인 주치의인 휴 질란에게 진료
를 의뢰했다. 질란은 허선이 어려서부터 앓아 온 심한 류머티즘에다 탈장을 겪
고 있음을 발견하고 그의 몸에 잘 맞는 탈장대를 마련해 주었다.[11]

　매카트니와 질란의 허선에 대한 여러 평가를 종합해 볼 때, 허선이 종잡을 수
없는 사람이었을지는 몰라도 활달하고 똑똑했다는 것은 알 수 있다. 다른 다양
한 중국의 사료들 역시 허선이 활기찬 지성, 예민한 호기심, 판단력, 높은 수준
의 학식을 소유하고 있었음을 보여주고 있다. 그러나 그는 자신과 친구들의 축
재에 자신의 지위를 이용했다. 그는 자신이 거의 황제에 준하는 위치에 있음을
암시하고 강제로 편의를 얻어냈으며 모든 봉사에 대해 대가를 요구했다. 그는
건륭제 말기에 치러진 여러 전쟁, 특히 오랫동안 야만적이고 잔인하게 집행된
백련교 반란 진압전쟁에 소요되는 보급품과 용역의 양을 조작하여 수백만 냥을
착복했다. 이러한 모든 행위를 통해 허선은 당시의 현안들을 악화시키고 관리
와 백성 사이의 불신을 조장하는 데 일조했다.

　허선의 권력은 1796년 이후 더욱 막강해졌다. 그 해 건륭제는 할아버지인 강
희제의 재위기간인 61년보다 길게 제위에 머물 수 없다는 '자손으로서의 도리
(孝)'를 내세워 '퇴위했다.' 그러나 건륭제는 자신의 아들이 권력을 행사하는 것
을 허락하지 않았고 비록 이 황혼기 동안 청 왕조에서 건륭이라는 연호가 사용
되지는 않았지만 허선의 권력을 통해 그의 뜻을 분명히 드러냈다. 1799년에 마
침내 건륭제가 죽자 허선의 기반은 산산조각 났다. 그는 건륭제의 아들에 의해
부정부패 혐의로 체포되었고, 자결하라는 명령을 받았다. 이것은 일종의 비극
적인 결말이긴 하지만 아무튼 장구한 중국 역사에서 가장 풍요로웠던 세기의
종말로서는 기막히게 잘 어울린다. 청조의 장단점이 왕조의 폐부에 숨어 있다
가 이 시기에 묘하게 뒤엉켜서 폭발했기 때문이다.

6장

18세기의 세계와 중국

외국인 문제

⿴㐀 청나라에는 외무부가 없었다. 그 대신 외국인과의 관계는 국가를 수호
하는 입장에서 한걸음 더 나아가 다양한 방식으로 여러 관부에서 처리
했는데, 이들은 외국인이 문화적으로 열등하며 지리적으로 주변적임을 넌지시
비추거나 공공연하게 드러냈다.

북부와 서북부에서의 몽골족과 준가르부, 그리고 러시아인과의 관계는 주로
1638년에 홍타이지에 의해 설립된 이번원(理藩院)에서 처리했다. 만주인과 몽
골인만으로 구성된 이번원은 과거에 수많은 정복자를 배출했던 위험한 서북 세
력의 안정을 유지하는 임무를 맡고 있었다. 이를 위해서 이번원은 중앙아시아
대상들의 중국 방문을 규제하기 위해 용의주도한 제도를 만들어 내야 했다. 종
종 황제의 딸들을 유력한 몽골족 왕자에게 정략적으로 시집보내 사적인 연맹을
맺음으로써 안보체제를 구축했으며, 서북지역의 전략적 거점에 청의 수비대를
주둔시켜 방어하도록 했다. 중앙아시아나 한족 출신의 일부 이슬람 교도들은
철저히 감시당했지만 대체로 평화롭게 종교생활을 할 수 있었다. 옹정제의 결
정에 따라 청의 군대가 라싸에 주둔한 이후로는 티베트의 라마 불교의 전통에
속해 있던 부족들은 더 이상 청에게 큰 위협이 되지 못했다. 만리장성은 이제

서북 국경의 방어에 관한 한 거의 무용지물이 되었다. 이번원의 관료들에게는 (북서 경략 이외의) 여러 업무가 주어졌으며, 이는 그들에게 '대외정책' 문제를 다루는 상당한 기술과 폭넓은 경험을 쌓을 기회를 제공했다.

유럽인 선교사와 중국의 접촉은 베이징에 있는 자율적 관료기구인 내무부 (內務府)에서 주로 감독했다. 이 기구는 다양한 황제의 일들, 예컨대 은괴나 곡식의 저장, 황실 재정과 궁전 관리, 값비싼 비단과 도자기의 제조, 그리고 소금 전매나 국내외 교역에 부과하는 통과세 같은 특별 세금의 징수 따위를 다뤘다. 선교사들을 직접 만나고 교황의 사절을 수행하는 것은 대개의 경우 내무부의 포의(이들은 상당한 부와 권력을 지니고 있었다)였다. 선교사와 관련된 업무를 다룰 때 그들은 일반적으로 나라의 정책보다는 황실의 권위를 특히 강조했다. 특히 예수회 선교사들은 이러한 관행이 그들의 활동을 너무 심하게 규제하고 있음을 깨닫고, 유럽에 있는 동료에게 편지를 보내 그들의 독립성을 보장해야 한다고 주장하기도 했다. 어떤 예수회 선교사는 다른 카톨릭 선교사나 중국인 신부와 함께 중국인 개종자들이 제공하는 은신처에 숨어 비밀리에 활동했다.

버마, 태국, 베트남, 류큐(琉球) 제도 등을 포함하여 조선이나 중국의 남부 해안과 내륙을 아우르는 초승달 지역의 비중국인과의 교류는 예부의 관료가 감독했다. 이들 나라는 중국식 역법과 한자를 모델로 삼아 변형시킨 문자, 비슷한 종류의 음식과 복식, 유교와 불교의 숭상, 중국식 관제(官制) 등 중국문화의 기본적 요소들을 많이 공유하고 있었다. 이들 나라와의 외교정책에서 중국은 관례와 상징에 중점을 두고서 이들을 통제하려 했다. 각국의 사신들은 중국의 문화적·정치적 우위를 공식적으로 인정하는 의미에서 외교문서에 경어를 사용하고, 황제를 알현할 때 납작 엎드리는 고두(叩頭)의 예를 행해야 했다. 그 대가로 이들은 중국과 한정된 양의 무역을 할 수 있었다. 각국은 정해진 연간계획에 따라 베이징에 특별 대표단인 '조공(朝貢) 사절'을 보냈다. 황제에게 조공을 바친 후에 이 사절단을 수행한 상인들에게는 무역을 허가했으나, 그들 모두 예부가 관리하는 숙소에 머물다가 정해진 기간이 끝나면 물건을 가지고 중국을 떠나야 했다.

이 체제는 상당히 유연한 체제였다. 가장 자주 사절을 보낸 곳은 조선으로 매년 중국을 방문했다. 조선의 방문객들은 청의 학자나 관료들과 자유로이 교제하였고 베이징의 사회적·문화적 생활과 유학자들의 정치적 태도에 대해 생생한 기록을 남겼다. 그러나 일본의 사절은 명 말에 이르러 완전히 끊겼다. 일본이 계속 중국의 우위를 인정하지 않은 것이나 도쿠가와 정권이 모든 외국인의 거주와 무역을 나가사키로 제한시킨 것은 청과 일본의 공식적 관계가 미미했음을 뜻한다. 군사적인 '조공'관계는 1788년에 처음 등장했는데, 중국이 베트남의 레 정권을 도울 권리와 의무를 들먹이면서 시작되었다. 이미 살펴본 바와 같이 구엔이 청에 조공하는 전통적인 충성관계를 받아들이자마자 중국은 레 대신 구엔을 지원하였다. 류큐 제도에서는 청에 대한 충성이 분열되는 조짐을 보인 사건이 발생했다. 이 섬의 주민들은 사실상 일본 남부의 사쓰마 번(薩摩藩)의 지배를 받았지만, 의례상으로는 항상 청에 충성하는 백성임을 인정하고 있었다. 18세기 당시의 기록에 따르면 중국의 외교사절이 섬을 방문할 때면 일본 배들은 조심스럽게 숨어 있다가 중국인이 떠나자마자 재빨리 다시 돌아오곤 했다고 한다.

넓은 의미에서 이런 세 가지 형태의 외교행정—서북부, 선교사, 남부지역—은 기본적으로 중화주의의 이념을 공유하고 있었다. 그 이념은 중국이 '중심적인' 왕국이며 다른 나라는 우주의 문화적 중심에서 벗어난 주변국이라고 하는 가정을 기반으로 하고 있었다. 따라서 중국인은 외국에 대한 정확한 지식이나 세밀한 연구에 거의 관심을 보이지 않았다. 심지어 '실증적인' 고증학의 전성기인 18세기에도 지리학자나 언어학자들의 관심은 주로 중국 영토에 집중되어 있었다. 외국에 대한 묘사는 미신과 허구가 뒤섞인 신비적인 이야기가 주종을 이루었고, 개중에는 외국인을 금수(禽獸)에 비유하거나 거만하고 짐짓 깔보는 언어로 묘사하는 경우가 적지 않았다.

무역이나 여행을 위해 외국으로 간 중국인은 조국을 버린 것으로 간주되었다. 중국과 동남아시아 사이에 광범위한 무역이 발전하고 있었음에도 불구하고, 청은 동남아시아뿐만 아니라 세계 다른 어느 곳에서도 중국인의 권리를 대변해 주는 데 관심이 없었다.(하나의 예외가 타이완이었는데, 그곳은 공식적으로 푸젠 성의 일부로 편입되었다.) 청은 내무부를 통해 상당액의 수입을 올리고 있었지만 외국 무역에서 정부가 얻을 수 있는 잠재적인 이득에는 기본적으로 무관심했다. 청은 무역상을 신뢰하지 않았고, 1660년대에도 그랬듯이 군사적·외교적 목적을 달성하기 위해서 해안 주민들에게 서슴없이 가혹한 조처를 취하기도 했다. 또한 관리들은 중국과 무역하는 외국인을 규제할 수 있는 절대적인 권리를 행사하고 있었는데, 거기에는 그 장소와 횟수에서부터 관련 인사와 상품 등에 대한 세세하고 자질구레한 사안까지 포함되어 있었다.

이러한 청의 신념과 관행은 서구 열강의 요구와 충돌할 수밖에 없었으며, 특히 영국·프랑스·네덜란드 등 새로이 팽창하고 있던 나라들이 예전의 주요 거래국이었던 스페인과 포르투갈을 제치고 해외 식민지 건설을 시작한 후에는 더욱 그러하였다. 이와 같은 문화적인 적대과정은 중국 안에서 서서히 등장하고 있었던 '외국인 처리'의 네번째 유형인 이른바 '광저우 체제'를 통해 추적해 볼 수 있다. 청 초기에 네덜란드와 포르투갈의 외교사절은 중국과의 무역에서 특권을 확보하려 했으나, 모두 '조공국'의 지위에 머문 채 예부에 등록하고 일정한 간격으로 무역사절을 보내는 것에 만족해야 했다. 1635년부터 영국 상선이 중국의 동부 해안에 간헐적으로 나타났는데, 영국은 눈치 빠르게도 중국과 공식적인 관계를 맺으려 하지 않아서인지 청대에 저우산, 샤먼(厦門, 아모이) 그리고 광저우에서 장사를 할 수 있게 되었다. 모든 서구 열강은 1680년 청나라가 해안무역 규제정책을 마감했을 때 혜택을 받았고, 대체적으로 중국의 '조공'관계라는 개념은 사라져 갔다. 1720년 광저우의 중국인 상인들은 대외무역을 통제하고 가격을 조정하여 이익을 증대시키기 위해 공행(公行)이라는 독점적 상인조합을 형성했다. 1754년 청 정부는 이 공행의 구성원인 '행상'(行商)들에게 외국 선원들이 얌전히 행동하고 관세를 잘 지불하도록 보증을 서라고 명령했다.

1600년에 설립되어 영국 정부로부터 동인도 무역의 독점권을 부여받은 영국 동인도회사는 상당액의 투자를 끌어들였고, 인도 대륙을 정복하기 시작하면서부터 소규모 경영에서 탈피하여 급속히 세계적으로 중요한 위치에 오르게 되었다. 건륭 연간에 동인도회사의 경영자들은 영국 정부와 마찬가지로 청의 규제에 대해 불평하기 시작했다. 1741년 영국 해군의 조지 앤슨 사령관은 스페인 함대를 공격하라는 영국 정부의 명령을 받아 광저우에 파견되었을 때, 심한 폭풍우로 기함(旗艦)이 손상을 입자 극동지역에 거점을 마련하는 일이 중요하다는 것(포르투갈은 이미 마카오를, 스페인은 마닐라를, 그리고 네덜란드는 바타비아를 장악하고 있었다)을 깨달았다. 앤슨은 중국이 당시 서양에서 시행되고 있던 국제해

상법에 따라 자신을 우호적인 중립국 국민으로 선처해 주리라고 기대했다. 그러나 광저우의 관리들은 수주일 동안이나 이러저러한 행정 절차상의 이유를 대며 서신 접수나 접견을 거부했고, 싸구려 물품을 제공하고는 터무니없이 비싼 요금을 청구했을 뿐만 아니라, 선박 수리도 대부분 할 수 없게 했다. 푸대접을 받은 앤슨의 경험은 여러 유럽의 언어로 번역·출판되어 영국을 포함한 서양 국가들의 반중국 감정을 조성하는 데 일조했다.

동인도회사는 중국 무역을 확대하고자 1759년에 중국어를 배운 회사원 제임스 플린트를 파견하여 광저우에서의 무역규제와 그곳에 만연한 부정부패에 대해 항의의 뜻을 전하고 중국 정부와 협상하려고 하였다. 70톤급의 작은 군함 석세스호를 타고 닝보(寧波)를 거쳐 톈진으로 간 플린트는 끈기와 얼마간의 뇌물 덕에 그가 생각하고 있던 불만을 베이징에 전달할 수 있었다. 이에 황제는 처음에 유연성을 보이며 남부에 조사단을 파견하는 데 동의했다. 그러나 광저우로 회항하던 석세스호의 모든 승무원이 플린트만 제외하고(그는 혼자 남부를 여행했다) 바다에서 사라지자 황제는 마음을 바꾸었다. 플린트는 북부로 항해할 수 없다는 청의 규제를 어겼으며 청원서를 잘못 제출했고 중국어를 배웠다는 등의 죄목으로 체포되어 3년간 감옥살이를 했다.

18세기 후반에 들어서 중국의 문을 두드리기 시작한 외국 무역상들이 증가하자 청 왕조는 모든 외국인에게 공정하게 대한다는 주장을 내세워 이전의 규정을 강화하는 쪽으로 대응했다. 1760년 이후 모든 유럽 무역은 광저우의 한 항구로 제한되었고 모든 외국인은 매년 10월에서 이듬해 3월까지로 정해진 무역기간에만 광저우에 머물 수 있었다. 기업활동이 치열해지고 물량이 지나치게 늘어나 파산하는 자가 속출하고 있었음에도 불구하고, 이때부터 유럽인은 오직 관의 허가를 받은 행상—대개 10명 정도였다—과만 거래해야 했다. 서양인은 이런 행상을 통해서만 불만이나 탄원을 전할 수 있었고, 공행은 황제가 임명한 무역관리인 호포(Hoppo, 해관을 감독하는 관할 관부인 戶部를 라틴 문자로 음역한 것이다. 公行을 영어로 Cohong이라 한 것도 같은 연유에서이다)에게 서류를 제출했다. 그러면 호포는 마음에 들 경우에만 지방관이나 베이징과 연락하였고, 그렇지 않을 경우에는 사사건건 꼬투리를 잡아 복잡한 절차를 밟도록 요구하거나 아예 서류 접수 자체를 거부할 수도 있었다.

　그 절차란 너무나 복잡해서 사람을 화나게 할 정도였으며, 서양 열강이 당연 시하기 시작했던 국가간의 외교적·상업적 형평성과는 거리가 멀었다. 중국과 영국 사이의 긴장은 중국산 비단·도자기·차를 사기 위해 매년 수백만 파운드 의 은괴를 지불함으로써 발생한 무역적자를 만회하기 위해, 영국 상인들이 1770년대 이후 인도에서 생산한 아편을 중국의 항구로 가져와 중국 상품이나 작물과 교환하기 시작하면서부터 발생했다. 영국과 미국에서 차 수요가 증가함 에 따라 거래량도 매년 증가하게 되어 1800년경이 되면 동인도회사는 360만 파운드어치의 중국산 차 10만 400t을 사들이고 있었다.(이제 자유롭게 무역 상대 를 정할 수 있게 된 새로운 독립국 미국의 상인들도 수지맞는 차 시장인 중국에 1784 년부터 직접 상선을 보내기 시작했다. 하지만 그들 역시 유럽인과 마찬가지로 규제대 상이었다.)

　조지 3세 정부의 동의 아래 활동하던 영국동인도회사가 세계적 강대국인 영 국의 위신에 걸맞게 이 같은 상황을 시정해 보려 작정한 것은 건륭제 말기였다. 그들은 중국에 파견할 대사로 조지 매카트니를 선택했다. 그는 북아일랜드 출 신이며 정치적 인맥이 좋은 귀족으로 러시아의 예카테리나 대제의 궁정에서 외 교 수련을 쌓은 바 있었다. 또한 매카트니는 카리브 해의 그레나다 총독, 동인 도의 마드라스 지역의 행정관으로서 현장 경험도 쌓았다. 영국 사절단은 66개 의 대포를 실은 군함을 타고, 영국 공업기술의 정수를 보여줄 수 있는 값비싼 선물을 가득 실은 기함 두 척의 호위를 받았다. 매카트니는 과학자, 예술가, 호 위대, 시종, 나폴리의 카톨릭 대학 출신의 중국어 교사를 포함하여 거의 100명 에 달하는 수행원을 대동했다.

　1792년 9월에 런던을 떠난 매카트니의 선단은 1793년에 광저우에 잠시 정 박했다가, 건륭제의 80세 생일을 축하하기 위해 왔다고 주장하며 곧바로 톈진 까지 들어와 그곳에 정박했다. 육지에 오르자 사절단은 대단히 엄숙하게, 그러 나 공식적으로는 '조공 사절'의 지위로 베이징까지 호위를 받았다. 매카트니는 그가 조지 왕에게 하듯 무릎을 꿇는 것에 동의함으로써, 고두의 예에 따라 황제 앞에 완전히 엎드려 절하는 것은 가까스로 면할 수 있었다. 이러한 고집에도 불 구하고 매카트니는 1793년 9월 북부지방의 러허의 여름별궁에서 허선과 황제 의 정중한 접대를 받았다. 이 자리에서 매카트니는 영국 외교관의 베이징 거주권, 광저우 무역체제의 규제 철폐, 국제무역을 위한 새로운 항구의 개항, 정당하고 형평에 맞는 관세의 책정 등을 요구했다. 청의 황제나 그의 대신들은 아무런 동요 없이 영국의 요구 가운데 어느 것 하나도 받아들이지 않았다.

대신 건륭제는 조지 3세에게 칙서를 보내 중국은 다른 나라의 물건이 전혀 필요 없기 때문에 대외무역을 확대할 생각이 없음을 분명히 전했다. 건륭제는 "우리는 결코 이상한 물건에 가치를 둔 적이 없을 뿐 아니라 너희 나라의 물건이 조금도 필요치 않다. 그러니 왕이여, 수도에 사람을 상주할 수 있게 해달라는 너의 요청은 천조(天朝, 중화제국)의 법률에 맞지 않을 뿐더러 나라에도 득이 되지 못할 것이다"라고 적고 있다.[1]

매카트니에게는 대항할 만한 방책이 없었다. 그는 정해진 육로를 통해 광저우로 돌아갈 수밖에 없었다. 돌아가는 길에 그는 중국에 대해 가능한 한 많은 사항들을 기록하였으며, 자신의 일기에 장엄해 보이는 이 국가가 심각한 내부적 약점들 때문에 멸망의 위협을 받고 있다는 개인적 견해를 남겼다. 그는 그토록 많은 시간을 들이고 불편을 감수해야 했던 항해 경험에서 적절한 비유를 끌어 왔다. 그는 일기에 "중국제국은 오래 되고 미치광이 같은 일등급 군함이다. 운좋게도 유능하고 기민한 장교들이 계속 등장하여 과거 150년 동안 용케 배를 띄워 놓고 단지 배의 크기와 외양만으로 이웃을 위압해 왔다"라고 적고 있다. 그러나 조타석에 있는 열등한 인물들 때문에 중국은 천천히 '해변에서 산산이 부서질' 것이라고 덧붙였다. 매카트니에 의하면 영국의 요구에 대한 중국의 거부는 궁극적으로 무의미한 것이었다. 청은 "인간 지식의 진보를 가두려는 쓸모없는 시도"를 하고 있기 때문이었다. 그는 "인간의 사상은 원대한 본성을 가지고 있어서 일단 상승을 향한 초보단계에 진입하면 가장 높은 곳에 도달하기 위해 모든 어려움을 무릅쓰고 끊임없이 투쟁한다"고 보았다.[2]

동인도회사는 이 모험에서 아무런 소득도 없이 큰 손해를 보았다. 그러나 매카트니는 비록 직접외교 시대의 막을 열지는 못했지만 자신이 목적한 바를 충분히 달성했다. 그는 모험에 나서기 전에 연봉 1만 5천 파운드를 요구했는데, 이 일을 통해 2만 파운드 이상의 이득을 남겼다. 적어도 중국은 매카트니 개인의 발전은 가로막지 않은 셈이다.

이방인과 중국의 법

매카트니 경이 중국에서 얻은 것 중 훨씬 흥미로운 것은 청의 법전이었다. 이 법전이 영국으로 전해져 매카트니의 수행원으로 따라갔다가 중국어를 배워 온 학자에 의해 번역되자, 여러 세대 동안 영국 상인들에 의해 추정되어 왔던 점들이 보다 분명해졌다. 간단히 말하자면 중국과 유럽은 '법'을 구성하는 요소에 대해 기본적으로 다른 견해를 가지고 있었고, 따라서 법의 판결에 대한 청원은 국제적 긴장을 경감시키기보다는 악화시키리라는 것이었다.

비록 광범위하게 선대의 경험과 관례에 기반을 두고 있었다고는 하더라도 중국의 법은 어디까지나 국가에 의해 성문화되고 해석되었다. 지방이나 베이징 어디에도 독립적인 사법기관은 없었다. 지방에서 사법의 대표로 활동하는 인물은 현의 우두머리인 지현(知縣)이었다. 각 성의 순무나 재판감독관은 사건의 재심을 베이징의 형부로 올릴 수 있었다. 원고에 의한 상고 역시 가능했지만, 그것은 오직 고위 관료로 구성된 '법정'을 정점으로 하는 확고부동한 계서제 안에서였다. 사형선고는 지현의 상관에 의해 재심되었고 형식상으로는 사형 범죄에 대한 최종 판결은 황제를 거쳐야 했다. 그러나 그것이 실제로 늘 가능했던 것은 아니며 종종 임의적으로 이루어졌다. 지방에서 반란이 일어날 경우 관례적으로 반란자는 즉각 처형시켜 동조자들의 기를 꺾어 놓는 동시에 그들이 다른 동료에 의해 구출되는 일이 없도록 했다. 외국인이 관련된 사건에서도 즉결 재판은 역시 흔한 일이었다.

지현은 수사관, 판사 그리고 배심원의 역할을 모두 수행해야 했다. 그들은 증거를 모으고 그것을 평가했으며 최종적으로 판결을 내렸다. 특정 범죄에 대한 처벌은 법전에 명시되어 있는 대로 따라야 했다. 이들 지방관은 종종 관원 가운데 법 '전문가'로 통하는 이에게 의존했으나, 법관이라는 독립된 직업이나 변호사는 존재하지 않았다. 외부에서 범죄사건에 개입하려는 사람은 처벌을 받았다. 범죄 용의자는 대개 감옥에서 매우 거칠게 다루어졌고 자백을 거부할 경우 곤장을 맞거나 고문을 당했다. 자백은 반드시 공판 전에 이루어졌기 때문에 자백의 내용은 어떤 놀라운 새로운 증거가 나오지 않는 한 판결의 결과와 직결되었다. 자백을 받아내기 위해 묵직한 나무막대로 내리치는 곤장은 때로는 용의

자를 죽음에 이르게 하거나 평생 불구자로 살게 할 수도 있었기 때문에, 중국인이 일반적으로 법을 두려워했다는 사실은 놀랄 일이 아니다. 한편 중국인은 부동산, 상속, 그리고 다른 경제문제로 인해 서로 심각한 반목이 생겼을 경우 자진해서 지현이 주관하는 법정을 이용하기도 했다.

분쟁이 발생하면 대개 중국인은 지역사회의 존경받는 구성원이나 영향력 있는 종족의 어르신과 같은 중재자에게 호소했다. 이런 경우에 고발당할까 봐 겁먹은 사람들은 사건을 은폐하려 들게 마련이었고, 지현의 관원 가운데 하급자들—이른바 '아역'(衙役)—은 사건에 대해 입을 다무는 대가로 일상적으로 뇌물을 받아 부족한 보수를 벌충하기 일쑤였다. 도둑질·강간·살인 등의 범죄로 기소된 자들도 지현의 관원이나 심지어는 지현에게 직접 뇌물을 바치고 자유의 몸이 되려고 애썼다. 암담하고 치명적이기까지 한 감옥생활(같은 시기 유럽의 더럽고 붐비는 감옥과 비슷한)은 간수에게 정기적으로 돈을 상납하거나 동료 죄수들에게 음식을 제공해야만 조금 나아질 수 있었다.

청의 형벌제도 역시 국가의 유교적 가르침을 통해 전파된 계서적 사회 가치를 견지하고 있었다. 황제와 그 가족에 대해 저지른 범죄는 가장 무겁게 처벌되었고, 관리나 국가재산에 대한 범죄 역시 사형이나 장기간의 유배와 같은 혹독한 방법으로 다스렸다. 가족 체계 안에서는 아버지가 아들에게 가한 범죄가 아들이 아버지에게 저지른 같은 범죄보다 훨씬 가볍게 처벌받았고, 이는 남편이 아내에게 해를 입히거나 나이든 친척이 손아랫사람에게 범죄를 저질렀을 경우에도 마찬가지였다. 한 아버지가 자신의 아들을 생매장하여 죽인 사건에 대해 순무가 그 아버지에게 태형을 선고하자 형부에서는 이 사실을 면밀히 검토한 후 순무의 판결이 잘못되었다고 결론지었다. 형부는 아들을 죽인 아버지는 그 행위가 '비합리적'이었을 경우에만 태형을 받아야 한다고 주장했다. 이 사건의 경우 아들이 아버지에게 상스런 말을 사용해 왔는데, 이는 사형에 해당하는 행위였다. "따라서 비록 살인은 의도적이었으나, 이는 아버지를 욕하는, 사형당해 마땅한 범죄를 저지른 아들에 대한 것이다."[3] 아버지는 무죄석방되었다.

형부에서 관여하지 않았다 해도 그 아버지는 처벌을 면할 수 있었을 것이다. 재판과 판결 이후에는 현금을 내고 감형을 받을 수 있었는데, 액수는 형벌의 경중에 따라 달랐다. 예컨대 대나무로 때리는 태형 20대는 은 반 냥, 60대는 3냥,

「마창작진도권」(瑪瑺斫陣圖卷)의 일부, 주세페 카스틸리오네 작
건륭제 때 황실에서 일했던 재능있는 예수회 화가인 카스틸리오네(1688~1766)는 신장에서 위구르족을 무찌른 것으로 유명한 청의 장군을 묘사했다.

「카자흐 공마도권」(哈薩克貢馬圖卷)의 일부(1757)
카스틸리오네는 건륭제에게 조공을 바치러 온 서북지방의 카자흐족을 묘사했다.

海晏堂東面

「원명원」(圓明園). 건륭제를 위해 중국의 예수회 선교사들이 베이징 교외에 지은 여름별궁
이 판화는 해안당(海晏堂)을 보여준다.

건륭제의 가장 위대한 업적은 현재 신장으로 알려진 광대한 서역을 정복·통합한 일이다. 이 판화는 1759년 카슈가르와 야르칸드를 정벌하기 위해 진군한 청군이 야영을 하고 있는 모습이다.

황제의 투구
건륭제의 투구는 옻칠한 가죽, 검은 담비가죽, 진주, 각종 보석으로 만들어졌으며, 투구에는 황금빛 산스크리트 문자로 불교의 초사(招詞)가 장식되어 있다.

『홍루몽』건륭 연간 중기 차오쉐친이 쓴 유명한 소설의 한 장면.

건륭제의 생일 축하연 그림, 『사고전서』(四庫全書) 문연각본(文淵閣本) 수록

3만 6천 편의 필사본으로 구성된 『사고전서』라 불리는 이 방대한 선집 편찬은 만주족을 비판한 작품들을 없애고 그 작가들을 벌하기 위한 문학적 검열을 하려는 의도도 담고 있었다.

광저우 해안가의 외국인 상관(商館, 서양인 거주지)을 그린 부채(1750년경)
1760년 청은 외국 상인의 증가를 억제하기 위해 모든 유럽인의 무역을 광저우 항으로 제한했다.

'시누아즈리' (Chinoiserie)
예수회 건축가들이 건륭제의 여름별궁을 설계하고 있는 동안 18세기 중반의 유럽인들 사이에서는 시누아즈리라 불리는 중국식 디자인이 굉장히 유행하고 있었다. 『알현』이라 명명된 이 프랑스식 융단 벽걸이(1725년경)는 환상적인 의자에 앉아 있는 황제 앞에 머리를 조아리는 조공 상납자를 묘사하고 있다.

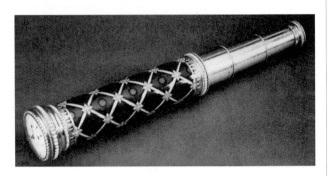

1793년 매카트니 경의 사절단은 청으로부터 외교적·상업적 특권을 얻고자 했다. 의례적인 선물교환에서 황제는 매카트니에게 3개의 옥으로 된 루이, 곧 홀(笏)(위) 3개를 선사했고, 매카트니는 답례로 금도금과 에나멜 칠을 하고 보석으로 장식한 시계 달린 망원경(가운데)과 중국의 자수 벽걸이 그림(아래)에 묘사된 과학·기술 도구를 바쳤다. 그러나 건륭제는 조지 3세에게 보내는 답서에서 "우리는 결코 이상한 물건에 가치를 둔 적이 없을 뿐 아니라 너희 나라의 물건은 조금도 필요치 않다"라고 했다.

「한 아편 흡연자의 몰락」(1860년경)
12연작 중국 수묵화 중에서. 위: "이것이 여자·음악·노래와 함께 하는 아편 흡연의 악습으로 빠져 드는 첫걸음이다."
아래: "아편 흡연자의 어머니가 그를 밧줄로 묶어놓고 회초리로 때리니 아버지가 대단히 기뻐하고, 아내가 아편 파이프를 자르
니 아이가 너무나 무서워한다."

「넵튠호 선원들의 재판」, 광저우(1807년경)
1807년 2월 한 중국인의 죽음과 관련해서 재판을 받은 52명의 영국 선원들 가운데 한 명이 가벼운 벌금형을 받았다. 반면 광저우 관리는 넵튠호 사건의 책임이 있는 상인 홍을 구속하고 무거운 벌금형에 처했다.

린쩌쉬
1838년 도광제는 아편 무역을 종식시킬 결심을 하고 린쩌쉬에게 그 임무를 맡겼다. 광저우의 양관을 폐쇄하고 무역상으로부터 넘겨 받은 300만 파운드의 생아편을 폐기할 것을 명한 후, 1839년 린쩌쉬는 황제에게 외국인이 감히 불경(不敬)스런 행동을 하지 않았으며, 저는 그런 그들의 태도를 보고 그들이 진심으로 부끄러워한다는 것을 알 수 있었습니다 라고 보고했다.

「노회한 털북숭이」 영국 선원이 스케치한 중국인(1839).

네메시스호(오른쪽) 아편전쟁 동안 돛이나 증기기관으로 움직이는, 배 밑바닥에 구리판을 덧씌우지 않은 외륜철선인 네메시스호는 영국측이 감행한 광저우와 상하이 외곽 공격에서 큰 위력을 발휘했다.

헨리 포틴저 경, 영국의 중국 전권대사

치잉, 청의 협상가이자 교섭 대표
난징조약(1842)으로 영국에 항복한 후 치잉은 도광제에게 중국은 이제
"공허한 명분을 위해 싸울" 것이 아니라 "사소한 사안들을 무시하고 더 큰
계획을 달성해야 할 것"이라고 권했다. 이 '더 큰 계획'이란 청 왕조
자체의 생존을 의미했다.

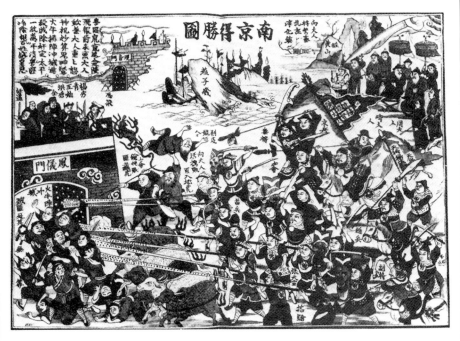

태평천국 반란군으로부터 난징을 탈환하는 청군(1864)

쩡궈판
상군을 조직한 사람이며 태평천국군 진압을 지휘했다.

태평천국의 난을 진압하기 위해 상승군을 지휘했던
영국인 포병장교 찰스 '차이니스' 고든 장군이 황제가 하사한
중국 의상을 입고 있다.

파괴된 다구 요새의 모습, 1860년 8월(펠릭스 베이토 촬영)
톈진 조약(1858)이 체결된 후에도 줄곧 유럽의 침략에 저항하던 청은 1859년 전략상 요충지인 다구 요새에서 영국군을 격퇴
했으나, 이듬해 영불연합군의 공격에 항복했다. 이 사진은 중국에서 찍은 최초의 ‘보도 사진’이다.

폐허가 된 원명원(토마스 차일드 촬영, 1875년경)

1860년 10월 18일 영국의 엘진 경은 예수회 건축가들이 건륭제를 위해 지은 여름별궁을 파괴하라고 명령했다. 같은 날 청은 영국의 추가 요구를 받아들였다.

1년 반의 유배는 10냥, 종신 유배는 720냥, 교수형이나 참수형은 1,200냥이나 그 이상이었다. 이것은 대체로 각자의 관직서열이나 지불능력에 따라 유동적이었으나, 이러한 체제가 돈을 비교적 하찮게 여겼던 부자들에게 유리했음은 분명하다. 가난한 농민이나 도시 노동자에게 그 돈은 수주간, 수년간의 수입에 해당하기도 했다. 더욱이 낮은 등급의 과거시험이라도 통과한 학자들은 신체형을 면제받았기 때문에 보통 사람이라면 자백할 때까지 당해야 하는 무시무시한 구타를 피할 수 있었다.

청의 사법구조는 보갑제(保甲制)라고 알려진 상호책임제도에 의해 보강되었다. 보는 1천 호(戶)의 집단으로 100호로 구성된 갑 10개가 모여 조직되었다. 중국의 모든 가구는 갑과 보에 등록되고 그들 가운데 순번에 따라 정해지는 '장'(長)의 감독을 받도록 되어 있었다. 장은 각 가구의 구성원을 성·연령·혈연관계·직업에 따라 기재한 등록부가 정확한지를 확인하고 지역사회의 법과 규칙을 잘 지키도록 계도했다. 또한 장은 제방 보수, 곡식 감시, 군사작전과 같은 공동체의 일도 감독했다. 과중한 범죄나 반란의 의혹이 있을 경우 이들 장들은 현청에 도움을 구했다. 또한 장은 보갑 구성원들이 신속히 세금을 납부하도록 독촉해야 했다. 그들의 임무는 힘들고 좌절하게 만들었으며 때로는 위험했다. 시간이 흐르면서 많은 공동체에서 이 체제가 소멸했는데, 그 까닭은 아무도 장이 되려 하지 않았기 때문이다. 그러나 외국인에게 가장 눈에 띈 것은 보갑으로 대표되는 전반적 개념이었다. 곧, 공동체의 구성원은 모두 그 공동체의 질서 유지에 대한 책임이 있기 때문에 죄인의 이웃이나 친구들은 죄인과 동일한 책임을 지며 처벌받을 수 있다는 사상이었다.

중국의 형벌제도가 가혹했다고는 하나 그 법과 질서의 기준은 같은 시기 유럽이나 미국에서 일반적으로 널리 행해지고 있던 것과 대동소이하다. 그러나 그 제도에는 외국인을 특별히 배려할 수 있는 여지가 없었다. 모든 일상적인 문제에서 외국인은 이번원이나 예부나 호포 또는 내무부의 관할 사항이었다. 만일 그들이 법률을 위반하면 중국은 적어도 처음에는 관습대로 중국 법정에서 처리할 것이라는 태도를 보였다.

외국 선원들이 실수로 중국인을 살해한 몇 차례의 사건에서 청의 지방관은 처음에는 현금 배상을 받고 만족해 했다. 강희 연간인 1689년에 광저우 항 근방에서 한 영국 선원이 중국인을 죽였을 때, 청 당국은 5천 냥을 요구했다. 이에 대해 영국은 2천 냥을 제안했고 중국측이 이를 거부하자 무역계획을 포기하고 달아났다. 강희 연간 말년인 1722년에 킹 조지호의 포병대원이 사냥 중 실수로 중국 소년을 죽였을 때 이 배의 선장이 2천 냥을 제의하자 중국은 받아들였다. 1754년에 어떤 영국 선원이 광저우에서 프랑스인에게 살해되자, 중국인이 개입되지 않았음에도 불구하고 청의 관리들이 그들의 관할권 안에서 발생한 사건이므로 묵과할 수 없다는 단호한 의지를 보였다. 이에 따라 프랑스 장교가 살인자를 인도할 때까지 프랑스와의 모든 무역은 중단되었다. 역설적이게도 그 살인자는 곧 석방되었다. 건륭제가 재위 20주년과 준가르부와의 전쟁에서 거둔 승리를 축하하기 위해 일반사면령을 내려 모든 범죄자를 방면했기 때문이다.

서양인에게 더욱 불길한 조짐은 공행이 독점권을 확고히 한 건륭제 후반에 발생했던 몇 가지 송사에서 나타났다. 1773년에 마카오에 있던 포르투갈 당국이 중국인을 살해한 혐의로 한 영국인을 심문했는데, 그들은 그가 무죄임을 확인하고 풀어 주었다. 그러나 청의 관리는 희생자가 중국인인 살인사건에는 그들이 개입할 권리가 있음을 주장하며 그 영국인을 다시 재판하여 처형해 버렸다. 7년 후 청 당국은 중국 땅에서 외국인이 외국인을 죽였을 경우 그들이 개입할 권리가 있음을 재확인시키는 데 성공했다. 포르투갈인 선원과 결투를 벌이다가 그를 살해한 한 프랑스인이 프랑스 영사관에 피신해 있다가 쫓겨 나와 공개 교수형에 처해진 것이다.

상선 레이디 휴즈호와 에밀리호를 둘러싼 두 가지 사건은 서양인의 사고방식에 매우 큰 충격을 주었고 국제외교 차원에서 청을 어떻게 다룰 것인가에 대해 심각하게 재고하도록 했다. 첫번째 사건은 매카트니 사절단이 중국에 도착하기 9년 전인 1784년에 발생했다. 레이디 휴즈호는 이른바 '국선'(country ship)— 곧 개인 기업가가 소유하지만 영국동인도회사의 허가 아래 인도와 중국 사이의 무역을 담당하던—가운데 하나로, 광저우 부근에서 예포를 발사했는데 구경하던 중국인 두 사람이 그 포탄에 죽고 말았다. 레이디 휴즈호의 선장이 그 사람을 죽인 탄환을 발사한 포병이 누구인지 밝히기를 거부하자 중국은 상호책임 사상에 따라 그 배의 업무 관리자를 체포하고 서양과의 모든 무역을 취소하겠다고 위협했다. 이에 광저우에서 장사하고 있던 대부분의 외국 상선의 선원들—영국인, 프랑스인, 덴마크인, 네덜란드인, 뉴욕에서 중국 황후(Empress of China)호를 타고 중국 해안에 처음으로 도착한 미국인—은 중국을 협박하기 위해 무장을 하고 해변 창고를 에워쌌다. 그러나 중국의 입장은 단호하여 모든 무역이 중단되고 업무 관리자가 처형당할 위기에 처하자 레이디 휴즈호는 책임이 있다고 여겨지는 포병을 중국측에 인도했다. 그는 1785년 1월에 교수형을 당했다.

1821년에 발생한 미국 상선 에밀리호 사건은 미국의 이해관계가 본격적으로 관련된 최초의 사건이었다. 에밀리호의 한 선원(역설적이게도 그의 이름은 테라노바(Terranova), 곧 '신세계'였다)이 에밀리호 아래에서 배에 타고 있던 중국인 과일장수의 머리에 도자기 화병을 떨어뜨렸다. 그 여자 과일장수는 배 밖으로 떨어져 익사하고 말았다. 중국측이 테라노바의 인도를 요구하자 미국측은 처음에는 선상 재판을 진행하라고 주장하면서 거세게 버텼다. 그러나 청이 광저우 지역에서 미국의 모든 무역을 금지시키는 명령을 내리자 에밀리호의 선장은 동요하게 되었다. 그것은 아마도 그의 배가 불법 아편으로 가득 차 있어 그것이 압수될까 두려웠기 때문이었을 것이다. 테라노바는 중국 당국에 인계되었다. 서양인은 아무도 방청하지 못한 재판에서 그는 유죄판결을 받았고, 이튿날 처형되었다. 이와 같은 판결이나 처형의 신속성은 과실치사죄에 대한 청의 선례들과는 다른 것이었다.

이러한 재판과 충돌 그리고 처형이 계속되자 서양 국가들은 외국인이 관련된 사건에 대한 중국의 사법권을 빼앗아야 한다고 확신하게 되었다. 그러나 중국측이 확고하게 유지해야 했던 것도 바로 이 점이었다. 서로에 대한 몰이해가 분쟁에 불을 붙였다. 청의 법적 입장은 법령을 대충 보아서는 완전히 이해될 수 없을 만큼 복잡한 것이어서 주의 깊게 연구할 필요가 있었으나 당시 그렇게 할 만큼 능력을 갖춘 서양인은 거의 없었다. 게다가 중국에서 외국인의 법적 지위는 시간이 흐름에 따라 변하고 있었다. 예를 들어 명 왕조의 법에는, 중국 땅에서 발생한 사건일 경우 "범죄를 저지른 이방인은 예외 없이 중국의 형법에 따라 처벌한다"고 명시하고 있다. 1646년에 청은 이를 수정하여 "제국 정부에 스스로 복종해 온 이방인은 범죄를 저질렀을 경우 중국의 형법에 따라 처벌한다"고 규정했는데, 이것은 중국에서 무역을 원하는 모든 외국인의 완전한 복종을 의

미하는 것이었다. 옹정제의 재위기간에 또 다른 변화가 생겼는데, 그것은 이번
원이 감독하는 외국인들——준가르·몽골인·러시아인——에 대한 것이었다. 중
국은 이들을 이번원의 법적 통제 아래 둠으로써 형법에 귀속되어 있는 다른 모
든 외국인들과 구별하기 시작했다. "그들은 제국과 맞닿아 있으므로 범죄를 저
질렀을 때는 일반 중국 백성과 똑같이 처벌되어어야 하기" 때문이었다.[4]

마침내 1743년 외국인이 연루된 사건을 효율적으로 처리하기 위해 형부에서
는 법의 공정성을 표방하면서 외국인일 경우에 "감금이나 자백과 관련된" 절차
에서 "내국인에게 적용되는 형식을 따를" 필요가 없다는 내용을 추가했다.[5] 이
런 변화를 통해 중국인 관리들은 그들이 "야만인의 희망을 존중해 주었다"고
믿었으며, 이 같은 생각은 1740년대나 1750년대에도 계속되었다. 그러나 서양
인들은 1820년대에 개정된 법률이 그들로부터 항소의 기회와 일반 중국인 피
고가 국내법에서 권리로 인정받는 감형의 기회를 앗아 갔다고 생각했다.

중국의 법률이 부적절하다고 저항하기 시작한 것은 외국인뿐만이 아니었다.
그와는 전혀 상반되는 입장에서 중국의 향신과 평민은 예외 적용과 특별 대우를
요구하는 외국인에게 청의 관리들이 너무 나약한 태도를 보인다고 분노했다.
1807년 영국 넵튠호의 포악한 선원들이 두 명의 중국인을 살해했을 때 청의 관
리들과 영국인 타이판(taipan, 무역감독관)은 희생양을 만들어 처리하기로 타협
했다. 그들은 우발적 살인으로 그 희생양을 기소한 후 청 법전에 명시된 교환표
에 근거하여 12.42냥의 벌금으로 형을 대신하게 했다. 광저우 전역에서 이에 반
대하는 대대적인 시위가 전개되었다. 이 와중에 나붙은 벽보들은 청이 '외국 악
마'(洋鬼)에게 매수당했다고 주장했다. 그 시위의 주체는 알려지지 않았지만 여
기에는 중국사의 새로운 동력 가운데 주요한 한 핵심이 될 사상이 점진적으로
발흥하고 있었다. 그것은 바로 배타적 민족주의였다.

아편

배에 선적된 아편을 보호하기 위해 선원 테라노바를 중국 법정에 인도한 에밀
리호의 선장은 그 시대상을 잘 보여주는 인물이었다. 이전 세기에 유럽과 미국

에서 중국산 차, 도자기, 비단, 그리고 장식품의 수요가 급격히 증가한 데 비해 면화나 목제 상품, 가죽, 시계나 그 밖의 기계제품, 주석과 납 등과 같은 서양 상품에 대한 중국인의 수요는 그에 미치지 못했다. 그 결과 서양측은 심각한 무역수지 불균형에 직면하게 되었다. 서양인은 중국의 상품대금을 주로 은으로 지불해야 했는데, 이러한 중국으로의 끊임없는 은의 유입─건륭 연간의 전반적인 번영 요인 가운데 하나이다─은 영국 정부 입장에서는 경계해야 할 문제였다. 예컨대 1760년대 10년간 청에 흘러 들어간 은은 300만 냥을 넘었고, 1770년대에는 총 750만 냥, 그리고 1780년대에는 1,600만 냥에 달했다. 이에 대한 자구책으로 18세기 말엽에 이르러 영국은 중국 상품에 대한 다른 교환품을 개발해 냈는데, 바로 그것이 아편이었다. 무역에는 격심한 변동이 있었음에도 불구하고, 아편의 판매수치는 전반적으로 확실하게 우려의 수준을 넘어섰다. 아편 한 상자에는 지역에 따라 다르지만 대략 59~73kg 가량의 아편이 담겨 있었으므로 1820년대에 중국으로 유입된 아편은 약 100만 명의 중독자들을 충족시키기에 충분한 양이었다. 여기에 중국 국내에서 생산되는 아편의 양을 더한다면(비록 여전히 소규모에 지나지 않지만), 당시 아편문제의 심각성은 삼척동자도 알 수 있을 정도였다.

아편이 중국에서 꾸준히 팔리기 위해서는 필수적으로 몇 가지 조건이 갖추어져야 한다. 우선 아편의 양이 충분해야 한다. 그리고 그것을 소비할 수단이 발달되어야 한다. 또한 무역을 가능케 할 만큼 그것을 피우고 싶어하는 사람의 수가 많아야 하며, 이를 금지시키려는 정부의 시도가 전혀 효력을 발휘하지 못해야 한다. 바로 이런 모든 조건이 결합되어 중국의 근대역사를 그토록 비참한 고통 속으로 몰고 간 것이다.

아편이 조직적으로 생산되고 판매되기 시작한 것은 영국이 인도의 많은 지역을 정복하면서부터였다. 동인도회사 경영자들의 부추김과 로버트 클라이브의 뛰어난 통솔력, 총독인 워런 헤이스팅스의 행정력이 맞물려 1750년과 1800년 사이에 영국은 서쪽으로 봄베이에서 동쪽으로는 캘커타까지 인도 북부 대부분의 지역과 남쪽의 기지인 마드라스(매카트니 경이 이곳에서 총독으로 지낸 적이 있다)까지 손에 넣었다. 수출을 통해 재정을 보충해 줄 환금작물을 찾아내기에 부심했던 영국은 인도의 특정 지역에서 양귀비가 왕성하게 자란다는 사실을 발견했다. 게다가 그곳에는 절단된 양귀비 깍지에서 수액을 모아 (끓여서) 흡연에 가장 알맞은 걸쭉한 반죽으로 가공할 노동력이 풍부했다.

동인도회사는 인도산 아편에 대한 판매 독점권을 확보한 후 아편무역 면허를 '국상'(country traders)이라고 불리던 선택된 서양 상인들에게 팔았다. 그들은 마약 운반에 직접 개입하기보다는 이러한 우회적인 방법으로 이윤을 챙기는 편을 선호했다. 아편을 중국에 판매하면서 국상들은 신용장을 주고 광저우의 대리점에서 은을 받아 비축했다. 그런 다음 동인도회사는 그 은을 영국에 내다 팔 차나 도자기, 다른 여러 중국상품을 사들이는 데 사용했다. 따라서 영국에서 인도, 인도에서 중국, 그리고 중국에서 영국으로의 삼각무역 관계가 발달했으며 각각의 단계에서 많은 이윤을 확보할 수 있었다.

아편의 소비는 아편의 생산·유통·소비의 전 과정 가운데 아마 가장 단순한 측면일 것이다. 역사는 아편으로 만들어지는 부산물을 즐기는 데 여러 방식이 있음을 보여주고 있다. 그 중에 차처럼 우려내 마시거나 다른 풀잎과 섞어 피우는 방법에서 19세기 말엽에 나타나는 응축된 모르핀 알약, 그리고 오늘날의 헤로인 주사약까지 다양한 방법이 있다. 중국에서 가장 선호되던 아편 흡연법은, 정제된 아편 반죽으로 만든 작은 환약에 불을 붙여 가열하여 그것을 긴 담뱃대에 담아 피우는 방식이었는데, 이는 청 초기에 유행했던 담배 흡연 때문에 처음부터 인기를 끌었을 것이다. 담배 재배는 라틴아메리카에서 푸젠으로 전해져서 산둥과 다른 지방들로 빠르게 전파되었다. 강희 연간의 족자를 보면 여럿이 모

영국의 대중국 아편 판매[6]

연도	상자 수
1729	200
1750	600(추정)
1773	1,000
1790	4,054
1800	4,570
1810	4,968
1816	5,106
1823	7,082
1828	13,131
1832	23,570

여 담뱃대를 물고서 거리를 배회하는 모습이나 대중적으로 알려진 다양한 상표
명이 시내 상점에 걸려 있는 것이 눈에 띈다. 담배와 아편을 섞어서 피우는 습
관이 중국에 들어온 것은 1720년대로, 아마도 1721년 타이완에서 주이구이의
난을 진압하고 돌아온 군대와 함께 흘러 들어왔을 것이다. 건륭제 중반이 되면
글을 읽을 수 있는 사람이라면 누구나 마약에 대한 자세한 지식과 피우는 방법
에 대한 설명서를 손에 넣을 수 있었다. 동전 몇 개만 주면 파이프 가득 아편을
구해서 편히 쉬면서 피울 수 있는 작은 공중 흡연실이 생겨 일반 도시민과 빈민
까지 아편을 피우게 되었다.

청 중반과 후반의 중국인이 왜 그토록 많은 아편을 피우기 시작했을까? 당시
중국인이 이것에 대해 쓴 글이 없기 때문에 우리는 추측만 할 수 있을 뿐이다.
하지만 분명한 것은 아편 추출물의 흡연이 나른함을 가져다 주고 주변 세계에
대한 사리판단을 둔화시키고 시간을 늘이며 무감각하게 만들고 복잡하고 고통
스러운 현실을 무한대로 멀어져 보이게 하는 효과를 낸다는 점이다. 당시의 중
국 문헌들은 아편이 처음에는 주로 지루함이나 정신적 중압감을 겪는 사람들에
게 인기가 있었음을 시사하고 있다. 의례화된 궁중 의전양식의 틀에 갇힌 환관
이 아편을 피웠으며 한직에 있거나 조정에서 실질적인 임무가 불분명한 만주족
관리 역시 아편을 피웠다. 교육의 기회를 박탈당하고 담 밖 출입이 금지되어 있
던 부유한 가정의 부녀자도 아편을 피웠으며 혹사당하는 지방관아의 서리, 사업
상의 거래를 준비하는 상인, 과거시험을 준비하는—심지어 치르면서도—학
생도 아편을 피웠다. 지방의 반란군을 진압하러 나선 군인도 예외는 아니었다.

19세기가 되면 이 관행이 확산되어 특히 사회적 긴장을 해소할 수단을 찾던
유한계급 사이에 퍼졌다. 쿨리도 연일 계속되는 고된 노동과 큰 짐을 나르는 고
통을 잊기 위해 흡연이나 작은 알약을 핥는 방법으로 아편을 즐겼다.(영리하고
비정한 고용주는 쿨리가 아편의 효력으로 더 무거운 짐을 운반할 수 있음을 알아채고
일부러 쿨리에게 아편을 주기도 했다.) 19세기 말엽에는 다수의 농민도 중독되었
는데, 특히 그들은 극도로 적은 수입을 벌충하기 위해 직접 양귀비를 재배하던
사람들이었다.

청 정부는 이 문제를 어떻게 다루어야 할지 확신을 갖지 못했다. 이미 살펴본
것처럼 환각제에 대해 처음으로 포고령을 내렸던 황제인 옹정제는 의약제로서

는 아편이 합법적으로 필요하지만(특히 설사나 이질의 병세를 막는 데 유용했다), 의료 이외의 용도로는 유해하다는 점을 인식했다. 그는 잠재적 사용자는 '압박하고' 공중 아편굴의 운영은 엄하게 벌하는 대신 '의료적' 판매는 계속 허용하는 이중 정책을 폈다.

18세기에 대부분의 아편을 매입했던 것은 행상이었다. 그러나 아편의 수입과 중국 내 아편생산을 금지하는 칙령이 공포된 1800년 이후로는 무역이 보다 간접적으로 행해졌고 아편의 흡연까지 금지시킨 1813년 칙령이 공포된 이후로는 더욱 그러했다. 중국인 흡연자는 대나무로 100대를 맞고 한 달여 동안 대중 앞에서 무거운 나무칼을 쓰고 있어야 했다. 공행은 감히 더 이상 아편을 거래하지 못했지만, 서양 상인은 중국 해안의 특정 지역에 닻을 내리면 거기에 와서 아편을 사 갈 모험가들이 많이 있다는 사실을 알아차렸다. 광저우 아래쪽 만에 있는 링딩(伶仃) 섬에 좌초되어 있었던 커다란 폐선 역시 아편을 보급할 수 있는 좋은 지점이었다. 중국 상인들은 빠르고 날렵한 배를 사용하여 그들을 단속하는 관할 해군의 공격을 피할 수 있었다. 그리고 나서 그들은 도로, 강, 철도와 같은 내륙 교통로를 통해 아편을 보급했다.

청 정부가 밀매자를 엄하게 처벌하고 흡연자를 가혹하게 심문하여 공급원을 밝혀 내 공급의 근원을 뿌리 뽑으려 함에 따라 아편 거래에 관계된 상인들은 더욱 신중해졌고, 첩첩이 중개인을 두어 거래망을 감추고자 했다. 1831년 체포된 환관이 황실 관료에게 한 증언이 기록되어 있는 문서에서 이를 정확히 확인할 수 있다.

처음에 우리는 우리가 피울 아편을 이슬람 교도 주다(Zhu Da)한테서 소량씩 직접 구입했습니다. 그러던 중 저는 톈진에 배가 들어올 때 아편을 싸게 살수 있다는 것을 알게 되어 커커쓰부쿠(Kekesibuku)에게 부탁하여 성(省) 금고에서 100관(貫)을 빌리고 당나귀 마차를 팔아 돈을 마련했습니다. 저는 제하인 친바오취안을 데리고 톈진으로 가서 그의 옛 친구 양후이위안을 대리인으로 고용했습니다. 양후이위안은 240관을 주고 장씨한테서 4.5kg의 아편을 구입했습니다. 나는 양후이위안에게 중개비로 3.8관을 주었습니다.[7]

만일 청 당국이 열의를 가지고 이 사건을 추궁했더라면, 두 중개인을 잡고 지역 밀매상인 장씨를 찾아낼 수 있었을 것이다. 그러나 장씨는 소규모 거래인에 불과했을 것이며, 그가 체포될 쯤이면 그 위의 공급업자와 그들에게 아편을 대준 외국 선박들은 이미 도망친 지 오래였을 것이다.

서양인의 눈에 비친 중국의 이미지

18세기 중반까지 중국은 서양에서 대체로 우호적인 관심의 대상이었다. 이는 대체로 중국의 거대한 인구에서 기독교 신앙을 전파할 수 있는 잠재적 가능성을 발견한 카톨릭, 특히 예수회 선교사들의 책과 편지가 출판되어 광범위하게 유포되었기 때문이다. 중국에서 겪는 여러 문제점들에 주의하면서도 대부분의 카톨릭 교도들은, 1583년부터 1610년까지 중국에 살면서 중국인의 근면함과 세련된 관료제뿐만 아니라 문화적 전통에서 비롯된 철학적 풍부함, 그리고 통치자의 강인함을 존경했던 예수회 선교사 마테오 리치의 선례를 따랐다.

강희제 말기의 중국 선교를 주로 담당하고 있었던 프랑스 예수회는 청 초기의 모습을 더욱 찬미했는데, 이는 '태양왕' 루이 14세를 설득하여 선교에 대한 인적·물적 후원을 받아 내려는 의도에서였다. 이 설득의 내용은, 유교 경전의 윤리적 측면에서 미루어 볼 때 중국인은 대단히 도덕적인 백성이며 유태교나 기독교 전통과 크게 다르지 않게 일종의 유일신을 믿었다는 것이다. 그러므로 약간의 노력만 있다면 중국인은 그들이 한때 신봉했던 진실된 가치로 돌아올 것이며, 그러면 별도로 개종하도록 압력을 넣지 않아도 되리라는 것이었다.

비록 예수회가 강희제 말기 중국에서 영향력을 급속도로 잃어 갔고 또 1773년에 완전히 소멸될 때까지 18세기 내내 유럽에서 그들의 명성도 사라져 갔지만, 그들이 중국 정부와 사회에 대해 기술한 책들은 가장 유용하고 자세한 정보원이 되었다. 독일 철학자 라이프니츠는 그런 책들을 읽고, 특히 『역경』에 나오는 괘의 구조에 깊은 흥미를 느꼈다. 반교권적 철학자인 볼테르도 중국에 대한 책을 읽고 자극을 받았다. 볼테르는 18세기 프랑스의 카톨릭 교회의 권위를 공격하기 위해 그들이 제공하는 중국에 대한 지식을 영리하게 이용하여 카톨릭의 가장 극단적인 주장들을 반박했다. 만일 중국인이 진정 그토록 도덕적이고 지적이며 윤리적이고 잘 통치되고 있다면, 그리고 그것이 대체적으로 공자의 영향 덕분이라면, 유교는 기독교가 아니므로, 어떤 국가는 카톨릭의 교권 없이도 훌륭하게 잘 살아갈 수 있음이 분명하다고 볼테르는 주장했다.

1740년에서 1760년 사이에 쓴 일련의 중요한 저서들에서 볼테르는 중국에 대한 그의 사상을 상세히 설명하고 있다. 한 소설에서 그는 유럽과 아시아라는 서로 다른 사회의 도덕적 가치가 유사하다는 견해를 표명했다. 어느 희곡에서는 중국의 내재된 도덕적 힘이 칭기즈 칸이 이끈 몽골 침략자들조차도 잠재웠다고 주장했다. 그리고 흔치 않은 역사지리적 시도로서 볼테르는 세계사에 대한 재해석(『국가의 관습과 정신에 대한 시론』)을 시작했는데, 중국에 상당 부분을 할애했다. 그는 이 작업을 통해 서로 다른 문명의 가치를 강조하고 유럽인의 오만을 재고하도록 했다. "중국에 대한 가장 큰 몰이해는 우리의 관점에서 그들의 관습을 판단하는 데서 비롯된다. 왜냐하면 우리는 세계의 목적에 대해 논쟁하기 좋아하는 본성에서 비롯된 편견을 갖고 있기 때문이다."[8] 종교와 정치에 대한 그의 견해를 예증할 '철학자-왕'을 유럽에서 찾을 수 없었던 볼테르는 건륭제가 이 빈틈을 메워 줄 것이라 믿었고, 먼 곳에 있는 황제에게 경의를 표하며 시를 썼다.

중국의 제도에 대한 볼테르의 찬양은 중국에 공감하는 문화적 맥락에서 나타났다. 같은 시기인 18세기 중반의 짧은 기간 동안 유럽은 흔히 프랑스어로 시누아즈리(chinoiserie, 중국풍)라고 부르는 중국에 대한 열풍이 휩쓸고 있었다. 이 열풍은 중국의 철학이나 정부보다는 장식과 문양에 대한 것이었다. 중국의 가옥이나 정원의 설계 기술에서, 그리고 중국식 무늬가 아로새겨진 비단, 융단, 형형색색의 도자기에서 유럽인들은 그들의 신고전주의 건축의 기하학적 정밀성과 바로크 문양의 장중함을 대신할 수 있는 그 무엇을 발견했다. 프랑스의 로코코 양식은 이러한 경향의 한 반영으로 파스텔톤의 색조와 비대칭, 계산된 무질서, 그리고 공상적 관능미가 넘쳐흐른다. 중산층의 가정을 우아하게 만들어 준 새로운 벽지나 가구의 '중국풍' 도안에서 공원의 탑, 남여(籃輿), 그리고 정원을 둘러싼 장식용 격자에 이르기까지 유럽 어디에서나 이런 유행의 흔적을 찾아볼 수 있었다.

그러나 중국에 대한 지적·심미적 숭배는 조지 앤슨과 같은 사람의 분노에 찬 조소적인 글들이 소개되자 급속히 사라져 갔다. 프랑스 계몽주의 철학자들이 볼테르가 묘사한 중국상에 대한 신빙성을 의심하게 되면서, 볼테르가 정열을 쏟았던 그것이 반대로 비아냥과 조소의 대상이 되었다. 장-자크 루소와 몽테스키외 남작은 중국인이 진정한 자유를 누리지 못하는 것으로 보았고, 그들의 법은 이성보다는 공포에 근거하고 있으며 그들의 정교한 교육체제는 개선보다는 도덕적 타락으로 이어질 것이라고 우려했다. 다른 저자들도 중국이 진보하지 못하고 있으며 진보에 대한 개념조차 가지고 있지 않다고 주장했다. 이러한 견해는 쉽사리 중국인이 사실상 퇴보하고 있다는 의견으로 발전해 갔다. 1763년에 프랑스 역사가 니콜라 불랑제가 쓰고 이듬해 영국의 급진주의자 존 윌크스가 번역한 침울한 글은 이렇게 적고 있다.

> 중국이 현재 소유한 모든 고대 제도의 유물은 결국 사라질 것이다. 그것들은 미래의 혁명에 의해 없어질 것이다. 중국은 이미 이전의 혁명과정에서 그것들을 잃었듯이, 결국 중국은 어떤 새로운 것도 받아들이지 않음으로써 언제나 패자의 편에 속할 것이다.[9]

유럽의 지도적 사상가들 가운데 일부는 중국과 중국인에 관련된 이와 같은 주장을 반영하여 중국의 미래를 전망하려고 했다. 그 가운데 한 명이 1776년에 초판이 발간된 『국부론』에서 중국에 대해 서술한 스코틀랜드의 철학자 애덤 스미스였다. 스미스는 각국의 생산력을 분석하면서 중국과 유럽의 국가나 개발 중인 북미 사회를 비교해 보는 것이 유용하다는 사실을 발견했다. 발전의 지표로서 인구성장을 검토한 후 그는 500년마다 인구가 두 배로 증가하는 유럽의 국가들은 극적이지는 않지만 꾸준한 성장을 지속할 것이라고 전망했다. 또한 20~25년마다 인구가 두 배로 증가하는 북미에서는 모든 새로운 노동력을 위한 일자리가 즉각적으로 마련되고 있기 때문에, 신세계는 "더 많은 부를 획득하기 위하여 더욱 급속도로 번영하고 발전할 것"[10]이라고 평가했다.

그러나 "세계에서 가장 부유하고 가장 비옥하며 가장 잘 개간되어 있고, 가장 부지런하고 가장 인구가 많으며 오랜 역사를 지닌 국가"인 중국의 당시 성장

단계는 이미 "법과 제도의 성격이 허용하는 최대한의 부를 획득한" 단계였다. 이러한 상황에서 지속적인 인구의 증가는 심각한 경제적 악영향을 초래한다. "이런 국가에서 노동자의 임금이 노동자가 삶을 유지하고 가족을 부양하기에 충분한 액수 이상으로 상승하면, 곧 노동자간의 경쟁과 고용주의 이윤문제가 발생하여 임금을 일반적인 인간사회에 부합하는 최저 수준으로 떨어뜨릴 것"이고, 그 결과 "중국 하층민의 가난은 유럽의 최빈국의 가난을 훨씬 넘어서게 되며," 유아살해가 사회의 중요한 관습이 된다. 스미스는 "중국에서 결혼이 장려되는 이유는 자녀를 생산하기 위해서가 아니라 자녀를 없앨 자유를 얻기 위해서이다"라고 신랄하게 표현하고 있다. 스미스에 의하면, 중국은 변화를 거부함으로써 이러한 문제들을 악화시키고 있었다. 세계 경제의 성장에 무관심함으로써 중국은 그들의 운명을 봉쇄하고 말았다. 그래서 "외국과의 무역을 무시하거나 혐오하며, 외국의 배를 겨우 한두 항구에만 들어올 수 있도록 허가하는 나라는, 다른 법과 제도 아래에서라면 가능할 그런 규모의 사업을 할 수 없다."[11]

1820년대 초 독일의 철학자 헤겔은 불랑제, 루소, 몽테스키외, 스미스 등이 다양하고도 비판적으로 수행했던 '동양문명'—그 가운데 특히 중국이 두드러지는—에 대한 탐구를 종합한 그 유명한 일련의 강연에서, 동양문명을 역사의 초기 단계, 그리하여 지금은 잊혀진 단계로 보았다. 헤겔이 종합한 '아시아적 사회'에 대한 견해는 청년 마르크스와 19세기 말의 다른 사상가들에게 심대한 영향을 미쳤다. 헤겔에게 있어서 역사란 그가 '관념' '자유의 실천'이라고 일컫은 것이 현세에서 전개된 것이다. 자유는 '세계정신'의 자기 실현의 표현이며, 유럽과 북미의 기독교 국가에서 가장 완전한 형태에 도달하고 있었다. 자신의 시대에 대해 낙관적이었던 헤겔은 중국의 과거를 폄하하는 이론을 발전시켰다. 그는 중국이 황제와 독재자에 의해 통치되며 오직 한 사람만이 자유로운, '동양적 국가'의 전형이라고 묘사했다. 서양의 경우 그리스와 로마는 일부 인간이 자유로웠고, 수세기 후인 헤겔의 세대는 모든 인간이 자유롭다고 말했다. 중국에서는 세계정신의 진보에 대한 이해가 없기 때문에 황제의 '자유'조차도 "만행—격노에 대한 난폭한 무모함—이나 그 자체가 자연의 일시적 현상에 불과한 욕망에 순종하거나 길들여져서"[12] 표현되는 '제멋대로 하는 행동'이었다.

헤겔에 따르면, 중국의 운명은 부분적으로는 지리적 요인 탓이었다. "중국은 동아시아의 광대한 크기 때문에 일반적 역사의 발전과 격리되었다." 중국인에게는 바다를 탐험하는 유럽인의 대담함이 없었고, 대신 너른 평원의 농업적 주기에 묶여 있었다고 강력히 주장했다. 토지는 오직 '수많은 의존적인 인민'을 만들어 낼 뿐인 데 반해, 바다는 사람들을 "한정된 사상과 행동의 범위 이상으로 이끌고 간다. ……동양 국가의 화려한 정치체제에는 토지의 한계를 넘어 바다 밖으로 뻗어 나가려는 정신이 결여되어 있다. 예컨대 중국은 연안을 끼고 있음에도 불구하고, 그들에게 바다는 오직 한계, 곧 육지의 끝일 뿐이다. 바다와 어떤 긍정적 연관관계도 없다"[13]고 보았다. 비록 그러한 단언은 바다를 지향하는 푸젠의 부유한 상인들이 들었다면 놀랐을 테지만, 청 조정이 해상탐험에 흥미가 없었다는 점에서 헤겔은 대체로 옳았다고 볼 수 있다.

헤겔은 줄곧 중국을 영원히 세계정신의 발전 바깥에 위치지으며 비관적인 결론을 내렸다. 헤겔은 비록 중국에는 역사가 많이 있었지만, 그들은 중국을 그들 자신의 선입관에 입각하여 연구했고, 중국이 "자신의 역동적인 발전을 위해 받아들일 필요가 있는 요소인 세계사 바깥에 존재한다"는 사실을 깨닫지 못하고 있다고 보았다. 비록 중국의 황제들이 "주권과 백성에 대하여 아버지 같은 자애와 온화함"을 이야기하고 있지만, 중국의 백성들은 "자신들이 세상에서 가장 미천하다는 주장을 받아들였고 인간은 황제의 수레를 끌기 위해 태어났을 뿐이라고 믿었다." 헤겔은 청 왕조의 운명에 대한 매카트니 경의 견해를 앞질러 중국인을 애도했다. "그들은 자신을 땅바닥까지 짓누르는 운명의 무게로부터 벗어날 수 없을 것이다. 그들에게는 노예로 팔리거나 형편 없는 노예의 빵을 먹는 것이 전혀 비참한 일이 아니다."

그렇지만 중국은 형이상학적·지리적 고립상태에 영원히 사로잡혀 있지 않을 수도 있었다. 헤겔은 "앞으로 그들의 역사는 타자에 의해 그들의 존재가 추구되고 그들의 성격이 탐구될 때만 존재할 수 있다"[14]는 대단히 모호한 설명 하나를 덧붙였다. 헤겔은 그런 임무를, 누가 어떻게 수행할 것인지 밝히지는 않았으나, 곧 서구 열강이 선박과 외교 사절, 그리고 아편을 가지고 이에 대한 해답을 제공하기 시작했다.

II 분열과 개혁

日中則昃

유교 교육을 받은 중국의 학자들은 19세기 초반 중국 사회에 가해진 도덕적·경제적 압박을 자각하고 있었다. 그들은 자신들이 숭배해 온 지적 전통을 바탕으로 행정과 교육의 개혁을 제안했고 급증하는 인구에 대해 경고했으며 좀더 공정한 부의 분배를 요구했다. 어떤 학자는 남성과 여성을 가르는 사회적 불평등을 지적했으며, 일상생활에서 여성의 지위에 대해 더욱 관심을 보일 것을 촉구했다.

특히 아편 중독이 확산되는 것은 복잡한 사회적 딜레마였다. 학자, 관료 그리고 황제까지도 마약을 합법화하느냐 전면 금지하느냐를 놓고 의견을 달리했다. 한편 영국은 마약의 생산과 공급에 막대한 자금을 투자했고 아편으로 얻는 수입이 영국 국제수지 전략에서 결정적으로 중요한 부분을 차지하고 있었기 때문에 아편무역은 영국 외교정책의 주요 현안이었다. 청은 이 문제가 전적으로 국내문제라고 판단하여 마약을 금지시키기로 결정했다. 영국은 무력으로 이에 대응했다. 영국이 청을 굴복시켜 강제로 체결한 1842년의 조약은 청과 외세와의 관계를 근본적으로 바꾸어 놓았고, 중국의 통치자들이 그들의 영토에 거주하던 모든 외국인을 효율적으로 통제하던 긴 역사의 흐름에 종지부를 찍었다.

중국에서 새로운 외세의 등장과 때를 같이하여 국내적으로도 새로운 혼돈의 물결(외세는 당연히 이를 야기하는 데 일조했다)이 일었다. 18세기 후반에는 청에 대항한 반란들이 자주 발생했다. 19세기에 확대된 사회혼란으로 세기 중반까지 네 번의 주요한 반란이 발생했는데, 그 중 적어도 두 사건──태평천국(太平天國)과 염군(捻軍)──은 왕조를 전복시킬 만한 잠재력을 지닌 것이었다. 태평천국은 유교와 황제의 가치의 핵심을 뒤흔드는 근본주의적 기독교와 평등주의 원칙에 근거하고 있었고, 염군은 국가의 군사제도의 근간을 위협하고 국가의 위신을 실추시킨 새로운 유형의 역동적인 게릴라 전술을 선보였다. 또 다른 두 반란은 모두 이슬람 교도에 의해 주도되었으며, 베이징에서 멀리 떨어져 청조의 힘이 닿기 어려운 서남부와 서북부 지역에서 비한족에 대한 청의 통치에 반발하여 발생했다. 이때 청조가 살아남을 수 있었던 것은 오로지 전통적 가치에 충성을 바치고 기존의 사회·교육·가족 체제를 옹호하는 유학으로 무장된 학자들의 뛰어난 군사활동 덕분이었다.

역설적이게도 유교적 정치가들은 승리를 얻기 위해 외국의 군사기술과 국제법의 일부를 받아들였는데, 이는 궁극적으로 그들이 지키고자 했던 가치의 신성함을 손상시켰다. 그러나 처음에는 그런 결과를 예측하지 못했기 때문에 청의 자강(自强)을 이룩한다는 명분 아래 무기와 선박을 제조하기 위한 병기창을 새로 설립했을 뿐만 아니라 외국어를 가르치기 위한 학교를 세웠고, 공평하게 관세를 징수하도록 외국인을 고용했으며, 소규모의 서양 선박과 선원을 활용했고, 최초로 외무부에 해당하는 부서를 설립했다.

그러나 중국인과 외국인의 관계는 여전히 긴장된 상태였다. 중국의 반선교사 폭동은 미국에서의 반중국인 폭동에 필적했으며, 중국인 이민의 물결은 미국측의 일방적인 규제로 인해 급격히 줄어들었다. 두 경우 모두 서로 다른 민족 사이에도 개인적인 노력 여하에 따라서는 관용과 연민을 가질 수 있고 기대하는 만큼 상호 적응이 가능한데도 불구하고, 상대방의 문화와 그 문화의 지향점에 대한 몰이해가 팽배했다.

19세기 말에 외압과 국내의 혼란에도 불구하고 청은 서양과 중국의 새로운 통합을 이룩한 것처럼 보였다. 하지만 중국의 군사적·산업적 필요에 따라 외국의 기술을 적용해 얻은 많은 결과들이 두 번의 패배로 산산조각이 났다. 두 번의 짧지만 쓰라린 전쟁—한번은 프랑스, 또 한번은 일본과—은 중국인에게 고통을 안겨주었고 중국이 자랑하던 '근대적' 해군의 대부분을 바다 속에 수장시켜 버렸다. 1898년 분출된 개혁 열기가 보수적인 반대세력에 의해 유산되었을 때 뿌리깊은 반서구주의는 선교사와 중국인 개종자를 광범위하게 공격했던 1900년의 의화단 봉기를 일으킬 토양을 마련하고 있었다. 의화단은 외세에 의해 진압되었으나, 신문기사나 팜플렛, 불매운동, 그리고 청을 타도하려는 내부로부터의 질풍 같은 반란활동은 반만(反滿) 민족주의가 성장하고 있다는 첫 징후였다.

청이 왕조의 힘을 만회하려는 마지막 시도는 정치·군사·경제 개혁의 효율적인 혼합이었다. 서양을 본떠서 입헌정부를 실험하기도 했고 서양식으로 군대를 재무장하고 재조직하려는 노력도 있었으며, 중앙집중적인 철도망의 건설을 통해 중국 경제를 보다 강력하게 통제하려는 움직임도 있었다. 그러나 이러한 혼합은 안정을 가져다 주기는커녕 대립과 새로운 차원의 몰이해를 불러일으켰다. 각 성에 설립된 성의회(諮議局)는 청을 비판하고 지방의 이해관계를 관철시킬 수 있는 기반이 되었다. 숙련된 만주족의 지휘를 받는 근대화된 강력한 군대를 만든다는 미래상은 청으로부터의 독립을 꿈꾸는 한인 민족주의자들에게는 위협일 뿐이었다. 그리고 철도를 중앙 집중화하고 그것을 위해 차관을 얻으려는 정부의 시도는 지방의 투자가와 애국자 모두를 분노케 했다. 이러한 불만의 불씨를 급진적 지도자들과 그들의 성급한 추종자들이 교묘하게 부채질하자 청의 기반은 크게 뒤흔들리기 시작했다.

1911년 말에 발생한 군사반란에 속수무책이었던 만주족은 1912년 초 권좌를 포기하고 청조가 운명을 다했음을 선언하는 것 외에는 선택의 여지가 없었다. 국가의 중심에 결정적인 공백이 생겼으나 그것을 만회할 만한 뛰어난 지도자는 없었으며, 단지 대립되는 이념과 요구를 지닌 다양한 집단만 있을 뿐이었다. 왕조의 몰락이 남긴 유산은 확신에 찬 새로운 공화국이 아니라 내전과 지적 혼돈이었는데, 불행하게도 이것은 268년 전에 명이 멸망했을 때보다도 가혹했다. 그러나 이러한 혼란 속에서도 치국 사상가, 자강론자, 입헌개혁파, 혁명론자 등이 추구했던 강한 중국이라는 열망은 결코 사라지지 않았다. 청조가 지배한 마지막 세기가 갖는 건설적인 의미는 중국의 위대함이 죽어 가도록 내버려 두지 않았다는 점이다.

| 7장 | 서양과의 첫 충돌 |

중국 학자의 반응

1799년의 건륭제 죽음 이전에도 유학자들은 왕조가 직면한 국내외 문제들의 심각성을 인식하고 있었다. 실증적 연구를 내세운 고증학의 전통 안에서도 새로운 조류가 등장하기 시작했다. 여러 학자들이 동료들에게 현실적이고 행정적인 문제에 더 많은 주의를 기울이라고 요청하기 시작했으며, 일부 학자들은 중국의 미래를 직시하고 유교적 전통 가운데 변화를 고무시키는 요소들이 발견될 수 없는지 궁금해 하기 시작했다. 그러나 또 다른 학자들은 고증학이 점점 비생산적이고 형식적으로 변해 가고 있다고 생각하고 글을 통해 새로운 정치적 중심을 형성하려고 노력했다.

학자들로서는 통치권자인 청에 대해 비판의 기미를 보이는 것조차 여전히 위험한 일이었다. 이를 과감히 실천한 학자 가운데 하나가 홍량지(洪亮吉)였다. 그는 많은 고증학자들의 친구이자 『사고전서』 편찬자 가운데 한 사람이며, 1790년에 44세의 나이로 가장 높은 단계인 진사시험에 합격하기까지 네 번이나 재도전한 끈기 있는 인물로, 3년간 구이저우 성의 교육 감독관으로 지냈기 때문에 수도에서 얻은 정파에 대한 분석력에 더하여 멀리 떨어진 서남부 지방에 대한 상세한 지식까지 고루 갖추고 있었다. 1790년대에 쓴 일련의 글에서 그는 중국이 안고 있는 문제점을 지적했다. 그 중 하나는 통제를 벗어난 인구 증가와 그것이 생산력을 초과할 경우 발생할 어려움들이었다. 홍량지는 또한 도시의 사치, 지방정부의 부패, 그리고 백련교나 다른 반란군을 진압하려는 시도와 관련된 문제점 등을 지적했다. 이 글들은 검열당하지는 않았다. 그러나 1799년에 막 서거한 건륭제와 그의 총신 허선의 정책을 비난하는 모험을 감행하자, 홍량지는 즉시 '불경'죄로 사형을 선고받았다. 새 황제인 가경제(嘉慶帝, 재위 1799~1820)*가 직접 개입한 끝에 가까스로 목숨을 건진 그는 중국의 서북쪽에 위치한 험난한 이리로 유배되었다.

허선과 그의 측근들의 부정부패를 조사하던 가경제는, 홍량지가 중국이 직면한 어려움에 대해 정확한 식견을 가졌음을 알기라도 한 듯 1800년에 완전히 사면해 주었고, 홍량지는 안후이에서 학자와 작가로서의 삶으로 되돌아갔다. 그는 1809년에 죽었으나 그를 유명하게 만든 사색적이면서도 현실적인 작업은 다른 이들에 의해 계속되었다. 그 중 가장 잘 알려진 사람은 허창링(賀長齡)으로, 청의 치세에 대한 방대한 사료를 모아 편찬한 인물이다. 이 책(『황조경세문편』〔皇朝經世文編〕을 말한다―옮긴이)은 단지 이론서가 아니라 청 초와 당대(當代)의 청조 관료들의 가장 뛰어난 회고록을 포함하여 개인적 평가, 급료, 비적에 관한 기록, 세금, 보갑제, 기군의 급료, 곡물 보관과 기근 구호, 소금 전매, 통화, 민속 신앙, 그리고 치수 등을 포괄하고 있다. 허창링이 제시한 국정 개요의 모델은 명 말 동림당의 경쟁자들이 만든 총서에서 따왔다. 1827년에 허창링의 작업이 완성되자 많은 동시대인들은 비틀거리는 왕조의 위급함을 자각하며 이 책을 읽었다.

허창링은 치국 사상가일 뿐 아니라, 경험과 통찰력을 지닌 행정가이기도 했다. 헤겔이 바다에 대한 중국의 거부감을 논하던 바로 그 무렵, 허창링이 남부에서 북부로 정부의 곡물을 운송할 때 부패가 만연한 대운하체제 대신 바다를 이용하려는 세심한 계획을 추진하고 있었다는 사실은 아이러니컬하다. 1826년 그의 제안에 따라 쌀 450만 되(bushel)가 1,500여 척의 정크(junk, 중국 연해에서 전통적으로 이용되던 돛배―옮긴이)에 실려 바다를 통해 성공적으로 운반되었

---

* 연대기상으로 가경제는 그의 아버지가 퇴위한 1796년에 제위에 올랐으나, 앞서 보았듯이 건륭제는 1799년 죽을 때까지 권력을 이양하지 않았다.

다. 그러나 대운하체제 아래에서 일하던 사람들의 이해관계 때문에 허창링의
계획은 곧 취소되었다. 만일 그의 계획이 계속 추진되었더라면 중국의 해운은
괄목할 만한 성장을 이룩했을 것이다.

어떤 학자는 변화를 이론적으로 정당화하는 작업을 진행했다. 그 가운데 한
사람이 1792년 저장의 아름다운 도시 항저우의 부유한 학자 집안에서 태어난
궁쯔전(龔自珍)이었다. 당시 궁쯔전은 여러 면에서 주류에 속하는 학자였다. 그
는 실증적 연구를 위한 학문 연마에 심취하여 금문학파가 연구한 초기 주석집
과 판본에 열중하고 있었다. 그러나 중국 사회와 정부에 대한 비판적 감정은 그
를 유교 경전『춘추』「공양전」(公羊傳)에 관심을 갖게 만들었다. 유럽의 비평가
들이 지적하고 있듯 이 주석서는 역사의 순환론을 암시하면서 어떠한 단선적
'진보'의 개념도 배제하는 대부분의 중국 역사서와 달랐다. 「공양전」은 혼돈의
시대, 평화의 상승시대, 우주적 평화시대라는 세 단계에 입각한 본연적인 역사
발전론을 상정하고 있었기 때문이다.

궁쯔전은 복잡한 감정과 괴팍한 성질의 소유자로서 어떤 면에서는 청 초기
의 '기인들'이 보인 행태를 되풀이하고 있었다. 그는 의복이나 행실에 주의를
기울이지 않았고 필체도 거칠었으며, 여느 사회계층과도 어울렸고 무모한 도박
을 했으며 연장자에게 무례한 행동을 했다. 그러나 사회문제에 대해서는 홍량
지보다도 더 광범위하게 언급했다. 궁쯔전은 관료의 부정부패, 고두(叩頭)와 같
은 궁중예절, 그리고 과거시험의 진부함을 공격했을 뿐 아니라 사법체계, 부의
불공평한 분배, 여성의 전족(纏足), 아편 흡연, 외국인과의 무역 등에 대한 비판
을 통해 당시 중국이 세 시대 가운데 가장 낮은 단계인 혼돈의 시대에 있다는
점을 강조했다.

궁쯔전은 부의 재분배에 대해 명확한 입장을 밝히고 있다. 그는 잊혀진 먼 옛
날에는 통치자와 백성이 잔치집의 손님과 같아서 모두가 같이 이바지하고 모두
똑같이 나누었다고 말한다. 그러나 상(商)대와 주(周)대(약 3천여 년 전)부터는
"사람들이 국 그릇 주변에 앉아 있고 통치자가 각각의 분배량을 접시에 담아 주
는 식이었는데 대신은 큰 숟가락을 쓰고 일반인은 작은 숟가락을 썼다"는 것이
다. 궁쯔전은 은유적 표현을 사용하여 큰 숟가락을 가진 사람과 작은 숟가락을
가진 사람이 서로 싸우기 시작하자 통치자가 솥을 통째로 차지하려 했다고 중

국 사회의 변화를 지적했다. 솥이 "종종 비거나 뒤엎어진" 것은 놀랄 일이 아니었다. 이제는 숟가락 문제를 공평히 해야 할 때였다.

(왜냐하면) 빈자가 서로를 죽음으로 내몰 때 부자는 화려한 치장으로 앞을 다투고, 빈자가 잠시도 휴식을 즐기지 못할 때 부자는 편히 쉬며, 빈자가 모든 것을 잃어갈 때 부자는 금은보화를 계속 쌓아 가고, 어떤 이는 더 사치스런 욕구에 눈뜰 때 다른 이는 더욱더 증오심에 불타고, 어떤 사람이 점점 더 거만하고 위압적으로 행동할 때 다른 사람은 점점 불쌍하고 가련해져서, 가장 사악하고 기이한 관습들이 마치 100개의 샘에서 솟구치듯 생겨나 막을 수 없는 지경에 이르면, 결국 이 모든 것이 사악한 증기와 결합하여 하늘과 땅 사이가 어둠으로 가득 차게 된다.[1]

궁쯔전과 같은 학자들이 새로운 문헌을 통한 실증적 연구로부터 노골적인 사회비판으로 옮겨 갔다면, 다른 이들은 보다 우회적인 경로를 밟았다. 가장 풍자적인 중국 소설 가운데 하나인 『경화연』(鏡花緣)은 1810년에서 1820년 사이의 위기 때 쓰였다. 작가인 리루전(李汝珍)은 베이징에서 전형적 유교주의자로 교육받았으며 처음에는 음성학에 지적 열정을 바쳤다. 그러나 긴박한 시대 상황은 리루전으로 하여금 철학세계와 정치의 관계뿐만 아니라 양성(兩性)간의 관계라는 각별히 민감한 문제까지 재검토하게 만들었다. 소설의 중반부에서 그는 모든 전형적인 성 역할이 완전히 뒤바뀐 세계를 보여주었다. '여성의 나라'라는 제목의 장에서는 남성이 바늘에 귀를 찔리는 것과 같은 모욕과 고통 그리고 복종의 삶을 살아야 하며 전족의 고통을 견뎌야 하고 여주인을 기쁘게 하기 위해 긴 시간을 화장하느라 보내야 한다. 그 전에도 그런 발상을 가지고 글을 쓴 작가들이 있었지만, 그 누구도 리루전처럼 정력적이지는 못했다. 청나라의 남성이라면 누구나 상인 린(林)의 고초를 읽고 고통에 시달리는 동시대의 여성들에 대한 연민으로 몸서리치지 않을 수 없었다.

정말이지 그의 발은 본래 모습을 많이 잃어버렸다. 그의 발은 천으로 칭칭 동여매여 앙상한 뼈와 가죽만 남은 앙증맞은 크기로 줄어들었다. 매일매일 기름을 바른 그의 머리카락은 윤기가 잘잘 흐르기 시작했고, 향료를 섞은 물로 계속해서 씻은 그의 몸은 아주 매력적으로 보이기 시작했다. 그의 눈썹을 뽑아 초생달 모양으로 다듬고, 피처럼 붉은 입술연지와 분으로 얼굴을 단장하고 옥과 진주로 머리와 귀를 장식하니 마침내 상인 린은 흉하지 않은 외양을 갖추게 되었다.[2]

리루전의 사회적 혼란에 대한 이러한 인식은 과거에 합격하거나 일자리를 얻기가 어렵다는 사실을 깨달은 가경 연간의 학자들 사이에서 공유되고 있었던 것이 분명하다. 19세기 초 교육받은 사람의 수가 차고 넘침에도 불구하고 정부는 여전히 과거시험의 정원이나 관료의 수를 늘리지 않으려 했다. 만약 이 같은 학자들에게 부수입이 없었거나 개혁에 대한 흥미가 없었다면 또는 풍자할 능력이나 위대한 예술가적 재능이 없었다면 그들의 삶은 우울할 수밖에 없었을 것이다. 그러한 인물 가운데 한 사람인 선푸(沈復)가 40대였던 1807년 무렵에 쓴 간결하고 신랄한 글은 당시 출세할 가망이 없는 교육받은 중국인이란 어떠한 존재인지 인상적으로 그리고 있다. 건륭제 중반에 쑤저우에서 태어난 선푸는 수시로 비상근 학자나 시간제 상인, 시간제 비서 따위의 일을 했다. 그의 수기의 제목은 『부생육기』(浮生六記)라고 적절히 붙여졌는데, 난폭한 아버지나 변덕스런 고용주들의 횡포에 시달리다가 후원자를 찾아 중국 각지를 떠돌아다닌 그의 생을 대변해 주고 있다.

선푸의 삶이 전적으로 비극적이었던 것만은 아니다. 그는 사업차 광저우까지 내려갔다가 소중한 배필을 만났다. 그는 아내를 사랑했고 그녀가 죽을 때까지 23년 동안 살면서 미학적·성적·식도락적 즐거움을 함께 나누었다. 그녀는 훌륭한 시인으로 상상력이 풍부하고 상냥했으며 그들의 불규칙적이고 부족한 수입을 벌충하기 위해 할 수 있는 모든 일을 했다. 그들의 생활에 대한 선푸의 기록을 보면, 유교 전통의 일부가 된 아내에 대한 남편의 우월성—그리고 그 우월성에 대한 법적·철학적 정당화—이라는 완고한 사상에도 불구하고, 친밀하고 애정 넘치는 결혼생활이 가능했음을 알 수 있다. 그러나 선푸는 결국 가난과 실패로 인해 지쳐 버리고 마지막까지도 왜 운명이 그들을 더 행복하게 해주지 않는지 이해하지 못하게 된다. 그는 "인생은 왜 슬프고 고달픈가?"라고 묻는다.

"그것은 대개 자신의 잘못 때문인데 나의 경우는 그렇지가 않다. 나는 친구를 아끼고 신의를 지키며 천성적으로 솔직하고 소박하다"[3]고 말하고 있다. 그러나 그가 살았던 사회는 그와 같은 정숙하고 전형적인 미덕을 더 이상 높이 평가하지 않았던 것 같다.

중국의 정치적 대응

마카오가 프랑스의 손에 넘어가지 못하도록 영국과 승강이를 벌인 것 이외에 가경 연간의 중국은 외압이 없는 일시적 소강기를 누렸다. 그러나 이와 같은 소강 상태가 가능했던 것은 많은 만주인과 한인이 믿었던 것처럼 조지 3세가 1793년 건륭제의 자기만족적인 친서를 받고 경외심을 갖고 복종했기 때문이 아니라, 유럽에서 일어난 나폴레옹 전쟁 때문이었다. 전쟁 중인 영국이나 프랑스의 입장에서는 중국에 버금가는 다른 강력한 적이 없는 당시의 동아시아에서 단번에 팽창정책을 수행할 만한 재원이 없었다. 한 세기 후 제1차 세계대전 중에 이와 비슷한 상황이 전개되었을 때 일본은 서구 열강의 공백을 틈타 중국 영토에 대한 야심을 채울 수 있었다. 그러나 19세기 초 도쿠가와 막부 시기만 하더라도 일본은 여전히 쇄국정책을 견지하고 있었으며 중국에 압력을 넣을 만한 아무런 관심도 없었다.

그러나 1815년 나폴레옹의 워털루 패전 이후 1년도 채 못되어 영국동인도회사는 앰허스트 경이 인솔하는 또 다른 중국사절단을 파견했다. 앰허스트 사절단은 매카트니 경과 마찬가지로 통상권의 확대, 항구의 추가 개방, 중국 내 외교관의 거주 등을 추진했지만 청으로부터 몹시 무례한 대접을 받았다. 긴 여행과 고두를 행하라는 중국의 요구에 지쳐 있던 앰허스트는 베이징에서 하루도 쉬지 못한 채 황제를 알현해야 했다. 준비할 시간을 더 달라고 요청하자 그는 처음에는 위협을 받았고 그 다음에는 모욕적으로 중국에서 추방되었다.

이 일화는 청나라가 외국인을 이성적으로 다룰 뜻이 없었음을 보여주는 것 같지만, 실은 청 관리들도 서양과 관계를 맺는 것이 정치적으로 복잡한 일임을 점차 인식하기 시작했다. 그 하나의 징후는 광저우나 양광 지역을 통치하는 관리들의 중요성이 점점 더 커졌다는 점이다. 아편무역과 수출용 비단이나 차를 사재기하기 위해서 동남부에 유통된 엄청난 액수의 돈은, 관리들의 부패를 증가시키는 동시에 통행세나 합법적인 대외무역에 대한 과세에서 오는 국가 세입의 증대를 가져왔다. 행상들은 황제가 계속해서 우호적인 태도를 견지하도록 조정과 지방관에게 막대한 '기부금'을 바쳐야 했다. 그들의 자본력은 언제나 형편없었고, 다수는 서양 회사에서 대출을 받아 큰 빚을 지고 있거나 완전히 파산하여 새로운 ── 종종 달갑지 않은 ── 후계자로 교체되곤 했다. 그럼에도 공행제도가 그렇게 오래 지속되었던 까닭은, 주요 행상이 자신이 얻는 수입의 10%를 적립하여 비상시의 충격 흡수용으로 사용했던 '행용은'(行用銀)이라는 상호보장제도 덕분이었을 것이다. 처음에 이 제도는 비밀리에 행상들 사이에서만 공유되다가 1780년 이후 외국산 수입품에 대해 부과한 3%의 추가 과세에 의해 공적으로 지원받게 되었다. 1810년경에는 청 정부가 '행용은'에 지원한 금액이 연간 100만 냥 정도에 달했다.

광저우가 주요한 상업 중심지가 되자 학자들이 그곳에 몰려 학교들이 번성했다. 1817년부터 1826년까지 이 지역의 영향력 있는 총독이었던 롼위안(阮元)은 '배움의 바다'라는 뜻의 학해당(學海堂)을 건립했다. 이 학교는 광저우 지역의 역사에 대한 책들을 발간하면서 유명한 학술 중심지가 되었다. 롼위안은 지난 시기 청조의 중요한 수학자들에 관한 연구서를 발간했는데, 여기에 중국에 살면서 조약문을 기초했던 37인의 유럽 선교사들이 포함되었다. 이 책이 배포되자 서양과학에 대한 관심이 고조되었다. 롼위안은 또한 아편무역에 대해 강경책을 고수했다. 1821년의 한 사건에서 그는 마카오의 아편상들을 일제히 검거하여 광저우의 아편 흡연을 일소하려고 노력했다.

이때가 되면 아편중독에 대해 강경이냐 온건이냐 하는 노선 선택문제가 외교와 국내경제 문제에 있어서 핵심적인 사안이 되었다. 게다가 아편을 둘러싼 논쟁은 대도시나 지방 관료조직 안에 파벌과 동맹을 형성하는 데 영향을 미치기 시작했다. 가경제의 후계자인 도광제(道光帝)는 1821년부터 1850년까지 재위했는데, 그는 호인이긴 했지만 무능한 인물이었으며, 허선 사건 이후 약화된 황제의 권위를 다시 일으켜 세우고자 열망했다. 가경제가 1800년과 1813년에 아편 거래에 대해 엄한 금지령을 내렸으나 효과를 거두지 못했기 때문에 이제 도광제는 보다 효과적인 대안을 모색했다.

1825년 무렵 도광제는 어사들의 보고를 통해 너무나 많은 양의 중국 은이 서양의 아편 구입을 위해 지불되고 있어서 국가경제에 타격을 주고 있다는 사실을 깨달았다. 이러한 현상은 아직은 대체로 동남 해안지방에 국한되어 있었지만 그 영향은 내륙 깊숙이 미치고 있었다. 은의 희소화는 구리에 대한 은 가치의 상승을 의미했다. 농민은 일상적 교환에서는 동전을 사용했지만 국가에 내는 세금은 은으로 납부해야 했기 때문에, 은의 가치가 상승하면 농민들은 실질적으로 더 많은 세금을 내야 했으며 따라서 불만이 쌓이는 것은 자명한 이치였다. 이러한 상황은 1834년에 영국 의회가 아시아 무역에 대한 동인도회사의 독점권을 종결시키면서 더욱 악화되었다. 이 결정으로 모든 희망자에게 중국 무역을 개방하게 되자, 아편 매매뿐만 아니라 유럽 각국과 미국에서 온 무역상의 수도 당연히 증가하게 되었다. 전세계적인 은 품귀현상으로 외국인들이 중국 상품을 구입할 때 정화(正貨)를 사용하지 않으려 했기 때문에 중국의 위기상황은 더욱 심각해졌다.[4] 1820년대에 매년 대략 은 200만 냥이 중국 밖으로 흘러나갔고 1830년대에는 연간 900만 냥으로 증가했다. 건륭제 시기에 1,000개의 동전이 대충 은 1냥에 상당했으나 가경 연간 산둥에서는 1냥당 1,500개가, 도광제 때는 2,700개가 필요했다.

동인도회사의 독점이 끝난 후 1834년에 네이피어 경이 영국 정부의 첫 중국 무역감독관으로 광저우에 도착한 사건은 또 다른 오해를 불러일으켰다. 네이피어는 행상을 통하지 않고 양광 총독과 직접 협상하기를 희망했다. 청 당국이 그에게 "천조의 대신은 외부 야만인(外夷)과 편지를 통한 사사로운 접촉을 할 수 없다"[5]고 하자 네이피어는 후먼(虎門)에서 광저우로 선박을 이끌고 올라갔다. 그러나 그가 갑자기 말라리아로 죽는 바람에 심각한 전투는 일어나지 않았다. 그 동안 아편 수입은 계속 증가하여 1835년에는 3만 상자, 1838년에는 4만 상자를 넘어섰다.

1836년에 도광제는 측근들에게 아편문제에 대해 의견을 내도록 했다. 주장은 분분했다. 아편무역의 허용을 옹호하는 측은 그러한 조처가 관리들의 부패와 협박을 막고 장기적으로는 관세를 통한 세수입 증대를 가져다 줄 것이며, 또한 중국산 아편—인도산 아편보다 질적으로 우수하고 시장가격이 싸다고 여겨진—의 재배를 가능하게 하여 서서히 외국산을 몰아낼 수도 있을 것이라 말했다. 그러나 많은 관료들은 그것이 좋은 생각이 아니라고 주장했다. 그들은 외국인은 잔인하고 탐욕스러우며 중국인은 국산이건 외제이건 아편이 필요없기 때문에, 가경제가 시행한 금지령을 포기해서는 안되며 더욱 강화하는 방향으로 정책을 추진해야 한다고 생각했다.

의견들을 검토한 끝에 1838년 도광제는 결단을 내렸다. 아편무역은 중단되어야 했다. 이 칙령을 집행하기 위해 황제는 광저우 출신인 54세의 학자이자 관료인 린쩌쉬(林則徐)를 황제의 특사격인 흠차대신(欽差大臣)으로 임명하고 광저우로 가 아편무역을 종식시키라는 명령을 내렸다. 이론상으로는 그 선택은 탁월했다. 린쩌쉬는 1811년에 진사시험에 합격했고 한림원—청 조정이 베이징에 설치한 유학 연구기관—에서 봉직했으며 윈난·장쑤·산시·산둥 성에서 여러 관직을 거쳤다. 그는 후베이와 후난의 총독으로 있을 때 아편 흡연자들에 대해 엄한 처벌을 내렸다. 그의 친구 가운데 한 사람은 대담한 발언을 한 학자인 궁쯔전이었는데, 그는 린쩌쉬에게 쓴 편지에서 모든 아편 흡연자는 교수형에 처해야 하며 밀매자와 생산자는 참수되어야 마땅하다고 주장했다. 린쩌쉬가 1839년 3월 초순에 광저우에 도착하자 그는 학해당—롼위안의 후계자들은 이곳을 아편 합법화의 장점을 설파하는 중심지로 만들었다—이 아닌 아편무역의 강력한 억제에 동조했던 경쟁 학교를 세력기반으로 삼았다.

아편을 뿌리 뽑기 위해 린 특사(Commissioner Lin, 영국인은 그렇게 불렀다)는 유교 국가의 모든 전통적 힘과 가치를 동원하기로 했다. 포고문을 통해 그는 아편 소비에 따르는 건강상의 위험을 강조하고 모든 아편 흡연자에게 아편과 담뱃대를 2개월 내에 관할 담당자에게 반납하도록 명했다. 교육관들은 지위 고하를 막론하고 아편 흡연자인지의 여부를 두 번씩 확인하라는 지시를 받았다. 모든 아편 흡연자는 처벌되었고, 나머지는 5인 단위—보갑제의 축소판과 같이—로 아무도 피우지 않는다고 서약하는 상호책임제가 도입되었다. 린쩌쉬는 전통적 과거시험을 절묘하게 변형하여 특별시험을 치른다는 명목으로 600명의 지방 학생들을 소집했다. 거기에서 유교 경전에 대한 전형적인 문제에 덧붙여 주요 아편상의 이름—본인이 원한다면 익명으로—과 그들의 장사를 막을 방법을 제안하도록 했다. 이와 비슷한 집단이 군대와 해군 인사들 사이에서도 조직되었다. 또한 린쩌쉬는 보갑제를 확대하여 공동체 안의 중독자를 색출했는데, 이 일에는 지역 향신도 동원되었다. 1839년 5월 중순까지 1,600명이 넘는 중국인이 체포되었고 15.75t의 아편과 4만 3,000개의 담뱃대가 압수당했다. 그 후 두 달 동안 린쩌쉬의 군대는 6.7t의 아편과 2만 7,500대의 담뱃대를 추가로 압수했다.

외국인에 대해서도 린쩌쉬는 이와 비슷한 논리, 도덕적 설득, 강압 등을 적절히 구사했다. 그러나 그의 여러 포고문을 통해 볼 때 그가 무력 분쟁이 일어나는 것은 원치 않았음을 알 수 있다. 그는 우선 중국 행상들을 설득하기로 하고 1839년 3월에 그들을 개별적으로 접견했다. 린쩌쉬는 누구나 아편상인 줄 알고 있는데도 몇몇 영국의 힘있는 상인들—윌리엄 자딘이나 제임스 인즈와 같은—이 자기들은 아편상이 아니라고 거짓 진술하자 꾸짖었다. 그는 행상들에게 링딩 섬과 다른 곳에 쌓아둔 수천개의 아편 상자를 외국인으로부터 인수하도록 지시하고, 다시는 아편무역을 하지 않겠다는 각서에 도장을 찍도록 했다. 광저우에 거주하고 있는 외국인에게는 그들이 갖고 있는 무기의 양을 적어 내도록 했다. 린쩌쉬는 그의 휘하에 있는 약한 해군력으로 외국의 선박을 성급하게 공격하려고 하지는 않았지만, 그 지역의 외국인 공동체를 항복시킬 정도의 충분한 압력은 가할 수 있을 것이라고 생각했다. 그는 외국인으로부터 압류한 아편에 대해서 변상하지 않았다.

또한 린쩌쉬는, 외국인에게 합법적인 차, 비단, 대황(大黃, 그는 이것이 외국인의 건강에 필수적이라 믿었다) 무역은 계속하되 중국인에게 해를 끼치지 말도록 설득하고자 애썼다. 린쩌쉬와 긴밀히 협력했던 양광 총독은 성급하게 낙관적으로 서양인에게 이르기를 "흡연자는 모두 그 습관을 포기했고 상인들은 흩어졌다. 이제 더 이상 마약의 수요가 없고 따라서 거래를 통해 얻을 이익도 없다"고 했다. 린쩌쉬는 빅토리아 여왕에게 보낸 정중한 편지에서 그녀에게 책임감이라는 도덕심을 자극하려 했다. "우리는 당신의 영광된 나라에서도 마약을 피우는 일이 금지되어 있으며 이것을 어기는 자는 반드시 처벌받는다고 들었습니다. ……악의 근원을 완전히 제거하기 위해 소비만을 금지시킬 것이 아니라 판매와 제조도 금지시키는 것이 낫지 않겠습니까?"[6]라고 썼다. 그러나 아편은 영국에서 금지되고 있지 않았으며 새뮤얼 테일러 콜러리지와 같은 유명 인사들 가운데서도 여러 명이 종종 아편팅크(laudanum, 아편을 알코올로 삼투한 액체—옮긴이)를 복용했다. 많은 영국인이 아편을 술보다 유해하지 않다고 여겼으므로 린쩌쉬의 도덕적 호소는 아무런 소용이 없었다.

공포에 질린 행상이 항복하라고 애원했지만, 외국 상인들은 다른 이의 위탁을 받아 아편을 운반한 것이므로 그것을 넘겨 줄 권한이 없다고 설명한 뒤 겨우 1천 상자만 포기하겠다고 했다. 린쩌쉬는 분노하여 영국의 주요 아편상인 랜슬럿 덴트의 체포를 명했다. 외국인 공동체가 덴트를 법정에 넘겨주기를 거부하자 린쩌쉬는 1839년 3월 24일 모든 외국무역을 전면 중단하도록 호포에게 명령했다. 외국인에게 고용된 모든 중국인 직원과 하인들은 고용주를 떠나야 했고, 영국 감독관 엘리엇을 포함하여 광저우에 있던 350명의 외국인은 모두 그들의 상관(商館)을 봉쇄당했다. 비록 음식과 물 그리고 생필품의 반입이 허용되고 외부의 소식은 전해졌지만 중국인 군대가 밤새 울려 대는 북과 피리 소리는 그들을 더욱 초조하게 만들었다. 결국 6주가 지난 뒤 외국인은 아편 2만 상자 이상을 포기하는 데 동의했고 린쩌쉬는 이를 운반해 가고 난 다음 봉쇄를 풀고 16명을 제외한 외국인 전원을 중국에서 추방했다.

린쩌쉬는 외국산 아편이 중국측으로 운반될 수 있도록 신중하게 감시했는데, 심지어 4월과 5월에는 눈속임이나 도둑질을 막고 만일의 경우 신속히 대처하기 위해 선상에서 기거했다. 그는 이때 1,359t에 달하는 생아편을 폐기해야 한다는 엄청난 과제에 직면했다. 그는 이 문제를 해결하기 위해 깊이 2m, 둘레 46m에 달하는 거대한 참호 3개를 판 다음 60명의 관리의 감독 아래 500명의 노동자들이 커다란 생아편 덩어리를 부수어 참호 안에 쏟아붓고 아편이 분해될 때까지 물, 소금, 석횟가루를 섞었다. 그리고 이 뿌연 혼합물은 중국인과 외국인 구경꾼들이 지켜보는 가운데 옆 제방을 타고 넘어 바다로 흘러갔다.

린쩌쉬는 "모든 허물을 깨끗이 해주고 모든 죄악을 씻어 주시는" 남해(南海)의 신에게 드린 특별 제문에서 "독약이 무제한적으로 기어 들어오는 것을 방치하는 바람에 마침내 야만인의 연기가 시장을 가득 채우는 지경에 이르렀다"는 사실을 회상했다. 그의 일기에는 신에게 독물을 퍼뜨린 것에 대해 사죄하고 "물 속의 생물들에게 중독되지 않도록 잠시 떠나 있을 것"을 부탁했다고 기록되어 있다. 린쩌쉬가 도광제에게 보고한 바에 따르면 봉쇄에서 살아남아 이 엄숙한 의식을 지켜 본 외국인들은 "감히 불경(不敬)스런 행동을 하지 않았으며, 저는 그런 그들의 태도를 보고 그들이 진심으로 부끄러워한다는 것을 알 수 있었습니다"고 적고 있다.[7]

영국의 군사적 대응

린쩌쉬와 도광제는 유교적 체제와 통제구조를 완전히 체화한 양심적이고 근면한 사람들이었다. 그들은 광저우의 시민과 외국 상인들이 단순하고 어린아이 같은 본성을 지니고 있어서 도덕원칙에 따라 엄하게 지도하면 문제가 해결될 것이라 믿었던 듯하다. 그러나 불행하게도 현실은 수많은 동시대인들이 목격하고 있었던 것처럼 그렇게 단순하지 않았다. 심지어 아편을 바다에 버리기 전에 한 중국인 관료는 린쩌쉬가 아편문제를 진정으로 해결한 것이 아니라 급한 불 하나를 껐을 뿐이라고 대담하게 지적했다. 그리고 한 영국 아편상은 아편 봉쇄기 동안의 경험을 회고하면서 친구에게 봉쇄는 "자신들이 요구할 배상금액을 올려 주었기 때문에 좋은 기회이기도 하다"고 솔직히 말했다.[8]

중국과 영국 사이에는 이제 전쟁을 향한 힘겨루기가 가속화되었다. 이에 대한 보다 포괄적인 원인들, 예컨대 청 제국에 나타나기 시작한 사회적 불안, 아편 중독자의 증가, 외국인에 대한 강경론의 득세, 중국의 법제에 대한 외국인의 거부, 국제 무역구조의 변화, 그리고 중국에 대한 서양의 지적 숭배의 약화 등은 이미 언급했다. 이 밖에 다른 요인들이 린쩌쉬가 단호한 조치를 취하게 된 배경과 밀접한 관련이 있었지만, 그는 미처 그것을 알지 못했다. 그런 요인 가운데 하나는 외국 상인이 1836년과 1838년 사이에 조정에서 벌어진 논쟁에 대한 정보를 입수하고서 조만간 중국에서 아편의 소비가 합법화될 것이라고 확신하고 있었다는 점이다. 그리하여 그들은 다량의 아편을 보관해 두었고, 인도의 경작자에게 추가분을 주문해 놓고 있었다. 그런 상태에서 1838년에 강력한 금지령이 선포되자 시장은 축소되었고 마약상은 존립이 위태로울 정도로 공급이 초과되었던 것이다.

두번째 요인은 중국과의 무역을 담당하는 영국의 새로운 감독관이 동인도회사의 고용인에서 영국 왕실의 사절로 바뀌었다는 점이다. 만일 중국인이 감독관을 방해하면 그것은 곧 일개 기업이 아닌 영국이라는 국가를 모독하는 것이었지만 중국인은 이를 명확히 구분하지 못했다. 역으로 감독관에게는 영국 상인에 대한 분명한 법적 권리가 없었고, 다른 유럽 국가나 미국 국민을 통제할 권리도 없었다. 그러나 심각한 문제가 발생했을 때는 그는 영국의 상비군과 해군에 직접 지원을 요청할 수 있었다.

영국측의 입장에서 본 세번째 요인은 앞의 두 가지가 결합된 것이다. 아편의 과잉 공급으로 재고가 늘어나 고민하던 영국 아편상은 재고 물량을 네이피어의 후임 무역감독관인 찰스 엘리엇에게 넘겼고, 엘리엇은 이를 린쩌쉬에게 양도했다. 그러므로 바다로 흘러간 아편에 대해 진심으로 '부끄러워'하는 것과는 거리가 멀었던 상인들은, 오히려 금전적 보상을 받도록 해달라고 영국 정부에 강력히 요청했던 것이다.

중국에서 발생한 사건들은 영국에도 최대한 빠르게 보고되었다. 1839년 초여름에 엘리엇은 런던에 원조를 요청했고 원래 중국법을 따르지 않는 영국 상

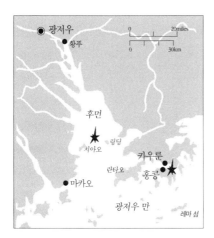

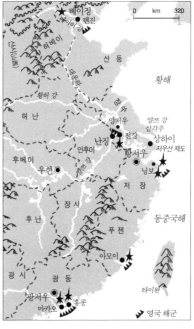

1839-1842년, 아편전쟁

인들에 대해 비우호적이었던 외무성 장관인 파머스턴도 이제는 입장을 바꾸었다. 파머스턴은 '중국 제국의 장관'에게 보낸 편지에서 중국인 관리들이 "중국 정부의 선의를 믿으며 평화롭게 살고 있던 광저우의 영국 거주자들에게 폭력을 행사했다는 소식은 대단히 놀라웠다"고 쓴 다음, 비록 여왕은 아편 판매는 인정하지 않지만 "외국에 살고 있는 여왕의 신민이 폭력적인 처사와 모욕을 당하고 부당하게 대우받는 것은 용납할 수 없다"[9)고 하였다.

   아편 판매의 봉쇄와 압수 소식이 영국에 전해진 뒤 중국 무역업자들과 대규모 아편 제조지역의 상인협회는 영국 의회에 보복조치를 취하도록 활발하게 로비를 벌였다. 심지어 부유한 아편상 윌리엄 자딘은 중국에서 영국으로 되돌아가 한편으로는 그러한 청원에 힘을 보태고, 다른 한편으로는 개신교 선교회의 도덕적인 아편무역 반대 움직임을 무력화시킬 방법을 강구했다. 중국의 아편상들은 그의 로비 활동을 위해 2만 달러를 모금했으며, "그 목적의 중요성으로 미루어" 만약 필요하다면 "아무리 많은 액수가 더 들더라도 감내할 수 있다"고 약속했다. 또한 자딘은 "아무리 값비싼 대가를 치르더라도 주요 신문이 그들의 명분을 옹호하도록" 해달라는 요청을 받았다. 그럼에도 불구하고 의회는 중국에 선전포고를 하지는 않았다. 다만 군함 파견과 '명예 회복의 기회와 배상금'을 위해, 그리고 필요하다면 '중국의 선박과 화물을 압류할 수 있도록' 인도에서 더 많은 군대를 동원하는 것에 동의했다.[10) 영국은 찰스 엘리엇의 사촌인 조지 엘리엇 함장의 지휘 아래 540개의 대포와 새로 고안된 4척의 무장 증기선, 28척의 수송선, 4천 명의 병사, 연료용 석탄 3천 톤 그리고 군인들을 위한 1만 6천 갤런의 럼주를 실은 16척의 군함으로 총병력을 구성했다.

   그 사이에도 린쩌쉬는 광둥 성을 계속 정화하고 있었다. 중독자와 암거래상에 대한 체포와 조사가 신속히 진행됨에 따라, 아편가격은 이제 상자당 500달러인 평상시의 가격이 아니라 '기근 가격'인 3천 달러 이상으로 치솟아 있었다. 마카오의 영국 상인들이 중국법에 따라 어떠한 아편무역도 하지 않겠다는 서약서에 서명하기를 거부하자 린쩌쉬는 그들을 광저우에서처럼 추방시켰다. 바로 이 추방령에 대한 대응으로 찰스 엘리엇이 거의 버려지다시피한 바위섬 홍콩(香港)에 부대를 주둔시키면서 동아시아 역사에 새로운 장이 열렸다. 그럼에도 미국인이 영국측 중개인으로 활동하는 새로운 기회를 얻고 거기서 생긴 이윤에 만족스러워했기 때문에 광저우 무역은 전혀 침체하지 않았다. 미국의 부영사인 워런 델라노는 미국인에게 중국의 법을 어기지 않겠다고 약속하는 각서에 서명하도록 했다. 한 미국 상인은 "우리 양키들은 손실을 보상해 줄 여왕이 없다"고 당시 상황을 설명하고 있다. 그리고 그는 만약 중국인이 다른 항구를 봉쇄한다 하더라도 "한걸음 한걸음씩 철수하면서 상대가 있는 한 계속 매매할 것이다"라고 말하고 있다.[11]

하지만 무역이 계속되는 동안 린쩌쉬는 광저우로 진입하는 수로를 요새화하고 항구에 새로운 화포와 운하의 통행을 막을 강력한 사슬을 설치했으며 군대의 훈련을 지휘했다. 홍콩으로 후퇴한 영국인은 우물을 오염시키거나 외국인에게 음식 팔기를 거부하는 지역 중국인들에게 시달림을 당했다. 1839년 9월과 10월에 홍콩 항과 광저우 외곽의 후면에서 중국과 영국의 전함 사이에 무력충돌이 일어나 양측에 피해가 발생했다. 중국 선박이 침몰되고 더 이상의 협상 가능성이 사라졌다. 대체로 청 관리들이 공개적 선언에 신중을 기했던 반면, 린쩌쉬는 영국에 맞선 지방 '용사들'(鄕勇)의 지원을 격려했다. 일단의 술 취한 영국인 선원들이 홍콩 건너편 카우룬(九龍)에 사는 중국인을 죽였는데도 엘리엇이 혐의자를 중국 사법 당국에 넘겨주지 않자 이들은 더욱 영국인을 혐오하게 되었다. 한 포고령은 이렇게 주장했다. "모두 다 함께 이 상황을 해결하기 위해 집결하라. 무기와 장비를 구입하라. 마을에서 제일 힘센 장정들은 모두 모여 스스로를 지킬 준비를 하라."[12]

조지 엘리엇이 이끄는 영국 함대는 1840년 6월 광저우에 집결했다. 린쩌쉬에게는 애석하게도 그들은 새로운 방어망을 건드리지 않은 채 항구 입구를 봉쇄하기 위해 네 척만을 남겨 두고 주력 함대를 북쪽으로 이동시켰다. 7월에 영국은 두 척의 전함으로 닝보를 봉쇄한 뒤, 저장 해안 외곽에 위치한 저우산(舟山) 제도의 중심지를 점령하고 저장 연안을 장악했다. 이로써 그들은 닝보에서 양쯔 강 삼각주 지역에 이르는 해로 전역을 봉쇄할 수 있었다. 자살한 청의 지부(知府)를 대신할 선교사-통역관과 함께 유격대를 저우산에 남겨 두고, 영국 함대는 톈진 진입을 막는 다구(大沽) 요새 근처의 베이허(北河) 강 입구까지 아무런 저항도 받지 않고 항해를 계속했다. 여기서 1840년 8~9월, 그 지역의 총독이자 만주인 원로이며 도광제의 신임을 받는 대학사인 치산(琦善)과의 진지한 협상이 시작되었다. 치산은 영국을 설득하여 북중국에서 철수해서 광저우로 돌아가도록 함으로써 협상을 마무리지었는데, 이 일로 황제에게 과분한 칭찬을 받고 양광 총독에 임명되었다. 그 해 초반에 그 직위에 임명되었던 린쩌쉬는 부적절하게 대처했다는 문책을 받고 이리로 유배되었다.

1841년 1월에 치산은 홍콩을 할양하고 600만 달러*를 배상금으로 지급하며, 영국에게 청 당국과의 직접 접촉을 허락하고 10일 안에 광저우 무역을 재개하겠다고 약속하는 것으로 영국과의 협상을 마무리했다. 이 소식을 듣고 격분한 도광제는 치산을 파면시키고 사형을 명했으나 후에 유배로 감형시켰다.

마찬가지로 파머스턴도 찰스 엘리엇이 중국에게 더 나은 조건을 요구하지 못한 데 대해 분노했다. 1841년 4월 파머스턴은 엘리엇을 파면하고 협정의 인준을 거부하면서, 비난으로 가득 찬 사적인 편지에서 "귀관은 명령에 불복하고 지시를 무시했다. 귀관은 휘하의 병력을 예전에도 그랬듯이 용의주도하게 배치하지 못했으며 충분한 근거도 전혀 없이 지시받은 바에 훨씬 못 미치는 조항을 수용했다"며 전(前) 대외무역감독관을 꾸짖었다. 파머스턴은 특히 엘리엇이 저우산을 포기했고 폐기된 아편에 대한 보상을 요구하지 않았으며, "하역도 건설도 어려운 쓸모없는 섬" 홍콩에 대한 권리만을 개정했다는 점에 대해서 특히 화를 냈다. 새로운 전권대사에는 헨리 포틴저가 임명되어 중국과의 협상을 처리하게 되었다. 포틴저에게 내린 마지막 지시에서 파머스턴은 새로운 협정은 반드시 황제와 직접 체결해야 한다며 "여왕 폐하의 정부는 대영제국과 중국 사이의 협약에서 중국의 비논리적 관습이 중국을 제외한 전 인류의 논리적 관습을 대체하도록 허락해서는 안된다"[13]고 주장했다.

이러한 새로운 지침을 받들고 1841년 8월 중국에 도착한 포틴저는 상황이 더욱 악화되어 있음을 감지했다. 광저우 주변의 농촌에서 지방 향신의 지휘 아래 중국군이 일으킨 전투가 재개되었고 영국인 병사가 살해되거나 부상당했다. 영국은 이에 대항하여 후먼 요새를 파괴하고 중국 선박을 침몰시킨 후 해안을 습격하고 광저우 일부를 점령했다. 영국군은 광저우의 관리들이 600만 달러를 지불하자 철수했는데, 이 금액이 시가지를 약탈하지 않도록 하기 위한 '협상

---

* 멕시코의 은 달러가 너무나 널리 유통되었기 때문에 배상금은 중국의 은 정화(正貨)로 받았다. 중국인은 은화가 아닌 은괴를 사용했다.

금'인지, 아니면 예전에 엘리엇과 치산 사이의 협정에 대한 이행인지, 또는 2년 전에 폐기한 아편에 대한 보상금인지가 불분명했다.

1841년 8월 말에 포틴저는 영국 함대를 이끌고 북진하여 샤먼(아모이)과 닝보를 점령하고 저우산을 다시 손에 넣었다. 1842년 늦봄에 인도에서 지원 병력이 도착하자 그는 중국의 주요 강과 운하를 차단하여 청의 항복을 요구하며 전쟁을 일으켰다. 영국군은 6월에 상하이를 점령했고 만주족의 필사적인 저항에도 불구하고 7월에는 전장(鎭江)을 장악했다. 패배가 확실해지자 수십 명의 청 관리들이 가족과 함께 자결했다. 대운하와 양쯔 강 하류의 수로는 이제 봉쇄되었다. 포틴저는 청의 강화 요구를 묵살하고 명의 수도였던 거대한 도시 난징(南京)까지 밀고 올라가 8월 5일에 성벽을 둘러싸고 공격 준비를 갖췄다. 청은 재빨리 평화회담을 제의했고 8월 29일 만주인 사절과 양강(兩江)* 총독은 중국어로 번역된 난징 조약에 서명했다. 도광제는 9월에 조약을 받아들였고 빅토리아 여왕은 12월 말에 인준했다.

조약의 조항과 부칙의 정확한 내용을 알아보기에 앞서 1839~1842년의 아편전쟁이 군사적 의미에서 중요한 역사적 순간이었음을 다시 한번 강조할 필요가 있다. 아편전쟁은 만주족이 받은 공격 가운데 가장 결정적인 것이었을 뿐만 아니라 서양의 군사기술과 전술상의 혁신을 보여준 전쟁이기도 했다. 그 중에서도 해전에서 막강한 힘을 과시한 증기선의 출현은 영국의 군함 네메시스호의 전투기록에서 보는 바와 같이 결정적이었다. 네메시스호는 밑바닥에 구리 도금이 안 된 철제 외륜선(外輪船)으로 순풍에는 돛을 이용하고 거친 파도에는 나무나 석탄을 때는 여섯 개의 증기기관을 이용하여 7~8노트로 항해할 수 있었다. 배의 깊이는 겨우 1.5m 정도여서, 어떠한 바람이나 조수에도, 심지어는 얕은 해안에서도 운항할 수 있었다. 광저우 후면 전투에서 네메시스호는 얕은 여울에서 사용하는 포도탄(9개의 작은 탄환으로 채워진 포탄─옮긴이), 대포탄, 로켓탄을 퍼부으면서 해안을 누비고 정크선을 잡아 끌어냈으며 부대를 실어 나르고 바람이 없는 날에는 범선을 예인했다. 상하이 전투에서 네메시스호는 수송선이 되어 중화기를 갖춘 전투원을 시가지의 전장으로 실어 날라 영국군의 상륙작전

* 장쑤·안후이·장시 세 성을 포괄해서 지칭하는 말이다.

이 가능하게 했다. 전쟁이 끝나기 전에 비슷한 모양의 새로운 증기선들이 중국 연안에 파견되었다. 영국은 충분한 연료만 계속 확보할 수 있다면 언제든지 군 사력을 보강할 수 있었다.

그렇다고 청이 일방적으로 서양 기술과 화력의 표적이 되었던 것만은 아니었다. 린쩌쉬는 광저우에 머무는 동안 서양에 대해 알 수 있는 모든 정보를 입수하기 위해 학자들에게 광저우와 싱가포르에 있는 외국 출판사들을 섭렵하게 했다. 그는 또한 미국인 선교사들에게 부탁하여 국제법의 조문들을 번역하게 했다. 실제로 1842년 전쟁을 치르면서 영국군은 청의 관리들이 서양의 새로운 기술에 신속히 대응하려 노력하고 있다는 많은 증거를 여기저기서 발견했다. 예컨대 샤먼에서 그들은 30문의 총과 함께 영국의 2층 갑판선과 흡사한 배를 발견했다. 그 배는 거의 항해할 준비가 완료되어 있었고 다른 배도 여러 척 건조 중이었다. 우쑹(吳淞)에서는 새로 주조된 놋쇠총으로 무장한 새로운 중국 외륜선을 발견했다. 그들은 상하이에서 새로 만들어진 8kg짜리 선박용 포 16정을 발견했는데, 포신의 가늠자와 발화장치에 뚫려 있는 화문(火門) 등 정밀한 부분까지 완벽했다. 이것들은 모두 쇠굴대를 단 튼튼한 나무수레에 실려 있었다.[14] 적어도 일부 중국인은 야만인의 도전이 무례한 일이긴 하지만 자극도 된다는 사실을 분명히 깨닫고 있었던 것이다.

새로운 조약체제

난징 조약은 1842년 8월 29일, 양쯔 강에 정박한 영국 여왕의 배 콘월리스호 선상에서 체결되었고, 10개월 후에 홍콩에서 빅토리아 여왕과 도광제의 공식적인 승인을 받아 인준되었다. 이것은 중국 근대사에서 가장 중요한 조약이었다. 이 조약은 중국의 통상과 사회에 대한 사상에 중요한 영향을 미칠 12개의 조항으로 구성되었다.

　제1조: 청국·영국간의 평화와 우호를 약정하고 "상대국 영토 내의 인명과 재산에 대한 충분한 안전보장과 보호"를 약정했다.

　제2조: 영국 신민(臣民)과 그 가족들이 "아무런 간섭이나 제약을 받지 않고

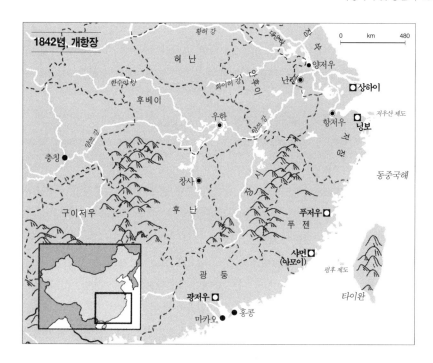

상업에 종사하면서" 거주할 수 있게 청의 다섯 개 도시—광저우·푸저우·샤먼·닝보·상하이—를 개항하기로 결정했다. 동시에 이들 도시마다 영사관을 설치할 수 있게 허용했다.

제3조: 빅토리아 여왕과 그 후손들이 "영구히 홍콩 섬을 소유" 하고, 그들이 "적당하다고 생각하는" 방식대로 지배하도록 할 것.

제4조: "광저우로 운반[되어 폐기]*됐던 아편의 대가로서" 청이 600만 달러를 지불할 것.

제5조: 광저우의 공행독점체제를 철폐할 것과, 앞의 다섯 항구에서 영국 상인들이 "누구든 그들이 원하는 상대와 교역을 행할 수 있게" 허용할 것. 청은 주요 공행의 빚을 해결하는 데 300만 달러를 지불해야 했다.

제6조: 최근의 전쟁으로 "입은 재정 손실에 대한 부담으로서" 영국에 1,200만 달러를 더 지불하되, 1841년 8월 1일 이래 "청국 내의 시·읍에 대한 배상금

* 난징 조약에서 [ ]로 처리된 부분은 독자들의 이해를 돕기 위해 옮긴이가 덧붙인 것이다.

으로서" 이미 〔영국이〕 받은 금액은 모두 제외할 것.

제7조: 제4조~6조에서 약정된 2,100만 달러를 1845년 말까지 네 번에 나누어 지불하되, 〔2회 지불부터는〕 이전 지불액의 연 5%에 해당하는 이자가 가산되었다.

제8조: 인도인이든 유럽인이든 영국 신민인 모든 죄수들을 즉각 석방할 것.

제9조: 영국인과 거주했거나 거래했거나 영국인을 위해 일했던 모든 중국 신민을 무조건 사면할 것.

제10조: 제2조에서 열거한 다섯 개 항구에서 모든 상인은 "공정하고 정규적인 항구 출입 관세 및 기타 세금"을 지불해야 했다. 일단 이 세금이 납부되면, 중국 내부로 수송되는 상품에 대해 공정하고 약정된 통과세만이 부과되어야 했다.

제11조: 이전에 외국인들에게 사용을 강요해 왔던 '청원'이나 '탄원'과 같은 용어 대신에 앞으로 영국과 청국 사이의 공문서에서는 '통보' '성명' '선포'처럼 경멸적이거나 종속적이지 않은 용어가 사용되어야 했다.

제12조: 배상금의 첫번째 분할 불입금을 받으면 영국군은 난징과 대운하를 떠날 것이며, "더이상 청국의 무역을 방해하거나 중단시키지 않을 것"이었다. 배상금이 모두 지급되고 "영국 상인을 위한 항구의 개방이 완결될" 때까지 군대는 계속해서 저우산 제도에 주둔할 것이었다.[15]

1839년에 압수되어 폐기된 아편에 대한 배상금으로 600만 달러를 지불한다는 조문 이외에는 조약 어디에도 환각제에 대한 언급이 없다. 또한 차·비단·면화·모직·상아·금속·술 등의 가격을 결정하기 위해 1843년에 추가된 관세조약에서도 마찬가지였다. 또 다섯 항구의 대외무역에 대한 관리나 감독·보호를 위한 복잡한 절차를 만들 때도 아편은 전혀 언급되지 않았다. 만주의 협상대표 치잉(耆英)과의 사적인 대화에서 포틴저는 은의 유출을 막기 위해 물물교환에 기초한 아편무역을 청이 합법화해 주길 바란다고 말했다. 치잉이 자신은 감히 그 문제를 결정할 수 없다고 대답하자, 포틴저 역시 그 문제를 강요하도록 명령받지는 않았다고 말했다.

다른 열강들은 난징 조약의 조항들과 부칙을 꼼꼼하게 검토하였다. 1843년에 미국의 대통령 존 테일러는 미국과 수많은 중국무역 관련단체를 대표하여 칼럽 쿠싱(Cushing, 미국에서 부유한 중국 상인들이 가장 많이 살고 있었던 매사추세츠 해안의 하원의원)을 전권대사로 임명하여 중국에 파견했다. 1844년 2월에 마카오에 도착한 쿠싱은 제일 먼저 당시 양광 총독으로 승진해 있었던 치잉과 협상을 시작했다. 미국인을 공격하려다가 사망한 중국인으로 인해 긴장감이 감돌았음에도 불구하고(이 사건의 사법적 처리문제는 에밀리호와 테라노바에 얽힌 불쾌한 기억을 되살렸다) 치잉과 쿠싱은 두 나라 사이의 조약에 신속히 서명했고 이 조약은 체결 장소인 마카오 부근의 작은 마을 이름을 따서 일명 왕샤(望厦) 조약이라 불렸다.

미국과의 조약은 영국과의 조약과 기본 골격은 같았지만 훨씬 길고 조항도 여러 개가 추가되었다. 예컨대 제17조는 중국에서 일하기를 희망하는 미국 개신교 선교사들에게는 잠재적으로 매우 중요했다. 왜냐하면 이 조항에 의해 미국인들은 다섯 개 항구에 '병원·교회·묘지'의 건축 부지를 정할 수 있는 권리를 인정받았기 때문이다. 18조는 외국인이 중국어를 유창하게 하는 것을 막으려는 중국 통치자의 오랜 노력을 종식시켰다. 미국 국민은 "제국의 언어를 가르칠 어떤 지역의 학자나 중국인도 고용할 수 있도록" 허가받았다. 중국에서 범죄를 저지른 미국인은 '미국 법에 따라' 영사나 적절한 권한을 부여받은 미국인에 의해서만 재판받고 처벌된다는 21조에 의해 사법권의 문제가 정리되었다. 영국이 적당히 얼버무린 것과는 달리 33조는 "아편을 비롯한 밀수품을 거래하는" 모든 미국인은 미국 정부의 보호를 받지 않고 중국 정부에 의해 "처리될" 것이라 명시했다. 마지막으로 34조에서는 '통상과 항해' 문제는 12년 안에 타결짓기로 했다.[16]

1844년 10월에는 프랑스가 미국의 조약을 틀삼아 중국과 조약을 맺었다. 추가된 것 가운데 중요한 내용은, 프랑스 영사의 부재시 문제가 발생하면 프랑스 국민은 모든 우호국의 영사에게 원조를 청할 수 있다는 것과, 칼럽 쿠싱보다도 강력하게 치외법권——중국 영토 내에서의 범죄사건을 자국의 법에 의해 재판받을 권리——의 원칙을 거듭 강조한 점이었다. 프랑스의 압력에 굴복하여 치잉은 옹정제의 선교 금지칙령에 위배되는, 카톨릭을 완전히 허용하는 황제의 칙서를 받아냈다. 치잉은 1845년의 추가 포고령을 내려 같은 권리를 개신교에도 부여했다.

그러므로 황제의 특사로 린쩌쉬가 지명된 지 6년 만에, 청은 외국에 대해 자기 정체성을 지키지 못하고 중국의 통상·사회·외교 정책의 핵심부문에 대한 통제력을 상실했다. 영국·미국·프랑스가 닦아 놓은 길을 따라 다른 여러 국가들도 도착했다. 영국은 다른 국가들의 유리한 후속 조약에 대해 걱정할 필요가 없었는데, 이는 중국이 그들에게 어떤 새로운 특권을 주면 영국에게도 똑같이 주어지기 때문이었다. 1843년의 추가 조약의 기막힌 조항—제8조—에서 영국은 어떤 경우에나 '최혜국' 대우를 받기로 규정되어 있었던 것이다. "그러므로 황제는 어떠한 이유에서이건 어떤 외국의 주재원이나 시민들에게 부가적인 특권과 사면권을 부여할 때 똑같은 특권과 사면권을 영국 신민들에게도 확대시켜 이를 누리도록 해야 한다." 청이 이 조항에 찬성했던 것은 이 조항으로 외국의 압력을 줄일 수 있으리라는 믿음 때문이었다. 그러나 사실 이 조항은 청이 외세끼리의 이합집산을 이용하지 못하게 함으로써, 중국의 외교적 자주권을 심각하게 저해하는 결과를 낳았다.

그러나 놀랍게도 아편전쟁의 단기적인 상업적 결과는 영국이나 대부분의 다른 외국 상인들에게 실망스러운 것이었다. 조약상의 5개 개항장은 신중하게 선택되었지만, 푸저우와 닝보에서의 무역은 너무나 완만하게 증가했기 때문에 보다 가능성이 있는 도시로 바꾸자는 논의가 있을 정도였다. 1850년경 닝보에는 겨우 19명의 성인 외국인이 살고 있었으며, 푸저우에는 모두 10명이 있었는데 그 가운데 7명이 선교사였다. 샤먼도 더 나을 것이 없었는데, 그곳은 전통적으로 타이완이나 필리핀과 무역을 해오던 곳이어서 유럽이나 미국의 요구에 적합한 곳이 아니었다. 영국 선박이 중국인 노동자를 쿠바의 사탕수수 농장으로 수송하면서 시작된 노동력의 이동만이 얼마간의 이윤을 가져다 주었을 뿐이다.

광저우는 공행 독점을 없애고 모든 이에게 무역이 개방되면 막대한 이윤을 안겨 줄 것으로 믿었으나, 영국인이나 다른 외국인에 대한 지역민의 반감이 너무 커서 성안에 거주지를 건설하거나 사업을 진행시키거나 영사관을 개관하는 것이 불가능했다. 1840년대와 1850년대 초반은 농촌의 의용군과 군중에 의한 지속적인 폭동과 과격한 반영(反英) 폭력 그리고 이에 대한 영국측의 보복으로 점철된 상호 반목의 시기였다. 청 조정은 더 이상 광저우 주민의 정서를 외면할 수 없었기 때문에 이런 반영 폭력을 묵인했다.

조약에서 정한 5개 개항장 가운데 신흥도시로 성장한 곳은 상하이뿐이었다.

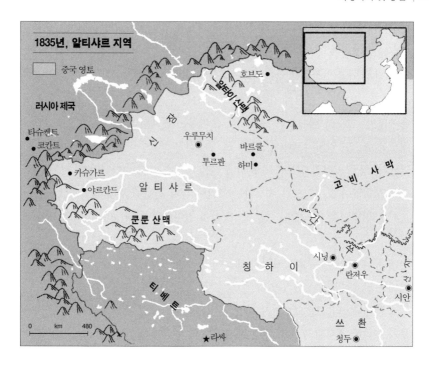

이곳에서는 대체로 중국인 거주자가 없는 교외의 늪지를 이용하여 영국, 프랑스 그리고 다른 외국인 정착자들을 위해 방대한 '조계'가 형성되었다. 1850년대 무렵에 그곳에 하수도 공사를 하고 강둑이 건설되자, 100명이 넘는 상인과 이들을 보조하는 영사관 직원과 5명의 의사, 17명의 선교사가 거주하게 되었고 이들 대부분은 기혼자였다. 1844년 상하이 항에 도착한 외국 선박의 수가 44척이었던 데 비해 1849년에는 133척, 1855년에는 437척으로 증가했다. 비단무역은 대단히 번창하여 1850년대에는 2천만 달러어치가 거래되었다. 여전히 금지품목인 아편도 연간 최하 2만 상자 정도가 유입되고 있었다.

새로운 개항장 건설에 대한 청 조정의 태도는 불분명했다. 조정의 많은 관료들이 공감했던 치잉의 견해에 따르면 서양인의 주된 동기는 상업적 욕심이기 때문에 만일 무역이 계속 이루어지기만 한다면 그들은 다른 요구를 억제하리라는 것이었다. 이러한 확신과 함께 치외법권 같은 양보조차도 하찮은 것이라는 생각에서 치잉과 황제는 가장 최근의 경험인 1830년대 중앙아시아 지역에 대한 청의 외교정책을 근간으로 삼았다. 예를 들면 1835년에 청 정부는 호전적인

코칸트의 칸민들에게 카슈가르에 정치 주재소를, 야르칸드와 다른 주요 상업 도
시들에는 상관을 설치할 수 있는 권리를 허가했다. 정치 주재소는 알티샤르 지
역의 다른 외국인에 대해서도 영사권과 사법권을 행사했으며 다른 외국인이 이
지역으로 들여오는 물품에 대해 관세를 부과할 수 있는 권리도 가졌다. 또한 청
은 이슬람 교도가 비이슬람 교도에게 부과하는 관세의 반(5% 대신 2.5%)만을
내도록 했으며 알티샤르에서 코칸트로 수출하는 물품은 면세 처리한다는 데 동
의했다. 청은 이러한 양보가 주권의 포기를 의미하는 것이 아니라 더 많은 무역
권을 끊임없이 호전적으로 요구하는 코칸트 칸의 문제를 해결하는 가장 값싸고
손쉬운 방법임을 터득했다. 이러한 협상에 참여했던 청의 고위 관료들 가운데
다수—또는 그 전에 일어난 전쟁의 영웅들이—가 1830년대와 1840년대 초
반에 동남 해안에 부임해 있었기 때문에 중국의 극서 정책과 동남 국경정책 사
이에는 일정한 연속성이 있었다.[17]

중앙아시아의 고분고분하지 않은 유력자에게 그랬듯이 치잉은 난징 조약과
추가 조약이 체결된 후에도 헨리 포틴저 경의 편의를 봐 주었다. 그는 포틴저의
아들을 양자로 삼았고 기념품(각자의 부인의 사진을 포함해서)을 주고 받았으며
놀라는 전권대사의 입에 손수 과자를 넣어 주기도 했고 포틴저가 자신의 '친한'
(intimate) 친구임을 강조하기 위해 새로운 단어—중국어로 인디미터—를 만
들어 내기도 했다. 그러나 도광제에게는 자신의 이런 언행이 영국을 '진정시키
고 회유하기' 위한 방법임을 확신시켰다. 치잉의 의도는 '명목 없이 그들과 싸우
지' 않는 대신 '작은 일을 버리고 더 큰 일을 달성'하려는 것이었다.[18] 이러한 분
석이 문제가 되는 것은 어렵게 얻어 낸 조약의 결정들이 영국과 다른 외세에게
는 결코 '실속 없는' 것이 아니었다는 점이다. 그 조항들은 국제 통상활동의 출
발점이었다. 뒷날 생각해 볼 때, 치잉이나 황제 모두 이러한 사실을 인정하지 않
았다는 것은 놀라운 일이 아니다. 만주족에게 '더 큰 일'이란 이제 청 왕조의 생
존 그 자체였기 때문이다. 중국의 집권층에게는 국내 불안에서 야기되는 엄청난
압력 때문에 대외정책의 모든 문제점들이 정말로 하찮게 보였던 것이다.

| 8장 | 내부의 위기 |

북부와 남부의 사회적 이동

19세기 전반기 영국이 중국에 안겨 준 충격적인 패배는 중국 내의 불안을 심화시키는 원인인 동시에 결과였다. 그 불안 요소들 가운데 토지를 압박하는 인구의 증가, 은의 유출, 관직에 오르지 못한 유생(儒生)의 증가, 아편중독자의 급증, 정규 기군의 전력 감소, 허선과 그 일파로 인한 관료조직의 부패, 백련교 반란군의 확산과 진압에 따른 고통의 가중 등은 이미 앞에서 언급했다.

18세기 말에 대두된 다른 문제점들도 19세기 초반에는 더 심각해졌다. 본래 황허 강의 제방공사와 대운하를 관리해야 하는 거대한 관료조직이 점점 비효율적으로 변하여, 관료들은 한직(閑職) 임명과 관련해서 직위를 남용하고 자신들에게 할당된 정부예산을 사적인 용도에 유용하곤 했다. 그 결과 대운하의 소통이 순조롭지 않게 되고 황허 강과 화이허 강의 수위를 조절하지 못해 대운하가 범람할 지경에 이르자, 남부에서 쌀을 운반하는 기능은 결정적으로 약화되었다. 이러한 혼란은 역으로 운하 주변에서 정부의 거룻배를 끌면서 생활하는 노동자들의 분쟁을 야기했다. 노동자들 가운데 다수는 이제 비밀 회합을 결성하여 일자리를 고수하면서 자신들이 살고 있는 지역농업공동체를 압박했다.

정부의 방대한 소금 분배체제 역시 효율성을 잃었다. 이론상 소금 판매는 정부가 전매권을 가지고 있어서 청 당국이 해변의 염전 또는 내륙의 염수 우물이나 소금광산에서의 생산을 감독했다. 생산된 소금은 허가받은 소규모 상인집단에게 판매되었고, 그들이 각기 특정 지역에 소금을 운반하여 팔도록 했다. 19세기 초반에 접어들면 이 체제의 비효율성과 부패로 인해 소금 밀매가 빈번해져 소금 전매체제가 붕괴될 위험에 처했다. 기득권층이 이해 다툼을 하고 지지자를 끌어 모으려 하면서 이러한 경제적·조직적 문제들은 허선 이후 관료사회에서 경쟁적 정파들이 성장하는 배경이 되었다. 많은 고위 관료들이 의뢰인과 공조자로 이루어진 자신의 관료적인 하위조직망을 형성하기 시작했다. 이들의 급료는 공적인 수입원을 더욱 갈취하는 데서 마련되었다.

19세기 초반의 같은 기간 동안 백련교 반란군이나 실업자, 극빈자, 또는 해안이나 강가의 해적과 같은 약탈자들로부터 공동체를 방어하려는 지방의 학자나 지주의 주도 아래 지방 정규군에 준하거나 공식적으로 조직된 의용군이 크게 증가했다. 또 일부 지역에서는 지역 지도자들이 밀교 교리를 퍼뜨리거나 국가가 무능하다고 판단되면 스스로를 지키기 위해 비밀결사를 결성했다.

중국 대부분의 지역에서 사적인 이해집단들이 과거 정부가 관장했던 영역을 침범하여, 제국체제는 이전의 권위를 회복할 만한 능력을 상실했다. 1799년부터 1820년까지 중국을 통치한 가경제는 제국을 정화하기 위해 특별한 정책을 시행하기보다는 대개 말만 앞세웠다. 관리들에게는 청렴을 강력히 요구했지만, 황제 자신이 비용을 줄인 일은 거의 없었다. 허선 일파를 효율적으로 제거하였음에도 불구하고 다른 대신들이 발호하여 분파를 조성했다. 가경제와 그의 아들 도광제(재위 1821~1850)는 유교의 근본 덕성에 대해 순수한 견해를 지니긴 했지만 제국을 휩쓸고 있는 나라 안팎의 문제들에 대해 심도 있는 발언을 하지 못하는 사람들을 고위직으로 승진시켰다. 도광제 말기가 되면 민중반란이 잇달아 일어나 향후 23년 동안 계속되었고 바야흐로 청조는 멸망 직전에 이르렀다.

그러나 이러한 반란들은 중국 대외정책의 위기라는 맥락에서 파악해야 하며, 아울러 백련교를 시작으로 남부와 북부에서 그보다는 덜 극적이지만 여전히 의미심장한 위기상황을 초래한 일련의 저항이 절정에 달한 것으로 보아야 한다. 19세기 초 북부에서 발생한 그런 반란들 가운데 하나가 1813년 린칭(林

淸)이 주도한 반란이었다. 린칭은 1770년에 태어났는데 그의 어린 시절은 청 사회에서 도시 빈민보다 조금 나은 수준의 집단에서 주로 나타나는 불안정의 전형을 보여준다. 그의 아버지는 베이징에서 서리(書吏)로 일했고 린칭은 수도 에서 겨우 수십리 떨어진 마을에서 자랐다. 쓰고 읽기를 배운 린칭은 약재상에 서 견습직을 얻었으나 얼마 후 해고되어 야경꾼이 되었다. 아버지가 죽자 가까 스로 린칭은 아버지 대신에 서리로 임명될 수 있었다. 그 후 그는 자기 사무실 에 보관되어 있던 대운하 보수자금을 횡령하여 차상(茶商)을 열었다. 장사로 번 돈을 도박으로 날린 후 그는 만주로 가서 건축일을 했다. 여전히 안정을 찾지 못한 린칭은 양쯔 강 삼각주의 곡창지대 쑤저우에 있는 처남을 방문하기 위해 중국을 가로질러 남쪽으로 갔다. 거기서 그는 처음에는 지역 곡물담당 관리의 조수로, 나중에는 현청의 말단관리로 일했다. 북부로 돌아와서는 대운하의 곡 물 수송선을 끄는 견선노동자로 일하면서 돈을 벌었다. 베이징 근처의 고향으 로 돌아와서는 새를 파는 가게를 운영했다.

이제 세상에 대해 어느 정도 알게 된 린칭은 천년왕국적 불교를 신봉하는 종 파에 가담하여 여러 가지 신비한 주문을 배웠다. 그는 초기 제자 가운데 한 명 인 여관 급사에게 "매일 새벽 우리는 태양에 경의를 표하면서 진결(眞訣)을 암 송한다. 그리하면 우리는 화재·홍수·전쟁을 피할 수 있고 재앙과 무질서의 시 기가 왔을 때 우리의 위대한 사업을 계획하고 조직하는 기회로 삼을 수 있다"1) 고 말했다. 그가 여덟 자의 진결로 기원한 정신은 "진정한 공(空)의 세계에 있 는 우리 본향(本鄕)에 사는 불멸의 조상"(眞空家鄕無生父母)이었다.

지방관은 이런 민간신앙을 그다지 심각하게 여기지 않았다. 1808년에 린칭 은 너무 떠들썩하게 새로운 신앙을 설파한다고 구타당한 적은 있었지만 대체로 자유롭게 자기 교리를 전파할 수 있었다. 그는 서서히 분파 구성원들의 세포조 직을 만들고 주변 분파들의 지도권을 장악했다. 린칭은 전국을 여행하면서 관 대하고 영리할 뿐 아니라 의학과 관료제의 관행에도 해박한 인물로 알려졌다. 그는 수많은 지역민들로부터, 더 놀랍게는 베이징 궁정에서 일하는 환관을 비 롯해 가난에 찌든 한족 기군과 가신들로부터도 신임을 얻었다. 그의 조카는 후 에 청 관리들에게 "삼촌은 아주 믿음직하셨습니다. 삼촌이 말씀하시기를 헌금 은 미래의 축복을 위해 뿌리는 씨앗과 같으며 미래에 10배로 보상받을 수 있을 것이라 하셨습니다. 그래서 사람들은 삼촌을 믿고 돈을 주었지요. 삼촌이 돌려주는 것을 보지는 못했지만요"2)라고 진술했다. 어떤 약속은 너무 허황됐다. 예컨대 린칭에게 동전(銅錢) 100개를 바치면 그의 종파가 승리할 미래에 100무(畝)의 토지를 받게 되리라는 약속 따위가 그것이다.(100무는 약 2만 평 정도로 중국 북부의 가난한 농민에게는 부자가 됨을 의미했다.)

다른 강력한 지도자들과 연합하면서 더욱 거대한 세력으로 성장한 린칭은 스스로를 미래불, 곧 미륵불이라 부르기 시작했다. 그에 따르면 이 미륵불은 칼파(kalpa), 곧 인류역사의 거대한 순환이 초래할 새로운 재앙으로부터 추종자들이 살아남을 준비를 시키기 위해 영원한 어머니가 보낸 존재였다. 그의 추종자들의 다음과 같은 주문은 반만(反滿) 요소가 더욱 강해졌음을 시사한다. "우리는 북부지역이 한족 황제에게 되돌려지기만을 기다리네. 그러면 다시금 모든 것이 하나의 가계(家系) 아래 있게 되리라."3) 1813년경 린칭은 베이징으로 진군하여 가경제를 암살할 계획을 세웠다.

이 무렵 음모는 비꺽거리기 시작했다. 산둥 출신의 한 의심 많은 하급관리와 각기 불법 종교에 빠져든 아들을 걱정한 아버지 두 사람이 관할 관리에게 신고를 했다. 일부 신도들이 체포되어 고문을 당했다. 그 해 여름에는 산발적이긴 했지만 극한적인 충돌이 몇 차례 있었다. 1813년 말 린칭의 제자 몇 명이 자금성을 공격했으나 쓰라린 패배로 끝났다. 기이한 운명론자였던 린칭은 자신이 주도한 '반란'이 진행되는 동안 자기 집에 머물고 있다가 지역 순검에게 체포됐다. 린칭은 베이징의 형부로 압송되었고 거기에서 심문관들은 도덕적 훈계와 신랄한 질문으로 그를 꾸짖었다. "우리 황제께서는 백성을 친자식처럼 사랑하신다. ……너는 어찌 백성들을 조직하여 자금성 안으로 칼을 들고 공격해 올 수 있느냐? 축생과 야수도 그러지는 못할 것이다!" 린칭은 대답했다. "죽는 것이 내 운명이오. 평화로운 보통사람이 되는 것은 내 운명이 아니오. 나는 스스로 이러한 목적을 추구했소. 더 이상 무슨 할 말이 있겠소?"4) 가경제는 자신을 죽이려 한 이 무명의 중년 남자에게 호기심이 발동한 나머지 그를 불러 친히 심문했다. 린칭은 더 이상 어떤 변명도 하려 들지 않았고, 결국 능지처참되었다. 청 정부는 잘린 그의 머리를 허난 성에 효수하여 그곳에서 아직도 반란 중인 추종자들에게 경종을 울렸다.

린칭의 삶과 반란에 대한 기록이 많이 남아 있는 까닭은 그 사건이 베이징에서 너무도 가까운 지역에서 발생했고 황제가 그 표적이었기 때문이다. 린칭의 예에서 볼 수 있듯 추종자와 자금을 뜻밖에 많이 모을 수 있었다는 점이나 불만이 일반화되어 있었고 종교적 주장들이 노골적이었던 점 등은 이후 수십 년간 북중국에서 형성된 다른 많은 집단들의 전형적인 특징이기도 하다. 이러한 집단들은 반란을 일으킬 잠재력을 가지고 있었지만 뛰어난 지도자가 나타나거나 심각한 자연재해로 인해 격분하지 않는 한 대개 평화롭고 준법적인 활동에 머무는 경우가 많았다.

남부지방에서도 불만이 폭발 직전까지 이르렀으나 그 초점은 달랐다. 여기서 두드러진 세력은 삼합회(三合會) 또는 천지회(天地會)라 불렸는데 이들은 피의 맹세, 종교적 의례, 형제애로 형성된 집단이었다. 삼합회는 18세기 말에 타이완과 푸젠에서 기반을 잡은 후 광둥과 광시에서 힘을 키웠다. 초기 삼합회 회원들 중 다수가 연안 정크나 복잡하게 뒤얽힌 남부지방 수로의 수많은 선박의 선원이거나 가난한 도시 빈민이었다. 그들은 종종 범죄행위—절도·강도·납치—와 관련되어 있었고, 지현의 관할 아문(衙門)에서 일하는 삼합회 회원이 그들을 보호했다. 1830년대 무렵 삼합회 지부들은 농민들도 많이 끌어들이고 있었다. 아마도 대개 막강한 종족이 마을 전체를 지배하는 남부에서, 삼합회가 궁핍의 벼랑 끝에 서 있는 이들에게 보호와 조직적 중심이라는 대안을 제공했기 때문일 것이다. 여성은 백련교에서 그랬듯이 삼합회에서도 높은 자리에 오를 수 있었기 때문에 사회에서 누릴 수 없는 특권과 기회가 있었다. 어떤 기록에 의하면, 남편보다 먼저 삼합회 지부에 가담한 여성은 가정에서 배우자보다 우위를 주장할 수 있었다고 한다. 종종 남편 모르게 가입한 여성도 있었다.

또한 삼합회는 청을 몰아내고 명을 부흥시킨다는 대의명분을 내세웠다. 그들의 반만 입장은 아마도 광저우의 외국인에 대한 청의 통제력 부족과 도시에 대한 외세의 거듭되는 점령 때문에 강화되었을 것이다. 이러한 압력은 조정이 백성 속에 잠재하는 반란자들에 대하여 강력한 조처를 취하기 어렵게 만들었다. 그리고 더 위험한 반란 집단들은 대개 광시와 광둥 사이의 험준하고 통제하기 힘든 성 경계지역에 모였기 때문에 지방 관리들은 진압작전을 용이하게 수행할 수가 없었다. 성 경계지역에서의 긴장감은 지역을 조직화하려는 청의 시도에 끈질기게 저항해 온 고원지대의 야오족(瑤族)과 좡족(壯族)으로 인해 더욱 고조되었다. 또한 이전에 장시 성에서 농사를 짓다가 18세기에 남쪽으로 서서히 이동해 온 이른바 객가(客家, '손님'이라는 뜻이며, 광둥어 발음으로는 하카[Hakka])가 이제는 광시 성을 향해 서남쪽으로 밀려오면서 정착민들과 토지나 일자리를 놓고 갈등하고 있었다.

삼합회 지부와 지역 관료조직에 있는 그들의 동료나 연락책들은 지역 의용군에 개입함으로써 그들의 힘을 강화시켰다. 명 말의 향신이 농민반란군이나 만주족에 대항해 자기 근거지를 방어하기 위해서 그랬던 것처럼, 린쩌쉬는 영국에 맞서 광저우를 지키기 위해 이런 집단의 형성을 격려했다. 광저우 의용군은 향신 지도자, 악한, 충심에서 자원한 농민, 권법단체의 조직원, 그리고 평범한 동업자 집단의 회원 등이 뒤섞여 있었다. 1841년 5월 이와 같은 오합지졸 군대가 광저우 외곽의 싼위안리(三元里)에서 영국 경비대와 마주쳤다. 창과 곡괭이, 더러 총으로 무장한 이들은 영국군의 철수를 강력히 요구했다. 이 와중에 영국군 한 명이 죽고 열다섯 명이 부상당했다. 중국인은 이 공격을 외세에 대항해 똘똘 뭉쳐 싸운 저항의 상징으로 여겼다.

청 정부의 입장에서는 명과 마찬가지로 그러한 집단들은 양날의 칼이었다. 일부 향신은 농촌에서 효율적으로 질서를 유지하고 도시를 순찰하는 잘 조직된 의용군을 양성했다. 다른 집단들에서는 무기를 소지하고 초보적 훈련을 받은 단원들이 뿔뿔이 흩어져 원래의 비적떼로 돌아가거나 새로운 기술을 삼합회 동지들에게 전해 주곤 했다. 이러한 비정규군 집단은 난징 조약이 발효되어 상하이의 무역이 확대되고 광저우의 반란지역에서 자원이 방출되기 시작한 1842년부터 한층 늘어났다. 실직한 사공과 쿨리, 가난에 찌든 공장(工匠), 가난한 농민, 이들 모두가 좌절의 시기에 일종의 안식을 제공해 주는 불만세력에 가담했다.

도광제는 1848년에 절정에 달한 광저우 지역의 영국인에 대한 습격을 어떻게 처리해야 할지 고심했다. "무엇보다 한 가지 중요한 일은 백성의 감정을 달래는 것이다. 만일 백성들의 충성심이 사라지지 않았다면, 외국 도적들을 물리칠 수 있다."[5] 문제는 대중의 폭력을 진정시키는 일이 청으로서는 위험한 도박이었다는 점이다.

태평천국

1840년대에 중국 역사상 가장 치명적이고 장기적인 반란이 광시 성 동부의 가 난한 농촌지역에서 시작되었다. 앞서 언급한 사회·경제적 변화들이 반란의 주 요 원인이었지만, 이 운동에 특징을 부여한 것은 한 개인의 인생사와 정신세계 였다. 그 인물은 홍슈취안(洪秀全)으로 이 시기에 상류층에 들어가려고 애쓰던 수많은 사람들 가운데 하나였다. 홍슈취안은 1814년 광둥의 근면한 농촌가정 에서 다섯 남매 중 넷째아들로 태어났다. 그의 부모는 소수집단인 객가 출신으 로 홍슈취안이 지역 엘리트 자리에 오를 수 있도록 훌륭한 교육을 시키기 위해 희생을 마다하지 않았다. 그는 첫번째 시험에 통과하여 생원(生員)시험을 칠 자 격을 얻었다. 생원시험에 합격하면 학자들이 입는 두루마기를 입고 신체형을 면제받으며 국가로부터 적은 수입의 미관말직이라도 얻을 수 있었지만, 그는 1830년대 초에 치른 두 차례의 시험에서 모두 고배를 마셨다.

야심찬 중국의 젊은이라면 누구라도 그러한 실패에 모욕감을 느꼈을 테지만, 홍슈취안은 유달리 심했다. 그는 여행을 통해 마음을 달래고 광저우에서 혼자 공부를 했다. 1836년에 홍슈취안은 개신교 선교사와 접촉하게 되었는데, 그 선 교사는 아마도 미국에서 중국에 들어와 해원우인회(海員友人會)의 요청으로 황 푸(黃埔)에서 설교하기 시작한 에드윈 스티븐스였음이 틀림없다. 스티븐스와 같은 초기 개신교 선교사들은 아직 중국어를 잘하지 못했고, 처음에는 청의 거 주 규정 때문에 그리고 1842년 이후에는 지역민의 적개심 때문에 광저우에서 살기 힘들었음에도 불구하고 빈민층 속에서 개종자를 만들어 내고 있었다. 중 국인 기독교 개종자들의 도움으로 그들은 기독교 교리의 기본적 요소들을 중국 어로 설명한 짤막한 교리서도 만들었다. 성서의 구절들을 발췌·번역한 『권세양 언』(勸世良言)이라고 하는 선집을 몇 가지 인사말과 설명을 곁들여 홍슈취안의 손에 쥐어 준 사람은 바로 스티븐스와 함께 일하던 중국인 개종자였다.

홍슈취안은 교리서들을 연구하지도 내다 버리지도 않았다. 그는 그것을 대충 훑어본 후 집에 보관해 두었던 것 같다. 그는 처음에는 이들 교리서를 1837년 그가 세번째로 시험에 낙방한 뒤에 꾸었던 이상한 꿈이나 혼수상태와 연관시키 지 않았다. 그때의 환상 속에서 홍슈취안은 자신에게 칼을 준 턱수염 난 금발의 남자와, 사악한 영혼들을 파멸시키는 법을 가르쳐 준 '큰형'이라는 남자와 대화를 나누었다. 이러한 환상을 본 후 6년 동안 홍슈취안은 마을 선생으로 일하면서 다시 한번 시험에 도전했다. 그러나 생원시험에 또 떨어진 뒤 그는 처음부터 끝까지 기독교 교리서를 읽어 보았다. 교리서를 읽으면서 그는 소스라칠 만큼 놀라운 깨달음을 얻었다. 홍슈취안은 자신이 환상 속에서 본 두 인물이 교리서에서 말하는 하느님과 예수이며, 따라서 예수 그리스도의 동생인 자신도 하느님의 아들임에 틀림없다고 생각했다.

30년 전 북부의 린칭과 마찬가지로 홍슈취안도 카리스마적 태도와 강력한 종교적 확신을 통해 그의 영적 세력 안으로 사람들을 끌어모을 수 있었다. 그러나 린칭과는 달리 홍슈취안은 지역의 분파 세포조직을 통해 비밀스럽게 일하지 않았다. 대신 그는 자신의 메시지를 공개적으로 설파하고 개종자에게 세례를 주며 유교와 조상의 사당을 공공연히 파괴하기 시작했다. 이러한 행동이 지역민에게 반감을 사 홍슈취안은 한때 본거지를 광시로 옮겨야 했으나, 지방 당국을 공격하지는 않았기 때문에 전도는 계속할 수 있었다. 1847년에 그는 광저우로 돌아와 미국 남부의 침례파 교인인 아이자커 로버츠와 성서—이제 대부분이 중국어로 번역된—를 공부했다. 그 해 말 홍슈취안은 광저우를 떠나 그의 첫번째 개종자 가운데 하나인 절친한 친구와 만나서 광시 성 동부의 험준한 츠징(紫荊) 산 일대에서 배상제회(拜上帝會)를 조직했다.

이 외딴(국가의 중심지에서 멀리 떨어진) 지역에서 홍슈취안의 운동은 퍼져 나갔고, 객가와 산간지대의 좡족, 야오족으로부터 개종자를 늘려 나갔다. 그리하여 1849년에는 1만 명의 추종자를 끌어모았다. 그에게 합류한 삼합회 조직원들의 영향 탓인지 그의 사상은 새로운 기독교 공동체의 형성과 더불어 만주족의 박멸도 포함하게 되었다. 그는 감동적이고 힘있는 연설로 만주족이 사악하고 간교하다고 공격했다. 그보다 훨씬 온건한 언어로 통치 왕조를 비판했던 뤼류량의 운명을 생각하면, 홍슈취안의 용기는 가히 무모할 정도였다. 그러나 홍슈취안에게 통치 왕조에 대한 도전은 각별한 의미가 있었다. 왜냐하면 그에게 만주족은 유교 신앙의 힘이 중국인을 정의의 길에서 벗어나게 하기 전까지 그 순수성과 영기가 중국에 존재했었던 하느님에 맞서 싸우는 악마였기 때문이다.

홍슈취안은 넘치는 열정으로 헌신적인 추종자들을 모았다. 그의 가장 가까운 고문들 가운데는 양슈칭(楊秀淸)이라는 일자무식에 고아인 츠징 산 출신 석탄 광부가 있었는데, 그는 천부적인 군사 전략가로서 재능을 발휘했다. 19세인 스다카이(石達開)는 지방의 부유한 지주집안 출신이었는데, 집안사람들 대다수의 재산을 홍슈취안에게 헌납하게 하여 홍슈취안의 금고에 거의 10만 냥을 채워 주었다. 개종자 가운데 또 다른 중요한 집단은 지역 광부들이었다. 이들은 동부 광시의 산악지방에서 발달된 폭파나 굴착 기술을 습득하고 있어서 나중에 성벽을 파괴할 때 큰 활약을 했다. 광부 외에도 다양한 전문가들이 가담했다. 전당포 주인(이들은 중앙금고를 관리했다), 법조인(이들은 정부구조를 조직했다), 청군이나 의용군 출신의 군인과 더불어 적어도 잘 알려진 두 명의 여성 비적두목과 해적 출신자가 여럿 있었다.

1850년에 이르면 홍슈취안의 추종자와 개종자가 2만 명을 넘어섰다. 이제 그의 집단은 군대를 훈련시키고 무기를 제조하며 군율을 만들 정도가 되었다. 그들은 부패, 성욕, 아편 흡연을 엄하게 다스리고 기독교 예배의식을 거행하며 중앙금고에 모든 돈과 값진 물건들을 모으고 교도들에게 변발을 자르고 앞머리

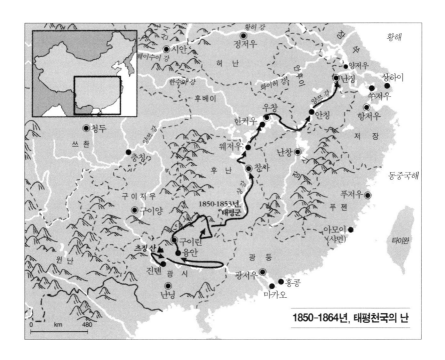

1850–1864년, 태평천국의 난

를 기르게 했으며 여성—어머니·부인·딸—을 따로 분리하여 여성 장교가 운영하는 독립된 부대를 편성했다. 이러한 조치를 통해 배상제회는 각지에서 활개치던 수십 개의 비적집단과 확연히 구별되었다. 도광제가 1850년에 사망하자 함풍제(咸豊帝, 재위 1851~1861)는 전에 아편 금지 특사였던 린쩌쉬를 1845년 이후 유배되어 있던 서북지방에서 다시 불러들여 이 운동을 진압할 특별 책임자로 임명했다. 그러나 린쩌쉬는 츠징 산에 당도하기 전에 사망했다.

1850년 12월에 홍슈취안을 츠징 산 지역에서 몰아내기 위해 파견된 청의 정부군이 무참히 패배하고 만주족 장군이 살해되었다. 1851년 1월 11일에 홍슈취안은 배상제회 회원들을 모아놓고 자신이 태평천국(太平天國, 흔히 줄여서 '태평'이라 쓴다), 곧 '지극히 평화로운 하늘나라'의 천왕(天王)임을 선언했다. 대규모 정부군을 피해 본거지를 떠나게 된 태평군은 1851년 가을까지 광시-광둥의 경계지에서 싸우다가 북쪽으로 올라가 융안(永安) 시를 점령하고 거대한 현금 금고, 식량, 새로운 조직원을 확보하여 6만 명 이상으로 불어나게 되었다.

이제 새로이 제정한 7일제 기독교 태양력에 따라 자기의 운명을 관리하면서 (비록 처음에는 계산상의 실수로 '일요일'이 기독교의 토요일에 해당했지만) 태평군은 1852년 봄에 다시금 전진했다. 그들은 광시의 성도인 구이린(桂林)을 공격했는데, 불굴의 투지로 싸운 새로운 객가 여성연대의 영웅적인 공격에도 불구하고 점령에 실패했다.(고원지대의 고된 밭일에 익숙한 객가 여성들은 다른 한인 여성들과 달리 전족을 하지 않았다.) 여름에 그들은 북쪽의 후난으로 진격하여 창사(長沙)를 공격했지만 2개월 간의 이 시도는 실패로 끝났다. 여기에서 새로운 교도를 모으기 위한 태평천국의 선언문은 더욱 분노에 찬 어조로 변했다. "중국인은 아직도 자신을 인간이라 여길 수 있는가? 만주족이 중국을 더럽힌 이후로 억압의 불길이 하늘에 닿고 부패의 독이 황제의 자리를 더럽히고 악취가 사해(四海)에 퍼지고 악마들의 영향이 제국을 압박하는 동안 중국인은 비굴해지고 사기가 떨어져서 기꺼이 만주족의 백성과 종이 되었다."[6]

거의 저항받지 않고 달려온 태평군은 1852년 12월에 둥팅 호 동쪽에서 웨저우(岳州)로 들어서면서 하나의 전기를 마련했다. 웨저우는 풍요롭고 역사가 오래된 곳으로 그때까지 태평군이 거쳐 온 가난한 지역과는 달랐다. 여기에서 그들은 5천 척의 배, 무기와 화약 저장고 등 어마어마한 전리품을 노획했다.(화포

중에는 약 200년 전 삼번의 난이 실패한 뒤 우싼구이가 버리고 간 것도 있었는데 아직도 사용할 수 있었다.) 이때부터 믿기 어려울 정도의 성과들이 줄을 이었다. 12월에 한커우(漢口)를, 1853년 1월에는 우창(武昌)을 점령하여 훙슈취안은 많은 선박과 지방 금고에 있던 160만 냥을 확보했다. 1853년 2월에는 거의 아무런 저항도 받지 않고 안칭(安慶)을 장악했으며, 여기에서 30만 냥의 돈과 100문의 대포, 그리고 큰 곡물창고를 얻었다. 3월에는 거대한 난징의 중심부를 손에 넣었는데, 당시 난징은 소규모 경비병력만이 방어하고 있었다. 성벽이 폭파되고 중심부가 대포의 포격을 받았으며 성안 거리에 불교승려나 도교승려로 가장한 태평군이 사전에 침투해 있었기 때문에 함락될 수밖에 없었다.

5천 명 가량의 군대를 포함하여 난징의 주민 4만 명이 성의 내부 요새로 후퇴했지만, 태평군의 계속되는 공격을 당해 낼 수는 없었다. 태평군은 전투에서 살아남은 만주인—남자·여자·어린이—을 죄다 붙잡아 의도적으로 태우거나 찌르거나 물에 빠뜨려 죽였다. 이것은 악마가 중국인의 눈앞에서 사라지는 것을 보여주기 위한 훙슈취안의 작전이었다. 3월 말에 왕관을 쓰고 용포를 입은 훙슈취안은 16명이 메는 황금 가마를 타고 성안으로 들어가 옛 명 왕조의 황궁에 거처를 정했다.

태평천국은 천왕인 훙슈취안의 공식적 권위 아래 11년간(1853~1864) 난징에 자리잡은 천국을 다스렸다. 얼마 지나지 않아 훙슈취안은 실질적인 권력을 제자인 양슈칭에게 이양했다. 양슈칭은 자신이 성령, 하느님의 목소리 자체이며 그의 법—여러 차례의 영적 교류를 통해 하느님으로부터 직접 받은—이 예수의 동생인 훙슈취안의 명령보다 우위에 있음을 태평군에게 확신시키려 했다. 문서에만 남아 있는 것이 아니라 실제로 행해졌던 태평천국의 정책들은 놀라울 정도로 급진적이었다. 남녀의 격리와 아편 흡연, 매춘, 춤, 음주의 완전한 금지를 원칙으로 하는 금욕주의가 통치수단의 한 요소였다. 재산은 공동 금고에 보관하고 이론상으로는 모두 공유하기로 했다. 태평천국은 진군과정에서 그리고 난징에서 모두 1,800만 냥을 얻었기 때문에 분명히 풍족해 보였다. 과거제가 다시 시행되었고, 이제는 중국어 성서와 훙슈취안의 종교적 연설이나 문학작품에 근거하여 치러졌다. 여성은 특별 거주지의 행정단위로 조직되어 관료사회에서 감독관의 지위에 오르거나 여성만의 특별 과거시험에 응시할 수 있었다.

　태평천국에서 가장 뛰어났던 것은 지방의 군대 편성체계와 연관된 토지제도로서 그때까지 중국에서 만들어진 제도 가운데 가장 이상적이고 포괄적이며 짜임새 있는 권위적인 제도라 할 수 있다. 모든 토지는 태평천국에 속한 가족과 신도들에게 가구(戶) 규모에 따라 배분되었고, 여성과 남성이 동등하게 분배받았다. 수확물은 각 가정의 생존에 필요한 양만 남기고 나머지는 거대한 공동 곡물창고(公庫)에 저장했다. '양사마'(兩司馬)의 감독 아래 25가구가 한 단위로 조직되었는데, 그는 수확량을 기록하고 분쟁을 판결하며 젊은이의 성서교육과 교리교육을 지도하고 안식일마다 예배를 관장하는 일을 했다. 양사마는 자신이 보살피는 가구 가운데서 지역군으로 봉사할 사람을 선발했다. 군대에 선발된 사람은 엄격한 훈련과 수련을 받아야 했으며 암호나 무기 사용, 함정 만드는 법을 배웠고 전투 중 부상당한 사람이나 병자를 돌보는 의무대에서 구조활동도 했다. 동쪽이나 북쪽으로 영역을 확장하거나 수비대의 식량과 병력을 확보하기 위해 수많은 군사가 난징 기지에서 또 다른 지역으로 진군해 갔다. 그 결과는 "어디에도 불평등이 없고 누구도 굶주리거나 헐벗지 않으리라"는 태평천국의 언명 그대로였다.[7]

　그러나 그들의 모든 군사적·이념적 열정과 완벽한 통치라는 이상주의적 꿈에도 불구하고 태평천국은 청을 무너뜨리지 못했고 청의 무지막지한 학살로 완전히 제거되었다. 왜 태평천국은 그토록 유토피아적인 이념을 내걸고 엄청난 속도로 숱한 승리를 거두고도 성공하지 못했을까?

　한 가지 이유는 집단 지도력의 와해였다. 훙슈취안은 형제의 연을 맺은 몇몇 주요 태평천국 추종자들을 '왕'으로 봉하여 그들의 지휘 아래 서로 협력하며 통치하도록 했다. 그러나 가장 재능 있는 지도자 가운데 두 명은 1852년 전쟁 중에 죽었고 가장 명석한 생존자들—특히 훙슈취안의 츠징 산 시절 초기 추종자들인 양슈칭과 스다카이—은 그의 신임을 잃었다. 막대한 권력을 거머쥐었던 양슈칭은 1856년 왕궁에서 습격을 받아 암살당했는데, 이는 훙슈치안이 지시한 것이었다. 스다카이는 줄곧 신의를 지키며 살아서 태평천국의 가장 위대한 장군이 되었지만, 사이가 안 좋았던 태평천국의 장군들에게 부인과 어머니를 잃자 난징을 떠났다. 그는 쓰촨에서 독립국을 세우려 도모했으나 청군에 붙잡혀 1863년에 살해되었다.

가장 뛰어난 측근들이 사라지자 한때 대단한 권위를 지녔던 홍슈취안의 지위는 흔들렸다. 그는 위험스러울 만큼 비효율적이며 명확한 목적의식을 갖고 있지 않았음이 드러났다. 우창에서 베이징으로 북진할 기회를 놓쳤듯이 그는 난징 점령 이후 장악한 주도권을 추진력 있게 밀어붙이는 데 실패했다. 그 대신 후궁들에게 둘러싸인 궁중생활의 감각적 쾌락과 창세기에서 누가복음에 이르기까지 모든 부분에서 자신의 '사명'에 대해 언급한 부분을 탐독하는 종교적 신비주의에 빠졌다. 그는 반만 성전(聖戰)이라는 엄청난 잠재력을 지닌 대중적 이슈를 부각시키는 데 실패했고 경건한 종교 지도자로서의 명성에도 오점을 남겼다.

반만 감정을 자극하는 데 실패했다는 것은 태평천국이 난징에서 권력을 잡고 있었음에도 불구하고 고립되어 있었다는 것을 반증한다. 만일 그들이 난징을 거대한 거점도시로 발전시켰더라면, 그리고 홍슈취안이 그곳에서 대중적 지지를 받는 굳건한 기반 위에 군림했더라면 태평천국은 무너지지 않았을 것이다. 그러나 난징에 거주하던 한인들은 태평군 점령자들──이들은 대부분 객가 출신으로 기묘한 차림새를 하고 억양이 특이했으며 여성들은 발이 컸다──이 외국인이나 만주족과 마찬가지로 생소하다고 생각했다. 거주자들은 경제생활의 변화, 공동 금고의 설치와 시장 규제, 민간인의 성별·직업별 분리, 행동양식에 대한 엄격한 법 적용 등과 같은 태평천국의 정책에 분노했다. 태평천국에 대한 소극적인 저항이 산발적으로 일어났고, 청군으로 도망가고 밀고하거나 배신하는 행위가 자주 발생했다.[8] 그에 비하면 청 초기 도르곤의 유연한 정책이 일반적인 대중의 호감을 얻는 데 훨씬 성공적이었다.

난징 이외의 농촌지역에서도 태평천국은 실패했다. 그런 곳에서는 모든 신도의 공동창고와 토지의 균등 소유라는 태평천국의 이상이 거의 실현되지 않았다. 그들은 장쑤·안후이·저장의 광대한 지역을 오랫동안 점령하고 있었고 간헐적으로 그 이북과 이서 지역도 차지했지만, 극적인 토지개혁을 추진할 헌신적인 인물이 부족했고 낙심한 농민들에게는 그저 또 다른 세금 징수자가 생겼을 뿐이었다. 대규모 군대를 유지하기 위한 식량과 보급품을 얻으려면 태평천국의 부대들은 수백km를 떼지어 다니면서 농가를 약탈해야 했다. 이러한 식량과 보급품이 필요하기는 청군도 마찬가지여서 두 집단의 군대는, 한때 중국에서 가장 풍요로웠던 방대한 지역을 폐허로 만들었다.

또한 태평천국은 같은 시기에 발생한 다른 두 반란 세력인 북쪽의 염군(捻軍)과 남쪽의 홍건적(紅巾賊)과 협력하는 데도 실패했다. 만일 그들 사이에 연대가 이루어져서 어떤 구체적인 활동—반명 반란자 리쯔청과 장셴중이 1630년대에 다른 비적 지도자들과 시도했던 것 같은—이 있었다면 서구로부터 그토록 치명적인 타격을 입고 있던 청이 살아남기는 어려웠을 것이다. 그러나 태평천국의 금욕주의와 종교적 주장에 담긴 극단적 성격은 다른 반란군과의 건설적인 협력을 어렵게 했다.

한편 태평천국의 명분은 서양의 동조를 얻는 데도 실패했다. 처음에 외국인들, 특히 선교사들은 사회개혁과 망해 가는 비타협적인 만주족의 섬멸을 약속한 기독교 혁명세력에 큰 기대를 걸었다. 그러나 선교사들은 이윽고 홍슈취안의 기독교 신앙이 기이하다는 것을 분명히 깨닫게 되었고 무역상들은 태평천국이 아편에 대해 아주 적대적이라는 사실을 알고 우려하게 되었다. 결국 서구 열강은 조약을 통해 새로이 확보한 기득권을 위협할지도 모르는 태평천국의 상하이 점령을 막기 위해 청나라를 지원하기로 결정했다. 1853년에서 1855년 초반까지 상하이의 한인 지구를 지배했던 삼합회 비밀조직원의 지원으로 태평천국의 상하이 점령은 임박한 듯했다. 반란 말기에 증기선, 곧 얕은 물에서도 운항이 가능한 전함의 지원을 받은 외국인 용병부대가 태평군을 상대로 청군과 함께 싸웠다. 이 부대가 이른바 '상승군'(常勝軍)으로 처음에는 매사추세츠 출신 미국인 탐험가인 프레드릭 타운센드 워드가, 그가 죽은 후에는 대단히 종교적인 영국인 포병 장교 찰스 '차이니스' 고든이 지휘했다.

만주족이 이끄는 정규 기군이 적을 무찌르지 못할 것 같았음에도 불구하고 태평천국에 대항하여 싸운 한족 고위 장교들의 충성과 끈기 그리고 용기에 의해 청의 명분은 강화되었다. 이 유교 교육을 받은 학자들은 태평천국이 대대로 살아온 고향을 위협하는 데 경악했고, 태평천국이 중국의 모든 가치체계를 공격하기 위해 기독교를 이용하는 데 분노했다. 그들 가운데 가장 위대한 지도자는 후난 성 출신의 관료인 쩡궈판(曾國藩)이었다. 그는 1852년 상(喪)을 당해 조정을 떠났을 때 자신의 소유지를 방어하기 위해 처음으로 지방군대를 양성하기 시작했다. 그 후 쩡궈판은 형제들과 함께 지역의 향신을 장교로 삼고 강인한 후난 농민을 사병으로 구성한, 나름대로 효율적으로 운영되고 장비를 갖춘 군대를 만들기 위해 노력했다. 이 지역에서는 청의 기군이 약했을 뿐만 아니라 의용군을 유지하는 데는 지방 관료가 부적합하다는 것이 입증되었기 때문에 쩡궈판의 군대는 국가의 방어력에 중요한 보탬이 되었다. 후난을 가로지르는 강의 이름을 따서 상군(湘軍)이라 이름 붙인 이 부대는 태평천국에게 가장 무서운 적 가운데 하나가 되었고, 마침내 난징 수복에서 결정적인 역할을 했다.

상군의 편제는 넓게는 태평천국과의 싸움에서 지방군대가 과시한 놀라운 유연성과 효율성을 보여준다. 자신들의 대의명분에 많은 향신을 끌어들이지 못한 태평천국은 중부와 동부에서 가정과 땅을 지키기 위해 향신이 조직한 수많은 의용군의 저항에 부딪쳤다. 의용군은 일면 국가의 비효율성을 보여주는 것이었음에도 불구하고 청은 이를 수용하여 향신 지주에게 새로운 차원의 권력을 쥐어주었다. 의용군의 지휘자가 군사활동상의 재정을 확보할 수 있도록 이금세(釐金稅)—일종의 부가적인 통행세—를 징수할 수 있게 되자 그들은 이 지루한 지구전에서 연속적인 성공을 거둘 수 있었다. 공동체 전체가 태평천국에 저항하기 위해 단결하자 태평군은 보급품과 새 신도를 얻기가 점점 더 힘들어졌다.

태평천국이 법을 고쳐서 '서구화'하려는 대담한 시도에 실패했다는 사실은 홍슈취안 왕국의 치명적인 보수성을 여실히 드러내는 것이다. 이러한 모험을 처음 계획한 사람은 홍슈취안의 친척인 홍런간(洪仁玕)이라는 청년으로 광저우에서 선교사들과 공부했던 최초의 배상제회 회원이었다. 태평천국의 난 초반 동안 홍런간은 홍콩에서 생활했으며 그곳의 영국 식민정부와 가깝게 지냈다. 1859년에 의사로 변장하고 난징으로 들어온 그는 천왕의 열렬한 환영을 받고 총리역(干王)에 임명되었다. 홍런간은 『자정신편』(資政新編)이라는 제목의 정성 들인 보고서를 준비하여 1859년에 천왕에게 제출했다. 그의 글은 태평천국 영토에서의 사법과 은행제도의 확립, 도로·철도의 건설, 증기선의 건조, 우편업무의 도입, 신문의 발행, 흡점과 유아살해의 금지 등을 주장했다. 홍슈취안은 이 모든 제안을 "좋다"고 인정했으나 신문을 통해 이런 이슈를 유포하는 것에 대해서는 "그 제안은 남은 악마들이 섬멸된 뒤 실행해도 늦지 않다"[9]고 유보적인 입장을 보였다. 또한 실제로 이러한 개혁을 실행하기 위해 어떤 구체적인 조치도 취하지 않았다. 그리고 홍런간이 양쯔 강 상류를 회복하기 위해 새로운 거창한 전략을 세워 쑤저우와 항저우에 대한 대규모 반격을 시도했지만 참패하자, 태평천국에 대한 대중적 지지라는 마지막 희망마저 무너지고 말았다.

쩡궈판이 황제에게 "이제 백성들은 반란군에 대한 말만 들어도 고통과 후회로 가슴을 치고 여자건 남자건 모두 도망쳐 버려서 아궁이가 식은 지 이미 오래되었습니다. 농부는 한 톨의 곡식도 거두지 못해 하나둘씩 농사를 포기하고 있습니다. 반란군이 백성 없는 영토를 거니는 것은 물고기가 물 없는 곳에서 헤엄치려는 것과 같습니다"라고 만족스럽게 말했다. 그런데 1864년 7월 홍슈취안의 죽음(자살인지 병 때문인지 명확히 밝혀지지 않았다) 이후 청군이 난징으로 폭풍우와 같이 몰려와 태평군의 종말이 다가왔을 때 쩡궈판은 반란자들의 행동에 놀라 황제에게 이렇게 썼다. "난징에 있던 10만 명의 반란자들 가운데 단 한명도 성이 함락되었을 때 항복하지 않았고, 대부분 한데 모여 스스로 몸에 불을 붙이고 후회 없이 죽어 갔습니다. 그토록 무서운 반란군은 고금을 통해 일찍이 본 적이 없습니다."10)

외국의 압력과 마르크스의 견해

청이 태평천국을 물리칠 수 있도록 도와 준 많은 요소들 가운데 하나는 1860년대 초에 이루어진 외국인의 협조이다. 거기에는 외국인이 지도하는 상하이 해관에서 모은 관세나 서양인 장교가 지휘하던 상승군도 포함된다. 그들이 청을 지원한 까닭은 주로 국제적인 문제와 관련해서이고, 이때 영국은 또다시 주도적인 역할을 맡았다. 난징 조약의 결과에 실망하고 청의 끊임없는 저항에 당황한 영국은 태평천국의 난이 확산되는 것을 두려워하는 청에게 전혀 동정을 하지 않았다. 대신 영국은 1844년 미국과 청의 조약(왕샤 조약)에 최혜국 조항을 적용하기로 고도의 법률적인 결정을 내렸는데, 그도 그럴 것이 왕샤 조약에는 12년 후에 조약을 재협상한다고 명시되어 있었던 것이다. 따라서 이 조항을 1842년 난징 조약까지 소급하여 영국 당국은 1854년에 중국에게 재협상을 강요했다.

영국 외무성 장관은 이 논의를 위해서는 이때가 호기임을 간파하고 홍콩 총독에게 다음과 같은 편지를 썼다. "중국 당국은 아마도 어느 정도 구실을 대면서 지금은 그와 같은 결정을 내릴 적당한 시기가 아니라고 반대할 것입니다."11) 그럼에도 불구하고 그는 중국의 모든 영토 또는 그것이 불가능하다면 저장 성과 양쯔 강 하구부터 난징까지의 모든 해안에 영국인의 출입 허가, 아편무역의 합법화, 외국 수입품의 국내 통과세 폐지, 해적 소탕, 중국인 노동 이민의 제한, 영국 대사관의 베이징 주재, 개정된 조약에 문제가 생겼을 때 중국어본 대신 영어본 채택 따위의 대담한 요구조건들을 청에 제시할 것을 제안했다.

영국은 러시아를 상대로 크림 전쟁에 개입하는 바람에 약간 주의가 요구되긴 했지만, 미국·프랑스와 보조를 맞추면서 조약 개정을 계속 거부하는 청에 압력을 가했다. 마침내 영국은 본래 홍콩 국적의 애로우호에 대해 청이 수색을 한 것은 불법이라는 구실을 대고 1856년 말 광저우에서 군사작전을 재개했다. 보급 지원이 얼마간 지연된 후(당시 인도에서 반란이 거세지고 있었기 때문에 동아시아에서 전쟁을 한다는 발상은 영국인 사이에서 인기가 없었다), 영국은 1857년 12월에 광저우를 점령하고 줄곧 영국에 적대적이었던 광저우 총독을 캘커타로 추방해 버렸다. 그 후 영국은 1840년의 전쟁 때처럼 북쪽으로 항해하여 1858년 5월에 다구 요새를 장악하고 톈진을 위협했다. 6월에 베이징으로 가는 길이 영국군에게 열리자 청은 무릎을 꿇고 새 조약의 인준에 동의했다. 최혜국 조항에 따라 영국이 얻는 모든 혜택은 다른 주요 열강도 공유하게 되었다.

1858년의 '톈진 조약'으로 중국은 전례 없이 치명적인 조항들을 받아들일 수밖에 없었다. 이때부터 영국 대사는 가족과 수행원을 대동하고 베이징 내의 적당한 거처에 거주할 수 있게 되었다. 공개적인 기독교 선교도 보장되었다. 유효한 신분증을 소지한 사람은 어디든지 여행할 수 있게 되었고 개항장 50km 내에서는 신분증 없이도 다닐 수 있게 되었다. 중국에서 진행 중이던 반란들이 진압되자 양쯔 강 이북 한커우까지 무역을 할 수 있게 되었으며, 새로이 4개의 양쯔 강 지역 개항장(한커우·주장[九江]·난징·전장)이 문을 열었다. 이 밖에도 만주에 한 곳, 산둥에 한 곳, 타이완에 두 곳, 광둥에 한 곳, 그리고 극남의 하이난 섬에 한 곳 등 모두 6개의 항구를 추가로 개항했다.

또한 톈진 조약은 모든 외국 수입품에 대한 국내 통과세를 2.5%의 단일 세율로 내리도록 규정했고, 모든 항구와 세관에서 통일된 도량형을 채택하도록 했다. 공식적인 언어는 영어로 했고, 영국을 지칭할 때 오랑캐를 의미하는 이

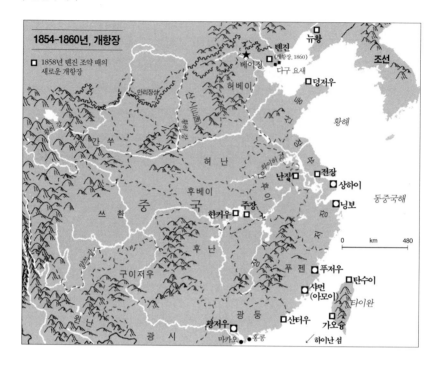

(夷) 자는 더 이상 사용할 수 없게 했다. 해적을 소탕하는 영국의 배는 중국 어느 항구에나 자유롭게 드나들 수 있었다. 여러 통상업무와 관련된 합의사항들을 포함한 추가 조항에 "이제부터 아편은 60kg당 30냥의 관세를 내야 한다. 수입상은 항구에서만 판매할 수 있다. 국내에서는 중국인에 의해서 중국인의 재산으로서만 운반될 수 있다. 외국 상인은 아편을 소지할 수 없다"라고 명시되었다. 중국의 형법에 아편의 판매와 소비가 금지되어 있음에도 불구하고 이러한 조항이 설정되었던 것이다. 한편 실질적으로 영국의 유일한 양보는 톈진에서 물러나는 것과 다구 요새를 청에게 되돌려 주는 것뿐이었다.

영국은 이쯤에서 중국의 통치자들이 저항을 멈추길 기대했던 것 같다. 그러나 청은 외국 대사들이 베이징에 주재하도록 명시한 조항을 지키지 않았으며, 그럴 의사도 없는 것 같았다. 1859년 6월에 새로운 조약의 조항들을 집행시키기 위해 영국은 또다시 다구를 공격했다. 이때는 청이 요새의 수비를 강화하고 있었기 때문에 전투는 격렬했다. 미국 정부는 중립을 선언했음에도 불구하고 부상당한 영국 제독 호프의 "피는 물보다 진하다"[12]는 외침에 동조한 미국 해군

태트널 함장이 지원하러 왔지만 영국은 패했다. 1860년 다구 요새에서 물러난 영국은 다른 경로로 베이징에 협상단을 보냈다. 그러나 그들은 청 당국에 의해 구속되었고 일부는 처형되었다. 더 이상 청 정부의 태도를 묵과할 수 없었던 영국의 협상단장 엘진 경은 그의 군대를 베이징으로 진군시켰다. 1860년 10월 18일, 엘진의 명령에 따라 영국군은 원명원(圓明園)──예수회 건축가의 설계로 유흥을 위해 지어진 베이징 외곽의 아름다운 여름별궁──을 불태웠다. 그러나 영국은 베이징의 자금성을 파괴할 경우 엄청난 비난을 받을 수 있고, 어차피 청은 몰락할 것이라는 계산에서 이 신성한 건축물은 남겨 두었다.

이미 궁을 버리고 만주로 피신한 황제는 그의 동생 공친왕(恭親王)을 협상자로 내세웠다. 그러나 여름별궁이 불타던 날 공친왕은 더 이상 협상의 여지는 없었고, 1858년의 톈진 조약을 재확인하는 길밖에 없었다. 그리고 추가로 '베이징 협정'을 체결하여 황제는 영국 여왕의 사절을 괴롭힌 데 대해 '깊은 유감'을 표하기로 결정했다. 또한 황제는 배상금으로 800만 냥을 더 지불하기로 했고 중국인이 영국 선박을 이용해 이민할 수 있도록 허락했으며 톈진을 개항장으로 만들고 카우룬 반도 일부를 홍콩에 할양키로 했다. 이로써 '조약체제'는 완결되었다.

이렇게 극적인 부가사항들이 조약에 명시되었고 공친왕이 조약 집행을 추진할 것으로 확신한 영국은 청을 대대적으로 지원하기 시작했다. 그 이유는 뻔했다. 만일 청이 태평천국을 물리친다면 외국인은 계속 새로운 이득을 올릴 수 있겠지만, 만일 태평천국이 청을 이긴다면 홍런간의 반(半) 서구적인 정책의 지원을 받는다 하더라도 서양은 성가신 협상──그리고 어쩌면 새로운 전쟁──의 모든 과정을 되풀이해야 할 테니까. 이러한 국제정세 변화의 냉소적 관찰자였던 칼 마르크스는 태평천국의 난과 영국의 대외정책의 추이에 지대한 관심을 갖고 예의주시하고 있었다. 1818년 독일에서 출생한 마르크스는 1848년 친구인 프리드리히 엥겔스와 함께 『공산당 선언』을 집필했다. 급진적 견해 때문에 독일과 프랑스에서 추방당한 마르크스는 1849년 런던에 정착하여 그 이후 영국을 고향으로 삼았다. 1853년 무렵 반동적 정부세력의 계속된 방해로 유럽에서 기대했던 혁명의 물결이 사그라들자 마르크스는 혁명적 변화가 가능하다는 확증을 찾기 위해 중국으로 눈을 돌렸다.

태평천국이 난징을 점령하던 해에 마르크스는 중국의 모든 분파들이 마침내 "강력한 혁명을 위해 한데 모였다"고 썼다. 그는 태평천국이 견지한 '종교적·왕조적·국가적 형태'가 정확히 무엇인지 알지는 못했으나, 태평천국운동이 일어나고 확대된 것은 영국의 아편무역과 대포 때문이라고 확신했다. 이 요소들(아편과 대포)은 함께 어우러져 중국이 고수하던 쇄국에 종지부를 찍게 만들었으며 만주의 권위를 무너뜨리고, 한때 존경받던 중국 관리들을 밀수와 부패의 늪에 빠뜨렸다. 그 결과 "밀폐된 관에 조심스레 보존된 미라가 공기를 접하게 되면 부서지고 마는 것과 같은 이치로" 청도 해체될 것이 분명했다.[13]

마르크스는 중국의 멸망이 멋진 구경거리를 제공할 것이라고 생각했다. 그에 따르면 서구 열강은 인도의 아편 생산으로 대중국 무역의 균형을 이루고, 국내 세수를 유지하기 위해 중국 무역에 과세하는 문제에 지나치게 몰두한 나머지 중국 무역 없이는 아무 것도 할 수 없게 되었다는 것이다. 그러므로 그는 "중국의 혁명은 현 산업체제의 과부하된 지뢰에 불꽃을 댕기고 오랜 기간 누적되어 온 전반적 위기를 폭발시켜 유럽의 정치적 혁명을 앞당기게 될 것이라고 보아도 무방하다"[14]라고 썼다. 이것은 30여 년 전에 유럽이 중국을 근대 세계로 점차 끌어낼 것이라고 추측했던 헤겔의 견해에 대한 하나의 묵시론적 해석이었다.

그러나 1850년 말까지 중국에서 일어난 사건들은 유럽 사회에 그런 종류의 직접적인 영향을 미치지는 못했다. 마르크스는 '애로우호 전쟁'과 톈진 조약에 이어 1860년의 베이징 협약 이후 전개되는 영국 제국주의의 새로운 국면에 여전히 주의를 기울이고 있었다. 그는 영국이 광저우를 폭파한 행위와 캘리포니아·멕시코·니카라과에서 윌리엄 워커 '장군'이 벌인 해적활동을 비교하면서 "외교상의 예절이라는 별스런 규범을 위반했다는 이유로 선전포고도 없이 평화로운 국가를 침범하는 이런 행위를 세계의 문명국들이 승인할" 수 있는 것인지 의아스러워했다. 1857년 3월 영국 의회가 전쟁을 도발했다는 이유로 파머스턴 경을 탄핵하고, 곧바로 이것이 의회 해산과 국민투표로 이어지자, 마르크스는 성급하게도 이를 '파머스턴 독재'의 종말로 보았다.[15]

파머스턴이 국민투표를 통해 혐의를 벗고, 다시 영국이 중국의 소동 속으로 뛰어들자, 그제서야 마르크스는 국책 전체의 부당성을 지적하고 그러한 행위는 법치국가에서 있을 수 없는 위험한 짓이라고 거듭 경고했다. 또한 마르크스는

주방(朱邦), 「왕궁도」(王宮圖)(1500년경)

세스천(謝時臣, 1487～1561?),
「악양루」(岳陽樓)

쉬웨이(徐渭, 1521~1593), 「사시화훼도」(四時化卉圖)

장홍(張宏), 「다양한 놀이들」(1638)

샤오윈충(蕭云叢), 「설산에서의 독서」(1652)

위안샹(袁江),「구성궁」(九城宮)(1691)

왕후이(王翬, 1632~1717)와 그의 조수들, 「강희남순도」(1691~1695)

스타오(石濤, 1642~1707), 「복숭아꽃 만발한 봄」

위즈딩(禹之鼎, 1647~1713?), 「황산의 이영집」

홍런(弘仁), 「서쪽 봉우리의 눈 덮인 소나무」(1661)

주세페 카스틸리오네(중국명은 랑스닝[郎世寧], 1688~1766)와 그의 조수들,
「무란(木蘭) I: 어느 읍에 입성하는 건륭제와 군사들」

주세페 카스틸리오네와 그의 조수들, 「무란 II : 아영지」

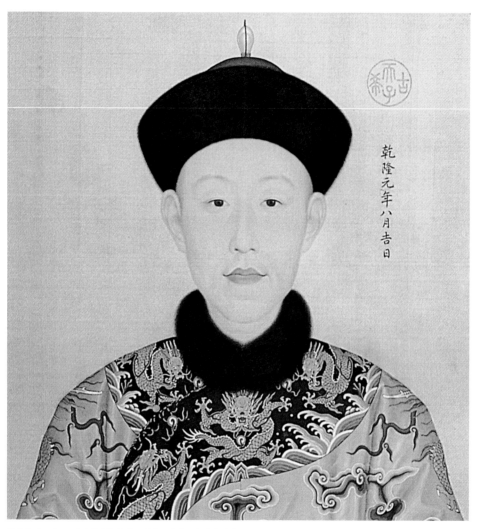

주세페 카스틸리오네, 「내 가슴 속에는 평화롭게 다스릴 힘이 있다」
건륭제 초상의 부분(1736)

작자 미상, 「광저우의 상관」(1780년경)

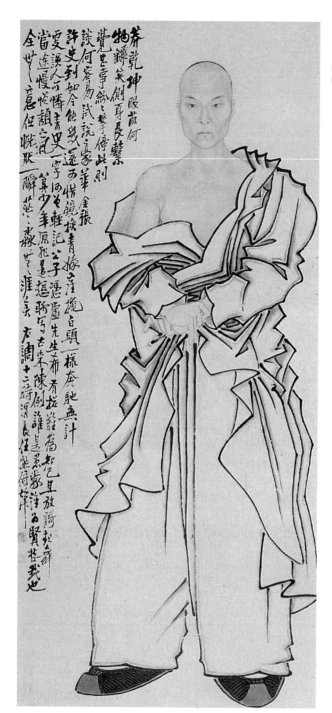

런슝(任熊, 1820~1857),
「자화상」

낙관적인 영국 상인들이 예견하는 것처럼 중국 무역이 그렇게 확장되지는 않을 것이라고 재빠르게 덧붙였다. 중국이 대규모 아편 수입과 영국 공산품의 대규모 수입 양쪽 모두를 감당할 수 없기 때문이라는 것이었다. 또한 그는 중국과의 협상이 장기화될수록 가장 이득을 볼 나라는 러시아라고 전망했다. 크림 전쟁에서 좌절을 맛보았음에도 불구하고 러시아는 당시 자기네 철도망을 동아시아로 확장시키고 조선 북쪽 해안까지 지배를 강화했다. 그리고 강희제와 옹정제에 의해 체결된 네르친스크 조약과 캬흐타 조약에서 제외되었던 아무르 강 주변의 방대한 영토를 장악했다.

30년 전 헤겔이 제시했던 견해에 따라 마르크스는 세계사를 네 단계, 곧 아시아적·고대적·봉건적·근대 부르주아적 '생산양식' 단계로 구분했다. 우리는 고대적−봉건적−부르주아적 생산양식의 연속성이 유럽 세계에서 연대기적이고 분석적인 의미를 지닌다는 것을 알 수 있다. 사실상 이것은 그리스−로마의 노예제 제국에서 중세 유럽의 봉건기를 거쳐 부르주아 사회를 개막시킨 상인길드와 도시 자치의 발달이라는 변화를 압축적으로 설명해 주는 하나의 방식이다. 그러나 '아시아적' 생산양식은 일종의 지리적인 범주로 다른 세 단계의 시간적 연속성 바깥에 놓여 있다. 마르크스는 네 단계가 "사회의 경제적 변화에서의 진보적인 시기들"을 대표한다고 썼지만, 사실상 그는 헤겔을 본받아 중국(그리고 인도)을 세계사적 발전의 바깥에 두었다. 따라서 아시아적 생산양식은 이후의 역사 발전에 포함시킬 수 없으며 단지 그 주변에서 느리게 움직일 뿐이라는 것이다.

마르크스가 1859년에 쓴 『정치경제학 비판』에서 가장 강도 높게 주장한 것 가운데 하나는 다음과 같다. "어떤 사회질서도 생산력이 발전할 여지가 있는 한 소멸되지 않는다. 새로운 고도의 생산관계는 그것이 존재하는 물질적 조건들이 옛 사회 자체 내부로부터 성숙되기 전에는 결코 나타나지 않는다."16) 마르크스는 중국에서 새로운 생산력의 '여력'이 고갈되었다는 애덤 스미스의 견해를 따랐는지는 모르지만, 여전히 서구인은 "새로운 고도의 생산관계"의 씨앗을 뿌릴 수 있는 힘을 가지고 있음을 암시했다. 왜냐하면 중국은 마르크스가 다른 곳에서 기술했던 것처럼 "사회생활의 화석상태"17)였기 때문이다. 따라서 어떤 면에서는 외국 제국주의의 파괴적인 진군이 건설적인 효과를 가져올 수 있다고 보았다. 곧 중국 제국의 전통적 구조를 약화시킴으로써 프롤레타리아 혁명의 성공을 앞당길 수 있다는 것이다.

중국에 대한 마르크스의 성찰은 여기서 멈췄다. 1862년 무렵 그는 계속해서 들려오는 태평천국의 잔인함을 전하는 소식에 염증을 느끼고는 냉소적으로 변했다. 그는 태평천국이 진압되기 전에 중국 북부에서 급성장하기 시작한 전혀 새로운 염군의 난에서 위안을 찾지도 않았다. 그와 엥겔스가 『공산당 선언』에서 너무나 명백히 밝혔듯이 비록 "옛 사회의 가장 낮은 계층에서 떨어져 나온 복종적이고 부패한 대중인 '위험한 계급,' 곧 사회적 쓰레기들"은 혁명운동에 쉽게 휩쓸려 들어간다 할지라도 결국에는 "매수당한 반동적 음모의 도구"라는 필연적 역할로 되돌아갈 것이기 때문이었다.[18] 그러나 마르크스의 뇌리에서 지워지지 않는 강렬한 예감 하나가 그의 몇몇 글에서 지속적으로 불쑥불쑥 튀어나온다. 그는 미래에 언젠가는 유럽의 반동세력이 분노한 프롤레타리아트의 면전에서 도망쳐 보수세력의 마지막 보루로 믿은 피난처를 찾아갔을 때, 그들은 놀랍게도 만리장성 위에 굵은 글씨로 '중국 공화국──자유·평등·박애'라고 쓰여 있는 것을 발견하게 될 것이라고 생각했다.[19]

염군의 난

염군(捻軍)의 난이 일어난 때는 대체로 1851년, 곧 태평천국의 공식선언이 있었던 해였을 것이다. 그러나 염군의 기원은 1790년대에 화이허 강 북쪽, 특히 산둥 성 서남, 장쑤 성 서북, 허난 성 중동부, 안후이 성 북부의 경계가 맞닿는 지방에서 활동하던 떠돌이 비적떼로 거슬러올라간다. 염(捻)이라는 이름은 아마도 유랑하는 비적떼 반란군을 뜻하는 것으로 보이지만, 이 문자의 모호한 의미상 그들이 때때로 사용했던 군인 변장이나 밤도적질 때 사용했던 종이로 꼰 햇불에서 기인한 것일 수도 있다.

태평천국과는 달리 염군은 명확한 종교적 제휴나 정치적 사상, 전략적 목표, 또는 단일한 지도자를 갖고 있지 않았다. 그럼에도 19세기의 전반 50년 동안 그들의 수와 세력은 점진적으로 증가했다. 어떤 염군은 백련교도, 팔괘교 또는 삼합회 등과 관련이 있었고 또 어떤 이들은 정부의 소금 전매권을 무시하는 소금 밀매업과 연결되어 있었다. 그러나 대다수는 가난한 농민이거나 전에 농사를 짓던 사람들로서 농업에 맞지 않은 기후, 자주 범람하는 하천 등의 열악한 환경에서 살아남기 위해 몸부림치던 사람들이었다. 그리고 이 지역의 높은 여아살해율은 성비의 심각한 불균형을 초래하여 자그만치 20%의 남성이 아내를 얻거나 가정을 꾸리는 것이 불가능했으며, 따라서 언제라도 반란군에 가담하여 노략질을 할 수밖에 없는 사람들이었다. 이미 정착지역 공동체에서는 마을에 성벽을 쌓고 소규모 방어군을 조직하고 곡식감시단을 구성하는 등 안전을 위해 노력해 왔으나, 염군은 인근 마을들에서 곡식을 빼앗고 정부에서 허가한 소금상인들을 약탈하고 부유한 지주를 납치하여 몸값을 요구하고, 심지어는 갇혀 있는 동료 염군을 구하기 위해 감옥을 습격하기도 했다.

1851년 이후 장쑤 성 북부에 큰 홍수가 발생하여 새로운 재해까지 덮치자 염군 무리에 가담하는 사람들이 급격하게 늘어났고, 청은 '공식적으로' 이들을 반란자로 규정했다. 태평천국이 난징을 점령한 지 2년 뒤인 1855년에 황허 강의 범람이 걷잡을 수 없는 지경이 되어 카이펑(開封)의 동쪽을 받치고 있던 주요 제방이 무너지고 산둥 반도의 북쪽 곳으로 새로운 물길이 트이자, 난민들은 속속 염군에 가담했다. 이와 동시에 염군조직도 치밀해졌다. 1852년에 18개의 서로 다른 염군집단의 지도자들은 북부 안후이에서 양(羊) 도둑들을 지원하고, 소금 밀매상을 운영하던 지주인 장뤄싱(張洛行)이 그들의 수장이라고 선언했다. 1856년에 장뤄싱은 '대한명명왕'(大漢明命王, 하늘의 명에 따른 위대한 한족의 왕)이라는 명예로운 칭호와 함께 '맹주'(盟主)로 선출되었다. 염군은 자체적으로 5개의 주요 기군(旗軍)을 조직하여 각각 인근 공동체에서 같은 성(姓)을 가진 반란자를 모아 하나의 기군집단을 꾸리고 각기 다른 다섯 가지 색깔(黃·白·藍·紅·黑―옮긴이)의 이름을 붙였다.

염군의 노련한 전사는 겨우 3만에서 5만 명 정도였지만 그들의 역량은 산술적인 수 이상이었다. 그들 중 다수는 기병(騎兵)이었고 중화기로 무장하고 있었으며 마음만 먹으면 수도인 베이징과 포위된 난징 정부군 사이의 연락망을 끊어버릴 수도 있었다. 이들은 화이허 강 북쪽 지역에 견고한 성벽과 해자를 만들고 대포로 무장한 공동체를 형성한 후 농촌지역을 휩쓸고 다니며 군대가 쉴 수 있는 안전기지를 10여 군데나 만들었다. 다른 촌이나 읍도 반란군이 침입하지 못하도록 요새화했기 때문에 화이허 강 이북 지역은 서로를 경계하는 방어적 공동체들로 가득했다. 때로는 자신을 방어하고자 하는 마을과 인근의 염군 요새 사이에 서로를 공격하지 않기로 하는 '평화조약'이 맺어지기도 했고 어떤 경우에는 '보호비' 명목으로 현금이나 아편이 오가기도 했다.

농촌지역의 궁핍 정도를 정확히 파악할 수는 없지만 사태가 몹시 심각했음에는 틀림없다. 한 포고령에서 장뤄싱은 지역민들에게 염군을 떠나면 생활이 훨씬 어려워질 거라고 단언했다. "우리 군대가 가는 곳마다 너희들은 두려움에 떨며 재물을 챙겨서 달아난다. 그러한 상황을 불한당들이 이용하여 마음껏 노략질을 한다. 아무도 보호해 주지 않아서 집들은 모두 불타 버리고, 너희들이 돌아왔을 때 남아 있는 것이라곤 아무 것도 없다. 너희는 자신을 보호하기 위한 그렇게 행동했겠지만 재앙 이외에 남아 있는 것이라곤 아무 것도 없다."[20] 염군 지도자들은 노략질과 겁탈을 금하는 포고령을 여러 번 내렸지만 일반 병사들에게는 별로 먹혀 들지 않았다. 그들은 버려진 밭에서 채소와 근채류를 뒤지고 야생동물을 사냥하고 부잣집의 가족 성원을 납치하거나 지방 무역 수송단을 사로잡는 것을 예사로 했다. 한편 염군은 본거지로 돌아오는 길에 종종 다른 곳에서 훔친 식량을 지역민에게 싸게 팔아 그들의 환심을 사기도 했다.

염군이 가장 두려워한 상대는 베이징에서 황실 경호대장을 지낸 몽골 귀족 가문 출신의 썽거린친(僧格林沁) 장군이었다. 썽거린친은 1853년에 톈진 40km 부근까지 북상하던 태평군을 물리치고 명성을 얻었다. 1859년에 영국이 다구에서 물러나게 한 것도 요새 구축에 능한 그의 능력 덕분이었다. 1860년에는 베이징에 영국인을 들여놓았다는 죄로 징계를 받았던 썽거린친은 그 해 말에 염군을 진압하라는 명령을 받았다. 그는 만주족과 몽골족 기병으로 이루어진 타격대를 이끌고 염군을 거듭 공격하여 염군에게 두려운 상대임을 입증했다. 그는 마침내 안후이 서북쪽에서 장뤄싱을 궁지에 몰아 살해했다. 썽거린친은 지역민에게도 공포의 대상이었다. 그는 군대가 민간인을 제멋대로 다루는 것을 방관했고 마을을 지원하기 전에 먼저 뇌물을 요구하곤 했다. 당시의 청 관리 한 사람은 이렇게 썼다. "황군의 포악함이 반란군보다도 심할 줄 그 누가 예상했겠는가?"[21]

장뤄싱을 대신하여 다른 유능한 염군 지도자들이 급부상했다. 그들은 더 치

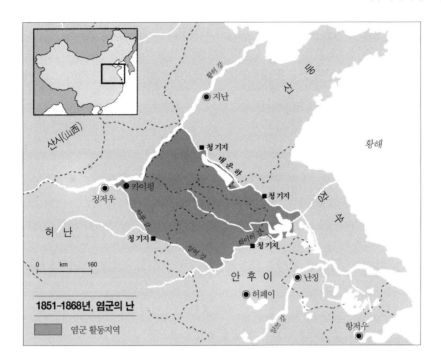

1851-1868년, 염군의 난

■ 염군 활동지역

밀한 게릴라 전략을 성공적으로 개발했는데, 그것은 청의 군대가 피로와 지형 때문에 점점 작은 단위로 분산될 때까지 전투를 하지 않고 기다리는 작전이었다. 그런 다음 염군은 다시 조직을 꾸려 장창을 든 보병과 방패로 무장한 기병으로 구성된 압도적인 군사력으로 분산되어 있는 청군을 공격했다. 염군은 종종 특정 지역을 골라 모든 작물을 분탕질하고 집과 배를 불사르고 우물을 돌로 메워 버리고는 그곳으로 청군을 유인하여 무차별적으로 초토화시키는 작전을 감행했다. 바로 이러한 전략에 따라 염군은 1865년에 장쑤·허난·산둥 성을 지나 힘겹게 추적해 온 썽거린친의 군대를 죽음의 매복지로 유인하여 몽골인 장군과 그의 군대를 몰살시키고 5천 마리의 말을 노획했다.

이에 대응하여 청 조정은 난징 함락 이후 위대한 승자라 불리며 환영받았던 쩡궈판을 염군 진압을 위한 총사령관으로 임명했다. 네 곳에 지방군사기지(각각 장쑤·안후이·허난·산둥에 있었고, 기지 가까이에 보급품 운반을 용이하게 해줄 강과 운하가 있었다)를 만들고, 용의주도한 계획─염군 기병대의 이동을 막기 위한 운하 및 참호 굴착, 화해정책과 새 족장 선출을 통한 민심 확보 같은 조직적 노력 등—을 세웠음에도 쩡궈판은 염군을 섬멸하지 못했다. 이 전략이 실패한 부분적 원인은 네 성의 순무들이 완벽하게 협력하지 못한데다가 쩡궈판이 난징 함락 후 가장 뛰어난 상군을 대부분 해산시킨 탓이었다. 어쩔 수 없이 그는 자기 부하이자 양강(장쑤·장시·안후이) 총독으로 갓 임명된 리훙장(李鴻章)의 군사에 의존할 수밖에 없었다. 리훙장이 쩡궈판에게 병력을 꾸준히 지원해 주기는 했지만, 안후이 성에서 모집되어 성 북부를 관통하는 강 이름을 따 회군(淮軍)이라 불린 이 부대는 쩡궈판에게 완전히 충성을 다하지는 않았다. 그래서 조정은 두 사람의 역할을 바꾸어 리훙장을 총사령관으로 쩡궈판을 양강 총독으로 임명했다.

이러한 역할 교체는 중국에서 정치세계의 새로운 복잡성을 보여주는 것으로 지역 사령관이 더 많은 권력을 갖게 되었음을 의미한다. 리훙장은 일찍이 젊었을 때 반쯤 사적인 관직에 자신을 임용해 주었던 쩡궈판에게 정치적으로 신세를 졌다. 리훙장과 쩡궈판은 경력이 서로 복잡하게 얽혀 있었을 뿐 아니라 각자의 군사조직도 운영하고 있었다. 리훙장도 썽거린친이나 쩡궈판처럼 염군을 진압하는 데 힘든 나날을 보냈다. 염군은 항상 그를 따돌렸고 방어망을 무너뜨렸으며 심지어는 시안·옌안 같은 도시를 드나들며 산시 성의 서북쪽 들녘까지 침략했다. "그들은 수은처럼 자유롭게 움직이는 반면 우리 군대는 그들을 뒤쫓아 다니기만 했다"22)고 리훙장은 회고했다. 그러나 장기화된 소모전은 결국 1868년에 분열된 염군의 몰락으로 끝났다. 리훙장의 군대는 중국인의 수준에서 보아 두둑한 보수를 받았고 리훙장과 자신들의 직속 사령관에게 전반적으로 충성스러웠다. 그들은 외국인한테서 구입한 장총이나 대포를 사용했고 북부의 수로에서 포함(砲艦)을 효율적으로 이용하기 시작했다. 외제 무기로 무장한 배들—그 가운데 두 척은 공자호와 플라톤호라고 적절히 명명된—은 톈진 조약과 베이징 조약 아래 번창하고 있던 대외무역을 위협할지 모를 염군의 공격에 대비하여 산둥의 해안을 순찰했다.

1868년 8월 산둥에서 격렬한 전투 끝에 청이 최종적인 승리를 거두고 궁지에 몰린 염군 잔당을 소탕한 뒤 조정에서는 조상과 전쟁의 신을 모신 사당에서 천제(天祭)를 올렸다. 리훙장은 귀족에 봉해졌고 일등숙의백(一等肅毅伯)이라는 명예로운 칭호를 받았다. 쩡궈판이 난징을 수복한 후 가장 영예로운 최고 지위에 올랐던 것처럼 리훙장도 반란군의 패배로 성공의 길을 다졌다. 쩡궈판은 1872년에 죽었기 때문에 명성과 특권을 누릴 시간을 얼마 갖지 못했다. 그러나 리훙장은 장수한 덕분에 이후 33년 동안 중국에서 가장 막강한 권력을 지닌 관료 가운데 한 사람이 되었다.

이슬람 교도의 반란

중국에 이슬람 교도가 정착하기 시작한 것은 당 왕조(618~907) 때부터로, 중앙아시아 무역로의 종착지인 간쑤와 산시, 그리고 아랍 상인들이 자주 드나들던 푸젠과 광둥의 동남 해안도시에 정착지가 형성되었다. 수많은 이슬람 교도들이 중국인과 혼인을 맺어 왔기 때문에 명 말에 이르면 거대한 중국인 이슬람 교도 공동체(후이[回]족이라 부르는)가 생겨나 새로운 차원에서 지방행정을 복잡하게 만들었다. 예수회 선교사인 마테오 리치는 17세기 초반에 중국에 살고 있는 중국인 이슬람 교도가 많다고 지적했다. 중국인 이슬람 교도는 건륭제 시기에 여러 차례 반란을 시도했고, 중국령 투르키스탄 서쪽의 코칸트 칸이 일으킨 지하드(성전[聖戰])는 19세기 초반 동안 청의 지배영역 중 가장 외곽에 위치한 카슈가르와 야르칸드에서 끊임없이 분쟁을 일으켰다. 염군에 의해 황폐화된 북부 가운데 좀더 안정된 농업지역에도 상당한 규모의 이슬람 공동체들이 있었고 거의 100만 이상의 신도가 살고 있었다. 허난과 안후이에는 호화로운 모스크가 있었고 이슬람 교도들은 직접 소금 밀매조직을 운영했다. 이슬람 교도와 중국인 사이에 분쟁이 생길 경우 중국인을 보호하는 차별적인 법 때문에 종교적 분쟁과 폭동이 잦았다.

그러나 간쑤·산시를 제외하고 가장 큰 이슬람 교도 밀집지역은 중국의 서남부 지방, 특히 윈난 성에 있었다. 이곳의 이슬람 교도 정착사는 13세기 몽골의 중국 정복 시기까지 거슬러올라가며, 이후 이 지역으로 밀려들어 온 중국인 정착자들과의 마찰은 고질적인 사회병폐가 되었다. 태평천국이 난징을 점령하고 염군이 거대한 연맹을 조직하기 시작했던 것과 마찬가지로 청에 대항한 세번째 큰 반란이 발생한 것은 1855년 바로 윈난에서였다. 이 반란의 직접적인 도화선

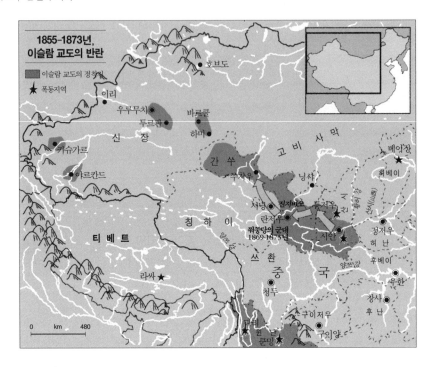

은 베이징 당국이 윈난 성의 이슬람 교도에게 지운 과중한 토지세와 부과세였고, 이 성의 얼마 안되는 재원인 금광과 은광에 대한 분쟁도 반란을 부추겼다. 자신의 광산이 바닥난 중국인들은 이슬람 교도의 광산을 빼앗으려 했다. 이슬람 교도가 폭동을 일으키자 중국인은 대규모 공격을 감행했고, 이슬람 교도들은 이에 맞서 싸우면서 이 지방 서부의 주요 도시 다리(大里)를 점령하고 성도 쿤밍(昆明)을 손에 넣었다. 쿤밍은 청이 재탈환할 때까지 1863년의 아주 짧은 기간 동안 이슬람교 반란군의 지배 아래 있었다. 그러나 다리에는 이슬람 교도이며 '술탄 술레이만'(Sultan Suleiman)으로 불리는 두원슈(杜文秀)가 태평천국과 유사한 이름의 국가 평남국(平南國), 곧 '평화로운 남쪽 왕국'을 세웠다.

이 지역의 청 관리들은 이에 적절히 대처하지 못했고, 특히 먀오족과 각종 종교 분파 그리고 이슬람 교도와의 전투가 윈난·쓰촨·구이저우 성의 경계를 이루는 산악지대에서 산발적으로 전개된 이후 진압은 더욱 어려워졌다. 그러나 청은 이슬람 세력을 분열시키고 변절자에게 상을 주고 지역방위대를 조직한 몇 안되는 유능한 한인 지휘관들에 힘입어 대세를 가까스로 역전시킬 수 있었다.

1873년 힘겨운 전투 끝에 다리는 함락되었고 자살에 실패한 두원슈는 사로잡혀 처형되었다.

윈난의 이슬람 교도는 거리가 멀고 지형이 험해 북쪽의 산시와 간쑤의 이슬람교 반란군과 연합할 수 없었다. 1862년에 시작된 이 반란은 난징에서 청의 주의를 돌리려는 태평천국의 장군들과 1860년대에 반청 연합의 가능성을 타진하러 이 지역에 진출한 염군에 의해 고무되었다. 간쑤의 여러 지역과 산시의 남부에는 상당수의 이슬람 교도가 있었는데, 그들 가운데 다수는 중앙아시아의 신비주의적 수피교(Sufism)에서 파생한 '신교'(新敎)의 신도들이었다. 청은 1781년에서 1783년 사이에 일어난 일련의 이슬람 교도 반란 이후 이 신교를 금지시키려 했다가 지역간의 반목만 심화시켰다.

그러나 1862년 서북 이슬람 교도의 반란은 어떤 특정 종교나 반청운동을 겨냥했다기보다는 지역 내의 중국인과 이슬람 교도 사이의 갈등에서 연유한 것으로 보인다. 태평천국이 이 지역을 침략하면서 폭동과 분쟁이라는 불안정한 상황은 더욱 악화되었다. 이제 동부나 북부에서 오랫동안 내려온 방법대로 지역민들은 위협에 대처하기 위해 자기 고향을 지킬 의용군을 조직했다. 그런 과정에서 자연스럽게 어떤 곳에서는 이슬람 교도 의용군이 형성되고 어떤 곳에서는 비이슬람 교도 의용군이 만들어졌다. 대부분의 기군은 태평천국이나 염군과 싸우기 위해 멀리 파견된데다가 지방군인 녹영은 다수가 이슬람 교도였기 때문에, 이 지역에서 청의 권위는 약했고 결국 상황은 분쟁이 발생하는 쪽으로 치달았다. 반란은 아주 사소한 사건—대나무 장대의 가격을 놓고 벌어진 일군의 이슬람 교도와 한 한인 상인간의 다툼—에서 비롯되었다. 말다툼은 주먹다짐으로 변했고 비이슬람 교도 주민이 모여들어 향신의 지도 아래 웨이수이 강변의 이슬람 교도 마을을 공격하여 불을 지르고 무고한 사람들을 살해했다. 그에 대응하여 이슬람 교도들은 무장군대를 조직하고 중국인에게(그리고 무기를 들기를 거부했던 같은 종교인에 대해서도) 반격을 가했다. 그들은 6월 말에 산시 남부의 가장 번화한 두 도시 퉁저우(同州)과 시안을 포위했다.

이 지방에 주둔한 청군은 처음에 무능한 지도자 탓에 고전을 면치 못했다. 그러나 더 능력 있는 장군이 임명되었는데도 사기는 계속 떨어졌고, 질병과 봉급 체불 때문에 탈영병이 속출했다. 청군은 시안과 퉁저우를 지켜 냈지만, 주변의 많은 농촌지역에 대해 통제력을 잃었다. 그리고 1862년 말에 청군이 일부 승리를 거두기 시작했을 때, 이슬람 교도들은 서쪽의 간쑤로 후퇴하여 청이 중국의 모든 이슬람 교도들을 섬멸하려 한다고 한목소리로 주장하며 새로 무장군대를 조직했다.

닝샤(寧夏)와 란저우에 주둔하고 있던 소수의 기군으로 반란을 진압하기는 역부족이었기 때문에 청에게 남은 희망이란 이슬람 교도 내부의 갈등을 자극하는 길밖에 없었다. 어떤 만주인 고위 관료가 이슬람 교도를 완전히 몰살하자는 견해에 우려를 표명하면서 조정에서 "이슬람 교도 가운데 사악한 사람들이 있는 건 틀림없는 사실이지만, 개중에는 평화롭고 준법적인 사람들도 분명히 있다. 만일 우리가 그들을 모두 제거하기로 한다면 우리는 선량한 이들을 반란군에 가담하도록 부추겨서 이슬람 교도 전체를 죽이는 무서운 사태를 초래하게 될 것이다"라고 지적했다. 또한 그는 이 문제가 전반적으로 복잡한 이유가, 간쑤에는 "몇몇 곳을 제외하면 거의 모든 도시에 이슬람 교도가 살고 있으며, 군대에는 이슬람 교도가 아닌 사람보다 이슬람 교도가 더 많기" 때문이라고 덧붙였다. 지리멸렬한 협상이 진행되는 과정에 대접전이 있었고 음모와 거짓 항복 그리고 복수가 1863년과 1864년에 계속 되었지만, 청 당국이 관리들에게 내린 지시는 그저 "그들을 부드럽게 대하면서 어떤 사태에도 대응할 수 있는 준비를 갖추라"는 것뿐이었다.[23] 1866년경에 화약 공급이 바닥나고 쌀은 너무 비싸 살 수 없는 지경인데다 밀 가격도 평소의 20배로 뛰어올랐다. 연료도 없었고 말들은 먹이가 없어 죽어 갔다. 병사들은 묽게 탄 밀가루 죽밖에 못 먹었고, 많은 민간인들이 굶거나 스스로 목숨을 끊었다.

궁지에 몰린 청 조정은 가장 능력 있는 반(反) 태평천국 지도자 가운데 하나로 부상한 학자 쭤쭝탕(左宗棠)에게 자문을 구했다. 쩡궈판과 마찬가지로 쭤쭝탕 역시 후난 성에서 태어나고 자랐다. 1830년 그가 18세였을 때 부친이 죽자 쭤쭝탕은 막강한 관료이자 정치적 수완이 뛰어난 학자 허창링과 얼마간 함께 공부했다. 그러나 1830년대에 쭤쭝탕은 열심히 공부했음에도 진사시험에 세 차례나 낙방하자 다시는 시험을 치지 않기로 결심했다. 그는 교사로 일하면서 서부 지방의 지리와 역사를 연구했고, 차와 비단 생산을 특화시킨 실험적인 농업으로 성공을 거두었다. 태평천국의 난 동안 그는 군사 지도자로서 능력을 발휘하여 처음에는 고향인 후난에서(이곳에서 그는 쩡궈판의 상군을 모방하여 직접 5천 명의 의용군을 양성했다), 그리고 나중에는 안후이·저장·푸젠에서 전투를 벌였다. 쭤 쭝탕은 훌륭한 지휘관이었을 뿐만 아니라 수복한 지역의 복구, 농업 장려, 곡물 저장, 교육, 목화 경작, 조선 등에도 전문가임을 입증했다. 1866년 9월 쭤쭝탕은 산시와 간쑤의 총독으로 임명되었고 그곳의 이슬람 교도의 반란을 진압하라는 명령을 받았다. 그는 1867년 여름에 산시에 도착했으나 염군을 토벌하라는 명령을 다시 받고서 이를 훌륭히 수행했다. 마침내 1868년 11월 산시의 성도인 시안에 정착한 그는 전투 계획을 세우기 시작했다.

쭤쭝탕은 그의 전임자들을 좌절시켰던 서북부의 이슬람 교도를 진압하는 임무를 실리적이고 끈질긴 정신으로 접근했다. 그는 서부지역에 대한 자신의 연구를 바탕으로 예전에 린쩌쉬가 아편전쟁 후 이리에 유배되었을 때 나누었던 대화에서 큰 도움을 받았다. 하지만 무엇보다도 군대 지휘관과 농민으로서의 실질적인 경험에 더하여 쭤쭝탕에게 가장 큰 도움이 된 것은, 린쩌쉬의 부관으로 일한 적이 있고 산시에 오래 거주해 온 어떤 지방 학자와의 긴 토론과 서신 교환이었다. 이 사람은 쭤쭝탕에게 이렇게 말했다. "서두르지 말아야 합니다. 충분한 식량과 잘 훈련된 병사들이 준비되었을 때만 진격하십시오. 이 전쟁을 3년 정도 잡아 계획하는 게 좋을 것입니다. ……공격할 준비가 완료되면 그 즉시 가장 비열한 이슬람 지도자를 가차없이 치십시오. 그에게 자비를 베풀지 말고 엄하게 다루십시오. 그가 처형당하는 것을 보고 놀라 다른 이들이 침묵하게 되면 그때 항복을 받을 수 있습니다."[24]

이후 쭤쭝탕의 행동에서, 그가 마화룽(馬化隆)을 제일 먼저 칠 "가장 비열한 이슬람 지도자"로 정했다는 것을 알 수 있다. 마화룽은 닝샤 남쪽의 진지바오(金積堡) 지역에 수로와 500여 개의 요새로 구축된 강력한 기지를 건설해 두었다. 마화룽은 신교를 이끄는 대표적인 지도자로 존경받았고, 많은 교도들이 그가 예언자 마호메트에 버금가는 힘을 지닌 성령의 화신이라 믿었다. 쭤쭝탕이 훌륭한 군사를 모으고 보급품을 준비했음에도 불구하고 진지바오를 포위하여 함락시키는 데는 무려 16개월이 걸렸고 가장 훌륭한 장수들이 목숨을 잃었다. 이슬람 교도들이 풀과 나무껍질 그리고 마침내는 죽은 병사의 시체까지 먹을 지경에 이르자, 1871년 3월 마화룽은 항복했다. 그와 그의 가족은 육시(戮屍)

에 처해졌고, 그의 '관료' 중 80여 명도 처형되었다. 수천 명의 이슬람 교도 상인·여성·어린이가 다른 도시로 이송되거나 북만주로 도망쳤다. 모든 이슬람 교도는 진지바오에 거주하는 것이 금지되었다.

이때부터 전투는 막바지를 향해 순조롭게 진행되었다. 쭤쭝탕은 다른 지방의 지원금이 그에게 이전되도록 조정을 설득하거나 외국 무역상이나 세관원과 함께 상당량의 채권을 굴려서 자금을 확보하고, 자신이 설치를 주장한 둔전(屯田)에서 군량미나 말의 여물을 보급받고 있었다. 그는 통행이 빈번한 대상로를 따라 병력을 란저우로 옮겨 그곳에 무기고를 세우고 군량미에 충당할 작물을 더 심었다. 서두르라는 조정의 명령을 여전히 거부하면서 쭤쭝탕은 간쑤 성 서북부의 쑤저우(肅州)를 최후의 공격목표로 삼고 겉으로는 평온하게 준비를 진행했다. 마지막 공격은 1873년 11월에 이루어졌는데, 성벽 안에 있던 대다수의 수비병을 죽이고 광대한 지역을 불태웠다. 일부 이슬람 교도는 더 먼 서쪽의 하미까지 도망쳤기 때문에 이들을 정복하기 위해서는 여러 해가 더 걸리게 되었지만, 이제 중국의 모든 성(省)은 사실상 평화를 되찾았다. 1850년 이후 처음으로 개설된 개항장이라는 모호한 특수지역을 제외하면 중국은 다시 한 번 청의 통치 아래 통일된 것처럼 보였다.

9장　　개혁을 통한 중흥

유교 개혁

1850년대에 마르크스가 청 왕조가 곧 멸망할 것이라고 전망한 것은 논리적으로 타당한 견해였다. 그러나 놀랍게도 이 왕조는 당장 무너지지 않았을 뿐만 아니라 19세기를 지나 1912년까지 존속했다.

청의 정치인은 이 생존을 '중흥'(中興)이라 묘사했고, 이 유서깊은 단어는 이전의 왕조들이 위기상황을 모면하거나 제국의 도덕이나 질서를 회복한 경우에 종종 차용되었다. 중흥이라는 관념은 과거에 대한 향수와 희비가 교차하는 감정을 동시에 불러일으켰다. 왜냐하면 그러한 과거의 중흥은 중요했지만 영원하지는 않아 모든 '중흥된' 왕조들이 결국에는 망했기 때문이다. 게다가 과거의 중흥과는 달리 청의 중흥은 황제의 강력한 지도 없이 일어났다. 중흥기를 보낸 동치제(同治帝)는 1861년 제위를 계승했을 때 겨우 다섯 살이었고 직접 권력을 누려 보지도 못한 채 1875년에 죽었다. 그의 '제위'는 섭정인 어머니 서태후와 삼촌인 공친왕(1860년에 조정이 베이징에서 피난갔을 때 서양인들과 강제로 협상을 했던), 한두 명의 영향력 있는 군기대신, 그리고 그 누구보다도 태평천국·염군·이슬람교 반란군과의 전투로 명망을 얻게 된 뛰어난 일군의 지방관료들에 의해 주도되었다. 쩡궈판·리훙장·쭤쭝탕이 가장 유명했지만, 그 밖에도 이들에 필적할 만한 능력을 가진 인물들이 20여 명 있었다. 이들은 때로는 협력하고 때로는 독립적으로 활동하면서 청 왕조의 대의명분을 다시 세우고 경제를 일으켰으며 중요한 기관들을 신설했다. 중국이란 나라가 갈가리 찢어질 것 같던 상황에서 이는 놀라운 성과였다.

앞에서 살펴본 것처럼 청의 관리들은 반란군을 진압하기 위해 다양한 형태의 군사적 동원을 시도했다. 그들은 팔기와 녹영, 지방의 향신이 이끄는 의용군 그리고 상군이나 회군과 같은 반(半)사병적인 지방군을 모두 이용했다. 또한 그들은 수로나 요새와 같은 방어용 돌출지역뿐 아니라 군사-농업 기반을 발전시켰고 서양인 장교와 용병을 이용하기도 했다. 그러나 이 모든 것은 가장 중요한 사업의 서장에 지나지 않았다. 동치중흥(同治中興)의 목표는 바로 유교국가의 기본 가치들을 회복하는 것이었다.

이러한 중흥관을 가장 대표적으로 보여주는 인물은 후난 출신의 학자이자 장군인 쩡궈판이었다. 1811년 살기에 부족함이 없는 준향신 가정에서 태어난 쩡궈판은 중국 고전을 열심히 공부하여 1838년 진사시험에 급제하였다. 그는 베이징의 한림원에 들어갔고 곧 의례와 품행에 관한 전문가로 명성을 얻었다. 쩡궈판은 적은 봉급으로 고지식하게 살았기 때문에 때때로 생활비나 어린 동생의 교육비가 부족해서 수도에 사는 부유한 후난인에게 돈을 빌려야 했다. 쓰촨의 지방시험 감독관으로 임명된 뒤에야 그는 경제적으로 부유해졌다. 많은 열성적인 집안들이 그에게 '선물'을 준 덕분에 빚을 전부 갚을 수 있었다.

쩡궈판이 옹호한 유교 신조는 엄격하기는 하지만 절충적인 것으로 유교적 진리에 이르는 세 가지 접근법을 조화시키려 했다. 하나는 도덕원칙의 지고함과 교육을 통한 개인의 수양을 강조했다. 다른 하나는 건륭제 시기의 고증학파를 지배했던 것으로 문헌적 엄격함과 정밀성을 주장했다. 그리고 세번째는 건전하고 정직한 행정구조를 재건하기 위해 굳건한 기반을 구축해야 한다고 주장한 허창링 같은 정책사상가의 '실용적인' 가르침을 신봉했다.

쩡궈판의 종합적 이론은 중국이 아편전쟁에서 패한 후 암울했던 시기에 수년간에 걸친 연구와 사색에서 나온 결과이다. 이 기간 동안 그는 종종 긴 명상에 잠겼고, 독서에서 얻은 단상과 자신의 행동이나 태도에 대한 반성을 일기에 꼼꼼히 기록했다. 다음 예문은 쩡궈판의 유교적인 자기 평가가 얼마나 솔직한 지 잘 보여준다.

> 너무 늦게 일어났고 하루종일 들떠 있었다. 『역경』을 읽었으나 집중이 되지
> 않았다. 그래서 좌선을 해보기로 했다. 그런데 곧 잠이 들었다. 어찌 이렇게 게
> 을러질 수 있단 말인가? 오후에는 친구들이 찾아와 자기가 쓴 글을 보여주었
> 다. 나는 그들을 크게 칭찬해 주었지만 사실 마음속으로는 그 글이 결코 잘 쓴
> 것은 아니라고 생각했다. 최근 나는 이런 행동을 여러 번 했다. 내가 정상이 아
> 닌 것 같다. 그들을 매번 칭찬해 준다면 누가 내 말을 계속 믿겠는가? 나는 친
> 구들을 속였을 뿐 아니라 내 자신도 속였다. 이 나쁜 버릇을 없애야만 한다. 밤
> 에는 『역경』을 읽었다. 잠들기 전에 시 두 편을 썼다.[1]

태평군과의 전쟁은 끝없이 새로운 것을 요구했으므로 쩡궈판이 생을 바쳐
몰두하고 싶었던 도덕적 사색과 학문은 공염불이 되어 버렸고, 그는 이제 자신
이 추구하는 새로운 가치를 생각해 보지 않을 수 없었다. 쩡궈판은 청 중반에
발생한 위기의 배후에는 일종의 정신적 몰락이 있다는 확신을 갖고 학교의 재
건과 엄격한 유학교육을 위한 교육과정 개정을 중흥안으로 내놓았다. 그는 유
능한 학생들에게 군사비를 충당하기 위해 청 조정에서 수천 냥에 팔던 명예직
이나 감투를 사는 대신 정식 시험을 치르라고 격려했다. 그는 반란군에 맞서 정
의롭게 전사한 사람들의 명단을 작성하여 책으로 편찬하고, 그들의 선례가 미
래 세대까지 귀감이 되도록 했다. 당시의 다른 지방관들과 마찬가지로 그 역시
농업을 안정시키려고 노력했다. 그의 계획은 쫓겨난 지주들을 원래의 토지로
복귀시키고 토지세를 다시 징수하는 한편 장기적인 소작인 착취는 금지시키는
것이었다. 또한 그는 서로 대립하는 군대들 사이에서 수년간 험난한 삶을 살았
던 수백만의 전쟁 난민들을 정착시키려 애썼다. 당시 중국에서 가장 인구가 밀
집되고 번영했던 지역들인 중국 동부와 중부의 참화는 너무도 극심했기 때문에
이후 수십 년 동안 서부나 북부 지방에서 오는 수많은 이주민을 받아들였다.
이러한 정책들은 베이징의 중앙정부로부터 전반적으로 지지를 받았다. 그러
나 재정이 부족하고 많은 문제들이 산적해 있었기 때문에 쩡궈판과 그와 뜻을
같이하는 각지의 동료들은 어떻게 손을 쓸 도리가 없었다. 그나마 이들의 정책

사이에 분명한 일관성이 있었던 것은 다수가 쩡궈판 밑에서 경력을 쌓았기 때문이다. 그들 가운데 일부는 원래 쩡궈판이 자신의 상군 관리를 보좌하도록 고용한 사람들이며, 또 다른 일부는 재정의 운용이나 사법체계의 재건 그리고 기근구제 업무를 보좌하도록 고용한 사람들이었다. 쩡궈판은 그를 도와 줄 이러한 조직원을 찾기 위해 시려깊은 면접 방법과 등급 순위를 개발했다. 자기 원칙에 따라 그는 고용하기 전에 그들의 정직성, 효율성 그리고 지적 능력을 가늠해 보았다. 그는 아편 중독자나 거만하고 교활한 눈매, 거친 말씨와 태도를 가진 사람은 늘 거절했다. 1870년대에 이르면 쩡궈판의 고용인 가운데 10명 이상이 중앙정부의 요직에 승진해 있었다. 쩡궈판이 이러한 기회를 이용하여 스스로의 권력기반을 다지거나 자신의 이름을 내세워 권력을 장악하지 않았던 것은 청에 대한 충성 때문이었다.

전통적 학문이나 도덕적 가치에 중점을 두기는 했지만 쩡궈판은 단순한 보수적 사상가는 아니었다. 예를 들어 그는 서양인 장교가 이끄는 상승군의 이용을 권장했을 뿐만 아니라 서양의 기술을 선택적으로 활용하는 것의 가치를 일찍이 깨달았다. 쩡궈판에게 그러한 정책에 대한 확신을 심어 준 첫번째 인물은 학자인 펑구이펀(馮桂芬)이었다. 펑구이펀 역시 진사시험을 통과했으며(1840년 급제) 한림원에서 일했기 때문에 두 사람은 공통점이 많았다. 펑구이펀은 1850년대 중반에 전투경험을 쌓았다. 당시 그는 고향인 쑤저우를 태평군으로부터 지키기 위해 의용군을 지휘했다. 1860년에 그는 상하이로 옮겼다가 여기서 서양인들이 쓰는 화력에 깊은 인상을 받았다.

펑구이펀은 1860년에 일련의 글을 써서 이듬해에 쩡궈판에게 제출했는데, 여기서 그는 교육과목에 외국어·수학·과학을 포함시켜 중국이 '스스로를 강하게'(自强) 하는 법을 배워야 한다고 주장했다. 또한 이러한 과목에서 뛰어난 성적을 거둔 학생들은 거인(擧人) 자격을 주어야 한다고 했다. 중국은 프랑스보다 100배 크고 영국보다 200배 크다. 그런데 "왜 그들은 우리보다 작은데 강한가? 왜 우리는 큰데도 약한가?"라고 그는 물었다. 이유는 네 가지 주요 영역에서 외국인의 기술이 더 뛰어나다는 데 있었다. 곧 그들은 모든 인력자원을 활용하고 토지를 완전히 개간하고 통치자와 백성 사이의 긴밀한 관계를 유지하며, '언행일치'를 꼭 지킨다는 것이다. 중국의 힘을 기르기 위해서 "우리가 야만인들로부터 배워야 할 것은 오직 한 가지, 강한 군함과 효과적인 총"이라고 펑구이펀은 주장했다.[2] 그러려면 일부 항구를 선정하여 조선소와 병기창을 세우고 중국에서 군함과 무기를 생산할 수 있도록 중국인 기술자를 훈련시킬 외국인 고문을 고용해야 했다. 펑구이펀의 생각으로는 "여러 야만인들보다 중국인의 지능과 지혜가 뛰어나기 때문에" 결론은 분명해 보였다. 중국은 우선 외국인에게 배울 것이고 그 뒤에는 그들과 맞설 것이며 결국에는 그들을 앞지른다는 것이다.

1년이 지난 1862년 6월 쩡궈판의 일기를 보면 그는 참모에게 다음과 같이 말했다. "만일 우리가 자강의 방법을 찾고자 한다면 정부 행정의 개혁을 고려하고 능력 있는 자를 긴요한 업무에 배치하는 일부터 시작해야 한다. 그러고 나서 폭탄, 증기선 그리고 다른 도구를 만드는 법을 배워야 한다."[3] 그 해 말 쩡궈판은 안칭(安慶)에 있는 자신의 군대에게 작은 증기선을 실험적으로 건조해 보라고 지시했다. 그 실험은 아주 실망스러웠지만 쩡궈판은 포기하지 않았다. 오히려 쩡궈판은 전통적 엘리트 코스를 밟은 인물이라고는 믿기지 않을 만큼 발상의 전환을 보였다. 그는 35세의 융윙(容閎, Yung Wing*)을 미국에 보내 작은 병기창을 건설하는 데 필요한 기계를 구입해 오도록 했던 것이다. 쩡궈판의 선택은 탁월했다. 마카오 근방의 가난한 집안에서 태어난 융윙은 마카오와 홍콩의 선교사 학교에서 교육을 받았으며, 1847년에 이미 미국 유학을 다녀왔기 때문이다. 매사추세츠의 예비학교에서 3년을 보낸 뒤 융윙은 예일 대학에 입학했고 1854년에 졸업장을 받아 미국에서 대학을 졸업한 첫 중국인이 되었다.

인물을 판단하는 그의 정평이 난 방법에 따라 쩡궈판은 침묵한 채 약간 미소를 띠고 몇 분 동안 융윙을 주시한 채 첫번째 면접을 시작했다. 일단 융윙을 신임하기로 결심하자 쩡궈판은 전력을 다해 그를 지원하고 중국에 기계상점을 차리는 데 필요한 기본 도구들을 구입하도록 광저우와 상하이 금고에서 6만 8천 냥의 현금을 내주었다. 융윙은 예산을 뽑았다. 사전조사를 하기 위해 먼저 유럽으로 가는 도중에 수에즈 운하의 건설을 목격하고 그것이 유럽에서 중국으로의 여정을 얼마나 단축시킬 것인지 깨달았다. 이어서 그는 미국으로 출발해 1864년 봄에 도착했다.

---

* 이 이름은 광둥식 발음을 로마자로 표기한 것으로 그는 평생 자신의 이름을 이렇게 썼다.

남북전쟁이 발발해서 중국의 주문량을 채워 줄 미국 회사를 찾기가 쉽지 않았지만 마침내 매사추세츠 주 피츠버그에 있는 퍼트넘 기계회사를 발견했다. 그는 중국에서 만난 미국인 기사에게 자세한 기술적인 부분을 감독하도록 일을 맡기고, 자신은 예일 대학 졸업 10주년 기념행사에 참석한 후 귀화한 미국 시민으로서 북군에 입대를 자원했다. 그의 지원은 정중하게 거절당했다. 그러자 그는 구입한 기계들을 뉴욕에서 상하이로 직행 운송하도록 해놓고 자신은 샌프란시스코·하와이·요코하마를 거쳐 중국으로 돌아왔다. 융윙이 공무 집행 중에 했던 세계일주는 그에게 새로운 세상을 보여주었다.

태평천국을 물리친 후 염군 반란을 진압하라는 명령받은 쩡궈판은 그가 전에 자신의 관원을 시켜 사오게 했던 다른 기계를 비롯하여 상하이 근방의 새로운 병기창에 설치한 새 공작기계를 시찰하러 왔다. 융윙에 따르면 쩡궈판은 "서서 (기계가) 자동으로 움직이는 모습을 보며 기쁨을 감추지 못했다. 왜냐하면 기계와 기계가 작동하는 것을 처음 보았기 때문이다."[4] 그 기계로 처음에는 총과 대포를 만들었다. 1868년 무렵 서양의 기술자와 관세 수입에서 오는 특별지원금에 힘입어 중국산 동체와 보일러를 한층 개량된 외국산 증기기관과 성공적으로 결합시킨 SS 톈치(恬吉, 행운)호가 진수(進水)되었다. 두번째 병기창과 조선소는 이슬람 교도의 난을 진압하러 서북쪽으로 이동하기 직전 쭤쭝탕에 의해 푸젠 성 푸저우에 세워졌다. 상하이와 푸저우에 있는 두 병기창에는 기계 기술과 항해술을 연구하는 학교가 외국인 고문의 지도 아래 설립되었고 대대적인 기술서적의 번역작업이 야심차게 시작되었다.

병기창을 방문한 한 영국인은 조롱하는 투의 기록을 남기긴 했으나, 어쨌든 이러한 사업이 성공했고 평화시나 전시나 중국이 자신이 필요로 하는 것에 뛰어난 적응력을 보인다는 점에는 놀라움을 감추지 못했다. "총을 나르는 여러 척의 수송선과 포함(砲艦)은 이미 진수되었고 다른 배들도 빠른 속도로 완성되어가고 있다. 완성된 배들은 제국의 곡식을 북부로 운송하는 데 사용되고 있고 중국인이 운영하고 조작하고 있음에도 불구하고 아직 한번도 사고가 발생하지 않았다는 점은 주목할 만하다."[5] 이런 자강운동의 질서정연한 계획은 정말로 유교의 내적 가치와 결합하여 청 왕조를 위해 국가와 경제에 다시 활기를 불어넣는 것 같았다.

외교정책의 결정

1850년대에 일어난 사건들을 겪으면서 중국의 지도자들은 중국보다 더 넓은 세계가 있다는 것을 인정하지 않을 수 없었고, 그에 따라 세계와의 상호작용을 도와 줄 여러 방안을 서서히 개발하기 시작했다. 그 중 첫번째는 외국인이 운영한 해관관리위원회(海關管理委員會)인데 이것은 1854년 태평천국의 상하이 침공 위협에 대응하기 위해 설립되었으며, 관세를 평등하게 징수하고 청 정부에 새로운 재원을 마련해 주었다. 두번째 기구는 1860년에 베이징이 연합국에 점령되고 조정이 만주로 피난했을 때 외국인들과 좀더 공식적인 협상을 하기 위해 필요했다. 장기간의 논쟁 끝에 청은 새로운 특별 기구인 총리아문(總理衙門, '모든 외국 업무 통제부'라는 뜻의 줄임말)을 1861년에 설립했다. 이것은 1729년에 옹정제가 군기처의 기초를 마련한 이래 베이징 중앙 관료사회에서 일어난 최초의 중요한 기구상의 혁신이었다.

총리아문은 다섯 명(초기에는 모두 만주인)의 고관으로 구성된 통제본부가 감독했는데, 그 중에서 황제의 삼촌인 공친왕이 실질적인 책임자였다. 그들은 24명의 서기관의 보조를 받았으며 그 중 16명은 베이징의 육부에서 차출하고 8명은 군기처 관원 가운데서 뽑았다. 새로운 기구를 설치하기 위한 논의에서 청의 관리들은 그것이 단지 일시적인 조직이며 현재의 대내외적 위기상황이 끝날 때까지만 존속하리라는 점을 반복해서 명시했다. 공친왕 역시 마치 조공국의 사절이 머무는 거처와 같이 새 기구의 청사를 수수하게 꾸밀 것이라고 황제에게 확약했다. 공친왕의 말을 빌리자면 외국인들이 거기에서 사업을 벌인다 해도, 새로 만든 총리아문은 "다른 전통적 정부기구와 동등한 위치에 설 수 없는, 그래서 중국과 외국 사이의 차별을 유지한다는 숨은 의도를 수행하려는" 것이었다.6) 이러한 결정을 실행하기 위해 베이징 동부에 위치한 과거 철전국(鐵錢局)의 사무실이 있던 작고 오래된 폐가를 청사로 골랐다. 하지만 외국인들에게는 총리아문이 틀림없이 중요한 기능을 수행할 것이라는 확신을 주기 위해 새로 육중한 대문을 걸고 1861년 11월 11일에 업무를 시작했다.

동치중흥기의 개혁가로 부상한 인물 가운데 가장 중요한 만주인인 공친왕은 겨우 28세였다. 어려서 극도로 배외적이었던 그는 서양에 대해 신중한 입장으로 변했고 마침내는 서양을 공개적으로 존중하게 되었다. 그는 특히 서양 군대가 여름별궁을 약탈하고 자신에게 베이징 협약에 서명하게 한 뒤에도 베이징을 그대로 두었다는 사실에 감명을 받았다. "이것은 그들이 우리 영토와 백성을 탐내지 않는다는 것을 보여준다. 그러므로 우리는 신의와 정의로 그들을 길들이고 통제할 수 있으며 우리 자신은 복구를 위해 매진해야 한다."[7] 즉위한 소년 황제 동치제의 삼촌이자 과부가 된 서태후의 믿음직한 조언자로서 공친왕은 상당한 권력을 쥐고 총리아문을 통솔했다. 그러나 대부분의 지적인 업무는 아마도 그의 능력 있는 2인자 원샹(文祥)에 의해 수행되었을 것이다. 1818년 만주 정홍기(正紅旗)의 하급 군인의 아들로 태어난 원샹은 1845년에 진사시험을 통과했고, 1853년 태평군의 예상된 공격과 1860년 영국군의 무서운 공격 때 베이징을 수비하는 데 공헌했다. 미천한 출신임에도 불구하고 군기대신 겸 병부상서(兵部尚書)로 재직한 그의 권위는 대단했다.

총리아문에서 행한 공친왕과 원샹의 초기 사업 두 가지는 청의 새로운 외교정책의 서로 다른 측면을 보여주며, 레이디 휴즈호와 에밀리호 시기 이후로 얼마나 상황이 변하였는지 알 수 있게 해준다. 하나는 레이-오스본 함대의 고용과 관련된 것으로 후에 실패로 끝났으며, 다른 하나는 프러시아에 대해 권리를 선언한 것으로 상당한 성과를 거두었다.

레이-오스본 함대의 기원은 저장 해안지역에서 태평군이 계속 승리를 거두자 청 당국이 반란군에게 제해권을 빼앗길지 모른다는 불안에 떨던 1862년으로 거슬러 올라간다. 당시 총리아문은 영국에서 군함을 구입하고 함대에 승선할 장교와 승무원을 고용하라는 명령을 받았다. 총리아문은 중개인으로 해관 총세무사였던 호레이쇼 넬슨 레이를 선택하여 그에게 129만 5천 냥의 금액을 사용하도록 했다. 이 돈으로 레이는 증기선 7척과 비품 저장선 1척을 사고 영국 해군 셰라드 오스본을 함장으로 임명하여 통솔하게 했다. 영국 외무성은 어느 나라든 국기만 게양하면 영국 해병이 그 함대에서 일하도록 허락했다. 이전의 다른 모든 중국 왕조와 마찬가지로 청은 국기가 없었기 때문에 공친왕은 중앙에 용이 그려진 노란 삼각형 기를 새로 만들어 게양하겠다고 영국에 알렸다.

오스본 함장은 1863년 9월 선단을 이끌고 상하이에 도착했으나 또 한번 복잡한 난관에 봉착했다. 공친왕은 오스본에게 중국인 제독 밑에서 함대의 부함

장으로 일하도록 했다. 오스본은 선단의 모든 외국인에 대해서는 직접 통제를
하지만, 전략상의 운영에서는 청의 사령관—당시에는 쩡궈판과 리훙장—의
명령에 복종해야 했다. 그런데 여기에 문제가 있었다. 영국에서 서명하고 청의
동의를 받기로 한 레이와의 본래 협정에서는 오스본이 "유럽에서 만든 모든 배
에 대해 전적인 통제권을 갖도록" 되어 있었기 때문이다. 그는 또한 레이를 통
해 전달되는 황제의 명령만을 받으며 "다른 계통을 통한 어떤 명령에도 복종하
지 않도록" 규정되어 있었다.8)

　어느 쪽도 양보하려 하지 않았기 때문에 상황은 결국 총체적 난국에 빠졌다.
오스본은 철저하게 원칙을 중시하는 인물로 자신이 지휘권을 확실히 보장받았
다고 생각했다. 레이는 매우 오만한 사람이었다.(그의 가장 유명한 발언은 "아시
아적 야만 아래서 신사적 행동을 언급하는 것은 언어도단이다"9)였다.) 반면 총리아
문은 외국인에게 약하게 보일 수는 없었다. 결론 없는 설전이 수주일 동안 오간
후 총리아문은 상황이 나아질 가망이 없다고 판단, 오스본 함장과 선원들에게
보상을 해주고 본국으로 돌려보냈다. 미국과 청 양측은 모두 그 함대가 적의 수
중(남부연맹 또는 태평군)에 넘어갈까 봐 두려워하고 있었다. 따라서 영국 정부
는 그 배들을 영국 상사에 팔기로 약속했다. 레이는 후한 위로금을 받고 해관
총세무사에서 해고되었다.

　국제 주권의 영역에서 총리아문의 두번째 실험은 그보다는 성공적이었다.
헨리 휘턴의 『국제법의 요소』는 1836년에 출판된 이래 서양 외교계에서 교과
서가 되었다. 1862년 총리아문은 외국 공사관에 대한 부분을 번역하여 연구했
다. 1년 뒤에는 닝보와 상하이에서 오랫동안 봉사활동을 하고 있던 인디애나
출신의 선교사 W. A. P. 마틴이 책 전체를 중국어로 번역(중국어 번역본의 제목
은 『만국공법』(萬國公法)—옮긴이)하여 총리아문에 그 사본을 주었다. 얼마 동안
토론한 후 그들은 이 번역본을 인정하기로 했으나 공친왕은 담당 관리에게 더
욱 우아한 문학적 문체로 고치도록 명했다.

　공친왕은 조정에서 번역에 대해 논의하면서 자신이 서양인에게 "중국은 자
체적인 제도와 체계가 있어 외국 책을 참고로 하는 것이 자유롭지 않다"고 표명
했던 것을 상기시켰다. 그가 이러한 주장을 한 까닭은 "그들이 우리에게 그 책
에 따라 행동하라고 요구하는 것을 방지하기 위해서"라고 주장했다.10) 그러나

지구 반대편에서 생긴 분쟁—1864년에 발발한 프러시아와 덴마크의 전쟁—이 중국 영해에까지 비화되어 다구 항에서 덴마크의 상선 세 척을 프러시아 군함이 나포하는 사건이 발생하자 공친왕과 그의 측근들은 휘턴의 책을 이용하여 이득을 취했다. 그들이 새롭게 알게 된 국가의 영해라는 일반적인 개념(마틴이 번역한 바에 따르면 "국가의 사법권 내에 있는 바다 지역")에 중국과 프러시아 사이에 이미 체결되어 있는 조약에 대한 심의를 결부시킴으로써, 그들은 프러시아 대사에게 덴마크 상선 세 척을 방면할 뿐만 아니라 중국에게 보상금 1,500달러를 지급하도록 요구할 수 있었다. 이제 "외국의 법과 규정에 대한 그 책이 중국의 체제와 기본적으로 조화롭지는 않지만 때로는 유용한 점도 있다"[11]고 판단하게 된 공친왕은 500냥을 들여 휘턴의 책을 출판하고 300부를 지방관들에게 나누어 주었다. 아마도 보수세력의 반발이 두려웠던지 그는 여전히 자신의 이름으로 서문을 쓰기를 꺼렸다.

1862년에 원상과 공친왕은 베이징에 통역관 양성 학교(同文館)를 개교하도록 조정의 허가를 받아냈다. 14세 이하로 구성된 소수의 학생들은 팔기군에서 뽑았고 영어와 프랑스어를 배우도록 학비를 지원했다.(러시아어는 베이징의 작은 독립된 학교에서 수년간 가르쳐 왔다.) 학생들을 팔기에서 뽑는다는 결정은 이전에 명을 정복한 만주족이 외교업무도 주도해 나갈 것임을 보수적인 만주인들에게 확신시키려는 의도에서 나온 것이었다. 그러나 사실상 이 제도는 급속히 확대되어 만주인에게만 국한되지 않았다. 정부가 지원하는 새로운 외국어학교들이 상하이·광저우·푸저우에서 문을 열었고 1867년 공친왕과 원상은 베이징의 동문관을 완전한 형태의 대학으로 탈바꿈시키려는 운동을 시작했다. 그들은 수학·화학·지질학·기계학·국제법을 교과목에 추가시키고 외국인을 강사로 고용하도록 제안했다. 중국인은 '하찮은 기술을' 가르칠 '야만인 선생'을 필요로 하지 않으며, 심지어는 200년 전에 위대한 강희제도 "그들의 방법은 사용했지만 사실 그들을 미워했다"며 보수적인 관료들이 완강히 반대했음에도 불구하고 개혁세력은 이를 강행했다. 이 대학은 새로운 커리큘럼을 갖추고 중국의 선구적 지리학자이자 역사가인 쉬지위(徐繼畬)의 지도 아래 1867년 2월에 개교했다.

쉬지위의 발탁은 탁월한 선택이었고 새로운 사상이 중국에서 어느 정도 기반을 잡게 되었음을 다시 한번 보여주었다. 쉬지위는 1840년대에 푸젠 성의 미국인 선교사들한테서 서양에 대해 배웠고 총리아문의 초기 관리들 가운데 한 사람이 되었다. 쉬지위는 서양, 특히 신기하게도 왕이 없는 미국 정부에 대해 열정적으로 호평했다. "공공기관은 대중의 여론에 의지한다. 이러한 종류의 체제는 고대나 현대에도 존재한 적이 없었다. 이것은 진정 놀라운 것이다." 또한 쉬지위는 조지 워싱턴을 지략 면에서 중국이 낳은 영웅들보다 '뛰어난 인물'이라 칭송했다. "고대와 현대의 모든 유명한 서양인들 가운데 첫번째 자리에 놓을 수 있는 인물이 워싱턴말고 누가 있겠는가?"라고 그는 다소 과장되게 말했다.[12] 중국에 거주하는 미국인들이 미래의 외교관계에 좋은 징조로 보이는 그의 이러한 언사에 기뻐했음은 놀라운 일이 아니다. 미국의 중국 대사인 앤슨 벌런게임은 쉬지위에게 길버트 스튜어트가 그린 유명한 워싱턴 초상화 한 점을 주었고, 워싱턴에 대한 쉬지위의 찬사는 푸젠 성에서 채굴한 화강암에 새겨져서 위싱턴 기념비(높이 180.3m―옮긴이)의 91m 지점에 설치되었다. 1869년 쉬지위가 건강상의 이유로 은퇴하자 W. A. P. 마틴이 그의 뒤를 이었다. 그는 휘턴의 책을 번역한 후 인디애나 대학에서 국제법과 정치경제학 박사학위를 받고 새로운 직책을 준비하고 있었다.

이런 교육사업을 추진하기 위해서는 그 기금을 마련해 줄 해관(海關)의 발전도 병행되어야 했다. 북아일랜드 태생이며 청 정부를 위해 일하기 전에 닝보와 광저우의 영국 영사관에서 봉직한 바 있는 유능한 인물 로버트 하트의 지도 아래, 중국 해관은 1854년에 설치된 소규모의 외국인 해관관리위원회를 기반으로 설립되었고 1860년대에는 각 개항장에 대리인을 둔 국제적인 관료조직으로 성장했다. 하트는 베이징 정부가 유용하게 사용할 막대한 액수의 돈을 벌어들였고 그 중 일부는 대학과 다른 근대화 계획을 지원하는 데 썼다. 그의 직원들은 중국 전역의 무역 형태와 지방의 현황에 대한 정확한 통계자료를 모으는 중요한 임무도 수행했다.

오랜 세월에 걸친 전쟁과 불화 끝에 1860년대 말에는 중국과 외국 열강 사이에 협력을 모색하려는 움직임이 보이기 시작했다. 1858년 톈진 조약의 개정이 1868년으로 다가옴에 따라 총리아문의 관리들은(조정의 협조를 받아) 당시 논리정연하고 지적인 장관 러더포드 올콕이 대표하는 영국과의 협상에 신중하고 기술적으로 임했다. 올콕과 하트는 중국이 행정·교육·재정 계획에서 시급히 착수해야 한다고 판단되는 변화의 방향을 문서로 작성하여 총리아문에 제출했다. 외국 외교 공동체의 장관들은 베이징의 넓은 구역으로 평화적으로 이주했으며 알현과 고두의 문제는 동치제가 어리기 때문에 하지 않아도 된다는 결정 덕분에 일단 보류되었다.(이 문제는 청 당국이 외국인들에게 황제에 대한 경의를 각국의 관습에 따라 표하도록 허락한 1873년에 가서야 완전히 해결된다.) 청의 고위 관료집단과 그 일행이 정부체제를 시찰하기 위해 하트와 함께 유럽으로 여행을 갔으며 청은 미국·유럽과의 조약 협상을 위해 미국의 전 중국공사인 앤슨 벌린게임을 중국 대표로 임명했다.

그러나 아직 선교권과 통상권, 철도와 전신 건설, 아편 판매 감독, 중국 영토 내 외국인의 법적 지위, 그리고 내륙 수로의 항해 등과 관련된 어려운 문제들이 산재해 있었다. 1869년 수에즈 운하가 개통되자 갑자기 중국은 유럽과 가까워지게 되었고 잠든 것처럼 보였던 과거의 탐욕과 반목이 되살아났다. 올콕과 총리아문의 노련한 관료인 원샹의 신중한 조약 개정협상은 두 사람 모두에게 분노와 실망을 안겨 주었다. 협상 결과가 1870년 영국 하원의 표결에서 부결되자 이들의 노력은 결국 시간만 허비한 꼴이 되고 말았다. 하트는 당황했고 올콕은 낙담했다. 올콕은 원샹을 방문하여 영국 상인들로부터 자신이 중국인에게 너무 유연하다는 비판을 받는다고 불평했다. 총리아문의 계획 역시 무위로 끝나 버리자 원샹은 이렇게 대답했다. "그래요, 그럴 겁니다. 나도 가끔씩 당신네 신문을 보아서 잘 압니다. 나 역시 중국인으로부터 중국 옷만 입고 있을 뿐인 변절자라는 비난을 받으니까요."13)

선교사

1860년대 내내 총리아문의 관리들이 새로운 세계를 이해하고 거기에 적응하려 노력하고 있을 때, 서양 선교사에 대한 중국인의 태도는 날로 거칠어지고 있었다. 쓰촨, 구이저우, 광둥, 대운하 변의 부유한 상업도시 양저우, 산시의 메마른 언덕에서 선교사들과 개종자들은 괴롭힘을 당하거나 몰매를 맞는 것은 물론 이

따금 살해되기도 했으며, 재산은 빼앗기거나 파괴되었다. 1870년 여름, 바로 1858년 조약이 체결된 곳이자 베이징 주재 문제를 둘러싸고 협상이 지연되는 동안 수많은 외교관들이 머무르고 있던 톈진에서 마침내 폭력은 끔찍한 양상으로 치달았다.

수개월 동안 성안에는 기독교인들이 어린이를 불구로 만들고 고문하며 온갖 종류의 성적 학대를 자행한다는 소문이 자자했다. 대중의 반발에도 불구하고 이전의 황실 공원과 사당이 있던 자리에 새로 거대한 톈진 성당을 건립한 카톨릭은 가장 격한 비방의 대상이었다. 스스로 카톨릭의 수호자임을 자처한 프랑스 영사 앙리 퐁타니에는 관할 관리에게 여러 차례 항의를 했다. 그러나 그들은 동요를 진정시키려는 어떤 조치도 취하지 않았고 수많은 군중들은 외국인을 위협하기 일쑤였다. 당황하고 분노한 퐁타니에는 허리띠에 두 자루의 권총을 차고, 칼을 찬 부관을 대동하여 지부의 관아로 쳐들어갔다. 지부의 뻔뻔스런 거짓말에 격노한 퐁타니에는 권총을 하나 뽑아 발사했다. 그러나 총알은 지부 대신 애꿎은 구경꾼만 죽였다. 이 순간 진작 관아 밖에 모여 있던 적대감에 불타던 군중의 분노가 폭발했다. 퐁타니에와 그의 부관은 여러 프랑스 무역상 및 그들의 아내와 함께 살해되었다. 성당은 불탔다. 카톨릭 수도원이 폭도의 침입을 받아 10여 명의 수녀가 옷이 벗겨진 채 살해되었다. 날이 저물 무렵 16명의 프랑스인 남녀가 프랑스인으로 오인받은 러시아인 3명과 함께 군중들에게 살해당했다.

프랑스측은 즉시 보복을 선언했고 청은 이에 응답해야만 했다. 조사단에 참가한 사람은 공친왕과 총리아문의 관리들, 허베이 지역의 총독으로서 명목상 톈진의 사법권을 가진 쩡궈판, 그리고 쩡궈판의 후임자인 리홍장 등이었다. 고문을 동반한 심문 끝에 16명의 중국인이 유죄판결을 받고 처형되었다. 이 '범죄자들'의 숫자가 프랑스인 사상자 수와 너무나 정확히 일치하는 것은 유죄의 증거를 철저하게 조사했다기보다는 '눈에는 눈'이라는 생각을 보여준다고 하겠다. 이에 덧붙여 중국인들은 25만 냥의 보상금을 지불하여 일부는 교회의 재건에 사용하고 일부는 사망자의 유가족에게 지급토록 했다. 톈진 지역의 지부와 지현은 종신형을 선고받고 아무르 강으로 유배되었으며 청은 프랑스에 사과 사절단을 보내는 데 동의했다. 만일 프랑스가 바로 그 해(1870) 여름에 프랑스-프로이센 전쟁(보불전쟁)의 발발로 인해 아시아 문제에 신경쓸 여유를 잃지만 않았더라면, 아마 프랑스는 더 가혹한 요구를 했으리라는 것이 일반적인 견해였다.

얼마 지나지 않아 외국인들 사이에서 톈진 '학살'이라 불리게 된 이 사건은 세기 내내 계속된 일련의 충돌 가운데 가장 큰 유혈사건이었다. 이러한 폭력적 충돌은 기독교인들의 개종 노력과 유교적 교양이 몸에 밴 향신의 가치와 권위에 대한 사고 사이의 깊은 골을 드러낸 것이었다. 선교사를 비난하는 독설적이고 도발적인 벽보와 전단을 만들고 많은 사건에 앞서 군중을 동원한 사람은 대개 고등교육을 받은 중국인이었다. 중국인이 기독교의 월권행위를 이렇게 과장한 배경에는 그들의 경고가 사실로 보이게 만든 복잡한 배경이 있었다. 기독교 선교사들은 유교에 적대적인 교리를 설교했고 중국 내부에 더 깊이 침투하고자 진정으로 노력했으며 비기독교 중국인과 소송이 걸린 개종자를 보호했고 독자적인 교육체제를 개발했다. 그들은 가정집을 교회로 사용하면서 부동산 거래를 종종 허위로 기재했다. 게다가 영혼을 구제하려는 열망에서 선교사들은 종종 심각한 병으로 인해 부모로부터 버림받은 유아들을 죽기 전에 세례를 해주기 위해 받아 주었을 뿐 아니라 찾아나서기까지 했다. 하지만 적의에 찬 중국인들이 그 작은 몸뚱이가 묻혀 있는 무덤을 파헤쳤을 때는 극도로 고조된 감정적인 대립이 있게 마련이었다.

그러나 중국에서 기독교 선교운동은 단지 착취·몰이해·적대감의 차원만은 아니었다. 중국에 온 선교사들은 다양한 국적과 종교적 배경을 대표하는 사람들로 이루어져 있었다. 예수회와 그 외의 다른 카톨릭 신부들, 탁발수도회의 회원들 이외에도 수많은―1865년경에 이르면 30여 개의―개신교 단체들이 있었다. 이들은 1795년에 최초로 결성된 런던선교회와 1810년에 창설된 미국해외선교 사무국에서부터 침례교, 남부 침례교, 장로교, 감리교, 미국성공회 그리고 웨슬리안 등의 독립적 교단에 이르기까지 다양했다. 이들의 근거지 역시 영국, 미국, 스웨덴, 프랑스, 독일 제국(諸國), 스위스, 네덜란드 등에 다양하게 설립되어 있었다. 카톨릭과 개신교는 특히 교육에 관련된 부분과 중국 여성의 지위 향상을 위해 노력했다는 점에서 중국 사회에 상당한 영향을 끼쳤다.

교육 부문에서 선교운동의 영향은 기독교 교재의 확산, 일반 역사서와 과학서의 출판, 학교의 발달, 새로운 의학기술의 도입 등으로 나타났다. 기독교 교재들은 중국의 일부 지방에서 급속도로 퍼졌으며, 일례로 훗날 태평천국의 지도자가 된 홍슈취안이 광저우 주변에 배포된 교리서에서 어떤 영감을 받았는지 이미 살펴보았다. 성서의 초보적인 중국어 번역은 1820년대에 이미 마무리되었다. 여러 선교사들의 감독 아래 주의 깊게 개정된 성서 번역본이 만주어로 완역된 신약성서와 함께 1850년 무렵 중국에서 널리 읽혀지고 있었다. 로마자로 표기된 특별판 성서가 닝보·아모이·푸저우의 방언 지역과 동남부의 객가(客家)를 위해 만들어졌다. 서양식 인쇄기(중국식 활자를 사용하는)의 발달은 카톨릭과 개신교 모두에게도 선교 업무에 큰 도움을 주었다.

1830년대에는 서양 정부와 역사에 관한 책들이 주로 광저우나 상하이의 선교단체가 발행하는 잡지를 통해 대규모로 유포되기 시작했다. 이러한 저서들은 중국을 세계사적 맥락에 체계적으로 자리매김함으로써 중국 학자들로 하여금 그들의 역사를 다른 시각에서 볼 수 있게 해주었다. 1840년대 중반 아모이에서 미국 선교사 데이비드 애빌이 소개해 준 이러한 책들을 통해 미래의 베이징 대학의 총장 쉬지위는 처음으로 서양 역사의 폭을 느낄 수 있었다.

과학과 기술 서적의 번역·소개는 자강운동 초기에 문을 연 새로운 병기창과 함께 발달하기 시작한 연수학교들에 의해 더욱 활발해졌다. 1865년에 쩡궈판은 영국 선교사 알렉산더 와일리가 번역한 유클리드의 『기하학의 원리』에 좋은 책이라고 인정하는 추천사를 써주었다. 추천사에서 그는 와일리의 책이 250년 전에 유클리드의 첫 6권을 선구적으로 번역했던 예수회 선교사 마테오 리치의 작업을 완성했다고 말했다. 쩡궈판은 이 완역본이 전에 존재하던 중국의 수학 서적에 중요한 보완이 될 것이라고 썼다. 중국의 전통적인 수학이 불필요하지는 않지만 거기에 '맹목적으로 집착하는' 학생들은 "실용적 수학 속에서 평생을 보낸 뒤에 그 방법은 터득하겠지만 원리는 알지 못하여 어떤 것은 연구가 불가능한 것으로 간주한다는 사실"을 부정하지 않았다. 리치와 와일리가 보여준 유클리드는 점·선·표면·입체와 같은 제목의 장(章)들에서 방법이 아니라 원리를 추적했다. 원리를 분명히 이해하면 "학생들은 수와 관련된 다양한 문제들을 풀 수 있을 것"이라고 쩡궈판은 말했다.[14] 1860년대에 와일리는 역학·대수·미분·천문·대수표 등에 대한 논문을 중국어로 쓰거나 번역하기도 했다. 1870년대 말 무렵에는 다른 서양 학자들도 전기, 무기 화학, 증기기관, 사진, 선반, 삼각측량법, 항해술 등에 대한 중국어 책을 준비하고 있었다.

19세기에 새로운 개항장이 설치됨에 따라 중국 해안이나 내륙에서 미션스쿨의 수는 꾸준히 증가했다. 대개 선교사 개인이나 극소수의 교사들에 의해 운영되는 이러한 학교들은 영어가 필요한 개항장에서 일하게 될 젊은 중국인들을 준비시킬 뿐 아니라, 중국 어린이들에게 기독교 교리를 이해시키고 가능하면 개종시켜 후에 서양 선교사들과 함께 일할 수 있도록 훈련시키는 것이 목적이었다. 전통적인 중국 선생들은 의혹의 눈길로 이를 지켜 보았으나, 이러한 학교들이 크게 기여한 점은 달리 교육받을 기회가 없었던 가난한 중국 소년소녀들에게 기본적인 교육을 제공했다는 것이다.

미션스쿨은 낯설 뿐만 아니라 주민들에게 공포의 대상이었기 때문에 선교사들은 종종 학생을 급식·기숙사·의료혜택, 심지어는 옷과 현금 지급 등으로 유혹해야 했다. 초기 개항장인 닝보의 미션스쿨이 바로 그런 경우였는데, 이 학교는 1844년에 30명의 소년을 입학시켜 1850년에 8명의 첫 졸업생을 낼 수 있었다. 이 8명 가운데 1명은 학교에 남아 학생을 가르치고, 1명은 의학을 공부하러 떠났으며, 4명은 장로교 인쇄소에서 일하게 되었다. 산둥의 치루(齊魯)학교는 1864년 겨우 8명의 학생을 데리고 개교했으며 1877년에 첫 졸업생을 3명 배출했다. 그들의 학업은 중국 고전과 윤리학을 기초로 하고 영어·수학·음악·기하학을 포함했으며 3명의 졸업생은 모두 교사가 되거나 선교사의 보좌원이 되었다. 나중에 쩡궈판의 부관이 되어 외국 기계류의 구입을 담당한 융웡은 외국인과 중국인이 함께 다니는 마카오의 초등학교에서 7세부터 12세까지 선교사의 부인으로부터 가르침을 받았다. 그러고 나서 13세 때 마카오 미션스쿨에 입학하여 다른 5명의 학생과 함께 영어·중국어·기하·산수를 배웠다. 1847년 무렵그 지역의 서양 상인이 제공한 기금과 차(茶) 수송선의 무료승선권을 얻은 융웡은 미국을 여행할 준비를 갖추게 되었다.

당시 다른 중국인 청년과 마찬가지로 융웡 역시 서양 의학에 깊은 감명을 받아 의사가 되기를 희망했다. 서양 선교사들은 의학지식이 중국인에게 미친 영향을 즉시 간파했으며, 바로 이 '의료 선교단'이 초기에 가장 많은 개종자를 끌어들이는 성공을 거두었다. 이는 중국에 자체적으로 세련된 의학이 없었기 때문이 아니라(중국에는 진맥을 통한 진단과 식물 추출물, 동물의 신체 부위, 광물, 침술 등을 이용한 오랜 의학 전통이 있다) 19세기에 서양이 보다 많은 해부학 지식을 습득하여 수술 기술이 상당히 발달해 있었기 때문이다. 종종 사망자도 생겨나 지역민의 증오심이나 소송을 야기하기도 했지만 서양 의사들은 종양을 제거하거나 백내장 같은 안과 질환을 치료하는 데 특히 탁월한 면모를 보였다. 1860년대에는 선교사 의사와 민간인 의사들이 서양 자선가나 중국인의 기부로 모은 돈을 가지고 병원을 짓기 시작했다. 처음에 이런 병원건물은 개항장에 밀집되어 있을 수밖에 없었고 여기에 부속된 장님, 문둥병자, 정신병자 등을 위한 보호소 역시 마찬가지였다. 다른 선교사들은 중국 농민에게 여러 종류의 새로운 과일과 식물의 씨앗을 소개해 주었다. 어떤 이들은 산림화계획에 전념하여 중국의 황폐한 산간지대에 큰 폐해를 일으키고 있던 심각한 토양침식문제를 해결하고자 했다.

책, 인쇄물, 학교 그리고 병원을 통한 선교사들의 노력은 중국의 사상과 관행에 영향을 미쳤다. 그 영향의 정도를 가늠할 수는 없지만, 선교사들이 중국인에게 새로운 선택의 범위와 세계를 보는 새로운 시각을 제공한 것만은 분명하다. 가족구조와 여성의 역할에 대해서도 좀더 넓은 안목을 제공했다. 초기 선교사들 가운데는 여성이 여럿 있었으며 남성 선교사의 부인들도 공동체 내에서 적극적인 역할을 수행했다. 용윙은 1835년에 그의 첫 스승인 백인여성을 처음 만나던 순간을 이렇게 회고했다. "강인하고 확신에 찬 모습이 눈에 들어왔다. 푸르고 또렷한 그녀의 눈은 무언가 깊이 있는 느낌을 주었다. 각진 턱이 그녀의 얇은 입술을 받치고 있었다. ……그녀는 전체적으로 대단한 결단력과 의지력의 소유자인 듯한 분위기를 풍겼다. 그녀의 모습을 더 강렬하게 해준 것은 그녀가 걸친 드레스였다. 큰 공 같은 소매가 두 개 달린 길고 풍성한 흰색 드레스를 입고(이 만남은 여름에 이루어졌다) 그녀가 나를 반기려 다가왔을 때 나는 그 권위적인 모습과 옷차림에 놀라 온몸이 떨렸다. 나는 그때의 어리둥절함과 경악스러움을 지금도 생생히 기억한다. 당시로서는 충격적이었다. 나는 무서워서 아버지에게 매달렸다."[15]

하지만 공포는 극복할 수 있었다. 수많은 중국인이 서양인들로부터 공부와 일, 의술 심지어는 사교법까지 배웠다. 서양 여성들은 중국 여성으로서는 불가능해 보였던 공적인 업무와 직업을 선택할 수 있었다. 세월이 흘러 중국 사회를 좀더 깊숙이 경험하게 되자, 선교사 가족들은 서양의 가정세계와 가치에 대한 그들 나름의 형식을 창조했다. 그들은 위생, 조리, 자녀 양육에 대한 새로운 개념을 중국 여성들과 공유했다. 그들은 전족을 반대했고 아편 중독자를 동정했으며 위로와 변화를 위한 기본 도구로 종교와 교육을 제공했다. 더 대담한 사람들은 사회계급과 성적 종속에 대한 새로운 관점을 제시했다.

나중에 중국 해관의 존경받는 총세무사가 되는 로버트 하트는 젊었을 때인 1850년대에 닝보와 광저우에서 중국인 여성과의 사이에 세 명의 아이를 두고 있었다. "중국에 사는 미혼 영국 남성에게 중국 소녀가 있는 것은 흔한 관행이었으며 나 역시 그랬다"[16]고 그는 훗날 비밀 증언서에 썼다. 나중에 훌륭한 영국 가문의 여성과 결혼할 시기가 되자 그는 함께 살던 중국 여성에게는 3천 달러를 주고 아이들을 영국으로 보내 이 문제로 자신이 난처해지지 않도록 했다. 그렇다고 해서 그런 이중적 기준이 서양인과 중국인 사이의 개인적 관계에서 일상적인 관행만은 아니었다. 융윙은 하트포드 출신의 미국 여성과 결혼하여 두 아이를 두었는데, 그들은 모두 예일 대학에 다녔다. 융윙은 회고록에서 한없이 높아보였던 그의 첫번째 백인 선생이 세 명의 중국 소녀들에게 점자 읽는 법을 가르치고 아마도 팔자에 타고났을지도 모를 비참한 생활로부터 그들이 벗어날 수 있게 무슨 일이든 마다하지 않았다고 기록했다. 세기 말 무렵에는 융윙이나 로버트 하트가 예견한 것 이상으로 중국 여성에게는 많은 기회가 주어졌다. 1892년에는 미션스쿨을 졸업한 두 명의 중국인 소녀가 미국에 가서 미시건 주립대학에서 이다 칸과 메리 스톤이라는 서양식 이름으로 의학사 학위를 받았다. 1896년 그들은 중국으로 돌아와 직접 개업을 했다. 이 여성들의 성공과 그들이 고취시킨 신념은 선교사들의 꿈 한켠에 큰 힘을 주었다.

화교

수백 수천만의 중국인이 19세기 중반을 특징지었던 내란과 그에 수반한 기근, 사회적 혼란의 물결 속에서 죽거나 떠도는 신세가 되었다. 그래도 토지에 대한 압력은 감소될 줄 몰랐다. 중국의 인구는 1850년대에는 4억 3천만 명에 달했으며, 1860년대에 현저히 감소한 게 틀림없으나 1870년대에는 또다시 증가하기 시작했다.

가경지의 부족을 해결하기 위한 방법은 내부 이민이었지만, 중국에는 같은 시기 미국 역사를 수놓은 대평원과 태평양 연안으로의 서부 이주와 같은 명확한 대안이 없었다. 중국에서 서부나 서북부로 이주한 사람들은 티베트의 건조한 고원지대나 신장의 광활한 사막지역으로 갔는데, 당시 이들 지역은 1884년에 청에 복속되긴 했지만 버려진 영토나 마찬가지였다. 서남부로 이동한 사람들은 적대적인 산간 부족과 부딪치거나 이미 건설되어 있는 베트남이나 버마 왕국으로 갔다. 수백만이 동북부로 이동하기로 결정하여 처음에는 랴오둥의 경작 가능한 지역에 정착했고 나중에는 청 정부의 모든 규제를 무시하고 지금의 지린과 헤이룽장 성과 같이 매섭게 추운 북부의 삼림지대로 갔다. 다른 이들은 가까운 바닷길을 통해 타이완으로 건너갔고, 얼마 지나지 않아 그곳은 이민자로 넘쳐 나게 되었다. 타이완은 1850년대에 중국인의 정착이나 경작이 전면 허가되었고 1885년에는 하나의 완전한 성(省)이 되었다. 일부는 그냥 농촌에 남아, 확장되고 있던 도시들 — 한커우·상하이·톈진 등 — 에 그들의 운명을 걸었다. 도시에서는 새로운 산업과 운반 인력을 필요로 했기 때문에 비록 낮은 임금일지라도 일자리를 얻을 기회가 있었다.

인구 위기에 대한 또 다른 주요 반응은 지금까지 살아온 중국인의 세계를 완전히 벗어나 다른 곳에서 행운을 찾아보는 것이었다. 이러한 선택을 한 사람들은 대개 중국 동남부 출신으로 광저우나 마카오를 그들의 출발점으로 삼았다. 일부는 절망적인 농민, 일부는 반란 정권의 망명자, 또 일부는 청 사회에 발전의 기회가 거의 없음을 간파한 대가족의 야심찬 자녀들이었다. 대부분은 중국을 떠나기 직전에 혼인한 남성들로 언젠가는 금의환향해서 땅을 많이 사고 기울어 가는 가문을 일으키겠다는 꿈을 꾸었다. 그들이 처음 희망의 땅으로 삼은 곳은 대체로 세 지역 — 동남아시아와 인도네시아, 카리브 해 연안과 라틴 아메리카 북부, 그리고 미국의 해안 — 이었다.

동남아시아 이민은 가장 값싸고 손쉬웠으며 많은 중국인들은 벼농사, 어업, 그리고 소매상이나 상업 관련사업에 빠르게 정착해 갔다. 높은 수준의 경제생활은 영국·프랑스·네덜란드인(선택한 지역에 따라)이 거의 독점하고 있었지만,

중국인 이민자들은 그들 특유의 사업가적 자질을 발휘하여 그 틈새를 발견했다. 그들은 구리광산, 고무 농장, 그리고 운송업 등에 성공적으로 파고들었다. 네덜란드령 인도네시아에서 중국인은 계약제 세금 징수인으로 또는 네덜란드인이 독점 경작하는 아편농장의 지배인으로 일하면서 이윤을 챙겼다.

이 새로운 정착민들은 대부분 푸젠이나 광저우의 삼각주 지방 출신이었기 때문에 지역적 유대감이나 방언을 계속 중요하게 여겼고 비슷한 지역에서 온 중국인들은 한데 모여 살면서 서로를 돕는 경향이 있었다. 삼합회나 다른 비밀 결사들도 보호조직을 결성하고 아편 판매망을 만들며 신용을 바탕으로 운반비를 낮게 책정하고 매춘굴을 운영하면서 번성해 갔다. 1890년대 말에 동남아시아 지역에 기혼 중국 여성은 거의 없었다. 청은 외국 이민의 규모에 불안해 했지만, 1873년에는 싱가포르에 영사관을 세워 그 지역의 50만 중국인 정착자들을 더 가까이에서 감시할 수 있게 되었다. 또한 청 정부는 고위직을 팔아 부유한 이민자들의 충성을 얻어내려 했다.

라틴아메리카 지역에는 특히 1840년 이후 수많은 중국인 이민자가 정착했다. 이때는 그 지역의 많은 국가들이 급격한 경제성장을 이루고 있었다. 이러한 경제성장에 대한 소식과 함께 그곳의 노예노동 수요의 증가와 증기선의 값싼 운임은 일자리를 찾는 중국인들을 유혹하기에 충분했다. 예컨대 1875년에 페루에 도착한 10만 명에 가까운 중국인들은 거대한 부를 약속하는 중개인의 말과 전단에 현혹되었다. 그러나 거대한 부를 얻는 대신 이들 대부분은 작업환경이 열악한 철도 공사장이나 목화농장, 구아노(guano) 채굴장에서 일했다. 그곳에서 중국인들은 끓는 듯이 뜨거운 열기 속에서 조류의 배설물을 하루에 4∼5톤씩 제거하곤 했는데, 그로 인해 종종 세균에 감염되거나 폐질환을 앓았으며 여성은 조산을 하기도 했다. 또 다른 이들은 가정집, 담배공장, 방앗간 등에서 일했다. 많은 중국인들이 정확히 무슨 내용인지도 모른 채 고용계약서에 서명했고 계약한 지역에서 도망쳤다가 잡힐 경우에는 쇠사슬을 찬 채 일해야 했다. 그래서 수많은 자살이 뒤따랐다. 쿠바에서는 1860년대에 수천 명의 중국인이 사탕수수 농장에서 일하고 있었는데 이곳의 환경 역시 별반 다를 게 없었다. 중국인은 자유노동자라기보다는 노예처럼 취급당하기 일쑤였고 극도의 저임금으로 비인간적인 장시간 노동을 해야 했으며 일터를 떠나거나 고용주와 싸울 경우에는 노예처럼 체벌을 받았다. 수천 명의 중국인이 정착한 하와이의 사탕수수·파인애플 농장에서도 상황은 매한가지였다.

1873년에 총리아문은 조사위원회를 만들어 페루와 쿠바에 사는 중국인의 생활과 노동환경에 대한 보고서를 각각 작성케 함으로써 적극적인 외교의 새로운 장을 열었다.(톈진 병기창을 위해 10만 달러의 개틀링〔gatling〕 연발 기관총 구입을 막 성사시킨 융윙이 페루 조사단의 일원으로 파견되었다.) 두 위원회는 단지 작업환경상의 학대뿐 아니라 중국인 노동자의 알선 자체에 산적한 문제점들에 대해 놀라운 증거들을 보고했다. 수천 명이 꼬임에 넘어가 서명을 했고 일단 서명을 하고 나면 사기를 당했다. 소개업자들은 수많은 사람들을 농장 주인에게 보내기 위해 말 그대로 납치를 했고, 출국 전까지 마카오나 광저우의 은밀한 장소에 외부와 연락을 못하도록 감금했다. 여객환경도 너무나 열악하여(중국인 '승객' 1명당 대개 0.17평 미만의 공간이 배정됨) 항해 중 수많은 사람들이 죽었고 중국인의 '반란'도 잦았다. 1876년부터 주로 이러한 보고서의 영향으로 계약 노동의 관습상의 폐해가 근절되었고 수송과정도 더 조심스럽게 규제되었다.

중국인의 미국 이민을 가장 많이 자극한 것은 1848∼1849년의 캘리포니아 골드 러시(Gold Rush)였고, 그래서 그런지 샌프란시스코를 의미하는 첫번째 중국어는 '진산'(金山)이었다. 그러나 중국인들은 대부분 채산성이 있는 채굴은 이미 끝난 상황에서 도착하였고, 끈기가 부족한 개척자들이 버리고 간 광산에서 일하다가 다른 일자리로 서서히 옮겨 가기 시작했다. 그들은 로스앤젤레스에서 시애틀까지 해안을 따라 야채상, 상점 점원, 세탁소 등으로 번성했다. 수천 명의 중국인이 1860년대에 캘리포니아에서 유타까지 확장되는 대규모 철도 건설사업의 마지막 단계에 투입되었다. 미국 동부로의 점진적인 중국 이민은 미국인의 서부 이동의 후기 단계와 거의 일치했다. 오레곤 길(Oregon Trail)을 가던 여행자가 일기장에 젓가락을 사용하여 식사하는 중국인을 처음 보았다고 놀란 듯 기록하고 있다. 1880년 무렵 포틀랜드에는 수많은 중국인이 살고 있었고 와이오밍의 산간지방과 아이다 호의 스네이크 강 주변에도 정착지가 형성되었다. 남북전쟁 이후에는 남부의 대농장 주인들이 중국인을 미시시피·앨라배마·테네시로 끌어들였고 해방된 흑인노예들이 내던진 밭일을 그들에게 맡기려 했다. 1880년대 후반이 되면 매사추세츠의 신발 공장, 펜실베이니아의 칼 공

장, 그리고 뉴저지의 증기 세탁소 등에서 일하는 중국인이 생겼고 보스턴에는
상당수의 중국인 상인 집단이 있었다.

미국에서 중국인이 정착하기란 쉬운 일이 아니었다. 중국인 정착민에 대한
적대감은 복잡하고 뿌리깊었다. 문제의 일단은 동남아시아와 페루로 떠난 사람
들과 마찬가지로 많은 중국인이 미국에서 단지 몇 년간만 일하고 가족이 있는
고향으로 돌아가겠다는 생각을 했다는 데 있었다. 그 때문에 중국인은 진정한
이민이라기보다는 '체류자'로 여겨졌다. 또 다른 문제의 근원은 중국인의 근면
성에 있었다. 열심히 일한 덕분에 다른 이들이 얻지 못하는 이윤을 얻음으로써
중국인은 질시의 대상이 되었던 것이다. 백인 노동자들 사이에는 중국인이 다
른 인종보다 언제나 낮은 임금으로 일하기 때문에 임금수준을 전반적으로 끌어
내린다는 공감대가 형성되어 있었다. 그 주장은 사실과는 거리가 먼 것이기는
했지만 고용주들이 중국인을 구사대로 고용하는 경우는 종종 있었다. 영어를
거의 또는 전혀 못하는 중국인들은 대개 그들이 투입되고 있는 사회적·경제적
전투상황에 대해 전혀 알지 못했다.

중국인—또는 많은 백인이 사용하기 시작한 단어인 '몽골인'—은 또한 그
들의 사회적 관습이 상대적으로 생소한 탓에 혐오나 공포의 대상이 되었다. 많
은 남성들이 여전히 고수하고 있던 변발은 미국인에게 괴상하게 보였다. 미국
인은 중국인 공동체에 여성보다 남성이 월등한 비율로 많다는 점(1880년대 미
국 서부에서 10만 명 이상의 중국인 남성이 살고 있었는데, 여성은 겨우 3천 명뿐이었
다)을 눈치챘는데 그 이유를 알아보려고 하지도 않고 중국인이 문란하다고 비
난했다. 노래 부르는 듯한 중국어 발음, 일부의 아편 흡연 경향, 일부의 음주,
도박 성향, 이상하고 혐오스럽게 보이는 음식을 아무렇지 않게 먹는 관습 등이
죄다 짜맞춰져 중국인의 사악함과 타락성을 강조하는 온갖 소문이 떠돌았고 여
론이 들끓었다.

두 가지 불행한 사실로 말미암아 중국인을 더 거칠게 비난해도 좋다는 분위
기가 형성되었다. 첫째, 다른 곳의 중국인 이민자와 마찬가지로 미국의 중국인
들 역시 방언과 지역 출신에 따라 서로 한데 모여 살았다는 점이다. 그들 중 다
수가 광저우 주변 1,600km 안의 지역 출신이었고 샌프란시스코에 도착하자마
자 대부분이 '육공사'(六公司)에 의해 통제되는 소집단에 편성되었다. 이 조직

들은 중국인 비밀결사에 연결되어 있었고, 보호체제와 경제적 착취의 이중적 기능을 수행했다. 따라서 경쟁관계에 있는 중국인 집단들은 수많은 '갱들의 전쟁'(堂鬪)에 연루되었고, 이런 반목하는 갱들 사이의 전쟁은 중국인 전체에게 무법자라는 평판을 안겨 주었다. 둘째, 중국인이 밀집한 미국 내(샌프란시스코, 로스앤젤레스, 포틀랜드, 더 나중에는 뉴욕 등등)의 '차이나타운'은 주택이 드물고 수많은 독신 남성들의 외로움이 가득 찬 곳으로 불안정한 사회 환경, 성적 좌절감, 그리고 질병의 온상이 되었다. 주거, 교육, 취업 허가, 식생활 개선 등과 관련된 반중국적 차별법이 중국인을 차이나타운으로 몰아넣고 거기에 계속 살도록 했다는 것은 역설적이다. 구제책은 거의 찾아볼 수 없었다. 여러 주(州)에서 중국인들은 법정에서 백인에 대해 불리한 증언을 할 수 없었고 공무원이 될 수도 없었다. 심지어 다수는 기본적인 교육의 기회를 얻기 위해 몸부림쳐야 했다.

1849년의 첫 정착 이후 몇 년 지나지 않아 잠복해 있던 갈등이 공공연한 폭력으로 표출되었는데, 그것은 백인 노동자들과 그들의 정치적 지지세력의 인종차별적 구호에 따라 고의적으로 선동된 것이었다. 최악의 사태는 캘리포니아와 와이오밍에서 발생했다. 1871년 10월 로스앤젤레스에서 중국인 갱 사이의 싸움을 중재하려던 두 명의 경찰관이 살해되자 군중은 차이나타운으로 몰려들어 상점을 습격하고 가옥을 불태우고 중국인을 닥치는 대로 폭행했다. 시 당국은 군중이 19명의 중국인 남녀노소를 죽이고 수백 명에게 부상을 입힌 후에야 사태를 진정시킬 수 있었다.(로스앤젤레스의 중국인 사망자 수는 소름끼치게도 1870년 '톈진 학살' 때 살해된 프랑스인과 러시아인을 합한 수와 똑 같았다.) 14년 후 와이오밍 준주(準州)의 록 스프링스(Rock Springs)에서 가난한 백인 광부들이 중국인 광부 한 사람을 삽으로 무자비하게 집단폭행한 후 중국인 이민 노동자의 숙소를 불태워 적어도 28명을 죽였다. 같은 시기에 그보다 규모가 작은 사건이 수없이 일어났고 이 사건들은 불행히도 '서부의 개막'에 필수적인 역할을 했다.

해외를 여행하는 중국인의 권리에 대해 아무 것도 인식하지 못했던 청 정부는 비록 총리아문의 관리들이 어떤 현안들이 있는지 알고 있었음에도 불구하고 적극적으로 대응하지 않았다. 1867년에 청 정부는 전직 주중 미국 공사였던 앤슨 벌런게임을 무임소 대사로 고용했다. 이듬해에 벌런게임은 미국과 유럽 여행길에 올라 한 세기 전 프랑스 철학자들이 사용했던 가장 낙관적인 전망과 일맥상통하는 말로 중국의 대의명분을 열정적으로 옹호하고 나섰다. 벌런게임은 청중에게 "현재 중국의 계몽 정부는 진보의 길을 따라 꾸준히 발전해 오고 있습니다. 중국은 '당신들의 밀과 고무, 석탄, 은, 그리고 어느 곳에서 나는 것이든 당신들의 상품을 우리에게 보내시오. 우리는 수용할 수 있는 한 많이 받아들일 것이오. 대신 우리는 세계로 그토록 많이 내보냈던 차와 비단 그리고 값싼 노동력을 주겠소'라고 말하고 있습니다"라고 말했다. 그의 설득력이 먹혀들었던지 미국은 중국의 이민권을 계속 보장하는 1868년 조약에 서명했다. 그러나 벌런게임은 청이 기독교로 개종할 분위기가 무르익었다고 단언함으로써 문제를 엉망으로 만들기도 했다. 그는 머지않아 중국이 서양 선교사들을 초청하여 "언덕마다 골짜기마다 빛나는 십자가를 꽂게 할 것이다. 왜냐하면 그들은 공정한 논쟁을 기꺼이 받아들일 테니까"라고 주장했다.[17] 벌런게임의 발의에 따라, 청은 1871년 프랑스와 영국에 외교 대표단을 보냈고 1878년에는 미국에 정식 대사를 두게 되었다.

그러나 중국에 대한 정치적 압력은 캘리포니아에서 워싱턴 D.C.로 전파되었다. 선거와 관련해서 민주당과 공화당 사이의 접전이 계속되는 상황에서 중국인 이민이 넘치기 전에 제한해야 한다는 의견이 힘을 얻기 시작했다. 1879년에 대통령 러더포드 헤이스는 선박 1척 당 중국인 이민을 15명으로 제한하려는 안을 거부함으로써 1868년 조약에서 취한 입장을 견지했다. 그러나 1880년에 청은 미국 정부가 제한이 '합리적'이라고 여길 경우, 중국 노동자의 이민을 '규제, 제한, 또는 유보'할 수 있는 권리를 미국에 부여하는 새로운 조약에 서명하지 않을 수 없었다. 1882년에 제임스 가필드 대통령의 암살로 대통령직에 오른 체스터 A. 아서는 향후 10년간 중국인 숙련, 비숙련 '노동자들'의 이민을 '유보하는' 법안을 거부하지 않기로 결정하고 이미 미국에 들어와 있는 중국인 전원에게 특정한 등록증을 소지하는 대신 미국 시민권을 취득하지 못하도록 했다. 1884년에 그는 노동자라는 용어를 '행상, 도붓장수, 어부'를 포함하는 것으로 확대시키고 그 제한 규정을 청의 백성이건 아니건 모든 '중국 민족'에 적용하는 법안을 승인했다.

이로써 미국을 인종·종교·출신에 관계없이 세계의 모든 가난하고 억압받는 이들의 천국으로 만들려는 꿈은 끝났다. 그러한 꿈의 종말은 이후의 대통령들

에 의해 더욱 확고해졌다. 1888년 그로버 클리블랜드는 중국인이 "우리의 법
제도에 무지하고 우리와 동화하는 것이 불가능하며 우리의 평화와 복지에 위험
한 요소"라고 선언하면서 일시적으로 중국을 방문하기 위해 출국한 중국인 노
동자들의 재입국을 금지하는 새로운 법안을 인준했다.[18] 같은 해 벤저민 해리
슨은 공화당 대통령 후보 수락연설에서 "우리 인종과의 궁극적 혼합이 불가능
할 뿐 아니라 바람직하지 못한 외국 인종들을 제외시키고 우리 문명을 지키는
(자신의) 임무"에 대해 이야기했다. 선거 후에 해리슨은 중국인이 미국 경제를
발전시키는 데 도움을 주기는커녕, "도덕적·신체적 질병과 빈곤, 죽음의 씨앗"
을 갖고 왔다는 생각을 굳건히 믿고 있던 인물을 국무장관에 임명했다.[19] 청의
전성기에 청의 정치인들이 자신들 이외의 세계에 대해 그랬던 것만큼이나, 이
제 미국인은 중국인이 열등하다고 판단을 내리고 있었다.

10장 | 청 말의 새로운 갈등

자강과 청일전쟁

19세기 중반의 반란을 진압한 유교 정치가들의 능력과 성실 그리고 끈기는 중국인이 새로운 도전에 얼마나 창조적으로 대응할 수 있는지를 보여주었다. 청 제국의 중흥이라는 총체적 기치 아래 그들은 외교관계를 조정하고 관세를 징수하며 근대적인 선박과 무기를 만들고 국제법과 근대 과학의 원리를 가르치기 위한 새로운 구조를 발전시키는 데 성공했다. '자강'은 이제 공허한 구호가 아니라 더욱 안정된 미래를 보장해 주는 길이라는 것이 분명해졌다. 진보적 사상을 지닌 한인과 만주인은 중국의 필요에 따라 서양의 학문과 기술을 선택적으로 도입함으로써 중국 전통 문화의 가장 소중한 측면들을 지키면서 서로 조화를 이룰 수 있을 것처럼 보였다. 물론 계속되는 농촌지역의 군사화, 과세권을 둘러싼 새로운 지방자치, 지주의 학대와 관리의 부패, 군사·외교·선교를 앞세운 호전적인 외국 열강의 접근 등 복잡한 문제들은 여전히 남아 있었다. 그래도 강력한 황제의 지도력과 결의를 다진 군기처만 있다면 청 왕조는 이전의 힘을 어느 정도 되찾을 것처럼 보였다.

그러나 불행하게도 왕조의 회생에 필수적인 강력한 지도력이 없었다. 중앙이나 지방정부의 '중흥'이 추진된 시기의 명칭을 부여한 장본인인 동치제는 직접 권력을 이양받은 직후인 1875년 1월 18세의 나이로 갑자기 죽었다. 공식 사인은 천연두였지만 베이징의 환락가에 탐닉한 방탕생활로 명이 다했다는 소문이 무성했다. 그가 죽었을 때 어린 황후는 임신중이었는데, 그녀는 동치제의 어머니이자 선제의 미망인인 서태후가 후계를 결정하기 위해 소집한 중요한 모임에서 제외되었다.

서태후가 자신의 권력을 유지할 수 있는 유일한 방법은 섭정을 계속하는 것이었다. 따라서 그녀는 자신의 세 살 난 조카 광서(光緖)를 황제로 앉힘으로써 황제의 배후에서 수년간 더 권력을 유지할 수 있도록 했다. 임신한 동치제의 미망인이 그 해 봄 출산하기 전에 죽자 이러한 계략은 더욱 명백해졌다.* 그러나 광서를 후계자로 정한 것은 청의 기본적인 황위 계승법을 어긴 처사였다. 광서제는 동치제의 아래 대(代)가 아니라 같은 대였기 때문에 동치제의 제사를 자식된 입장에서 올릴 수가 없었다. 서태후는 광서제의 아들이 태어나면 그 아들을 동치제의 양자로 입양시켜 필요한 의례를 거행할 수 있도록 하겠다고 약속함으로써 이 문제에 대한 공개적인 반발을 잠재웠다. 어떤 강직한 유학자는 서태후의 결정에 항의하는 뜻으로 동치제의 무덤 부근에서 자결을 시도했는데 다른 학자들은 자신들의 불만을 그처럼 극단적으로 표출하지는 않았다. 고관들은 거의 침묵을 지켜 이 막강한 여성 섭정의 간접 통치가 더 길어지도록 눈감아 버렸다.

서태후는 섬세하고 유능한 여성이었으나 필요하다고 생각할 때는 단호하고 잔인해지기도 했다. 그녀는 청 왕조의 역사에서 가장 높은 수준의 정치권력을 손에 넣은 유일한 여성이었기 때문에 그녀가 권력을 절대로 쥐지 말았어야 했다고 믿는 사람들은 왕조가 겪은 고난의 많은 부분을 그녀 탓으로 돌렸다. 1835년에 태어난(아버지는 명문 만주인 가문 출신이었지만 미관 말직에 있었다) 서태후는 1851년 함풍제의 후궁이 되었고 1856년에 아들을 낳아 황제의 총애를 받았다. 함풍제는 그녀와 정책에 관련된 논의를 했고 자신에게 올라오는 상주(上奏)를 그녀가 읽도록 허락했다. 그녀는 1860년 황제와 함께 서구세력의 침입을 피해 러허로 갔고 1861년 함풍제의 죽음에 뒤이은 궁정반란에서 스스로 섭정이 되었다. 따라서 1861년에서 1873년까지 아들 동치제의 섭정으로서, 1875년부

---

* 서태후가 동치제의 임신한 미망인을 자살로 몰고 간 것이 거의 확실해 보이나, 그 증거는 여전히 논쟁거리로 남아 있다.

터 1889년까지는 조카 광서제의 섭정으로서 서태후의 권력은 계속되었다. 특히 그녀는 1898년에서 1908년 사이에 광서제가 그녀의 명령에 따라 궁중에 유폐되어 사라져 갈 때 절대적인 권력을 행사했다. 높은 학식을 지녔고 뛰어난 화가였던 서태후는 수렴(垂簾) 뒤에 앉아(예의상) 국가의 모든 정황을 빠짐 없이 파악하기 위해 남성 대신들의 보고를 들었다. 그녀는 정치적으로 보수적이며 경제적으로 낭비벽이 심했지만 자강운동의 여러 사업을 후원했다. 아울러 통치 중인 만주 황실의 특권을 악착스레 수호하려 애썼다.

외교정책이 모든 의사결정 과정에서 최우선시되고 난 이후인 1869년에 서태후가 자신이 총애하는 환관들을 권력남용죄로 처형시킨 공친왕과 심각하게 반목하게 된 것은 불행한 일이었다. 환관의 손에 무제한적 권력이 주어지면 부패가 만연해지는 현상은 전통적으로 왕조 멸망의 상징이었기 때문에 청 초의 통치자들은 환관에게 궁중을 맡긴 명 말의 실수를 다시는 되풀이하지 않겠다고 맹세했던 것이다. 공친왕은 아마도 그런 사태의 재현을 막으려 했던 것이겠지만, 서태후는 이 처형을 사적인 것으로 받아들였고 그 이후 공친왕을 권력의 자리에서 배제시켰다.

강력한 지방정치인 쩡궈판이 1872년에 사망하고 유능한 원상이 1876년에 죽었으며 쭤쭝탕은 여전히 중국의 서북지방에서 이슬람 교도를 진압하는 데 전력하고 있었기 때문에 청 조정의 힘은 더욱더 약화되었다. 베이징의 군기대신들은 뛰어난 경력을 가진 명사들이었지만 보수적인 경향이 강했고 중국을 새로운 길로 인도할 능력이나 진취성이 부족했다. 자강운동 계획은 19세기 말엽에도 계속적으로 추진되었는데, 그 가운데 절대 다수가 한 인물에 의해 발의(發意)되었는데, 바로 그가 리훙장이었다. 리훙장은 서태후의 신임을 받았다. 태평천국과 염군 반란의 진압과 톈진 학살을 수습하는 협상을 이끈 이후, 그는 직례(直隷) 총독과 북양(北洋) 대신을 겸하여 중국 북부에 부임했다. 리훙장은 세기 말 중국에서 그 어떤 인물보다도 많은 자취를 남겼다.

리훙장은 주로 세 가지 광범위한 분야에서 정치력을 발휘했는데, 그것은 기업가·교육자·외교관으로서의 활동으로 집약된다. 기업가로서 그는 초반 자강운동의 기초를 닦았다. 그는 중국의 사업을 국가의 전반적인 발전에 장기적으로 영향을 줄 영역들로 다양화시키고자 했다. 이러한 목적 아래 청 당국과 개별 상업 자본가들은 '관독상판'(官督商辦, 정부가 감독하고 상인이 경영한다)이라는 형태로 협력사업을 도모했다. 그러한 사업 가운데 외국 열강이 중국 연안 수송을 독점하지 못하도록 하겠다는 취지에서 1872년 리훙장이 설립한 회사가 중국윤선공사초상국(中國輪船公司招商局)이다. 리훙장이 최대 주주였던 이 회사는 정부의 세입으로 거둬들인 곡물을 중부지방에서 베이징으로 운반하는 일을 전담하여 수입을 올렸다. 1877년 이후 톈진 부근의 카이핑 탄광이 리훙장의 명령으로 대대적으로 확장되어 자국의 광물자원에 대한 관리를 철저히 하고 성장일로에 있던 해군의 기선에 연료를 공급할 수 있게 되었다. 리훙장은 섬유 수입의 증가를 막기 위해 1878년 상하이에 상당한 규모의 방적공장도 설립했다.

1880년대에 리훙장은 이제 해외에서 구입하기 시작한 레밍턴사나 크룹사에서 제작한 총의 탄알과 포탄을 생산하기 위해 톈진의 병기창을 개선해 나갔다. 첫 출발은 미국에서 구입한 장비를 가지고 직접 레밍턴 소총을 만드는 것이었다. 리훙장은 국제 전신망(상하이에서 끝나는)을 연장하여 처음에는 톈진, 후에는 베이징에 국영 전신망을 개설했고 거기에서 많은 내륙 도시들로 전신망을 확대했다. 또한 남만주 지방에 있는 뤼순(旅順)에 새로운 부두를 건설하고 카이핑 탄광에서 생산한 석탄을 가까운 운하로 나르기 위해 철도를 11km 연장했다. 그리하여 석탄은 톈진으로 운반되어 증기선의 연료로 사용되었다. 원래 수레는 노새가 끌었지만, 1881년 리훙장의 부관 가운데 한 명이 서양의 폐품을 이용하여 중국 최초의 증기기관을 만드는 데 성공하자 즉시 그것을 활용했다.

리훙장은 교육을 개혁하려는 초기의 노력도 계속 추진해 나갔다. 그는 융윙이 처음으로 구상하고 쩡궈판이 후원했던 대미 교육사절 파견안을 지지했다. 조정도 이에 동의하여 1872년에 12~14세의 중국 소년들이(그들 중 다수가 푸저우·톈진·상하이의 새로운 병기창이나 조선소 직원의 자녀들이었다) 처음으로 코네티컷 주 하트포드로 파견되었다. 그들은 그곳 미국인 가정에서 살면서 영어 훈련, 일반 교육, 그리고 중국어 공부로 바쁜 일정을 보냈다. 총 인원은 1875년까지 120명에 달했다. 그러나 이 미국 도시의 학교와 사회적 환경에서 중국 학생들이 청의 관리들이 주장하는 전통문화의 가치를 유지하기란 어려웠다. 소년들은 그들의 복식을 버리고 서양옷을 입기 시작했으며, 그 중 여러 명이 지역적 압력과 조롱에 못 이겨 변발을 잘랐다. 다수가 기독교에 이끌렸다. 하트포드의 교사 가운데 한 여성과 융윙이 결혼한 것은 학생들이 서양에 얼마나 강한 매력을 느끼고 있었던가를 보여주는 좋은 예이다.

그러나 이 학생집단이 일단 고등학교 교육을 마치더라도, 리훙장의 바람대로 아나폴리스의 해군사관학교나 웨스트 포인트의 육군사관학교에 입학하는 것을 미국 정부가 허가하지는 않으리라는 사실을 리훙장은 뒤늦게 깨달았다. 그래서 1881년에 그는 보수적인 청의 관료들이 교육사절을 중지하고 학생들을 본국으로 송환하기로 한 결정에 동의했다. 그들은 1881년 8월 샌프란시스코에서 배를 타고 중국으로 돌아왔다. 미국 땅에서 거둔 그들의 마지막 성과는 오클랜드 야구팀을 이긴 것이었다. 오클랜드 팀은 낙승을 예상했으나, 중국측 투수의 마술 같은 변화구에 완패를 당했다. 중국으로 돌아온 많은 학생들은 군대, 공학, 사업 등에서 영향력을 발휘했다. 그 이후에도 리훙장은 가장 유망한 학생들을 프랑스·독일·영국으로 파견하였다. 이들 정부는 전문적으로 더 상급의 육군·해군 교육을 받는 데 반대하지 않았다. 리훙장은 또 톈진에 해군학교와 육군학교를 설립했다.

국제외교의 세계는 청에 더욱 비우호적이었다. 이에 리훙장은——때로는 혼자서, 때로는 로버트 하트와 연합하여, 그리고 때로는 총리아문과 함께——광범위한 난제들을 처리하기 위해 노력했다. 그런 일들 중에는 1870년대에 이루어진 류큐 제도와 조선의 국제적 지위에 대한 일본과의 협상도 포함되었다. 수세기 동안 인접 국가들에 대한 중국의 문화적 우월성을 과시하기 위해 유지해 왔던 '조공' 관계가 이제는 현저히 약화되어 있었기 때문에, 양국(류큐와 조선)에서 청은 특별한 권리를 주장하는 데 실패했다. 청 조정은 이 당시 일본의 힘이 놀랍게 증가하는 데 맞대응할 준비가 전혀 되어 있지 않았다. 미국의 매튜 페리 제독이 일본에게 쇄국정책을 포기하고 국제관계와 대외무역의 실재를 인정하도록 강요한 것이 겨우 1854년이었다. 그러나 1868년에 시작된 메이지유신의 경제적·제도적인 전면적 개혁은 대단히 효과적으로 이루어졌기 때문에 일본은 중국보다 더 나은 군사력을 갖게 되었다. 1879년 일본이 류큐를 합병했을 때 리훙장이 조선의 왕을 설득하여 미국, 영국, 프랑스, 독일(1871년 이후 통일국가가 되었다) 등과 조약을 체결하도록 하지 않았다면 1880년대에 조선은 류큐와 비슷한 운명에 처했을 것이다.

1876년에 리훙장은 영국 영사 가운데 한 명인 어거스터스 마거리가 윈난에서 지역 부족민에게 살해당한 후 영국과 어려운 협상을 벌여야 했다. 마거리는 영국 측량팀과 함께 버마에서 윈난까지 도로와 철도 건설의 가능성을 조사하는 임무를 수행하던 중이었다. 마지막 회담에서 청을 대표한 리훙장은 70만 냥의 배상금을 지급하고 빅토리아 여왕에게 사과 사절단을 파견하며 4개의 개항장을 추가로 설치하는 데 동의함으로써 왕조의 열세를 근본적으로 인정했다. 이보다 청에 유리했던 조약은 1870년대에 총리아문과 당시 청의 영국 주재 공사였던 쩡궈판의 아들이 러시아와 체결한 조약이었다. 이것이 1881년 상트 페테르부르크 조약으로 러시아는 이전의 불평등조약을 폐기하고 이슬람 교도의 반란 이후 러시아인의 점령 아래 있던 이리를 청에게 반환하는 데 동의했다. 러시아는 이전에 청의 영토였던 아무르·우수리 강 이북의 넓은 지역을 여전히 차지하고 있었지만, 상트 페테르부르크 조약은 중국의 극서 국경에 대한 통치를 보장했으며 1884년에 신장이 중국의 한 성(省)으로 선포됨에 따라 이 지역의 통치권 문제가 해결되었다.

러시아와의 성공적인 협상은 조정과 청의 학자·관리들 사이에 그릇된 자신감을 심어 주었다. 1880년에 프랑스가 하노이와 하이퐁을 점령하여(그 지역에 대해 중국이 특별한 권리를 주장했음에도 불구하고) 식민제국을 확대하고 안남(지금의 베트남)에 새로운 조계를 설치하기 위해 중국에 압력을 넣기 시작하자 리훙장은 조정에 주의를 촉구했다. 그러나 그의 요청은 청이 이런 원칙적인 문제에 대해 강력한 입장을 고수해야 한다고 주장하는 호전적인 한인과 만주인의 격앙된 주장에 밀려 무시되었다. 적대감이 폭발하는 것을 막기 위해 1884년 리훙장이 프랑스와 협상을 시도하고 있을 때 강경론자들은 안남과 그 인접지역인 통킹에서 프랑스인과 계속 전투를 벌였다. 이 지역 프랑스 함대의 함장은 그의 병력을 푸저우 항으로 옮기고 중국 선박 가까이 정박함으로써 이러한 간헐적 적대감에 대응했다.

리훙장은 새로 발족한 중국 해군이 얼마나 취약한지 알고 있었기 때문에 아무리 굴욕적일지라도 프랑스와 강화를 맺어야 한다고 주장했다. 1884년 8월, 협상이 결렬되고 푸저우의 프랑스 함대가 공격을 개시하자 리훙장의 불길한 예언은 그대로 들어맞았으며 선진 공업국과 청의 차이가 다시 한번 극명히 드러났다. 프랑스 함대는 70문의 중포와 수많은 기관총을 실은 전함 8척과 수뢰정 2척으로 구성되었다. 이 프랑스 선박들은 항구에 비적성국의 선박과 뒤섞여 있었기 때문에 정확히 조준하기 어려웠다. 근처에 정박한 중국 선박은 오래된 전투용 정크와 무장한 거룻배 외에 새로운 남양 '자강' 함대에 소속된 11척의 선박—2척을 제외하고 모두 나무로 만들어진—이 전부였다. 이 배들은 주로 소구경 화기로 구성된 모두 45정의 신식 총을 탑재하고 있었다. 8월 22일 오후 1시 56분에 프랑스 함장은 그의 함대에 발포를 명령했다. 중국의 기함은 전투가 시작된 지 1분 만에 수뢰정에 격침되었고, 7분 뒤에는 대부분의 중국 배들이 포탄에 맞았다. 1시간 안에 모든 배가 침몰하고 불탔으며 병기창과 부두가 파괴되었다. 프랑스 전사자는 5명이었으나 중국은 521명의 사망자와 51명의 실종자를 냈다. 청이 그 후 서남부의 소규모 지상 전투에서 일부 이겼지만, 프랑스의 인도차이나 경영은 이제 확고해졌다. 1년 뒤 영국이 프랑스의 침략을 본받아 버마를 보호령으로 선포했다.

리훙장은 푸저우의 남양함대를 지원하기 위해 북양함대를 파견할 수도 있었지만, 그 대신 북양함대 병력을 보존하여 더욱 강화시키기로 결심하고 그것을 이용하여 자신의 관료적·행정적 권력기반을 보강했다. 그의 권력과 특권을 유지하는 것말고 함대의 가장 중요한 임무는 조선까지의 해로를 확보하는 것이었다. 청은 한양에 중국 '주재관'(총리교섭통상사의[總理交涉通商事宜]—옮긴이)이라는 새로운 관직을 만들어, '주재관'으로 하여금 조선의 조정과 우호적인 관계를 유지하고 조선의 '독립'이 결코 중국의 특권적 지위의 약화를 의미하지 않는다는 것을 확실히 하라는 어려운 임무를 맡겼다. 청은 일본이 그곳에서 영구적인 기반을 갖지 않기를 바랐던 것이다. 1890년대에 일본이 한반도에 대한 구상을 노골적으로 드러냄에 따라 긴장이 고조되었다. 1894년에 조선에서 정변이 일어나 조선의 국왕이 위태롭게 되자, 중국과 일본은 왕실을 보호한다는 명분으로 군대를 파견할 기회를 얻게 되었다. 중국보다 더 많은 군대를 더 신속하게 움직일 수 있었던 일본은 조선의 왕궁을 7월 21일에 점령하고 그들의 구미에 맞는 '섭정'을 임명했다.

바로 그날 청은 1,200명의 보충병력을 조선까지 호송해 줄 것을 영국 수송선에 의뢰했다. 이 수송선은 일본 순양함에게 적발되었으나 항복을 하지 않아 포

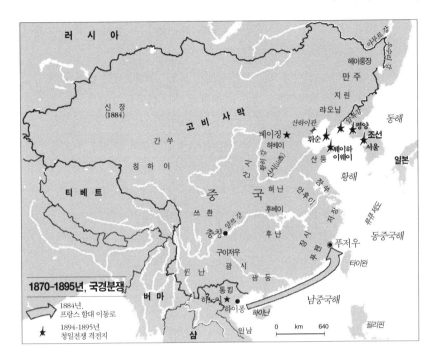

러 시 아

아무르 강

헤이룽장

만 주

지 린

라오닝

신 장
(1884)

고 비 사 막

간 쑤

베이징 ★
허베이

산하이관

뤼순 ★

★ 평양

동해

조선
서울

웨이하
이웨이

칭 하이

티 베 트

중

산 둥

산 시

허난 안후이

국

쓰 촨

후베이

충칭 ●

양쯔 강

후 난

윈 난

광 시

광 동

구이저우

버 마

통킹

하이 ★
하이펑 하이난

안 남

샴

일본

황해

류큐 제도

푸저우

타이완

동중국해

남중국해

필리핀

1870-1895년, 국경분쟁

1884년,
프랑스 함대 이동로

★ 1894-1895년
청일전쟁 격전지

0   km   640

격을 받고 침몰했으며 200명도 채 살아남지 못했다. 그 달 말경에 일본 육군은 한양과 평양 부근의 전투에서 연이어 중국을 격파했고 10월에는 압록강을 건너 청의 영토로 진입했다. 다음달에 일본군은 철벽수비를 자랑하던 뤼순항을 점령했다. 이제 일본 육군은 도르곤이 두 세기 반 전에 그랬던 것처럼 산하이관을 통해서 중국 본토로 들어가기에 알맞은 위치를 확보했다.

중국 북양함대는 이를 보존하려는 리훙장의 노력에도 불구하고 남양함대와 비슷한, 그러나 중국의 자강운동에는 더욱 해로운 결과를 초래할 운명에 처하게 되었다. 전함 2척, 순양함 10척, 수뢰정 2척으로 구성된 북양함대는 9월에 압록강 입구에서 벌어진 전투에서 일본 해군으로부터 큰 타격을 입고 산둥반도 북쪽의 삼엄하게 방비된 웨이하이웨이(威海衛)항으로 퇴각해 있었다. 그곳에서 중국의 함장은 촉발수뢰가 설치된 방어벽 뒤에서 휴식을 취하며 전투에 나서지 않았다. 그러나 1895년 1월 일본은 뛰어난 작전을 세운 다음 일본군 2만명과 1만 명의 노동자를 산둥 곶을 가로질러 육로를 통해 진격시켜 웨이하이웨이항을 점령했다. 일본군은 중국 함대에 총격을 가하고 동시에 수뢰함으로 수

뢰밭을 뚫고 나가 전함 1척과 순양함 4척을 파괴했다. 두 명의 청 제독과 웨이하이웨이항의 사령관은 모두 자결했다.

다급해진 조정은 실각해 있던 공친왕에게 35년 전 불운했던 톈진 조약 협상이 진행되는 동안 여름별궁이 불타 버렸을 때처럼 협상을 도와 달라고 요청했다. 공친왕은 "지금 대신들은 바다에 내리쳐 부숴져 버린 접시 조각을 맞추는"[1] 임무를 나에게 맡겼다고 서양의 한 외교관에게 침통하게 말했다. 공친왕을 돕기 위해 청은 대신들 가운데 가장 유능한 리훙장을 선택했고 그는 일본에 직접 가서 승자와 협상을 하게 되었다.

그 결과 1895년 4월에 최종적으로 체결된 시모노세키(下關) 조약의 조항들은 중국에게는 재앙에 가까웠다. 일본의 암살범이 리훙장을 저격하여 왼쪽 눈 밑에 상처를 입히는, 국제적으로 망신스런 사건만 일어나지 않았다면 그 조항들은 더욱 지독했을 것이다. 중국은 "조선의 완전하고 완벽한 독립과 자주"를 인정했기 때문에 경우에 따라서 조선은 일본의 보호국이 될 수도 있었다. 청은 일본에 2억 냥의 전쟁 배상금을 지급하고 4개 항구—양쯔 강 상류에 위치한 쓰촨 성의 충칭을 포함한—의 개항을 추가하기로 약속했고 일본에 타이완 전체, 펑후 제도, 만주 남부의 랴오둥을 '영구히' 할양했다. 또한 일본은 모든 개항장에서 공장이나 회사를 설립할 수 있게 되었다. 비록 일본이 러시아·독일·프랑스의 반대에 부딪쳐 추가로 3천만 냥의 배상금을 받는 대신 랴오둥에 대한 권리를 포기해야만 했지만 다른 조항들은 그대로 인준되었다. 3년에 한 번 있는 진사시험을 치르기 위해 베이징에 모여 있던 중국의 가장 명석한 젊은 학자들 가운데 다수가 시모노세키 조약을 격렬히 비난하고, 중국의 비극적인 손실을 만회하기 위해 새롭고 대담한 경제성장과 정부의 개혁방침을 요구하고 나섰다. 그러나 청 조정은 마비된 것 같았다. 이는 자강기간의 밝은 전망과는 정반대되는 결말이었다.

1898년의 개혁운동

19세기를 마감하는 10년 동안 중국은 모호한 위치에 있었다. 옛것과 새로운 요소들이 병존했다. 여러 면에서 변화는 압도적이었고 되돌릴 수 없는 대세로 보였다. 증기선이 양쯔 강을 가득 채웠고 거대한 새 은행들이 상하이 강변에 줄지어 들어섰으며 젊은 장교들은 군사학교에서 서양의 전술을 훈련받았고 과학서적들이 인쇄기에서 넘쳐 나왔으며 각 성에서 올린 상주가 전신을 통해 군기처로 빗발치듯 들어왔다. 전쟁에서 계속적으로 승리를 거둔 서구 열강은 중국에 그들의 존재를 위압적으로 과시하며, 특히 광산, 근대적 통신망, 중공업 등에 많은 투자를 하기 시작했다. 서구 제국주의의 영향은 이처럼 심대했는데, 그것은 이미 자강운동으로 인해 야기된 긴장을 한층 심화시키고 있었다.

그러나 이러한 뚜렷한 변화상은 대부분 개항장에, 그 중에서도 서양 조계지에 한정되어 있었다. 가장 공격적인 외국기업에 의한 중국 농촌으로의 침투마저도 매우 느렸고, 따라서 대부분의 서양인은 전통적 교역과 유통망을 통해 상품시장을 개척하고자 할 때 중국인 중개상—이른바 매판(買辦)—에 의존할 수밖에 없었다. 부유한 가정 출신의 청년이 받는 교육형태는 거의 바뀌지 않았다. 그들은 지역 예비시험에서 생원(生員) 자격을 획득한 다음, 성(省)에서 실시하는 거인(擧人)시험과 국가적 차원의 진사시험을 치르기 위해 가장 먼저 유교 경전을 배웠다. 읍이나 시골의 소녀들은 여전히 공식적 교육의 통로가 없었고 전족을 했으며 결혼은 부모에 의해 결정되었다. 들녘에서는 파종과 수확이 모두 수작업으로 진행되고 생산물은 힘들게 시장으로 운반되었다. 간혹 외국인이 나타나면 신비롭고 위협적인 존재로 간주되었다. 해외로 발령받은 중국 외교관들은 직책에서 얻을 수 있는 특권이 별로 없었으며 귀환할 때는 대개 모욕을 당하고 일찍 자리에서 물러났다.

전통과 변화 사이의 상호침투가 제대로 일어나는 경우도 대개 장기적이고 눈에 띄지 않는 것이었다. 중국의 농민은 담배나 면화 같은 환금작물에 대한 새로운 국내 수요에 응하여 이전보다 훨씬 나은 이윤을 올릴 수 있었지만, 지역시장의 변동에 더 큰 영향을 받게 되었다. 차 재배나 비단 생산은 사실상 세계시장의 수요에 따라 결정되었기 때문에, 국제가격의 변동에 따라 큰 영향을 받았다. 일본이나 미국에서 기계 견직기술이 먼저 발전하게 되자 과거보다 더욱 고른 견사를 생산해야 했다. 그러나 대대로 고치에서 손으로 견사를 뽑아 내는 중국 농민 가정으로서는 경쟁이 되지 않았다. 인쇄기의 발전과 도시 독자층의 새로운 성장으로 해서 잡지와 신문이 급격히 증가했다. 이들은 독자에게 정치적 견해를 소개하고 건강이나 미용 상품의 광고를 실어 개개인에게 선택의 자유에 대한 자각을 심어 주었다. 중국은 많은 국가들 가운데 하나일 뿐이라는 의식이 성장함에 따라 어떤 국가도 남녀 시민의 참여 없이는 존재할 수 없다는 견해가 나타났다. 중국 최초의 정기간행 신문은 이러한 견해를 옹호하기 시작했고, 이는 청일전쟁과 시모노세키 조약의 내용 때문에 수치심을 느끼고 낙담해 있던 학자들로부터 즉각적인 호응을 얻었다.

청일전쟁 이후 수년간 '자강'의 가치에 대해 걱정하던 사람들에게 철학적 확신을 줄 사상이 널리 퍼지게 되었다. "중국적 가르침을 본질로 삼고, 서양의 학문은 실용적 발전을 위해 이용해야 한다."(中學爲體 西學爲用) 일반적으로 줄여서 '체용'('본질'이라는 뜻의 體와 '실용'이라는 뜻의 用) 사상이라 불리는 이 사상은 모호하고 때로 고통스럽기도 한 변화의 시기에 문화적인 확신을 주었다. 문명을 지속시키고 의미를 부여하는 것은 중국의 기본적 도덕·철학적 가치체계임을 분명히 했던 것이다. 이 믿음을 지탱함으로써 중국은 모든 종류의 서양 관습을 재빨리 수용하고 서양인 고문을 고용할 수 있는 여유가 생겼다.

이것은 한때 호전적 보수주의자 중에서 유력한 인물이었던 유학자 장즈둥(張之洞)이 가장 선호했던 사상이었다. 장즈둥은 후난과 후베이 성의 총독으로 거의 18년을 연임한 탁월한 공직 경력자였다. 아마도 그는 리훙장 이후 가장 눈에 띄는 지방 개혁가였을 것이다. 장즈둥은 한커우에서 베이징까지의 철도 건설—외국의 차관에 의한—을 정열적으로 추진하여 성공했으며, 후베이 동쪽의 한예핑(漢冶萍) 광산에 중국 최초의 대규모 석탄·철·제강 복합단지를 건설했다. 그러나 그는 서태후와 그녀의 고문의 비위를 맞추기 위해 개혁을 점진적으로 해야 할 필요성과 전통적인 유교 윤리체계의 필수적 가치를 주장하는 보수적인 선언문들을 계속 썼다.

중국의 가장 명석하고 성공적이었던 많은 젊은 유학자들이 장즈둥의 일반적인 체용 입장에 동조했고, 특히 시모노세키 조약의 내용을 알게 된 후 정의감에 불타, 함께 협력하여 황제에게 일본에 계속 저항할 것과 광범위한 경제·산업·행정적 개혁을 요구하는 긴 상주문을 제출했다. 이들은 1895년 봄 진사시험을 치르기 위해 베이징에 모였고 대단한 학식과 용기의 소유자인 두 학자, 캉유웨이(康有爲)와 량치차오(梁啓超)는 이들을 단결시켰다. 캉유웨이는 광저우 지방 출신으로 37세의 뛰어난 고전학자였고, 유학에 대한 독특한 접근법으로 인해 찬사와 비난을 동시에 받았다. 초기 저작에서 캉유웨이는 고전에 대한 해박한 지식을 이용하여 공자가 사회적 변화를 거부하지 않았으며 유교는 인간의 발전과 진보라는 기본적 사상을 부정하지 않는다는 점을 증명하려 했다. 이런 측면에서 그는 공양학을 연구하던 19세기 초반의 학자들 사이에서 처음 유행했던 유학사상의 영향을 받았다고 할 수 있다. 두번째 학자인 량치차오는 22세로 캉유웨이의 제자였다. 그는 이미 중국의 급진적 개혁을 가속화할 방안을 주장하던 지방 서원과 새로운 애국결사에 적극적으로 관여하고 있었다. 그는 급진주의자였음에도 불구하고 캉유웨이와 마찬가지로 여전히 엘리트의 지위로서는 가장 권위 있는 등급인 진사 자격을 획득하려고 노력했다.

불교의 영향을 받았을 뿐만 아니라 감성이 풍부했던 캉유웨이는 자신이 중국 인민을 구원할 수 있는 새로운 현인이라 생각했다. 서양의 기술과 도시 발전의 표본을 보여주는 홍콩이나 상하이 여행 그리고 물리학·전기·광학에 대한 독서를 통해 그는 진정한 체용이 가능하다고 확신하게 되었다. 그 확신과 흥분을 량치차오도 공유했다. 초조해진 늙은 관료들이 그 긴 개혁 상주문을 이 부서에서 저 부서로 떠넘기며 책임을 전가하다가 마침내 광서제가 직접 읽게 되자 상주자들은 감격했다. 당시 24세였던 광서제는 재건한 여름별궁(이화원〔頤和園〕)으로 은퇴한 것과 다름 없는 서태후의 그늘에서 막 벗어나려 하고 있었다. 그는 개혁에 큰 관심을 갖고 있었고 캉유웨이와 량치차오를 비롯한 과거응시자들이 연서한 상주문에 감동을 받았다.

1895년의 과거응시자상서(科擧應試者上書, 이를 공거상서〔公車上書〕 또는 만언서〔萬言書〕라고 한다―옮긴이)는 중국의 선견지명 있는 학자들을 괴롭히던 많은 문제들을 제기했다. 그들은 이렇게 주장했다: 중국에 가장 선진적인 서양식 화기와 대포를 갖춘 근대적 군대가 필요하다. 국가적 산업기반을 조성하기 위해서는 조정이 동남아시아에 있는 중국인의 숙련된 기술을 들여와야 한다. 또 조정은 세금을 올리고 국가 금융체계를 발전시키고 철도망을 건설하고 상선을 건조하고 근대적 우편체제를 확립해야 한다. 농업기술학교를 통해 농업의 질을 향상시키고 산업개혁을 증진시킬 중심지를 건설하며 미국의 발명가들이 한 해에 1만 3천 건이 넘는 특허권을 신청하는 것처럼 창조적 재능을 고무시켜야 한다. 빈민과 후진적인 농촌지역의 구호사업을 통해 해마다 수천 명씩 이민으로 빠져 나가는 중국의 생산력을 다시 유인해 들여야 한다. 예전에는 이러한 광범위한 변화를 공개적으로 주장하는 것은 태평천국의 지도자 홍런간과 같은 반란세력들뿐이었다. 그러나 이제 중국의 가장 명민한 청년 유학자들이 이러한 사상을 추구하고 있었다.

이 자칭 개혁가들은 일반적으로 인정되는 전통적 방법 안에서 변화를 요구했으나 그 효과는 미미했다. 젊은 광서제는 흥미를 느낀 듯 했으나 그에게 실질적인 정치권력이 없었고, 보수적인 고관들은 그러한 제안들을 조용히 폐기 처리하려고 애썼다. 그러나 1890년대가 되면 그와 같은 비교적 제도적이고 온건한 방법으로만 변화를 요구할 수는 없게 되었다. 젊은 쑨원*과 같은 개혁가들은 다른 길을 택했다. 광저우 지방의 가난한 농촌가정 출신인 쑨원은 캉유웨이 가문과 같은 교육과 지위의 특권을 누릴 수 없었다. 대신 동남지방의 수많은 가난한 중국인들과 마찬가지로 쑨가(家)의 일부는 19세기에 이민을 떠났다. 두 명은 캘리포니아의 골드러시 때 죽었고 어떤 이들은 하와이에 정착했다. 1880년대에 그곳에서 쑨원은 형과 상봉했고 미션스쿨에서 교육을 받았으며 홍콩의 의학교로 전학하기 전에 기독교와 민주주의와 공화정 사상에 눈뜨게 되었다. 원대한 야망을 지니고 중국이 처한 운명에 대한 절박함을 깨달은 문화적 혼혈아 쑨원은 1894년에 중국의 국방과 발전을 돕는 조언자로서 리훙장 총독을 위해 일했다. 그러나 리훙장은 조선과 다른 곳의 분쟁에 정신이 팔려 그를 무시했다.

쑨원은 실망했고 당황했다. 영국인들은 그의 의료경험이 부족하다고 생각하여, 그들 관내에서 그가 시술하는 것을 허락하지 않았고 중국인들도 그의 새로운 의술을 존경하는 것 같지 않았다. 쑨원은 이에 대한 대응으로 1894년 말 하와이에서 홍중회(興中會)라는 비밀결사를 만들어 만주족을 몰아내고 새로운 한족 통치 또는 공화정 형태의 정부를 건설하기로 결의했다. 그의 형과 다른 친구들로부터 얼마간의 자금을 모아 홍콩으로 돌아온 그는 1895년에는 광저우 부근의 지역비밀조직들과 결합하여 왕조를 전복시킬 군사반란을 도모했다. 엉

---

* 일반적으로 서양에서는 쑨원을 Sun Yat-sen(쑨얏쎈[孫逸仙])이라고 쓴다. 쑨얏쎈은 쑨원의 자(字)를 광둥어 발음으로 로마자화한 것이다. 스펜스 역시 쑨얏쎈으로 쓰고 있지만 여기서는 쑨원으로 통일했다.

성한 조직, 보안의 결여, 낙후된 무기 그리고 자금 등의 문제로 결국 이 계획은 청 당국에 적발되어 지역조직의 지도자들이 처형당했다.

쑨원은 홍콩에서 일본으로 그리고 다시 샌프란시스코를 거쳐 런던으로 도망쳤다. 런던에 정착한 그는 서양의 정치와 경제 이론서를 폭넓게 읽기 시작했다. 1896년 런던 주재 청 공사관의 관리가 그를 납치하여 중국으로 압송해서 재판에 회부, 처형하려는 서투른(그러나 거의 성공할 뻔한) 시도를 하는 바람에 그의 학습은 중단되었다. 이 극적인 이야기를 서양언론이 여기저기 소개한 덕분에 쑨원은 일약 유명인사가 되었다. 동양으로 돌아와 동남아시아와 일본에 일련의 기반을 닦은 쑨원은 비밀조직과 의형제들을 통해 청에 대한 군사반란을 계속 도모할 수 있었다.

쑨원은 청에 별로 충성심을 갖지 않고 해외생활에서 기회와 모험을 맛본, 지칠 줄 모르고 모험심 많은 중국인들한테서 지원을 받았다. 그러한 후원자 가운데 하나가 '찰리' 쑹(Charlie Soong, 본명은 쑹자수(宋嘉樹))인데, 그의 자녀는 훗날 20세기 중국 정치에서 중요한 역할을 수행한다. 찰리 쑹은 중국 남부의 하이난 섬(海南島)에서 어업과 무역에 종사하는 가정에서 자라났다. 그는 먹고 살기 위해 자바 섬의 친척과 함께 하이난을 떠나 1878년에 보스턴으로 가서 중국인 상인 가정에서 견습생으로 일했다. 그곳의 삶에 염증을 느낀 찰리 쑹은 미국 국세청 소속의 경비정 선원으로 등록하여 바다로 도피했다가 선장의 관대한 친구의 도움으로 노스 캐롤라이나에 있는 대학에 입학하여 기독교 선교사로서의 인생을 살도록 교육받았다. 1886년 중국으로 돌아온 그는 잠시 목사로 일했지만 모욕감을 느끼는 경우가 많았고 보수도 형편없었다. 1892년에 쑹은 마침내 자신의 기업가적 에너지를 쏟아부을 대상을 찾았다. 그는 서양 선교사들이 배부할 성경책을 인쇄하여 큰 돈을 벌었다. 얼마 후 그는 선진 서양 기계를 이용해 국수공장을 설립하고 상하이 교외의 편리한 서양식 주택으로 이사했다. 이때 이미 그는 비밀조직과 접촉하며 쑨원의 불법조직에 자금을 지원하고 있었다.

1890년대 말에 중국인은 외국인에 대해 한층 잘 알게 되면서 일본의 메이지 유신 개혁가들로부터 조지 워싱턴, 나폴레옹 보나파르트, 표트르 1세까지 광범위한 미래의 모델을 갖게 되었다. 개혁잡지와 교훈적 역사서들이 물밀듯이 쏟아져 나왔는데 주로 과거의 여러 서양 사상가들을 칭송하고 폴란드·터키·인도처럼 분할되고 경제적으로 몰락하고 정치적으로 예속된 국가들을 거울삼아 중국에 경종을 울리는 내용을 담고 있었다. 같은 시기에 서구 열강은 중국에서의 특별한 경제 및 거주 권리에 대한 요구——이른바 '조계 쟁탈전'——를 재개하여 중국을 더욱 곤경에 빠뜨렸다. 역대 황제 중에서 분명히 중국이 직면한 선택권에 대해 가장 넓은 식견을 지니고 있었고 영어까지 공부해 왔던 광서제는 통치자로서 독립을 선언하고 국가를 대표하여 활동하기로 결심했다. 1898년 6월에서 9월 사이에 그는 방대한 양의 일련의 개혁상유(改革上諭)를 발표했는데, 이 기간을 '백일천하'(百日天下)라 부른다. 상유는 대부분 자강 개혁가들이나 1895년 진사 거부자들에 의해 이미 제기되었던 제안을 골간으로 했지만, 일찍이 황제의 추진력과 황실의 권위로 뒷받침된 개혁사상이 그토록 일관된 형태로 나타난 적은 없었다.

광서제는 청 사회와 정부에 관련된 네 가지 영역에서 변화를 요구했다. 중국의 과거제도를 개혁하기 위해, 그는 수세기 동안 시험의 양식이 되어온 이른바 '팔고문'(八股文)이라는 고도로 인습화된 형식을 폐지할 것을 명했다. 또한 그는 멋진 글씨나 시에 대한 지식이 더 이상 수험생을 평가하는 주요 잣대로 쓰이지 말아야 한다고 주장하고 그 대신 실질적인 통치에 관련된 문제를 더 많이 질문하도록 지시했다. 한편 교육 분야에서 그는 베이징에 있는 대학의 질을 높이고 거기에 의과대학을 부설하며 옛 교육기관(불필요한 농촌의 사당을 포함하여)을 중국과 서양의 학문을 모두 가르치는 근대식 학교로 전환하고 광업·공업·철도 연구를 위한 전문기관을 설립하도록 했다. 황제는 광범위한 경제적 발전을 위해 지방 관리들에게 상업·공업·농업에서의 개혁에 협조하고 수출용 비단이나 차의 생산을 증대시키라고 독려했다. 베이징에는 새로운 관청을 설립하여 광산과 철도를 비롯한 제 분야의 발전을 감독하도록 했고 호부는 국가 전반의 연간 재정을 운용하도록 했다.

또한 광서제는 군사력을 증강하겠다고 발표했다. 그때까지 해군에서 필요로 하는 자금의 대부분은 서태후가 여름별궁(이화원)을 재건하고 연못에서 여흥을 즐기기 위해 대리석 '유람선'을 만드는 데 허비되었다. 그는 구입이나 현지 제작을 통해 34척의 근대적 함대를 조성하려 했다. 군대의 훈련은 서양식을 따라 표준화시켰다. 지방 의용군의 훈련과 규율도 개선되었다. 광서제는 심지어 서태후에게 톈진의 신군을 시찰하도록 해주겠다는 약속까지 했다. 마지막으로 그는 관료제를 정비하고 행정절차를 단순화시킴으로써 효율을 높이려고 노력했다. 그는 한직(閑職)을 없애고 해고되었던 관리 중 일부는 새로운 경제 계획 부서에 재임명했다.

이런 개혁 계획의 발전과정에서 중요한 인사상의 변화가 있었다. 리훙장은 청일전쟁의 패배 이후 지속적으로 영향력을 잃고 있었는데 이제는 총리아문에서마저 축출되었다. 광서제의 스승 또한 개혁의 강도에 대해 조심스러워했다는 이유로 해고당했다. 캉유웨이를 위시한 개혁사상가들은 군기처나 총리아문의 관료에 임명되어 주요 회의에 참석하고 상급자를 통해 황제에게 건의할 수 있게 되었다. 캉유웨이는 황제와의 알현이 허락되자 두 편의 역사논문을 제출했는데, 하나는 폴란드의 운명에 대한 것이었고 다른 하나는 일본의 메이지 유신의 성공에 관한 글이었다. 그러나 광서제의 개혁안을 비뚤어진 시각으로 바라보던 많은 고관들은 이것이 중국의 장기적 이익에 도움이 안되고 중국의 참다운 내적 가치를 파괴한다고 생각했다. 광서제는 숙모 서태후가 중국에 대한 자신의 새로운 복안을 지지하여 이런 반대파를 극복할 수 있도록 도와 줄 것이라고 잘못 생각했던 것 같다. 사실 서태후는 청 왕조의 지배력을 약화시킬 수 있는 변화에 대한 일부 제안에 대해 번민하고, 광서제를 지지하는 일파가 영국과 프랑스로부터의 압력과 영향에 위험할 정도로 복종적인 모습을 보인 데 대해 걱정하고 있었다.

증거는 서로 상반되긴 하지만 아무튼 많은 개혁가들이 황제에 반대하는 쿠데타의 발생을 우려한 나머지 일부 지도적 장군들의 지지를 얻기 위해 그들에게 접근했던 것으로 보인다. 이런 정보가 1898년 9월 19일에 갑자기 자금성으로 돌아간 서태후에게 알려지자 사태는 급변했다. 이틀 후 그녀는 황제가 자기에게 권력을 위임했다고 주장하는 칙령을 발표했다. 그녀는 광서제를 궁중에 유폐하고 그의 급진적 고문으로 알려진 인물 6명을 체포했다. 그들이 모호한 반역죄로 재판을 받기도 전에 서태후는 이들의 처형을 명령하여 중국의 개혁가들과 많은 외국인에게 실망을 안겨 주었다. 캉유웨이는 이 정변 직전에 볼일이 있어서 베이징을 떠나 있었으나 그의 동생은 희생되었다. 목에 상금이 걸린 캉유웨이는 영국 배를 타고 홍콩에 무사히 당도하여 거기에서 처음으로 일본, 이어서 캐나다로 갔다. 량치차오 역시 중국을 떠나 망명생활을 시작했다. 새로운 중국이라는 이름 아래 황제와 협력하여 일목요연한 개혁을 추진하려던 량치차오와 캉유웨이의 꿈은 이렇게 물거품으로 끝났다.

민족주의의 세 측면

열강은 1898년과 1899년 동안 전반적인 제국주의 팽창의 일환으로 중국에 대한 압력과 불법행위를 자행했다. 독일은 자국 선교사를 공격했다는 구실로 산둥 성의 항구 칭다오(青島)를 점령하고 근교의 광산채굴권과 철도부설권을 요구했다. 영국은 산둥 반도 북부 웨이하이웨이 부근의 항구(3년 전 일본군에 의해 정박 중이던 청의 함대가 침몰했던 곳)를 점령하고 홍콩 북쪽 카우룬 반도의 비옥한 넓은 평야를 90년간 조차하도록 강요했는데, 이후 이곳은 '신계'(新界, 새로운 영토)라 불리게 되었다. 러시아는 만주에서 입지를 강화하여 뤼순을 차지하고 그곳에 대규모 요새를 구축했다. 프랑스는 윈난·광시·광둥의 접경지인 통킹과 하이난 섬에서 이권을 주장했다. 이미 타이완을 차지한 일본은 조선에 계속 압박을 가하는 한편 중국 중부에 대한 경제적 침투를 강화했다. 미국은, 다른 국가가 자국의 영향권에 접근하는 것을 거부하지 않는다는 '문호 개방' 정책을 선언했지만, 이 시도는 일종의 도덕적 효과를 통해 중국의 분할을 지연시켰을지 모르나 그러한 정책을 뒷받침할 수 있는 강제력은 없었다. 일부 중국인은 이제 곧 조국이 '참외처럼 조각조각 잘릴'(瓜分) 것이라는 공포——그 공포는 확실했다——에 떨기 시작했다.

이러한 적대감과 공포 분위기 속에서도 중국 안에서는 하나의 역동적인 힘이 커가고 있었다. 그 힘은 다양한 형태를 띠고 있지만, 모두 민족주의라는 포괄적인 용어로 아우를 수 있다. 중국인에게 민족주의는 그들과 외세나 만주족의 관계에 대한 새롭고 시급한 자각을 요구하는 것이었다. 게다가 그것은 중국 인민이 자신의 생존을 위해 다함께 나서야 하는 하나의 단위라는 대응의식을 낳았다. 우리는 이러한 현상이 확대되었다는 사실을 1900년의 의화단 운동, 1903년 쩌우룽(鄒容)의 『혁명군』(革命軍) 창간, 1905년 반미 불매운동 등의 세 가지

예에서 볼 수 있다.

의화단은 1898년 산둥의 서북지방에서 하나의 세력으로 부상하기 시작했다. 그 이름은 1898년 이전에 산둥 남부에서 주로 서양 선교사와 중국인 개종자들의 자극에 대항하여 퍼졌던 여러 종류의 비밀결사와 자위단에서 수행하던 무예에서 유래했다. 어떤 의화단은 민속신앙·대중소설·가극 등에서 취사 선택한 신령과 수호자들을 내세우며, 전투할 때 칼이나 총알을 맞아도 끄떡없다고 믿었다. 비록 통합적인 지도력은 결여되어 있었지만 의화단은 가뭄에 뒤이은 홍수로 인해 비참한 상황에 있던 산둥의 농민과 노동자들을 결집시켰다. 그들은 중국인 기독교 개종자들이 누리던 특권들을 철폐할 것을 요구하고 개종자와 기독교 선교사 양측을 모두 공격하기 시작했다. 1899년 초반에 이르면 그들은 중국인 기독교도의 재산을 파괴하거나 약탈하고 산둥-허베이 접경 지역에서 수많은 개종자들을 살해했는데, 이에 경악한 외국인은 청 당국에 의화단과 그 지지세력을 진압하라고 요구했다. 그러자 의화단은 유명한 '부청멸양(扶淸滅洋)이라는 구호로 대응했고 이는 곧 다음과 같은 보다 직설적인 독설로 확산되었다.

> 지각을 잃은 기독교 개종자들이 수없이 많다
> 그들은 우리 황제를 속이고
> 우리가 섬기는 신을 파괴하고
> 우리 사원과 제단을 부수며
> 선향(線香)과 초를 용인하지 않고
> 윤리를 저버렸고
> 이성을 잃었다
> 그들의 목적이 이 나라를 삼켜 버리는 것임을 깨닫지 못했는가?[2]

이듬해 이 독설은 따라 부르기 쉬운, 그러나 운율이 엉망인 노래로 만들어져 의화단 제단 근처나 거리 모퉁이의 벽에 나붙었다.

> 그 남자들은 모두 부도덕하고
> 그 여자들은 너무 천박하다

악마는 근친상간하여
씨를 퍼뜨려 놓았다
하늘에서는 비가 내리지 않고
땅은 갈라져 메마르다
이 모두가 교회가
하늘을 막아 버렸기 때문이다

마침내 모든 외국 악마들이
마지막 한 명까지 쫓겨날 때
위대한 청은 모두 함께 하나되어
우리의 이 땅에 평화를 가져오리라[3]

의화단의 지도자들이 새로운 종교의 세기가 동틀 것이라 예언했던 해인 1900년 봄에 의화단은 극적으로 확산되었다. 거의 70%가 가난한 젊은 남성 농민들이었다. 나머지는 행상, 인력거꾼, 가마꾼, 견선노동자, 가죽 직공, 칼갈이, 이발사 등의 방랑 노동자나 공장(工匠)들이 뒤섞여 있었다. 일부는 탈영병이나 소금 밀매업자였다. 그들과 더불어 여성 의화단도 있었는데 그 가운데 가장 중요한 집단은 12~18세의 처녀들로 구성된 홍등조(紅燈照)로서, 의화단 남성의 힘을 빼앗는 것으로 여겨진 중국인 여성 기독교인의 '오염'에 대항하여 싸우는 것이 목적이었다. 이 여성들 중 가장 유명한 이가 가난한 뱃사공의 딸이자 전직 창녀인 황롄성무(黃蓮聖母)였고, 그녀는 특별한 영적 힘을 가진 것으로 신봉되었다. 또 다른 여성들은 사과조(沙鍋照)라 불리는 집단에 참여하여 매 식사 후 마술로 솥을 다시 채워 의화단 군대를 먹였다.

여전히 통일된 지도부가 없는 채 의화단은 6월 초 베이징과 톈진으로 밀려 들어가기 시작했다. 붉은색·검은색·노란색 두건에 붉은색 바지를 입고 흰색 견장을 찬 너절한 복장을 하고 거리를 난폭하게 활보하면서 그들은 중국인 개종자들과 심지어 등불·시계·성냥 등 외국 물건을 가진 사람들까지 괴롭히고 때로는 죽이기도 했다. 의화단은 4명의 프랑스인·벨기에인 기술자와 2명의 영국인 선교사를 죽였고 철로를 떼어 냈으며 철도역을 불태우고 전신선을 끊었다. 청 당국과 마찬가지로 지방의 막강한 관리들도 우왕좌왕하여, 때로는 자신의 군대를 의화단과 맞서게 해 외국인을 보호하기도 하고, 때로는 의화단의 반외세 '충성심'을 묵인하거나 심지어 동조하기도 했다. 서구 열강은 5월 말과 6월 초에 열차로 400명의 군대를 더 파견하여 자국 시민을 보호하게 했다. 그러나 철도가 파괴된 후 추가로 2천 명의 서양 보충 병력이 톈진에서 베이징으로 이동하고자 했으나 엄청난 피해를 입고 의화단에게 패배했다.

6월 17일에 서구인들이 상륙하는 군대를 엄호하기 위해 청 군대로부터 다구 요새를 빼앗자 전면전이 발발했다. 같은 날, 그러나 요새의 함락 소식이 베이징에 당도하기 전에, 서태후는 만주 황족들과 관료들을 모아 긴급 어전회의를 열었다. 거기에 참석했던 한 사람이 기록한 서태후의 말을 보면 의화단을 어느 정도 의지해야 하는가 하는 문제를 놓고 그녀가 얼마나 고민했는지 알 수 있다. "오늘날 중국은 지극히 허약하다. 우리에게는 단지 기댈 수 있는 백성의 가슴과 정신이 있을 뿐이다. 만일 우리가 그들을 물리치더라도 백성의 마음을 잃으면 나라를 무엇으로 지탱해 나가겠는가?"[4] (그러므로 1848년에 도광제는 백성의 충성심만 있다면 양귀(洋鬼)는 언제든 물리칠 수 있다고 말했던 것이다.) 이틀 후 베이징에 다구 항의 전쟁 발발 소식이 전해지자 접견을 위해 총리아문으로 가던 독일 공사가 머리에 총을 맞아 죽었고 의화단은 외국 조계지를 점령했다. 서태후는 이제 의화단을 충성스런 군대로 추켜세우면서 1900년 6월 21일에 외국 열강에 대해 '선전포고'를 했다. 그 일부를 인용하면 다음과 같다.

외국인은 우리에게 적대적이었고 우리의 통일된 영토를 침범했고 우리 백성을 짓밟았다. ……그들은 우리 백성을 억압했고 우리 신들을 모독했다. 그들로 인해 엄청난 고통을 받은 일반 백성들은 모두 다 복수심에 차 있다. 그래서 용감한 의화단의 추종자들은 교회를 불태우고 기독교인을 죽였다.[5]

서태후와 만주인 고관의 의화단 지지 입장이 명확해지자 의화단은 선교구역과 외국인을 향해 계속적인 공격을 가했다. 특히 산시(山西)·허베이·허난에서 맹렬히 공격했으며 그 중에서도 산시(山西)에서의 공격은 가장 치열했다. 그곳의 만주인 순무 위셴(毓賢)은 성(省)의 성도인 타이위안(太原)에 선교사와 그들

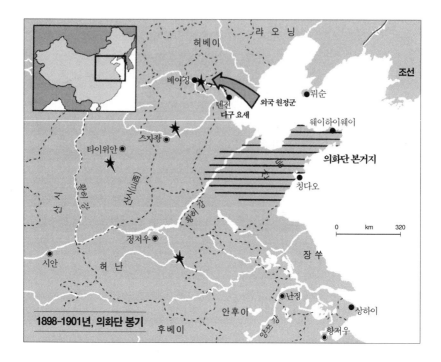

베이징 허베이 랴오닝 조선
텐진 뤼순 다구 요새 외국 원정군 웨이하이웨이 의화단 본거지 스자좡 타이위안 산시(山西) 황허 강 칭다오 정저우 시안 허난 장쑤 0 km 320 난징 상하이 안후이 양쯔 강 항저우 후베이

1898-1901년, 의화단 봉기

의 가족을 모아놓고 그들을 의화단으로부터 보호하겠다고 약속했다. 그러나 정
작 의화단이 당도하자 그는 44명의 남녀노소를 모두 죽이라고 명령했다.

베이징에서는 외국 외교관과 그 가족들이 주로 영국·러시아·독일·일본·미
국이 연합하여 구성한 방어지역으로 피신하여 가구, 모래주머니, 목재, 침상 등
으로 임시 바리케이드를 만들어 허둥지둥 방어망을 구축했다. 의화단이 좀더
잘 조직되었거나 좀더 많은 청군이 공격에 가담했더라면 틀림없이 서양인들은
모두 죽었을 것이다. 그러나 공격은 조직적으로 추진되지 못했고 청의 신식 군
대는 이 환란의 바깥에 머물렀으며 장즈둥과 같은 중국 중부의 막강한 총독은
시간을 끌면서 새로 훈련된 군사를 분쟁에 개입시키려 하지 않았다.

1900년 8월 4일 주로 일본·러시아·영국·미국·프랑스 군으로 구성된 약 2만
명의 외국인 군대가 파견되어 복잡한 연합명령체계에 따라 지휘되면서 톈진을
향해 출발했다. 의화단의 저항은 오래지 않아 진압되었고 청의 주요 장군들은
자살했다. 서양 군대는 베이징에 진입하여 8월 14일 의화단을 몰아냈다. 그들이
동쪽에서 성안으로 진입하자 서태후와 그녀의 조카 광서제는 서쪽으로 피난하

여 웨이수이 강 계곡의 시안에 임시 수도를 정했다. 새로 도착한 독일원정군에 의해 길고 참혹한 전투가 끝나고 피난조정과 리훙장에 의해 복잡한 협상이 진행된 후 의화단 의정서로 알려진 공식 평화조약이 1901년 9월에 체결되었다.

이 의정서를 통해 청은 200명이 넘는 서양인 사망자를 추모하는 기념관을 세우고 반외세항쟁이 가장 심하게 일어났던 지역에서 과거시험을 5년간 중지하며, 2년 동안 어떤 무기류 수입도 금하고 조계지의 방어를 위해 영구히 외국 수비대의 주둔과 방어용 무기의 설치를 허가하고, 총리아문을 완전한 권한을 가진 외무부로 만들고 산시(山西) 성 순무 위셴을 비롯한 의화단의 주도자들을 처형하는 데 동의했다. 또한 그들은 외국인의 생명과 재산에 끼친 피해에 대한 보상금으로 4억 5천만 냥(당시 환율로 계산하면 6,700만 파운드 또는 3억 3,300만 달러 정도)을 지불하기로 동의했는데, 청의 연간 총세입이 2억 5천만 냥 정도였던 당시로서는 경악할 만한 금액이었다. 중국은 1940년 12월 31일까지 인플레이션을 감안하고 4%의 이자까지 포함하여 금으로 이를 갚았다. 이자까지 모두 포함하여 39년간 중국이 변제한 금액은 거의 10억 냥(정확히 9억 8,223만 8,150 냥)에 달했다.

1902년 1월 서태후와 광서제는 기차를 이용해 시안에서 베이징으로 돌아왔고, 그 직전 리훙장은 78세의 나이로 병사했다. 서태후는 수년간 파병된 외국군의 본거지였던 자금성에 다시 주거를 정했다. 그 달 말 진심어린 화해의 몸짓으로 그녀는 외국사절단의 고위 인사들을 궁중으로 불러 친히 접견했다. 2월 1일에는 전례 없이 그들의 부인들을 위한 연회도 마련했다. 하지만 여전히 광서제에게는 정치적 역할을 수행하도록 허락하지 않았다.

두 망명 개혁가 쑨원과 캉유웨이는 의화단 봉기로 혼란한 틈을 타 1900년 내내 청에 대한 공격을 감행했다. 캉유웨이는 8월에 후베이와 안후이에서, 쑨원은 10월에 광저우 동쪽의 후이저우(徽州)에서 반란을 일으켰다. 캉유웨이의 목적은 광서제를 합법적 왕으로서 권좌에 복귀시키는 것이었던 반면 쑨원은 공화국을 건설하고자 했다. 양측의 계획 모두 자금이나 조직이 원활히 이루어지지 않아 결국 청의 군대에 의해 쉽게 진압되었다.

저항은 이제 글로써 표현하는 자의 몫이 되었다. 그 중 가장 세련된 사람은 쩌우룽(鄒容)이라는 18세의 학생으로 그의 글은 새로운 민족주의 형태의 두번째 예였다. 쩌우룽은 청일전쟁 이후 일본으로 유학가기 시작한 많은 중국 청년 가운데 한 사람이었다. 일본의 힘에 놀란 이들 학생들은 그 본거지에서 이를 관찰하고자 했다. 쩌우룽은 위기의 시기에 창조적으로 대응하지 못한 청의 명백한 무능력에 점점 실망했다. 그 이전의 비밀결사와 태평천국 지도자들처럼 그도 만주족만을 싸잡아 비난했지만 옛 반란자들과는 달리 구호에 그치지 않고 만주족의 약점을 용의주도하게 지적한 장문의 고발장을 작성했다. 그가 그렇게 할 수 있었던 것은 역설적이게도 일본에서 돌아온 뒤 상하이의 외국 조계에서 살았기 때문이다. 그곳의 거주민은 '치외법권'에 대한 복잡한 사법상의 협정에 의해 서양의 법 관례에 따르는 이른바 '혼합법정'(會審公廨)에서 다루어졌다. 따라서 조계지의 거주민은 청의 관아와 경찰에 의해 감독되는 일반 시민과는 달리 자유롭게 자신의 글을 쓰고 배포하는 것이 가능했다.

쩌우룽은 자신의 반만사상을 종합하여 『혁명군』(1903)이라는 제목의 소책자를 냈다. 그는 힘찬 어조로 한족에게 만주족의 굴레를 벗고 스스로의 운명을 개척하자고 부르짖었다. 한족은 노예민족이 되었으며 태평천국을 진압한 쩡궈판 같은 이는 영웅이 아니라 만주족의 하수인이자 동족의 살육자라고 선언했다. 한족은 서양을 배워 자국의 폭정을 뒤엎고 인민의 단합과 공동의 저항의식을 바탕으로 외국의 지배로부터 국가를 해방시킬 수 있다는 것이었다. 쩌우룽은 이렇게 썼다.

> 나는 우리가 내적으로는 만주족의 노예로서 폭정에 시달리고 외적으로는 열강에 의해 고통받고 있으므로 이중의 노예라는 사실을 거듭 이야기하는 데 거리낄 것이 없다. 황제(黃帝)의 후손인 우리 성스러운 한족이 혁명적 독립을 지지해야만 하는 까닭은 우리 민족이 파멸할 것인지 말 것인지의 문제가 거기에 달려 있기 때문이다.[6]

그리고 그는 한인에게 그들의 운명을 되찾으라고 열성적으로 부르짖는다.

> 너희에게는 정부가 있다. 그것을 스스로 운영하라. 너희는 법을 가졌다. 그것을 너희 스스로 지켜라. 너희에게는 기업이 있다. 그것을 스스로 관리하라.

너희는 군대를 보유하고 있다. 그들에게 너희가 직접 명령하라. 너희는 토지를 가졌다. 그것을 너희가 감독하라. 너희에게는 고갈되지 않는 자원이 있다. 그것을 너희가 개발하라. 너희는 어떤 면으로나 혁명적 독립의 자격을 갖췄다.[7]

이러한 도전적인 외침은 선거를 통한 의회 구성, 여성의 평등한 권리, 언론과 집회의 자유 등과 같은 개혁 요구와 함께 흥미로운 쩌우룽의 주장의 일부를 이루었다. 이 소책자는 널리 유포되었고, 특히 쑨원은 이것을 신중한 캉유웨이의 의표를 찌를 수단으로 파악하고 샌프란시스코와 싱가포르의 자신의 지지자들에게 수천 부를 배부했다. 청 당국은 쩌우룽과 그가 책을 출판하고 유포시킬 수 있도록 도운 작가나 언론인을 인계하라고 서양측 당국에 강력히 요구했다. 서양측은 이를 거부했고 쩌우룽은 선동적인 글을 배포했다는 죄목으로 1904년에 상하이의 혼합법정에서 재판을 받았다. 그는 청 조정에 의해서 즉결 처형되는 대신 2년형을 선고받았다. 청으로부터 모욕이나 고통스러운 죽음을 당하는 것을 피한 쩌우룽은 그러나 지극히 아이러니컬하게도 1905년 초에 감옥에서 병사했다. 당시 그는 겨우 19세였지만 그가 남긴 흔적은 만만치 않았다.

쩌우룽의 재판이 진행되고 있을 때 외국의 만행에 대한 또 다른 반항의 물결이 일어나고 있었다. 1882년 중국인이민배척법의 제정과 조약에 대한 인준 강요 이후 미국인들은 중국인 이민자에 대해 적대적인 행위를 수차례 저질렀다. 미국 재무부의 이민국은 등록증 검사를 빌미로 미국 도시에 거주하고 있는 중국인 가정을 불시에 침입했다. 학대와 추방은 비일비재했다. 미국의 항구에 도착하는 중국인들—1904년 세인트루이스 박람회에 초대받아 온 대표단과 같은 고위층 방문객을 포함해서—은 거칠게 다루어졌고 아무렇게나 취급당했다. 미국의 배척정책이 하와이와 필리핀에 거주하는 중국인에까지 확대되자 고난은 더욱 심해졌다.

이런 어려움을 피하기 위해 어떤 중국인들은 가짜 신분증을 이용하기도 하고 항구에서 되돌아가기도 했다. 어떤 이들은 영리하게도 불법적이지만 기술적으로 취득한 다른 국가의 진짜 여권을 사용하기도 했다. 예컨대 1904년에 찰리 쑹이 그의 장녀 쑹아이링(宋靄齡)을 미국으로 유학 보냈을 때 그녀는 아버지의 마카오 영주권을 근거로 포르투갈 여권을 취득하여 여행했다. 처음에 그녀는 샌프란시스코에 내리는 것을 거부당하여 항구에서 배에 억류된 채 여러 날을 보내야 했지만 친구들과 지역 선교사들의 도움으로 마침내 입국허가를 받아냈다.

민족주의 감정의 발현을 보여주는 세번째 유형은 1905년 무렵 중국에서 발전하고 있었던 새로운 대응책이다. 새로 설립된 외무부는 워싱턴에 있던 중국공사의 탄원을 받고는 중국인에 대한 학대 사례들에 너무도 격분하여 미국과의 이민조약 갱신을 거부했다. 중국의 입지를 강화하기 위해 광저우·상하이·샤먼·톈진 등지의 상인들은 1905년 6월 미국 상품에 대한 전면적 불매운동을 선언했다. 이전에도 그러한 불매운동이 있었고 그 중에서도 1880년대 한커우 상인들의 불매운동이 가장 유명하지만 이번처럼 광범위하고 성공적이었던 적은 없었다. 미국 정부가 항의를 하고 특히 북부 항구들의 일부 청 관리들이 간섭했지만 불매운동은 많은 도시, 특히 광저우와 상하이에서 효과적으로 이루어졌다. 청 조정은 결국 미국의 압력에 굴복하여 불매운동에 반대하는 포고령을 반포했다. 그러나 이 포고령이 많은 도시에서 거꾸로 벽에 붙여졌기 때문에, 불매운동에 참가한 중국인들은 조정이 이 금지에 대해 이중적인 입장을 취하고 있다고 추측할 수 있었다. 캘리포니아와 오레곤의 화교사회가 보낸 기금과 중국인 학생들—대부분이 최근 일본 유학에서 돌아온—의 애국적 열정에 힘입어 중국 상인들은 미국담배·면화·등유·밀가루와 같은 상품의 취급을 거부했다. 9월에 가서야 그들의 단합에 금이 가기 시작했고 무역은 서서히 정상화되었다. 이는 의화단의 폭력이나 쩌우룽의 불 같은 수사적 표현만큼 극적이지는 않았지만 조직적인 경제행위를 통해 민족적 수치에 대응하고자 했던 시도로서 중국 역사에서 대중운동의 새로운 유형이 탄생했음을 알리는 사건이었다.

떠오르는 세력들

중국 민족주의의 힘과 다양성이 발전한 것은, 청 말 사회 전반에 공통적으로 나타난 자기 정체성에 대한 새로운 탐색의 한 단면일 뿐이다. 경제적·정치적·교육적·사회적 압력들은 이제 도시에서 멀리 떨어진 농촌의 전통적 노동에 묶여 있는 사람들만 제외하면 궁극적으로 중국 안의 모든 사람에게 영향을 미치기 시작했다. 그러나 심지어 가난한 농민조차도 새로운 개혁 비용을 대려면 자신들의 세금이 많아진다는 사실을 알게 되자, 그들은 새로 설립된 경찰이나 청의 군대에 의해 난폭하게 진압될 때까지 농촌 각지에서 항의시위를 벌였다. 전에는 무시되어 오다가 왕조 말기에 자신의 목소리를 내기 시작한 사람들 중에는 해외 유학생, 여성, 상인, 도시 노동자들도 있었다.

1880년대 코네티컷 주의 하트포드에서 청의 교육사절단이 소환된 이후 중국 학생들에게는 유럽으로 유학하는 것이 새로운 유행이었고, 그 중에서도 영국과 프랑스가 가장 인기 있었다. 이러한 움직임의 선구자였던 옌푸(嚴復)는 1860년 대에 푸저우의 조선학교(船政學堂)에서 교육을 받은 후 1877년 영국으로 파견 되어 포츠머스와 그리니치의 해군학교에 입학했다. 거기서 그는 독일의 거센 도전을 받고 있긴 하지만 여전히 세계 최강인 영국의 해군 기술을 공부했다. 또한 그는 서양의 법 집행을 연구하는 데 많은 시간을 보냈고 서양 정치이론에 대한 폭넓은 독서를 했다. 그러는 과정에서 그는 찰스 다윈의 진화론을 사회 개체의 운명에 적용시키려는 이른바 '사회진화론'에 관심을 갖게 되었다.

'적자생존'과 종족의 멸종을 피하기 위한 창조적인 대처의 필요성을 주장하는 이 이론은, 우울하긴 하지만 중국인에게 조국의 어려운 처지와 유사성을 지닌 것으로 보였다. 그러한 책들은 옌푸의 번역을 통해 널리 유포되었다. 1879년 중국으로 돌아온 옌푸는 리훙장의 북양해군학교(北洋海軍學校, 정확한 명칭은 북양수사학당(北洋水師學堂)—옮긴이)에서 학술 행정관으로 일했고 1890년에는 감독관이 되었다. 이런 업무 외에도 옌푸는 토마스 헉슬리의 『진화와 윤리』, 존 스튜어트 밀의 『자유론』, 몽테스키외의 『법의 정신』, 애덤 스미스의 『국부론』과 같은 영향력 있는 저서들을 잇달아 번역했다. 그는 종종 우울증에 빠졌고(극도의 우울로 인해 아편중독자가 되었다), 전문적 직업인으로서 북양학교에서의 경력도 성공적이지 못했지만 중국 학생들을 자극하는 다양한 사상을 소개하는 데는 성공했다.

1905년에 청 조정이 전통적인 과거제의 폐지를 명하자 지적·학문적 직업에서 출세의 길이 넓게 열렸을 뿐 아니라 중국 청년들에게는 새로운 선택의 기회가 생겼다. 저우수런(周樹人)이라는 한 젊은이는 바로 이러한 새 조류에 힘입어 '루쉰'(魯迅)이라는 가명으로 중국에서 가장 유명한 단편작가가 되었다. 본래 저장의 향교에서 교육을 받았던 루쉰은 10대 후반에 옌푸의 사회진화론적인 작품들을 읽었으며 마침내 중국 청년들에게 선망의 대상이었던 일본 유학에 합류했다. 미국이나 유럽보다 훨씬 가깝고 비용도 저렴할 뿐 아니라 같은 문자를 공유하고 의복이나 식생활에서 문화적 차이가 그다지 크지 않았던 일본은 1894년 청일전쟁에서 승리한 후 더욱 매력적인 대상이 되었고, 1904년 뤼순에서 일본이 러시아를 철저히 쳐부순 후에는 더욱 흥미를 자극했다. 일본인이 기존의 황실체제에 입헌적인 구조를 접목시킨 방식은 개혁사상에 경도된 중국 청년들에게 깊은 관심의 대상이었다. 일본의 법률학교와 의학교, 군사학교, 정치학부와 경제학부, 이 모두가 당시 중국인들에게는 새로운 희망으로 보였는데, 그도 그럴 것이 서양의 실질적으로 월등한 힘 앞에 중국의 전통적 '본질'은 해가 갈수록 더 약해지고 있었기 때문이다.

기세등등한 일본군이 무관심한 수많은 중국인들이 구경하고 있는 가운데 배신자로 보이는 중국인을 처형하는 모습을 환등기로 보고 루쉰이 충격을 받았던 것은 1905년 일본에서 의학을 공부하던 때였다. 그 후 그는 의학공부를 그만두고 문학에 전념하기로 결심했다. 그는 문학을 통해 중국인에게 자신의 불행을 깨닫게 해줄 수 있다고 믿었던 것이다. 루쉰은 중국의 문화적·정신적 삶이 그토록 혼란스러운 상황에서 중국인의 신체 건강에 대해 염려하는 것은 별로 의미 없는 일이라고 생각했다. 그는 유럽과 러시아의 사회주의적 리얼리즘에 대한 주요 저작을 중국어로 번역하여 중국 학생들이 지난 반세기 동안 세계에서 유행했던 큰 주제들을 이해할 수 있도록 돕는 일부터 시작했다.

수천 명의 중국인 일본 유학생들은 대부분이 정부로부터 연금을 받고 있으며 불미스러운 행동을 했을 때는 교묘하게 귀국조치를 당할 수 있었지만, 그들에 대한 청 당국의 감독은 거의 없었고 있다 해도 느슨하게 이루어질 수밖에 없었다. 그 격동적이고 열정적인 유학생들 가운데서 쑨원은 자신의 반청조직의 새로운 회원을 발견했으며 1905년에 자신의 혁명조직과 다른 급진적 집단을 연합하여 '동맹회'(同盟會)를 결성했다. 동맹회는 학생 회원들의 교육이 완료되는 즉시 그들을 중국에 다시 침투시켜 군사혁명의 목표 아래 활동하도록 했다. 그들의 이념은 쑨원의 공화주의 사상—유럽에 대한 연구와 독서를 통해 형성된—과 평등한 토지세나 자본주의적 발전의 통제를 포함하는 사회주의 이론

19세기 중반 이후로 중국은 불확실한 변화의 시대로 진입했다. 존 톰슨이 찍은 이 사진(모두 1868년경)은 구시대와 신시대 사이의 긴장을 잘 보여주고 있다. 위: 푸저우 외곽의 천단(天壇) 아래: 난징의 병기창

베이징, 1865년경

한 중국관리의 집 안뜰. 베이징, 1871-1872년경(존 톰슨 촬영)

광서제

서태후

공친왕

리훙장

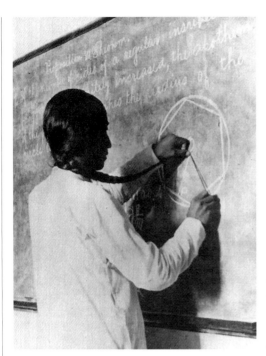

중국에서 기독교 선교운동이 단지 착취와 몰이해와
적대로 점철된 것만은 아니다. 미션스쿨과 출판물은
중국인에게 새로운 기회를 열어주었다.
위: 원의 반지름을 재기 위해 자신의 변발을 이용하고 있는
미션스쿨의 한 중국인 학생 아래: 전장(鎭江)의 선교병원에
서 수술을 하고 있는 의사 메리 스톤

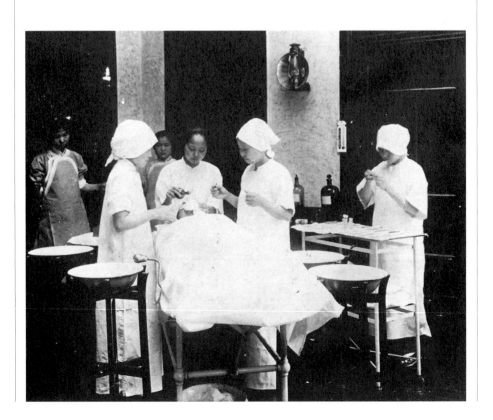

째우룽, 『혁명군』의 작가(1903)

급진적 정신의 소유자이며 쑨원의 동맹회의 초기 지지자인 추진

홍콩에서 급진적인 학생들과 함께 한 쑨원(왼쪽에서 두번째), 1887년

캘리포니아에 있는 한 금광의 중국인 노동자들

캘리포니아의 반중(反中) 감정을 부추기는 정치적 팜플렛
1884년 무렵 중국인 이민 노동자들에 대한 미국인의 적대감은 중국인 이민을 제한하는 광범위한 법률의 제정을 이끌어 냈다.

한 의화단 단원, 1900년

캉유웨이(왼쪽)와 량치차오(오른쪽)
캉유웨이와 량치차오는 1895년 봄 베이징의 진사(進士)시험 응시자들의 개혁 요구를 결집시킨 걸출한 학자였다.

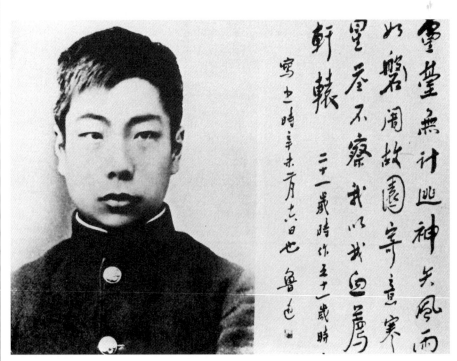

루쉰이 일본에서 변발을 자른 뒤에 찍은 스무세 살 때의 사진(1904)

1876년 상하이 근방에 건설된 중국 최초의 철도는 관할 순무에게 팔렸다가 이듬해 철거되었다. 청이 철도 건설을 해야겠다고 생각한 것은 의화단 봉기 때 철도의 군사적 가치를 확인하고 난 뒤의 일이다.

한커우의 양시 기계공장에서 일하는 노동자들
근대식 학교와 신군(新軍)부대가 있었던 우한3진(우창·한커우·한양)은 1900년대 초 혁명활동의 중심지였다.

한커우에서 있었던 전투의 한 장면, 1911년 10월

혁명군. 한커우, 1911년

1912년 2월 12일, 청 조정은 여섯 살 된 푸이(溥儀)의 퇴위를 선포했고, 이로써 그는 중국의 마지막 황제가 되었다.

1912년 1월 1일, 쑨원은 중화민국의 임시 대총통이 되었다.

경호원들과 함께 선 위안스카이. 그는 쑨원이 대총통직을 포기한 후 1912년 2월 13일에 중화민국의 대총통직에 올랐다.

쑨원의 초기 지지자 중 한 사람인 찰리 쑹
찰리 쑹의 세 딸은 각각 쑨원, 장제스 그리고 국민당
재무부장 쿵샹시와 결혼했다.

난징 정부의 관료들과 함께 한 쑨원(가운데)
1912년 초 왕징웨이(첫째 줄 왼쪽 끝)와
후한민(첫째 줄 모자 쓴 사람)이 쑨원 곁에 서 있다.

한 노부인과 시종. 베이징의 자금성, 1918년(시드니 D. 갬블 촬영)
1918년 11월 13일 전족을 한 나이 든 부인이 휴전협정 기념행사를 지켜보고 있다.

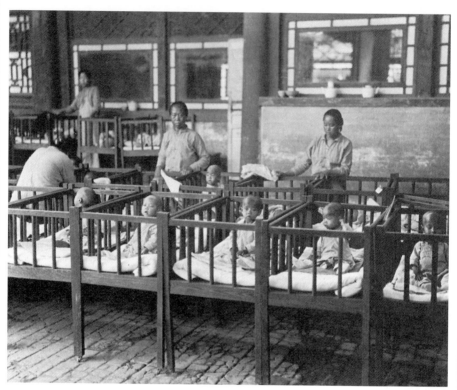

보육원의 아이들. 베이징, 1919년(시드니 D. 갬블 촬영)

사회학자이자 YMCA 활동가이며 사진작가인 갬블(1890~1968)은 1917~1918년에 보육원에는 약 130명의 기아(棄兒)가 있다고 기록했다. 그들 중 111명이 여자아이였다.

물대기, 안추창, 1917년(시드니 D. 갬블 촬영)
이와 같은 수차(水車)를 이용한 관개는 중국에서 수세기 동안 행해져 왔다.

양쯔 강의 사공들(시드니 D. 갬블 촬영)

의 결합물이었다. 과감한 혁명적 행동주의를 요구하는 쑨원의 주장은 입헌군주제와 광서제의 보호를 주장하는 캉유웨이의 보다 신중한 사상보다 서서히 더 많은 지지자를 모으게 되었다.

일본 유학생 가운데는 젊은 여성이 많았는데 이는 중국의 사회적·정치적 삶의 격변을 대변해 주는 것이었다. 중국인 '혁명가'들 중 일부는 자신의 전족한 첩들을 일본에 데려 오기도 했지만 수많은 독립적인 젊은 여성들이 그들의 부모나 형제의 격려 아래 전족을 풀고 적당한 또는 심지어 더 앞선 교육을 받기 위해 애썼다. 그들은 만일 독신이라면 주거와 경제적 도움을 약속하는 여성들간의 자매애로부터, 아니면 매력 없는 '큰 발'에도 불구하고 결혼을 맹세하는 남성들로부터, 그리고 그들의 배움에 대한 추구를 적극적으로 격려하는 학교로부터 도덕적·사회적 지원을 받았다. 이 여성들은 잔다르크, 롤랑 부인, 플로렌스 나이팅게일, 캐서린 비처와 같은 서양의 인물들에서 새로운 역할모델을 발견했으며, 이들의 전기가 번역·출판되고 잡지에 게재되었다. 그 속에는 러시아의 황제 알렉산드르 2세 암살에 성공한 젊은 급진주의자 소피아 페로프스카야처럼 전혀 새로운 인물도 있었다. 결국 그녀는 체포당해 처형되었지만 전제적인 폭정에 맞서서 타협하지 않고 용기 있게 투쟁한 여성의 한 전형이 되었다.

여전히 규모는 작았지만(1909년까지 중국 전역에서 학교에 등록한 소녀는 1만 3천 명 정도였고 해외에 몇백 명이 있었다) 그 수천 명의 어린 중국 여성들에게 이 기간은 꾸준한 문학적 재능의 계발이나 중국의 약점과 가정생활 속의 규제에 대해 주의깊게 사색할 수 있는 시간이었다. 그러나 보다 혁명적인 여성의 목표를 위해 활동한 생생한 예는 루쉰과 같은 저장 출신의 젊은 여성인 추진(秋瑾)이었다. 어린 나이에 부모의 뜻에 따라 좋아하지도 않는 어떤 상인의 아들과 결혼했다가 홀연히 가정을 떠나 1904년 혼자 일본으로 떠나기 전까지 그녀는 두 아이의 엄마였다. 그녀는 일본에서 패물을 팔고 친구의 도움을 받아 스스로 삶을 꾸려 나가면서 서양의 현안들을 광범위하게 연구하고 개혁의 필요성에 대해 공개적으로 이야기하기 시작했다.

쑨원의 혁명조직인 동맹회의 세력권 안에 들어간 추진은 때때로 남장을 하고 폭발물 실험도 즐겼다. 1906년 중국에 돌아온 그녀는 저장의 작은 학교에서 급진적인 교사가 되었고 동맹회의 회원들과 연락을 계속 취하고 지역의 비밀결사와도 접촉했다. 종종 군사훈련을 하고 직접 말에 올라타는 바람에 보수적인 마을 사람들로부터 비난을 받았지만 자신의 사회적 지위를 잃지는 않았다. 안후이에 있는 혁명적인 친구와 협력하여 1907년 7월 청에 대항하는 반란을 일으켰던 곳은 그녀의 학교였다. 그녀는 지방군에게 어이없이 체포되었고 간단한 재판 끝에 처형되었다. 어쩌면 짧고 불행하며 보잘것없는 인생이었다고 말할 수도 있을 것이다. 그러나 그녀가 보여준 선례는 국가가 처한 깊은 좌절에 맞선 강하고 진취적인 행동이었으며 다른 중국 여성들을 정치적 자유를 위한 투쟁에 나서도록 일떠세웠다.

중국 상인의 상업세계도 이 시기의 변화로 인해 들끓고 있었다. 우리는 앞에서 '자강' 정치인들이 '관독상판'을 발전시켜 중국의 경제적 기반을 확대하려 했으며, 그 중 조선이나 광업과 같은 분야에서 부분적으로 성공을 거두었다는 것을 살펴보았다. 그러나 관할권의 중복과 자본의 부족은 이러한 노력을 가로막았고 1890년대에는 이른바 '관상합판'(官商合辦)에 더 많은 관심이 쏠렸다. 그 중 다수가 상하이의 관리들이나 후난-후베이의 총독인 장즈둥에 의해 추진되었는데, 개중에는 50만 냥 이상의 자본을 투자한 새로운 방직 공장이 여럿 포함되어 있었다. 이 자본은 지방 향신이나 상인들과 결합한 부유한 관리들에 의해 마련되었지만, 어떤 경우에는 지방관의 강요를 받은 상인들의 '기부'에 의존하기도 했다. 이러한 수준의 참여는 일부 지방관이 독립적 기업가로 활동하거나 일부 부유한 지방 인사가 국가의 지원 없이 자신의 사업을 일궈 나가는 데 기초가 되었다. 쩡궈판의 사위인 녜(聶)는 관리로서 상하이의 새로운 방적공장에 투자를 했다. 그리고 영어가 가능했던 녜의 두 아들은 관직을 가지지 않고도 중요한 자본 투자가가 되어 1904년에는 10만 냥이 넘는 이윤을 가족에게 안겨 주었다.

청 조정, 거대 도시 베이징의 관료, 지방의 관리, 상인들은 각기 상반된 이해관계와 지지층으로 인해 메이지 유신 당시 일본에서와 같은 형태의 협동적인 경제정책이 중국에서는 성공하기 어렵다는 사실이 점차 드러났다. 그러나 조정의 일부 지도자들은 그러한 방향으로 나아가고자 했다. 예를 들어 광서제의 동생인 순친왕(醇親王)은 의화단 난 때 발생한 대량 학살에 대한 사과 사절단으로 서양을 방문하는 중에 수많은 화교 상인들을 만났다. 중국으로 돌아와서 그는 국가가 경제에 적극적으로 개입해야 한다고 강력히 주장했다. 그의 주장에 힘입어 청은 1903년에 옛 육부와 새로운 외무부와 비슷한 서열로 상부(商部)를 설립했다. 상부에는 4개의 주요 부처가 있었다. 하나는 무역(특허와 독점을 포함)을 다루고, 하나는 농업과 임업을, 또 하나는 공업 그리고 마지막은 '감사'(은행, 무역 가격, 도량형, 상업 소송과 같은 영역을 포함한)를 담당하는 부서였다.

동시에 정부는 총상회(總商會, 상업회의소) 설립을 서둘렀는데, 그것을 통해 상인들에 대한 중앙정부의 통제를 용이하게 할 수 있으리라는 희망에서였다. 청은 총상회가 상업에 종사하는 중국인들에게 더 광범위한 지역 발의나 자치 의식을 일깨우리라고는 미처 생각하지 못했던 것 같다. 1903년에 조직된 상하이 총상회는 도시의 전통적 상업 길드나 지방의 금융기관, 그리고 새로 등장한 부유한 기업인 출신들로 임원을 구성했음에도 불구하고 저장 성 닝보의 재계 인사들이 지배했다. 광저우 총상회는 지역민이 중앙의 감독을 달가워하지 않았기 때문에 성장이 느렸지만 1905년경에는 하나의 경제적 세력으로 성장해 있었다. 두 총상회는 1905년 말 반미 불매운동을 주도하는 데 중요한 역할을 했다. 동남아시아에(그리고 소수이지만 캐나다와 미국에) 진출한 화교 상인들이 점점 더 부유해짐에 따라 그들도 중국의 특정 산업에 투자하거나 다른 이들이 투자할 수 있도록 자본을 운용하기 시작했다.

이러한 새로운 형태의 상업과 산업의 발전은 외국 제국주의와 마찬가지로 도시 노동자의 삶을 혼란시키는 원인이 되었다. 흩어져 있는 기록을 통해 이러한 노동자들의 반응을 어렴풋이나마 확인할 수 있다. 청 초기에도 도시 시장 폐쇄나 장시의 도공이나 대운하의 곡물 수송선을 끄는 견선노동자의 파업이 있었다. 그러나 1897년에 윈체스터 총포 제조회사에서 일하던 25세의 미국인 선원이 상하이에서 쓴 편지를 보면, 새로운 사회상황 속에서 도시의 갈등이 더욱 고조되었으며, 이에 외국인들이 얼마나 신속히 개입했는지 알 수 있다.

이 편지는 상하이 공부국(工部局, 상하이 조계의 자치기관―옮긴이)이 손수레꾼에게 세금을 동전으로 월 400닢에서 600닢으로 인상하기로 한 결정(현재의 환율로 치면 25센트에서 37.5센트로 인상)에 반발하여 1897년 3월 말에 일어난 분쟁을 묘사하고 있다. 반항의 표시로 손수레꾼들은 모든 동료들을 규합하여 4월 1일까지 전원이 거리에서 일손을 놓았다. 며칠 후 어떤 손수레꾼이 혼자서 쓰레기가 가득 찬 손수레를 끌고 프랑스 조계에서 영국 조계로 넘어가려 하자 동료 노동자들이 그를 때려눕히고 손수레를 부숴 버렸다. 구타당하는 손수레꾼을 도우러 온 경찰도 구타당했다. 곤봉을 든 서양인들이 곤경에 빠진 경찰을 보고 와서 그를 말에 태우려고 했지만 모여든 군중을 보고 말이 너무 놀라는 바람에 여의치 않았다. 손수레꾼들은 근처의 벽에서 떼어 낸 벽돌과 각목 그리고 경찰관에게서 빼앗은 칼을 가지고 싸웠다. 영국 기함에서 싸이렌을 네 번 울리자 서양인 '자원자'들이 20분 만에 현장으로 몰려들었고, 손수레꾼들은 사망한 3명의 손수레꾼과 2명의 부상당한 경찰을 놔두고 흩어졌다. 30분 만에 여러 외국 선박에서 '수병'(水兵)들이 도착하여 주요 다리와 공공장소를 점거했다. 거리는 평화를 되찾았고 공부국은 세금 인상을 7월까지 연기했다.[8]

한커우 역시 장즈둥의 지도 아래 극적인 산업발전을 이룩하여 1890년대에는 만 명이 넘는 노동자가 근대적 공장에 고용되어 있었다. 이곳에서도 외국인의 증가와 새로운 외국인 조계의 개장으로 인해 사회적 갈등이 고조되었다. 노동 조건은 열악하고 임금도 낮은데다가 농촌 인구가 정규직 또는 일용직 일자리를 찾아 이미 포화상태인 도시로 이주해 옴에 따라 주택사정도 악화되었다. 1905년에는 구리광산의 노동자들이, 1907년에는 조폐국 노동자들이, 그리고 1908년에는 수천 명의 노점상, 행상, 매점상들이 피륙상 점원과 함께 파업을 일으켰다. 중국의 다른 대도시에서도 새로운 면화공장, 시멘트공장, 담배공장, 제철공장, 종이공장, 그 밖에 건설 중이던 공장들—대개 외국 자본으로 건설되고 있었다—모두가 착취와 불안을 예고했다.

많은 사람들에게 이러한 산업 부문의 대규모 저항은 아직 잘 알려지지 않았으나 1905년 러시아에서 시도된 혁명의 소식은 동아시아에 큰 영향을 끼쳤다. 쑨원과 가까운 일본의 급진주의자들은 러시아와 중국 사이에 어떤 유사성이 있다고 보고 쑨원을 러시아 혁명가들과 접촉하게 했다. 한 일본인이 도식적으로 단순화시켜 설명한 바와 같이 중국과 러시아는 세계에서 가장 거대한 두 전제국가이며 그들의 억압은 세계 어느 곳에서나 자유에 대한 장애물이었다. 해결책은 명쾌했다. "문명의 진보를 위해 이 전제국가를 반드시 타도해야 한다."[9]

11장 | 왕조의 종말

청의 제도

1860년부터 1905년 사이에 청 조정과 중국인 지방관들은 중국에 필요한 화포, 선박, 전신, 신식 학교, 공장, 총상회, 국제법과 같은 서양의 기술과 사상을 광범위하게 수용하고자 했다. 비록 초점은 계속 변했지만 그 목적은 항상 서양으로부터 특정한 경험을 배워 중국을 더 강하게 만들고 서양의 압력과 요구로부터 스스로를 더 잘 보호할 수 있도록 하자는 것이었다. 따라서 의화단 봉기가 실패한 이후 청이 서구 열강의 핵심적인 제도로 간주되는 입헌제의 구성요소를 받아들이려 한 것은 당연한 논리적 귀결이었다.

1850년대에 쉬지위와 같은 학식 있는 관리들은 특히 미국 의회제도와 대통령제의 유연성과 개방성을 칭송했으며, 청이 최초로 학생들을 공부시키기 위해 보낸 곳도 바로 미국이었다. 또 다른 학자들은 프랑스혁명 사상에 관심을 기울였고 프랑스의 국력이 19세기에 급격히 신장한 것을 부러워했다. 그러나 청의 몰락을 의미하는 공화제 사상은 청조의 구미에 맞을 리 없었기 때문에 그들은 국가를 부강하게 하는 동시에 왕조를 보전할 수 있는 입헌군주제의 여러 예들을 진지하게 관찰했다. 여전히 세계 최고의 공업력과 군사력을 자랑하는 대영제국은 확실한 사례였다. 다음으로는 세계적 존재로 급부상한 독일이 그 대상이었고, 세번째는 가장 극적인 예로 황실과 의회제도를 결합한 제도를 만든 지 20년 만에 경제·산업·육군·해군·토지제도 등에서 놀라운 변혁을 이루어 낸 일본이었다. 이러한 변화가 일본에게 가져다 준 힘을 보여주는 가장 놀라운 증거는 1894년 청일전쟁과 1904∼1905년 러일전쟁에서의 승리였다.

제도 개혁을 향한 첫번째 극적 조치는 1905년 서태후에 의해 이루어졌다. 그녀는 5명의 황족과 관료들——만주인 3명과 한인 2명——로 이루어진 소규모 조직을 만들어 일본·미국·영국·프랑스·독일·러시아·이탈리아를 여행하며 그 정부체제를 연구하도록 했다. 일부 과격한 민족주의자들은 이 사절단이 중국을 너무 강하게 만들어 왕조 전복이 불가능해질지도 모른다는 것을 깨닫고 당황해 했는데, 그 중 몇몇은 이러한 변화를 향한 움직임을 막기 위해 테러를 사용하기도 했다. 한 청년 학생 혁명가는 제도개혁을 위한 사절단이 9월에 베이징 역을 막 떠나려 할 때 그들이 탄 기차를 폭파시키려 했다. 폭탄이 제 시간에 터지지 않았고, 암살 미수범은 처형되었지만 2명의 사절에게 부상을 입힘으로써 다른 사절이 임명될 때까지 4개월 동안 이 계획을 지연시키는 데는 성공했다.

새로 임명된 사절단은 일본을 거쳐 미국으로 갔고 1906년 1월 워싱턴에 도착하여 거기서 봄까지 머무른 뒤 유럽을 여행했다. 중국으로 돌아온 그들은 서태후에게 제도 개혁이 절실하며 일본이 가장 적합한 모델이라고 제안했다. 일본의 경우 황실이 계속 권한을 유지하며 통치하고 있었기 때문이었다. 1906년 11월 서태후는 헌법을 마련하겠다는 것과 아울러 기존의 부서를 재정비하고 새로운 부서를 신설하며 총독들의 권한을 제한하고 국회(자정원)를 소집하여 중국의 행정구조를 개혁하겠다는 것을 약속하는 칙령을 발표했다. 광서제와 그의 지지자들이 개혁을 추진하다가 제거당한 것이 불과 8년 전이었다. 그러나 이때가 되면 위기는 너무도 명백해져서 만주인이나 한인 관료 모두 서태후의 결정을 전폭적으로 지지하게 되었다.

이러한 정책 결정이 중앙정부 차원에서 단행되기 전에 이미 일부 한인 관료는 지방정부의 본질과 그것이 지방정부의 주민들에게 얼마나 친숙한지를 조사하고 있었다. 1902년에 산시(山西) 성 순무였던 자오얼쉰(趙爾巽)은 보갑(保甲) 상호책임제도를 재편성하고 지역의 장을 엄격히 선발하여 그에게 소읍이나 촌락을 단속하도록 하는 지방정부 조직망을 만들자는 제안을 했다. 그렇게 하면 지

현의 통치 아래 현(縣)보다 더 작은 행정단위가 구성되어 더 많은 인구가 지방의
행정과 재정 계획에 참여할 수 있으리라는 것이었다. 이 밖에도 여학교를 설립
하고 도시에 경찰제도를 발전시키며, 지방 정부나 교육의 개혁을 위해 특히 지
역 공동체조직(사찰이나 사원 등)에서 나오는 기금은 해당 지역에서 사용하게 하
자는 등의 개혁안이 있었다. 자오얼쉰은 새로운 차원의 지방 편제가 절실하다고
생각했는데, 그도 그럴 것이 지방관들은 문서 작업에 파묻혀 있었기 때문이다.
곧 "산시(山西)의 대다수 관리들은 솔선수범하는 적이 없다. 이들은 가난한 벽
지에서 자기류의 비열한 사람들과 자기만족적인 안위를 누린다."[1] 이러한 개혁
시도는 새로 정무처가 만들어짐으로써 공식적으로 공포되었고, 1905년이 되면
조정은 하위 행정관서를 공식적으로 권장하게 되었다.

　이러한 개혁 시도에서 노정된 문제점들은 초기 민주주의적 기구의 취약성과
준비가 미흡한 상황에서 그러한 제도들을 확립하는 것이 얼마나 힘든가를 시사
해 준다. 유교 교육을 받은 중국 엘리트는 그들이 관직을 가졌든 토지를 보유했
든 무역업에 종사하든(경우에 따라서는 한 가족이 이 세 부문에 모두 관련되어 있었
다) 간에 자연적으로 시골과 도시에서 지배적인 지위를 향유했다. 그들의 권력
은 계서적인 관료제, 관청, 과거제, 보갑제 그리고 농촌의 세제 등 다양한 제도
들에 의해 오랫동안 굳게 자리잡아 왔다. 따라서 제도개혁을 통해 이러한 엘리
트의 권력이 반드시 줄어들 것이라고 장담할 수는 없었다. 실제로 엘리트들이
영민하게 변화에 적응하여 새로운 정부기관의 통제권을 장악할 경우 오히려 그
들의 권력은 지속되거나 더 강해질 수도 있었다.

　문제는 관리들이 출신지에서 근무하는 것을 금지시킨 '회피제'였다. 만일 회
피제를 무시하고 산시(山西)의 순무가 제안한 대로 지역민이 그 지역의 관서에
임명된다면, 그들은 자신의 공동체 안에서 권력을 남용하거나 더욱 강화시킬
수 있었다. 이처럼 개혁의 모호성을 보여주는 또 다른 예는 1905년의 과거제
폐지이다. 이는 어떤 면에서는 사회 각계각층의 재능 있는 사람들에게 더 많은
기회를 제공하는 것으로 보일 수도 있다. 그러나 실상 국내에서나 해외에서나
새로운 학교에 등록할 수 있는 돈과 야망을 지닌 이들은 대체로 전통적 엘리트
집단의 아들들(그리고 때로는 딸들)이었기 때문에 투표권이나 관직 보유의 기준
으로서 상당히 수준 높은 교육을 요구했던 제도적인 변화는 부유한 지방 가문

을 강화시켜 줄 뿐이었다.

청 말 대외무역의 중심지이자 중국의 근대적 육군과 해군의 주둔지로서 거대도시로 성장한 톈진의 개혁주의적 총독인 위안스카이(袁世凱)는 이와는 다른 지방 개혁방안을 제시했다. 산시(山西)의 개혁가들과는 달리 그의 계획은 보갑제를 완전히 없애고 서양식 경찰을 조직하여 훈련시키고 월급을 주어 지역 통제를 강화하자는 것이었다. 위안스카이와 그의 참모들도 지방정부에 관한 청의 칙령을 해석하는 데 일본적 모델에 영향을 받았고, 곧 지방 행정부에서 제한된 대의제를 시행할 수 있는지 검토하기 위해 황급히 '자의국'(諮議局)을 개설하는 쪽으로 가닥을 잡았다. 자의국의 목적은 이미 확립된 농촌 향신의 힘을 증대시키는 것이 아니라 새롭게 부상하는 도시의 투표자를 강화시키는 것이었다. 위안스카이의 한 고문은 "서양 학자들은 과거에는 문명의 조류가 동양에서 서양으로 흘러 왔다고 말했다. 이제 그것은 서양에서 동양으로 흘러 온다. 지금으로부터 몇 년 후면 세계에 전제국가는 하나도 없을 것"2)이라는 점을 인정하고 있다. 그의 해결책은 현 단위 아래까지 의회선거를 실시하는 것이었다. 이것은 위안스카이가 생각하기로는 너무 빠른 변화였지만, 1906년경 그는 다가올 변화에 대비해 북부 도시의 거주민들을 교육시키려고 자치정부가 운영하는 학교를 설립했으며, 1907년에는 톈진에서 위원회를 조직하기 위해 선거가 실시되었다.

속도와 정도는 달랐지만 중국의 다른 지역에서도 제도의 변화는 점진적으로 일어나고 있었다. 1908년 말 조정은 향후 9년에 걸쳐 완벽한 입헌정부가 확립될 것이라 선언했는데, 이는 1868년 메이지 유신 이후 변화에 걸린 시간과 같은 기간이었다. 황제는 새로운 의회, 재정, 군사, 외교정책, 사법체계 등에서 거의 전권을 유지하는 것으로 되어 있었지만, 이제 중앙과 성(省) 그리고 현(縣) 차원에서 선거에 의한 정부의 업무체계가 필요하다는 사실은 받아들여졌다. 1908년 11월, 불행한 황제 광서제—10년 전 개혁 시도가 실패로 끝난 뒤 궁중에 유폐되어 있던—가 죽은 바로 이튿날 서태후가 죽었지만 전반적인 개혁의 방향은 변하지 않았다. 긴박감을 더하게 된 사실이 있다면 2명의 전임자와 마찬가지로 제위에 올랐을 때 아이였던 새 황제 푸이(溥儀)의 만주인 섭정들이 고문내각을 만주인으로만 구성한 것인데, 이들은 이러한 조처가 제도 개혁체제 전체를 지배왕조의 보호수단으로 이용될지 모른다는 한인들의 의구심을 한층 심화시킬 수도 있다는 것을 미처 깨닫지 못했다.

1909년 10월 처음으로 개최된 성의회(자의국)는 놀라울 정도로 새로운 기구였으며 국가의 정치체제에 역동적인 영향을 주었다. 의회에는 남자만 참여할 수 있었고 여전히 나이·재산·교육 등에 엄격한 기준을 둔 엘리트들의 모임이긴 했지만, 자신의 가족과 지역적 이해관계뿐 아니라 국가의 운명에 대해 걱정하는 공적인 토론의 장이기도 했다. 더욱이 완전히 새로운 기구치고는 선거 참여자가 대단히 많았다. 명 말의 동림당에 대한 조치나 강희제와 옹정제가 도덕주의적이고 계서적인 성유(聖諭)에 정치적 사고를 집중시키려고 했던 예에서 알 수 있듯이, 중국의 왕조들은 언제나 공중 집회, 특히 정치적 색채를 띤 집회는 달가워하지 않았다. 그런데 이제 그러한 집회가 공식적인 지원을 받게 된 것이다. 더구나 의회에서는 정치잡지나 신문에 난 새로운 견해를 가지고 수없이 논쟁했고 군사학교나 외국 대학에서 교육받았거나 새로운 산업 분야에서 기업가로 활동하던 인사들의 다양한 경험이 큰 주목을 받았다. 1910년 초에는 성의회 의원들이 청 조정에 강한 압력을 넣어 조정이 개혁을 가속화하고 10월에 베이징에서 임시국회를 개최하는 데 동의하도록 만들었다.

이들 성의회 내에 다양한 전문가가 존재했다는 것은 성의회의 지도자로 부상한 사람들만 보아도 금방 알 수 있다. 18~19세기 동안 대규모 무역과 대외 접촉의 중심지였던 광둥에서는 성도 광저우에서 의회가 소집되었는데, 상인 집안인 홍가의 후손이 이를 주재했다. 진사시험에 합격한 전직 관리인 이쉐칭은 민족주의 열풍 속에서 마카오에서 반포르투갈 활동을 한 적이 있으며 광둥 자치 연구회를 주도했다. 반외세 항쟁의 오랜 본거지였던 후난의 성도 창사(長沙)에서는 탄옌카이(譚延闓)가 지도적 인물이 되었다. 그는 1904년에 진사시험에 급제한 뛰어난 고전학자였고 한림원에서 근무한 적도 있었다. 그런데 후난에서 공립학교 교장으로 일하던 중 그는 반외세·반왕조적 성향을 띠게 되었으며, 후난인들의 경제적 이해관계를 옹호하는 데 적극적으로 나서게 되었다. 농업과 외국 무역의 활기찬 중심지인 저장에서는 거대 도시로 성장한 상하이와의 밀접한 관계 속에서 또 다른 유형의 지도자가 등장했다. 이곳 성의회의 지도적 인사는 역시 진사 출신인 천푸천(陳黻宸)으로 그는 항저우의 급진적 연구회와 특별한 관계를 맺게 되었다. 그곳에서 강의하는 동안 그는 열렬한 반청 선동가들과 결국에는 일본으로 건너가게 될 다수의 급진적 학생들을 만나게 된다.

이러한 인물들과 그들이 주도하는 의회가 어떻게 작동할지 정확히 예견하기는 불가능했지만 청의 지도자들에게는 적어도 한 가지만은 분명해 보였다. 청조정은 이제 앞으로 그 입지를 강화하려는 조치를 취할 때는 반드시, 과거에는 왕조에 가장 확실한 지지자였던 바로 그 사회계층으로부터 면밀한 검증을 받아야 한다는 것이었다.

새 철도와 신군

청이 직면한 새로운 기술체계 가운데 가장 많은 문제를 일으킨 것은 철도였다. 많은 중국인은 철도가 자연과 인간의 조화를 파괴한다고 생각했다. 철도는 토지를 가로질러 조각내고, 농경의 리듬을 깨뜨리며, 농촌의 순박함을 없애 버렸기 때문이다. 철도는 도로와 운하 노동자들의 일자리를 빼앗고 기존의 시장형태를 바꾸어 놓았다. 19세기 중반의 일부 중국 학자들이 철도는 서양 산업발전의 원동력이라는 점을 지적했음에도 불구하고 상하이 근교에 중국 최초로 건설한 단거리 철도는 관할 순무가 사들여 1877년에 철거해 버렸다.

1880년에 리훙장은 카이핑 광산의 석탄을 탕산(唐山)에서 근처 운하로 운반할 단선 철도를 건설하기 위해서 속임수를 써야 했다. 이 철도는 1888년에 톈진과 인접한 마을까지 연장되었고 1894년에는 250년 전에 만주군이 중국을 침입할 때 통과한 산하이관을 관통하면서 만주 남부지역으로 연결되었다. 하지만 열강들이 청에 철도망 건설자금을 빌려주겠다는 의사를 표명했음에도 불구하고 수년 동안 더 이상의 작업은 이루어지지 않아 1896년 말에 겨우 595km의 철도가 건설되었을 뿐이다. 같은 시기 미국은 29만 1,200km, 영국은 3만 3,600km, 프랑스는 4만km, 일본은 3,680km를 보유하고 있어 중국과 큰 대조를 이룬다.

중국에서 철도건설이 대규모로 진전된 것은 청의 인식상의 변화 때문이기도 하고 외세의 압력 때문이기도 하다. 가장 큰 인식상의 변화는 1900년에 일어났다. 이전에 중국의 철도 확장에 반대하는 편에서는 철도가 외국 침략자들의 중

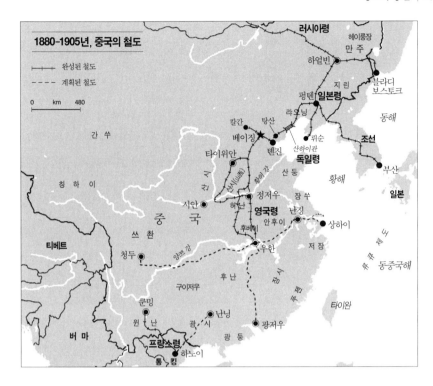

국 침략을 가속화하리라고 보았다. 그러나 의화단 봉기 동안 청은 베이징의 철
도를 이용하여 군대를 신속히 이동시킬 수 있었고, 필요하다면 철도를 파괴하
여 외국군의 진군을 간단히 막을 수도 있다는 사실을 알게 되었다. 실제로 서태
후측의 장군들은 이러한 전술을 이용하여 베이징 외국공사관의 포위를 뚫기 위
한 연합군측의 진군을 지연시킬 수 있었다. 아무튼 의화단 전쟁은 중국의 패배
로 끝났지만, 철도는 청 정부로부터 이전보다 훨씬 신임을 얻게 되었다.

외국 열강의 압력은 1894년 일본과 치른 전쟁에서 패한 이후 계속 증가되어
왔으나 의화단의 봉기 이후 5년간은 새로운 단계에 접어들었다. 어마어마한 의
화단 배상금 4억 5천만 냥을 다른 모든 부채에 우선하여 변제해야 했으므로, 청
은 비록 외국인에게서 받는 것이기는 했지만 그들이 제안한 철도 건설 대부금에
매력을 느끼게 되었다. 중국의 가장 야심찬 철도부설계획인 베이징-우한*선(京

* 우한(武漢)은 양쯔 강 중류의 세 도시 우창·한커우·한양(漢陽)을 일컫는 총칭.

漢線)은 새로 설립된 중국통상은행과 협력했음에도 불구하고 중국 주주들로부터 충분한 자금을 모으는 데 이미 실패한 경험이 있었다. 게다가 외국 열강은 청이 반대할지라도 어쨌거나 그들의 세력범위 안에서 철도 건설을 강행할 것임을 분명히 표명하고 있었다. 독일은 산둥에 철도를 건설하기 시작했고, 영국은 양쯔 강 계곡에 건설계획을 수립하고 있었으며, 프랑스는 하노이의 북쪽에서 쿤밍(昆明)에 이르는 철도를 계획했고, 이미 조약에 의해 헤이룽장 성을 가로질러 주요 항구인 블라디보스토크까지 철도를 건설했던 러시아는 뤼순까지의 지선을 추가로 건설했다. 일본은 1904~1905년의 러일전쟁 중에 러시아에 대한 군사공격의 일환으로 조선 북쪽에서 펑톈까지 철도를 건설했다. 전쟁에서 승리를 거둔 뒤 일본군은 이 지역의 주요 노선에 대한 통제권을 장악하고 남만주철도주식회사를 세워 입지를 굳혔다. 외국의 활동 결과는 이 시기에 중국에서 완성된 철도의 길이를 통해 명확히 알 수 있다. 1896년에서 1899년 사이에 450km, 1900년부터 1905년까지 5,200km가 건설되었던 것이다.

이러한 팽창주의 분위기 속에서 철도 투자가들에게 중국은 좋은 표적으로 간주되었다. 중영공사(中英公司, 주요 동업자가 바로 예전에 아편무역회사였던 자딘-매시슨사)와 같은 새로운 은행복합기업은 서서히 관심의 초점이 되기 시작한 광범위한 조직망의 기반을 마련하기 위해 막대한 금액을 제공했다. 1905년에 완성된 주요 간선인 남북부선은 베이징과 우한을 연결했으며 2단계는 우한에서 광저우를 연결하는 것으로 계획되었다. 우한에서 또 다른 철도가 동쪽으로 난징과 상하이까지 연결되도록 계획되었으며 또 서쪽으로 쓰촨 성의 청두까지 연결될 예정이었다. 프랑스의 지원을 받은 쿤밍까지의 철도는 인도차이나에서 광시 성의 난닝까지 연결되는 또 다른 철도와 만나게 되었다.

이렇게 계획이 진행되는 동안 청은 외국 정부가 아닌 외국기업 차관단과 거래할 뿐이므로 중국이 경제적으로 독립을 유지하고 있다는 허구에 매달리고 있었다. 그러나 많은 사람들이 그러한 거래의 배후에는 대부분 외국 정부가 있다는 사실을 잘 알고 있었다. 명백한 예를 하나 들면, 어느날 아침 일찍 러시아인들은 동청철도(東淸鐵道)의 모든 지분을 당일 아침 9시에 팔겠다고 발표했다. 그처럼 촉박한 공고에 현금을 가지고 나타날 개별 투자가는 당연히 없었고 시간이 되자 러시아 정부의 대표가 모든 지분을 즉시 사 버렸다. 이보다 좀더 복잡한 일례는 우한에서 광저우까지로 계획된 월한선(粤漢線)의 경우인데, 중국은 어떤 미국 회사와 차관협정을 맺었지만 개방된 시장에서 미국 회사의 지분을 조용히 사모으는 벨기에 투자가들──국왕 레오폴드 2세의 명령을 대행하는──을 막을 수는 없었다.

그렇지만 중국에서는 강력한 형태의 민족주의가 성장하고 있었다. 우리는 쩌우룽의 독설, 반외세 불매운동, 반기독교 운동 등에서 그 요소들을 이미 확인한 바 있다. 이러한 새로운 여파의 일부로 중국 각지의 인민들은 '이권회수운동'(利權回收運動)을 강력히 추진하기 시작했다. 이 운동의 목표는 지방채를 통해 기금을 모아 외국 투자가들의 수중에 떨어진 철도의 권리를 되찾음으로써 운송체계에 대한 완전한 통제권을 회복하는 데 있었다. 이 운동에서 여실히 드러나는 자신감은 운동 외적인 경제적·기술적 진보와 관련이 있었다. 우선 중국 기업가에 의해 운영되는 중공업이 새롭게 성장하고 있었고, 다음으로는 동남아시아 지역의 화교들로부터 끌어모은 유용 가능 자본이 엄청나게 있었다. 세번째로는 험준한 지역에서 철도를 건설할 때 가장 곤란한 문제들을 해결하는 데 능숙한, 서양에서 교육받은 중국인 기술자들이 있었다. 이러한 철도 이권회수 단체는 19개가 있었고, 그들은 1904년에서 1907년 사이에 각 지역별로 설립 인가를 받았는데, 이것은 중국의 거의 모든 성을 포괄하고 있었다.

철도 이권을 회수하는 문제는 중국 애국자들 사이에서 굉장한 관심을 끄는 사안이었다. 그들은 대규모 집회를 개최했다. 그 중에 가장 극적인 것은 베이징─우한선 이권을 되찾고자 했던 사람들과 청두에서 우한 사이(川漢線)를 개발하려 했던 쓰촨인들이 개최한 것이었다. 그러나 이러한 운동은 자본의 투자보다는 감정만 키웠다. 베이징─칼간(장자커우〔張家口〕) 노선 완공과 같은 중요한 성공에도 불구하고 실패가 너무 많았다. 예를 들면 월한선의 경우 이를 관장하던 기업연합단으로부터 권리를 되사기 위해 1905년까지 675만 달러를 투자하였음에도 불구하고 1909년까지 겨우 80km 정도를 완성했을 뿐이다. 총독인 장즈둥은 중부지역에 철도를 개발하기 위해 조직적인 계획을 수립하고자 애썼지만, 지역 이기주의와 더불어 주요 철도를 새로 건설할 때는 미국의 자본도 사용해야 한다는 1909년 미국측의 주장에 의해 그의 노력은 좌절되었다.

1910년 무렵 청 조정은 경제적 발전과 정치적 안정을 위해서 효율적이고 중

앙에 의해 통제되는 국유 철도망이 필수적이라는 결론을 내렸다. 따라서 조정
은 중국인 투자가들로부터 철도의 권리를 되사서 철도망 전체를 청의 통제 아
래 국영화하기로 결정했다. 그들이 이런 결정을 내리게 된 것은 부분적으로는
청의 새로운 부서인 우전부(郵傳部, 1906년 설립)에 의해 통제되는 철도가 연간
800~900만 냥에 달하는 수입을 올렸기 때문이다. 이때 2억 6,300만 냥의 수
입에 2억 9,600만 냥에 달하는 연간 재정지출이 책정되어 있었던 정부로서는
이러한 새로운 수입원을 반기지 않을 수 없었다. 경험이 부족했던 소년 황제 푸
이의 만주인 섭정자들은 이 문제가 중국인들을 얼마나 격분시키는지 알지 못했
고, 심지어 어떤 측근들은 중국인 투자가들은 그 투자액의 일부만 보상받으면
만족할 것이라고 이야기했다. 철도 국영화에 대한 최종 칙령은 1911년 5월에
반포되었는데 이런 결정을 내린 이유를 다음과 같이 강한 어조로 천명했다.

> 정부는 행정을 효율적으로 수행하고 중앙집권의 권위를 유지하기 위해서
> 제국의 국경에 이르는 모든 방향의 주요 노선을 통제해야 한다. 지금까지는
> 방법이 잘 고안되지 않았고 확정된 계획이 없었다.……그러한 실책으로 인해
> 야기될 결과를 어떻게 예상할 수 있겠는가? 짐은 이제 전국에 모든 주요 철도
> 노선이 정부에 속함을 분명히 천명한다.[3]

불과 열흘 뒤에 영·미은행차관단으로부터 1천만 파운드(약 5천만 달러)를 빌
린 청은 우한-광저우선과 우한-청두선의 공사를 재개하기 위해 같은 차관단
으로부터 600만 파운드를 더 대출받기로 계약서에 서명했다. 이에 각 지방이
스스로 철도 건설을 통제할 권리를 가져야 하며 이 과정에서 외세가 주도적인
역할을 수행하도록 해서는 안된다고 생각하던 많은 중국인들은 분노했다.
1911년 5월의 결정 이후 몇 주일도 지나지 않아 이전에 외국인에 대해 전개되
었던 그 어떤 집회나 저항보다도 분노에 찬 운동이 청조를 향해 전개되었다. 민
중의 분노는 그 해 여름 내내 가라앉지 않았으며, 특히 쓰촨에서는 성의회의 지
도자들과 주요 주주들이 정부에 더 이상 세금을 내지 않을 것이며 그들의 권리
를 지키기 위해 싸울 것임을 선언했다.

혁신된 중국군 장교와 사병들은 1910년과 1911년의 철도를 둘러싼 소요에

서 큰 역할을 수행했다. 이 군대의 다수는 열성적인 민족주의자들이었고 청이 국가의 자원을 외국인에게 팔아 넘기고 있다고 생각했다. 한 철도 집회에서 어떤 육군 장교는 정부의 조치에 대한 저항의 표시로 손가락을 잘랐다. 또 다른 곳에서는 한 사병(私兵)이 지방의 통제권을 회복시키라고 주장하는 혈서를 써서 청의 철도회사에 보냈다. 쓰촨에서는 청의 장군이 자신의 부대원들 중에 반정부 철도연합의 일원들을 색출하고 징계하기 위해 그 단체 회원들은 한걸음 앞으로 나오라고 명령했는데, 전군이 단합하여 모두 한걸음 앞으로 나왔기 때문에 그 장군은 명령을 철회해야만 했다.

이러한 군대의 장교와 사병들은 중국사의 새로운 요소를 대변하는 존재로서 쩡궈판과 같은 유학자 장군이 지방에서 농민군을 모집하여 훈련시키고 이념적으로 충성하도록 했던 1850년대로 그 기원을 거슬러올라갈 수 있다. 쩡궈판은 그들에게 후한 급료를 지불하고 청의 군대는 전투를 벌이는 곳에서 농촌을 약탈한다는 민간의 통념을 종식시키기 위해서 그들에게 행동수칙을 철저히 주입시켜 군대의 효율성과 도덕성을 한층 고양시켰다. 리훙장이 사관학교, 참모학교, 외국인 교관, 최신 병기 등을 갖춰 발전시킨 북양군은 만주족의 팔기체제를 대체할 근대적 군대의 기원으로 확고히 자리잡았다.

1901년부터 청 조정은 군대의 재정비를 조직적으로 시도하여 '신군'(新軍)을 편성했다. 1904년경에 이르면 청은 각 성에 독련공소(督練公所)를 신설하고 행정, 참모본부, 연수 및 교육 등 세 주요 부서로 나누었다. 각 독련공소는 지방 총독의 지휘 아래 있었다. 그러나 그러한 군대는 지역에 더 충성하고 지방 분권적 권위를 배양하여 청 정부를 위협할 가능성이 있었다. 그러므로 청의 통치자들은 철도문제에서와 마찬가지로 신군을 자신의 방식대로 통제하고 표준화하려 했다. 이에 따라 각 지방의 신군은 베이징에 있는 연병처(練兵處)의 지휘통제 아래 36진(鎭, 사단)으로 조직되었다. 각 진은 1만 2,500명으로 구성되었으므로 정부는 중앙의 통제를 받는 신군 45만 명을 손에 넣게 되었다. 1906년 청은 육군부(陸軍部)를 재조직하여 2명의 만주인 부관의 보좌를 받는 만주인 고위 장교의 통솔 아래 두었다. 또 1907년에는 군대 감사관이라는 새로운 직책을 만들어 만주인에게 맡겼다. 같은 해에 가장 막강한 두 성의 총독이자 한인인 위안스카이와 장즈둥이 군기대신이 되어 베이징으로 전입되었는데, 이는 그들을 군대와 분리시키기 위한 기술적 조치였다. 왕조는 최종적 권위가 지방의 한족이 아닌 베이징의 만주인에게 귀속되어야 한다는 의지를 분명히 보여주었다.

인창(廕昌)이라는 능력 있는 만주인 장교는 1910년 육군대신으로 임명된 후 군사 개혁을 강력하게 주장하는 인물로 급부상했다. 베이징의 공립대학 졸업생인 인창은 독일의 사관학교에서 수련하고 중국에 돌아와 톈진의 군사학교를 지휘하고 있었다. 그는 독일어에 능통했고 독일 여성과 결혼했으며 독일의 군사적 위용과 더불어 급성장하는 독일 기업 크룹에서 생산한 무기류에 대해 공공연하게 존경심을 표했다. 인창은 특히 그의 군대에 자부심과 규율을 불어넣으려 했으며 외국인 고문의 수를 최소화하고 그들의 지위를 하위직에 국한시켰다. 또한 그는 거대도시 베이징 지역의 신군에 대한 자신의 권력을 공고히 하고 모든 고관의 인사권을 육군부가 장악하게 함으로써 지역 군대에 대한 지방 총독의 권한을 약화시켰다. 동시에 그는 병사들을 민사재판의 대상에서 제외시키는 새로운 군법을 발표했다.

여러 면에서 청의 군사 재정비는 효율적이었다. 새로운 체제를 통해 중국 전역에 걸쳐 전략적 요충지에 신군의 분대가 배치되었고, 그 중에는 비록 이제는 서서히 사라져가고 있지만 전통적 팔기군의 요새가 있는 성들도 포함되어 있었다. 청 군대는 1910년과 1911년에 극적인 승리를 거두기도 했다. 특히 가장 압권이었던 것은 일련의 티베트 전투였다. 지역 군주들의 독립 주장과 북인도 지방에서의 영국의 책략으로 인해 티베트에서 청의 영향력은 약화되고 있었다. 파견된 청군은 험준한 지형으로 인한 병참이나 교통의 문제를 극복하고 티베트 동부를 점령하여 이를 시캉(西康)이라는 이름의 새로운 중국의 성으로 재편성했다. 청군은 또한 라싸를 점령하고 투항을 거부하는 몇몇 왕을 내쫓았으며, 여러 마을을 요새화한 뒤 달라이 라마를 인도로 도망치게 했다. 청군은 네팔·부탄·시킴 국경까지 전진하여 영국측에 그 지역에 대한 압력행사를 자제해 주도록 요구했다. 아마 일부 만주인 지도자들에게는 18세기 건륭제 시기의 위대한 승리의 불꽃이 되살아난 듯이 보였을 것이다.

그러나 청의 군대는 많은 문제점을 안고 있었다. 우선 군대의 지휘체계가 여전히 분산되어 있었는데, 특히 위안스카이가 북양군 내부에 자신을 따르는 병사를 확보하고 있던 중국 북부에서 두드러졌다. 위안스카이의 권위에 대한 만주족의 해결책이란 1910년에 날조된 병을 구실로 그를 직위해제하는 것이었다. 이에 위안스카이는 분노했고 그를 따르던 고관들도 불만을 품게 되었다. 신군 장교들 가운데는 1905년 과거제 폐지 이후 군대를 통해 빠른 사회적 신분 상승이 가능함을 알아차리고 입대한 사람이 많았다. 야심차고 지칠 줄 모르는 이러한 인물들은 성의회를 선동하는 데 적극적으로 관여했고, 이런 신군에는 망명자 쑨원에게 충성하는 혁명적 반청단체의 조직원들도 침투해 있었다.

신군의 군사와 장교들은 그들이 모방하고자 했던 유럽이나 일본 군대의 훈련방법과 국방색 군복, 그리고 근대적 무기류를 수용함에 따라 지금까지 당연하게 여겨 온 관습들이 문제가 있음을 깨닫게 되었다. 예를 들어 상관을 반기는 뜻으로 가슴에 손을 얹고 고개를 가볍게 거듭 숙이는 인사법은 간결한 군대식 경례로 대체되었다. 더욱 상징적인 중요성을 띠는 것은 1645년에 만주인 섭정 도르곤이 충성과 복종의 표시로 한족에게 강요했던 변발이 근대적 전투 상황에서 우스꽝스럽게 보였다는 점이다. 처음에 군인들은 땋은 머리를 모자 속에 넣다가 곧 그것을 잘라 버리기 시작했다. 1850년대의 태평천국의 난 이래로 변발의 절단은 국가에 대한 반항의 증거로 여겨져 왔다. 이제 1910년에 만주인 조정은 이를 알고 있었지만 어떠한 처벌도 내리지 못한 채 마지못해 묵인하는 수밖에 없었다.

민족주의자와 사회주의자

1905~1911년에 청이 제도적 개혁을 추진하고 신군과 철도에 대한 통제력을 강화하기 위해 노력하고 있을 때 중국 내의 불만은 계속 고조되었다. 새로운 기회 속에 환희를 맛보기 시작한 의회 의원, 해외유학생, 여성, 상인, 도시 노동자, 신군의 군인들은 모두 지방 당국이나 중앙정부 양측에 압력을 넣어 자신들의 개혁 요구에 더욱 확실히 부응하도록 요청했다. 정부가 그들의 다양한 요구를 충족시키지 못하자 더욱 신랄한 비판이 제기되었고 그 가운데 국가로서의 중국 ─그리고 이를 개조할 사회주의─ 에 대한 새로운 관념이 생겨나게 되었다.

만주인의 상황은 특히 열악했다. 팔기군의 요새는 점차 폐기되거나 민간인에게 점령당하는 한편, 신군은 아직 완전한 중앙 통제력을 쥐지 못한 상황이었기 때문에 청은 중국 전역에 대해 군권을 제대로 장악하지 못했다. 새로운 시도들 ─ 학교, 공공 토목사업 계획, 해외공관 설치 ─ 은 모두 엄청난 비용이 필요했다. 1910년 말에 육군부가 처음으로 세세하게 예산을 수립했는데, 그것에 따르면 군대를 확장하기 위해서는 이듬해에 1억 900만 냥(이 엄청난 예산에 해군의 군비는 포함되지 않았다)의 비용이 필요하며, 그 중 5,400만 냥이 신군에게 필요했다. 1911년에 군사비는 3억 3,800만 냥으로 국가예산 가운데 거의 35%를 차지했다. 이 예산은 1910년의 재정적자보다도 4천만 냥이 많았다. 이에 대해 베이징에서 개회한 자정원(資政院, 국회)은 육군의 예산을 3천만 냥 정도 감축했다. 그래도 여전히 재정적자는 막대했기 때문에 그 부족분을 농업 부문에 대한 세금 인상, 차·포도주·소금·담배 등에 대한 물품세의 신설, 통과세와 관세의 인상, 그리고 부동산과 토지 거래에 대한 특별세 부과로 충당해야 했다.

이러한 여러 형태의 세금 증가는 거의 모든 사람들의 분노를 자아냈으며 심지어는 청 정부가 선의로 행한 일, 이를테면 아편 흡연을 근절시키겠다는 결정조차도 반발을 샀다. 이 결정에 반대한 것은 이제 영국이 아니라 양귀비밭을 갈아엎는 데 분개한 중국의 아편 재배 농민들이었던 것이다. 이때가 되면 영국의 아편 판매는 중국의 국내 생산에 완전히 역전당하고 있었다. 19세기 초반 중국 내 아편 생산은 주로 윈난과 구이저우 성에 한정되어 있었으나 이제는 쓰촨, 산시, 그리고 저장과 푸젠의 해안지방에서 대규모 사업을 이루었다. 청의 아편금지 조치는 공급자, 운반자, 아편 취급상과 직원들, 그리고 대부분 부유층 출신인 수백만의 중독자까지 광범위한 사회계층의 반감을 샀다. 이것만으로는 부족했던지 날씨마저 청에 대한 저항에 한몫 했다. 1910년부터 1911년에 걸친 양쯔 강과 화이허 강 계곡의 호우로 끔찍한 홍수가 일어나 수십만 헥타르의 작물이 쓸려 가 곡물가격이 상승했으며 수많은 사망자가 발생했다. 뿐만 아니라 수백만 명의 난민이 오로지 살기 위해 도시로 몰려 들었다.

그럼에도 불구하고 중국 내 ─ 개항장과 조계지는 제외하고 ─ 에서 국가의 힘은 여전히 강했고 정치적 저항이 연합세력의 형태로 꽃피기는 어려웠다. 그러므로 1905년 이후도 그 이전과 마찬가지로 가장 효율적인 정치적 비판은 대부분 망명이나 이민을 통해 해외로 나간 중국인에 의해 이루어졌다. 청에 대한 중요한 비판자와 그들을 독자적인 정치적 강령으로 뒷받침하는 세력 가운데는 캉유웨이의 영도를 따르는 입헌군주제 지지자들, 량치차오의 영향을 받은 민족주의자들, 다양한 무정부주의자들과 마르크스주의자들, 그리고 쑨원이 지도하는 혁명동맹회와 함께 하는 이들이 있었다.

이 모든 비판자들 가운데 캉유웨이는 본국과 해외의 중국 지식인 사이에서 가장 큰 권세를 누리고 있었다. 그 이유는 캉유웨이 자신이 뛰어난 고전학자였으며 진사시험에서 급제했고(1895), 1898년 개혁 당시 광서제의 개인 고문이었기 때문이다. 1911년까지 그는 계속 청 당국이 정부를 개혁하고 근대화하고 일본을 모방하여 계속되는 외세의 침략에 저항할 수 있도록 강해져야 한다고 주장했다. 그는 이러한 견해를 펼칠 수 있도록 다양한 조직을 구성했는데, 그중 가장 중요한 것이 보황회(保皇會)와 보국회(保國會)였다. 캉유웨이는 동남아시아, 미국(그가 1905년에 방문한 바 있는), 캐나다의 화교 상인과 은행가들로부터 막대한 기부금을 받아 조국의 개혁운동에 박차를 가했다. 캉유웨이는 자신의 지지자들을 지휘하여 서태후에 대한 두 번의 무모한 반란을 시도했던 1900년 이후 더 이상 무장반란을 지지하지 않았다. 대신 그의 조직들의 명칭이 의미하는 대로 광서제를 1898년 이래의 궁중 연금에서 벗어나게 하여 이 젊은 황제가 19세기 말 일본의 메이지 천황이 그랬던 것처럼 중국을 위한 진취적인 영도력을 발휘할 수 있도록 노력했다.

1908년 광서제의 죽음은 캉유웨이에게서 충성심을 바칠 확실한 목표를 앗아가 버렸다. 그는 여전히 만주족의 통치를 지지했고 서양과 유교 원칙을 혼합하여 합법적인 입헌군주제의 이상을 실현하고자 했다. 그러나 반만 감정이 고조되어 감에 따라 캉유웨이의 지지자들은 그의 입장이 상궤를 벗어난 것으로 보았고, 다른 한편으로 그의 재정 지원자들은 자신들의 돈이 다 어디로 가는지 의심하기 시작했다. 캉유웨이는 개인적으로 사치스러웠고 재정적으로 무능했다. 그는 젊은 여자와 함께 여기저기로 호화로운 여행을 했고, 얼마간 파리(그가 기구〔氣球〕에서 본 도시)에서 살았으며 여름 피서를 위해 스웨덴 해안가의 섬을 샀다. 그의 투자는 실패를 거듭했다. 그는 멕시코에서 많은 자금을 불확실한 투기에 쏟아 부었다가 그 돈을 멕시코 혁명 때 모두 날렸다. 결국 고상한 중국어 고문(古文)으로 쓰인 그의 정치 저작들이 20세기 세계에서는 어울리지 않는 것으

로 보이기 시작했다. 그는 대단히 이상주의적인 저작에서 모든 민족주의적 적
대감을 종식시킬 통합적 세계정부의 가능성과 인간을 탄생에서 죽음까지 보호
하고 양육할 포괄적인 복지국가의 설계에 대해서 숙고했다. 캉유웨이가 표현한
바에 따르면 "우리 인류는 전기력의 총체와 같은 것이어서 모든 사물을 상호 연
결시키거나 모든 사물을 포괄하는 순수한 본질을 지니고 있다."4) 그는 정치집
회에서 모든 참가자들이 성 구분이 없는 옷을 입음으로써 성차별을 없애자고
제안했으며, 현행 결혼제도를 계약제로 바꾸어 매년 쌍방이 계약을 갱신할 수
있도록 하자고 주장했다. 그러한 결혼 계약은 두 남성 또는 두 여성 사이에서도
가능하도록 했다. 그러나 이러한 비현실적 저서는 대부분 필사본에 그쳤고 당
시 캉유웨이의 사상을 완전하게 이해하는 사람은 거의 없었다.

　캉유웨이의 가장 충성스러운 제자 가운데 하나는 같은 광저우 출신이며 1895
년 진사시험 때 나란히 앉았던 량치차오였다. 그는 광서제나 청 왕조에 대해 캉
유웨이만큼 감상적인 애착을 보이지는 않았고 더 포괄적인 정치적 대안을 모색
했다. 한동안 그는 심지어 중국의 '부패와 타락'을 치료하기 위해 '자유의 약'을
제조하자는 극단적인 사상에 도취되기도 했다. 그러나 프랑스혁명의 폭력성에
놀라 다음과 같이 썼다. "프랑스에서 1793년의 희생은 겨우 1870년에야 보상
받았는데 그 보상도 기대에는 못 미쳤다. 만일 우리가 이제 끝없는 고통의 대가
로 자유를 사려고 한다면 그것은 70년 뒤에도 얻을 수 없을지 모른다. 그리고
만일 얻을 수 있다 해도 우리 선조의 땅에 어떤 일이 벌어지겠는가?"5)

　또한 량치차오는 중국인이 민주적 의무들을 수용할 준비가 되어 있지 않음
을 걱정했다. 그의 비관론은 미국 차이나타운의 생활을 보고 더 심화되었다. 그
곳에 사는 중국인의 행동은 조화롭지 못하거나 소심해 보였고 사회적 환경은
너무나 불만족스러웠다. 그래서 량치차오는 공공 집회에서는 대단한 설득력을
지닌 언변을 통해, 여러 신문(그 중 일부는 자신이 편집했다)에서는 힘있는 글쓰
기를 통해 여성을 포함한 모든 인민을 통합시킬 뿐 아니라 강인하고 거짓 없는
지도자의 영도 아래 박식한 시민을 육성하여 더욱 강력한 중국을 만들자고 주
장했다. 적극적이고 단합된 시민공동체의 이상을 실현하기 위해서 중국은 스파
르타의 지도자인 리쿠르고스나 영국의 올리버 크롬웰처럼 약점을 극복할 수 있
는 강철 같은 의지의 인물을 필요로 하기 때문에 당분간 장-자크 루소나 조지

위싱턴 같은 인물은 잊어야 한다고 썼다. 그러나 량치차오는 크롬웰이 영국의 왕을 처형한 부분에 대해서는 용서할 수 없었기 때문에 진보와 경제적 발전이 동반된 입헌군주제의 덕(德)을 극찬했다. 그는 수필뿐 아니라 소설과 희곡으로도 이러한 자신의 정치적 견해를 피력하여 화교로부터 많은 지지를 받았으며 중국 내에서도 폭넓은 독자층을 형성했다. 그리하여 중국에서는 만주족이 과연 국가의 개혁과 소생을 지도할 능력이 있는지에 대해 의구심이 퍼져 나갔다.

그다지 영향력도 없었고 고상하게 표현되지도 못했지만, 유럽의 사회주의나 무정부주의에 심취한 상당수 중국인들의 정서는 훨씬 더 급진적이었다. 19세기 유럽에서는 마르크스주의 사상의 발전과 급진적 수용이 상당히 열기를 띠고 진행되었으며 이런 움직임은 1883년 마르크스가 죽은 이후에도 계속되었다. 마르크스주의 이론에 깊이 의존하여 형성된 여러 사회주의 정당과 노동조합 분파들은 1889년에 제2 인터내셔널로 결집하고 브뤼셀에 본부를 두었다. 이 기구는 의회 민주주의 개념을 지지했지만 전쟁으로 인한 세계적인 사회혁명의 가능성을 극대화하고, 사회주의 혁명운동을 진전시킬 모든 기회를 활용하기로 맹세했다. 제2 인터내셔널의 회원들은 사회혁명의 불가피성에 대한 마르크스의 주요 명제들을 수용했다.

중국 출판물에 마르크스에 대한 논의가 처음 실린 것은 1899년이었다. 여기에는 마르크스가 가난한 자들이 "부자들을 굴복시키기 위해 파업을 수없이 계속해야 한다"고 말했으며 "부자들의 권력은 국경을 넘어 5대륙 전체에 걸쳐 확장될 것"이라 믿었다고 정리되어 있었다.[6] 또한 마르크스는 영국 사람이라고 한 잘못된 기록도 있었다. 1905년 러시아 혁명은 차르가 청의 황제와 비슷한 전제군주라고 생각하던 중국인들을 흥분시켰고 마르크스주의 이론에 대한 흥미를 새롭게 불러일으켰는데, 이는 중국을 근대 세계로 편입시킬 기회를 줄 것처럼 보였다. 여러 중국인들이 1899년 일본에서 간행된 『근세 사회주의』(近世社會主義)를 연구하기 시작했고 이 책은 중국어로 번역되었다. 이에 따르면 마르크스는 "경제의 기초를 발견하기 위해 깊은 학식과 세밀한 연구를 동원"했으며 "사회주의는 노동 인민에게 쉽게 이해되며 다수의 열화와 같은 지지를 받는다"고 씌어 있었다.[7]

1906년에 마르크스의 『공산당 선언』의 간추린 내용과 일부 원문이 중국어로 번역되었는데 영어판이나 독어판보다 훨씬 더 시적이고 덜 폭력적인 어투로 표현되었다. 선언의 유명한 결론인 "프롤레타리아가 잃을 것은 사슬 외엔 아무 것도 없다. 그들이 얻을 것은 세계다. 만국의 노동자여, 단결하라!"는 중국어판에 "그러므로 세계는 보통 사람들을 위한 것이며 행복의 소리가 가장 깊은 골짜기까지 미칠 것이다. 아! 오라! 각지의 인민이여, 어찌 일어서지 않을 수 있는가"라고 되어 있다.[8] (중국어판 번역자는 '프롤레타리아'를 '보통 사람들', 곧 평민으로 번역했다. '노동자'에 해당하는 중국어는 '평민'과는 달리 노동하는 농민을 포함하지 않기 때문이다. 평민은 본래 '프롤레타리아'의 일본식 신조어였다.)

1906년에 일본 사회당이 창립되자 중국인은 여기에 더욱 관심을 갖게 되었다. 1911년까지 중국의 사회주의 정당은 조직되지 않았지만 1907년경에 일어·영어·프랑스어·독일어를 읽을 수 있는 중국 고전학자 장캉후(江亢虎)가 사회주의에 대한 과학적 연구를 시작했다. 장캉후는 위안스카이의 교육 고문으로 일했고 열렬한 페미니스트였다. 1909년 그는 브뤼셀에서 개최된 제2 인터내셔널에 참석했다.

다른 중국인들은 무정부주의, 그 중에서도 특히 바쿠닌과 크로포트킨의 이론에 심취하여 국가에 대한 현존하는 모든 사상구조를 비판하고 개인의 역할, 문화적 변화의 힘, 모든 혁명과정에서 대중 참여의 중요성을 강조했다. 파리에 사는 화교들이 1906년 무정부주의 단체인 신세계회를 만들고 잡지 『신세기』(新世紀)를 발간했다. 이들은 대부분 쑨원의 동맹회와 연결되어 있었지만 다행히도 독자적인 자금원을 확보하고 있었다. 회원 중 한 명이 두부공장과 식당 겸 찻집을 소유하고 있었기 때문이다. 무정부주의자의 목표는 정치적 권위, 군대, 모든 법률, 계급구분, 사유재산과 자본의 철폐 등 광범위하고 이상주의적이었다. 그들은 혁명을 위해 선전문건, 대중집회, 파업, 불매운동, 대중폭동, 심지어는 암살 같은 방법까지 옹호했다. 또 다른 중국인 무정부주의자 단체가 같은 시기 도쿄에서 발족했다. 이 단체는 전통사회에서 겪는 여성의 불행에 더 초점을 맞췄고 반근대주의자와 농민의 입장을 수용했다. 그들의 영웅은 톨스토이였고 농촌에서의 공동체생활과 같은 주제나, 농촌경제에 산업과 농업을 결합시킬 가능성에 대해 논의하면서 혁명에서 농민의 역할을 신중하게 고려했다.

마지막으로는 1905년 이래로 다양한 '혁명집단'과 반청단체들을 한데 아우른 동맹회의 명목상 지도자 쑨원이 있었다. 그의 지지자들 가운데 일부는 테러주의에 빠져 암살도 불사할 것을 역설했지만 대부분은 공화주의적 혁명사상에 골몰해 있었다. 그들은 단호하게 만주인을 적대시했고 '민족주의자'로서 서양과 일본의 경제적 속박으로부터 중국을 구해 내려 했다. 일부는 중국을 '봉건적' 과거로부터 자본주의체제의 병폐를 피할 수 있는 새롭고 진보된 단계로 뛰어넘으려는 확고한 사회주의자들이었다. 쑨원의 동맹회에 가담한 다수의 여성들은 새로운 중국에서 여성의 역할을 강화하기 위한 다양한 계획을 갖고 있었다. 또한 쑨원은 중국 남부지방의 비밀결사들과 강한 연대를 맺고 있었다. 그 자신이 1904년에 삼합회의 하와이 지부에 가입한 적이 있었으며 미국과 캐나다의 화교 가운데 삼합회 회원들로부터 지원을 받았다.

쑨원의 사상은 기본적으로 민족주의적이고 공화주의적이었으나 사회주의적 요소도 있었다. 1905년에 쑨원은 브뤼셀로 가서 제2 인터내셔널 의장을 방문하여 자신의 정당을 사회주의 정당이라 소개하고 인터내셔널의 회원이 될 수 있는지 물었다. 당시 벨기에 신문은 쑨원이 중국에 "유럽식 생산방식을 도입하더라도 그 폐해는 근절시키기"를 희망했다고 썼다. 기자는 중국인은 자본주의를 피해 감으로써 "어떤 과도기도 없이 미래에 새사회를 건설할" 것이며 "그들은 우리 문명의 이점을 받아들이지만 그 희생물이 되기는 거부한다"고 썼다.⁹⁾

한편 쑨원은 지속적으로 무장세력을 이용한 청 왕조의 전복을 꾀했다. 1906년과 1908년 사이에 동맹회는 정부에 대항하여 적어도 일곱 번의 반란을 지도하거나 선동했다. 그 중 세 번은 쑨원이 가장 긴밀한 연계를 맺던 광둥 성에서, 그리고 나머지는 후난·윈난·안후이·광시에서 발생했다. 반란은 모두 청에 의해 진압되었지만 쑨원은 화교들 사이에서 여전히 카리스마적 인물로 남아 있었고, 이전에 캉유웨이를 지지했던 사람들을 다수 끌어들여 자신의 금고에 기부금을 차곡차곡 쌓을 수 있었다. 이 기금은 대부분 미국(그는 하와이에서 태어났다고 주장하면서 가짜 여권을 가지고 여행했다), 캐나다, 싱가포르 등지에서 연설을 한 뒤 즉석에서 받은 기부금이었다. 이들 지역에서 쑨원은 부유한 중국 기업가들 다수의 강력한 지지를 받고 있었다. 또한 쑨원은 그의 미래의 정권을 지지하는 이들에게 채권도 팔았는데, 그들이 자신이 정권을 잡는 것을 도와준다면 투자액의 10배를 보상하겠다고 약속했다.(쑨원은 몰랐을지도 모르지만 린칭이 이미 한 세기 전의 반란에서 이와 비슷한 전략을 썼다.)

모호한 계획과 수많은 실패에도 불구하고 쑨원은 열정, 설득력, 청에 대한 맹렬한 적대감으로 지탱해 나갔다. 1911년 여름에 이르면 1905년에 400명이던 동맹회 회원은 1만 명에 육박하게 되었다. 이들 중 다수가 쑨원과 그의 동지에 의해 모집된 일본유학생들이었는데 이들은 그 후 고향에 돌아와 국가에 저항하는 비밀활동을 계속 벌여 나갔다. 일부는 새로운 성의회의 의원으로 성장했고, 또 다른 이들은 신군의 장교나 사병이 되어 물질적 동기를 제공하거나 혁명적 구호를 외치며 적극적으로 지지를 호소했다. 분노, 좌절, 이상, 자금의 혼합물은 폭발적인 힘을 지니게 되었다.

청의 몰락

2세기 반 동안 지속된 청 왕조를 붕괴로 이끈 일련의 사건들은 1911년 10월 9일 우한 3진(鎭)을 구성하는 3개 도시 가운데 하나인 한커우에서 일어난 우발적인 폭발사건에 의해 시작되었다. 그러나 입헌주의, 철도, 군대, 만주 권력, 그리고 외세의 침입 등으로 인한 전반적인 동요가 없었더라면 이 사건은 알려지지 않은 채 잊혀졌을 것이다.

적어도 1904년 이후 급진적인 중국인 청년들—이들 중 다수는 일본에 살고 있었으며 일부는 동맹회에 가입해 있었다—이 한커우와 이웃 도시인 우창에 혁명조직을 만들었다. 이 두 도시는 세번째 도시인 한양과 더불어 수많은 산업 노동자와 양쯔 강의 사공, 근대적 학교의 학생, 신군, 그리고 청 당국의 관리들이 뒤섞여 있었기 때문에 정치적·사회적 실험을 하기에 적합한 흥미로운 지역이었다. 혁명가들의 장기적 목표는 "민족적 치욕을 되갚고 한족을 중흥시키기 위해"[10] 만주족 국가를 타도하는 것이었고, 단기적 전술은 신군 부대에 침투하여 그 내부에서 지방에 강력한 분파를 가지고 있던 다양한 비밀결사의 구성원들과 함께 정치적 활동을 조직해 내는 것이었다. 이러한 단체에 혁명가들이 침투하고 그곳에서 새로운 회원을 모집하는 활동은 겉으로는 문학회나 친목회로 가장한 용의주도한 연결망 아래 이루어졌다. 이러한 문학회나 친목회를 통해 소규모 집회의 개최가 가능했고, 개인적인 전망을 지닐 수 있었다. 특정 모임이 지역 당국의 조사를 받게 되면 혁명가들은 이를 해체시켜 버리고 다른 지역에서 다른 이름으로 재조직했다. 1911년 가을까지 이러한 다양한 비밀결사들이 우한 3진에서 후베이 신군의 군인 5,000~6,000명을 끌어들였는데 이는 전체 병력의 3분의 1에 해당하는 숫자였다.

10월 9일의 폭발은 한 혁명단체가 한커우의 러시아 조계에 있는 회합장소에서 폭탄을 제조하던 중 발생했다. 이전에 상하이에 있었던 반청 선동가들과 마찬가지로 이들은 외국 제국주의 세력이 청 경찰로부터 자신을 보호해 주리라는 것을 알고 있었다. 그러나 이번 경우에는 워낙 폭발이 컸기 때문에 당국의 조사를 받지 않을 수 없었다. 가장 심하게 부상당한 공모자가 동료들에 의해 병원으로 급히 호송되자 청의 수사관은 본부를 습격하여 3명의 다른 혁명가들을 발견하고 그 자리에서 처형했다. 또한 그들은 혁명단체에 가입한 군인들과 다른 조직원들의 명부를 입수했다. 혁명단체들은 만일 그들이 당장 반란을 일으키지 않는다면 조직이 산산조각 나고 더 많은 회원이 목숨을 잃을 것임을 알았다.

가장 먼저 행동을 취한 군대는 우창의 '공병 제8대대'(정식명칭은 工程八營─옮긴이)로 10월 10일 이른 아침에 반란을 일으켜 무기고를 점령했다. 그들은 시 외곽에 주둔해 있던 수송부대 및 포병대와 결합했다. 이들이 우창의 본부 요새 공격에 성공하자 날이 저물 무렵 다른 신군 3개 연대가 그들을 도우러 왔다. 총독의 관아를 방어하기 위해 정병을 모으려는 시도가 무위로 끝나자, 총독(만주인)과 한인 총사령관이 시내를 빠져 나갔다. 10월 11일 혁명단체의 회원들은 우한 3진 가운데 세번째 도시이며 양쯔 강 건너편에 있는 한양에서 성공적인 반란을 일으켜 제1대대와 함께 무기고와 철공소를 장악했다. 한커우 부대는 10월 12일에 폭동을 일으켰다.

이제 우한 반란군의 명목상 지휘권을 맡고 혁명운동의 방향을 제시할 명망 있는 공인(公人)의 등장이 시급했다. 이 지역의 신군 가운데는 마땅한 고위 장교가 없었고 다른 혁명단체의 지도자도 그 역할에 적합하지 않았기 때문에 혁명군은 성의회의 의장에게 접근했는데 그는 완곡하게 거절했다. 그러자 그들은 후베이 신군의 인기 높은 여단장인 리위안훙(黎元洪)을 군사령관으로 임명했다. 원래 혁명가는 아니었지만 리위안훙(처음에 그는 임명에 동의하도록 권총으로

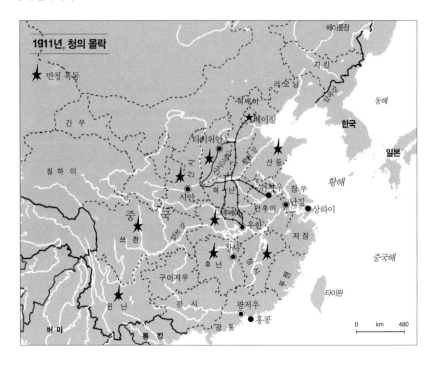

협박받았다)은 군대에서 인기가 높았고 철도 국유화 반대운동을 벌였으며 성의
회 간부들이 좋아한데다가(그들은 그의 '행정부'에 봉직하기로 동의했다), 영어를
할 줄 알았기 때문에 우한의 대규모 외국인 공동체를 안심시킬 수 있다는 점에
서 그 임명은 적절한 것으로 간주되었다.

청 조정은 이 반란에 엄중히 대처하기 위하여 육군대신 인창(廕昌)에게 북양
육군 2개 사단으로 우한을 공격하도록 명령했다. 동시에 만주인들은 그들의 자
존심을 누르고 1910년에 자신들이 '은퇴'시켰던 위안스카이를 복귀시켰다. 그
들은 북양군을 오랫동안 지휘했으며 그 고위장교들 다수와 개인적 유대관계가
돈독한 위안스카이라면 청을 위해 군대를 모아 남부의 위기를 무마시킬 수 있
으리라 믿었다. 그러나 신중한 위안스카이는 상황이 어떻게 진행되고 있는지
파악하기 전에는 총사령관직 임명을 받아들이려 하지 않았다.

상황은 이제 어느 한 개인이나 정당이 진정시키기에는 너무 긴박하게 돌아
가고 있었다. 1911년 10월 22일 산시 성과 후난 성의 신군이 반란을 일으켜 산
시의 수도인 시안에서는 수많은 만주인이 학살당했으며 창사에서는 청에 충성

을 지킨 사령관이 살해되었다. 이에 대해 성의회의 지도적 의원들이 모두 지지를 보냈다. 10월의 마지막 주에 또 다른 세 성에서 만주에 대한 반란이 일어났다. 산시(山西) 성의 타이위안에서는 순무와 그 가족이 살해되었고 의회는 반란을 일으킨 신군과 손을 잡았다. 장시 성에서는 상인·학생·교사로 구성된 복잡한 집단이 의회와 군 장교들과 연합하여 청으로부터의 독립을 주장했다. 서남부 끝에 위치한 윈난 성에서는 사관학교 교관들이 반란을 일으키고 신군에 가담하여 청에 충성을 지킨 군대를 공격했다.

19세기 후반에 그토록 많은 논의의 쟁점이 되었던 철도의 군사적 중요성은 이제 전투에 돌입한 양측 모두에게 명백해졌다. 청이 베이징-우한선을 이용하여 우한에 있는 반란군을 진압하기 위해 군대를 남파한 반면, 산시(山西)의 반란군은 이 노선을 이용하지 못하도록 타이위안에서 지선(支線)을 따라 내려가 인창 군대의 보급선을 끊었다. 10월 말에 철도를 따라 군대를 남쪽으로 이동시키라는 청의 명령에 불복한 북부의 한 노장이 다른 야전 지휘관 다수와 손잡고 청 조정에 대한 12개조의 요구를 담은 사발통문을 작성했다. 핵심적 내용은 국회를 그 해 안에 개설하고, 그 국회를 통해 헌법을 제정하며, 수상을 선출하여 그로 하여금 황제를 비준케 하고, 범죄자에 대한 즉결 심판권을 황제로부터 박탈하고, 모든 정치범에 대한 사면을 선포하며, 만주 황가는 내각에서 일할 수 없도록 하고, 황제가 모든 국제조약을 인준하기 전에 국회가 그것을 심의하도록 하자는 것이었다.

1주일도 되지 않아 청 조정은 이 요구의 대부분을 수용했다. 베이징 임시국회의 의원들이 위안스카이를 중국의 내각총리대신으로 선출한 3일 후인 11월 11일, 조정은 그를 정식으로 임명하고 내각을 구성하도록 하는 칙령을 발표했다. 위안스카이는 이를 받아들였고 대부분의 주요 직책에 자신의 측근들을 임명했다.

이로써 중국은 쑨원과 혁명군이 요구한 공화정 형태가 아니라 명백히 만주인 지도하의 입헌군주정—캉유웨이와 그 지지자들이 그토록 오랫동안 역설해왔던 형태—을 향해 나아가고 있었다. 쑨원의 지지자들은 수는 많았지만 중국 내에 통합적인 군사력을 가지지 못했고 쑨원 자신은 1911년 말 이 사건들이 진행되고 있는 동안 미국에서 기금을 모으고 있었다. 그는 캔자스로 향하던 중 덴

버에서 신문을 보고 우창의 반란소식을 알게 되었다. 쑨원은 자신이 제일 먼저
할 일은 다가올 분쟁에서 유럽이 중립을 약속하는 것이라 판단하고, 중국에 돌
아가기 전에 유럽 정부와 회담을 갖기 위해 런던과 파리를 여행했다. 그는 영국
이 청 정부에 더 이상 어떠한 주요한 자금지원도 하지 않도록 설득하는 정치적
성과를 거두었다.

11월 내내 위안스카이는 북양군에 대한 영향력을 이용하여 만주와 혁명군을
동시에 억압하는 균형 잡힌 행동을 보여주었다. 격렬한 전투 후 청군은 한커우
와 한양을 가까스로 탈환했지만(그러나 양쯔 강 이남의 우창은 실패) 지방마다 차
례로 혁명 고수를 선언하자 조정에게 재탈환은 큰 위안이 되지 못했다. 쑨원의
동맹회는 깜짝 놀랄 정도의 대중적 지지를 받고 있음이 확인된 것이며 동맹회
지도자들은 이를 기술적으로 활용했다. 조직을 확장하고 그 목표를 집중시킴으
로써 동맹회는 장쑤(11월 3일에 청에 대한 독립을 선언), 쓰촨(11월 22일), 산둥
(12월 12일) 세 성이 혁명의 편에 서는 데 결정적인 역할을 했다. 주로 신군, 성
의회, 경우에 따라서는 지역 상인 중에서 지도자가 나온 다른 지역에서도 동맹
회는 반청운동의 거대한 연합세력의 일부를 담당했다.

수주 동안에 걸친 치열한 전투 끝에 12월 초 만주인과 청 충성파 군대가 난
징에서 패배하자 청 조정의 입지는 이루 말할 수 없을 정도로 약화되었다. 난징
은 14세기에 중국의 수도였고 그 이후에도 항상 여타 도시와는 달리 상징적 중
요성을 지니고 있었다. 난징 함락은 한족에게 1645년 복왕의 패배와 1853년
태평천국의 위대한 승리를 상기시켰다. 그러므로 난징은 동맹회가 자신의 입지
를 공고히 할 수 있는 진정한 민족적 기반이 되었다.

다섯 살 난 황제 푸이(선통제[宣統帝])의 어머니는 협상 전면에 나서서 현 만
주인 섭정의 사임을 주장하고 황제는 알현과 국가 행사를 주재하는 대신 위안
스카이가 내각총리대신으로서 나라를 통치하도록 했다. 그러나 많은 사람들에
게 이것은 서태후 시절로 회귀하는 듯이 보였기 때문에 호응을 얻지 못했다.

쑨원은 1911년 크리스마스에 프랑스에서 배를 타고 상하이로 돌아왔다. 4일
후 난징에 모인 16개 성 의회의 대표들은 쑨원의 지도력과 동맹회의 영향력에
경의를 표하며 쑨원을 중화민국(中華民國)의 '임시대총통'으로 선출했다. 그는
1912년 1월 1일 난징에서 새 공화국의 출범을 기념하며 대총통에 취임했고 이

로부터 공화국은 중국의 전통적인 음력에 따른 10일 단위 대신 서양식 태양력의 7일 1주일제를 따랐다. 바로 그 신년 첫날 쑨원은 위안스카이에게 자신의 군사적 기반이 실제로 얼마나 약한지를 인정하는 전보를 띄웠다. 쑨원은 이 전보에서 당분간 총통직을 받아들이기는 했지만 "사실상 이 직위는 당신을 기다리고 있으며, 나는 나의 제안을 세계에 분명히 알릴 것입니다. 나는 당신이 빠른 시일 안에 나의 제안을 받아들이기를 바랍니다"라고 썼다.[11]

이제 중국에는 공화국 대총통과 만주족 황제가 모두 존재하게 되었고, 이 난국을 어떤 식으로든 해결해야 했다. 그 후 1912년 1월 중에 위안스카이와 다수의 만주인 황족과 장군들의 생명을 노린 여러 차례의 암살이 기도되자 난징과 베이징 사이의 긴장은 극에 달했다. 그 달 말에 남아 있던 만주인 가운데 가장 강경한 노선을 고수하던 인물로서, 황실호위대를 정예 만주 군사기구로 만드는 데 열심이었던 청군자사(淸軍咨使, 량비〔良弼〕를 말함—옮긴이)가 폭탄으로 암살되었다. 사람들은 이런 암살이 동맹회 회원의 행동이라고 믿었다.

청에게 최후의 일격을 가한 사건은 1912년 1월 북양군 지휘관 44명이 베이징의 내각에 전보를 보내 중국에 공화정을 수립하라고 주장한 일이었다. 가장 완강하게 저항한 만주 황족들은 만주로 물러났다가 그곳에서 반격을 준비하려 했지만 황제의 어머니와 그녀의 측근들은 자신들의 생명과 충분한 재정 지원을 보장받는 조건 아래 위안스카이와 서둘러 협상을 했다. 위안스카이와 난징 임시정부의 참의원 양측이 어린 황제와 그 가족에게 베이징의 자금성에 계속 거주할 수 있고 막대한 황실 재산을 보유하며 연 400만 달러의 연금과 함께 만주 조상의 사당을 보존할 수 있는 권리를 보장하는 데 동의하자 1912년 2월 12일 조정은 황제 푸이의 퇴위를 선언했다. 아울러 함께 발표된 짤막한 칙령은 쑨원의 주장을 부정하고 위안스카이에게 "임시 공화정부를 조직"[12]하고 혁명동맹회나 중부와 남부의 다른 반황 세력과의 민족적 단합을 이루도록 전권을 위임했다.

이리하여 이 간단한 몇 마디로 2천 년 이상 이어져 온 중국 제국사는 막을 내렸다. 이제 자치(自治)에 대한 어떠한 기술이나 제도적 경험도 거의 전무한 중국인들은 조심스럽고 위험스런 세계로 걸어 나와 그들의 미래를 스스로 헤쳐 나가야 하는 기로에 서게 되었다.

III 국가와 사회에 대한 구상

청 왕조에 잠재되어 있던 분쟁의 불씨는 중앙과 지방 권력 사이의 균형문제였다. 신임을 잃은 제국체제 대신 생명력 있는 공화국을 건설하기 위해 힘쓰고 있었던 중국의 진보적 정치인들은 중국을 근대적 국민국가로 탈바꿈시킬 새로운 정부의 수립을 갈망했다. 베이징에서 일종의 의회가 성 대표자들로 구성되었고, 이 의회는 중앙과 지방을 하나로 묶어 줄 것처럼 보였다. 모두 4천만이 넘는 유권자들은 다양한 지역적 이해를 광범위하게 대변해 줄 대표를 선출했다. 다시 활력을 얻은 지방정부는 각 성의 상반된 이해를 조정하고 중앙정부에 새로운 재원을 제공함으로써, 중앙정부가 긴급한 개혁을 수행하고 외세를 막을 수 있도록 해줄 것으로 기대했다.

그러나 이러한 꿈은 1912년 중국 최초의 국민투표가 시행된 후 채 몇 달도 지나기 전에 물거품이 되었다. 다수당의 지도자가 암살되고 그의 조직은 임시대총통이었던 위안스카이에 의해 활동을 금지당했다. 위안스카이는 중국을 부활시킬 야심찬 계획을 가지고 있기는 했지만 중앙까지 장악할 만한 군사력이나 조직력은 부족했다. 따라서 자연스럽게 정치권력은 지방—농촌이나 도시 모두—의 엘리트, 또는 지방에서 독보적인 권력 중개인으로 떠오르기 시작한 수백 명의 군사 지도자들이 장악하게 되었다. 중국의 정치적 취약성은 국제정세에 의해 더욱 심화되었다. 일본은 중국에 더 가혹한 요구를 해왔고 중국은 제1차 세계대전에서 서유럽 연합군과 협력하기 위해 10만 명의 노동자를 파견하는 대담한 시도를 했음에도 불구하고 영토문제와 관련해서 열강의 지원을 받아 내는 데 실패하고 말았다.

그 결과 일정 기간 동안의 정치적 불안과 전무후무한 지적 자기비판이나 모색이 등장했다. 많은 중국 지식인들은 국가가 망하기 거의 일보 직전이라고 확신했고 모든 종류의 정치적·제도적 이론을 연구하고 그들 자신의 사회 구조를 검토했으며 새로운 형태의 교육과 언어의 가치에 대해 토론하고 서양과학의 핵심부에 있다고 생각되는 진보의 가능성을 탐색하기 시작했다. 일반적으로 5·4운동으로 알려진 이 풍부한 지성과 회의(懷疑)의 집중적인 분출은 비록 그와 같은 탐색의 구성요소들이 명-청 전환기나 청 말 중국의 미래에 대한 논의에서 나타난 적이 있었다고 하더라도, 중국의 지난 2천 년의 역사에서 찾아보기 힘든 것이었다.

5·4사상가에 의해 많은 선택의 가능성이 모색되었는데, 그 중 명석한 일부 지식인들은 소련에서 파견된 코민테른 요원들의 노련한 지도를 받으면서 마르크스주의적인 사회주의 이념에 몰두하게 되었다. 1920년이 되면 중국 공산당의 핵심부가 구성되고 1921년에는 당의 첫번째 전체회의가 열렸다. 비록 쑨원의 국민당이 훨씬 더 큰 명성과 지지자를 확보하고 있었지만 공산당은 군벌, 지주제도, 외국 제국주의에 맞서는 싸움을 통해, 그리고 성장하고 있는 중국 산업노동계급의 고난을 강조함으로써 중국의 열망에 적절히 부응할 수 있었다. 공산당 조직가들은 국민당 활동가와 합작하면서 인상적이고 효과적인 많은 파업을 조직해 낼 수 있었으나 파업 지도자들은 종종 용감한 행동의 대가로 자신의 목숨을 내놓아야 했다.

공산당과 국민당의 합작은 이들이 공유하고 있던 절망과 희망에서 탄생했다. 절망은 서로 갈등하고 있던 군벌 정권들과 외국인의 이권이 섞여서 만들어 낸 조각 난 중국의 상황에서 생겨났고, 희망은 중국 인민은 영원한 통일에 필요한 힘—정신적·기술적·지적 능력—을 창조해 낼 수 있다는 믿음에서 싹터 나왔다. 장기적인 목표의 차이와 사적인 불화에도 불구하고 공산당과 국민당은 적어도 군사력과 사회 개혁세력의 합작을 통해 국가를 통일해야 한다는 당위성에는 동의했다. 그들은 남부 도시 광저우에서 함께 일하면서 새로운 군간부를 양성하고 농민을 조직화된 산업노동자 수준으로 끌어 올리기 위한 농촌협회를 결성하는 데 성공했다. 새로 결성된 군대를 이끌고 양쯔 강까지 진군했던 1926년의 군사작전은 놀랄 만한 성과를 거두었다. 그러나 군벌세력에 대한 신속한 제압은 사회정책에 대한 의견 차이를 심화시켰을 뿐이고 국민당을 앞질러 새롭게 국가의 방향을 잡으려 했던 공산당은 1927년에 자신들의 시도가 전부 실패로 돌아가는 것을 처참하게 지켜 봐야 했다.

도시에서 쫓겨난 공산당이 고립된 농촌지역에서 조직을 재건하려 애쓰고 있을 때 국민당은 중국 전역에서 주도권을 확고히 다지고, 마침내 1928년 말에는 만주에서 광둥까지 중국을 하나의 깃발 아래로 모으는 데 성공했다. 장제스(蔣介石)는 엄청난 재정 부족을 조작해 가며 국가 행정기구를 재정비하고 교통·도시공공사업, 그리고 교육시설 같은 토대를 발전시키는 데 역점을 두었다. 이같은 과업을 수행하는 과정에서 열강이 모두 적은 아니었다. 미국은 자금뿐 아니라 선교사와 함께 기술적으로 숙련된 인력을 제공했다. 독일은 군사 전문가들을 보냈고 독일의 무기와 중국의 희귀 광물을 대규모로 교환하자는 제안을 했다. 그러나 일본은 도발을 계속해 만주에 괴뢰정부를 세우고 그곳에 대한 지배를 확고히 했으며 만리장성 남쪽까지 군대를 진주시켜 중국으로 하여금 동북부 지역을 비무장지대로 선언하도록 만들었다. 불만을 품은 지식인들이 이런 국민당의 대일본 유화정책에 반발함에 따라 약동하는 국가에 대한 꿈이 사라져 간 반면, 공산당은 토지개혁과 게릴라 부대를 급진적인 형태로 혼합시킨 크고 활력 넘치는 농촌정부를 창조하기 시작했다.

1930년대 중반의 짧은 기간 동안 일본은 중국의 가장 부담스러운 적인 동시에 중국의 민족적 부활의 자극제였다. 장제스의 계속되는 끈질긴 공격에 의해 중국공산당은 그들의 가장 크고 훌륭한 근거지였던 장시 소비에트에서 쫓겨나 황폐한 북부지방으로 대장정이라는 퇴각의 길에 올랐다. 그러나 그들은 일단 그곳에서 중국인끼리 서로 죽이고 죽는 내전에 지친 민중에게 다시 한번 성공적으로 호소할 수 있었다. 정변을 일으킨 군대에게 장제스가 납치되자 다시 한번 통일전선을 형성하여 침략자에 저항할 수 있는 하나의 국가를 재건할 기회가 주어졌다. 오랜 기간에 걸친 분열과 개혁의 와중에서 수많은 중국 인민이 끔찍한 고통을 당했음에도 불구하고 하나의 국가에 대한 이상은 여전히 살아 있었던 것이다.

12장 │ 새로운 공화국

민주주의의 실험

[인장] 마지막 만주인 황제가 1912년 2월 폐위되었을 때 중국의 상황은 1644년 4월에 명의 마지막 황제가 스스로 목을 매달았을 때와 비슷했다. 예컨대 베이징의 국고는 바닥나고 지방에서는 거의 돈이 들어오지 않아 국가 재정은 혼란에 빠졌다. 학자와 관료 집단은 파산한 정권에 대하여 광범위한 불만을 표출했고, 이러한 불만에 대해 어떤 식으로든 조치가 있어야 했다. 베이징을 지키는 군대는 수는 많지만 통제하기 어려웠고 충성심이 의심스러웠으며, 급료가 오랫동안 지불되지 않을 경우 폭동을 일으키거나 탈영할 가능성도 있었다. 수확물을 쓸어가고 기근을 초래하는 자연재해가 발생하여 농촌지역이 황폐화되었고 수많은 이재민이 속출했지만 지방정부의 재정 부족으로 인해 구호대책을 마련할 수가 없었다. 몰락한 황족을 지지하는 많은 이들이 여전히 충성을 바치고 있어서 앞으로 어떤 문제가 발생할지 알 수 없었다. 외세의 압력은 컸고 침략의 가능성도 많았다. 중부·서부·남부의 광역권에서는 독립적인 분리주의 정권이 세워져 중앙정부의 권위를 더욱 약화시킬 수도 있었다.

물론 두 전환기 사이에는 다른 점도 많았다. 그 가운데 아마도 네 가지가 가장 중요하다고 말할 수 있을 것이다. 첫째, 1912년에는 하나가 아니라 적어도 일곱 개의 약탈적인 외세가 중국과 특별한 이해관계를 가지고 있었고, 중국은 이미 그들에게 큰 부채를 지고 있었다. 둘째, 1912년에 새로운 형태의 통신·교통·공업 발전으로 국가 전체의 경제적 토대가 극적으로 변화하고 있었다. 셋째, 중국의 모든 문제에 대해 진정한 해답을 제공해 온 중심적 철학체계로서 유교의 중요성이 의심을 받게 되었다. 넷째, 1912년에 많은 중국인이 여전히 강력한 중앙정부를 선호하고 있었다 하더라도, 입헌군주정이라는 타협적 합의뿐만 아니라 황제 중심의 제도 전체가 대부분의 교육받은 중국인에 의해 거부되고 있었다. 국내의 가장 영향력 있는 세력들은 공화정 형태의 정부를 추진하고 있었던 것이다.

이렇듯 긴장이 고조된 시기에 폭력적 분쟁은 예측불가능하며 흔한 일이었다. 20세기의 2/4분기에 중국에서 가장 탁월한 지도자가 되었으며, 서로간의 전쟁이 중국 혁명의 형태에 영향을 미쳤던 두 사람이 폭력적 분쟁과 정치적 활동의 묘미를 처음으로 맛보게 된 것이 바로 이 시기의 일이었다. 마오쩌둥(毛澤東)은 1893년 후난 성의 농민 가정에서 출생하여 창사 지역의 학생의용군으로 복무했다. 그는 청군이 급속히 붕괴되어 가는 것을 직접 목격하고 자신의 변발을 잘랐으며, 동맹회의 가장 뛰어난 두 지도자의 시체가 길바닥에 뒹구는 것을 목격하는 끔찍한 경험을 했다. 그들은 청군에 의해 살해된 것이 아니라 중국이 보다 온건한 노선을 따라야 한다고 생각하던 성의회의 의장이자 공화정 지지자였던 탄옌카이에게 살해당했다. 마오쩌둥은 후난의 공화국 군대에 사병으로 잠시 복무했는데 그곳에서 1911년 11월 중국 최초의 사회주의 정당을 창당한 장캉후가 쓴 문건을 손에 넣었다. 그러나 마오쩌둥의 정치적 입장은 여전히 조심스러웠다. 그는 훗날 한 기자에게 쑨원을 대통령으로, 캉유웨이를 수상으로, 그리고 량치차오를 외무부장관으로 하는 정부를 희망했었다고 말했다. 전쟁이 끝나자 마오쩌둥은 중국의 사회 개혁에서 적극적인 역할을 수행하기 위한 준비로서 정치와 경제 관련 서적을 읽으면서 독학에 몰두했다.

두번째 인물 장제스(蔣介石)*는 1887년 저장 성의 개항장인 닝보 근교의 소금 상인 가정에서 태어났다. 얼마간의 재산을 가진 야망 있는 중국 청년들처럼

* 서양에서는 일반적으로 장카이섹(Chiang Kai-shek)으로 부른다. Chiang Kai-shek은 저장 방언을 그대로 로마자화한 것이다. 지은이 역시 서양의 관례에 따라 '장카이섹'으로 쓰고 있지만, 여기서는 장제스로 통일했다.

그도 일본으로 건너가서 군사학교에 입학하여 1908년부터 1910년까지 머물렀다. 장제스는 동맹회에 가담했고 이를 계기로 저장의 지도자인 천치메이(陳其美)의 측근이 되었다. 1911년 11월에 천치메이가 상하이 군사령관(都督)이 되자 장제스는 그의 연대장 가운데 한 명으로 승진되었다. 그는 혁명운동의 일환으로 항저우를 탈환하기 위한 전투에 참가해 용맹을 떨쳤다. 여러 정황을 고려해 볼 때 장제스가 개인적으로 폭력을 사용하게 된 첫 계기는 그의 정신적 지주였던 천치메이와 쑨원에게 반대하는 동맹회 회원의 암살을 교사했거나 집행했을 때부터였던 것 같다.

중국의 질서는 위안스카이가 자신의 베이징 기반과 북양군을 통합하여 동맹회와 난징 군을 지원해야만 회복될 수 있었다. 또한 질서 회복은 합법적인 헌법에 기초한 국가 정체(政體)에 따라 성의회와 신군을 어떻게 통합하느냐에 달려 있었다. 그러나 이러한 목표를 이루기 위한 첫번째 조치는 불완전했다. 1912년 1월 지지자들의 환호 속에 임시대총통에 올랐던 쑨원은 자신의 군대가 위안스카이의 군대와 상대가 되지 못했기 때문에 불과 한 달 후 만주인 황제가 폐위한 다음날에 자신의 자리를 내놓았고 위안스카이가 그 자리를 가로챘다. 동맹회의 지도자와 지지자들은 위안스카이가 난징에서 통치를 하게 되면 북쪽에 있는 그의 군사적 기반과 떨어지게 되므로 민간 정권의 형성이 가시화되는 상징적이고 중요한 진전이 올 것이라고 예견했다. 그러나 위안스카이는 군사적 상황이 불안정하여 떠날 수 없다고 주장하며 베이징에 있기로 결정했다. 1912년 3월 내내 베이징·톈진·바오딩(保定)에서 폭동과 폭력사태가 잇달아 발생하여 그의 예견이 옳았음을 입증하는 듯했지만, 일부 냉소적인 사람들은 위안스카이가 자신의 필요성을 증명하기 위해 이러한 분란을 사주했을 것이라고 생각했다. 한편 쑨원은 위안스카이의 초청을 받아들여 베이징을 여행하고 중국의 철도체제를 개혁할 광범위한(뿐만 아니라 비현실적인) 청사진을 구상하는 등 중국의 부흥에 대한 자신의 관심이 진실되다는 것을 보여주었다.

이제 힘든 일은 의미 있는 헌법을 제정하고 그에 따라 중국 전역에서 적법한 선거를 실시하여 새로운 양원(兩院)을 구성하는 것이었다. 이 목표를 향한 첫걸음은 1910년 10월 베이징에서 개원한 자정원(資政院)이었다. 이것은 단원제 의회로서 그 의원들은 성의회에서 선출되거나 만주인 섭정에 의해 임명되었다.

자정원은 서태후가 기대했던 1917년보다 앞당겨 국회를 소집하자는 성의회의 주장에 즉시 가세했다. 1910년 11월 만주 조정은 1913년에 의원 전원을 선거로 선출하는 국회를 소집하는 데 동의했다.

자정원은 비록 청 조정에 의해 탄생했지만 곧 미래의 입헌정치에서 중요한 위치를 차지하게 되었다. 1911년 10월 30일 살아남기 위해 몸부림치고 있던 만주인들은 자정원에 일종의 헌법을 기초할 권한을 위임했고, 11월 3일 자정원은 초안(「십구신조」〔十九信條〕)을 작성했다. 닷새 후 자정원은 위안스카이를 중국의 첫번째 내각총리대신으로 선출하고 그의 통치에 일종의 민주적 합법성을 부여했다.

그러나 베이징에서의 이러한 진전과 중첩되어 동맹회가 주동한 다양한 성 대표들의 회의가 상하이를 시작으로 한커우, 그리고 마지막으로 난징에서 열렸다. 각 성마다 3명의 대표로 구성된 이 대표단은 1912년 1월 28일 난징에서 참의원(參議院)이란 이름으로 공식 개원했다. 그들의 역할은 중국 민주주의의 건전한 성장에 꼭 필요했는데, 그 이유는 위안스카이를 임시대총통으로 선출하는 것을 참의원이 인준할 것이라고 쑨원이 주장했기 때문이다. 위안스카이는 "공화제가 가장 좋은 정치체제"이며 "우리는 중국에 왕정이 복구되는 것을 절대로 허락해서는 안된다"는 내용의 상투적인 공식 견해를 참의원에 보냈다.[1] 2월 14일 난징 참의원은 쑨원의 호소에 따라 만장일치로 위안스카이를 중국의 임시대총통으로 선출했다.

위안스카이는 엄청나게 빠른 속도로 공화국의 최고 자리에 올랐다. 1859년에 고관을 여럿 배출한 집안에서 태어난 위안스카이는 과거시험을 치르지 않고 청 말의 많은 젊은이들처럼 1880년에 미관말직을 하나 샀다. 그로부터 10여 년 동안 그는 조선에서 군사와 통상에 관련된 다양한 직책에 종사했는데, 이 때 그는 일본의 팽창주의를 충분히 경험할 수 있었다. 1894~1895년의 청일전쟁 이후 위안스카이는 중국 최초로 새롭게 근대화된 육군 장교들을 훈련시키는 임무를 맡아 군대에서 부하들을 확보하는 중요한 토대를 마련하게 되었다. 그가 서태후를 도와서 광서제와 백일천하 개혁가들을 몰아낸 것은 거의 확실하며, 또한 산둥의 의화단도 성공적으로 진압했다. 1901년 이후 허베이 성의 총독으로서 그는 북양군을 중국의 최정예 전투군으로 키웠으며(총 7명의 사단장 가운데 5명과 고위 장교 전원이 그의 부하였다) 성 자치, 교육, 경찰력의 발전 등과 같은 개혁에 진정한 열의를 보여 관할 지역을 강력하게 만들었다. 청 말의 정치무대에서 위안스카이가 거둔 성과는 그가 공화국의 지도자로서 중국이 직면한 도전들에 성공적으로 대처할 수 있을 것이라는 희망을 불어넣었다는 점이다.

임시대총통직을 사임하는 글에서 쑨원은 "임시 정부의 헌법은 참의원에서 준비할 것이며 새 총통은 그것에 복종해야 한다"[2]고 썼다. 합법적인 공화국 정부의 수립을 확실하게 하기 위해 고안된 이러한 절차에 따라 참의원은 1912년 3월 11일에 새로운 임시 헌법 초안(임시약법[約法])을 결정했다. 새 법은 종교와 집회의 자유뿐 아니라 모든 중국인과 소수민족들의 평등권 및 법에 의한 신변과 재산의 보호를 보장했고 국회가 10개월 안에 소집되도록 규정했다. 그때가 되면 참의원은 해산되고 위안스카이는 사임하여 새로운 총통 선거가 치러지도록 한 것이다. 각 성의 대표가 다섯 명으로 늘어난 참의원은 처음으로 중국을 명실상부한 통일된 공화국으로 만들기 위해 임시 정부를 베이징으로 옮기는 안건을 표결에 부쳤다. 청의 자정원은 이제 무력해졌다.

이 임시 헌법의 규정에 따라 중국인은 첫번째 총선거를 준비하기 시작했다. 의회는 양원으로 구성하기로 했다. 하나는 참의원(參議院, 상원)으로 6년 임기의 의원 274명으로 구성했는데 각 성마다 성의회에서 10명을 선출하고 나머지는 해외거주 중국인의 대표들로 구성할 예정이었다. 다른 하나는 3년 임기의 의원 596명으로 구성한 중의원(衆議院, 하원)으로 인구 비례원칙에 따라 약 80만 명당 1명의 대표를 선출했다.

청 왕조의 종말과 함께 쑨원은 동맹회를 중앙집권적인 민주주의 정당으로 자체 개혁하고 1912년 12월에 열릴 선거에 의원 후보자를 내도록 지시했다. 이제 국민당(國民黨)이라 새로 이름 붙인 그들의 조직은 쑨원이 망명생활을 하는 동안 그의 가장 유능한 참모로 활동했던 쑹자오런(宋敎仁)의 손에 맡겨졌다. 1912년에 겨우 30세였던 쑹자오런은 비록 오만한 자신감으로 인해 많은 이들과 등지기는 했지만 천부적으로 뛰어난 정치 조직가였다. 그의 주요 관심사는 총통의 권한을 제한하고 의회와 선출된 대표들의 권력을 적절히 보호하는 데 있었다. 위안스카이가 자신이 임명한 내각을 완전히 장악하고 과도한 권한을 휘두르려 한다는 사실은 1912년 중반 대다수 관찰자들의 눈에 명백해 보였다.

1912년에 중국의 여러 지역을 방문한 쑹자오런은 이런 점을 신랄하게 지적하고 위안스카이의 야망을 직접적으로 비난하는 듯한 인상을 주는 발언을 종종 했다. 쑹자오런과 국민당원들은 세 부류의 주요 경쟁상대와 첨예하게 대립하면서 12월 선거를 준비했다. 세 경쟁상대는 느슨하게 연합된 조직들의 모임인 진보당(進步黨, 량치차오가 주도하는), 공화당(共和黨, 강한 민족주의 정서를 보이는), 그리고 통일당(統一黨)이었다. 그 밖에도 선거에서 한두 의석을 노리는 소규모 정치집단과 정당이 300여 개나 있었다.

총선거가 더 많은 관심을 끌긴 했지만 농촌에서의 정치발전도 중요한 문제였다. 청 말의 지방자치에 관한 논의에서는 일반적으로 제도개혁이 보수적 향신의 입지를 강화시키는 데 기여할 뿐이라는 우려가 있었다. 향신이 지역 안에서 행사해 온 영향력에 더하여 공적 행정권까지도 장악할 우려가 있었기 때문이다. 황제 폐위 후 수개월이 지나 오랜 분쟁이 정리되고, 막강한 현직 지방 관리들이 과거 청의 지현을 능가할 정도로 농촌사회 깊숙이 중앙정부의 권위를 대신할 새로운 직위들을 차지하게 되자 이러한 우려는 현실로 나타났다. 이런 추세를 저지하지 않는다면 중국 내의 민주주의 활동은 희망을 잃을지도 몰랐다. 그러나 국민당의 정강에 지방자치를 발전시킬 필요성이 명시되어 있었음에도 불구하고 전국적인 선거전의 흥분 속에서 이 문제는 부차적인 것처럼 보였고, 국민당이나 국민당의 경쟁자들은 이에 대해 아무런 문제제기도 하지 않았다.

1912년에 제정된 선거법은 21세 이상의 중국 남성 가운데 500달러 상당의 재산을 소유했거나 적어도 2달러 이상의 세금을 납부한 자로서 초등학교 졸업장이 있는 사람들에게 선거권을 주었다. 대략 4천만 명의 남성―인구의 10% 정도―이 이러한 조건을 충족시켰다. 문맹자, 아편 흡연자, 파산자, 정신 이상자는 선거를 할 수 없었다. 중국 여성들은 청 말부터 그들의 주장을 강력히 제기해 왔고 여러 저명한 지식인들이 그들을 지원했으며 동맹회의 회원이나 재정적 후원자로서 참여하고 혁명군이나 전방의 간호사로서 일한 경험이 있었음에도 불구하고 선거권을 얻는 데는 실패했다. 1912년 베이징의 여성 참정권 운동가인 탕췬잉(唐群英)은 일단의 여성을 이끌고 난징 참의원으로 가서 새 헌법에 남녀 평등, 여성 참정권 보장 등의 조항을 첨가시키기 위해 정열적인 로비를 벌였다. 하지만 퇴짜를 맞자 여성들은 회의장 문을 박차고 뛰어들어가 소리를 지르고 창문을 부수었다. 결국 그들은 난폭하게 쫓겨났을 뿐 어떤 요구도 받아들여지지 않았다.

중국의 첫번째 총선 결과는 1913년 1월에 발표되었고 국민당은 확실한 승리를 거두었다. 국민당은 중의원 596석 가운데 269석을 차지했고, 나머지는 주요 세 정당이 나누어 가졌다.(이 첫번째 선거에서는 많은 정치인들이 여러 정당에 연계되어 있었기 때문에 4개 정당에서 주장한 의석의 총합계는 596석을 훨씬 넘었다.) 274석으로 구성된 참의원에서는 123명이 국민당 당원이었다. 임시 헌법에 의해 국민당은 이제 총리와 내각을 임명하는 데 주도적인 역할을 하게 되었고, 총통선거 역시 국회의 구도대로 그들이 철저히 감독하는 가운데 실시할 수 있게 되었다.

1913년 봄, 새로 선출된 중국의 대표들은 철도, 도로, 강 그리고 바다를 통해 베이징의 국회로 모여들었다. 3월 20일 압승을 거둔 국민당의 지도자 쑹자오런은 친구들과 함께 상하이 철도역으로 갔다. 승차하기 위해 승강장에 서 있던 그에게 한 남자가 다가와 총을 두 발 쏘았다. 그는 즉시 병원으로 옮겨졌으나 이틀 후 죽었다. 서른한번째 생일을 맞기 2주 전이었다. 그가 중국의 수상으로 지명되리라는 것이 당시의 일반적인 여론이었다. 또 이 암살의 배후에 위안스카이가 있으리라는 것도 일반의 믿음이었다. 왜냐하면 국무원 비서와 임시 총리가 이 사건과 관련되어 있다는 증거가 나왔기 때문이다. 그러나 주요 주동자들 역시 암살되거나 의혹 속에 사라져 버려 위안스카이는 결코 공식적으로는 연루되지 않았다.

국회에 모인 국민당 대표들은 위안스카이를 제압할 세력의 확보, 영구적인 헌법의 개발, 완전하고 공개적인 총통선거의 실시를 역설했다. 국민당 의원들은 특히 위안스카이가 국가 재정을 운용하는 방식에 대해 강도 높은 비난을 가했다. 그는 징세문제를 직접 해결하려 하는 대신 국제은행단으로부터 2,500만 파운드(약 1억 달러)가 넘는 막대한 차관—이른바 '선후차관'(善後借款)—을 받았다. 그러나 위안스카이는 이러한 거센 저항을 인신공격으로 해석하여 맞대응하기로 했다. 1913년 5월 초에 그는 친국민당 성향의 지도급 군사령관들을 해임했다. 그 해 여름의 격렬한 전투에서 국민당에 신의를 지킨 군대가 위안스카이의 군대에게 참패했고, 9월에는 아직도 병사들에게 만주식 변발을 하도록 할 정도로 반동적이었던 장군 장쉰(張勳)이 위안스카이 편이 되어 난징을 점령했다. 10월에 위안스카이는 국회의 의원들에게 자신을 5년 임기의 총통으로 선출하도록 강요했다.(그러나 그는 투표를 세 번이나 치러지고서야 겨우 과반수 이상을 득표할 수 있었다.) 그리고 마지막으로 그는 국민당을 반역조직으로 규정하고 당의 해체와 국회에서의 추방을 명령했다. 11월 말에 쑨원은 일본으로 또다시 망명길에 올랐고 그의 공화주의의 꿈은 무너지고 말았다.

위안스카이의 집권

외국 열강은 중국의 발전과정을 예의 주시했다. 그들은 1842년 이후 획득한 조약상의 권리를 보전하기 위해서는 청 왕조를 계속 지원하는 것이 전혀 합리적이지 못하다는 사실을 깨닫게 되었다. 따라서 그들은 중국 내 외국인을 보호하고 의화단 같은 반외세운동을 방지하기 위해 베이징에서 바다에 이르는 통로를 수비하도록 군대와 군함을 동원하는 한편, 1911~1912년 동안 엄격한 중립정책을 고수하고 있었다. 열강에게 가장 중요한 문제는, 1902년에는 총액이 거의 7억 8,800만 달러, 그리고 1914년 무렵에는 16억 1천만 달러에 달한 대중국 투자를 보호하는 것이었다. 그러므로 외국인들은 그들에게 우호적인 경제환경을

1902년과 1914년, 외국의 대중국 투자[3]

	1902		1914	
	미국달러 (단위:100만)	전체 비율	미국달러 (단위:100만)	전체 비율
영국	260.3	33.0	607.5	37.7
일본	1.0	0.1	219.6	13.6
러시아	246.5	31.3	269.3	16.7
미국	19.7	2.5	49.3	3.1
프랑스	91.1	11.6	171.4	10.7
독일	164.3	20.9	263.6	16.4
기타	5.0	0.6	29.6	1.8
합계	787.9	100.0	1,610.3	100.0

조성해 주기만 한다면 어떤 정부도 받아들일 태세였다.

외국의 투자는 주로 상하이와 남만주 지역에 집중되었지만, 여러 분야의 사업에 걸쳐 광범위하게 이루어지고 있었다. 영국의 중국 내 자산은 대략 6억 800만 달러로 홍콩―광저우간 철도, 해운업, 공공시설(가스·전기·전화), 전차 선로, 탄광, 방직공장, 설탕 정제공장, 비단 제사공장, 밧줄공장, 시멘트 공장, 그리고 부동산 등이 포함되어 있었다. 일본의 2억 2천만 달러(3억 8,500만 엔)의 투자도 이와 비슷한 양상을 보였다. 미국의 이해관계는 이보다 훨씬 적어서 1914년에 4,900만 달러 정도에 불과했다. 이 가운데 많은 부분이 선교단 재산(병원, 학교 등)과 상하이의 부동산이었다. 그러나 1915년 상하이에 첫번째 미국인 상회(駐華美國商會)가 개장되자 32개의 미국인 회사가 곧바로 회원자격을 취득했다.[4]

일본과 유럽 열강은 처음에는 위안스카이의 새 정권에 대해 회의적이어서 공화국에 대한 외교적 승인을 유보했다. 그러나 미국에서는 위안스카이나 새 공화국의 이념에 대한 여론이 좀더 우호적이었다. 중국에 있는 미국 선교사들 중 다수가 공화주의 운동에 찬성하는 입장이었고, 중국 개혁사상가들 중 상당수가 미션스쿨에서 교육을 받았다. 쑨원 역시 기독교인이었다. 위안스카이는 비록 기독교인은 아니었지만 1913년 4월에 중국의 새 국회가 개회하자 교회에서 중국을 위해 기도해 줄 것을 미국 기독교인들에게 부탁함으로써 친기독교적 정서를 영리하게 이용했다. 이 요청은 미국 신문들의 머릿기사가 되었고 우드로 윌슨 대통령과 행정부의 호의적인 관심을 끌었다. 윌슨은 "이토록 들뜨고 기분 좋은" 적이 없었다고 말했고 국무장관인 윌리엄 제닝스 브라이언은 위안스카이의 부탁이 "한 세대 동안 있었던 공문서 가운데 가장 기억할 만한 것"이라고 평했다. 『크리스천 헤럴드』(The Christian Herald)는 "이교도 국가를 예수의 십자가에 굴복시켰다는 점에서" 위안스카이의 행동을 콘스탄티누스나 샤를마뉴의 업적에 비유했다.[5]

중국인 노동자의 이민을 금지하는 미국의 법이 여전히 유효했지만 미국 내에는 무리를 지어 다니는 경향이 있는 중국 학생들이 다수 존재했고 활발히 제목소리를 내고 있었다. 그들의 숫자가 이 시기에 급증하게 된 이유는 1908년에 미국이 의화단 보상금으로 받기로 되어 있었던 금액 가운데 많은 부분을 면제하고, 대신 이를 미국 대학에 공부하러 오는 중국인에게 장학금으로 지불하기로 결정했기 때문이다. 많은 미국 정치가들은 미국이 중국과 '각별한 관계'에 있다고 믿었다. 이는 19세기 말 제국주의가 판치는 세계에서 미국은 특히 문호 개방정책을 통해 국제적 관행을 수정하려고 시도한 데서 잘 드러나듯 이타주의를 표방하고 있었기 때문이다. 1912년 선거에서 민주당은 중국 문제를 전면에 내세우면서 완전한 외교적 승인을 강력히 주장하여 당시 대통령이었던 공화당 소속의 윌리엄 하워드 태프트를 당황하게 했다. 윌슨은 선거에서 승리하자 곧 위안스카이에게 선후차관을 대출해 줄 국제은행단에서 미국을 탈퇴시켰다. 그 이유는 대출조건이 착취적이라는 것이었다. 1913년 5월에 베이징 주재 미국 공사는 위안스카이 총통을 방문했고 아울러 위안스카이 정부를 외교적으로 완전히 승인했다.

베이징 주재 영국 공사는 위안스카이가 아직 외국인의 권리나 투자를 보호하겠다고 공식적으로 천명하지 않았기 때문에 미국의 행위는 '엉뚱한' 짓이라 여겨졌다. 또한 영국은 위안스카이가 청 말의 전례를 따라 중국의 종속국임을 주장한 티베트에 자치를 보장해 주기를 열망하고 있었다. 이 문제에 대한 영국의 비타협적 태도는 중국인을 분노하게 했지만, 결국 1913년 10월 7일 위안스카이는 그의 결정이 내각이나 의회 어디에서도 비준받지 못했음에도 불구하고 티베트의 자치를 승인하고 말았다. 그날로 영국은 중화민국을 외교적으로 승인했다. 일본도 중국이 앞으로 있을 대규모 철도 거래에 동의하자 외교적 승인을 해주었고, 러시아도 중국이 외몽골의 자치를 인정한 후 그렇게 했다.

위안스카이 정권이 외국의 인정을 받았다고 해서 그의 정부가 안전해진 것은 아니었다. 중국의 헌정질서는 엉망진창이었다. 1913년 말에 국민당 의원들을 의회에서 추방하기 전, 그 서곡으로 위안스카이는 경찰에 지시하여 국민당과 관련이 있다고 생각되는 양원의 의원들을 가택 수색하게 했다. 이 수색에서 국민당 당원증을 가진 의원이 438명 색출되었고 이들은 국회에서 추방되었다. 이에 따라 국회의 정원이 부족해지자 11월 말 양원의 의장들은 임시 휴회를 선언했다. 1914년 1월 국회는 공식 해산되었고 2월에 비슷한 해산명령이 성의회와 지방 행정조직에도 하달되었다.

이어 위안스카이는 자신의 정권에 적법성을 부여하기 위해서 자신의 내각과 성(省)들에서 여러 직책을 가진 사람들 66명으로 이루어진 단체를 구성했고,

이들은 1914년 5월 1일에 임시 헌법을 대체할 '중화민국 약법(約法)'을 만들었다. 이 약법은 총통인 위안스카이에게 군사·재정·외교·시민권에 대한 실질적으로 무제한적인 권력을 부여했다. 위안스카이는 가까운 고문에게 "의회는 쓸모없는 집단입니다. 800명이라니! 200명은 괜찮고, 200명은 소극적이고, 400명은 쓸모없었습니다. 그들이 한 일이 뭡니까? 그들은 절차에 대해서조차도 합의를 끌어내지 못했습니다"라는 말로 자신의 행동을 대변했다.6) 이 표현은 중국의 민주주의에 대한 꿈이 파괴된 것을 적절하게 냉소적으로 언급한 것이다.

대중적 재정 기반이 없던 위안스카이 행정부는 주로 차관에 의존했다. 그가 총통직에 올랐을 때 중국은 토지, 소금이나 차, 그리고 국내 통과세 등의 세 가지 주요 세수원에서 거둬들이는 4,500만 위안을 포함하여 연간 2억 6천만 위안 정도의 수입을 올리고 있었다. 1913년에는 성의 토지세가 겨우 200만 위안 미만에 그쳤기 때문에 정부는 매달 1,300만 위안의 적자를 내게 되었다. 외국 무역에 대한 관세 수입 역시 거의 위안스카이의 수중에 들어오지 않았다. 혁명에 대한 불안감으로 인해 중국 해관(1911년 로버트 하트의 사망 이후 그의 후임자가 관리하는)은 세관수입을 외국 은행에 예치하여 빠르게 불어나는 외채 이자를 갚는 데 사용했기 때문이다. 그러므로 중국은 수입은 고사하고 이 세입의 은행 이자조차도 확보하지 못했다. 청 말의 여러 가지 특별세들은 여전히 존재했고 새로운 경제발전에 대한 요구를 충족시키기 위해 신설 세금도 늘어났지만 이 역시 베이징으로 거의 들어오지 못했다. 심지어 염세마저 외국의 감독 아래 차관 상환에 사용되거나 위안스카이에게 정치적 압력을 가하는 데 이용되고 있었다.

이러한 자금 부족에도 불구하고 위안스카이는 국가에 대해서나 자신에 대해서나 야망이 컸다. 그는 헌정을 파괴한 것과는 모순되게도 청 말의 개혁 시도를 재개하고 강력하고 안정된 중국 정부를 건설하려고 애썼다. 개혁을 추진하는 과정에서 그는 유능한 외국 고문단에 의존했다. 고문단에는 오스트레일리아의 외교정책 전문가, 일본의 철도 전문가, 프랑스 대사관 육군무관, 벨기에인 판사 등이 포함되어 있었다. 고문들 중 다수는 스스로 인정할 정도로 많은 돈을 받았지만 위안스카이는 이들을 제대로 활용하지 못했다.

위안스카이가 중국의 사법권 독립에 힘쓴 것은 그가 관념적으로 정의를 수호했기 때문이 아니라 견실하고 중립적인 법 체제의 건설이 혐오스러운 치외법권

체제를 끝낼 수 있는 가장 좋은 수단이라고 생각했기 때문이다. 중국의 새로운 대법원—청 왕조에 의해 1906년에 설립된—은 상법이나 기혼 여성의 권리와 같은 영역에까지 과감하게 손을 댔다. 전국에 3개의 성(省)을 제외하고는 고등 법원이 있었고, 위안스카이가 현 단위 법원의 설치는 권장하지도 않았을 뿐 아니라 그 단계의 사법권은 특정한 판사보다는 현의 행정부에 귀속되기를 바랐음에도 불구하고 수많은 하급 법원도 생겼다. 위안스카이는 중국의 형벌제도를 개혁하기 위해서 교도소 건설 사업, 교도소 내 위생 개선, 죄수의 작업 환경 기준 규정, 범죄자의 도덕적 계도 등을 적극적으로 추진했다. 남성에게 초등교육을 무료로 의무화하여 전국적으로 확대해서 실시하고 알파벳화된 교재의 사용과 교사의 재교육과 같은 실험을 지원했다. 위안스카이는 중국 시민에게 필요한 새로운 기술과 함께 기초적 교과목에 반드시 유교 교육이 포함되어야 한다고 주장했다.

위안스카이는 경제를 발전시키기 위해서 관개와 치수를 통해 농업생산을 증가시키고 가축의 품종을 개량하며 산림 조성을 추진하고 저리의 대출과 철도 운송요금의 인하를 통해 상품 유통을 원활히 하도록 지시했다. 영국에서 교육받은 중국인 과학자의 지도 아래 전국적인 지하자원 조사도 실시되었다. 전국의 화폐도 단일화되었고 화폐의 주조도 통제되었으며 화폐가치가 떨어진 성의 은행 어음은 결재하지 않았다. 또한 위안스카이는 청 말에 시작된 아편 흡연과 생산에 대한 통제를 계속하기 위해 많은 노력을 기울였다. 이 계획은 아주 효과적이어서(각 현의 지현들은 아편 통제의 성과에 따라 승진되었다) 아편상들은 외국법의 보호를 받을 수 있는 외국 조계로 피신해야 했다.

1914년 8월 유럽에서 제1차 세계대전이 발발하여 프랑스·영국·독일·러시아가 중국에 더 이상 압박을 가하지 못하고 주의가 분산되었던 것은 위안스카이가 초기에 독재권력을 형성하는 데 큰 도움이 되었다. 그러나 위안스카이에게는 불운하게도 일본이 그 느슨한 틈을 넘볼 만반의 준비를 하고 있었다. 1902년으로 거슬러올라가는 영국과의 동맹에 근거하여 일본은 1914년 8월 독일에 선전포고를 했고 즉시 산둥 성의 독일 조계를 공격했다. 중국측은 중국군이 독일군과 함께 싸워야 한다고 주장하면서 영국이 이에 동의하도록 요구했다. 그러나 영국은 일본의 중국 영토에 대한 팽창계획을 묵인해 주었다.

1915년 1월에 일본은 위안스카이 정부에 21개조 요구서를 제시함으로써 중국에 전례 없는 강한 충격을 던져 주었다. 이 요구서에서 일본은 만주와 내몽골에 거주하는 일본인에게 더 많은 경제권 부여, 중국 중부의 거대한 한예핑(漢冶萍) 제철·석탄 공장에 대한 중국과 일본의 합작 경영, 다른 열강에게 중국의 어떤 항구나 섬도 할양하지 말 것, 북중국에 일본 경찰과 경제 고문의 상주, 푸젠성의 새로운 통상권의 확대 등을 요구했다. 이러한 움직임에 대한 중국인의 적개심은 전국적인 반일운동과 1905년 반미 불매운동보다 훨씬 대대적이고 성공적인 일본상품에 대한 불매운동에서 잘 드러났다. 그러나 위안스카이는 일본의 요구 조건 일부를 약간 수정하기는 했지만 대체로 받아들일 수밖에 없다고 느꼈다.

위안스카이의 권위가 무너지고 인기가 떨어짐에 따라 그는 더욱 완고해졌다. 1914년에 시작된 모든 신문과 출판물에 대한 검열 규제 아래 그의 비판자들은 고초를 당하거나 침묵을 강요당했다. 이 규제는 "공공의 안녕에 해로운"[7] 문건을 인쇄하는 모든 이에게 엄격한 처벌을 내렸다. 자신의 권위를 더하기 위해 위안스카이는 유교적 요소들을 중국의 국가 종교로 재정립하기 시작했다. 청의 천단에서 거행되는 주요 의례에서 총통으로서 중요한 역할을 하는 것처럼 가장한 위안스카이는 무장한 차에 탄 채 그곳을 드나들 수 있었다. 용의주도하게 청의 종교적 의식을 되살려 내면서 위안스카이는 황제의 복식을 갖추었다. 1915년 후반에 위안스카이는 군주제를 부활시키길 원한다는 소문을 퍼뜨리면서 그러한 방향으로 여론을 몰아갔다. 8월경에는 위안스카이를 황제로 등극시키려는 공식적인 운동이 전국적으로 벌어지게 되었고, 11월에는 특별히 소집된 '국민대표대회'에서 위안스카이에게 황제가 되라고 청원하는 투표—1,993명이 찬성을 하고 반대는 한 표도 없는 놀라운 만장일치로—가 이루어졌다. 1915년 12월 12일 위안스카이는 이를 받아들여 1916년 1월 1일에 제위에 올랐다. 그는 이전 황실의 도예가에게 140만 위안의 비용이 드는 도자기 그릇 4만 개를 주문했다. 또한 커다란 옥새와 한 벌에 40만 위안이나 하는 황제 옷 두 벌을 주문했다.

위안스카이와 그의 고문들(그 가운데 한 사람인 미국인 프랭크 굿나우는 컬럼비아 대학의 교수이자 미국 정치학회의 전회장이었다)은 중국인들이 총통을 능가하는

중앙 권위의 상징을 갈구하고 있다고 믿었고 따라서 군주제의 부활이 환영받으
리라 생각했다. 그러나 착각이었다. 위안스카이와 가까운 연맹관계에 있었던 정
치세력이 그의 곁을 떠났고, 북양군 출신 부하들의 단합도 깨졌다. 중국 전역에
서 대대적인 성 독립운동과 더불어 대중적 반대운동이 일어났다. 윈난의 군사
지도자는 1915년 12월에 성의 독립을 선언했고 뒤이어 1916년 1월에는 구이저
우가, 그리고 3월에는 광시가 독립을 선언했다. 외국 열강은 이에 간섭하지 않
거나 위안스카이에 대한 적대감을 표출했고, 그가 바랐던 어떤 지원도 하지 않
았다. 1916년 3월 위안스카이는 군주제를 취소한다고 선언함으로써 이러한 반
발을 무마시키려고 했지만 그의 권위는 이미 산산이 부서져서 성마다 계속적으
로 독립을 선언하고 나섰다. 위안스카이는 1916년 6월 6일, 56세의 나이로 요
독증─많은 이들이 울화와 모욕감으로 생긴 것이라 보았다─에 걸려 죽었다.

　퇴색한 총통직을 승계한 이는, 1911년 10월 우한 혁명에 마지못해 참여하고
1913년부터 실권 없는 부총통으로 역시 마지못해 복무하고 있던 리위안훙이었
다. 그의 권력은 위안스카이보다 훨씬 약했고 북양군의 지원도 받지 못했다. 그
가 물려받은 것은 불만을 품거나 독립한 성들과 거의 파산에 가까운 국고뿐이
었다. 리위안훙이 행한 가장 중요한 일은 국회(2년 넘게 휴정되어 있던) 의원들
을 재소집한 것이었다. 이는 다시금 국민 대표들의 정부를 설치하고 국민을 한
데 묶을 구심력으로서 1912년의 임시약법을 재확인하기 위한 시도였다. 그러나
이 두 목표는 모두 논란의 여지가 있었다. 1912년 12월에 선출된 대표들은 겨
우 3년 임기로 선출되었기 때문에 그들이 이제 법적으로 의원이 아니라는 것은
명백했다. 또한 1912년의 임시약법은 1914년에 위안스카이의 법으로 대체되
었기 때문에 그 법이 여전히 효력이 있는지 확실치가 않았다.

　리위안훙은 군주제를 복구하려는 또 다른 시도와 연계된 새로운 군사 쿠데
타가 발생할 때까지 겨우 1년 남짓 총통직에 있었다. 이 쿠데타의 주모자는 장
쉰 장군으로 의화단운동 당시 서태후의 경호대에서 근무한 이래 광적인 청 왕
조 지지자였다. 장쉰은 1911년 난징에서 만주족을 위해 충성을 다해 싸웠고 심
지어 위안스카이가 총통으로 집권한 시기에도 자신의 군대에게 만주식 변발을
유지하라고 명령할 정도로 계속 만주인에 대한 충성을 버리지 않았다. 1913년
국민당 군대로부터 난징을 탈환한 것도 바로 장쉰이었고, 그의 군대가 난징을

잔인하게 도륙했음에도 불구하고, 위안스카이는 그를 양쯔 강 지방의 야전사령
관 겸 감찰관으로 임명했다. 리위안훙 총통과 분쟁 중인 다른 장군들 사이의 중
재자로 자처하던 장쉰은 1917년 6월 중순에 자신의 군대를 베이징으로 이끌고
들어가 이제 11세의 소년인 폐위된 청의 황제 푸이를 재옹립한다고 선언했다.
당황한 베이징 주민들이 집앞에 내걸 옛 청의 황제기를 찾고 있을 때, 외국 외
교관들은 이 새로운 사태를 어떻게 처리할 것인지를 결정하려 하고 있었고, 이
전에 청의 관리나 학자였던 일부 사람들―그 중에는 마지막 황제 광서제의 충
성스러운 지지자였던 캉유웨이도 있었다―은 새 황제를 위하여 일하기 위해
관복을 입고 자금성으로 달려왔다.

그러나 복위는 실현되지 않았다. 베이징 지역의 다른 장군들이 자금성으로
진군했고 두 비행사가 자금성에 폭탄을 투하하여 3명이 죽었는데 이는 아마 중
국 최초의 공군작전이었을 것이다. 7월 중순에 경쟁 장군들이 군대를 이끌고
베이징으로 몰려와 장쉰을 물리치고 그를 네덜란드 조계 내의 정치범 수용소에
가두어 다시는 정치에 관여하지 못하도록 했다. 푸이 황제는 또 다시 폐위되었
지만 처벌받지는 않았다. 다만 그는 새 총통의 명령으로 서양인 가정교사에게
서 근대적 교육을 받게 되었다.(그는 1924년까지 자금성에서 우아한 삶을 계속하
다가 다른 군벌에 의해 궁전에서 추방되어 톈진의 일본 조계로 피난했다. 자금성은 그
이후 문화·역사 박물관으로 바뀌었다.)

장쉰 장군의 반역이 다른 경쟁 장군 집단에 의해 무너지자 중앙정부에 있던
실질적 권력은 모두 사라지게 되었다. 이제 총통과 의회는 모두 군 출신들의 놀
이터가 되어 버렸다. 유능하고 지적인 인물들은 기꺼이 정부에서 일하고 있었
지만 그들은 이 외부 권력에 의해 좌지우지되었다. 민주주의는 사라졌고 '군
벌'(軍閥)의 시대가 개막된 것이다.

중국의 군벌과 프랑스의 중국인

이 시기 중국 대부분을 통치하고 있던 '군벌'(軍閥)로 알려진 사람들은 다양한
출신 배경을 가졌고 서로 다른 방식으로 각자의 권력을 유지했다. 그 중 다수는

북양군 장교를 거쳐 부상했고 한때 위안스카이의 부하였다. 또 다른 많은 이들은 지방군에 복무하다가 1911년 말이나 1912년 초에 군사령관이나 고위 장교직에 올랐다. 어떤 이들은 지역에서 요행히 기반을 굳힐 기회를 잡은 깡패에 불과했다. 어떤 이들은 성(省) 전체를 통치하며 자신의 관리들이 거두어들인 지방세로 군대의 재정을 조달했으며, 다른 이들은 고작 몇몇 읍을 통제하며 '통행세'를 내라고 위협하거나 재산을 빼앗아 돈을 벌기도 했다. 어떤 군벌은 정통 공화사상에 깊이 공감하여 자신들이 언젠가는 법치국가에 통합되리라는 희망을 버리지 않았지만, 또 다른 군벌들은 쑨원과 국민당이 중국의 합법적 정부를 대표한다고 믿었다. 선택의 여지가 없어서, 필요에 따라 군벌들은 상하이에 있던 영국이나 만주의 일본 또는 서남지방의 프랑스 같은 외세와 긴밀한 관계를 유지했다. 일부는 장거리 철도를 통제하여 승객운임과 운송비를 받거나 철도가 지나가는 상업도시에서 수입을 뽑아냈다. 일부는 통치지역에서 양귀비 재배를 재개했고 대규모 아편무역을 통해 수입을 올렸다. 한 번 시작한 아편시장 규모는 점점 커져서 청 말과 위안스카이 초기의 금지정책 이전 수준으로 되돌아갔다.

성격 면에서도 군벌들은 서로 달랐다. 한때 산둥 성을 지배했던 군벌을 포함하여 여러 인물들은 사악하고 엽기적으로 잔인했거나 극단적인 성적 탐닉에 빠져들었지만, 다른 많은 이들은 자신의 군대에게 도덕성을 주입시키려는 학식있는 사람들이었다. 그들은 변형된 유교, 기독교, 사회주의, 또는 산시(山西)의 군벌인 옌시산(閻錫山)의 경우처럼 유럽과 미국의 영웅들을 뒤섞어서 만들어낸 기묘한 혼합물로 자신의 이상을 추구하기도 했다. 옌시산은 "군국주의·민족주의·무정부주의·민주주의·자본주의·공산주의·개인주의·제국주의·보편주의·가부장제·이상국가론"[8]의 가장 좋은 면만을 결합하여 산시(山西) 성을 운영할 궁극적으로 완벽한 이상형을 만들었다고 스스로 자랑스러워했다.

각 군벌들이 잔인하거나 관대하거나 유식하거나 얼빠졌거나 간에 이 시기에 시작된 분열로 인해 군벌들의 국가 통합 시도는 청 말의 통치 기반 계승자들이 겪었던 것보다 한층 더 어려운 상황에 부딪치게 되었다. 그럼에도 불구하고 중국 정부가 유지한 변치 않는 어떤 분명한 일관성은 총통과 총리 체제의 유산을 북부의 군벌들이 완전히 파괴한 적이 없다는 점이다. 그 대신 그들은 그러한 직위에 자신을 지지하는 인물들을 앉혀서 그들의 특권이 자신들에게 되돌아오도록 했다.

이러한 상황에서 패권을 장악한 자는 1916년 총리직에 오른 돤치루이(段祺瑞)였다. 태평천국의 난이 진압된 이듬해인 1865년에 태어난 돤치루이는 새로운 북양군사학교에 가장 먼저 입교한 사관생도들 가운데 한 사람이었다. 동기생 가운데 수석으로 졸업한 그는 리훙장의 눈에 들어 독일에 가서 군사학을 더 공부했다. 그의 두번째 후원자 위안스카이는 그를 신군 포병 대대장에 임명했다. 의화단의 난 동안 그는 산둥에서 위안스카이 밑에서 근무했고, 1904년 북양군의 사단장이 되었다. 1906년에 장교 교육을 담당하는 대학의 학장에 임명됨으로써 자신이 위안스카이의 충성스런 부하 집단에서 복무한 것과 마찬가지로 자신에게 충성할 젊은 부하 장교들을 모을 수 있는 중요한 기회를 잡았다. 그는 1911년 반란 동안 후베이의 청군 제2군을 지휘했고 이어 위안스카이에 충성한 데 따른 보상으로 후난과 후베이의 총사령관에 임명되었다. 1912년 그는 위안스카이의 내각에서 육군총장으로 임명되었고 국민당을 국회에서 몰아낸 1913년의 숙청기간 동안 실질적인 총리로 일했다. 원래 위안스카이의 군주제 부활운동에 반대했던 돤치루이는 1916년 위안스카이가 사망하자 옛 북양군의 사조직 출신의 고위 지휘관들의 도움을 받아 총리직에 올랐다.

돤치루이가 중국 내에서 복잡한 민간 부문과 군사 부문의 권력을 장악해 나가고 있을 즈음 서유럽에서는 제1차 세계대전이 가장 중요한 국면에 접어들고 있었다. 중국이 자신의 강역과 멀리 떨어진 외부에서 벌어지는 세계적인 사건에서 적극적인 역할을 수행한 역사적 전례가 없었음에도, 돤치루이는 이를 해외 진출의 새로운 장을 여는 계기로 보았다. 그와 그의 고문들은 프랑스와 영국이 연합하여 대독 전투에 참전할 가능성에 흥미를 느끼고, 만일 독일이 패한다면 산둥성 칭다오 부근의 전략적 요지인 독일 조계를 되찾을 수 있을 것이라 생각했다. 더욱이 돤치루이는 두 세력으로부터 반독일 선언을 지지하라는 압력을 받았다. 그 중 하나는 미국이었는데, 미국은 1917년 초에 대서양에 있던 중립 선박이 독일 잠수함의 공격을 받자 이에 대한 대응으로 전쟁을 벌일 준비를 하고 있었다. 다른 하나는 일본으로 당시 일본은 만주, 몽골, 남부 중국에 분리주의 정부를 세우려던 여러 시도들을 포기하고, 대신 북중국에서 독일 대신 일본의 입지를 인정받을 수 있도록 돤치루이 정권의 환심을 사기로 결심했던 터였다.

　일본은 1917년 1월 돤치루이 총리에게 500만 엔(円) 상당의 금을 대출해 줌으로써 그들의 압력을 뒷받침했다. 3월에 돤치루이는 재소집된 국회에서 독일과 단교할 것을 설득했으나 독일에 공식 선전포고를 하는 데는 더 힘겨운 논쟁을 벌여야 했다. 왜냐하면 총통 리위안훙과 국회는 그러한 결정은 총리가 아니라 자신들이 내려야 한다고 생각하고 있었기 때문이다. 결국 장쉰의 쿠데타 실패 후 돤치루이가 총리 겸 육군총장으로 복귀하고 난 다음인 8월에야 돤치루이는 내각을 설득하여 공식 선전포고에 동참하게 했다. 그 이듬해에 일본은 돤치루이에게 1억 4천만 엔(당시 환율로 대략 7천만 달러 정도)을 더 빌려 주었다.

　중국의 군사력은 유럽의 적성국이나, 1917년 4월에 영국과 프랑스 편이 되어 전쟁에 가담한 미국과 비교했을 때 보잘것없었다. 그러나 중국은 연합국이 가지지 못한 결정적인 자원을 가지고 있었는데 그것은 바로 인력이었다. 유럽 전장에서의 살육은 끔찍했다. 영국과 프랑스는 1916년 솜 전투에서만 60만 명 이상을 잃었고 그 이듬해에 영국은 이프르 전투에서 25만 명 이상을 잃었다. 전선에 새로운 인력을 지속적으로 보충하기 위해 연합국은 만일 중국인 노동자들이 서유럽의 부두나 건설현장에서 일한다면 더 많은 유럽 남성들이 전투에 투입될 수 있다는 것을 깨달았다.

　이러한 냉혹하지만 적확한 추론에 따라 영국과 프랑스는 1916년 여름부터 중국과 협상을 시작했다. 그 결과 중국은 선전포고를 하기 전에 웨이하이웨이의 영국 해군기지 근방 산둥 성에 중국인 노동자의 접수처를 설립하게 되었고 그 후 두번째 접수처가 칭다오 항에 개설되었다. 이러한 접수 업무는 냉소적인 영국인들에 의해 '소시지 기계'[9]로 불리면서도 신속하고 원활히 진행되었다. 각 지역에서 가난에 찌들고 중국의 정치적 불확실성에 시달린 수많은 중국인들이 영국이 제공하는 넉넉한 임금에 이끌려 지원했다. 각 지원자들은 20위안의 승선료를 받았고 중국에 있는 가족들에게 매달 10달러가 지급되었다. 지원자들은 의복과 식사도 제공받았다. 중국인들은 의료진단을 받았고 특히 트라코마(산둥 성에서 특히 흔한 눈꺼풀에 생기는 바이러스성 전염병), 결핵, 성병 여부를 검사받았다. 만일 통과되면(대략 10만 명이 이 검사를 통과했다) 그들은 일련번호가 적힌 인식표를 발급받아 손목에 달고 금속 나사로 죄었다. 그리고 나서 그들은 머리에서 발끝까지 소독약 세례를 받고, 마지막으로 많은 이들이 1911년 혁명에도 불구하고 고수하고 있던 변발을 잘라야 했다.

　프랑스 정부와의 계약 아래 중국인 노동자를 싣고 가던 배가 인도양을 지나 수에즈 운하를 거쳐 지중해에 다다랐지만 불행하게도 첫 배는 독일 잠수함에 의해 격침되었고 중국인 543명이 사망했다. 그 후 새로 모집된 노동자들은 태평양을 건너 캐나다로 갔다가 캐나다를 기차로 횡단한 후 다시 배에 실려 독일 잠수함에 대비한 경비정과 함께 대서양을 건넜다. 많은 프랑스인과 영국인, 특히 노동조합원들이 그들의 고용을 반대했지만 중국인은 곧 작업장에 배치되었고 그 중 다수가 북부 프랑스에서 일하게 되었다. 그들은 선착장에서 군수품을 하역하고 병영과 병원을 건설하고 참호를 파고 철도 조차장(操車場)에서 군수품을 처리하는 작업을 했다. 그들은 하루에 10시간씩 일주일 내내 일했고 중국의 전통 명절에나 며칠 동안 쉴 수 있었다. 중국인 노동자들은 중국이 선전포고를 한 뒤에도 돤치루이 정권이 유럽에서 군대를 유지할 재정적 능력이 없었기 때문에 교전에는 투입되지 않았다.

　프랑스에 그토록 많은 중국인—1917년 말에 5만 4천 명, 1918년 말에 9만 6천 명—이 존재한다는 사실은 복잡한 사회문제와 더불어 기회를 만들어 냈다. 중국인들은 중국이 선전포고를 하기 전에도 비위생적이고 위험한 환경에서 일했다. 일부 야영지에는 독일 비행기의 폭탄 투하나 포격이 있었고, 간혹 그들은 죽은 동료의 원수를 갚기 위해 독일 전쟁포로를 죽였다. 어떤 중국인들은 전장을 청소하거나 참호를 파다가 폭발되지 않고 남아 있던 지뢰나 폭탄에 목숨을 잃기도 했다. 많은 이들이 낯선 음식과 높은 습도 그리고 추위로 인해 질병을 얻었고, 때로는 프랑스나 영국 고용주에 대항하여 반란을 일으키고 음식을 얻기 위해 동네 음식점을 습격하기도 했다. 영국군 장교들이 야영지에서 사용하기 위해 준비했던 중국어 용어집에 나오는 예문들을 보면, 중국인 노동자들이 경험한 분노와 차별이 어느 정도였을지 짐작할 수 있다. "나는 거기에 곧바로 보낼 여덟 명이 필요하다." "이 음식을 왜 먹지 않는가?" "이 텐트 안은 깨끗하지 않다." "너는 내일 목욕해야 한다." "이 화장실은 유럽인용이라 중국인은 사용할 수 없다."[10]

　이러한 열악한 상황에서 가장 의미 있는 봉사활동의 기회를 얻은 사람들은 YMCA의 대표자들이었다. 그들은 특히 중국인의 오락활동과 대중교육 문제에 초점을 맞추고, 노동자들의 문자해독 능력을 향상시키기 위한 특별한 어휘와 교수법을 개발했다. 이때 가장 큰 영향력을 발휘한 사람은 옌양추(晏陽初)였다. 그는 쓰촨 출신으로 홍콩에서 약간의 고등교육을 받고 미국으로 건너가 1918년 예일 대학을 졸업했다. 그는 천자(千字)의 어휘를 정리하는 데 도움을 주었을 뿐만 아니라 그 글자들만 사용한 『중국 노동자 주보』라는 정기 간행물을 발행했으며, 수백 명의 노동자들을 위해 고향집으로 편지를 써 주었다. 이와 같은 중국인 지식인들의 도움으로 놀랍게도 매달 5만 통의 편지가 프랑스에서 중국으로 배달되었고, 이 편지들은 고향 사람들 앞에서 큰 소리로 읽혀지고 또 읽혀졌다. 연합국의 군사보안을 위해 검열까지 받았던 이 편지들은 문장이 투박하고 글자가 단순했음에도 불구하고 위안스카이와 그 뒤 공산당의 교육정책의 중심이었던 문맹 타파가 점점 확산되고 있었다는 중요한 증거이다. 남아 있는 편지 하나를 보자.

형님 전상서. 저는 형님과 헤어진 뒤 수만리를 왔습니다. 잘 지내고 있으니 제 걱정은 마세요. 저는 매일 3프랑을 벌고 있지만 생활비가 비싸 아직은 많은 돈을 집에 보낼 수가 없습니다. 제가 떠나기 전 야오완에서 형님과 싸웠던 일은 잊어버리세요! 제가 잘못했습니다. 부디 부모님을 잘 보살펴 드리세요. 한 3년이나 5년 뒤 돌아갈 때는 부모님 여생을 편히 모실 만한 돈을 가져가겠습니다.11)

중국이 전쟁에 공헌하는 데는 희생이 따랐다. 바다에서 잃은 543명 외에도 프랑스와 플랑드르에서 2천 명의 중국인 노동자가 죽었고 그들은 특별 묘지에 안장되었다. 각각 한자 이름과 서양인 고용주들이 준 일련번호가 깔끔하게 새겨진 비석들은 길게 늘어서서 중국이 처음으로 개입한 세계적인 분쟁에 대해 생생한 증언을 해주고 있다. 그러나 이보다 더 중요한 의미를 지니는 것은 세계에 대한 지식과 가족을 편안히 부양할 수 있는 상당한 현금을 가지고 중국에 돌아온 수천 수만의 노동자들이 남긴 유산이었다. 그들은 중국 사회주의자들이 예견했던 것처럼 중국 정치에서 새로운 종류의 적극적 역할을 수행했던 것이다.

1918년 11월 11일 휴전조약 이후 전쟁이 독일의 패배로 끝나자 중국은 기대에 부풀었다. 베이징에서는 승전행진이 있었고 들뜬 군중은 의화단에게 희생된 독일인을 기리기 위해 청이 마지못해 세웠던 기념비를 무너뜨렸다. 베이징 정부는 이제 또 다른 북양군 출신의 총통과 총리에 의해 통치되었다. 돤치루이는 1918년 10월에 사임했지만, 그 전에 그는 일본의 막대한 자금을 받아 군사력을 증강시키고 일본과 계속해서 비밀거래를 했다. 유능하지만 어떤 활동을 해야 하는지 완전히 파악하지도 못하고 있었던 5명의 외교관이 인솔한 62명의 중국인 대표단이 베르사유에서 열린 강화회담에 참석했다. 1917년 초 베르사유에 도착한 그들을 맞이한 것은, 영국·프랑스·이탈리아가 일본 해군의 전쟁 지원에 대한 대가로 전쟁이 끝난 후 "산둥 지역에 대한 독일의 권리를 처리하는 문제와 관련해서 일본의 요구를 지지하는" 비밀협정을 인준했다는 일본 대표단장의 청천벽력과 같은 선언이었다.[12]

마치 그것으로도 모자라다는 듯이 일본은 돤치루이가 아직 총리직에 있던 시기인 1918년 9월에 이미 그와 비밀협정을 맺었다고 선언했다. 이 협정으로 지난(濟南)과 칭다오에 경찰병력을 주둔시키고 군사기지를 건설할 수 있는 권리가 일본에 주어졌고, 중국에 대출해 준 자금에 대한 일부 상환을 위해 일본이 건설하려고 계획 중인 산둥의 새로운 두 철도 노선에서 거둬 들이는 수입 전체를 일본에 저당잡혔다는 것이다. 중국인 대표단은 이러한 수치스러운 비밀협정들에 대해 전혀 알지 못했던 것 같다. 미국 대통령 우드로 윌슨은 산둥 성에 대한 권리를 되찾고자 하는 중국에 동정적이었지만 이제 일본이 국제법을 근거로 거부할 수 없는 주장을 내놓았기 때문에 어쩔 수 없었다. 1919년 4월 30일 윌슨은 영국의 데이비드 로이드 조지와 프랑스의 조르주 클레망소에 동의하고 산둥 성에 행사했던 독일의 모든 권리를 일본에 이양했다.

이러한 새로운 밀약의 내용이 점점 분명해지자 파리와 베이징 사이에 긴급 전보가 오가기 시작했고 중국 인민들은 전에 없이 들고 일어났다. 베르사유의 중국 대표단은 정치단체와 상업단체, 화교단체, 그리고 해외의 대학에 유학 중인 중국인 학생들로부터 탄원과 저항의 집중포화를 받았다. 중국 대표단이 이전의 비밀협정 때문에 상황을 돌이킬 수 없음을 인정했다는 소식이 베이징에 전해졌다. 이 소식은 5월 4일에 베이징에서 대규모 시위를 촉발했고, 중국 각지의 시위로 이어졌다. 정부가 동요하는 동안 조약에 서명하지 말라는 압력이 베르사유 대표단에 끊임없이 쏟아졌다. 중국 총통은 마침내 서명하지 말라는 훈령을 전보로 보냈는데, 중국인 특유의 느긋함으로 인해 너무 늦게 부쳐진 전보는 서명 마감일인 6월 28일에도 도착하지 않았다. 그러나 중국 학생들과 시위대는 파리 호텔에서 자국의 대표단을 에워싸고 강제로 서명식에 참석하지 못하도록 했다. 베르사유 조약은 중국의 조인 없이 끝났다.

　중국의 신세대 활동가들은 서양의 도덕적 가치의 본질에 대해 철저하게 문제를 제기하기 시작했다. 서양 국가들의 이중성 못지않게 충분히 입증된 그들의 유혈행위에도 염증을 느꼈다. 그리고 베이징의 시민과 학생들이 베르사유 조약에 반대하기 위해 거리로 뛰쳐나온 1919년 5월 4일은 중국 인민을 민족주의와 문화적 자기 분석을 통해 다시금 새로운 방향으로 나아갈 운동의 이름이 되었다.

쑨원의 정치사상

동맹회를 이끈 기간—1905년에서 1912년까지—동안 쑨원은 세밀하고도 일관된 하나의 이념을 만들지는 않았다. 그는 강력히 반만적이며 친공화주의적인 태도를 견지했고 대체로 사회주의적 색채를 띠었으며 중국을 강력한 근대국가로 만들 제도의 개발에 대해 보편적 희망을 이야기했다. 그는 군사적 안정화와 적절한 대중교육의 시기를 거친 후에야 민주주의가 도래할 것이라는 주장 외에는 구체적인 계획을 밝히지 않고 전반적으로 모호한 태도를 취했다. 1912년 국민당이 쑨원의 지도 아래 조직되고 난 후에도 당의 사업은 여전히 확정되지 않은 상태였다. 민주주의는 준비기간이 필요하다는 사고는 선거를 위해 철회되었고, 당의 입장은 총통의 권력을 견제할 필요성과 앞으로 의회의 적극적 역할을 보장할 것을 강조하는 쪽으로 변화되었다.

　1913년 12월 위안스카이에 의해 국민당이 해산당하고 일본으로 건너간 뒤에야 쑨원은 중국을 위해 자신이 바라는 계획의 종류와 그 계획을 실현하기 위해 만들어야 할 정치기구의 성격에 대한 자신의 견해를 구체화시키기 시작했다. 그는 실패에도 불구하고 자신과 자신의 사명에 대한 믿음은 버리지 않았고,

자신의 지지자들에게 지도자로서의 위상을 더 명확히 인식시키기로 결심했다.

그는 우선 어떤 종류의 정당을 만들고 그것을 무어라 부를지 결정해야 했다. 1913년의 실패에 낙심한 쑨원은 국민당에서 기획했던 것보다 더 급진적인 입장을 취하기로 하고 새로운 조직을 혁명당(革命黨)이라 명명했다. 혁명당은 1914년 7월에 도쿄에서 정식으로 출범했고 9월에 쑨원이 첫번째 선언문을 발표했다. 그는 자신의 동료 망명자들이 "낙심했고," "20년간의 혁명정신과 조직이 거의 사멸할 지경에 처했다"고 인정했다.[13] 그러나 새로운 당이 중국의 혁명적 추진력을 부활시킬 것이라고 주장했다. '영도자' 쑨원의 지도 아래 당원들은 자필 서약서에 지장을 찍어 충성을 다짐했다. 당은 공개된 정치집단이 아닌 비밀조직으로 남았다.

그 이전의 많은 이들과 마찬가지로 쑨원은 중국이 민주주의를 실현할 준비가 되어 있지 않다고 생각하게 되었다. 이에 따라 그는 3단계 사상으로 되돌아가 혁명당이 권력을 잡으면 당의 지도 아래 중국 인민을 군사통치기(軍政期)를 거쳐 교육통치기(訓政期)로 인도해야 한다고 주장했다. 중국 인민이 일정 수준의 지혜와 책임감을 습득하게 되면 그때 그들은 공화주의 헌법 아래에서 진정한 자치의 시대(憲政期)로 들어선다. 1단계와 3단계 사이의 훈정기는 '혁명정부' 시기로 불릴 것이며, 그 기간이 얼마나 계속될지에 대해서는 쑨원도 명확히 밝히지 않았다.

쑨원은 혁명당의 당원을 세 집단으로 나누고 당의 조직을 정교한 계서적 구조로 만들기로 결심했다. 창당 요원들은 정부에서 행정과 입법 기능을 담당하고, 군사통치기 중에 입당한 사람들은 투표권을 갖고 관리가 될 수 있으며, 늦게 참가한 당원들은 투표권만을 갖는다. 당원이 아닌 사람들에게는 완전한 시민권을 주지 않고 헌정기가 시작된 뒤에 온전한 시민권을 갖게 했다. 당-정부는 5개 부서로 구성되고 각 부서의 장은 당수인 쑨원에 의해 임명되었다. 행정부에는 매일 매일의 군사적·경제적 업무와 당무를 관리할 5개 부처가 있었다. 다른 다섯 부서들은 입법, 사법, 정치 통제, 시험을 통한 등용 등의 영역에서 미래의 정부를 구성할 인물들을 준비시켰다.

쑨원은 청 말 이래 그의 민족주의 개념을 상당히 변화시켜 왔다. 이제 만주족이 사라진 터라 그는 민족주의라는 사안을 들먹이려 하지 않았고, 실제적으로 사리판단보다는 정열을 앞세워 그가 할 수 있는 만큼 어디든 외국의 지원을 구하는 쪽으로 관심을 바꾸었다. 일본 정부에 대해서는 돤치루이가 그랬던 것처럼 상당한 경제적·정치적 양보를 제공하면서 위안스카이에 대한 그의 투쟁을 지원할 것을 요청하며 계속 접근했다. 캘리포니아의 한 자본가에게는 철도, 산업, 소매 유통망 등에 대해 모든 노선에 대한 소유권의 절반과 다른 영업에서 오는 막대한 이익을 보장하는 엄청난 독점권을 준 적도 있다. 또한 독일 정부와 접촉하여 반독일적인 돤치루이를 내모는 조건으로 200만 달러를 받았다. 그러나 대개의 경우 쑨원은 자금이 절대적으로 부족했고 1911년 이전과 마찬가지로 해외 중국인의 관대한 기부금에 의존하고 있었다.

쑨원은 자신의 당에 필요한 일관되고 효율적인 이념, 조직형태, 그리고 전략을 창출하는 데 상당한 어려움에 직면했다. 중국인의 삶의 사회적·경제적·정치적 국면들이 모두 유동적이었고 군벌들의 통치 아래 국가가 분열된 상황에서 일관된 계획을 수립하기란 거의 불가능했다. 중앙권력과 지방권력 사이의 계속되는 긴장은 이때 특히 첨예화되었다. 예를 들어 위안스카이의 개혁방향은 지현 직책을 부활시켜 지방행정을 표준화하고 관료적인 능력과 일반 지식을 평가하는 시험을 통해 공무원을 채용하는 것이었다. 그러나 위안스카이의 군대와 그의 동맹세력이 숙적인 국민당의 지지자로 의심되는 사람들을 무자비하게 몰아냈기 때문에 이들 농촌 재직자들은 종종 폭력과 공포 분위기 속에서 근무했다. 지방의 지주나 학자들로 구성된 청의 엘리트 계층은 많은 경우 이 기간에 경제적·사회적 권력기반을 강화할 수 있었다. 농촌인구가 압도적이었던 중국에서(4억 5천만으로 추정되는 인구 중 적어도 75%가 작은 마을에서 새로운 교통, 생산, 정보의 기술과 거의 무관하게 살고 있었다) 다수의 엘리트는 더 큰 도시에 기반을 둔 연합조직이나 지역협회를 통해 자신들의 영향력을 넓힐 수 있었다. 그러므로 그들은 지역 경제와 정치에 대한 권한을 강화하고 새로운 경제 성장과정에서 생기는 기회를 독차지할 수 있었다. 당시의 무질서에도 불구하고 경제는 꾸준히 성장했다. 1913년에는 기계의 힘을 이용한 공장 가운데 중국인 소유가 700개 정도로 3억 3천만 위안의 자본과 27만 명의 산업노동자를 고용했던 데 반해, 1920년 무렵에는 총자본 규모가 5억 위안을 넘는 1,700여 공장에서 50만 명이 넘는 노동자들이 일하고 있었다.[14]

쑨원은 망명 중에도 혁명당 외에 '백랑'(白狼)이라는 막강한 비적의 지도자와 연합을 시도하여 중국 내에 소요를 일으키려 했다. 이 떠돌이 비적떼는 반위안스카이 정서나 청에 대한 향수 이상의 사상은 수용하지 못했다. 그러나 그들은 절망적인 농민과 퇴역군인, 그리고 관료의 억압에 희생당한 사람들 가운데에서 수천 명의 동조자를 끌어모았다. 1860년대의 염군과 같이 백랑군은 허난과 안후이 남부를 휩쓸었고 1914년 말에 진압될 때까지 한동안 산시에 근거를 두고 있었다.

쑨원의 지도력은 과거 자신의 지지자들로부터 도전을 받았다. 그들은 쑨원의 독재적 권력에 반대하고 충성서약 강요에 분개했으며, 쑨원의 계획이 미숙하다고 생각했다. 쑨원의 비판자들 가운데 다수는 동남아시아나 미국의 화교 공동체로 피신하여 국민당의 명칭을 계속 사용하며 혁명당을 인정하지 않았다. 그 결과 반위안스카이 전선 내부는 갈피를 잡지 못하고 좌절을 겪게 되었다. 그러나 쑨원과 함께 일본에 있던 일단의 유능한 인물들은 중국 정치에서 비판적인 역할을 계속 수행했다. 1913년 국민당원으로 광둥 성 군사령관이었던 후한민(胡漢民)은 필리핀에서 쑨원을 위한 기금 조성에 전념하다가 상하이로 돌아와 반위안스카이 운동을 조직하고 있었다. 쑨원의 초기 지지자 가운데 하나인 찰리 쑹은 쑨원과 함께 도쿄로 이주하였고, 자신의 딸들도 함께 데려와 쑨원의 비서로 일하게 했다. 그 딸들 가운데 하나인 쑹아이링은 기업가이자 YMCA의 조직가인 쿵샹시(孔祥熙)라는 쑨원의 친구와 결혼했다. 둘째딸 쑹칭링(宋慶齡)은 1914년 10월 쑨원과 결혼했는데, 당시 쑨원은 그녀보다 26세 연상이었고 이미 결혼한데다 장성한 자녀까지 있었다. 샌프란시스코에서 태어난 랴오중카이(廖仲愷)는 후한민을 위해 광저우 재정을 운영하다가 이제 혁명당의 재정업무를 맡아 재정국의 국장으로 활동하게 되었다.

총통 위안스카이가 1916년 여름에 사망하자 쑨원은 상하이로 돌아왔다. 그 후 4년 간 상하이나 광저우에 거주한 그는 중국 정치에서 눈에 띄기는 했지만 결정적인 역할을 수행하지는 못했다. 비록 그가 천부적인 기량을 발휘하여 빨리 적응해 나가긴 했지만 중국 헌정의 붕괴로 말미암아 그의 정치적 계획들은 대부분 쓸모없는 것으로 보였다. 예를 들어 위안스카이가 죽은 뒤 총통 리위안훙이 1913년 국회를 다시 소집했을 때 쑨원은 혁명의 제1단계인 군사통치를 밀고 나가지 않았다. 그 대신 그의 혁명당원 가운데 이전에 의원직을 가졌던 40명 남짓을 베이징으로 보내 그들의 자리를 지키도록 했다. 그러나 동시에 그는 입법에 관련된 의제들에 대해서 그들의 표를 관리하려는 어떠한 시도도 하지 않았다. 더구나 여전히 옛 국민당 명패를 사용하는 다른 많은 의원들도 통제하지 않았다. 그러나 1917년 베이징의 국회가 다시 해산되자 그는 광저우에 새 정부를 세울 기회를 잡게 되었는데, 그를 따라 남하한 100여 명의 전직 의원들이 그를 '대원수'로 선출함으로써 그의 정부에 정통성을 부여했다.

쑨원은 1918년에 분쟁 중인 군벌들에 의해 광저우에서 쫓겨났다. 그는 상하이에서 연금생활을 하게 되었고 호화로운 프랑스 조계 안에서 편안한 삶을 영위했다. 거기서 그는 민주주의와 그 문제점에 대해 정력적으로 글을 썼고, 중국인민이 마땅한 입헌 정부를 갖지 못한 정치적·심리적 장애요인을 분석했다. 자신의 정치조직을 분명히 하고자 그는 혁명당을 없애고 국민당(그 충성파들 다수가 한번도 떠난 적이 없는)을 재건했으며, 1920년에는 새로운 당헌을 제정했다. 그는 혁명당에 반대했던 사람들을 회유하기 위해 자신에게 충성을 다하겠다는 극단적인 서약서 제출 요구를 철회하고 당원을 등급화하는 분류기준을 없앴으며, 아울러 헌정(憲政)단계를 국가계획에서 형식적으로 보이는 훈정(訓政)단계와 결합했다. 그러나 사적인 대화에서는 여전히 3단계 원칙을 모두 고수하고 있음을 보여주었다.

1920년대 초반에 상하이의 실질적 권력은 주요 조계 안에서 치외법권의 보호를 받으며 모여 살던 외국인들과, 상하이의 중국인 거주지역에 사는 200만이 넘는 인구에 대한 통제권을 놓고 서로 다투던 군벌 계승자들—대개 저장이나 장쑤의 군사령관(都督)과 같은 직책을 가지고 있던—사이에 나뉘어 있었다. 상하이는 새로운 산업이 팽창하는 혼잡한 국제 항구도시로서 아편 판매와 중독, 즐비한 매춘, 그리고 조직적 범죄가 판치는 불안정한 곳이었다. 프랑스는 가장 주도적인 중국인 깡패를 조계의 형사주임으로 임명하여 상하이의 암흑세계에 적응했다. 이 형사의 임무는 도시 내의 가장 강력한 범죄조직인 '청방'(靑幫)과 관계가 있는 자들만 제외하고 다른 모든 건달들을 내쫓는 것이었다. 명확한 증거는 없지만 이들과 쑨원 사이에는 어떤 은밀한 커넥션이 있었던 것 같다. 예컨대 쑨원이 일본에 있을 때 상하이에서 범죄세계에 발을 들여놓은 장제스는 청방의 회원들과 연계되어 있었고, 영국측 서류에는 그런 혐의가 적힌 경찰기록도 끼여 있었다. 장제스는 두웨성(杜月笙)과 가까웠는데 그는 아편 밀수단을 거쳐 상하이 국제조계에서 가장 중요한 범죄단(syndicate)의 두목이 된 자였다. 쑨원이 새로 설립된 상하이증권·상품거래소를 통해 투기하여 보다 많은 자금을 모으려 했을 때 바로 장제스가 여러 지역 재력가들 사이에서 중개자로 활동했다. 재력가들과 지하세계의 인물들은 모두 지방의 군사 유력자와 공개적으로 다양한 접촉을 하고 있었다.

상하이에서 쑨원의 지위는 미약했고 중국 사회에서 그의 정치적 역할은 여전히 불분명했다. 다만 그는 1917년 장쉰이 전 만주 황제 푸이를 무력으로 복위시키려 하자 이에 반대했고, 같은 해 말 중국이 대독 선전포고 문제에 직면했을 때 스스로 대중적인 반대운동을 조직하는 등 여러 사건에서 대변인으로서의 역할을 했다. 그는 1919년 베르사유 조약에서도 중국의 권리를 강력히 대변했다. 쑨원은 또한 직접 『건설』(建設)을 창간하여 성장일로에 있는 중국의 새로운 정치잡지 세계에 새롭게 재조직된 국민당을 개입시키려고 노력했다.

1919년 8월에 간행된 이 잡지의 선언문에서 쑨원은 그의 초기 화두의 일부를 다시 상기시켰다. 쑨원은 1911년이 "세계가 일찍이 경험한 적 없는 가장 문명적인 혁명"을 목격한 해라고 역설하면서 그 성과가 무자비한 군벌과 부패한 관리, 그리고 국가 재건의 방법을 알지 못하는 국민 때문에 사라졌다고 주장했다. 그러나 쑨원은 이어서 "인민의 다수는 한마음으로 세계에서 가장 부유하고 행복한 나라, 인민의 인민에 의한 인민을 위한 국가를 건설하는 데 앞장설 것"이라고 썼다.[15]

열의에 불타는 청년 쑨원이 중국을 강하게 만들려는 노력의 일환으로 리훙장에게 자신을 고용해 달라고 제안했다가 거절당한 지 이제 25년이 지났다. 글은 용감했지만, 그는 조국이 청 통치하의 그 어느 때보다도 약해졌으며 통일을 이루어 힘을 회복하기가 갈수록 점점 더 어려워지고 있다는 것을 분명히 알고 있었다. 그런데도 쑨원이 자신의 꿈을 버리지 않았던 것은 그가 끈기있고 낙천적인 인물이었기 때문이며, 아울러 그가 자신의 꿈을 키울 수 있을 만큼 많은 지지자를 계속 확보하고 있었다는 사실은 그의 개성이 얼마나 강했는지를 잘 증명해 준다.

13장 | '길이 만들어지다'

사회진화론의 경고

위안스카이 치하에서 권위의 파편화, 갓 태어난 공화국의 실패, 그리고 베르사유의 배신, 이 모두가 청 말 이래 중국인 사이에 내재되어 있던 공포를 심화시키는 데 기여했다. 그것은 중국이 분할될 것이라는, 하나의 국가로 더 이상 존재하지 않을 것이라는, 그리고 기록된 역사만으로도 4천 년이 넘는 세월이 갑작스레 종말을 맞게 될 것이라는 공포였다. 동시에 서양의 사회진화론이 인기를 끌게 되면서 중국의 문제점을 면밀히 조사하기 위한 분석적 도구가 마련되었다. 그 이론들이 중국 사상가에게 별로 위안을 주지는 못했지만, 절망적인 논쟁에서 빠져 나와 방법론적 개념을 형성하는 데 도움을 주었다.

1859년 영국에서 처음 출판된『종의 기원』을 통해 알려진 찰스 다윈의 진화론은 자연도태과정이 어떻게 번성할 종과 소멸할 종을 결정하는지 설명했다. 비글호를 타고 케이프 베르데 군도, 칠레, 갈라파고스 군도, 뉴질랜드, 오스트레일리아 등을 항해하는 동안 광범위한 관찰을 통해, 다윈은 생존을 위해 제한된 자원을 차지하려는 계속되는 투쟁에서 생존에 가장 적합한 생물체(유기체)들이 살아남게 되며 그러한 과정에서 생존에는 덜 적합한 생물체들은 서서히 도태된다는 사실을 깨닫게 되었다. 더욱이 유전의 법칙을 통해 한 종이 성취한 적응의 정도는 유지 또는 개선된다고 보았다.

영국의 사회학자인 허버트 스펜서는 이 이론을 창의적으로 적용하여 자신의 이론을 정립했다. 1873년에 출판된 『사회학 연구』에서 스펜서는 다윈의 이론을 인간사회의 발전에 적용시켜, 자신이 1864년에 만들어 낸 용어인 '적자생존'의 법칙은 생물학적 진화뿐만 아니라 사회적 진화도 통제한다고 주장했다. 그는 인간사회는 동질적인 것에서 이질적인 것으로, 따라서 증가하는 개체성의 단계로 진화한다고 단언했다. 더 나아가 그는 사회를 군사사회와 산업사회로 분류했는데, 전자는 강제력을 통한 협력의 달성을 특징으로 하며 후자는 개개인의 의식적 자각에서 비롯된 주의주의(voluntarism)와 자발성을 특징으로 하는 사회였다. 스펜서의 이론은 이후 과학자인 토마스 헉슬리에 의해 재분석되고 연구되었으며, 그는 1893년 저서인 『진화와 윤리』에 그 내용을 축약했다. 자강운동 기간 동안 중국 해군학교를 거쳐 영국유학을 했던 옌푸(嚴復)는 청일전쟁 중 헉슬리의 책을 읽고는 1896년에 직접 주석과 해설을 덧붙여 중국어로 번역했다. 그 책이 바로 『천연론』(天演論)이다. 옌푸가 원본에서는 확실하게 드러나지 않는 민족주의적 색채를 번역본에 가미함으로써 이 책은 청 말과 민국 초기의 중국 학자들에게 큰 영향을 미쳤다.

옌푸가 전달하고자 했던 메시지는 스펜서의 사회학 연구서들이 그저 분석적이고 묘사적인 것이 아니라 오히려 사회를 개혁하고 부강하게 만드는 처방을 제시한다는 것이었다. 옌푸는 다윈의 이론을 이렇게 요약했다.

> 인간과 생물은 생존을 위해 투쟁한다. 우선 종과 종이 투쟁하고, 그 다음에 (인간이) 서서히 진보함에 따라 한 사회집단과 다른 사회집단 사이의 투쟁이 발생한다. 약자가 강자의 먹이가 될 수밖에 없고 어리석은 자가 영리한 자의 종속물이 될 수밖에 없다.[1]

이어서 옌푸는 스펜서가 "진화론에 기초하여 인간관계와 문명의 기원을 설명했다"고 말한다. 다른 청 말의 사상가들은 이러한 사상의 중요성을 재빨리 간파했다. 1898년에 개혁을 주장하면서 량치차오는 진화론이 "종을 끊임없이 개량시키는 영향과 변화의 가능성"을 열어 주었다고 희망적으로 보았다. 그는 유전과 교육이 어떻게 인간의 "사상, 지성, 육체와 관습"에 작용하는가에 주목하고 중국인은 생존을 위한 투쟁을 벌일 수 있을 만큼 강해질 수 있다고 생각했다. "강한 군대를 보유하길 원하는 모든 국가는 자국의 모든 여성들에게 미용체조를 하도록 해야 한다. 왜냐하면 그래야만 자국의 여성이 낳는 아들이 완전한 육체와 강인한 근육을 가질 것이라 믿기 때문이다."[2]

사회진화론은 중국인에게 민족과 민족 사이의 역학관계를 생각하지 않을 수 없게 만들었으므로, 많은 중국인은 서양에서 온 이 새로운 이론을 왕푸즈(王夫之) 같은 17세기 반만 민족주의자의 저서와 연관지었다. 그들은 과연 중국 고유의 본질이 있는 것인지, 있다면 그것이 언제 발전했는지에 대해 의문을 가지게 되었다. 만약 모든 중국인이 황제(黃帝)의 자손이라면, 그 고귀한 조상은 다른 곳에서 지금의 중국으로 이주해 온 민족의 자손이었을까? 그래서 과거 조상들의 역사가 창조적 적응의 역사였고, 단지 최근에 만주족이나 야만적인 외세 때문에 발전이 지체된 것일까? 그들은 만일 중국 민족이 새로운 힘으로 진화되어 나가지 못한다면 멸종의 운명에 처할 것이며, 희망의 유무는 의지와 자각으로 창조적 적응을 이룩할 수 있다는 믿음에 달려 있다고 생각했다. 1911년 우한 봉기가 일어나기 직전 한 중국인 학자는 "혼이 있는 민족은 살아남을 것이며, 없는 민족은 멸망할 것이다. 그러면 '민족 혼'은 어디에 있는가? 민족 연구에 있다"[3]고 말했다.

민족 연구가 반동적 경향으로 흐를 수 있다는 위험을 감지한 사람들은 외국 문학의 번역이 앞으로 고된 투쟁에 대비하여 중국인의 의식을 일깨울 가장 좋은 기회를 제공하리라고 생각했다. 이것이 바로 청년 루쉰의 목표였다. 그는 소설과 시, 특히 러시아·동유럽·독일의 작품들을 번역하기 위해 일본에서 하던 의학공부를 포기했다. 루쉰은 독자들에게 '초인적 의지'를 일깨워 주기를 바랐다. "개개인이 자신의 능력을 완전히 계발하도록 고무되어야 나라가 강해지고 일어설 수 있기 때문"이었다.[4] 그러나 루쉰의 번역에 대한 반응은 실망스러웠다. 수년간의 작업 끝에 출판한 번역서는 1908년 한해 동안 도쿄와 상하이에서 각각 20부 정도 팔렸다.

1911년 혁명은 사회진화론의 가혹한 사회적 경쟁 사상을 불신해도 좋다는 희망을 잠시 불러왔다. 1912년 선거에서 재조직된 국민당이 승리를 거두기 직전 쑨원은 다음과 같이 썼다.

> 20세기 이전에 유럽의 국가들은 새로운 생존투쟁 이론을 만들어 냈고 이는 한동안 모든 것에 영향을 미쳤다. 모든 국가들은 '적자생존'과 '약육강식'이라는 개념이 국가를 수립하는 가장 중요한 법칙이라고 가정했다. 그들은 심지어 "무력이 유일한 정의이며 이성은 존재하지 않는다"고까지 말했다. 이런 종류의 이론은 유럽 문명의 진화 초기에는 쓸모가 있었다. 그러나 오늘날의 관점에서 보자면 이것은 야만적인 지식 형태로 보인다.[5]

그러나 1913년이 되면 쑨원은 어떠한 정부나 산업체도 피할 수 없는, 생존을 위한 투쟁에 지배받는 세계에 대해 우울한 글을 쓰고 있었다. 옌푸도 그 자신이 중국에서 유행을 주도했던 이론에 대한 열의를 잃고, 공화국의 실패와 제1차 세계대전의 유혈참사가 "300년 진화의 과정이 살육·이기·파렴치·부패라는 네 단어로 요약됨"을 보여준다고 썼다.[6]

그런 비관론은 미국의 사회진화론자들이 그러했듯이 사회변화를 위한 더 이상의 어떤 노력도 거부하는 쪽으로 이어질 가능성이 많았다. 이 가능성 때문에 중국의 급진적 사상가들은 다급해졌다. 뒤에 중국공산당의 공동발기인이 되는 천두슈(陳獨秀)가 위안스카이의 죽음 직후 친구에게 보낸 편지에서, "우리 민족 대다수는 무기력하여 우리의 도덕성, 정치, 기술뿐만 아니라 매일 쓰는 일상용품까지도 투쟁에 적합하지 않기 때문에 자연도태과정에서 사라지고 있다는 사실을 알지 못한다"[7]고 쓴 것도 그 예이다. 만일 그런 일이 발생했다면 중국은 멸망했을 것이다.

이런 경향의 사상적 요소들은 미래의 중국공산당의 또 다른 지도자인 마오쩌둥에게도 있었다. 1917년 그의 첫 논문이 출판되었을 때 마오쩌둥은 24세였다. 마오쩌둥은 후난 성의 가족 농지에서의 농삿일과 부모가 정해 준 이웃집 딸과의 결혼을 모두 거부하면서 아버지에게 반항했다. 그는 대신 1911년 반청 군대에서 잠시 복무한 뒤 창사에서 닥치는 대로 이것저것 공부하는 생활에 빠져들었다. 중국의 정치철학가를 광범위하게 연구하는 동시에 옌푸가 번역한 밀·몽테스키외·루소·스펜서 등을 독학한 마오쩌둥은 창사의 유명한 제1사범학교에 입학하여 윤리학을 전공했다. 윤리학은 스펜서나 루소의 저서에 대한 그의 지식을 심화시켰고 칸트를 소개해 주었으며, 중국의 과거 인물들과 그러한 사상가들을 효과적으로 비교할 수 있는 방법을 제시해 주었다.

중국의 취약점들에 대한 마오쩌둥의 첫번째 접근은 대단히 직설적인 것이었다. 중국이 약하다면 그것은 중국인이 약하기 때문이며, 중국인이 약하다면 그것은 그들의 문화가 정신을 키우는 데만 집중하고 신체건강을 경시했기 때문이었다. 마오쩌둥은 수영과 체조로 체력을 단련했다. 1917년 4월, 잡지 『신청년』에 실린 논문 「체육에 대한 연구」에서 마오쩌둥은 국민에게 자기처럼 할 것을 요구하면서 "체육은 감정을 조절할 뿐 아니라 의지력도 강하게 해준다"고 썼다. 문제는 중국인이 전통적으로 폭력을 싫어하며 "부드러운 옷, 느린 걸음걸이, 침착하고 조용한 시선"을 추구해 왔다는 사실이다. 이 모두가 변해야 했다. "훈련은 야만적이고 거칠어야 한다. 말등에 올라타는 동시에 총을 쏠 수 있도록, 전투에 전투를 거듭할 수 있도록, 고함으로 산을 흔들고 분노의 울부짖음으로 하늘을 진동시킬 수 있도록" 하는 것이야말로 바로 중국인이 싸워서 얻어야 할 점이었다.[8]

2년 뒤 후난 성의 잡지에 게재된 「한인의 영광을 위하여」라는 또 다른 논문에서, 마오쩌둥은 15년 전에 『혁명군』을 통해 쩌우룽이 발표했던 반만(反滿) 비평들에서 효과적으로 이용되었던 풍부한 수사법을 동원하여 중국 민족 전체의 집단적 행동을 역설했다. 중국인이 진정으로 하나가 된다면, 그들이 "일반 대중의 단결"을 이룰 수 있다면, 그들은 세계 변혁의 대물결에 가담할 수 있을 것이라고 마오쩌둥은 썼다. 이 물결은 "점점 더 격렬하게 파도치고 있으며" "거기에 따르는 자는 살아남고 저항하는 자는 멸망할 것"이다. 만일 중국인이 그것에 적응할 수만 있다면 "우리는 죽은 자를 두려워할 필요가 없다. 우리는 관리도 두려워하지 말아야 한다. 우리는 군벌도 두렵지 않다. 우리는 자본가도 두려워하지 않을 것이다"라고 마오쩌둥은 결론지었다.[9]

마침내 1919년 11월 창사의 한 지역신문에 연재한 9편의 글에서 마오쩌둥은 집단적 투쟁이 필요하다는 자신의 생각과 청 말의 량치차오·추진 등이 주장했던 여성과 그들의 권리에 대한 사상들을 결합시켰음을 보여주었다. 그들은 국가를 강하게 만들기 위해서는 중국 여성의 힘이 필요하다고 주장한 바 있었다. 2억 남성만의 정치력이 아니라 4억의 전체 국민이 세계와 맞설 수 있어야한다는 것이다. 마오쩌둥이 신문에 기고한 「자오 양의 자살에 관하여」는 같은달 창사에서 발생한 어떤 사건에 대해 다루었다. 자오가(家) 출신의 한 처녀는자신의 의사와 관계없이 우가(家)의 청년과 혼인 약속이 이루어졌다. 그러한 중매 결혼은 중국에서 흔한 일이었지만 드물게도 자오 양은 그 결혼을 끝까지 반대하다가, 결국 결혼식이 열리는 신랑집으로 가는 가마 안에서 스스로 목숨을끊고 말았다. 그녀의 죽음은 장례에 대한 책임을 서로 상대방에게 전가하려는우가와 자오가 사이의 험악한 싸움으로 번지게 되었다.

열정과 예리함으로 써 내려간 글을 통해 마오쩌둥은 세 가지 조건 가운데 한가지만 달랐더라도 이 비극을 막을 수 있었다고 판단했다. 만일 자오 양의 가족이 좀더 동정적이었거나, 우가가 결혼계약의 이행을 강요하지 않았거나, 창사사회가(그리고 암시적으로 중국 전체가) 좀더 관대하고 개방적이었다면 말이다. 자오 양의 죽음은 중대한 사건이라고 마오쩌둥은 썼다. "이 사건이 일어난 원인은 중매결혼이라는 부끄러운 제도, 맹목적인 사회체제, 그리고 개인 의지의 부정, 배우자를 선택할 자유의 부재이다." 그러나 그는 비록 이와 같은 절망적인상황일지라도 자살이라는 행위는 용인할 수 없었다. 만일 중국인이 현실과 맞부딪치기를 거부한다면 그들이 얻을 것은 아무 것도 없기 때문이다. 사람들이자살을 하는 것은 사회가 모든 희망을 앗아 갔기 때문이라고 마오쩌둥은 주장했다. 그러나 완전한 절망의 순간이라도 "우리는 빼앗긴 희망을 되찾기 위해 사회에 저항해야 한다. ……우리는 죽을 때까지 싸워야 한다."[10]

"우리는 죽을 때까지 싸워야 한다." 이것은 용감한 말이었지만 현실의 어려움은 누가 주된 적인지를 규정하는 문제에 있었다. 무관심한 지역사회인가? 후난을 지배하는 군벌들인가? 베이징의 부패한 정치가들인가? 탐욕적인 외세의전함인가, 아니면 중국 내륙에 더욱 깊숙이 진출하고 있는 외국 사업가들인가? 또는 이보다 더 복잡한 어떤 것, 곧 중국의 모든 신념체계와 그것과 병행하는경제체제였을까? 마오쩌둥 세대의 젊은 남녀에게 이는 어려운 문제였다. 그러나 그들은 중국이 절망에 굴복하지 않는 한 어떻게 해서든지 이런 난제를 해결할 계획을 찾아야만 했다.

마르크스주의의 약속

1917년에 러시아에서 볼셰비키 혁명이 일어나기 전까지 중국인은 마르크스주의에 많은 관심을 보이지 않았다. 마르크스의 저작 중에 중국어로 번역된 것은 『공산당 선언』의 일부를 제외하고는 거의 없었다. 쑨원의 사회주의 사상도 마르크스가 아닌 헨리 조지의 사상 전통에서 온 것이었다. 헨리 조지는 고율 지대의 형태로 지주에게 축적되는 잉여가치가 일반적인 사회 진보의 부당한 결과라 보고, 이것을 국가가 공공 목적을 위해 전용해야 한다고 주장하여 영국 사회주의자들에게 영향을 준 사람이었다. 마르크스주의가 처음부터 중국에 유용한 분석적 도구로 보였던 것은 아니다. 마르크스는 태평천국에 대해 글을 쓴 것을 제외하면 중국에 대해 거의 주의를 기울이지 않았고, 원시 공산사회로부터 고대 노예제를 거쳐 봉건제와 자본주의까지 인류사회의 변천에 대한 그의 견해 역시 중국의 역사적 경험과 맞지 않는 것으로 여겨졌다. 또한 중국은 자본주의 사회의 초기라고 주장할 만한 상황도 못되었기 때문에 자본주의의 전복이 새로운 사회주의 시대의 필수조건이라는 마르크스의 이론은 그러한 이행을 너무도 아득한 것으로 보이게 만들었다.

따라서 중국 언론이 트로츠키가 이끄는 페트로그라드 노동자 소비에트의 승리와 자유주의적 케렌스키 정부의 전복, 그리고 레닌의 혁명적 소비에트 정부의 건설 등에 대해 보도했음에도 불구하고 이러한 소식들은 그다지 관심을 끌지 못했다. 하지만 중국인은 서서히 러시아에서 일어난 사건이 1789년 프랑스에서의 경험을 뛰어넘는 것임을 깨닫기 시작했고, 많은 관찰자들은 뿌리깊은 인습에 찌든 견고한 러시아의 전제정치가 결국에는 소련의 씨앗을 품고 있었다는 사실에 전율했다. 상하이의 한 국민당 신문이 1918년 1월에 볼셰비키를 찬미하기 시작했고 쑨원은 그 직후에 레닌에게 개인적으로 축하의 메시지를 보냈다.

보수적인 백러시아군에 대한 볼셰비키의 지속적인 투쟁이 점점 분명해지고 레닌이 독일과 강화조약을 맺은 후 연합국의 적대적 반응이 더욱 공공연해지자, 수많은 중국인이 이 사건의 중요성을 심사숙고하고 거기에서 중국 사회를 위한 교훈을 끌어내려고 노력하기 시작했다. 이러한 시도의 선구자는 베이징 대학의 사서인 리다자오(李大釗)였다. 1889년 허베이 성의 농민 가정에서 출생한 리다자오는 근대적인 학교에 가기 위해 얼마 되지 않는 재산을 팔아 1913년부터 1916년까지 일본에서 정치경제학을 공부했으며 그곳에서 뛰어난 작가이자 편집자로 명성을 떨쳤다. 이러한 능력 덕분에 1918년 2월에 그는 중국의 가장 명망 있는 대학의 사서로 임명되었다.

러시아 혁명에 경의를 표한 리다자오의 첫번째 글은 1918년 6월 무질서한 군벌정치의 상황 속에서 출판되었는데, 당시는 장쉰의 푸이 황제 복위사건을 불과 수개월 앞둔 시점이었고 중국의 대독일 선전포고가 베이징에서 중대한 화제로 떠오르고 있던 때였다. 리다자오는 소련의 탄생이 서양과 동양 사이를 중재할 새로운 제3의 문명의 출현을 약속한다고 보았다. 왜냐하면 지리적으로 러시아는 동양과 서양 양쪽에서 영향을 받을 수밖에 없었기 때문이다. 그는 이제 "우리는 세계의 새로운 문명의 여명을 환영하기 위해 머리를 들고, 자유와 인간애에 기초한 새로운 러시아를 환영하기 위해 귀를 기울이며, 세계의 새로운 조류에 적응해야만 한다"고 행복에 도취되어 말하고 있다. 리다자오는 러시아가 거대한 발전의 물결에 한걸음 다가가고 있다고 생각했다. 영국과 프랑스는 찬연한 고도에 올랐다가 이제 추락하고 있고 독일은 그 절정에 달했으니 역시 곧 수그러들기 시작할 것이었다. 그러나 러시아는 "문명 진화가 상대적으로 느렸기 때문에 발전할 에너지의 여유분을" 가지고 있었다.[11] 중국 역시 그러한 도약을 할 수 있지 않겠는가?

6개월 만에 리다자오는 대학 도서관에 있는 자신의 사무실에 비공식 연구회를 만들어 10여 명의 학생과 직원들이 모여 정치발전에 대해 토론하도록 했다. 1918년 말경에 이 연구회는 리다자오의 주도하에 마르크스의 『자본론』에 대한 분석적 논의를 하면서 '마르크스주의 연구회'로 반공식적 정체성을 확립했다.

관심이 증가함에 따라 베이징 대학의 학장*이자 당시 중국에서 가장 영향력 있던 잡지인 『신청년』의 편집장 천두슈는 1919년 5월 1일 리다자오를 총편집인으로 하여 마르크스주의에 대한 특별호를 발간하기로 결심했다. 대부분의 논문은 마르크스주의의 특정 개념에 대한 학구적 분석이었고 마르크스의 방법론에 대한 비판도 여럿 있었다. 그러나 리다자오의 「나의 마르크스주의관」은 이

* 1919년 3월에 천두슈는 보수적 반대파의 강요로 사임했다.

제까지 중국에서 출판된 것들 가운데 계급투쟁의 개념과 자본주의적 착취의 문제에 대한 가장 사려 깊은 분석논문이었다. 이 잡지가 인기 있었던 까닭에 그 내용은 곧바로 전파되어 전국에 영향력을 미치게 되었다.

1919년 7월 러시아 외교인민위원 대리 L. M. 카라한이 새 정부는 과거 차르의 제국주의적 정책을 거부할 것이라고 발표하자 이제 막 싹트기 시작한 소련에 대한 우호적 감정은 더 한층 고조되었다. 그 후 소련은 만주에서의 이권을 포기하고 과거에 차르가 중국·일본·유럽과 맺었던 모든 비밀협정을 파기하며 의화단 반란의 보상금 가운데 남은 금액을 탕감하고 아무런 보상 요구 없이 동청철도를 중국에 반환하기로 결정했다. 이는 다른 서구 열강이나 일본의 행동과는 너무나 대조적이어서 소련은 중국에게 가장 진실된 우방으로 비쳐졌다. 비록 소련이 나중에 마음을 바꾸어 보상 없이 철도를 돌려주기로 한 것을 부인했지만(그들은 이 구절이 카라한의 메시지를 불어로 번역하는 과정에서 실수로 들어갔을 것이라고 주장했다), 그들의 초기 행동에 대한 중국인의 존경심에는 손상을 주지 않았다. 중국인은 소련의 목표가 "동양의 인민, 특히 중국 인민을 파멸시키는 외국 자본의 군사력의 멍에로부터 인민을 자유롭게 하는 것"[12]이라는 카라한의 관대한 말을 기억했다.

1919년 무렵 리다자오의 연구회는 학생들을 광범위하게 모집했다. 일부 학생은 베이징 대학의 엘리트 학생으로 부유한 도시 출신이었지만 대부분은 다양한 배경을 지녔다. 마오쩌둥은 대학을 다니는 학생은 아니었지만 연구회에 종종 참석했다. 그는 베이징으로 이주하여 당시 대학교수가 된 옛 창사의 윤리학 선생 곁에서 도서관 직원으로 일하고 있었다. 또 정기적으로 참석하는 인물 중에는 장쑤 출신의 청년 학생이며 독실한 불교신자이자 뛰어난 고전학자인 취추바이(瞿秋白)도 있었다. 취추바이는 그의 어머니—무기력한 아편 중독자인 남편과 무관심한 친척들 때문에 정신착란에 빠진—가 자살을 한 뒤 세상의 비정함을 깨달았다. 그는 베이징 대학을 가기에는 너무 가난했기 때문에 외무부의 러시아어 교육기관에 등록했다. 이 학교는 등록금이 무료였을 뿐 아니라 취추바이에게 얼마간의 생활보조금도 지급했다. 세번째 인물은 장시-후난 경계지방의 객가 지주의 아들인 장궈타오(張國燾)였다. 그는 10대에 쑨원의 혁명조직을 위해 총기류를 밀수한 적이 있었고 뒤에는 위안스카이에 반대하는 운동가가 되었다.

이들 청년과 다른 학생들이 볼셰비즘과 마르크스주의에 대단한 열정을 보였
다 하더라도 마르크스주의가 중국의 사회상황과 연관성을 갖기 위해서는 그 기
본전제 가운데 일부가 재구성되어야 할 필요가 있었다. 이들이 가장 곤혹스러
웠던 문제는 마르크스가 도시 프롤레타리아트와 그 계급의 대변인인 공산당에
위임한 중요한 역할에 대한 것이었다. 중국은 근대산업 부문의 비중이 아주 낮
았기 때문이다. 그러나 러시아 역시 마르크스주의 모델에 전혀 맞지 않았다는
사실에 고무되어, 그리고 교묘한 지적 책략을 통해, 리다자오는 한 마르크스주
의 토론장에서 중국을 '프롤레타리아 국가'로 단호히 주장했던 해석을 발전시
켰다. 그에 따르면 자본가가 노동자를 착취하는 것과 비슷한 방식, 곧 생산수단
을 소유하고 노동자가 창출한 잉여가치를 빼앗는 방식으로 중국은 모든 중국
인민을 착취하는 외국 제국주의 세력에게 농락당했다. 그래서 리다자오는 "나
라 전체가 서서히 세계 프롤레타리아트의 일부로 변했다"고 결론지었다.[13]

이 생각은 1920년 1월에 출판되었다. 이듬해 리다자오는 이런 해석의 연장
선상에서 자신의 사상을 발전시켜 중국 인민이 당하는 억압은 국제적 요인에
기인하기 때문에 중국인은 자국의 자본가계급으로부터만 억압을 당하는 사람
들보다 더 많은 고통을 당한다고 주장했다.

> 현재 세계 경제는 이미 자본주의에서 사회주의로 옮겨 가고 있으며 중국이
> 유럽·미국·일본에서 일어난 것과 같은 자본주의적 경제 발전과정을 직접 겪
> 지는 않았지만 (중국의) 인민은 자본주의의 억압을 간접적으로 겪고 있으며,
> 그것은 어떤 면에서는 다른 (자본주의) 국가의 노동계급이 당하는 직접적인
> 자본주의의 억압보다 훨씬 더 고통스럽다.[14]

리다자오는 마르크스주의 이론을 재검토하면서 자신의 학생들에게 중국의
농촌으로 파고들어가 그곳의 생활환경을 조사하라고 독려했다. 그는 러시아 혁
명 초기단계의 핵심에 근본적으로 인민주의적인 견해가 포함되어 있다고 믿었
기 때문이다. 농민에게 다가감으로써 학생들은 "휴머니즘과 사회주의의 원칙을
전파"하고자 피땀흘렸던 러시아의 선배들을 닮을 수 있을 것이라고 말했다. 그
러나 이것은 대담한 지적 도약을 이루게 한다는 점에서 러시아보다 중국에서

더 중요한 의미를 지닌다고 주장했다.

> 우리 중국은 농업국가이고 대부분의 노동계급이 농민으로 구성되어 있다. 그들이 해방되지 않는다면 우리 나라 전체는 해방되지 않을 것이다. 그들의 고통이 바로 우리 나라 전체의 고통이며 그들의 무지가 우리 나라 전체의 무지이며 그들 삶의 장점과 단점이 우리 정치 전체의 장점이고 단점이다. 나가서 그들을 계발하라. 그들이 자유를 요구하고 자신들이 당하는 고통에 대해 소리 높여 이야기하고, 무지를 타파하며, 스스로 자신의 삶을 계획하는 인민이 되어야 한다는 것을 깨닫게 하라.[15]

또한 리다자오는 지식인에게 노동을 통해 자신의 존엄성을 체득하고 현장에서 농민과 더불어 일함으로써 도시생활의 부패한 힘으로부터 벗어나라고 강력히 권유했다. 그는 교육받은 청년들이 농촌에서 생활해야만 입헌체제의 상처를 점진적으로 치유할 수 있다고 암시했는데, 그 이유는 도시학생들이 지방정부 내에서 이루어지는 선거와 선택의 중요성을 농민에게 설명할 수 있으며, 투표권이 없는 이들의 재정적 이윤이 지방 차원에서 지배되고 착취되는 방법을 조사할 수 있을 것이기 때문이었다. 1920년 초반에 '평민교육 강연단'을 조직한 베이징 대학 학생들은 근방의 농촌지역으로 내려가 리다자오의 사상을 좇아 살고자 했다.

경험은 그저 학문적 실천에서만 오는 것은 아니었다. 1920년과 1921년에 서쪽의 산시뿐만 아니라 허베이 성의 대부분이 인근의 산둥·허난·산시(山西) 성과 더불어 1919년의 극심한 가뭄으로 끔찍한 기근을 겪게 되었다. 1km²당 평균 인구밀도가 474명인 농촌에서 흉작과 정부의 부적절한 구휼이 뒤얽혀 빚어낸 결과는 참혹했다. 적어도 50만 명이 죽었고 이 5개 성의 추정인구 4,880만 명 가운데 1,980만 명 이상이 궁핍에 시달렸다. 사람들은 가옥의 문과 들보를 떼어 내 팔거나 난방용으로 썼다. 길과 철도는 난민들로 가득했고 이미 사람들로 미어지는 기차에 타려다가 팔다리를 잃거나 죽는 사람도 많았다. 수만 명의 어린이가 노비로 팔렸고 계집아이는 창녀나 첩으로 팔렸다. 어떤 마을에서는 100가구 가운데 60가구에서 식량이 떨어졌고 마을 사람들은 밀짚과 나뭇잎으로 끼니를 때웠다. 전염병—발진티푸스가 가장 무섭게 많이 퍼졌다—은 너무 쇠약해져서 저항력이 떨어진 사람들의 생명을 앗아 갔다.

농촌상황을 점검해야 한다는 생각은 상하이, 광저우, 그리고 많은 지역의 지식인과 학생들에게도 퍼졌다. 후에 공산당에서 활동하게 될 많은 이들이 그러한 경험을 했거나, 아니면 노동자와 함께 독서회를 조직하여 노동조건과 국내 및 국제정치에 대해 토론했다. 리다자오의 연구회 출신 학생 가운데 한 명인 취추바이는 소련으로 건너가서 그곳의 발전을 직접 목격하는 특별한 체험을 했다. 그는 1920년 모스크바에서 혁명 초기 소비에트의 삶을 특징짓던 가혹함과 궁핍을 목격했지만 낙담하기보다는 오히려 고양되었다. 그가 보기에 예전에는 없었던 어떤 고귀함이 이제 러시아인의 성격을 우아하게 해주었고 소련 세계는 새로운 광명으로 가득 찬 것 같았기 때문이다. 그의 외유는 형식상 베이징 신문 『신보』(晨報)의 업무를 위한 것이었기 때문에 그는 사회적 쟁점에 대한 사실적 보고에서부터 혁명에 대한 예찬까지 다양한 기사를 조국으로 보냈다. 그 중 한 기록을 보면 "정신의 바다에서 등대를 보았으니 이제 나는 행복하다. 그것은 단지 한 줄기 붉은 빛에 불과해서 약하고 희미했지만 그 속에서 무한한 진보가 진행되고 있음을 확인할 수 있었다"[16]고 쓰여 있다. 이 사회주의의 불빛이 중국에서는 보이지 않았기 때문에 그에게는 중국이 '시력을 거의 잃어버린' '어둠'의 땅으로 보였다. 그는 먼발치에서나마 당시 러시아의 지도자들을 보았고 이것이 그의 흥분을 배가시켰다. 그는 레닌이 일단의 대표들에게 연설하는 것을 들었고, 샬리아핀(20세기 초에 활약한 세계 최고의 베이스 가수—옮긴이)이 푸쉬킨의 시를 노래하는 것을 들었으며, 루나차르스키 위원과 '프롤레타리아화된 교육'에 대해 토론했고, 무정부주의자 크로포트킨의 장례식에 참석했으며, 톨스토이의 영지 주변에서 그의 손녀와 산책도 했다.

취추바이는 이전에 감염되었던 결핵이 도진데다가 추운 기후에 영양실조가 겹쳐 한동안 심하게 앓았지만 모스크바에 계속 머물다가 1922년 초 공산당에 가입했다. 소비에트 사회주의를 중국인의 삶에 각인시킬 가능성은 더욱 현실화되고 있었다. 리다자오는 중국의 청년들에게 마르크스주의적 사회주의의 기원을 "우리 심리의 세 측면에서" 탐구할 수 있다고 가르쳤다.[17] 지식을 통해서 중국인은 사회주의가 현 체제에 대한 유효한 비판임을 알 수 있다. 감정을 통해서 중국인은 사회주의를 현 질서를 새로운 것으로 바꿀 수 있는 하나의 정서로 이해할 수 있을 것이다. 의지를 통해서 그들은 객관세계에서 혼신의 힘을 다함으로써 그러한 변혁을 성취할 것이다. 이러한 지식·감정·의지의 결합은 중국의 혁명을 위한 취추바이의 노력에서 분명하게 나타났다. 그러나 1922년 새해 첫날 새벽 충만한 햇살이 그의 고국 쪽을 비추는 장면을 보고 쓴 글에는 순수한 감정이 다른 두 측면을 압도하고 있다. "모스크바가 갑자기 극동지방으로 더 가까이 이동했다. 극동을 보아라. 보랏빛, 붉은빛의 광선이 맴돌면서 얼마나 밝게 빛나고 있는가! 번쩍이는 구름, 막 피어오르기 시작한 구름이 창공을 향해 얼마나 힘차게 솟아오르고 있는가."[18] 이제 해야 할 일은, 예측할 수는 없지만 빛나는 이 힘에 동승하는 것뿐이라고 그는 생각했다.

5·4운동의 양상

사회진화론에 대한 논의의 성숙과 공산주의 이념에 대한 관심의 증대, 이 두 가지는 중국 전역으로 확산되어 가던 문화적 격변의 징조였다. 이 격변은 1919년 5월 4일 베이징에서 발생한 사건들, 또 그 사건들이 전국적으로 미친 영향과 중요한 점에서 뗄 수 없는 관계를 가지고 있기 때문에 흔히 5·4운동이라 부른다. 따라서 5·4운동이라는 용어는 그것이 특정일에 발생한 시위사건들을 가리키는지 아니면 그 이후의 복잡한 정서적·문화적·정치적 발전들을 가리키는지에 따라 한정적인 동시에 광범위한 의미를 지닌다.

13개 지역 전문학교와 대학의 학생 대표들은 1919년 5월 4일 아침 베이징에 모여 5개의 결의안을 작성하였다. 첫째, 베르사유 회담에서 도달한 산둥 해결방안에 반대할 것. 둘째, '전국의 대중'에게 중국이 처한 어려움을 일깨울 것. 셋째, 베이징 인민대회 개최를 제안할 것. 넷째, 베이징 학생연합의 결성을 촉구할 것. 다섯째, 그날 오후 베르사유 조약 협정에 반대하는 시위를 벌일 것이 그것이었다.

다섯번째 결의는 당장 실행에 옮겨졌다. 시위를 금지한다는 경찰의 명령을 무시하고 3천여 명의 학생들이 자금성 정면에 있는 천안문 광장에 모여 외국 조계지를 향해 행진을 시작했다. 행렬의 선두에는 내각에서 가장 혐오스러운 친일주의자들의 이름을 쓴 만장이 펄럭였다. 학생들은 행진하면서 그들을 지켜보는 시민들에게 전단을 나누어 주었는데, 이 문건은 읽기 쉬운 일상어로 쓰여 있었고 산둥의 권리를 일본에 빼앗기는 것은 중국 영토의 보전이 끝나는 것임을 설명하고 모든 직업과 계급의 중국인이 저항에 참여할 것을 호소했다. 외국 수비대와 중국 경찰에 의해 조계 진입이 차단되자 학생들은 일본과 막대한 원조금을 협정한 책임이 있는 교통총장의 집으로 행진했다. 총장은 집에 없었지만 일부 학생들은 그의 집을 부수고 들어가 불을 질렀고, 그 동안 다른 학생들은 유명한 정치인을 붙잡아서 기절할 때까지 때렸다. 경찰과 여러 차례의 무력 충돌이 있었는데, 한 학생이 심하게 다쳐서 3일 후 병원에서 죽은 것이 유일한 사망이었다. 시위자들은 초저녁 무렵 경찰 지원병력이 도착하자 거의 모두 흩어졌고 아직 거리에 남아 있던 32명만이 체포되었다.

그 이튿날 베이징의 학생들과 일부 교사들이 5월 4일 아침에 통과시킨 결의안의 나머지 조항들을 실천하는 데 착수했다. 그들은 시내의 전문학교와 대학교, 중·고등학교 학생들을 한데 엮은 베이징학생연합의 결성을 신속히 추진했다. 이 새로운 연합의 중요성은 이 조직이 여성을 포함했고 여학교와 여자대학 대신 남녀공학의 원칙을 공식적으로 지지했다는 점이었다.(여학생의 베이징 대학 입학이 처음으로 허가된 것은 1920년이었다.) 광범위한 기반을 갖춘 학생연합의 이념은 베이징에서 상하이, 톈진, 우한 그리고 다른 도시들로 급속히 퍼져나갔다. 1919년 6월 중국 전역의 30여 지방에서 학생연합의 대표들이 중화민국학생연합을 결성했다.

학생 시위자들은 또 그들의 메시지를 중국 전역에 알리는 데도 성공했으며, 나아가 비록 이제는 근대적 외양으로 단장하기는 했지만 청 왕조 아래에서 유교 지향적 교육의 중심을 이루었던 학자 엘리트의 권위를 세워 주었다. 동맹휴업의 열기와 대규모 체포는 학생들의 대의명분에 대한 전국적인 공감대를 형성시켰다. 주요 도시의 상회(商會)에 모인 상인과 사업가들, 개별 기업인, 상점주인, 산업 노동자들로부터 지지한다는 성원이 답지했다. 당시에는 중심적인 노동조합 조직이 없었고 두드러진 인물도 찾기 어려웠음에도 불구하고 상하이에서만 43개 기업의 6만여 노동자들이 일종의 태업이나 동조 파업을 감행했다. 작업장에서의 집단행동은 섬유공장, 인쇄소, 제철소, 공공시설, 해운회사, 제지공장, 정유공장, 담배공장 등에서 발생했다. 이러한 과격한 활동의 대부분은 1919년 동안 전국에 퍼진 여러 사회주의 단체와 연구회로부터 자극받은 것이었다.

중국의 국제적 지위 약화에 항의하는 운동이 파급되면서 중국 전역에 보급되는 수많은 새로운 정기간행물과 신문들이 급격히 증가했다. 종종 교육을 거의 받지 않은 사람들도 읽을 수 있도록 단순한 일상어 형식으로 쓰인 이 간행물들은 광범위한 종류의 사회적·문화적 문제들을 다루었고, 단절된 계급·지역·직업 간에 다리를 놓을 수 있는 새로운 세력의 성장을 고무했으며, 분열된 세계에서 일관성과 의미를 찾는 수많은 사람들의 관심을 끌었다. 이러한 '5·4' 잡지들 가운데 계속 발간된 것은 많지 않지만, 그 이름들은 당시의 열기를 그대로 전해 준다. 『서광』(曙光), 『소년 중국』(少年中國), 『신사회』(新社會), 『인민의 경종』, 『신부녀』(新婦女), 『평민』(平民), 『향상』(向上), 『분투』(奮鬪).[19]

일본에서 갓 돌아온 낭만주의 시인 궈모뤄(郭沫若)가 1919년에 쓴 시는 중국 청년들의 이 모든 폭발적인 흥분을 표현해 준다.

  나는 달빛이고
  나는 햇빛이고
  나는 모든 행성의 빛이다
  나는 X-ray 빛이고
  나는 전 우주의 모든 Energy다

중국어 시에는 '엑스선'과 '에너지'가 영어로 표기되어 화려한 문체에 필수적인 이국적 정서를 보여주고 있다.[20]

아무래도 머나먼 베르사유에서의 사건과 부패한 지방 정치인의 우유부단을 보여주는 수많은 증거가 사람들의 뇌리에 파고들어 그들에게 중국 문화의 의미를 되찾을 방법을 찾아나서도록 한 것 같았다. 이제껏 중국문화는 무엇을 했는가? 나라는 어디로 가고 있는가? 모색 중인 사람들을 돕기 위해 어떤 가치를 채택해야 하는가? 이런 넓은 의미에서 5·4운동은 중국의 문화를 근대 세계의 유효한 부분으로 다시 정의내리기 위한 시도였다. 그러한 시도 속에서 개혁가들이 서로 다른 사상과 행동방식을 채택했다는 것은 놀라운 일이 아니다. 어떤 5·4운동 사상가는 유교, 가부장적 가족, 중매결혼, 전통적 교육 등과 같은 반동적이며 비합리적인 '옛 방식들'을 비판하는 데 전력을 다했다. 어떤 이들은 문학작품에서 당시의 일상적 구어체를 이용한 서술양식의 개혁에 초점을 맞추어, 극도로 어려운 고전 중국어를 다루는 능력과 직결되는 엘리트주의에 종지부를 찍고자 했다. 또 어떤 이들은 서양의 고전 미술과 문화에 깊은 관심을 보인 반면, 다른 이들은 서양 문화 가운데에서 초현실주의, 입체파 회화, 상징주의 시, 그래픽 디자인, 리얼리즘 희곡, 의상과 실내장식의 새로운 양식과 같은 아방가르드적 요소들에 관심을 기울였다. 어떤 이는 서양회화 기법의 선택적 차용을 통해 중국 전통예술에 새로운 민족주의 정신을 불어넣고자 했다.

어떤 작가들은 중국 문제를 분석하고 이를 해결할 방법들을 제안하기 위해서 사회학·경제학·역사학·철학과 같은 학문에서 발달해 온 기술을 받아들여 문제해결식 접근법을 제창했다. 또 다른 이들은 비슷한 실용적 접근을 택하기는 했지만, 해답은 서양의 과학·공학·의학의 성과들에 나타나는 세련된 자각을 발전시키는 데 있다고 생각했다. 실용주의자들은, 사회주의·마르크스주의·페미니스트 사회비평 등에서 영감을 받고 급진적 행동주의로 세상을 신속히 변화시켜야 한다는, 좀더 이념 지향적인 세계관을 가진 사람들과 충돌했다. 그리고 일부는 사랑과 진보를 가로막는 모든 벽을 제거하기 위해 낭만적인 믿음의 어떤 창조적인 도약을 통한 인간정신의 완전한 해방과 모든 인간의 잠재력 구현을 추구했다.

이들 대부분의 개혁가들은 애국심이라는 공동의 기반을 나눠 가졌다. 그들은 군벌주의, 이제 그 본질상 '봉건적'이라고 묘사되는 착취적 지주제, 그리고 외국 제국주의라는 세 가지 큰 문제들에 대처할 능력을 갖춘 활기차고 통일된 중국을 열망했다. 서양의 기술력에 대한 개혁가들의 선망은(60년 전 동치중흥기의 학자들과 관료의 정신에서처럼) 중국 문화의 본질을 유지하고자 하는 열망과 뒤섞였다.

이렇게 넓은 의미에서 5·4운동은 전국적 현상이었지만, 배후에서 운동을 형성한 사상은 베이징 대학의 교원과 학생들에서 비롯된 것이 많았다. 공화국 초기에 베이징 대학은 중국의 학문, 연구, 교수의 지도적 중심지로서 급부상했다.

이는 1912년 이 근대화된 학교의 첫번째 총장으로 재임한 학자이자 번역가인 옌푸의 대담한 지도력에 힘입은 바 컸다. 그 해에 대학이 심각한 예산 삭감을 당했을 때 옌푸는 정부 관련 부처를 설득하여 보조금을 높은 수준으로 유지하도록 했다. "오늘날 세계에서 모든 문명국은 수십개에서 수백개까지의 많은 대학을 보유하고 있다. 우리가 만일 하나라도, 그것도 이미 존재하고 있는 것조차 지키지 못한다면 실로 통탄할 일이다."21) 옌푸의 성공은 5·4운동의 지도자와 사상가로 특별한 명성을 얻게 된 3인의 삶을 조망함으로써 짐작할 수 있을 것이다. 그 세 사람은 옌푸의 뒤를 이어 대학의 총장이 된 차이위안페이(蔡元培), 대학 학장인 천두슈, 그리고 철학 교수인 후스(胡適)였다. 어느 한 사람도 운동의 동요와 열기를 다잡지는 못했지만 이 3인의 배경과 활동은 격변기 중국을 관찰하는 데 유용한 틀을 제공하며 중국의 선결과제에 대한 인식이 얼마나 광범위하고 다양한지를 보여주고, 보는 관점에 따라 서양이 어떻게 불신되기도 하고 존경받기도 하는지를 알게 해준다.

세 사람 가운데 가장 연장자인 차이위안페이가 제일 두드러진 인물이었다. 그는 1890년 겨우 22세의 나이로 진사 자격을 얻었고 한림원의 일원이 되었다. 청 말에 그는 고향인 저장에서 교육관으로 근무했고 이후에 급진적 학교와 반청단체에서 교사나 후원자로 일했다. 그는 동맹회에 가입했으나 우한 혁명이 발발했을 때에는 독일에서 철학을 공부하고 있었다. 1912년 중국에 돌아와 쑨원과 위안스카이 밑에서 교육총장으로 잠시 일하다가 다시 독일로 돌아가 칸트에 대한 논문을 쓴 후 프랑스로 가서 중국 학생들을 위한 근공검학(勤工儉學, 일하면서 배운다는 뜻—옮긴이) 계획의 수립을 도왔다. 1917년 베이징 대학의 총장으로 임명된 차이위안페이는 베이징 정부를 통치하던 군사·민간 지도자들에게 대담한 태도를 취했다. 그는 교원과 학생의 자유로운 발언을 옹호했고 그들이 '세계관을 위한 교육'을 추구하고 있는 만큼 대학 총장의 임무는 "여러 가지 다른 견해에 대해 넓은 마음을 갖고 관용을 베푸는 것"이라고 주장했다.22) 5·4 시위 나흘 후 차이위안페이는 자기 대학의 학생을 체포한 데 대한 항의의 표시로 사임했다. 그는 1919년 말 재임명되어 1922년까지 총장으로 일했으며 질풍노도 같은 세월 동안 학생과 교원을 인도한, 인권과 지적 추구의 자유에 대한 투철한 옹호자였다.

천두슈는 그와 달리 희생자들의 지적인 후원자였다기보다는 즉흥적이고 감상적인 성격을 지닌 직관적 인물이었다. 1879년 안후이의 부유한 관리의 가정에서 태어난 천두슈는 본래 고전 학자로 교육받았지만 1897년에 거인시험에서 낙방했다. 나중에 그는 전통적 과거제도에 팽배해 있다고 느낀 부정부패와 무능에 대해 신랄하고 흥미로운 회고록을 썼다. 그는 일본에서 두 번이나 기간을 연장해 가며 공부했고 그곳에서 급진적 정치단체의 설립을 도왔다. 그러나 그는 쑨원의 동맹회를 편협한 민족주의 단체로 여기고 가입을 거절했다. 위안스카이의 제국주의적 야망에 대한 비판가로 두각을 나타내던 천두슈는 1915년에 잡지 『신청년』을 창간하고 1917년 차이위안페이의 요청으로 베이징 대학의 학장으로 부임했다. 중국의 가장 영향력 있는 지식인 잡지로 급속히 부상한 『신청년』의 편집장으로서 그는 과감한 이론적 탐구, 과거에 대한 용기있는 비판, 개인적 성향의 일소와 이를 통한 정치로의 극히 도덕적인 접근 등을 제창했다.

『신청년』의 지면을 통해 유교의 유산에 대한 전면적인 공격을 주도하던 천두슈는 유교의 가장 큰 결점이 '근대적' 삶의 중심인 개인의 독립성을 부정하는 것이라고 주장했다. 1916년에 그는 중국에 새로운 국가를 건설하기 위한 "기본 과제는 서양 사회의 기반, 곧 평등과 인권에 대한 새로운 믿음을 수입하는 것이다. 우리는 유교와 새로운 믿음, 새로운 사회, 새로운 국가는 양립할 수 없다는 것을 명확히 인식해야 한다"[23]고 썼다. 그는 다른 글들에서 중국의 고어를 버리고 일상적 형태의 언어를 사용하자고 주장했고 유교 전통주의에 대한 반대 개념으로 자신이 만든 용어인 '더'씨(德氏, Mr. Democracy)와 '싸이'씨(賽氏, Mr. Science)를 내세웠다. 천두슈는 곧 학생들의 5·4시위 열기 속에 뛰어들었고 불온문서를 배포했다는 죄목으로 베이징 당국에 의해 3개월 동안 구금되었다. 체포되던 당시 그가 뿌리고 있었던 문건은 모든 친일 각료들의 사임과 자유로운 언론 및 집회의 권리를 보장하라는 내용이었다. 감옥에서 풀려난 후 베이징을 떠나 상하이로 간 천두슈는 더욱더 마르크스주의에 심취하게 되고 신속한 사회변화를 열망하게 되었다. 1920년에 그는 새로이 결성된 중국공산당의 초기 당원 중 하나가 되었다.

3인 가운데 가장 어린 후스는 본래 천두슈의 가까운 친구이자 동료였다. 후스 역시 중국이 '과학과 민주주의'라는 두 개념을 받아들여야 한다고 주장했지만,

나중에 그는 천두슈를 모든 종류의 '주의'(isms)를 적절한 고려 없이 마구 받아들이는 극단적인 인물이라고 생각하게 되었다. 천두슈와 마찬가지로 안후이의 관료집안 출신이었던 후스는 상하이의 서양식 학교에서 공부한 후 1910년 19세 때 미국이 의화단 보상금을 활용하여 명석한 중국 청년들을 미국 학교에서 공부시키기 위해 조성한 장학금을 받아 미국으로 갔다. 그는 코넬 대학에서 철학사 학위를 받았고 파이 베이터 캐퍼(Phi Beta Kappa, 미국 대학에서 성적이 우수한 학생이나 졸업생으로 조직된 친목회―옮긴이) 클럽의 회원으로 뽑히기도 했다. 컬럼비아 대학에 입학하여 철학을 공부했는데 동료 가운데는 존 듀이 같은 이가 있었다. 그는 고대 중국의 논리학 방법의 발전에 대한 학위논문을 쓰기 시작했지만 1917년 귀국하기 전까지 끝마치지 못하고 차이위안페이에 의해 철학 교수로 임명되었다.

중국에 돌아온 후스는 일상어로 글을 쓰는 운동(白話運動)의 열렬한 지지자가 되었다. 그는 또한 구어의 명료성과 언어의 유연성을 밝히기 위한 근거로서 과거의 소설들을 연구하여 뛰어난 문학사 연구자가 되었다. 이러한 작업은 1920년대 전반 18세기 차오쉐친의 소설 『홍루몽』에 대한 선구적 연구로 절정에 달했다. 후스는 그 중에서도 특히 소설 속의 부유한 사회계층의 이야기가 오랫동안 강희제에게 충성을 바쳤으나 강희제의 아들인 옹정제에 의해 불명예의 누명을 쓰고 가난해지기 전까지 난징에서 영화를 누리며 살았던 작가의 가족에서 유래했다는 사실을 부분적으로 밝혀 냈다.

지적으로나 정서적으로 후스는 고난의 길을 걸었다. 그는 서양 방법론의 장점들에 대한 믿음을 고수했으며 1911년에 잠시 지지한 적이 있는 기독교를 거부하는 동시에 불교의 운명론도 거부했다. 정서적으로도 역시 자신이 과거와 미래 모두에 대해 의무가 있는 전환기 세대의 일원이며, 그렇기 때문에 그의 운명은 양측에 대해 희생을 감수해야 한다는 구속감을 느끼고 있었다. 일부 문화적 또는 역사적 사건에 대한 그의 대담성은 성급한 해법에 대한 신중한 태도와 양립하고 있었다. 그는 실용주의 철학자 존 듀이의 예에 따라 [결과로서의] 완벽보다는 '완벽으로 향하는 끝없는 과정'을 중시했다. 1919년 여름 그는 천두슈와 같은 급진적 지식인들에 대한 유명한 비판인 「'문제' 연구는 많이, '주의' (主義) 토론은 적게」를 썼다. 다음은 후스의 글을 인용한 것이다.

우리는 인력거꾼의 생활수준은 연구하지 않으면서 사회주의에 대해 떠들어 댄다. 우리는 여성을 해방시키거나 가족제도를 올바르게 세울 방법은 강구하지 않고 아내의 공유와 자유연애를 지껄인다. 우리는 안복파(安福派)*를 쳐부술 방법이나 남과 북의 문제를 어떻게 해결할 것인지에 대해서는 검토하지 않은 채 무정부주의를 주장한다. 게다가 또 우리는 근본적 '해결책'에 대해 이야기하고 있다는 이유로 스스로 기뻐하고 자축한다. 상황을 직시해 보면 이것은 허황된 이야기일 뿐이다.[24]

후스는 5·4시위 이후에도 베이징 대학에 남았다. 그는 1920년대 초반에 정치적으로 보수화되었지만 대립적인 분파들 사이에서 민주적인 중도방안을 찾기 위해 노력했다. 그러나 다른 5·4지식인들과 마찬가지로 후스 역시 새로운 중국의 미래상에 내재되어 있는 갈등을 해결하기가 어렵다는 사실을 깨달았다. 한편 후스는 중매를 통해 결혼한 부인과 함께 살았지만 그녀에게 그다지 애정을 느끼지 못했고 가끔씩 창녀를 찾아 해방감을 맛보았다고 고백했다. 다른 한편 그는 결혼으로 인한 구속으로부터의 자유를 주장했고, 미국의 유명한 페미니스트이자 피임법의 주창자인 마거릿 생어가 1922년 강연차 중국을 방문했을 때 그녀의 통역자로 활동했다.

생어의 방문은 계속 중국으로 밀려오던 새로운 쟁점을 더욱 부각시켰다. 그러나 그녀는 이 시기에 중국을 방문하여 5·4사상가들에게 막대한 영향을 끼친 수많은 서양인들 가운데 한 사람일 뿐이었다. 영국의 철학자 버트란드 러셀은 1920년과 1921년에 중국의 광범위한 지역을 여행하였는데, 후난 성의 내륙에 깊숙이 위치한 창사와 같은 도시까지 찾아갔다. 러셀의 수학적 논리학에 대한 명석한 해설은 청중을 사로잡았고, 평화주의의 중요성에 대한 그의 사상 역시 즉각적인 반응을 불러일으켰다. 존 듀이는 1919년에서 1920년까지 베이징에 살면서 여러 과목을 가르치고 두루 여행하면서 강연을 했을 뿐 아니라, 나중에는 5·4운동기 중국의 지식인의 삶에 대한 중요한 저서를 남겼다. 앨버트 아인슈타인은 1922년 말 일반 상대성이론에 대한 첫번째 저서를 마친 직후 일본을

---

* 당시 베이징 정계에서 두드러진 활동을 했던 부패한 군벌과 정치인 집단.

방문하는 길에 중국에 들렀다. 그보다 조금 후인 1923년에는 노벨상 수상자인 인도의 시인 타고르가 중국에 순회강연을 와서 미학, 비폭력, 그리고 자급자족과 협동노동의 원칙에 기반을 둔 농촌공동체의 건설에 대한 견해를 제시했다.

이러한 인물과 사상의 힘을 통해 5·4운동은 의식의 변화를 가져왔고, 그러한 변화는 중국에서의 삶과 행동에 새로운 가능성을 열어 놓았다. 이와 관련하여 노르웨이의 극작가 헨릭 입센 역시 중국에 대단한 영향을 끼쳤는데, 그의 연극은 당시 중국 전역에서 상연되어 절찬을 받았다. 1918년 입센에게 헌정된 『신청년』특별호는 이 극작가가 부르주아의 허세에 대해 근본적인 비판을 가하고 여성 해방을 강력히 옹호한다는 것을 중국의 청년세대가 깨닫게 해주었다. 입센의 희곡『인형의 집』의 완역이 1918년에 게재되었고 극의 결말 부분에 남편을 떠나 스스로의 운명을 찾기 위해 세상으로 나간 주인공 노라는 젊은 중국 여성에게 문화적·개인적 상징이 되었다. 그들의 어머니는 전족을 풀고 기본적인 교육을 받기 위해 투쟁을 시작했다. 그들은 다른 지방의 대학으로 떠날 수 있고 자신의 선택에 따라 젊은 남성이나 여성과 살 수 있었다. 그리고 그들 가운데 다수가 교사·작가·언론인·예술가·정치가로서 낭만적인 자유의 이상을 실현하며 살고자 노력했다.

버트란드 러셀과 동행했던 도러 블랙은 베이징 여자보통학교에서 대화를 나눴던 소녀들이 "그녀에게 결혼, 자유연애, 피임 등 온갖 것에 대해 질문하는" 데 놀랐다.[25] 루쉰은 자신이 이른바 '노라 현상'이라고 명명한 것에 대해 동감했지만, 한 여자대학에서「노라가 집을 떠난 후 무슨 일이 벌어졌는가?」라는 강연을 통해 근심을 표하기도 했다. 그는 청중을 향해 자신이 살고 있는 사회의 현실을 잊지 말라고 경고했다. 여성은 결혼과 가정의 굴레를 일부 벗어 던질 수 있을지 모르지만 그들이 일정 수준의 경제적 독립과 평등을 확보하지 못한다면 그들의 해방감은 부끄러운 일이 되리라는 것이었다. 그는 그녀들을 위해 남성이 경제적 지배를 가볍게 양보해 주지는 않을 것이라고 지적했다. "나는 노라가 보통 여자라고 생각한다." 그리고 루쉰은 통찰력 있게 덧붙였다. "만일 그녀가 차라리 자신을 희생하기 위해 뛰쳐나가는 예외적인 사람이라면 그건 다른 문제이다."[26]

루쉰은 의심할 바 없이 5·4운동의 가장 뛰어난 작가로 부상했고 그의 글은 독자의 관심을 사로잡았다. 수많은 세월 동안 갖은 노력—일본에서 의대생과

번역가로서, 그리고 고향 저장 성이나 베이징에서 하급관리나 골동품 수집가로
서—이 완전히 실패한 후 그는 1917년 36세의 나이에 자신만의 목소리를 발견
했다. 그의 소설 가운데 가장 훌륭한 작품들은 대부분 1917년과 1921년 사이에
출판되었다. 그 중에는 1911년 혁명이 혼란스럽고 결말 없는 사건으로서 사기
꾼들에 의해 조종되고 무식하고 어리석은 자들의 죽음으로 끝맺은 것으로 묘사
한 유명한 소설 「아Q정전」(阿Q正傳)도 있다. 루쉰은 자신이 갖고 있는 비판적
시선의 탐조등을 중국인의 문화적 후진성과 도덕적 소심성 위에 비추는 것이 자
신의 임무라 생각했다. 그의 소설은 연민으로 가득 찼지만 비판은 신랄했고 그
어조는 종종 비관적이었다. 그는 작가로서 자신의 사명을 다음과 같은 상(像)으
로 이해하고 있다고 친구에게 이야기했다. 그는 잠에 빠져 있는 중국인들이 갇
힌 거대한 '쇠로 밀폐된 방' 바깥에 서 있는 사람이다. 만일 그가 아무 것도 하지
않는다면 그들은 모두 질식할 것이다. 만일 그가 벽을 두드리고 또 두드리면 안
에 잠자고 있는 사람들을 깨울 수 있고 그러면 그들은 스스로를 해방시킬 것이
다. 그들이 뛰쳐 나가지는 못한다 해도 적어도 그들의 운명을 자각하게 되리라
는 것이다. 루쉰의 이야기에 나타난 주된 관점은 자오 양에 대한 마오쩌둥의 글
에 드러난 사상과 크게 다르지 않다. 그러나 루쉰이 자신의 작품으로 인해 중국
인이 치열하게 사고할 것이라 믿은 반면, 마오쩌둥은 그들이 치열하게 투쟁해야
한다고 주장했다.

　루쉰은 유교의 유산을 증오했고 신랄한 풍자로 이를 공격했다. 그는 이른바
'1911년 혁명'이 중국인의 성격을 근본적으로 바꾸어 놓은 것은 아무 것도 없으
며, 새로운 건달 패거리들을 관청에 데려다 놓았을 뿐이라는 '아큐'의 주제를 그
듭해서 썼다. 그는 혁명적인 정치적 활동이 언젠가는 건설적인 사회변화를 가져
올 것이라 생각했지만 미신이나 무관심이 진보적 사상과 뒤섞여 그러한 가능성
을 의심스럽게 만들지도 모른다는 점을 우려했다. 그는 계급 구분을 뛰어넘어서
는 이야기하기도 힘들고 또한 그렇듯 조각난 세계에서 어떤 희망을 계속 가지기
도 어려운 중국의 현실을 뼈아프게 한탄했다. 1921년에 출판된 그의 빼어난 소
설 「고향」(故鄕)의 아름다운 결말에서, 그는 "희망이 있다고도 말할 수 없고 없
다고도 말할 수 없다. 그건 단지 땅을 가로지르는 길과 같다. 왜냐하면 처음부
터 땅에 길이 나 있는 것은 아니지만 다니는 사람이 많으면 길이 만들어지기 때

문이다."27)

이것이 비록 너무 모호하고 비관적이라고 하더라도 5·4운동의 사상인 동시에 후스의 사상이기도 했다. 그러나 루쉰은 30세 또는 그 이상이 된 다른 두드러진 5·4운동의 인물들과 마찬가지로 대체로 글의 영역에 행동이 제한되어 있었다. 천두슈가 금지된 내용의 글들을 유포하기 시작하고 그 때문에 체포되었을 때 이것은 새로운 참여, 곧 2단계의 시작을 의미했다. 미래에 대해 좀더 대담한 견해를 가진 청년학생들은 이러한 행동주의적 긴장감에 사로잡혔고 이것을 3단계로 확대시켜야 할 필요가 있다고 주장했다. 그들은 그들의 선배들이 "펜으로 세계를 전복시킬" 수 있다고 믿었던 것은 흔쾌히 받아들였다. 그러나 이 젊은 급진주의자들에게 5·4운동의 진정한 의미는 "우리의 맨주먹으로 어둠의 세력과 투쟁할"28) 때가 왔음을 깨달았다는 데 있었다.

코민테른과 중국공산당의 탄생

중국 청년들이 맨주먹으로 어둠의 세력과 싸우려면 공격계획을 용의주도하게 세울 필요가 있었다. 러시아 혁명세력이 가장 핵심적인 것을 제외한 나머지 모든 사항을 단념해야 할 만큼 난관에 봉착했음에도 불구하고, 그러한 계획의 초안 가운데 하나가 소련공산당의 노력으로 서서히 가시화되고 있었다. 1917년 볼셰비키의 정권 장악에 뒤따른, 특히 남부와 동부 러시아에서 백러시아군과의 전투는 고통스럽고도 장기적으로 진행되었다. 수많은 외국의 적대감은 계속되고 있었다. 경제적으로 신생 소련은 혼란 속에 있었다. 가장 실망스러웠던 것은 독일, 헝가리, 터키의 노동운동이 각국 정부에 의해 잔인하게 탄압되었고, 많은 이론이 예측한 것과는 달리 다른 산업세계에서 사회주의 혁명의 연속적 물결은 일어나지 않았다는 점이다.

다른 국가에서의 사회주의 혁명을 고무시키기 위해 레닌은 1919년에 제3 인터내셔널(코민테른)을 창립하여 그 해 3월 제1차 대회를 개최했다.* 모든 참가

---

* 쑨원이 참여했던 사회주의 제2 인터내셔널은 1915년에 해산되었다.

자들이 러시아나 유럽 출신이었지만, 그들은 '전세계 프롤레타리아'를 향한 선언을 통해 소비에트 형식의 정부를 찬양하고 다른 공산당에게 비공산주의적 노동운동에 강력히 대응할 것을 촉구하며 제국주의 세력에 대항하여 투쟁하는 모든 식민지 인민에 대한 지지를 표명했는데, 여기에는 일본의 침략에 저항하려는 중국인도 포함되었다. 전후의 영토분쟁이 유럽과 아시아에서의 민족주의 운동을 가열시킨 이 기간 동안 레닌과 코민테른 지도자들은 전략적 선택의 문제에 직면했다. 그것은 특정 반제 민족주의운동을 약화시키더라도 해외의 사회주의 혁명을 지원하는 데 모든 노력을 다하느냐, 아니면 강력한 민족주의 지도자—부르주아 개혁가라 하더라도—쪽을 지원하느냐 하는 것이었다. 1920년 7월에 개최된 제2차 코민테른 대회에서 레닌은 소련의 지원을 받는다면 후진국들이 자본주의 발전단계를 꼭 거칠 필요는 없다는 입장을 취했다. 그러면서 농민 소비에트와 부르주아 민주주의 정당과의 '일시적 동맹'을 장려했다.

　제2차 코민테른 대회가 열리기 전 이미 레닌은 두 명의 코민테른 특사—그리고리 보이틴스키와 양밍자이(楊明齋)—를 중국으로 파견하여 그곳의 상황을 조사하고 공산당 설립의 가능성을 타진하게 했다. 27세의 보이틴스키는 동부 러시아의 반볼셰비키 군대에 체포되어 사할린 섬에 투옥당한 적이 있었다. 그곳에서 그는 죄수 반란을 성공적으로 이끌어 명성을 얻었고 그 결과 이르쿠츠크의 시베리아 코민테른 본부에 배치되었다. 양밍자이는 시베리아로 이민간 중국인 가정 출신이었다. 그는 차르 시대의 마지막 10여 년을 모스크바에 살면서 공부했다. 보이틴스키와 양밍자이는 1920년 베이징에 도착하자마자 베이징 대학에서 러시아어를 가르치고 있던 러시아인 이민자와 접촉했다. 그의 추천으로 그들은 리다자오를 방문했고, 리다자오는 그들에게 천두슈를 만나라고 조언했다.

　5·4운동에서 주도적인 역할을 수행했고 그로 인해 3개월 간의 감옥생활을 한 천두슈는 베이징을 떠나 상하이로 갔다. 그는 프랑스 조계에 정착하여 『신청년』을 계속 발간했는데 이 잡지는 정치적으로 좌경화하여 자유주의자 후스와 같은 옛 지지자를 잃었다. 보이틴스키와 양밍자이가 1920년 5월 상하이에서 천두슈를 만났을 당시 그는 지적으로 왕성한 활력을 보이며 일본의 신촌(新村) 건설이론, 조선의 기독교 사회주의, 중국의 근공검학회 설립계획 그리고 존 듀이의 길드 사회주의 등을 포함한 광범위한 사회주의 유형들을 탐구하고 있었

다. 코민테른 특사들은 천두슈에게 명확한 방향감각을 부여하는 한편, 서로 조율되지 못한 채 혼재하고 있던 중국의 사회주의 집단들을 하나의 정치조직으로 묶어 낼 수 있는 기술을 제시했다. 공산당에 가담할 잠재성이 있는 사회주의·무정부주의·국민당 등의 핵심 요인들이 5월에 만나 그들의 임시 중앙위원회 의장으로 천두슈를 지명했다.

이후 수개월 동안 운동은 중요한 몇 단계를 거쳤다. 두 개의 전위조직인 중·러 정보국과 외국어 학교가 설립되어 공산당의 모집활동을 맡았다. 양밍자이와 남편을 따라 중국에 온 보이틴스키 부인은 중국 청년들에게 러시아어를 가르쳤다. 이 청년들은 러시아어를 배운 뒤 혁명조직가로서 진보된 훈련을 받도록 소련에 파견되었다. 또한 코민테른 특사들은 사회주의 청년회를 결성하고 사회주의 잡지도 월간으로 발행했다. 이렇게 시작된 써클은 외부로 퍼져 나갔다. 마오쩌둥의 지도 아래 공산주의자 그룹이 후난에서 결성되었다. 다른 그룹들도 같은 해에 후베이와 베이징에서, 그리고 중국 유학생들에 의해 일본에서, 그리고 근공검학 학생들에 의해 프랑스에서 결성되었다.

이 프랑스 그룹은 이후 중국공산당에서 특히 중요했다. 1919년과 1920년에 천 명이 넘는 중국의 청년학생들이 근공검학 계획에 자원했다. 이 계획은 상급 교육과정을 도덕적으로 엄격하고 심지어는 금욕적인 생활방식을 통해 추구했던 이전의 다양한 계획들(그 중 다수가 무정부주의자들에 의해 발전되었던)에서 발전되어 나왔다. 1919년 말에 배를 타고 프랑스로 간 그룹 가운데는 후난의 창사 출신으로 마오쩌둥의 절친한 친구들도 다수 있었다. 그들은 지역의 노동운동, 반군벌 반일 저항운동에 참여했고, 베이징의 첫번째 반제 5·4시위에 뒤이은 후난의 지역운동에서 활동했었다. 이보다 1년 늦게 프랑스로 건너간 사람들 중에는 5·4운동기 톈진 학생시위의 지도자로서 그 해 초반에 지방 정부청사를 습격하여 옥살이를 했던 저우언라이(周恩來)가 있었다. 프랑스 파견단에서 가장 어렸던 사람은 쓰촨 출신의 덩샤오핑(鄧小平)으로 그는 겨우 열여섯 살이었지만 중등학교를 졸업하고 프랑스로 갈 계획을 세우고 쓰촨 성민을 위한 특별 수련학교에서 1년을 보냈다.

프랑스에서 이 학생들은 대부분 파리나 파리 근교에 살았으나 일부는 리용 대학에 모였다. 그들은 특별 수업을 통해 프랑스어를 배웠고 공장 — 르노 자동차 공장 같은 곳—에서 일자리를 얻기도 하여 프랑스 노동조직과 사회주의 이론을 소개받았다. 가장 급진적인 후난과 쓰촨 출신 학생들은 지하잡지를 펴내고(이를 위해 애쓴 덩샤오핑은 등사인쇄의 '명예'박사학위를 받았다) 시위에 참여했으며 또 다른 방법으로 정치활동을 했다.

프랑스에 거주하던 후난 출신 학생 중에는 창사에서 마오쩌둥의 가까운 친구였던 젊은 여성 샹징위(向警予)가 있었는데, 그녀는 사회주의뿐 아니라 여권운동에도 적극적으로 참여했다. 샹징위는 역시 프랑스에서 일하고 있던 후난 출신 남성과 마르크스의 『자본론』을 함께 들고 사진을 찍는 것으로 그들의 결혼을 공표하는 혁명적 결혼을 했다. 그녀는 중국 여성에게 과학을 공부할 것을 촉구했고, 모든 여성은 교육의 기회를 박탈당하고 있으므로 정부는 남성과 똑같은 시험을 치르게 해서는 안된다고 주장했으며, 프랑스 근공검학 계획에 남녀의 수를 똑같이 하라고 요구했다.

학생들은 재정문제와 경쟁적인 이념그룹과의 논쟁으로 끊임없이 고통을 겪었다. 파리의 중국인 거주지 바깥에서 벌어진 저임금과 열악한 노동조건에 항의하는 일련의 시위들이 경찰에 의해 진압되자, 1921년 9월 성난 중국인 급진주의자들은 리용의 대학 건물을 점거했다. 103명의 시위자가 체포되어 송환되었다. 계속 잔류할 수 있었던 저우언라이와 덩샤오핑은 프랑스에서 공산당에 합류하여, 유럽의 중국인들을 적극적이고도 성공적으로 끌어들였다.

마오쩌둥 역시 어떤 연결이 있거나 자금이 있었다면 프랑스로 떠났을 테지만 그에게는 어느 것도 없었다. 대신 그는 1920년의 대부분을 상하이와 베이징을 떠돌면서 당시 중국어로 막 완역된 『공산당 선언』과 다른 마르크스주의 저서들을 읽고 토론했고 몇 달간은 세탁소 직원으로 일했다. 그 후 마오쩌둥은 영향력 있는 국민당 관리의 측근이 되어 창사로 돌아와 그곳 초등학교의 교장으로 임명되었다. 이제 자신의 예전 스승의 딸인 양카이후이(楊開慧)와 결혼할 돈이 생긴 그는 가을에 결혼식을 올렸고 같은 시기에 공산주의자 세포를 만들었다. 마오쩌둥은 작가, 편집장, 그리고 창사의 전통적인 노동자 길드를 통해 더 나은 노동조건을 얻어 내기 위해 투쟁하는 노동운동 지도자로서 후난 정치에서 중요한 역할을 수행하기 시작했다. 그의 이름이 당 지도자들에게 잘 알려져 있었기 때문에 그는 1921년 7월 상하이에서 열린 중국공산당 제1차 총회에 후난 대표로 참석하도록 초청받았다.

당시의 살벌한 정치적 분위기로 인해 중국공산당 대표들은 비밀리에 만나야 했다. 처음에 그들은 여름 동안 문을 닫은 프랑스 조계의 여학교 꼭대기 층에서 만났다. 수상한 방문객들이 주변을 캐기 시작하자 그들은 저장의 호수에 있는 보트로 장소를 옮겨 토론을 계속했다. 여러 가지 이유로 인해 천두슈와 리다자오는 모임에 참석할 수 없었다. 그리고 보이틴스키가 중국을 떠난 뒤 주도적 역할은 막 중국에 도착한 새로운 코민테른 특사이며, '마링'(Maring, 중국식 이름은 馬林―옮긴이)이라는 가명으로 활동하던 사람에 의해 수행되었다. 마링과 대략 60명의 중국 내 공산당원을 대표한 13명의 중국인 대표들은 그날의 중요한 안건들을 논의했고 소련과 기본적으로 입장을 같이하는 선언서를 작성하는 작업에 들어갔다. 가능하다면 그들은 자신들이 규정한 '객관적 상황'에 적용할 수 있는 당 발전의 대체적 전략도 수립할 계획이었다.

아마도 마링의 영향 때문이었겠지만 당의 역할과 조직에 대한 그들의 최종 결정은 통례적으로 레닌 노선을 따랐다. 대표단의 토론 요약문은 새로운 유형의 정치적 신조가 어떻게 소련에서 중국으로 이전되었는지 보여준다.

전환기의 투쟁전술을 정의함에 있어서 당은 프롤레타리아트가 부르주아 민주주의 운동에까지 참여하고 주도해야 한다는 것을 부정할 수 없을 뿐 아니라 그것을 적극적으로 요청해야 한다는 것이 지적되었다. 프롤레타리아트의 전투적이고 규율 있는 당조직을 요구하는 노선이 채택되었다. 노동조합 운동의 발전은 공산당의 임무 중에서도 중요한 사업으로 제언되었다.[29]

쑨원과의 동맹 가능성에 대해서는 긴 토론이 있었다. 어떤 공산당 대표들은 쑨원은 북양 군벌들만큼이나 나쁜 '선동가'이기 때문에 그와의 동맹은 있을 수 없다는 입장을 고수했다. 따라서 쑨원과 중국공산당은 "완전히 상반된 두 적대적 계급을 대표했다." 과반수 이상의 대표들은 이러한 부정적 입장을 거부하고 이렇게 선언했다.

쑨원의 가르침에 대해서는 대체적으로 비판적 입장을 취해야 한다. 그러나

그의 실질적이고 진보적인 다양한 활동들은 당을 초월한 협력의 형식을 채택
하여 지원해야 한다. 이러한 원칙의 채택은 나아가 공산당과 국민당의 합작과
반군벌 반제 운동의 발전을 위한 토대를 마련할 것이다.[30]

천두슈는 참석하지 않았지만 중국공산당의 총서기로 선출되었다. 그 후 대
표들은 자신의 고향으로 돌아가 조직원들에게 결정사항을 공지하고 필요한 곳
을 조사하며 새로운 당원을 모집했다. 13명의 대표가 광범위한 지역—베이징
과 상하이뿐만 아니라 광둥·후난·후베이·산둥—에서 선발되었기 때문에 그
들은 소식을 신속하게 전할 수 있었다. 그럼에도 불구하고 중국공산당은 전국
적 차원에서 볼 때는 여전히 미미한 세력이었다. 1922년 무렵 해외의 당원들을
제외하면 모두 200명 정도의 당원이 있었다.

그 해에 프랑스의 수많은 중국인 공산주의자들이 고국으로 돌아와 중국공산
당 조직에 새로운 힘을 실어 주었다. 돌아온 후난 공산주의자 가운데 샹징위는
공장의 여성 노동자들을 조직하는 데 뛰어난 능력을 발휘했다. 그녀는 당의 활
동에 새로운 영역을 개척해 주었고, 당의 또 다른 주요 지지세력을 확보해 주었
다. 거대한 방직·방적 공장의 여성(그리고 어린이) 노동자들은 중국에서 가장
잔혹하게 착취당하는 노동자들이었기 때문이다. 그러나 그녀의 남편은 얼마 지
나지 않아 새로 구성된 중앙위원회의 간부로 선출된 반면 그녀는 잠시 후보 당
원으로 임명되었다가 그 후로는 여성 활동과 연관된 비주류직에 머물렀다. 또
한 샹징위는 두 자녀—1922년생과 1924년생—가 있었기 때문에 당 사업에
몰두할 수 없었다. 그녀의 예는 중국공산당의 정책이 거의 전적으로 남성 중심
적이었다는 사실을 보여 준다.

1922년 1월 소련 지도자들은 모스크바에서 개최될 '극동노동자' 집회에 중
국인 대표를 40명 가량 초대하는 것이 적절하다고 생각했다. 여전히 모스크바
에 살면서 러시아어가 유창해진 취추바이는 중국 대표단의 통역인 중 한 사람
이었다. 모스크바의 끔찍한 상황과 심각한 식량 부족에도 불구하고 중국 대표
단은 몽골·조선·일본·자바·인도의 대표들과 함께 적어도 10여 차례의 총회에
서 회합했다. 그들은 코민테른의 대변인 그리고리 지노비예프의 연설을 들었
다. 그는 오직 전세계 프롤레타리아트의 단결만이 자본주의 세력을 물리칠 수

있다고 말했다.

> 역사의 과정은 이와 같은 문제를 제시해 왔다는 것을 기억하십시오. 여러분은 프롤레타리아트와 함께 독립을 얻거나, 그렇지 않으면 전혀 얻지 못할 것입니다. 여러분은 프롤레타리아트의 손에 의해, 그들과 협력하는 가운데 그들의 지도 아래 해방을 얻거나, 그렇지 않으면 영국·미국·일본의 비밀조직의 노예로 남게 될 것입니다.[31]

사실상 국민당 당원이었던 한 중국 대표가 쑨원이 지난 20년간 이야기해 온 바를 이제서야 소련이 제안하고 있다고 경솔하게 말하자, 소련 투르키스탄의 대표는 그를 꾸짖었다. 그에 따르면 "국민당은 위대한 혁명적 임무를 수행했다." 그러나 그것은 본질적으로 "민족민주운동이었다." 그것은 혁명운동의 '첫 단계'에는 필수적이지만 진정한 "프롤레타리아 혁명을 위한 투쟁"은 아니었다.

그럼에도 불구하고 어떤 방식으로든 국민당과 제휴하는 문제는 점점 더 자주 거론되었다. 중국에서는 마링이 연합할 것을 주장했고, 항저우에서 열린 1922년 여름 대회에서는 이것이 중국공산당의 선언의 일부로 채택되었다. 여기서 중국공산당은 "봉건적 형태의 군벌들에 대항해" 싸우기 위해 국민당과 일시적인 제휴를 추진하겠다고 선언하였다. 그런 민주적 혁명이 성공을 거두는 즉시, 제휴의 단계는 끝나고 프롤레타리아트는 "부르주아지에 대항하여 가난한 농민과 연합한 프롤레타리아 독재"를 달성하기 위한 "투쟁의 제2단계를 시작"하리라는 것이었다.[32] 이러한 교조적이고 도발적인 성명서를 만든 사람들의 눈에는 5·4운동의 산만하기 짝이 없는 열정과 구호들이 특별한 모습과 초점을 드러내고 있었다.

산업 부문

코민테른이 제공한 조직방법은 이제 중국인의 삶의 조건에 합당해야 했다. 중국 프롤레타리아트에 대한 추상적인 찬사는 그들의 대오 안에서 적극적인 선동

1912-1927년, 연간 석탄·철·강철 생산량[33]

연도	석탄 (1,000M.T.)*	철광석 (1,000M.T.)	주철 (1,000M.T.)	강철 (1,000M.T.)
1912	5,166	221	8	3
1913	5,678	460	98	43
1914	7,974	505	130	56
1915	8,493	596	166	48
1916	9,483	629	199	45
1917	10,479	640	188	43
1918	11,109	999	158	57
1919	12,805	1,350	237	35
1920	14,131	1,336	259	68
1921	13,350	1,010	229	77
1922	14,060	859	231	30
1923	16,973	1,243	171	30
1924	18,525	1,266	190	30
1925	17,538	1,019	193	30
1926	15,617	1,033	228	30
1927	17,694	1,181	258	30

* 1,000kg = 1M.T.

으로 대체되어야 했다. 산업지표는 급진주의자들을 고무시키기에 충분했다. 왜냐하면 국가의 정치적 분열에도 불구하고 1920년대 초반 동안 중국의 산업 경제는 청 말의 수준보다 상당히 성장했기 때문이다. 전에 존재했던 산업의 확장과 중국 기업가들에 의한 새로운 산업발전, 외국 차관으로 건설한 철도의 연장, 그리고 중국 영토에서 외국이 주도하는 중공업의 발전에 따라 성장은 여러 방면에서 이루어졌다. 이러한 발전들은 역으로 중국 산업노동력의 본질과 형성에 변화를 가져왔고 산업 경영에 새로운 긴장감을 조성했다.

청 말기 산업의 발전은 광산, 철강 제조, 직물 생산 부문에서 가장 현저했으며 이 발전은 공화국 초기 동안에도 계속되어 군벌시기까지 이어졌다. 군벌세력의 부침에도 불구하고 연간 생산량은 공화국 초기 동안 석탄·철·강철 생산의 지속적 증가를 보여주었다. 이 생산성의 중심은 청의 총독이었던 장즈둥의 지도 아래 건설된 우한 지역의 한예핑 공사였다. 한양의 주요 제철소와 다예(大冶)의 철광, 핑샹(萍鄕, 장시 성 서쪽 끝에 있음)의 탄광으로 구성된 이 복합 단지에는 2만 3천 명의 노동자가 고용되어 있었기 때문에, 바로 이곳에서 마오쩌둥을 비롯한 중국공산당 당원들은 처음으로 노동조직에서 의미 있는 경험을 얻었다.(위의 표에 보이는 강철 생산의 현저한 하락은 1922년 한양 공장의 폐쇄 때문이다.) 리훙장의 인준으로 중국 정부가 최초로 허가한 철도가 부설되었던 카이핑 탄광은 1920년에는 2만 5천 명, 1922년에는 5만 명 정도의 광부를 고용한 탕산 지역의 거대한 북부 탄광지대의 일부가 되어 버렸다. 이 광산들은 중-영 신디케이트에 의해 경영된다고 알려졌지만 영국이 채굴권을 독점하게 되자 중국인은 실제적인 통제력을 잃었다.

같은 기간에 중국인이 통제하는 면직 공업지역도 확대됐는데 특히 상하이에서는 1919~1920년경 공장에 고용된 10만 명의 노동자 가운데 60%가 중국인 소유의 공장에서 일하고 있었고, 나머지는 영국인이나 일본인이 경영하는 사업장에서 일하고 있었다. 중국인이 투자한 다른 중요한 섬유공장들은 우한·광저우·창사·톈진에 있었다. 베이징은 카펫 제조의 중심지로 206개 공장에 6천여 명의 노동자들이 일하고 있었다. 또한 중국인들은 청 말에 처음 개발된 해운사업에서도 상당히 적극적이었다. 해운업은 특히 남부와 서부 지역의 내륙 수로에서 활발했다. 기계공구 작업에서 특화된 중국인 회사들은 이 모든 산업에서 복잡한 새로운 기계류를 유지하고 보수하는 데 필요한(망가진 방추, 선박 엔진, 또는 마모된 증기기관 등) 전문적인 기술력을 발전시켰다. 이런 기계에 대한 지식은 제1차 세계대전 동안 외국의 예비 부품을 구할 수 없을 때 꼭 필요했다.

중국의 새로운 산업 가운데 가장 의미 있는 것은 담배 제조업이었다. 남양담배회사(南洋兄弟烟草公司)는 본래 해운업으로 자본을 모은 광저우의 젠(簡)씨가에 의해 설립되었다. 1905년과 1915년 사이에 그들은 동남아시아에 상당한 담배 판매망을 구축했다. 1915년에 그들은 중국의 주요 시장에 진출했고 미국과 일본에서 개발한 기계 제조법을 도입함으로써 연간 판매량을 9억 3천만 개비에서 1919년에는 거의 20억 개비로, 그리고 1920년에는 다시 그것의 두 배로 올렸다. 젠씨가 사람들은 서양식 광고기술을 과감하게 사용하기 시작한 최초의 중국 기업가에 속했다. 그들은 광고판, 경품을 사용했고, 중국에서 가장 인기 있는 전통 소설의 인물 그림을 담은 담뱃갑, 그리고 판매량을 올리기 위한 대중적 문구까지 사용했다. 또한 그들은 종교적·대중적·애국적 집회에서도 담배를 판매할 수 있다는 것을 알고 미국이나 영국 경쟁자들을 꺾고 판매고를 올리기 위해 민족주의를 교묘히 이용했다. 그들은 미국의 이미지를 빌려 가장 비싼 담배이름을 '자유종'이라고 붙였다. 남양담배회사는 1919년 공개 기업이 되었고 그 후 4년 동안 1,500만 위안어치를 팔았다. 가문은 회사 지분의 60%를 소유했다. 하지만 업무 면에서 외국적인 요소가 남아 있었기 때문에 완전한 중국인 회사라고 말할 수는 없었다. 젠씨가는 미국의 담배잎을 대량 수입했으며, 일부 공장을 홍콩에서 운영했다.[34]

같은 시기에 이와 유사한 중요한 발전이 중국의 은행업에서도 이루어졌다. 청 왕조 동안 대부분의 신용장과 환어음은 주요 도시에 지점을 둔 산시(山西)의 여러 은행들에 의해 좌우되었다. 왕조 말 2개의 국립은행과 6개의 지방은행이 설립됨으로써 이 은행들의 준독점이 깨어지게 되었다. 왕조가 몰락할 당시 새로 설립된 은행들은 모두 3,700만 냥의 자본을 보유했다. 1914년경에는 17개의 대규모 중국 은행의 총 자산이 1억 2,400만 위안이었고, 1918년에는 37개 은행에 1억 7,900만 위안으로 증가했다. 이 은행들 가운데 일부는 완전히 잘못 경영되기도 하고, 적절한 정금(正金)을 보유하지 않은 채 막대한 액수의 화폐를 발행한 군벌에 의해 파산하기도 했다. 1920년 전국은행협회(銀行公會)가 결성되어 본위(本位)의 채택을 촉구했으며, 이듬해에는 통화개혁에 대한 규정을 통과시켰다. 점차 여러 종류의 예금은행, 체신은행, 신용협동조합 등이 중국의 확대되는 경제에 발맞추어 등장했다.

산시(山西) 성의 쿵(孔)씨가 사람들은 이런 과정을 잘 보여주는 예이다. 청 중반에 단순한 전당포로 시작한 이들은 왕조 말기에 중국 북부에서 송금사업을 잇달아 개업했고, 그 이후 영아석유회사(英亞石油公司)와 다른 대기업들의 금융 및 배급 대리인이 되었다. 가문의 장자인 쿵샹시는 오버린 대학에서 학사를, 예일 대학에서 경제학 석사학위를 받은 뒤 1914년 찰리 쑹의 큰딸인 쑹아이링과 결혼했다. 아이링의 세 남자형제(둘은 하버드에서, 하나는 벤더빌트에서 유학했음) 모두가 중국으로 돌아와 사업을 물려받고 쿵샹시와 함께 재정부장이나 가맹 은행가로서 국민당에 공헌하게 되면서 금융 왕국의 기반을 닦게 되었다. 쑹아이링의 여동생이 1914년 말에 쑨원과 결혼하자 정치적 커넥션까지 교묘하게 완성되었다.

이 시기 중국 정부 지도층의 급격한 변동과 장기적 안정의 희박한 가능성에

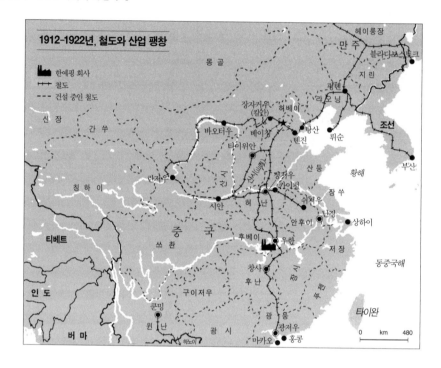

도 불구하고 국제은행단은 계속해서 중국기업에 차관을 제공했다. 이전과 마찬 가지로 이 차관의 가장 많은 부분은 철도 부문에 투자되었다. 1912년에서 1920 년 사이에 중국에는 1,600km의 철도가 추가로 건설되어 총 길이가 1만 1,263km로 연장되었다. 이 가운데 3분의 1 가량이 만주에 있었고 대부분은 일 본 자금으로 건설되었다. 다른 주요 노선들 가운데서 동부의 쉬저우(徐州)에서 카이펑을 지나 결국—바라던 대로—산시의 시안을 거쳐 간쑤 지방에 이르는 철도 건설자금이 유럽의 은행가들에 의해 조달되었다. 광저우로 가는 남부의 우한—창사선의 작업이 1918년에 완성되었고, 1922년에는 칼간(장자커우)—베 이징선이 황허 강의 북쪽 굽이에 위치한 바오터우(包頭)까지 연장되어 한때 완 전히 소외되었던 지역을 수도까지 연결시켰다. 이 건설자금은 미국과 일본의 합작으로 조달되었다.

이러한 모든 사업에서 철도 건설 비용으로 준비된 돈의 많은 부분이 베이징 정부에 의해, 또 군사적 목적에서 지역군벌들에 의해 빼돌려졌다. 1918년의 유 명한 '니시하라(西原) 차관'(일본 정부가 철도와 산업발전을 위해 당시의 군벌 총리인 돤치루이에게 대출해 준 것으로 추정되는) 1억 2천만 위안과 같은 경우에는 전액이 특정한 군사·정치적 목적으로 유용되었다. 이 '차관'은 본질적으로 중국에서 일본의 이익을 보호하기 위해 돤치루이에게 증여된 뇌물이었기 때문에 일본은 이것을 더 이상 문제삼지 않았다. 그러한 부패가 아니었더라면 중국의 철도망은 더욱 빠르게 확대되었을 것이다. 그럼에도 철도는 상업과 공업에서 핵심적인 역할을 수행했고 노동세력에 새로운 요소를 가져다 주었다. 국가체계에 편입된 철도의 55%가 대략 7만 3천 명의 노동자를 고용했기 때문이다.

그러나 이 시기에 경제적 측면에서 가장 현저한 부분은 중국에 대한 외국 투자가 특히 외국인이 주도하는 산업분야에서 눈에 띄게 지속되었다는 점이다. 세계의 산업 국가는 중국을 값싼 노동력이 풍부한 자원국으로서뿐만 아니라 무한대의 잠재적 시장으로 보았다. 청의 몰락이 외국의 경제력으로부터의 독립을 가져다 주지는 않았다. 중국의 경제가 확대되고 있던 1912년에서 1923년 사이에도, 예컨대 해운업에서 총액대비 외국인 투자 비율은 77%, 면방직업에서는 45%로 여전했다. 1914년에 90%를 차지했던 탄광업에서 외국인의 몫은 1922년에는 감소했지만 그래도 78%나 점했다. 중국의 대외무역은 다양한 종류의 상품을 망라했음에도 불구하고 1912년부터 1928년까지 계속 적자를 내고 있었다.(386쪽의 표를 보라.)

일부 회사, 은행·해운·섬유(전에는 아편) 부문에서는 영국의 자딘-매시슨사, 중장비와 무기에서는 독일의 칼로비츠사(이 회사는 크룹사의 대리인이었다), 보험과 해운업은 일본의 미츠이(三井)사, 영·미담배회사(駐華英美烟有限公司), 미국의 스탠다드 석유회사와 싱어 재봉틀회사 등이 업계를 장악하고 있는 것으로 보였는데, 사실상 이루 다 손꼽을 수가 없었다. 1918년의 집계에 따르면 중국에는 거의 7천 개에 달하는 다양한 회사와 외국기업의 지사가 있었고 그들은 중국 경제의 많은 부분에 진출해 있었다. 비록 이 외국기업이 중국의 국내총생산(GDP)의 10%였을지라도, 쑨원과 중국공산당이 중국 내 외국 제국주의세력에 대해 가한 비난은 여전히 유효했다. 이러한 경제력은 중국의 일부 급진세력에게는 1917년 출판된 레닌의 『제국주의, 자본주의의 최고단계』의 이론을 증명해 주는 것으로 보였다. 레닌은 자본가들이 자국의 노동자를 달래기 위한 마지막 필사적인 시도로 그들의 생활수준을 높이기 위해 외국의 천연자원과 값싼

1913-1928년, 중국의 대외무역 구성비[35)]

	1913	1916	1920	1925	1928
수입					
면제품	*19.3	14.1	21.8	16.3	14.2
면사	12.7	12.4	10.6	4.4	1.6
원면	0.5	1.6	2.4	7.4	5.7
쌀/밀	3.3	6.6	0.8	6.8	5.7
밀가루	1.8	0.2	0.3	1.6	2.6
설탕	6.4	7.1	5.2	9.5	8.3
담배	2.9	5.8	4.7	4.1	5.1
종이	1.3	1.8	1.9	2.0	2.4
등유	4.5	6.2	7.1	7.0	5.2
석유	—	0.2	0.4	0.9	1.4
수송 자재	0.8	4.0	2.6	1.9	2.3
화학품·염료·안료	5.6	4.1	6.4	5.6	7.5
철·강철과 기타 금속품	5.3	5.1	8.3	4.7	5.4
기계류	1.4	1.3	3.2	1.8	1.8
기타	34.2	29.5	24.3	26.0	30.8
	100.0	100.0	100.0	100.0	100.0
수출					
비단·비단제품	25.3	22.3	18.6	22.5	18.4
차	8.4	9.0	1.6	2.9	3.7
콩·콩깻묵	12.0	9.3	13.0	15.9	20.5
종자·기름	7.8	8.4	9.1	7.9	5.8
계란·계란제품	1.4	2.6	4.0	4.3	4.4
피혁	6.0	6.0	4.3	4.0	5.4
광석·금속	3.3	6.3	3.2	2.9	2.1
석탄	1.6	1.2	2.3	2.6	2.9
면사·면제품	0.6	0.8	1.4	2.0	3.8
생면	4.0	3.6	1.7	3.8	3.4
기타	29.6	30.5	40.8	31.2	29.6
	100.0	100.0	100.0	100.0	100.0

* 당시 가치율

노동력을 착취할 것이지만, 그러한 행동은 결국 자기 파멸을 초래하고 세계혁명을 앞당길 뿐이라고 주장했다.

당시 중국의 산업노동력의 상태가 매우 유동적이었기 때문에 노동자를 조직화하려는 중국공산당의 계획은 실행되기 어려웠다. 많은 중국인이 이제 막 싹트

1912-1928년, 중국의 무역 불균형[36)]

	당시 시가*			총 무역가치 지수 (1913 = 100)
	순수입	순수출	수입 잉여	
1912년	473	371	102	86.7
1913년	570	403	167	100.0
1914년	569	356	213	95.1
1915년	454	419	35	89.7
1916년	516	482	34	102.5
1917년	550	463	87	104.0
1918년	555	486	69	106.9
1919년	647	631	16	131.3
1920년	762	542	220	133.9
1921년	906	601	305	154.8
1922년	945	655	290	164.4
1923년	923	753	170	172.2
1924년	1,018	772	246	183.9
1925년	948	776	172	177.1
1926년	1,124	864	260	204.2
1927년	1,013	919	94	198.4
1928년	1,196	991	205	224.6

* 단위는 100만 해관냥(海關兩)이며, 해관냥의 1냥은 대략 3분의 2 위안 또는 중국 달러.

기 시작한 새로운 산업분야에 흡수되긴 했지만, 아직도 4억 5천만 인민이 토지에서 전통적 방식으로 일하고 있었으므로 노동자의 숫자가 과장되어서는 안되었다. 해마다 50만 또는 그 이상의 농업 노동자들이 만주로 한시적 이민을 가서, 세계시장을 위해 방대한 규모로 콩과 같은 환금작물을 재배하면서 유동적인 농촌 프롤레타리아트를 형성했다.(생산된 작물은 새로운 만주 철도망을 통해 해안까지 운반되었다.) 더욱이 우리가 '산업'노동자라 부를 수 있는 대부분의 노동자들은 전통적인 작업장에서 옛 방식으로 일하던 공장(工匠)들이거나 자영업자 또는 자영업자 집단에 느슨하게 결합되어 있는 사람들이었다. 작업은 길드에 의해 감독되었는데, 이것 역시 청대에 존재했던 것이다. 길드는 일정 정도 임금을 보장하고 일정 수준의 품질을 유지시키며 특정 생산현장에 투입되는 노동자를 배당했다. 인력거꾼이나 견선노동자와 같은 또 다른 노동자들은 조직을 결성하고 파업도 시도했지만 프롤레타리아트의 일원으로 부를 수는 거의 없었다.

매년 상당수—아마도 1922년경까지 25만 명 정도—의 중국인이 토지나 과거의 기능직을 버리고 산업화된 도시의 새로운 공장·부두·철도에서 일자리를 찾았다. 이런 노동력은 당연히 고용주들에게는 골칫거리였다. 계절에 따른 농사주기에 여전히 묶여 있던 이들은 임금을 받고 수확기나 파종기에 일을 그만두기 때문이다. 어떤 이들은 산업노동의 반복적인 정확성에 제대로 적응하지 못하고 부주의하게 실수를 저지르거나 사고를 당하는 고통을 겪었다. 기계 생산에 대한 지식이 전무했던 이들은 새로운 기술을 전혀 익히지 못하기도 했다.

일부 노동자들의 미숙함이 고용주들을 화나게 했다면 고용주들이 노동자에게 보인 무관심과 무감각은 그 이상이었다. 임금은 낮았고 노동시간은 최대한 길었으며 휴가는 드물거나 아예 없었다. 의료 지원이나 보험은 거의 없었고 주거—종종 공장주나 탄광주에 의해 제공되는 기숙사—는 끔찍스러웠다. 노동자들은 자신의 이름보다는 번호로 인식되게 마련이었다. 작업장에서 감독자에 의한 학대와 위협은 다반사였다. 임금은 사소한 이유로 삭감되었고 종종 상납도 요구했다. 여성노동자는 일부 직물공장에서 노동력의 65%를 차지하면서 대개 남성의 수를 웃돌았는데 임금은 남성보다 낮았다. 많은 산업분야에서 아동노동이 이루어졌는데, 특히 방적공장에서 많았다. 12세 정도의 어린 여자아이들이 거의 끓다시피 하는 물이 담긴 통에 맨손을 담그고 누에 고치에서 비단실을 뽑는 작업에 배치되어 심각한 피부 감염과 부상을 입었다.

1919년 5·4학생운동가들을 지지하여 노동자들이 파업을 결정한 일은 중국사에서 새로운 중요한 발전을 의미했다. 이러한 파업이 처음에는 아주 작은 규모로 발생했지만, 이후 시위자들은 정기적으로 불의에 대항하는 도구로서 파업을 효과적으로 이용했다. 1921년 중반 이후 갓 태어난 중국공산당이 종종 파업에 개입했지만 대개는 독립적인 노동자 그룹이 자신들을 위하여 활동했다. 소규모 파업의 형태는 1922년 홍콩과 광저우에서 발생한 대규모 보이코트 사건을 계기로 급격히 사라졌다. 국민당 활동가들의 지도에 따라 3만여 명의 선원과 부두노동자들이 파업을 일으켜 25만 톤이 넘는 화물을 싣고 있던 150척의 배를 움직이지 못하게 했던 것이다. 1922년 3월 파업자의 수가 12만 명으로 증가하자(이제 동정적인 야채장사, 전차선로 노동자, 전기공 등이 가담했다), 고용주들은 항복했다. 선원들은 15%에서 30%에 이르는 임금 인상이라는 물질적 혜택뿐만 아니라 노동조합의 권리를 인정받는 성과도 얻었다.

오래지 않아 1922년 5월에 두 명의 젊은 공산당원──리리싼(李立三, 프랑스에서 막 돌아온)과 류사오치(劉少奇, 중국공산당 1차 대회 이후 모스크바에 파견된 첫번째 공산주의자 학생들 가운데 하나였던)──이 안위안(安源) 탄광 광부와 다예 제철공장 노동자의 노동조합 전위조직으로 '노동자 구락부'(俱樂部)를 결성하기 시작했다. 이와 유사한 구락부들이 곧 중국의 도시들로 퍼져 나갔다. 종종 공산당의 직접적인 지도를 받으면서 이 구락부들은 납 광부, 면화 운반인, 인쇄공, 분말계란 만드는 사람, 인력거꾼, 그리고 우한에서 남북으로 이어지는 철도에서 일하는 철도 노동자 등 상당히 다양한 부류의 노동자들 사이에서 조직되었다.

그러나 파업의 대가는 너무나 컸다. 고용주들은 파업자의 이름을 기억해 두었다가 파업이 끝났을 때 이들을 해고시켰다. 어떤 파업자들은 경찰과의 충돌에서 협박을 당하고 야만스럽게 구타당했으며 죽기도 했다. 한 슬픈 사례가 북부의 군벌 우페이푸(吳佩孚)의 관할에 있던 우한─베이징선 철도파업(京漢路工人罷工)에서 발생했다. 허난 탄광을 경영하는 영국인이 철도의 혜택을 본 것처럼 우페이푸 역시 철도의 덕을 톡톡히 보고 있었는데, 그의 수입의 대부분이 철도운임이었다. 중국공산당은 이 철도의 개별적인 16개 노동자 구락부를 하나의 총노동조합(總工會)으로 연대하도록 적극적으로 선동했고 1923년 2월 2일에 마침내 그것이 이루어졌다. 우페이푸의 명령에 따라 경찰이 습격하자 새 노동조합은 즉시 2월 4일에 총파업을 선언하고 철도를 폐쇄하는 데 성공했다. 노동자들이 일터로 돌아가라는 우페이푸의 명령을 무시하자, 2월 7일 그는 2명의 휘하 장군에게 군대를 출동시켜 파업 노동자들을 진압하라고 지시했다. 35명의 노동자가 죽었고 수많은 부상자가 발생했다.

바로 그날 노동조합의 우한 지부 지도자인 린샹첸(林祥謙)──푸젠에서 출생하여 철도에서 일하기 위해 우한으로 이주한 기술자──은 자신의 집에서 체포되어 조합원들에게 일터로 복귀하도록 지시하라는 요구를 받았다. 그가 이를 거절하자 그는 역 구내에 모인 노동자들 앞에서 참수되었고, 그의 머리는 역 전신주에 효수되었다. 다른 노동조합들의 동조 파업이 확산되었음에도 불구하고 철도 노동자들은 2월 9일에 일터로 돌아갔다. 이것은 새로운 종류의 전쟁이었다.

*14*장 │ 충돌

최초의 동맹

1920년대 초반 쑨원은 군사적 상황이 바뀔 때마다 상하이와 광저우를 오가면서 정치 권력에 대한 희망을 근근이 유지하고 있었다. 1921년 과 1922년의 일정기간 동안 광둥의 군벌인 천중밍(陳炯明)의 보호를 받고 있던 쑨원은 남하한 옛 베이징 국회의 생존자들이 새로 선포한 중화인민정부의 '비 상 대총통'으로 추대되었다. 그러나 천중밍은 광저우를 전국 통일운동의 기지 로 이용하려는 쑨원의 계획에 반대하고 1922년 8월 그를 광저우에서 추방해 버렸다. 쑨원은 분명히 그 지역에서 정권을 수립하고자 했던 청 초의 선배들— 복명(復明)주의자 계왕(桂王)이나 남부의 번왕 상즈신—만큼이나 성공적이지 못했다.

또 다시 도망자의 신세가 되었지만 쑨원은 여전히 자기 정당의 우두머리였 다. 1919년 혁명당을 해산하고 국민당을 재건한 그는 오랜 동지인 후한민과 왕 징웨이(汪精衛)에게 당을 개혁할 새로운 원칙을 수립하도록 했다. 국민당 안에 서 새롭게 부각된 인물은 장제스였다. 상하이 시대의 어두운 과거에서 벗어나 천중밍의 남부군대에서 야전장교로 근무하던 장제스는 1922년에 절망적 상황 에 처해 있던 쑨원의 광저우 탈출을 도왔다.

쑨원이 남부에서 국가 통일운동을 지도하던 1921년에 코민테른 특사인 마링이 쑨원을 방문했다. 그들의 대화가 특별한 합의사항을 이끌어내지는 못했지만 쑨원은 그 해에 레닌이 시작한 신경제정책이 소련의 완고한 사회주의에 변화를 가져오는 매우 고무적인 진전이라고 생각했던 것 같다. 더구나 오랫동안 다른 외국 정부들의 도움을 구했지만 늘 실패했던 쑨원은 재정이나 군사 지원을 제공하겠다는 코민테른의 제안에 관심을 보였다. 1922년 가을 쑨원이 상하이에 정착하자 코민테른은 중국에 더 많은 특사를 보냈고 쑨원은 공산주의자의 국민당 입당을 허락했다. 마침내 1923년 1월 쑨원은 소비에트의 외교관인 아돌프 요페와 확대회의를 열었다. 두 사람은 공동성명서를 냈는데 그 표현은 절제된 것이었지만 소련과 국민당 양측에 새로운 정책이 출현했음을 표명하기엔 충분했다.

쑨원 박사는 공산주의적 질서나 심지어 소비에트 체제가 중국에 실질적으로 도입될 수 없다는 입장을 견지했다. 그 이유는 중국에 공산주의나 소비에트주의 그 어느 것도 성공적으로 건설될 만한 조건이 없기 때문이다. 요페 씨 역시 이 견해에 전적으로 공감했으며 나아가 그는 중국의 가장 중요하고 시급한 문제는 국가적 통일을 이루고 완전한 민족의 독립을 쟁취하는 것이라는 의견에 뜻을 같이했다. 이러한 중대한 과업에 대해 그는 쑨원 박사에게 중국이 러시아 인민의 가장 따뜻한 애정을 받고 있으며 러시아의 지원을 기대해도 좋다는 것을 다짐했다.[1]

불과 한달 후 중국 군벌 내의 극심한 권력변동 속에서 새로운 군벌 연합세력이 천중밍을 내쫓자 쑨원은 광저우로 돌아갔다. 이번에는 군사정부를 세우고 스스로 대원수(大元帥)에 취임함으로써 쑨원은 이 존엄한 칭호가 그의 휘하 장군들에 대한 절대적인 통제력을 부여해 줄 것으로 기대했다. 휘하의 장군들은 자신의 출신 지방에서 군대를 통솔했는데 출신지를 보면 광둥이 가장 많았고 윈난과 광시, 그리고 후난과 허난 출신도 많았다. 쑨원의 군사정권은 국내 및 외교 문제, 재정, 국가 재건을 담당하는 부서들로 구성되었다. 옛 국회의 잔여 의원과 정치적 결정을 조정하려는 시도는 더 이상 없었다. 의원들 대부분은 베이징으로 돌아갔는데 그들은 거기서 계속해서 국회의 정족수를 채워 일말의 정통성이라도 확보하려는 후임 총통들의 포섭대상이 되었다. 1923년에 의원들은 새로운 법안을 논의하기 위해 참석할 때마다 미화로 20달러씩 받았고 베이징에 남아서 부탁하는 대로 투표하는 데 동의할 경우 5천 달러를 보너스로 받았다.

광저우의 군사정권을 안정시키기 위해서 쑨원은 원조가 필요했으며 소련은 기꺼이 이를 제공하고자 했다. 이러한 소련의 입장 배후에 있는 전략적 사상은, 세계혁명을 자극하려는 욕망과 자국의 국경선을 안전하게 보장받으려는 욕망 사이의 긴장에서 비롯되었다. 동아시아에서 소비에트의 안전을 위협하는 가장 큰 세력은 이미 1904~1905년 전쟁에서 러시아를 물리치고 소련의 남쪽 국경인 만주의 지배자가 되어 가고 있던 철저한 반공(反共) 사회인 일본임이 분명했다. 쑨원은 만주를 가로질러 블라디보스토크에 이르는 주요 연결로가 되는 동청철도를 중·소 합작으로 경영하는 데 지원할 것을 표명했다. 결국 일본의 야망을 제지할 만큼 중국이 강력해지는 것이 소련에게 유리했다. 동시에 소련은 베이징 정권과 북부의 다른 군벌들과도 외교협상을 계속하여 1924년 초에 중국의 외교적 승인을 받아냈다. 그러나 소련의 관찰자들은 북부 지방에 국가를 통일시킬 만큼 강력한 인물이 있다고 확신하지 못했다. 게다가 돤치루이를 통한 일본의 책략과 베르사유 조약의 결과는 중국이 결국 일본의 노예가 될 운명임을 보여주는 듯했다.

1923년까지 300명의 당원을 헤아리게 된 중국공산당은 아직도 형성단계에 있었고 국가를 이끌어 가기에는 너무도 취약했다. 우페이푸에 대항하여 파업했던 철도 노동자들의 운명은 이를 잘 웅변해 주었다. 중국공산당의 4대 선결 과제(국가 통일, 사회주의 혁명을 위한 도시 프롤레타리아트의 조직화, 참혹한 빈곤과 착취로부터 중국 농촌의 해방, 외국 제국주의 세력의 근절) 가운데 공산당이 다른 세 가지를 진행시킬 기회를 얻기 위해서는 국가 통일의 과제를 우선적으로 내세우는 것이 합리적이었다. 그러므로 코민테른은 쑨원의 명망 덕분에 이미 전국적 영향력을 갖고 있는 국민당 조직과 제휴하고 이를 강화시키기로 했다. 중국공산당 당원들은 그들의 당적을 그대로 유지하면서 국민당에도 가입하여 후에 그들의 목적에 따라 국민당 조직을 이용할 수 있도록 했다.

1923년에 연합 전략이 가능했던 또 하나의 이유는 국민당의 원로 정치인들이 소련에 우호적이었기 때문이다. 예를 들어 쑨원의 광저우 군사정부의 총참의(總參議)였던 후한민은 레닌의 반제국주의론이 민족주의적 이념에 훌륭한 기반을 마련해 주었다고 생각했다. 또한 후한민은 유물사관을 예찬하고, 사회의 상부구조—정치적·지적·정신적—의 요소들은 단지 기본적인 경제적 토대와 생산양식의 반영일 뿐이라는 이론을 받아들이지 않는 리다자오를 비난했다. 나아가 그는 옛 중국의 전통사상 학파에서 마르크스-레닌주의 요소들의 선례를 찾아보려 했다. 1922년 말 쑨원의 요청으로 후한민과 왕징웨이가 작성한 국민당 선언문에서 그들은 미국과 유럽 사회의 결정적 결함은 "재산의 불균등한 분배"라고 쓰고, 중국은 "세계 다른 곳의 혁명적 변화에 따라 시작된 새로운 세계의 시대를 공유"할 것이라 천명했다.

중국공산당의 지도자 천두슈는 합작에 대해 좀더 민감했다. 이제 막 공산당을 출범시킨 그는, 마링이 국민당은 "부르주아지의 당이 아니라 모든 계급의 연합 정당"이라고 주장했음에도 불구하고 국민당이 동맹 대상으로서 얼마나 유용하고 신의가 있을지 회의적이었다. 천두슈는 "정당간의 연합은 계급조직을 혼돈시키고 우리의 독립 정책을 제한한다"고 말했다.[2] 그러나 리다자오는 합작을 지지했다. 그는 사회주의 혁명의 준비가 된 다수의 중국 도시 프롤레타리아트의 존재에 대해 천두슈만큼 확신하지 못했고 또한 중국을 민족이 중심적인 이슈가 되는 '프롤레타리아화된' 국가라 개념지었다. 그는 "하층계급 유색인종과 상류계급 백인종 사이의 계급투쟁은 이미 싹튼 상태"이며 "그러한 상황에서 백인 제국주의에 대항한 중국인의 연대가 중요하다"고 생각했다.[3]

합작을 굳건히 다지고 국민당을 재조직하는 과제는 1923년 10월 6일 광저우에 도착한 지 일주일 뒤 쑨원이 국민당의 '특별 고문'으로 임명한 코민테른 특사 보로딘에 의해 달성되었다. 보로딘(본명은 미하일 그루젠베르크)은 1884년 러시아 유태인 가정에서 태어나 라트비아에서 성장했다. 1903년 레닌을 위해 비밀리에 일하기 시작한 그는 1905년 혁명이 실패하자 미국으로 건너가 인디애나의 밸퍼레이소 대학에서 수학했고 시카고에서 이민 가정 어린이들을 위한 교사로 일해 성공했다. 1917년 레닌이 권력을 장악한 후 보로딘은 고국으로 돌아와 유럽·멕시코·미국에 대한 코민테른의 비밀업무를 도맡았다. 1923년 무렵 그는 이미 노련한 활동가가 되어 있었고 중국의 새로운 문제는 그에게 진정한 용기를 증명할 기회를 주었다.

보로딘은 모든 것을 고려하여 능숙하게 협상했다. 그는 중국공산당 지도자들에게 국민당과의 합작 정책이 장기적으로 당에게 이익을 가져오며 단기적으로는 도시나 농촌 노동자를 조직하는 데 보다 유연하게 대처할 수 있도록 해줄 것이라고 확신을 심어 주었다. 보로딘은 동시에 천중밍의 군대가 광저우를 재침공할지 모르는 급박한 상황을 이용하여 쑨원에게 더 급진적인 입장을 취하라고 강력히 요구했다. 만일 쑨원이 8시간 노동제와 적정선의 최소임금에 대한 확실한 계획을 밝히고 지주들의 재산을 압수하여 농민에게 재분배하겠다고 약속한다면 노동자와 농민은 즉각 쑨원의 군대에 가담할 것이라고 주장했다.

쑨원은 그런 과격한 계획을 추진하여 주요 동맹세력을 소외시키지는 않았지만 보로딘에게 정당을 개편하고 국민당 전국대회를 소집하도록 허락했다. 쑨원은 보로딘이 혁명 수행과정에서 민족주의의 중요성을 이해했으며 소련에서 얻은 그의 경험이 매우 소중하기 때문이라고 자신의 행동을 정당화했다. 러시아 인민이 외국의 지배를 받지 않는다는 것은 분명한 사실이었다. "우리 당과 그들이 지지하는 것은 삼민주의이며 양측의 이념은 유사하다. 그러나 우리 당은 아직도 효율적인 방법에서 부족함이 있기 때문에 그들에게서 배워야 한다."[4] 해외의 후원자들이 쑨원에게 약간 '소비에트화' 된 게 아니냐고 전보를 치자 그는 만일 중국공산당과 국민당의 제휴를 허락하지 않는다면 자신이 공산당에 가입하겠다고 답했다. 어떤 이들이 보로딘의 '진짜 이름'을 아느냐며 반유태주의적 논리를 펴려 하자 쑨원은 '라파예트'(미국의 독립을 도운 프랑스인―옮긴이)라고 대답했다. 1924년 1월 국민당 대회(165명의 대의원이 출석했는데 그 중 15% 정도가 공산당원이었다)에서 레닌의 죽음이 발표되자 쑨원은 레닌을 '위대한 인물'이라 칭하고 나서 "나는 당신이 제시해 준 길을 따라 나아가기를 원하며 적들이 이를 반대하더라도 나의 인민은 환영할 것"이라고 그를 공개적으로 찬양했다.[5]

보로딘은 쑨원의 입지와 국민당의 전체적인 규율 구조를 강화시키기 위해 노력했다. 쑨원의 삼민주의―반제민족주의, 민주주의, 사회주의―가 공식 이념으로 선언되었고 쑨원은 당의 종신 최고 지도자(總理)로 추대되었다. 보로딘은 소련의 '민주집중제' 개념을 도입했는데, 이에 따르면 일단 관련 위원회에서 과반수 이상의 동의를 얻은 국민당의 모든 결정은 모든 당원에게 구속력을 가졌다. 그는 주요 도시로 국민당 조직을 확대해 나갔고, 지역 당 본부의 합작 운영을 통해 새로운 당원을 적극적으로 모집했다. 그는 국민당 중앙집행위원회 아래 농촌이나 도시의 당원 모집과 정책, 청년, 여성, 군대 등의 문제를 다룰 국(局)을 특별히 만들었다. 특별위원들이 중국의 사회적 상황에 대한 정보를 수집하기 시작했다. 노동조합도 각별히 강화되었고 국민당 내의 공산당원들은 농촌지역에서 농민을 상대로 대대적인 선전활동을 시작했다.

국민당이 중국의 정치에서 강력한 세력이 되려면 자체 군사력을 키워야 한다는 소련의 결정 역시 중요한 비중을 차지했다. 광저우에서 16km 가량 하류로 내려가면 있는 황푸 섬이 새로운 군관학교를 설립할 장소로 선택되었고, 모스크바에서 국민당의 특별파견단의 일원으로 군사조직에 대해 수개월간 연구하고 막 돌아온 쑨원의 동지 장제스가 그 첫 교장으로 임명되었다. 보로딘은 프랑스에서 귀국한 공산당원 저우언라이를 그곳의 정치부 정치위원으로 임명함으로써 학교에서 국민당과 공산당 사이의 힘의 균형을 절묘하게 유지했다. 첫 생도들은 주로 광둥과 후난 성 출신의 중산층 청년들(입학할 때 적어도 중학교 졸업장이 요구되었기 때문에 대부분의 노동자와 농민은 제외되었다)이었다. 훌륭한 근대적 장비를 이용하여 그들은 소비에트 고문 바실리 블뤼허 같은 고도로 숙련된 고참 군인들로부터 강도 높은 군사훈련을 받았다.

황푸 생도들에게는 중국 민족주의의 목표와 쑨원의 삼민주의가 철저하게 주입되었다. 일부 생도들은 이미 공산당원이었거나 나중에 중국공산당에 가입했지만(예를 들면 1925년에 학교를 졸업한 후베이 출신의 린뱌오(林彪)) 대다수는 공산주의에 공감하지 않았고 장제스에게 맹렬히 충성을 바치게 되었다. 이 헌신적인 젊고 강인한 장교집단은 다가올 권력 투쟁에서 상당한 영향력을 행사하게 되는데, 그들의 능력이 처음 발휘된 것은 1924년 10월 15일의 일이었다. 그날 800명의 첫 입학생들은 장제스의 지휘 아래 지역 경찰과 다른 소규모 지방 군사학교 생도들의 지원을 받아 당시 국민당 시위대에 발포하고 압수한 무기가 실린 배를 나포하려 했던 광저우 상단군(商團軍)을 진압했다.

광저우 상단군을 진압하자 쑨원은 이 도시에서 인기를 잃게 되었다. 쑨원은 1924년 11월 베이징의 지배적 군벌이 개최한 '국가재건회의'에 참석해 달라는 초청을 받아들였다. 부인 쑹칭링과 왕징웨이 그리고 보로딘을 대동한 그는 베이징에 가기 전에 우선 국민당 충성파들과 만나기 위해 상하이에 들렀고 이어서 일본을 방문했다. 갑작스런 발병으로 일본여행을 앞당겨 끝내고 쑨원은 서둘러 베이징에 도착했다. 1925년 1월 의사들이 쑨원을 수술했는데 그의 병은 말기 간암이었다. 쑨원은 3월 12일 59세를 일기로 베이징에서 숨을 거두면서 짧고 애국적이며 친소적인 유언과 성명을 남겼다. 왕징웨이가 그의 유언서를 작성해 주었다고 알려졌지만 왕징웨이가 쑨원의 지위를 물려받았는지는 확실치 않다. 당시로서는 과연 누가 쑨원의 지위를 물려받을 수 있을지 아무도 예측할 수 없었는데, 그도 그럴 것이 그의 명성은 청조 말기와 일본 망명기를 포함한 오랜 기간 동안 혁명조직을 건설하면서 쌓아 온 그만의 것이었기 때문이다.

쑨원이 불과 14개월 전에 칭송했던 레닌도 죽고 이제 쑨원도 죽었지만 두 사람이 발전시켰던 전략의 추진력은 멈추지 않았다. 1925년 2월 쑨원이 죽어가고 있을 무렵에도 블뤼허의 지도를 받고 최근에 입수된 소련의 장총, 기관총, 대포 등으로 무장한 장제스의 황푸 생도가 이끄는 군대는 군벌 천중밍의 산터우(汕頭) 기지 근교에서 벌어진 일련의 전투에서 승리를 거두었고, 마침내 3월에 그 기지를 함락시켰다. 3개월 후 또다른 혁혁한 승리를 통해 그들은 광저우를 점령하려 한 2명의 다른 군벌들을 패퇴시켰다. 이 두번째 전투에서 장제스의 군대는 1만 7천 명의 포로와 1만 6천 정의 총을 손에 넣었다. 그들은 이제 전국적 열망을 실현할 준비된 군대처럼 활동하기 시작하였고, 3~4개의 정예부대만 있으면 중국을 휩쓸 수 있다던 초기의 블뤼허의 주장이 점점 더 허풍이 아닌 것으로 보이기 시작했다.

새로운 애국심과 결단력의 기운이 또다시 중국을 휘감고 있었으며 이러한 분위기는 1925년 5월 상하이에서 발생한 사건(5·30운동)들로 인해 고조되었다. 이 위기는 일본인 소유의 직물공장에서 파업 도중에 직장폐쇄를 당한 중국 노동자들에 의해 불거져 나왔다. 직장폐쇄에 분노한 노동자들은 공장문을 부수고 들어가 기계를 파괴했다. 일본 수비대가 총을 발포했고 노동자 한 명이 죽었다. 중국에서는 이제 친숙해진 일반적 유형을 따라 노동자의 죽음은 대중적 분노, 학생 시위, 또 다른 파업의 물결, 그리고 다수의 체포로 이어졌다. 5월 30일에 상하이 국제조계에서 수많은 노동자들과 학생들이 난징 대로의 주요 시장통에 있는 경찰서 바깥에 모였다. 그들은 영국인에 의해 체포된 6명의 중국 학생의 석방을 요구하고 군국주의와 외국 제국주의에 항의했다. 상황은 폭발 직전에 다다랐다. 처음에 시위는 소란스럽기는 했지만 폭력을 사용하지는 않았다. 그러나 점점 더 많은 중국인들이 경찰서로 모여들고 구호──어떤 증언에 따르면 '외국인을 죽여라'였고, 또 다른 이들에 따르면 무해한 슬로건들──를 외치기 시작함에 따라 중국인과 시크 교도 경찰을 떼어놓는 임무를 맡고 있었던 영국인 감시관이 군중을 향해 해산하라고 외쳤다. 그의 지시를 군중들이 따르기에는 너무도 짧은 시간인 불과 10초 후에 그는 경찰에게 발포를 명령했다. 용의주도한 살상을 목적으로 한 44발의 집중사격을 받고 11명의 시위자가 죽고 20명 이상이 부상당했다.

　학살에 대한 분노는 즉각적으로 나타났고 중국 전역으로 신속히 퍼져 나갔다. 적어도 28개 도시에서 '5월 30일 순교자'와 연대하는 시위가 벌어졌고 일부에서는 영국인과 일본인에 대한 공격도 있었다. 상하이에서는 총파업이 시작되어 열강들이 서둘러 군함을 요청하고 조계지를 순찰할 자원병을 모았다. 5월 30일의 비극은 그 다음달 광저우에서 벌어진 사건과 뒤섞이게 되었는데, 여기서는 공산당원들과 노동계 지도자들이 상하이 학살에 반대하는 항거와 영국인에 대항한 홍콩의 대규모 파업을 연계시켰다. 6월 23일에 광저우의 대규모 시위대가 사몐(沙面) 섬의 외국인 조계 근처로 지나가자 영국군은 발포하기 시작했다. 시위대는 수백 개 대학의 학생, 군인, 노동자와 농민, 어린 학생과 보이스카웃 단원, 황푸 생도 등으로 구성되어 있었다. 사몐에서의 무차별 발포로 인해 52명의 중국인이 죽고 100명 이상이 부상당했다. 중국인 일부가 대응 사격을 하여 외국인 한 명이 숨졌다.

　엄청난 분노가 중국 전역을 뒤덮었고 홍콩의 파업──16개월간 계속되고 있던──은 더욱 격렬해졌으며 영국 상품에 대한 대규모 불매운동이 시작되었다. 5·30 역시 하나의 상징이자 시위대의 외침이 되었다는 점에서 5·4운동과 유사한 점이 있었다. 그러나 당시(1925) 상황은 1919년과는 달랐다. 국민당과 공산당 양측 또는 두 당의 합작세력은 중국인의 분노와 좌절을 그들의 당 내부로 조직화할 준비가 되어 있었다. 토착적 민족주의는 이제 의미 있는 정치적 활동을 위해 소비에트 조직 전문가에게 도움을 청할 수 있었다. 아마도 이것이 쑨원의 진정한 유산이었을 것이다.

북벌의 개시

1924년에 광저우의 국공합작이 그 첫번째 인상적인 결과물을 만들어 내기 시작할 무렵 베이징의 상황도 새로운 국면에 접어들었다. 만주를 지배하던 막강한 군벌 장쭤린(張作霖)은 청 말에 용병으로 출발하여 1913~1917년에 권력을 공고히 한 뒤 수년간 다른 여러 군벌들과 북중국에서 전쟁을 벌이고 있었다. 장쭤린은 강인하고 교활한 조직가로서 이미 자신의 영역을 보호하기 위해 러시아와 일본 사이에서 절묘한 조정 능력을 발휘한 바 있었다. 1924년 10월 베이징에서 쿠데타가 일어나 그의 주요 경쟁자였던 우페이푸의 권력기반이 흔들리자, 장쭤린은 산하이관을 통해 남쪽으로 군대를 파견했다. 그가 나라 전체의 정복을 위한 기반으로서 사전에 만주·베이징간 공격로를 이용—과거에 도르곤과 만주족이 그랬던 것처럼—할 수 있을 것 같지는 않았지만 그의 군대는 톈진-푸커우(浦口)선을 따라 양쯔 강 지역까지 신속하게 남하했다. 베이징 지역에 세력기반을 확충한 것과 때를 같이한 장쭤린의 이런 성공은 민족주의 세력으로서 중국의 통일을 추구하던 국민당군에게는 또 다른 위협이 되었다. 장쭤린이 정적이었던 우페이푸와 새로운 동맹을 맺고 북중국에 대한 지배를 강화하면서 강력한 반소비에트 입장에 서게 된 1926년 이후 이런 그들의 우려는 배가되었다. 그리하여 우페이푸는 중국 중부, 허베이 남부와 후베이의 지배를 강화시켰다.

이제 많은 지식인들이 혼란의 끝을 보기를 단념했다. 정치 활동가라기보다는 냉소적 관망자였던 작가 루쉰도 깊이 절망한 사람들 가운데 하나였다. 그가 교사로 일하던 1926년 3월 18일 베이징 시위에서 자기 학생들이 총에 맞아 죽었는데, 이 시위는 일본이 중국 동북부에 대해 추가로 이권을 요구하자 이를 줏대 없이 받아들인 중국 정치인들을 성토하기 위한 것이었다. 그날 모두 47명의 청년이 죽자 심한 충격을 받은 루쉰은 그의 젊은 아내와 함께 안전한 곳을 찾아 처음에는 샤먼으로, 나중에는 광저우로 이주했다. 그가 쓴 비통한 글에 따르면 "나는 늘 우리 국민의 최악의 상황을 염두에 두고 있었다. 그러나 나는 우리가 그런 혐오스러운 야만주의에 무릎을 꿇어야 한다고는 믿을 수도 상상할 수도 없었다." 그리고 그는 우울하게 덧붙였다. "다른 모든 중요한 사건들과 마찬가지로 그것은 별 것 아니었다고 나는 생각한다. 왜냐하면 그것은 단지 비무장 시위였기 때문이다. 유혈사태를 통한 인류의 투쟁의 역사는 석탄이 생성되는 과정과 비슷하다. 적은 양의 석탄을 만들어 내는 데는 아주 많은 양의 나무를 필요로 한다."⁶⁾ 청년이었던 청 말에는 열렬한 민족주의의 대변인이었고 공화국 아래서는 강한 중국을 부르짖었던 량치차오는 이제 51세가 되어 고향 톈진에서 이러한 사태들을 탄식하며 관망하고 있었다. 량치차오는 미국에서 공부하고 있는 아들에게 쓴 편지에서 베이징은 "무언가를 위해 폭발하길 기다리는 거대한 화약통과 같다"⁷⁾고 했다.

국민당, 공산당, 그리고 그들의 코민테른 고문들은 국가 통일을 위해 어떠한 효과적인 조처를 취할 것인가 하는 문제를 폭넓게 논의했다. 만일 군사작전을 시작한다면 그들은 병참, 인력, 무기, 그리고 측면과 후방의 사전방어 등과 같은 기본적인 문제들에 직면하게 되겠지만, 만일 정치투쟁을 시도한다면 이념이나 선전의 문제가 비중 있게 다루어져야 했다. 국민당은 정치적으로 지나치게 좌경화할 수는 없었다. 만일 그럴 경우 주요 지지세력을 잃게 될 것이 뻔했기 때문이다. 그들의 지지자 대다수는 지주나 기업가들로서 농민의 소작료와 세금 인하 요구나 임금인상을 위한 도시의 파업에 공감하지 못했다.

이러한 교훈은 랴오중카이(廖仲愷)의 예에서 적나라하게 나타났다. 쑨원의 가까운 벗인 랴오중카이는 1925년 중반경 군대를 통제하는 소규모 당 군사위원회의 일원이자 재정부장이었고 광둥성 성장(省長)이며 황푸군관학교의 당 대표인 동시에 국민당 노동부장이었다. 노동부장으로 있을 때 그는 홍콩과 광저우에서 영국의 만행에 항의하는 대규모 파업과 불매운동을 조직하는 책임을 맡고 있었다. 그러나 1925년 8월 20일 그는 국민당 집행위원회 회의에 참석하는 길에 5~6명의 총잡이에게 암살당했다. 당시 사람들은 암살범이 아마도 영국과 내통한 국민당 내의 반(反)좌파, 또는 쑨원 사후 국민당의 '지도자'(總理) 칭호를 받지 못한 것을 원통해 하던 후한민의 친구들에 의해 고용된 누군가라고 추측했다. 사건은 미결로 끝났다.

랴오중카이의 죽음에도 불구하고 광저우에서 보로딘과 좌파의 권력은 대체적으로 절정에 달했던 것 같다. 외국인에 반대하는 장기간의 파업과, 거리와 공장을 순찰하는 수많은 무장 노동자 수비대 때문에 어떤 관망자들은 광저우를 '붉은 도시'라 불렀다. 1926년 1월에 열린 국민당 제2차 대회에 참석한 278명의 대의원들 가운데 168명이 좌파나 공산당원이었고 중도파는 겨우 65명, 우파는 45명이 배정되었을 뿐이다. 국민당 집행위원회의 위원 36명 중 이제 7명이 공산당원이고 14명이 좌파에 속하게 되자 보로딘은 국민당의 각 위원회에 공산당원의 자리를 3분의 1로 제한하는 규정을 만들어 중도파를 안심시킬 만큼 자신감을 얻었다.

그러나 이런 좌파 우위의 형세는 겉모습뿐이었다. 적어도 네 가지 중요한 척도에서 이와는 반대되는 경향이 나타났기 때문이다. 첫째, 황푸 생도들로 이루어진 새로운 집단인 삼민주의 연구회가 결성되었다. 이 무난한 이름 덕분에 처음에 여기에 가담한 생도들이 민족주의자이며 반제국주의자임에도 불구하고 동시에 철저한 반공주의자들이라는 사실은 드러나지 않았다. 강력한 통일 중국에 대한 전망을 갖고 있던 그들은 어떠한 소비에트 모델도 고려하지 않았으며 새로운 직책에 배속되어 가면서 다른 장교들 사이에 반공 정서를 퍼뜨렸다.

둘째, 1925년 중반 이후 광저우의 강한 좌파적 경향은 많은 기업인과 옛 국민당 후원자들로 하여금 이 도시를 떠나 상하이나 베이징에 다시 자리잡도록 했다.

셋째, 황푸 생도가 이끄는 군대가 광둥 성 북부와 동부에서 성공을 거둠으로써 1925년 이후 국민혁명군이라 불렸던 국민당 군대에 새로 투항한 군벌 부대를 편입시키기 시작했다. 이들은 군벌 때의 사고방식을 갑자기 바꿀 수 없었고 규율과 훈련, 심지어는 용기도 모자랐다. 위험한 임무가 맡겨지면 탈영하기 일쑤였고 어떤 이들은 아편에 중독되어 있었다. 이들의 존재가 문서상으로는 국민당 군대를 더 강하게 보이게 만들었지만 블뤼허가 불러일으켰던 꿈, 곧 활력적이고 이념으로 무장되고 기술적으로 숙련된 정예부대의 꿈은 사그라들었다. 역사기록은 그와 같은 통합의 결과가 이중적이었음을 보여준다. 예컨대 과거에 1640년대의 만주군, 1850년대의 태평군, 그리고 1911~1912년의 동맹회 군대가 투항군을 받아들였을 때, 그것은 군사력을 강화시키기도 하고 약화시키기도 했다.

마지막으로 1925년 실망한 국민당 당원들이 자신들의 분파를 만들어 당의 좌파적 성향을 일소하려 했다. 처음 회합을 가졌던 베이징 근방 지역의 이름을 빌려 '서산파'(西山派)라 불렸던 이들은 국민당에서 공산당원을 몰아내고 보로딘을 축출하고 당 본부를 광저우에서 상하이로 옮기려 했다. 당시 그들은 다른 어떤 국민당 지도자들보다 정치적으로 계속 우경화한 후한민을 지지했다.

1926년 3월 20일 공산당의 취약한 입지와 동맹에 내재한 위험성을 보여주는 또 다른 사건이 광저우에서 발생했다. 그날 새벽 공산당원 장교가 지휘하는 군함 중산함(中山艦, '中山'은 쑨원의 호―옮긴이)이 황푸 섬 부근에 갑자기 나타났다. 누가 그 배를 거기에 오라고 했는지 아무도 몰랐지만 장제스와 그의 지지자들은 이 행동이 장제스를 납치하려는 시도의 전조라고 해석했다. 장제스는 즉시 사령관으로서의 권한을 행사하여 중산함의 선장을 체포하고 광저우에 계엄령을 선포한 다음, 충성스런 생도들과 경찰을 주요 건물에 배치하고 노동자 수비대를 무장해제시켰으며 도시에 있던 30명 이상의 러시아 고문단을 체포했다. 또한 황푸군관학교에서 다수의 중국공산당 고위 정치위원들을 대상으로 '재교육'이 실시되었고 공산당 관련 신문의 발행이 연기되었다. 며칠이 지나자 장제스는 압력을 서서히 완화시켰고 4월 초에는 소련과의 동맹을 아직 신봉하고 있다고 선언했다. 그러나 이러한 선언을 어떻게 해석해야 할지 아무도 확신하지 못했다.

보로딘은 2월 이후 광저우를 떠나 베이징에서 러시아인 동료들과 코민테른의 전략에 관한 일련의 비밀회의를 열고 있었다. 4월 말 그는 돌아왔고 그로부터 여러 날에 걸쳐 그와 장제스는 이런 '타협'에 도달했다: 앞으로 중국공산당 당원은 누구도 국민당이나 정부 부처를 주도하지 못한다. 쑨원의 삼민주의에 대한 중국공산당의 비판은 일체 용인하지 않는다. 국민당 당원들은 중국공산당에 가입할 수 없다. 코민테른은 공산당에 대한 지시사항을 국민당 위원회와 공유해야 하며 현재 공산당원의 명단을 국민당 집행위원회에 제출해야 한다. 보로딘이 이러한 조건들을 받아들였던 까닭은 당시 스탈린이 모스크바에서 심각한 권력 투쟁에 몰입할 때라 광저우에서 공산당과 소비에트 고문이 완전히 축출당하면 스탈린의 명성에 금이 갈 우려가 있었기 때문이다.

이제 정치적으로 중심적인 위치를 차지하게 된 장제스와 국민당 지도부는 중국을 통일하기 위한 군사작전을 수립하기 시작했다. 북벌 전략은 세 방향으로 진격하는 것이었다. 하나는 광저우에서 우한까지 철도를 따라 거슬러오르거나 샹(湘) 강을 따라 후난의 거점 도시인 창사로 진군하는 것이며, 또 하나는 간

(贛) 강을 따라 창시로, 나머지 하나는 동부 해안을 따라 푸젠으로 북상하는 계획이었다. 만일 이 모두가 순조롭게 진행된다면 그 다음에는 두 가지 안, 다시 말해서 계속 북쪽으로 치고 올라가 양쯔 강변의 요충지 우한에서 자리를 잡거나, 아니면 강이나 철도를 이용하여 난징으로 동진하여 풍요한 공업도시 상하이로 가는 방법 중 하나를 선택할 수 있었다. 북상하는 길에 여러 군벌들과 동맹을 맺을 수도 있었고, 경우에 따라서는 그들의 군대가 국민당 국민혁명군과 결합할 수도 있었다.

공산당과 국민당 당원들은 국민당의 진군에 대해 적대적인 세력을 분쇄할 수 있는 지역 농민과 도시 노동자를 조직하기 위하여 군대보다 먼저 행동에 들어가야 했다. 그러나 이것은 광저우 북부 해안에 위치한 하이펑(海豊) 현의 공산당 조직가인 펑파이(彭湃)의 노력에 대한 반응에서 확인할 수 있듯이 잠재적인 동맹세력을 소외시키는 방식으로 수행되어서는 안되었다. 펑파이는 1923년 이래로 의료관리, 교육, 농업 관련 정보 등의 사회적 봉사를 발전시킬 농민협회(農會)를 계속 조직해 왔고 많은 경우 최고 25%까지 소작료 인하를 추진했다. 또한 그는 반동적 지주에 대항하여 토지를 지키기 위한 농민 자위대를 구성했다. 그러나 이러한 정책은 지역 지주들의 격렬한 반발을 샀고 대다수의 국민당 지지자들이 보기에도 너무 과격했다.

또한 국민당과 공산당은 철도나 적당한 도로가 없는 전국의 대다수 지역에 군수물자를 운반할 운수 노동자를 다수 동원할 계획을 세웠다. 거기에는 철도 노동자들도 포함되었는데 이들은 대개 광저우의 파업자들 중에서 모집되었고, 일부는 경쟁군벌의 군대에서는 결코 제시한 적이 없는 좋은 대우와 높은 일당에 끌려 진군 대열에 합류한 농민들로 채워졌다. 이들은 적군이 통제하고 있는 지역의 철도운행을 방해하고 중요한 부품을 숨겨 기본적인 철도 차량의 유실을 막고 그리고 가능한 곳에서는 적군의 퇴로를 막기 위해 선로를 파괴하는 일을 했다.

계획의 또 다른 중요한 두 가지는 자금과 병력이었다. 자금 문제는 쑨원의 처남인 쑹쯔원(宋子文)의 수완으로 상당 부분 해결되었다. 그는 하버드 대학을 졸업한 후 뉴욕의 국제은행단(International Banking Corporation)에서 3년 동안 일하고 1924년에 광저우 중앙 은행의 총재가 되었다. 거기서 그는 기술적인 운영을 통해 주요 재원을 축적했고 1925년 국민당 광저우 정부의 재정부장으로 승진하자 국민당이 지배하는 지역의 세입을 4배로 증가시켰다. 그는 해운과 등유에 세금을 부과하는 방식으로 1925년 말에는 매달 360만 위안을 거둬들였다. 그는 또한 정부의 자금을 마련하기 위해 채권 발행을 증가시켰다.

인적 자원 면에서는 대부분 부유한 농촌 가정 출신이며 병참과 전략을 연마한 7,795명의 황푸군관학교 졸업생들이 1926년 중반에 행동에 나설 채비를 하고 있었다. 1926년 초 국민당 대회에 특별 보고된 바에 따르면 장제스는 국민당에 충성하는 군인의 숫자를 8만 5천 명으로 추산했다. 이 수치는 광둥·윈난·후난 출신의 부대를 포함한 것으로, 이들은 대부분 그들을 광저우로 인솔한 장교들의 지휘를 받았지만 이제는 국민혁명군 아래 통합되었다. 이 밖에 광시 부대 3만 명이 각종 군사학교에 재학 중인 6천여 명과 함께 곧 이 수치에 추가될 예정이었다.

장제스는 1926년 6월 이 잡다한 군대의 총사령관에 임명되었고 7월 1일에 북벌의 공식 동원령이 발표되었다. 이 원정의 광범위한 목적은 국민당 중앙 집행위원회에 의해 다음과 같이 정의되었다.

노동자·농민·상인·학생의 고난과, 억압적인 제국주의와 군벌 치하에 있는 모든 사람의 고통, 쑨원에 의해 요청된 중국의 평화와 통일, 돤치루이가 망친 국회 소집, 이 모두가 우페이푸의 제거와 국가 통일의 완성을 요구한다.[8]

장쭤린의 이름이 빠진 것은 국민당이 남쪽에서 진군하는 동안 이 약삭빠른 장군으로 하여금 옛 원수들을 북쪽에서 공격하도록 유도하려는 뜻으로 볼 수 있다. 천두슈 휘하의 공산당원들은 북벌의 시기에 대해 만족스러워하지 않았다. 그는 핵심적 목표는 광둥을 '반공 군대의 파괴'[9]로부터 지키는 것이 되어야 한다고 선언했다. 그러나 장제스의 진군에 제동을 걸기는 불가능했으므로 코민테른의 충고에 따라 공산당은 비난을 멈추고 전투에 적극적으로 참여했다.

후난을 장악하고 있던 4명의 군벌 장군들 사이의 불화 덕분에 국민혁명군 ─천두슈가 말한 방어 목적으로 후난 국경에 이미 일부 배치되어 있던─ 은 신속하게 공격태세를 갖췄다. 후난의 장군들이 방어선으로 이용할 수도 있었을

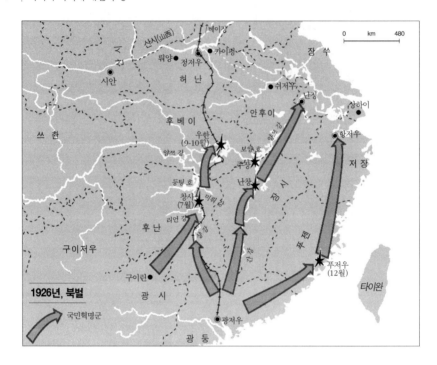

두 강을 건넌 장제스의 군대는 창사를 향해 곧바로 진군했다. 후난군은 성을 버리고 달아났고 국민당군은 7월 11일에 성을 점령했다. 홍수, 콜레라, 운송문제가 진군을 방해했지만, 국민혁명군은 계속 북진하여 8월에 둥팅 호의 동변으로 흘러드는 미뤄(汨羅) 강가에서 퇴각 중인 후난군을 따라잡았다.

승리에 감화되어 국민당군 대열에 합류한 구이저우 군벌 출신의 새로운 부대와 함께 장제스와 블뤼허――이 러시아인은 병 때문에 뒷전으로 물러나 있다가 막 회복되었다――는 우페이푸가 자신의 후난 동맹군을 지원하기 위해 대규모 증원부대를 보내기 전에 강을 건너 선제공격을 가하기로 결정했다. 장제스가 휘하 장군들에게 말한 바에 따르면 이 전투는 "중국 국민과 민족이 자유와 독립을 회복하느냐 못하느냐"[10]를 결정하는 것이었다. 8월 17일과 8월 22일 사이에 국민혁명군은 도박을 걸었다. 그들은 두 지점에서 미뤄 강을 건너 우한으로 이어지는 웨저우(越州) 요새의 철로를 끊고 요충지인 우한 3진을 포위했다. 웨저우 군대의 일부는 배를 타고 도망했으나 나머지는 사로잡혔고 보급품과 무기는 모두 국민당 수중에 들어갔다.

8월의 마지막 주에 벌어진 격렬한 전투 끝에 국민당군은 우한으로의 접근을 막고 있던 교두보들 — 철조망과 기관총으로 삼엄하게 요새화되어 있던 — 을 점령했다. 이때 우페이푸 장군은 전장에 당도하여 교두보를 잃은 패잔병들을 대상으로 자신의 군대를 규합하기 위해 노력했다. 3년 반 전에 파업한 철도 노동자들을 상대로 이미 시험했던 방법을 이용하여 그는 8명의 지휘관을 다른 동료 장교들 앞에서 참수형에 처했다. 이 전술은 효과를 거두지 못했다. 우페이푸가 필사적으로 지키려 했던 우한 3진은 9월 초에 국민당군에 함락되기 시작했다. 국민당에 합류한 이곳 사령관의 배반으로 거대한 무기고가 있는 한양이 제일 먼저 무너졌다. 번성하는 사업체들과 대규모 외국인 조계가 있는 한커우가 그 뒤를 따랐다.(장제스는 반제국주의자였음에도 도시 내의 모든 외국인들을 보호하기로 서약했다.)

우창의 수비대가 성의 두터운 벽 뒤에서 버티고 있을 무렵 국민당군은 돌연 장시를 지배하는 군벌의 습격을 받아 패배당할 위기에 처했다. 잘 훈련된 군벌 군대는 여러 번 승리를 거두었을 뿐 아니라 급진주의자로 알려진 모든 자들을 체포하여 처형한 후 잘린 머리를 보양 호 주변의 도시 주장과 난창에 효수하여 국민당과 공산당의 동조자들을 혼비백산하게 했다. 남학생이건 여학생이건 러시아식이라 여겨지던 짧은 머리모양을 하면 '급진'으로 찍히기 충분했다. 그러나 이러한 공포정책은 곧 반격을 당했다. 우창의 사령관은 모든 시민들이 굶어죽을 지경에 이르자 10월 10일에 성문을 열었다. 일부 국민당 부대는 도시를 점령했지만 다른 부대는 장시에 반격을 가했다. 우한 반란이 일어난 지 15년 만에 이 지역은 반동적 군벌을 축출하고 예측불가능한 혁명군대를 다시 한번 반가이 맞았다.

상하이의 봄

1926년 말 국민당과 공산당은 우한에 대한 지배를 굳히기 시작했고, 장제스는 장시 작전으로 관심을 돌렸다. 싸움은 격렬했고 주요 도시들을 수차례 뺏고 빼앗겼다. 그러나 11월 중순에 이르면 1만 5천 명의 사상자를 낸 끝에 국민혁명군이 양쯔 강변의 주장과 보양 호 서쪽의 주요 거점이자 철도 교차지인 난창 두 도시를 확실히 지배하게 되었다. 장제스는 국민당 집행위원회의 위원들을 모아 여기에 새로운 거점을 만들었다. 그러나 다른 국민당 고위 지도자들, 특히 공산당과 좌파에 동조적인 사람들은 반외세 소요와 도시 노동운동이 빠르게 성장하여 사회혁명을 약속하고 있는 우한에 정착했다.

국민당의 북벌은 본래 전략상 세 갈래의 군사공격이 필요했고 그 마지막 작전이 동부 해안을 따라 올라가는 것이었다. 이 공격 역시 성공적으로 진행됐는데 부분적으로는 여러 군벌들을 국민당측으로 끌어들인 신중한 협상들을 통해서, 그리고 일부는 군사작전을 통해서 가능했다. 국민혁명군의 해안 진군은 적군의 퇴로를 막을 수 있는 주요 해군 부대들을 그들 편으로 끌어들인 데 힘입은 바 컸다. 격렬한 전투에도 불구하고 1926년 12월 중순에 국민혁명군은 푸젠의 성도 푸저우에 입성했다. 이제 그들은 일곱 개의 성을 장악하게 되었는데 본거지인 광둥을 비롯해 후난·후베이·장시·푸젠은 무력으로 그리고 광시와 구이저우는 협상을 통해 얻어냈다. 이들 성의 총 인구는 1억 7천만에 달했다. 이러한 변화에 대한 세계의 시각은 영국 외무성이 국민당 정부와 외교 인준의 확대를 고려하기 시작하면서 극적인 국면을 맞게 되었다. 영국의 장관이 12월 중순에 우한을 방문하여 국민당 외무부장과 회담을 가졌다. 그 직전까지 영국은 우페이푸와 확고한 관계를 맺고 있는 것처럼 보였다.

하지만 이러한 승리는 국민당 전략의 다음 단계에 대한 논의를 어렵게 만들었다. 난창 기지에 있는 장제스는 두 경로──하나는 양쯔 강에서 동쪽으로 남하하고, 또 하나는 저장을 지나 동북부로──를 통해 상하이로 진격하여 중국의 공업과 농업의 핵심부를 점령하기로 결정했다. 우한의 국민당 지도부는 그곳에 안거해 있던 보로딘의 의견에 동의하여 우한─베이징간 철도를 따라 북진하는 것을 돕기로 했다. 그러고 나서 그들의 군대는 대의명분에 공감하고 있는 것으로 보이는 여러 북부 군벌들과 연합을 결성하여 베이징을 공격하고 최종적으로 우페이푸와 장쭤린에게 패배를 안긴다는 계획이었다. 1월에는 우한의 성연석회의와 난창의 성중앙정치회의로 대표되는 경쟁자들 사이에 팽팽한 논쟁이 벌어졌다. 1927년 1월 11일 장제스는 자신의 견해를 밝히기 위해 우한을 방문했다. 그러나 그는 무시당했을 뿐 아니라 보로딘과 다른 좌파들로부터 공개적으로 모욕을 당했다. 그는 화가 나서 난창으로 돌아갔다.

1927년 봄은 상하이의 운명에 따라 좌우될 터였지만, 그 결과는 중국 남부에서 벌어진 사건에 대한 북부 군벌들의 반응, 지역 노동운동의 힘, 도시의 반노동자 세력의 성격, 조계에 있는 외국인 공동체와 군대의 태도나 행동, 우한 국민당 지도부의 입장, 스탈린이 결정하고 코민테른이 전달하는 중국공산당의 장기 행동전략 등 상당히 다양한 요소의 상호작용에 달려 있었다.

광저우에서 양쯔 강까지 국민당이 전진하는 동안 북부 군벌들은 휴식을 취했다. 그들은 지금까지 서부의 간쑤 성에서 산시·허베이를 거쳐 산둥과 만주 남부에 이르는 광활한 지역에서 합종연횡에 몰두하고 있었다. 그들은 공동의 전략을 수립하거나 영토를 어떻게 나눌 것인가에 대해 서로 합의에 도달해 본 적이 없었다. 그들은 국민당을 급진파, 심지어는 혁명적 세력으로 간주했기 때문에 국민당이 더 북쪽으로 전진하려 한다면 어떻게 대응할 것인가를 빨리 결정해야 했다. 하지만 그들은 계속 분열되었다. 가장 막강한 3명의 북부 군벌들 중 하나인 펑위샹(馮玉祥)은 모스크바를 방문한 뒤 국민당에 가담하여 그 기본원칙에 대한 자신의 믿음을 확고히 하기로 결심했다. 그는 산시의 기지에서부터 허난 성으로 꾸준히 밀고 들어왔다. 반면 우한과 자신의 철도제국의 남쪽 종착역을 빼앗기고 괴로워하던 우페이푸는 철도의 교차지인 정저우(鄭州)에 새로운 기지를 마련하려 했지만 이미 치명적으로 쇠약해져 있었다.

당시 베이징을 통제했던 만주의 군벌 장쭤린은 자신이 지나갈 길에 황토—황제 권위의 상징—를 뿌리게 하고 공자에게 제사를 직접 지내는 등 거드름을 피우기 시작했다. 그러나 그의 베이징 정부는 비효율적이었고 대부분의 정열을 마작(麻雀)에 쏟아붓고 있는 장쭤린의 명령에 따라 호화로운 연회와 사치스러운 공식행사에만 열중하고 있었다. 가장 중요한 사건은 그가 1926년 11월 말에 국민당군의 진군을 막기 위해 양쯔 강 이남으로 파견할 15만 명의 군대를 동원했음에도 불구하고 갑자기 명령을 철회한 일이었다.

여기에는 장제스가 상하이 공격시 측면 보호를 위해 장쭤린과 일본 양측과 비밀리에 협상했을 가능성이 있다. 어쨌든 우한의 공산당은 이것을 '범죄'로 규정하고 장제스를 공격했으며 이에 따라 장쭤린 역시 광적인 반(反)좌파가 되었음에는 의심할 여지가 없다. 그의 베이징 본부는 '공산주의를 박멸하라'[11]라는 구호로 장식되어 있었다. 1927년 4월 초에 장쭤린은 자신의 군대에게 베이징 주재 러시아 대사관을 공격하도록 명령하고 그곳에 머무르고 있던 모든 중국인을 체포했다. 그 중에는 이전에 베이징 대학 도서관 사서였고 중국공산당의 공동 발기인이었던 리다자오도 있었다. 장쭤린은 리다자오와 함께 체포된 19명을 모두 교수형에 처했다.

북부에서의 이러한 손실에도 불구하고 국민혁명군의 승리와 더불어 중국 각지의 노동자의 행동을 조정하기 위해 총노동조합이 결성된 후 중국 중부와 남부 전역의 노동운동은 줄곧 진보해 왔다. 1926년 말까지 우한에서는 조합원 수가 8만 2천 명에 달하는 73개의 노동조합이 등록했고 상하이에서는 지역 군벌이 그들에게 적대적이었음에도 불구하고 수천 명의 노동자들이 조직되었다. 1927년 2월 상하이 노동운동 지도자들은 총노동조합 조직가들의 도움을 받아 남쪽의 항저우를 막 점령한 국민혁명군을 지지한다는 표시로 총파업을 일으켰다. 파업노동자들은 이틀 동안 상하이의 부두와 시정업무, 방직공장, 제사 공장, 대중수송, 상업 중심지 등을 마비시켰다. 군벌군대는 이 파업을 깨뜨리고, 파업노동자 20명의 목을 매달고 300명의 파업 지도자들을 체포했으며 노동자 집회를 모두 막았다.

그럼에도 불구하고 노동자의 사기와 정치적 관심은 여전히 매우 높았다. 그것은 1925년 5·30사건의 계속적인 영향과 상하이를 거점으로 한 저우언라이와 리리싼 같은 공산당 지도자들의 지속적인 노력 때문이었다. 총노동조합은 두번째 대규모 파업을 계속 준비해 나가면서 5천 명의 규찰대를 조직하고 그 중 수백 명을 무장시켰다. 거대 도시 상하이에서 조직된 노동자들은 노동자 혁명정부, 곧 러시아의 볼셰비키 혁명에서 발생한 것처럼 봉기를 일으키고 곳곳에 소비에트를 결성할 수 있는 폭발적인 세력이었다.

그러나 상하이에는 노동운동의 힘이 약화되기를 바라는 사람들이 수없이 많았다. 상하이가 산업 중심지이자 국제적 항구로 극적인 팽창을 하면서 가장 이득을 본 공장 주인과 은행가들의 느슨한 연합은 파업의 물결이 계속될 경우 극심한 피해를 볼 것이 뻔했다. 이러한 금융계의 지도자들 중 일부는 암흑가의 비밀결사 조직과 연결되어 있기도 했는데 그 가운데는 매춘, 도박사기, 아편 배급 등으로 부유해진 청방(青幇)도 있었다. 돈을 받은 청방의 지도자들은 노동조합과 노동자 집회를 분쇄하고 심지어는 저항하는 노동자를 죽일 건달패를 모집해 주었다. 많은 청방 지도자들은 중국인 사회에서 확고한 입지를 가진 성공적인 기업인들이기도 했고, 국민당과 강한 유대를 유지하고 있었으며, 상하이 시절 장제스와 알고 지내던 사람들도 있었다.

1926년 말 상하이 총상회의 회장이 난창 본부로 장제스를 방문하여 재정 지원을 약속했다. 다른 비밀 회의에서 장제스의 중개인은 상하이의 막강한 은행인 중국은행의 임원진들과 협상에 성공했다. 그들은 또한 나중에 있을 노동자 분규의 진압과 관련해서 프랑스 조계의 형사주임―청방과 밀접한 관계에 있는 암흑가의 주요 인물―과 논의하기도 했다.

중국의 많은 부유한 기업인들은 아름답게 꾸며진 상하이 외국인 조계에서 정원이 있는 안락한 주택에 살면서 외국인과 사교적 접촉을 가졌고 때로는 사업상 이해관계를 공유하기도 했다. 중국어를 하지 못하는데다가 도시생활의 자세한 내용을 모르고 관심도 없었던 외국인들은 대개 자신들이 알고 지내는 중국인의 정치적 성향이나 비밀결사와의 관계를 알지 못했다. 그들의 주요 관심사는 자신들이 운영하는 공장이나 부두에 믿을 수 있는 노동력을 확실히 제공받는 한편, 사치스러운 클럽과 경마장 주변의 사교적 즐거움을 방해받지 않는 데 있었다. 그들은 또한 재산의 파괴나 몰수로 이어질 수 있는 극단적인 민족주의 정서로 인해 자신들의 투자―거의 1조 달러에 육박하는―가 손해를 입지 않기를 원했다.

그러나 1927년 초반이 되면 중국의 외국인 사회는 불안해졌다. 공산당과 보로딘에 의해 불이 붙은 군중들이 1월에 한커우 외국인 조계의 바리케이드를 뚫고 들어가 상당한 재산 피해를 입히자 모든 외국인 여성과 어린이들이 상하이의 하류 지역으로 대피했다. 남자들은 해변가 건물에 모여 신속한 대피를 준비했다. 같은 달에 주장에서도 비슷한 소요가 있었다. 그 중에서도 가장 위험했던 것은 퇴각한 북부 군벌의 군대로부터 난징을 빼앗은 국민당군이 1927년 3월에 영국·일본·미국 영사관을 공격하여 프랑스·이탈리아인과 함께 이 3국 출신의 외국인을 여러 명 죽인 사건이었다. 이에 미국 구축함과 영국 순양함이 스탠다드 석유회사의 본사 주변지역을 포격하고 외국인들의 대피로를 마련해 주었는데 이 과정에서 여러 명의 중국인이 죽음을 당했다. 1925년 5·30사건에서 영국은 성난 군중에게 발포할 수도 있음을 보여주었다. 이제 그들과 미국인은 중국의 도시를 포격할 수도 있음을 보여주었다. 프랑스인이나 특히 일본인은 무장한 국민당의 저항에 어떻게 대처할 것인지 확실치 않았다. 그 무렵 상하이에는 2만 2천 명 가량의 외국 군대와 경찰이 주둔했으며, 외국 전함 42척이 닻을 내리고 있었고 다른 해안에도 129척의 전함이 더 있었다.

당시 우한의 국민당 지도부는 정치적·경제적 입지를 강화시킬 방법을 모색하고 있었다. 그들이 통제하는 정규군은 장제스가 지휘하는 군대보다 수적으로 열세였기 때문에 장제스를 완전히 소외시켜 공개적 경쟁자로 만들 수는 없었다. 그들은 우한 지역의 급진적 사회개혁, 우한 이북으로 전진할 수 있게 해줄 펑위샹 장군과의 연합 추진, 그리고 장제스가 장시에서 총노동조합의 지부를 조직적으로 공격한 데 대한 공개적 비난 등에 주로 초점을 맞췄다.

스탈린에게는 중국 내의 분쟁이 자신의 이해관계에 특별히 중요했던 것 같다. 그것은 이런 분쟁이 중국 자체의 사건보다는 소련의 정치상황과 더 관련이 많았기 때문이다. 1927년 초반경 스탈린은 레온 트로츠키와의 비정한 권력투쟁에 휘말려 있었다. 이 싸움은 군사적인 전쟁이 아니라 이념적·관료적인 전쟁이었으며, 중국 혁명에 대한 해석과 지침이 두 사람의 논쟁의 핵심을 이루고 있었다. 스탈린은 장제스와 그 군대의 지도력이 중국 혁명의 '부르주아-민주주의적' 단계에서 절대적이라고 주장했다. 이러한 논리에 따라 중국공산당은 봉건적 군벌과 외국 제국주의를 분쇄하기 위해 "국민당 내의 노동자·농민·지식인·도시 프티부르주아 네 계급과의 연합을 계속 강화해야" 했다.

1926년 11월 코민테른 제7차 확대회의 연설에서 스탈린은 이 투쟁의 반제국주의적 성격을 거듭 주장하고 중국공산당은 상하이를 확보할 때까지는 국민당 장군들을 소외시키는 일이 없도록 농민운동을 삼가야 한다고 강조했다. 그러나 스탈린의 주장과 달리 트로츠키는 국민당과 기존의 농민협회 양쪽 모두를 의심하고 도시 노동자 소비에트를 신속히 결성할 것을 주장했다. 이에 대해 스탈린은 "운동의 혁명적·민주적 단계를 건너뛰는 것"이며 "가장 중요하고 결정적인 요인인 농민을 망각하고 있는 처사"라고 비난하였다.[12] 이것은 사실상 중국공산당 지도부가 중국에서 장제스나 국민당과 계속 협력해야 하는 것을 의미하는 것이었다.

1927년 3월 21일에 중국공산당의 지도 아래에 있는 상하이 총노동조합은 총파업에 돌입하는 동시에 군벌에 반대하고 진군 중인 국민당 군대를 지지하는 무장봉기를 일으켰다. 약 60만 명의 노동자가 참여했고 도시는 또다시 마비상태에 빠졌다. 전기와 전화가 끊겼고 경찰서가 점거되었으며 종종 격렬한 전투 끝에 철도역이 점령되었다. 반란자들은 외국인에게는 해를 입히지 말라는 지령에 복종했다. 다음날 국민당군의 제1사단이 시내에 진입했고 더 이상 숨을 필요가 없어진 총노동조합은 3월 27일에 300여 조합 지부로부터 1천여 명의 대표가 참석한 가운데 옛 행회(行會) 건물에서 새로운 본부의 출범을 공개적으로 축하했다. 그들이 내놓은 통계에 따르면 이제 도합 82만 1,282명의 노동자를 대표하는 499개의 노동조합이 시내에 있었다. 시내 경찰서와 군대무기고에서 탈취한 무기와 군수품으로 잘 무장한 2,700여 명의 노동자 규찰대도 있었다.

장제스 자신은 3월 말에 상하이에 들어왔다. 그는 외국인 공동체를 재차 안심시키는 성명을 발표하고 노동조합의 건설적 성과를 치하했다. 공산당이 조합원을 회유하고 침묵시키고 무장을 해제시키고 외국인 조계를 되찾아야 한다는 주장을 철회하는 동안, 장제스는 부유한 상하이 기업가들, 왕징웨이와 전 베이징 대학 총장 차이위안페이와 같은 중도파 국민당 인사, 그리고 청방이나 암흑가 인물들과 접견했다. 청방의 지도자들은 이른바 공진회(共進會)를 결성하고 프랑스 조계 형사주임의 집에 본부를 마련했다. 이것은 겉으로 드러난 조직일 뿐 그 이면에는 1천여 명의 무장한 군인을 숨겨두고 있었다. 이와 동시에 장제스는 상하이의 은행가들로부터 호의적인 대출을 받기로 합의하고 노동자에게 우호적인 것으로 알려진 군대들은 도시 밖으로 이동시켰다.

4월 12일 새벽 4시, 흰 완장을 두르고 푸른 민간인 옷을 입은 중무장한 공진회 회원들이 시내에 있는 규모가 큰 노동조합 본부들에 대해 일련의 공격을 가했다. 이 준군사적인 반(反)조합 집단은 외국 조계 당국의 묵인(때로는 원조) 아래 행동했고, 대낮까지 싸움이 계속 되면서 더러 국민혁명군 소속의 군대한테서도 지원을 받았다. 많은 노동조합원들이 살해되고 수백 명이 체포되었으며 규찰대는 무장 해제당했다. 이튿날 상하이의 시민·노동자·학생들은 이를 규탄하는 집회를 가졌는데, 국민당 군대가 기관총을 난사하는 바람에 이들 가운데 100여 명이 숨졌다. 이어서 체포와 처형이 몇 주 동안 계속되었고, 총노동조합은 불법단체로 간주되었으며, 시내에서 모든 파업행위가 금지되었다. 상하이의 봄은 그렇게 끝났다.

우한의 여름, 광저우의 겨울

1927년 4월의 상하이 소식은 우한에서 괴로운 자기성찰로 이어졌다. 보로딘과 천두슈는 중국 노동자들이 당한 살상을 어떤 방법으로든 확고한 이념적 틀에 짜맞추어야 하는 어려운 임무를 맡았다. 하지만 그들을 도와 주는 것이라고는 4월 말에 나온 스탈린의 상황분석이 전부였다. 그 분석에서 스탈린은 1926년 3월 이래 장제스가 국민당에서 공산당원을 몰아내지 못하도록 하는 것이 자신의 목표였으며 동시에 '국민당에서 우파 추방 또는 축출'을 확산시키기 위해 노력했었다고 선언했다. 상하이에서 장제스는 그의 본색을 드러냈다. 그는 '민족 부르주아지'의 대표자로 자임하면서 난징에 자신의 정부를 세우고(1927년 4월 18일) 국민당을 무시했다. 이에 스탈린은 1927년 사건이 "이러한 노선이 완전히 올바르다는 것을 증명했다"고 결론지었다.[13]

이것은 중국공산당이 이제 국민당의 우한 분파와 긴밀히 협력해야 한다는 것을 의미했다. 스탈린과 그의 고문들은 우한 분파를 '좌파' 또는 '혁명적' 국민당, 곧 중국 혁명의 진정한 계승자라고 선언했다. 스탈린은 이들 국민당원이 '농민과 소작인 대중'을 지도하여 군벌, 향신(紳士), '봉건적 토지소유자'를 분쇄하길 기대했다. 비록 이런 희망이 어리석은 것이기는 해도 우한의 비공산주의 국민당 지도자들 중 다수가 꽤 급진적인 정치적 견해를 가지고 있었고 장제스나 후한민보다는 좌파라고 단언할 수 있었다. 그 가운데 가장 영향력 있는 사람이 왕징웨이로 그는 청 말에 청년 논객이자 혁명가로 명성을 얻었으며, 일본과 광저우에서 쑨원의 심복으로 일했다. 쑨원의 임종을 지킨 것도 왕징웨이였고 지도자의 마지막 충고와 가르침을 들은 것도 그였다. 광저우 정부의 총리로서 그는 많은 문제에서 공산당과 견해를 같이했고 1926년 3월 20일 장제스의 중산함 쿠데타 이후에는 가족과 함께 프랑스로 이주하는 것이 현명하다고 판단했다. 왕징웨이는 1927년 4월 중국으로 돌아와 국민당과 공산당의 연대를 재확인하는 공동성명을 천두슈와 함께 발표했다.

왕징웨이와 함께 우한에 있었던 인물 중에는 쑨원이 첫번째 결혼에서 얻은 아들인 쑨커(孫科) 같은 이가 있었다.(쑨원은 쑹칭링과의 두번째 결혼에서는 자녀가 없었다.) 쑨커는 정치적 야망과 시정에 대한 천부적 감각을 지니고 있었다. 캘리포니아 대학을 졸업하고 국민당 조직을 통해 광저우 시장 겸 중앙집행위원회 위원으로 성장했다. 천유런(陳友仁) 역시 우한에서 막강한 세력가였는데, 그는 아버지가 태평천국의 난에 연루된 후 서인도제도로 피난하여 트리니다드에서 태어난 중국인이었다. 그는 쑨원의 심복으로 광저우 정부에서 외무부장으로 일했고 영국과 벌인 한커우와 주장 조계 반환 협상에서 성공을 거두기도 했다. 그리고 자신의 정치적 충성심이 어디에 있는지 보여주고자 난창에서 우한으로 비행기를 타고 극적으로 날라갔던 쑨원의 미망인 쑹칭링은 쑨원과의 관계에서 기인한 권위뿐만 아니라 타고난 지성에다 유창한 영어 그리고 높은 도덕성으로 국민당의 당론에 영향력을 행사했다.

우한에 자리한 국민당 지도부의 주요 목표는 계속해서 굳건한 정치적·경제적 기반을 세우는 것이었다. 그들은 후베이와 후난은 고사하고 우한에서도 유일한 권력 중개자가 아니었을 뿐더러 지역의 기업가와 부유한 지주, 그리고 강력한 군벌들—명목상으로는 국민당과 연합해 있는—까지 상대해야 했다. 정권에 대한 더욱 강력한 지지를 획득하기 위해서 우한의 국민당 정부는 한커우의 일본인 조계를 점령하려 했다. 그러나 이 노력은 기관총 난사로 반격당했고 외국인의 재산을 보호하기 위해 만반의 준비가 된 군함들이 양쪽 강가에 닻을 내리고 수마일을 줄지어 서 있게 만들었다. 시내의 소요는 대부분의 외국인 상점이나 공장의 폐쇄를 야기하여 수천 명이 실직했다. 사무실을 운영하고 북중국에서의 격렬한 전투에 투입된 7만 명의 군사를 먹이기 위해 매달 1,500만 위안을 필요로 했던 우한 정부는 그 금액의 일부만 겨우 모을 수 있었기에 돈을 인쇄할 수밖에 없었고, 급기야 은행들은 그 돈을 받지 않게 되었다.

공산당은 제약만 받지 않았다면 농촌지역에서 진정한 혁명을 촉발시킬 수 있었을 것이다. 1926년 말에서 1927년 초반에 중국에는 농민 소요의 징후가 눈에 띄게 늘었다. 일부 지역에서는 농민이 스스로 토지를 점거하여 그들의 공동체를 운영할 '빈농단'을 결성하고, 지역의 지주 가운데 혐오의 대상들을 공개적으로 끌고 다니며 모욕을 주고 또 많은 경우 죽이기도 했다. 펑파이는 지주세력에게 반격을 받을 때까지 광저우 부근에서 급진적 농민협회를 결성하는 데 굉장한 성공을 거두었다. 광저우에서 국민당 농민운동강습소의 지도원이 된 마오쩌둥 역시 1925년과 1926년에 후난의 농촌지역, 특히 창사 부근에서 중국공산당의 견해를 선전할 기회를 여러 번 가졌다. 1927년 2월 북벌이 그 지역을 통과하고 난 후 그는 무슨 일이 벌어지고 있는지 연구하며 지역 공산당 잡지에 흥분에 찬 보고서를 제출했다.

마오쩌둥은 가난한 농민의 힘과 정치의식에 특히 감명을 받았다. 그는 "그들은 거칠고 그을린 손을 들어 향신의 머리 위에 놓았다"라고 썼다. "농민만이 지역의 폭군과 사악한 향신의 무서운 적이며 그들의 요새를 조금도 망설임 없이 공격한다. 그들만이 파괴공작을 수행할 수 있다." 그는 중국공산당이 선택만 한다면 이러한 농민 건각들을 선도할 수 있다고 지적했다. "선봉에 서서 그들을 이끌 것인가? 그들의 뒤꽁무니에서 손가락질하고 비판할 것인가? 그들을 적으로 삼아 대적할 것인가? 모든 중국인은 이 셋 중 하나를 선택할 자유가 있다." 그러나 마오쩌둥은 이러한 거대한 잠재세력을 무시하는 것은 바보짓이라고 암시했다. 그는 만일 1926~1927년의 '민주혁명'에 10점을 준다면 "도시 주민과 군대는 겨우 3점이고 나머지 7점은 농촌혁명을 수행한 농민에게 주어야 한다"고 보았다.[14]

그러나 마오쩌둥의 보고서는 우한의 정치적 결정과 관련하여 현실적이지 못했고 프티부르주아지와의 계속적 동맹이라는 코민테른의 노선과도 맞지 않았다. 그러므로 중국공산당은 국민당과 대부분이 지주로서 아직 영향력이 있는 국민당 지지자들을 소외시키지 않기 위해 농민의 열기를 가라앉히라고 지시했던 것이다. 우한의 중국공산당과 국민당 지도부는 이론적 근거에 따라 누구의 토지를 얼마만큼 몰수할 것인지 결정하기 위해 길고 복잡한 논쟁을 벌였다. 이러한 공식 토론에서 마오쩌둥은 2월의 후난 보고서에서 밝힌 것처럼 빈농의 권리를 옹호하는 극단적인 입장을 보이지는 않았다. 그러나 그는 적어도 후난에서는 ─ 우한 정권의 적을 겨냥한 ─ 토지의 '정치적' 몰수가 아닌 '경제적' 몰수, 곧 개인이 직접 경작하지 않는 모든 토지를 국가가 소유하여 그것을 토지 없는 사람에게 재분배하는 형태로 전략을 바꾸는 것이 바람직하다고 제안했다.

1927년 5월 초 우한에 거점을 둔 중앙토지위원회가 발표한 최종 성명서는 왕징웨이·보로딘·천두슈·마오쩌둥이 중심이 된 협상의 결실이었다. 이것은 토지 재분배 문제를 다룰 지역 차원의 자치정부를 건설하고, 친국민당 세력으로 활동하는 군인들의 토지 보유를 보장하며, 그러한 토지를 보유하지 못한 군대에게는 전쟁을 통해 얻는 토지를 분배하기로 약속할 것 등을 제안했다. 최대로 보유할 수 있는 크기는 양질의 토지 50무(畝, 1무는 약 200평), 또는 척박한 토지 100무로 정해졌다. 그 이상의 토지를 보유한 사람은 혁명적 군인이 아니라면 초과분을 몰수당했다.

며칠 뒤 우한에서 개최된 중국공산당 제5차 대회에서도 보로딘, 보이틴스키 (상하이의 4월 학살을 겨우 피한), M. N. 로이(이 무렵 코민테른 최고 간부로 뽑혀 스탈린이 중국으로 파견한 젊은 인도인 공산주의자), 천두슈가 농민혁명을 어느 수준까지 고양시킬 것인가를 결정하는 과정에서 이와 유사한 문제들이 토의되었다. 로이와 보로딘은 어떤 수준으로, 그리고 어떤 속도로 나아갈 것인가에 대해 합의에 이르지 못했고, 스탈린은 친국민당 군벌들이 국민당을 배반하거나 당시의 혁명적 상황을 깨뜨리지만 않는다면 어떠한 경우에도 그들의 토지에 손대서는 안된다고 주장했다. 이러한 논의 밑에는 모스크바에서 진행 중이던 긴장이 잠복해 있었다. "한커우(우한) 지도부는 아직 혁명정부가 아니다"라고 트로츠키는 같은 달에 코민테른 지도부에 항의했다. 그는 "이러한 사실에 대해 어떠한 환상을 만들어 내거나 유포하는 짓은 혁명에 사형선고를 내리는 것과 같다. 노동자, 농민, 프티부르주아지 그리고 군인의 소비에트만이 혁명정부의 기반이 될 수 있다"고 주장했다. 모스크바측에서 중국을 교묘히 조종하는 데 화가 난 트로츠키는 이렇게 덧붙였다. "중국 혁명은 병에 담아 봉한 채 날인을 찍어 버릴 수는 없다."[15] 그러나 스탈린은 "노동자와 농민 대표의 소비에트를 당장 조직하자는 것은 우한 정부의 입장에서 본다면 이중정부를 만들어 국민당 좌파를 몰아내는 투쟁을 벌여 중국에 새로운 소비에트 권력을 구성하는 것을 의미한다"며 단호하게 거부했다.[16]

그러나 결국 좌파측의 이렇듯 난해한 이론적 문제들을 해결해 준 것은 지역의 군지도자들이었다. 1927년 5월 18일 창사-우한선을 통제하며 국민당과 손을 잡았던 한 장군이 반란을 일으켜 우한으로 진격하면서 도중에 마주치는 농민협회 회원들을 격파했다. 그는 격렬한 전투 끝에 공산당과 국민당 군대에 의해 진압되었지만 이 사건으로 인해 다른 이들도 이런 모험에 나서게 되었다. 5월 21일에 창사의 수비대장이 그곳의 주요 좌파 조직들을 공격하고 조직원들을 살육했다. 거의 100명에 달하는 학생과 농민 지도자가 체포당하고 죽었다. 그는 농민협회가 농민을 동원하여 도시에 무력 공격을 가하는 것을 막아야 한다는 명분 아래 자신의 부하에게 농촌으로 가서 농민군을 몰살시키라고 명령했다. 최근에 수모를 당한 지주들─불과 얼마 전 자신의 친지들이 죽는 것을 목격했던─이 무장군대에 가담하고 지역 비밀결사의 회원들이 농민 몰수자에 대한 복수를 자행함에 따라 수천 명의 농민이 극도로 잔인하게 학살되었다.

우한의 국민당 지도부는 공산당이 재앙을 "초래했다"고 비난했다. 왕징웨이는 군대가 그렇게 행동한 것은 "그토록 어두운 골목길로 뒷걸음질쳤기" 때문이라고 주장했다. 쑨커는 이것이 농촌 대중 반란의 가능성을 "떠벌리고 지껄인" 공산당의 잘못이라고 주장했다.[17] 군벌들에게 반격을 가하기 위해 창사에서 농민군이 조직되기 시작할 때 "더 이상의 마찰을 피하도록 자제하고 정부 관리들을 기다리라"[18]는 것을 요청하는 우한 중국공산당의 전보가 도착하자 병사들은 낙담하지 않을 수 없었다. '정부 관리'는 아무도 오지 않았고 농민군은 해체되지도 살해되지도 않았다.

우한 국민당 지도부는 이러한 학살을 용인하고 군벌세력과의 유대를 강화시키는 데 치중했던 것으로 보인다. 스탈린은 트로츠키가 신랄하게 조롱하는데도 불구하고 여전히 공산당과 국민당 합작의 강화를 제안할 뿐 위축된 농민운동에 새로운 생명을 불어넣으려고는 하지 않았다. 그는 코민테른 특사인 로이와 보로딘에게 중국공산당은 국민당의 굳건한 지지자임을 가장하는 한편 국민당을 좌파의 방향으로 전환시켜야 할 필요가 있다는 내용의 짧은 전보를 보냈다. 우한에 6월 1일 도착한 스탈린의 전문은 "농촌혁명 없이 승리는 불가능하다"고 썼다. "우리는 분명히 아래로부터의 대중이 실질적으로 장악하고 있는 토지를 선호한다." 너무나 많은 국민당 지도자들이 "흔들리고 타협하고 있기" 때문에 다수의 노동자와 농민이 당 내로 들어와야 한다. "그들의 대담한 목소리가 늙은 지도자들을 정신차리게 하거나 아니면 그들을 내쫓아 버릴 것이다." 그리고 이것만으로는 부족하다는 듯이 그는 중국공산당으로 하여금 2만 명의 공산당원과 학생 사령관 휘하의 5만 명의 '혁명적 노동자·농민'을 동원하여 '믿음직스런 군대'로 보내게 했다.[19]

M. N. 로이는 이 전문이 분명히 국민당에게 공산당을 청산되어야 할 세력으로 확신케 할 것이라는 생각에서, 그리고 자신이 보로딘을 앞지르려는 생각에서 왕징웨이·천유런·쑹칭링에게 그것을 보여주었다. 경악한 왕징웨이는 지역 혁명을 진정시키고 중국공산당 세력을 제어하려는 움직임을 강화시켰고 장제스와의 균열을 치유할 수 있는지 알아보기 위해 일련의 협상을 시작했다. 이제 북중국에서 권력 중개인의 역할을 맡고 있던 펑위샹 장군과의 회담에서 왕징웨이는 펑위샹을 지원하는 대가로 중국공산당 세력을 더욱 견제하기로 합의했다. 같은 달 이보다 늦게 펑위샹은 장제스와도 협정을 맺었다. 중국공산당은 노동자와 농민의 활동을 더욱 자제하겠다는 진부한 성명을 발표했지만 코민테른 특사들은 재난이 다가오는 징조를 알아차릴 수 있었고 로이와 보로딘은 자동차와 트럭으로 고비사막을 지나 소련으로 돌아가는 긴 장정에 올랐다. "혁명은 양쯔강까지 확산되었다"고 보로딘은 외국 언론인과의 고별회견에서 말했다. "만일 이 황토빛 물줄기의 바다에 잠수부를 내려 보낸다면 그는 부서진 희망을 한아름 안고 다시 떠오를 것이다."[20]

이러한 좌절에 대한 스탈린의 반응은 상하이 참변 이후 4월에 보인 반응과 비슷했다. 그는 코민테른의 노선이 옳았음이 다시 한번 입증되었다고 선언했다. 하지만 이번에도 늘 그랬듯이 '국민당 좌파'는 프티부르주아 민족주의자들로 판명되었으며, 이제는 중국공산당이 농촌에서 '국민당의 진정한 혁명가들'과 연합을 강화해야 할 때라는 것이었다. 천두슈는 '기회주의적인 반동정책'을 따랐다는 이유로 중국공산당 총서기직에서 해임되었다.[21] 그를 대신하여 1920년대 초반 모스크바에서 러시아어를 배우는 학생이었던 28세의 취추바이가 임명되었다. 중국공산당의 상황이 우한 지역에서조차 너무나 불안했기 때문에 당 중앙위원회는 한커우의 프랑스 조계에서 모였고 취추바이와 다른 공산당 지도부는 일본으로 거주지를 옮겼다.

농촌지역에서 혁명을 고양시키는 임무를 맡은 사람들 중에는 마오쩌둥도 있었다. 그는 후난 보고서가 별다른 주목을 받지 못한 가운데 코민테른의 명령에 따라 군벌들의 토지가 몰수되지 않도록 감독하는 일로 그 해 여름을 보냈다. 충성스러운 당원으로서 그는 수많은 친구와 가족이 죽고 집이 약탈당하고 자신들의 군대가 파멸당하는 것을 본 농민들을 다시 일떠세우기 위해 전력을 다했다. 9월 초까지 마오쩌둥은 농촌에서 2천여 명의 군대를 모으는 데 성공하여 창사 근방의 작은 도시들에 공격을 감행했다. 그러나 일부 농민과 불만을 품은 광부들, 그리고 국민당 탈당자들로 구성된 그의 군대는 그가 이 '추수봉기'를 위해 모은 10만의 헌신적인 무장 농민군의 공허한 메아리만 남긴 채 막심한 피해를 보고 곧 지역의 치안군에게 진압당했다.

장제스의 장시 기지였던 난창의 주요 반란은 훨씬 야심차고 보다 성공적이었다. 이곳에서는 8월 초에 공산당 장군들——그 중 한 명은 바로 이러한 기회를 기다리며 수년간 공산당과의 관계를 비밀로 지켜 왔다——이 이끄는 2만 명에 이르는 군대가 도시를 점령하고 '국민당 좌파의 깃발 아래' 은행들을 점거했다. 그러나 그들은 안일하게도 자신들의 혁명위원회에 초대한 적이 있는 이웃 장군에게 패했다. 그들은 남쪽으로 후퇴하면서 천중밍이 쑨원과 전투를 치를 때의 거점이었던 부유한 해안 도시 산터우를 잠시 동안 점령하기도 했다. 그곳에서 쫓겨난 공산당 잔존세력은 하이펑 지역에 정착했고 그곳은 펑파이가 지역 지주들과 그들의 광저우 내 지지세력의 공격에도 불구하고 급진적 농민 소비에트를 유지해 나갔던 곳이다.

12월까지 공산당의 서글픈 퇴각행렬이 계속되었다. 그 달에 소련 공산당 제15차 대회가 모스크바에서 열렸고 스탈린은 당장, 그리고 영원히 제압하기를 원했던 트로츠키의 비판보다 자신의 계획이 더 우월하다는 것을 증명하기 위해 중국에서의 결정적 승리를 원했다. 코민테른은 새로운 중국공산당 총서기인 취추바이에게 반드시 혁명을 일으켜야 한다는 명령을 내렸다. 취추바이는 이에 복종하여 중국공산당에게 옛 혁명의 발원지인 광저우에서 혁명을 시작하도록 지시했는데, 당시 광저우의 권력은 어울리지 않게도 난창 반란을 진압했던 장군과 우한에서 피난온 왕징웨이가 공동으로 주도하고 있었다. 1927년 12월 11일 새벽 공산당 군대와 광저우 노동자는 경찰서·병영·우편전신국을 장악하고 이제 도시의 권력은 스탈린과 취추바이가 요구했던 바대로 '노동자·병사·농민 대표의 소비에트'에 이양되었다고 선언했다.

그러나 이 '광저우 코뮌'의 조직가들은 규모 면에서나 화력 면에서 곧 가담할 반공 군대에 전혀 미치지 못했다. 코뮌은 이틀간 지속되었다. 체포된 노동자들과 '소비에트'에 가담한 공산당원 전원뿐만 아니라 러시아 영사관을 혁명의 기지로 사용하도록 해주었던 영사관원까지도 총살당했다. 승리의 순간에 사용하기 위해 서둘러 염색한 수건을 목에 두르는 바람에 목에 붉은 자국이 남은 많은 노동자들이 급진주의자로 지목받았다. 지역의 질서 복구자들은 반란자들을 처형하는 데 비싼 탄약을 쓰는 것은 아깝다고 생각하여 반란자들을 10~12명씩 묶어서 배에 태운 뒤 강물에 밀어넣었다.

　스탈린과 코민테른은 처음에는 이런 재앙을 승리라 불렀다가 나중에야 이것이 중국공산당에 심각한 타격을 주었음을 인정했지만 또 한편으로는 중국공산당이 재앙을 자초했다고 비난하기도 했다. 그들은 중국공산당이 파업을 제대로 조직하지 않았고 비공산당 노동자들에게 지나치게 의존했으며 농민들 속에서 적절한 사업을 하지 않았고 적군을 교란시키는 데 충분한 관심을 두지 않았다고 지적했다. 또한 그들은 중국공산당이 전략을 더 신중하게 파악해야 한다고 충고했다. 중국공산당은 "당의 요원들과 당의 주변과 중심"을 강화시켜야 하며, "노동자와 농민 대중의 봉기를 조직하는 대신 폭동을 가지고 노는 것은 혁명을 잃는 확실한 길"이라고 질책당했다.[22]

*15*장 ┃ # 정부의 실험

장제스의 권력기반

만약 상하이의 중국 은행가들과 기업가들이 장제스가 민족 부르주아
지 세력과 동맹을 맺음으로써 자신의 본색을 드러냈다는 스탈린의 주
장에 대해 알았었다면, 이들은 아마 경악했을 것이다. 왜냐하면 1927년 4월의
쿠데타 이후 수개월 동안 장제스는 상하이의 가장 부유한 주민들에게 공포정치
를 시행했기 때문이다. 처음부터 그는 군대에 급료를 지불하고 북벌을 계속 추
진해 나가기 위해 매달 소요되는 수백만 달러를 모으려면 이 방법밖에 없다고
믿었다. 장제스는 상하이 총상회의 회장에게 1천만 위안의 막대한 금액을 대출
해 달라고 압력을 넣었다가 거절당하자 그의 재산을 압류하고 망명길에 오르게
했다. 사업가들은 정부의 단기채권을 3천만 위안어치나 살 것을 강요받았고 더
큰 기업들은 각각 50만 위안이나 그 이상을 할당받았다. 기업인의 자녀들은
'반혁명분자'나 '공산당원'으로 체포되었고 그들의 아버지들이 국민당에 '기부
금'을 낸 뒤에야 풀려났는데, 그 액수는 방직공장 주인이 67만 위안, 부유한 인
디고 상인이 20만 위안이었다.

  1927년 6월 산둥에 대한 일본의 새로운 압력에 분노한 장제스는 일본과의
경제관계를 배척하는 동맹을 후원하는 한편 자신의 불매운동을 둔화시켰다는

이유로 상인들을 체포하고 벌금을 물리기 시작했다. 어떤 피륙상인과 설탕상인에게는 각각 최고 15만 위안 가량의 벌금이 부과되었다. 청방 단원들은 감시자 노릇을 한 수천 명의 거지들의 도움을 받아 중국인 지역과 외국인 조계를 마음대로 돌아다니며 이러한 체포와 강탈을 자행했다. 또한 청방은 자기편 사람이 이끄는 노동연합(中華總工會)을 조직하여 공산당원이 지배하던 이전의 노동조합을 갈아치웠다. 그리고 협잡꾼들과 국민당은 새롭게 설치된 금연처(禁煙處)를 통해 사실상 마약 판매자와 중독자들이 내는 '신고세'에서 나오는 이윤을 나눠 가졌다. 동시에 정당으로서 국민당은 민족주의적 이념을 바탕으로 하는 상인협회의 결성─종종 총상회에 반대하는─을 적극적으로 부추겼는데, 이들은 반일 불매운동에 특히 엄격했고 외국 조계지 내에서의 사업에 부동산세를 징수하려는 외국인의 시도에 대해 강력히 반대했다.

그러나 수입은 여전히 충분치 않았고 우한정권과 장제스의 난징정권이 분열됨으로써 북벌은 어려움을 겪을 수밖에 없었다. 그런데 설상가상으로 7월에 장제스의 군대는 전략적으로 중요한 철도 교차지 쉬저우(徐州)를 차지하기 위한 전투에서 군벌세력에게 참패를 당했고, 이것이 우한 지도부의 지속적인 개인적 적대감과 아마도 자신의 탈진과 맞물려 8월에 장제스는 자신의 직위를 사임하고 말았다. 그가 그토록 강력하게 밀어붙였던 일본 상품 불매운동과는 어울리지 않게 장제스는 일본으로 여행을 갔는데, 그의 여행 목적은 정치적인 것이라기보다는 결혼을 위한 것이었다. 당시 일본에서 살고 있던 찰리 쑹의 미망인을 만나 오랜 대화를 나눈 끝에 장제스는 마침내 그녀로부터 막내딸 쑹메이링과의 결혼 허락을 받아 냈다. 쑹메이링은 1917년 웰레즐리 대학을 졸업한 YWCA 활동가이자 상하이 공부국의 아동노동위원회의 간사였다. 메이링의 두 언니가 각각 쑨원의 미망인, 재정가 쿵샹시의 아내였기 때문에 장제스는 이제 새로이 중요한 커넥션을 확보하게 되었다.

1927년 12월 상하이에서 치러진 장제스와 쑹메이링의 결혼은 중국 사회를 휘젓고 있던 수많은 복잡한 흐름들이 내포된 행사였다. 이 사건의 전통적 측면은 장제스가 이미 첫번째 아내와 결혼한 상태였다는 점이다. 이상한 우연의 일치로 그의 큰아들은 모스크바에 유학가고 중국에 없었다. 쑹가는 기독교 가정이었음에도 불구하고 장제스가 '기독교를 공부'하기로 약속했기 때문에 이 이

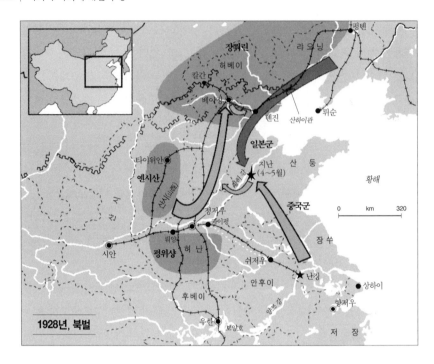

중결혼에 동의했다. 상하이에서 두 가지 예식이 거행되었다. 하나는 쑹가에서
의 기독교식 혼례로 데이비드 위(본명은 余日章)가 주관했다. 위는 1910년 하버
드 대학에서 교육학을 전공하여 졸업장을 받았고, 그 후 부총통 리위안훙의 비
서로 일하다가 중국 YMCA의 총무로 대단한 성공을 거두고 있었다. 중국식 혼
례는 마제스틱 호텔의 그랜드 볼룸에서 반청 급진주의 학자이자 전 베이징 대
학 총장이며 현 국민당 교육부장인 차이위안페이의 사회로 진행되었다.

　장제스가 잠시 일본을 방문하고 있는 동안 다른 국민당 지도자들은 그 없이
는 돈을 모을 수 없다는 사실을 깨달았다. 우한 정권에 가담했다가 난징에서 재
결성된 국민당의 재정부장으로 옮겨 간 쑹커는 금융계에 더 이상 대출을 요구
하는 것이 불가능하며 마지못해 제공되는 적은 액수에 만족해야만 했다. 상하
이 총상회는 정치적으로는 자유로워졌지만 채권은 팔리지 않았고, 아편 세입은
하나도 들어오지 않았으며 외국 조계지에서 임대료를 받으려는 계획도 실패했
다. 급료를 받지 못한 상하이 병영의 군대는 장쭤린의 군대와 전투를 계속해야
하는데도 북쪽으로 진군하기를 거부했다.

1928년 1월 장제스는 다시금 총사령관으로 임명되었고 9명으로 구성된 국민당 중앙 집행위원회의 한 사람이 되었다. 그는 처남이 된 쑹쯔원을 불러들여 정부의 재정을 담당하게 했다. 고압적인 방법과 재정적인 수완을 적절히 활용한 쑹쯔원은 공식적인 정부 재정 없이 장제스에게 중지된 북벌을 재개하는 데 필요한 돈, 정확히 5일마다 160만 위안을 모아 줄 수 있었다.

이제 장제스는 그의 목표인 통일에 공감하는 2명의 가장 강력한 군벌과 연합을 재개하기 위한 작업에 착수했다. 한 명은 예전에 소련의 지원을 받은 장군 펑위샹으로, 그는 1927년 협상에서 결정적인 역할을 수행했고 지금은 우페이푸를 물리친 허난에서 굳건히 자리잡고 있었다. 한 사람은 산시(山西) 성의 독립적인 군벌 통치자인 옌시산이었다. 광시의 지도적인 장군들은 북벌을 초기부터 지원하고 상하이의 점령과 숙청에서 결정적 역할을 했으나, 이제는 후난의 전쟁에 가담하여 그들의 군대를 북부로 이동시키려 하지 않았다.

장제스의 궁극적 목표인 베이징에 있던 만주 군벌 장쭤린과의 격렬한 전투가 1928년 3월 말에 시작되었다. 장제스의 군대는 1928년 4월 30일 산동 성 지난에 진입했고 최후의 승리는 곧 그의 것이 되는 것 같았다. 그러나 바로 그 순간 심각한 방해물이 생겼다. 지난에는 2천 명의 일본인 민간인이 거주하고 있었고 한커우와 난징에서 국민당 군대의 공격으로 자신들의 조계가 공격당했던 일을 기억하고 있었기 때문에, 일본 내각은 전투가 끝날 때까지 자국민 보호를 내세워 산동에 정규군 5천 명을 파견하기로 결정한 것이다. 이 군대 가운데 500명은 국민당 군대가 시내에 들어왔을 때 이미 배치되어 있었다. 장제스가 직접 나서서 일본군의 철수를 요청하자 처음에는 그렇게 할 듯이 보였다. 그러나 5월 3일에 싸움이 시작되고 소규모 접전은 무서운 충돌로 확대되어 양측이 모두 힘없는 포로들을 거세하거나 장님으로 만드는 등 경악할 만행을 저질렀다. 일본은 병력을 증파했고 5월 11일에 중국군은 시내에서 쫓겨났다. 장제스는 국제연맹에 호소하면서 더 이상의 분쟁을 피하고 대신 자신의 군대를 황허 강을 건너 도시 서쪽으로 길을 바꾸어 북쪽 제방에 재집결시켰다. 그러나 중국과 일본 사이의 극심한 적대감은 이 대결 이후 계속되었다.

장제스와 펑위샹이 입안한 계획에 따르면 베이징에 주둔하고 있는 장쭤린의 만주군에게 산하이관으로 연결되는 피신로를 제공하는 철도를 끊기 위해 즉각

텐진에 협공을 가해야 했다. 그러나 텐진에는 5개의 주요 외국 조계가 있고 외국자본이 투자되었기 때문에 외국인들은 텐진에서 분란이 일어나는 것을 바라지 않았다. 따라서 일본이 주도적으로 나서서, 장쭤린이 베이징을 버리고 평화롭게 만주로 돌아간다면 자신들이 남쪽의 국민당 군대를 막아 만리장성을 넘거나 산하이관을 통과하지 못하게 하겠다고 다짐했다. 장쭤린은 미친 듯이 다른 방안을 강구해 보다가 포기하고 6월 2일에 호화로운 열차에 자신의 부하들을 대동하고 베이징을 떠났다.

6월 4일 아침 그가 탄 열차가 펑톈에 거의 다다랐을 때 갑자기 폭탄이 터져 열차는 전복되고 장쭤린은 사망했다. 이 암살은 보다 신중했던 도쿄 정부의 정책에 동의하지 않았던 남만주에 주둔한 일본 장교와 기술자들이 저지른 일이었다. 그들의 목표는 전반적인 위기를 고조시켜 광범위한 동원령을 발동하고 중국 동북부에서 일본의 권력기반을 확대한다는 것이었다. 대신에 국민당이 계획한 대로 산시(山西)의 장군 옌시산이 베이징을 점령하고 그의 부하 가운데 하나가 평화롭게 텐진을 점령했다. 그러고 나서 국민당은 살해당한 아버지에게서 만주의 통치권을 상속받은 장쉐량(張學良)에게 협상을 강요했다. 장쉐량은 만주의 '자치'를 유지하라는 일본의 요구를 받아들이고 또한 10월 10일 난징에서 공식 출범하는 새 국민정부의 국무회의에서 한 자리를 맡기로 동의했다. 1928년 말 장쉐량은 국민정부에 충성을 서약하고 국민당기(청천백일기[靑天白日旗])를 올렸다. 붉고 푸른 바탕에 하얀 해가 그려진 국민당의 깃발이 광저우에서 펑톈까지 휘날리는 가운데 쑨원의 꿈은 마침내 실현된 것 같았다.

이제 국민당의 임무는 이러한 성과를 공고히 할 정치적·경제적 구조를 건설하는 것이었다. 쑨원이 이미 국가의 군사적 안정 이후 뒤따를 '훈정기'를 위해 지침서를 써두었기 때문에 장제스는 민주주의의 겉치레에 대해 걱정할 필요가 거의 없었다. 1928년 10월 장제스에게 주어진 직책은 정부의 최고위를 구성하는 16인 통치기구인 국무회의의 주석이었다. 국무회의 위원들 가운데 5인은 각각 정부의 임무를 나누어 맡는 행정, 입법, 감찰, 사법, 고시(考試) 등 5개의 주요 원(院)의 장으로 일했다. 비록 이들이 진짜 선거를 통한 대중적 지지라는 뒷받침 없이 서둘러 설립되어 '5권헌법'(五權憲法)의 진가에 대해 쑨원이 가지고 있던 깊이 있는 인식에 일부 상반되기는 했지만, 어쨌든 그들은 쑨원이 주창한 '5권헌법'을 대표했다.

행정원은 5원 중에서 가장 중요했다. 그 기능은 중앙 부서들의 지도, 경제계획, 군대에 대한 총감독, 지방과의 관계, 지방정부 관리의 임명 등을 포함했다. 탄옌카이는 첫 원장으로서 1930년에 죽을 때까지 이 자리에 있었는데, 그의 재직기간 동안 행정원은 실제적인 권위를 가졌다. 탄옌카이는 청 말에 후난 성 의회의 의장을 맡았던 이래 꾸준히 성장해 온 뛰어난 행정가였다. 그러나 당시의 정부 구성상 탄옌카이는 주석의 지시에 따라야 했다.

입법원 역시 법 제정기구로서 포괄적인 역할을 수행했는데, 80명 정도 되는 임원들의 주된 임무는 새로운 법안을 심의하고 표결하는 것이었다. 아울러 행정원의 절차, 그 중에서도 예산이나 외교정책에 관련되는 문제들을 표결했다. 첫 원장인 후한민의 재임기간 동안에는 어느 정도의 권위를 가지고 있었지만 그 임무가 무엇인지 명확히 규정되지 않았고 임원들의 출석이 불규칙했던 탓에 점차 무력해졌다. 다른 세 원의 임무는 청 왕조의 형부와 과거청을 포함한 관련 부서들의 임무와 비슷한 것으로 공무원의 선발과 처신, 사법체계의 절차를 감독하는 것이었다.

장제스 자신의 권력 기반은 이제 베이징* 대신 중국의 수도로 공식 선포된 난징에 있었다. 이는 원래 1912년 당시 위안스카이와 북부 장군들의 권력을 약화시키기 위한 쑨원의 계획이었다. 장제스는 난징에 국민당 중앙정치연구소와 간부 훈련 학교를 설립하여—수많은 황푸사관생도들이 그랬던 것처럼—그곳에서 교육받은 관리들이 자신에게 확고한 개인적 충성을 바치도록 했다. 그는 학생들의 이념교육을 2명의 천씨 형제에게 맡겼는데, 이들은 1911년 상하이에서 장제스의 임무수행을 도왔던 바로 그 천치메이의 조카들이었다.(천치메이는 1916년 위안스카이의 제국주의적 야망에 반대하다가 그의 지령으로 암살되었다.) 훈련의 토대는 반공·반제 민족주의였으며 그 안에는 질서·조화·규율·계서제에 초점을 맞춘 일종의 재해석된 유학이 상당히 강하게 들어가 있었다. 천씨 형제 가운데 한 명이 감찰원을 맡고 있었고, 다른 한 명은 국민당의 이른바 조사과(반공방첩활동)를 맡고 있었기 때문에 이들의 권력은 대단했다.(천궈푸[陳果夫]와 천

* 베이징은 1928년에 '북부의 평화'를 뜻하는 베이핑(北平)으로 개칭되어 중화인민공화국이 수립될 때까지 사용된다. 그러나 여기서는 베이징으로 통일했다.

리푸〔陳立夫〕형제를 말하며, 이들은 중앙구락부를 조직하여 국민당 내 CC계를 형성했다—옮긴이.)

1928년 국민당 정부의 정기 수입은 위안스카이 시기만큼이나 여전히 문젯거리였다. 장제스는 북벌의 후기단계에서는 부분적으로 상하이의 중국 기업가들에 대한 무자비한 갈취를 통해 재정을 충당했지만, 이것이 영구적인 해결책이 될 수는 없었다. 쑹쯔원은 국가 재정을 담당하는 중앙부서를 설립해야 한다고 다른 이들을 애써 설득하면서 정부의 각기 다른 부서들에 기금을 할당할 강력하고 독립적인 예산위원회를 만들었지만 최종적인 예산 결정은 여전히 국무회의의 인준을 받아야 했으므로 관할권과 영향력이라는 중요한 문제는 여전히 남아 있었다.

쑹쯔원은 처음에 채무상환 후의 연간 총세입이 3억 위안 정도는 되리라 추산했다. 군사비가 연간 3억 6천만 위안까지 늘어났으므로 군대의 동원해제와 재편이 필수적이었다. 또한 국가와 지방의 세입을 재정비하는 것도 필요했는데, 1928년 당시 오직 네 성—장쑤·저장·안후이·장시—만이 완전히 정부의 통제 아래 있다고 볼 수 있었기 때문에 이는 더욱 복잡한 문제였다. 또한 쑹쯔원은 1928년 말에 2천만 위안의 자본으로 새롭게 설립된 중앙은행의 총재로 일하였다. 그 첫번째 임무는 화폐개혁을 추진하고 우한, 광저우 그리고 난징의 정부들이 발행한 악성 화폐를 회수하는 일이었다. 국민당 정부는 외국 열강과의 끈질

1929-1937년, 국민당 정부의 세출·세입과 적자[1]

회계연도 마감일 6월 30일	전기 말의 세입출 차액을 제외한 세출 (100만 위안)	당기 초 세출입 차액을 제외한 차입이 없는 세입 (100만 위안)	국가 차입으로 충당된 적자	
			합계(100만 위안)	세출률
1929	434	334	100	23.0
1930	585	484	101	17.3
1931	775	558	217	28.0
1932	749	619	130	17.4
1933	699	614	86	12.3
1934	836	689	147	17.6
1935	941	745	196	20.8
1936	1,073	817	256	23.8
1937	1,167	870	297	25.4

긴 협상을 통해 1928년에 국내 통과세와 쑨원의 광저우 정부 이래 부과되던 여러 종류의 특별 부가세들을 폐지하는 대신 완전한 관세 자주권을 획득했다. 그 결과 관세 수입은 연간 1억 2천만 위안에서 1929년에는 2억 4,400만 위안으로, 1931년에는 3억 8,500만 위안으로 급증하여 쑹쯔원의 기대 이상이었다.

이러한 개혁에도 불구하고, 앞의 표가 보여주는 것처럼 국민당 정부는 여전히 재정 적자를 벗어나지 못했다. 징세상의 어려움 때문에 1936년까지 소득세가 없었다.(1921년에 전국적인 소득세 징수를 시도했지만, 베이징 정부가 거둬들인 결과는 겨우 1만 311위안이었다.) 또한 국가 차원의 토지세도 없었다. 토지세는 국민당이 지배하지 않는 성 정부에 귀속되었기 때문이다. 그리고 외국 회사들에 특정 수준 이상으로 세금을 부과하는 것 역시 불가능했기 때문에 산업 관련 세금의 화살은 중국 기업인들에게 돌려졌다. 이 모순된 결과로 1920년대 내내 막강한 영·미담배회사와의 경쟁에서 성공을 거두던 젠가의 남양담배회사 같은 튼튼한 중국 기업들이 계속해서 늘어나는 세금 때문에 파산하기에 이르렀다.

안정적인 정치구조를 수립하기 위해서는 국민당 정부가 농촌지역에 대한 효율적인 행정 통제를 재확립하는 것이 급선무였다. 이 작업은 청 말의 통치자나 위안스카이에게 벅찼듯이 국민당에게도 역시 벅차다는 것이 입증되었다. 그들이 설치하려 했던 것은 현(縣)조직법으로서 이것은 과거의 현(縣) 체제를 고수하면서 현장(縣長)에 의해 통치되는 각 현에 10~15개 마을로 구성된 구역들을 건설하는 것이었다. 각 구역에는 촌(村)이나 리(里)가 있었고 피라미드의 기저에는 청의 보갑(保甲)과 유사한 가구 책임제가 있었다. 정해진 시간 안에 공동체 집단은 장(長)과 위원회를 선출하도록 했지만, 사실 이러한 관리들은 현장에 의해 임명되었다. 현청과 나란히 성 정부가 통제하는 특별한 국(局)이 있어서 현장의 권한을 제한하도록 했다.

이 행정체계는 농촌의 근본적 문제들을 해결하지 못했고 많은 농촌지역의 삶이 청대와 거의 다를 것이 없었다. 지역 정치인들은 종종 폭군이었고 부패했으며 절대적으로 가난하게 살고 있던 농민보다는 지역의 지주와 공감대를 형성하고 있었다. 지역 관리들은 자연재해가 발생한 때에도 세금과 소작료 납부를 강요했고 그들의 요구를 관철시키기 위해 경찰력과 군사력을 동원했다. 곡물은 여전히 손으로 재배되고 추수되었으며 생산품은 인간의 어깨로 시장에 운반되었고 유아사망률은 높았으며 평균수명은 낮았다. 많은 소녀들이 여전히 중매 결혼의 전통적 관습에 매여 있었으며, 마을의 지역주의도 여전했고 교육은 최소한으로 이루어지거나 아예 이루어지지도 않았다.

도시나 읍은 이와는 너무나 현격한 대조를 보였다. 의술은 더욱 발전했고, 새 병원이 들어섰으며, 학교와 대학 캠퍼스는 운동장과 실험실을 갖추었다. 트럭과 자동차가 다닐 수 있는 포장도로가 확장되어 사회적·상업적 교역을 가능케 했다. 새로운 발전소들이 도시에 전기를 공급했다. 증기선이 강과 해안을 따라 퍼져 나가 지역간 운송비를 절감시켰다. 더욱 빠른 기차가 새로운 철도 위를 달렸고 특정 항로에서는 항공운송이 가능해졌다. 극장은 도시생활의 일부로 자리 잡았고 부유한 가정에는 라디오와 축음기도 등장했다. 중국 남성들은 신사복, 중산모 또는 헝겊모자를, 젊은 여성들은 짧은 치마에 하이힐을 신기 시작했다. 흡연이 전국적 유행이 되었다. 부유층 중국인의 삶은 상당히 안락한 것이었고, 외국인들도 중국에서의 생활이 세계 어느 곳과 마찬가지로 유쾌하다는 것을 알게 되었다. 이 시기 중국에서 살았던 한 미국 작가는 "풍요로웠던 시절"2)이라고 말하면서 당시의 추억을 회상했다.

그러나 이 시기는 중국 농민에게는 전혀 풍요로운 시절이 아니었다. 1920년대 말에 엄습한 전세계적인 불황은 특정 환금작물에 지나치게 집중했던 많은 농민들에게 재앙을 초래했고 비단·면화·콩·담배와 같은 작물의 시세가 갑자기 폭락하자 수천, 아니 수백만 명이 죽었다. 따라서 정치권의 강력한 대책이 그 무엇보다도 시급히 요구되었다. 농촌 개혁은 작물의 다양화 계획과 더불어 보유 토지의 공정한 분배, 생산물에 대한 적정 가격 지불, 지역 신용체계의 수립, 평등한 교육, 진정한 대의제 정부의 수립을 필요로 했다.

국민당 지도부는 이러한 요구를 인식했고 산발적인 방식으로 이에 대처했다. 그러나 늘 자금이 부족했고 정부는 외국의 간섭과 내부의 분열로 혼란스러웠다. 장제스는 자신이 통제하고 있는 것으로 알려진 지역에서조차 확실한 지배력을 발휘하지 못했고, 그의 지지자들은 수차례에 걸쳐 스스로 일시적 정권—광시의 장군들이 1929년에, 펑위샹과 옌시산이 1930년에, 후한민이 1931년에, 푸젠 성의 군대와 민간 세력이 연합하여 1933년에—을 세우기 위해 떨어져 나갔다. 당시 온건한 토지개혁이 옌양추와 량수밍(梁漱溟)과 같은 열성적 개인들에 의해 추진된 것은 놀랄 일이 아니다.

옌양추는 YMCA를 위해 일하면서 제1차 세계대전기에 프랑스의 중국인 노동자 사이에서 개혁가 겸 교사로서의 첫번째 도전을 받아들였다. 1921년에 중국으로 돌아온 그는 허베이의 딩현(定縣)에서 대중의 문맹 타파에 힘썼다. 그곳에서 자신의 열망을 확대시켜 그는 사람들이 기본적인 글읽기뿐만 아니라 위생이나 농업기술을 배우는 '모범촌'을 만들었다. 1929년경 국제적인 기금에 힘입어 옌양추는 딩 현의 60여 촌락과 읍에 교육, 공중보건, 경공업과 농업을 통한 경제성장, 그리고 자치정부 등 네 부문에서 재건계획을 발전시켰다.

량수밍은 뛰어난 유학자로서 그의 아버지는 중국의 비극에 절망하여 1918년 자살했으나, 그는 정진하여 5·4운동기에 베이징 대학의 철학과 교수가 되었다. 남부 지방에서 농촌 재건을 위한 실험적 작업을 한 이후 량수밍은 산둥농촌건설연구원의 감독관이 되어 쩌우핑(鄒平)과 허쩌(河澤) 현을 모범 공동체로 발전시키려 했다. 계급투쟁을 없애고 전체 공동체를 자치정부 사업에 참가시키기 위해, 그는 엘리트와 평민 모두를 포함하는 상호 경제부조와 교육사업을 벌였다.

그러나 이러한 단편적인 노력만으로는 중국에 평화와 번영을 가져다 주기에 충분치 않았다. 더구나 그것은 1927년에 산산조각이 났으나 완전히 궤멸하지는 않았던 공산당이 극적이고 혁명적인 변혁의 대안적 전망을 농민에게 제시하면서 자신의 운명을 스스로 개척하라고 주장하는 한 결코 충분할 수 없었다.

마오쩌둥과 농촌 소비에트

추수봉기가 실패하고 창사 점령을 포기함으로써 마오쩌둥은 중국공산당 중앙위원회로부터 징계를 받았다. 1927년 11월 그는 위원회의 위원직을 박탈당했고 후난 성 위원회의 위원직도 빼앗겼다. 그러나 마오쩌둥은 이러한 처벌을 수개월 동안 모르고 있었던 것 같다. 그는 살아남은 추수 봉기군—아마도 도합 1천여 명—을 규합하여 창사 남쪽으로 내려가 후난과 장시 경계에 있는 징강(井崗) 산에 1927년 10월에 당도했다. 청대와 마찬가지로 1920년대에도 피난민들에게 가장 안전한 장소는 서로 다른 행정지대가 만나는 접경지역이었는데,

이런 곳은 국가의 각 세력들의 체계적인 반격을 어렵게 했기 때문이다. 이 당시 '국가'는 여전히 분열된 상태였고 마오쩌둥의 적은 국민당 자체는 물론, 국민당 군대와 여러 형태로 연합을 맺고 있는 수많은 군벌 군대였다.

이 시기에 마오쩌둥의 활동은 이론보다는 실제상황을 고려하여 이루어졌다. 추수 봉기 직전에 그는 중국공산당 중앙위원회에 자신은 강력한 농민 소비에트를 즉각적으로 구성하는 데 찬성하고, 그러한 소비에트들은 토지 몰수와 재분배를 통한 혁명적 단합으로 한데 결속되어야 하며, 국민당기에 대해 아직도 충성하는 양 위장하는 것은 이제 그만두기를 바란다고 말했다. 당시 이러한 입장은 중앙위원회의 분노를 사 거부되었지만, 1927년 말에는 스탈린이 명시한 정책의 변화에 따라 중앙위원회는 그 세 가지 입장 모두를 승인했을 뿐 아니라, 일련의 농촌봉기들을 당이 방해하지 말고 지원해야 한다고 덧붙였다. 이러한 봉기의 목적은 안정적 기반을 건설하기 위해서가 아니라 대중의 혁명의식을 고양된 상태로 유지하고, 군대에도 그와 같은 의식을 철저하게 주입시키기 위한 것이었다.

그러나 중앙위원회가 이러한 결정에 도달했을 무렵, 징강 산에서 겪은 마오쩌둥의 실질적 경험은 그에게 이 모든 것을 근본적으로 포기하게 만들었다. 그는 자신이 통제하는 반경 250km 내의 5개 촌에 중국공산당 세포를 결성했고 일부 지주를 죽이라는 명령을 내리는 등 소비에트를 조직하기 위해 노력했지만, 가난한 이웃을 통제하던 종족조직과 부유한 농민으로부터 지속적인 저항을 받았다. 저항에 직면한 마오쩌둥은 모든 토지를 각 개인의 노동능력에 따라 재분배하려는 시도를 포기했다. 대신 이 지역의 비적 두목 2명과 세를 규합하여 자신의 힘을 강화시켰는데, 그들은 삼합회와 연합하고 있는 비밀조직의 일원이었다. 그들 조직원 600여 명이 마오쩌둥 부대에 가세하자 마오쩌둥은 이제 가진 것 없고 '계급 없는' 사회성원으로 구성된 세력의 우두머리가 되었다. 마오쩌둥은 이보다 1년 전에 그가 늘 사용하는 생생한 표현력으로 이런 사람들에 대해 쓴 적이 있었다.

그들은 군인, 비적, 강도, 거지, 창녀로 나눌 수 있다. 이 다섯 부류의 사람들은 각각 이름도 다르고 사회에서 누리는 지위도 다르다. 그러나 그들은 모두 인간이며, 모두 오감과 사지를 가지고 있으므로 결국 한가지이다. 그들은 각각 생계를 유지하는 방법이 다르다. 군인은 싸우고, 비적은 강탈하고, 도둑은 훔치고, 거지는 구걸하고, 창녀는 유혹한다. 그러나 그들 모두가 생계를 유지해야 하며 먹기 위해 밥을 지어야 하는 한 매한가지이다. 그들은 어떤 인간보다도 가장 불안정한 존재다.[3]

그럼에도 불구하고 마오쩌둥은 이렇게 덧붙였다. "이런 사람들은 아주 용감하게 싸울 능력이 있으며 만일 올바르게 인도된다면 혁명세력이 될 수 있다."

징강군은 1927년 남부의 전투에서 공산당원 피난민이 합류함으로써 크게 강화되었으나, 국민당 군대의 끝없는 공격으로 고통을 받았고 또 종종 소중한 군대를 징강 산에서 빼내어 중국공산당이 치르는 전투를 지원하러 다른 곳으로 파견해야 했다. 이것은 중국의 상황이 너무나 위험하여 1928년 여름에 모스크바에서 열 수밖에 없었던 중국공산당 제6차 대회 때 결의된 정책과 같은 선상에 있었다. 이 대회는 스탈린의 지시에 따라 현재 혁명이 일어날 조짐이 없다해도 무장봉기와 프롤레타리아트의 지도 아래 구성된 더 많은 소비에트가 있어야 한다고 교조적으로 지시했다. 그러나 그러한 명령은 근본적으로 무의미했다. 그도 그럴 것이 아직까지 공산당에 충성스러운 노동조합원은 전국에 3만 2천 명 미만에 불과했고, 저우언라이에 따르면 중국공산당의 겨우 10%가 프롤레타리아였기 때문이다. 1929년 무렵에는 이 비율이 3%로 떨어졌다.

1928년 말에 국민당의 계속되는 공격으로 인해 마오쩌둥은 징강 산을 포기해야만 했다. 동쪽으로 이동하여 처음에는 장시 성을 지나고 그 후 서부 푸젠으로 들어선 징강 피난민들은 결국 또 다른 경계 지역인 장시와 푸젠 성 사이의 산악지대에 정착했다. 여기서 그들은 루이진(瑞金)을 새로운 거점이자 새 정권인 장시 소비에트의 중심지로 만들었고 이는 1934년까지 유지되었다.

이것을 가지고 마오쩌둥이 타고난 명민함으로 중국 내에서 농민 소비에트를 신속히 형성할 수 있는 두 지역을 점령했다거나, 중국의 농촌 지역 전체가 지주에 대한 농민의 증오심으로 들끓고 있었다고 속단해서는 안된다. 1920년대와 1930년대 초반에 농민들이 크건 작건 분노와 절망 속에서 지역 당국에 대해 폭력을 사용한 사건이 수천 번 있었던 것은 사실이다. 그러나 농민들의 공격은 대

체로 자신에게 더 많은 세금과 예상치 못한 추가 세금을 착취하고 자기 노동을
적절한 보상 없이 징집하고 자기 땅을 공공사업을 위해 강제로 팔게 하고 지역
적·전국적 아편 유통상황에 따라 자신에게 아편제조용 양귀비를 강제로 심게
하거나 뽑게 하는 공무원과 군대 장교들과 같은 국가의 대리인에 대한 것이었
다. 지주에 대한 폭력행사도 있었지만 상대적으로 훨씬 적었다. 대부분의 재지
지주들은 소작료를 받기 위해 어느 정도 소작인의 번영과 만족을 도외시하지
않았기 때문에, 그러한 분노는 대체로 자연재해 기간에 높은 소작료를 갈취하
는 부재지주의 관리인이나 마름에게 쏟아졌다. 마오쩌둥 같은 공산당원 조직가
들의 기술은 전반적인 경제적 불만을 계급투쟁으로 전화시켜 중국공산당의 지
도 아래 혁명적 변화를 효율적으로 추진하도록 하는 것이었다.

　이제 마오쩌둥의 정책은 더욱 세련되어져 갔다. 징강 산에서의 경험은 극단
적으로 급진적인 토지정책이 지역 농촌사회의 진정한 힘인 부유한 농민들을 소
외시켜, 공산당에게 가장 가난하고 교육받지 못한 농민이나 가난하고 토지 없
는 노동자들의 지지만 받게 할 뿐임을 이미 보여주었다. 그러므로 루이진에서
마오쩌둥은 처음에 부유한 농가를 소외시키지 않도록 배려하는 정책을 취했던
것으로 보인다.(자세한 내용은 분명치 않다.) 그러나 그러한 정책을 실행하기는
쉽지 않았다. 전 프랑스 유학생으로 1927년 상하이에서 그토록 적극적이었으
며 이제 취추바이 후임으로 공산당 총서기가 된 리리싼에게 보낸 1929년 4월
자 편지에서 마오쩌둥은 농민에 대한 자신의 신념을 강력하게 주장하는 한편
자신의 정당성을 당에 확신시키려 했다.

　　도시에서의 투쟁을 포기하는 것은 잘못이겠지만 우리 견해로는 노동자의
　힘을 빼앗거나 혁명에 해를 끼치지 않는 한 우리 당의 어떠한 당원도 농민의
　힘이 성장하는 것을 두려워해서는 안될 것입니다. 왜냐하면 반(半)식민지인
　중국의 혁명에서 농민의 투쟁은 노동자의 지도가 없다면 반드시 실패할 것이
　지만, 농민의 투쟁이 노동자의 힘을 능가한다고 해서 혁명에 해가 될 일은 전
　혀 없기 때문입니다.[4]

　1930년 늦봄 마오쩌둥은 쉰우(尋烏)라는 특정 현(縣)에 대한 면밀한 조사를

통해 장시 성의 농촌상황에 대한 지식을 상당히 축적했다. 이 보고서를 통해 우리는 마오쩌둥이 1927년 2월의 자못 흥분된 후난 농민보고서나 1929년 리리싼에게 보낸 모호한 편지를 쓴 이래로 분석의 세련도에서 얼마나 발전했는지 알 수 있다. 1930년 쉰우에서 마오쩌둥은 일상생활의 자세한 사항들을 천착하고 농촌노동과 토지소유권의 복잡한 중층구조를 정확히 파악해 내려 했다. '프롤레타리아트'와 '박탈'에 대한 광범위한 일반화 대신 소규모 현 내의 다양한 지역 사업과 그로부터 얻어지는 수입에 대해 자세히 설명했다. 그는 소금·식용유·콩의 판매인, 푸줏간과 양조장, 약초·담배·우산·폭죽 장사, 가구와 두부 제조업자, 여관주인과 대장장이, 시계수리공, 창녀를 연구했다. 그는 지역 시장의 주기, 서로 다른 종족조직간의 상대적 힘, 불교와 도교 사원, 그리고 수많은 종교집단의 분포와 재산이나 활동적인 기독교 개종자(13명이 있었는데, 10명은 개신교, 3명은 카톨릭이었다) 등도 관찰했다.

또한 마오쩌둥은 착취의 정도를 측정하여 계급간 갈등을 좀더 정확히 분석하고자 했다. 그는 쉰우의 총인구 2,684명 가운데 30명의 창녀가 있음을 발견했다. 그는 빚을 갚기 위해 자식을 팔아야만 했던 가난한 농민들을 찾아내어 그들이 얼마를 받았으며 팔려 갈 때 아이들이 몇 살이었는지 조사했다. 사내 아이들은 100~200위안에 팔렸고 그들의 나이는 세 살에서 열네 살 사이였다.(마오쩌둥은 계집아이가 팔린 경우는 발견하지 못했다. 이는 아마도 쉰우에서는 가사노동이나 성적인 시중보다는 고된 일을 할 노동력이 최우선이었기 때문일 것이다.) 마오쩌둥은 아이가 빚쟁이에게 팔린 경우 다른 빚쟁이들이 이 소식을 듣고 몰려든다는 것을 발견했다. "채무자가 아들을 팔았다는 소식을 듣고 빚쟁이는 채무자의 집에 서둘러 가서 빚을 갚을 것을 독촉한다. 빚쟁이는 채무자에게 '너는 아들을 팔고서 왜 내 돈을 갚지 않느냐?'"[5]고 잔인하게 소리친다. 마오쩌둥은 또 지역의 토지소유와 소작 관행을 조사하여 그 결과를 단순히 개개인의 소유량에 따라 분석하는 것이 아니라 소작료 수입과 생계수단에 근거한 치밀하고 체계적인 범주에 따라 자세한 표로 만들었다.

과거에는 쉰우의 토지 중 40%를 사원, 종족조직 등의 집단들이 소유했고 지주는 30%를, 농민은 나머지 30%를 소유했다. 마오쩌둥은 토지를 재분배하는 데 사용될 기준들에 대한 정확한 인식을 보여주었다. 그는 혁명상황에서는 대

쉰우 현의 전통적 토지관계 [6)

계층	각 계층별 비율
지대 500섬* 이상을 거둬들이는 대지주	0.045
지대 200~499섬 이상을 거둬들이는 중간지주	0.400
지대 200섬 미만을 거둬들이는 소지주 이들 중 1/3이 파산한 가족, 2/3는 새로 부유해진 가족	3.000
잉여 곡식이 있고, 대부를 할 수 있는 자본을 소유한 부농	4.000
먹을 것도 충분하고 대부도 받지 않는 중농	18.255
먹을 것이 부족하고 대부를 얻어 쓰는 빈농	70.000
장인·사공·짐꾼 등의 노무자	3.000
재산이 없이 떠돌아다니는 유민	1.000
직업 노동자·일용노동자 등의 고용 노동자	0.300

* 1섬(石)은 쌀이나 기타 곡물의 단위로 약 60kg이다.

부분의 토지가 단순히 인구를 기준으로 분배된다는 데 주목하는 한편, 토지를 노동 능력에 따라 나누자는 주장도 있음을 깨닫게 되었다. 또한 그는 종종 남성보다 토지에 더 기여하는 (그리고 더 힘든 삶을 잘 견디는) 여성의 특별한 요구와, 이전에 승려였던 이들이나 다른 궁핍한 계층에 속하는 사람들에 대한 문제점들, 그리고 가옥, 양어장, 산지나 임야의 분배를 어떻게 결정하느냐에 대한 어려움을 모두 인식했다.

　군사계획 부문에서도 마오쩌둥은 더욱 연륜이 쌓이고 훨씬 치밀해졌다. 그의 주요 선생은 주더(朱德)라는 쓰촨 출신의 풍운아로 전에 아편 중독자였다가 스스로 삶을 개척하여 1920년대 초반에 독일로 유학갔다가 중국에 돌아와 국민당의 장교훈련 연대를 지휘했다. 주더는 1927년 8월 난창 군사반란 때 자신이 공산당과 관계가 있는 것을 비밀에 붙였다가 반란이 실패하여 도망칠 수밖에 없는 상황이 되자 결국 징강 산에서 마오쩌둥과 합류하게 되었다. 이 두 사람이 조직한 '홍군'(紅軍)은 이제 국민당의 공격에 엄청난 용기로 대항하는 기동력 있는 게릴라군이 되었다. 1929년 초에는 겨우 2천여 명의 홍군이 남아 있었지만, 마오쩌둥과 주더는 지역의 반란을 촉진하기 위해 그들의 군대를 농촌 전역으로 더욱 분산시켜야 한다는 리리싼의 지도에 대해 격렬히 반대했다. 그들은 자신 있게 리리싼에게 이렇게 썼다.

　　지난 3년간의 투쟁에서 우리가 획득한 전술은 고대나 근대, 중국이나 외국의 다른 어떤 전술과도 분명히 다릅니다. 우리의 전술로 대중은 전례 없이 광범위한 규모의 투쟁을 벌일 수 있으며 아무리 강력한 적일지라도 우리에게 대적할 수 없습니다. 우리의 전술은 게릴라 전술입니다. 그것은 다음과 같은 요소들로 이루어져 있습니다.

· 대중을 일떠세우기 위해서는 우리의 힘을 분산하고 적에 맞서기 위해서는 우리의 힘을 집중한다.

· 적이 전진하면 우리는 물러난다. 적이 주둔하면 우리는 그들을 괴롭힌다. 적이 지치면 우리는 공격한다. 적이 후퇴하면 우리는 추격한다.

· 안정된 근거지를 확장하려면 파상공격법을 쓴다. 강력한 적에게 쫓기면 우회전술을 쓴다.

· 최대한의 대중을 최소한의 시간 내에 최선의 방법으로 일떠세운다.[7]

　　루이진에서 홍군을 공고히 하고 확장시킨 그들의 전술적 성공은 역설적이게도 중앙위원회로 하여금 그들의 군대가 소비에트 지역 바깥에서 전형적인 국지전을 수행할 수 있을 정도로 성장했다는 낙관적인 견해를 갖게 했다. 그래서 1930년에 쉰우 조사가 완결된 지 얼마 지나지 않았을 때, 마오쩌둥과 주더는 난창을 공격하라는 거부할 수 없는 지령을 받았다. 이 지령은 공산당의 투쟁을 혁명의 정점으로 올려 놓으려는 리리싼의 야심찬 계획의 일부로, 우한과 창사에 대한 공격도 동시에 계획되었다. 공산당군이 창사를 10일 동안 점령했으나 국민당이 이를 탈환했고 이 세 모험은 모두 실패로 끝났다. 마오쩌둥과 주더는 난창에서 패배한 뒤 창사의 공산당 부대가 도시를 재탈환할 수 있도록 도우라는 명령을 받고 이에 마지못해 동의했다. 그러나 그들이 조심스레 양성한 군대가 전멸위기에 직면하자 그들은 허락도 받지 않고 전투에서 철수하여 루이진으로 돌아갔다.

　　마오쩌둥은 장시에 있는 동안 경제나 군사 면의 변화에 집중하는 한편, 여성의 권리 같은 부문의 사회개혁에도 관심을 보였다. 1919년 자오 양의 자살에 대한 솔직한 글을 발표한 이래로 마오쩌둥은 중국의 양성(兩性) 사이에 평등 비슷한 것조차도 용납되지 않는 경제적·가족적 압력에 대해 지속적인 관심을 보였다. 그는 후난의 농민운동에 대한 1927년의 보고서 말미에도 이러한 감정을 드러냈는데, 남성은 세 가지 형태의 권위—정치적·종족적·종교적—로부터 고통을 받지만, 여성은 네번째 권위, 곧 남성의 권위까지 견뎌야 한다고 썼다. 그는 가난한 농민들 사이에서 남성의 권위가 가장 약하다고 생각했다. "왜냐하면 경제적 필요에 의해 농민 여성은 부유한 계급의 여성보다 더 많은 직접 노동을 해야 하고, 그로 인해 가사에 대해 더 많은 발언권과 결정권을 가지기 때문이다." 그러한 여성은 "상당한 성적 자유도 누린다." 마오쩌둥은 후난의 일부에서 모든 여성이 "그들의 고개를 들" 기회를 주는 '농촌여성연합회'의 결성에 환호를 보냈다.

따라서 장시 소비에트에서 마오쩌둥의 중요한 활동 가운데 하나가 중매결혼을 금지하고 자유로운 배우자 선택을 장려하며 "결혼 계약을 통한 모든 매매"를 금지하는 새로운 혼인법의 제정이었다는 것은 놀랄 일이 아니다. 이혼 역시 간단히 이루어지게 되었지만—부부 중 어느 한쪽이 요청을 해도 승인을 받았다—, 지속적인 생활부양에 대한 구절은 애매했다. 왜냐하면 "이혼문제에서 여성의 이해를 보호하고 이혼으로 인해 발생한 의무와 책임을 남성 쪽에 더 많이 부과하는 것이 필요하다"[8]고만 되어 있었기 때문이다. 간단한 이혼규칙에서 이혼을 원하는 여성의 남편이 군복무 중이라 떨어져 있을 경우에는 예외를 인정했다.

장시 소비에트 안의 두 현에서 공산당 관리가 조사한 바에 따르면, 3개월 반 동안 4,274건의 이혼이 등록되었고 그 가운데 80%가 배우자 한쪽의 요청에 따른 것이었으며, 같은 기간에 등록된 결혼은 3,783건이었다. 9건의 경우 한 쌍이 같은 날 결혼하고 또 이혼했다. 마오쩌둥의 개인적 감정이 이러한 법안에 개입되었을지도 모른다. 당시 마오쩌둥은 5·4운동기에 청혼하여 결혼했던 부인과 두 자녀와 떨어진 후 징강 산에서 장시까지 자신과 동행한 두번째 부인 허쯔전(賀子貞)과 공개적으로 함께 살고 있었다.

그러나 마오쩌둥은 자신의 군대의 병사들을 위해서 그렇게 한 것이기도 했다. 그들 중 다수가 극도로 가난하여 중매결혼제도 아래에서는 배우자를 얻기 위한 비용을 절대로 마련할 수가 없었기에 공산당 정부에 도움을 청했다. 그 결과 장시 소비에트의 여성들은 그들의 의사와 관계없이 '결혼'하도록, 또는 여러 남성과 육체적 관계를 갖도록 강요당하곤 했다. 남성 당간부들 역시 권력을 남용했다. 많은 과부들이 배우자가 죽은 지 며칠 되지 않아 재혼할 것을 강요받았다고 보고되었다. 그러나 마오쩌둥은 남성은 20세, 여성은 18세라는 최소 결혼 연령은 확실하게 지켰다. 특정 부대에 파견되거나 징병에 이용된 '세탁부대'는 공산당 당국이 그다지 은밀하지 않은 매춘을 상당 부분 용인했음을 시사한다.

1930년경이 되면 도시에 있는 공산당원에 대한 국민당과 그 연합세력의 공격은 더욱 잔인해지고 더 큰 성공을 거두게 되었다. 노동자 조직들은 국민당 앞잡이들의 침투로 혼란에 빠졌고, 노동자의 저항을 조직하려는 노력은 기업인들로부터 돈을 받은 비밀결사 회원들의 폭력과 방해로 종종 무산되었다. 리리싼이 명령한 대규모 도시폭동 시도는 모두 실패했다. 상황을 만회하기 위해 모스크바에서 파견한 새로운 지도자들 역시 속수무책이었다. 그들은 젊어서 경험이 부족했고 원칙적이고 교조적이었기 때문에 중국에서는 이들을 '돌아온 볼셰비키'라고 냉소적으로 불렀다. 1931년 일련의 체포와 배신으로 수많은 고참 공산당원들이 상하이를 떠나 루이진으로 가서 마오쩌둥과 합류했다. 1933년에는 보다 힘있는 '돌아온 볼셰비키'의 지도자들마저 부유한 농민과의 타협정책이 너무 '우경화'되었다고 한결같이 비난했기 때문에 일시적으로 마오쩌둥의 명성은 실추되었다. 어떤 자료는 마오쩌둥이 잘못된 정책 때문에 1934년에 말 그대로 가택 연금을 당했다고 되어 있다.(1930년 3월에 이미 그의 부고가 코민테른 주요 잡지에 실렸는데, 적어도 일부 당 간부들은 그가 죽기를 바랐다는 것을 시사한다.)

장시 소비에트는 그곳에서의 마오쩌둥의 역할 때문에 많은 관심을 끌었지만, 그곳이 당시 공산당의 유일한 농촌 근거지는 아니었다. 몇몇 형태의 공산당 조직이 농촌에서 국민당 정부나 지방 군대에 대항하여 다양한 토지정책과 사회 개혁들을 추진하는 곳이 적어도 10여 군데 있었다. 장시에만 적어도 두 개의 서로 다른 소비에트가 있었다. 저장·푸젠·장시 세 성의 접경지인 루이진 동북쪽에 하나, 그리고 후난·후베이·장시가 만나는 경계인 루이진 서북쪽에 하나가 있었다. 이들 소비에트 가운데 가장 큰 것은 장궈타오(張國燾)가 이끌고 있었는데, 그는 마오쩌둥처럼 리다자오의 마르크스주의 연구회의 일원이었고 1921년 중국공산당 대회에서 발기인 가운데 하나였다. 장궈타오의 소비에트는 허난·안후이·후베이의 접경지대에 자리했고, 국민당의 공격으로 인해 남은 군대가

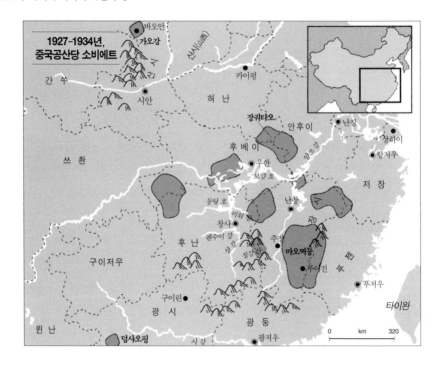

북부 쓰촨으로 후퇴하기 전까지 번창했다.

　어떤 공산주의자 장군은 후난-후베이 경계의 극서쪽에 또 다른 소비에트 기지를 통치하고 있었고, 산시의 바오안(保安)에 자리한 유일한 극북 소비에트에서는 가오강(高崗)이 자신의 군사력에 의존하여 산시에서 간쑤까지 이어지는 가난한 산악지방을 지배했다. 덩샤오핑이 프랑스에서 돌아온 후 가오강은 시안의 군사학교에서 그의 지도를 받았다. 덩샤오핑은 시안을 떠난 뒤 다른 소비에트에서 일했는데, 이 소비에트는 광시의 서남부, 구체적으로 윈난과 베트남 경계의 중간쯤에 있었다. 후에 덩샤오핑이 한 회견에서 밝힌 바와 같이 그곳의 중국인은 베트남인의 반(反)프랑스 '노동자-농민' 반란 시도에 협조하고 있었다. 중국인은 광시 소비에트 지역을 프랑스 비행기가 폭격한 데 대한 보복으로 베트남인들에게 피난처를 제공했다. 1930년대 말에 아마도 리리싼의 명령에 따라 덩샤오핑은 그의 군대를 창사·우한·난창에 대한 공격을 지원하기 위해 동북부로 이동시켰다. 가는 길에 막대한 손실을 입으면서 겨우 도착했을 때 공격은 이미 실패한 뒤였고, 덩샤오핑의 잔여 부대는 마오쩌둥과 주더의 장시 소비에트 군과 합류했다.

국민당의 군사적 우세에 직면한 중국공산당은 생존을 위한 새로운 전략을 성공적으로 개발하기 시작했다. 그 가운데 하나는 일시적으로 도시 근거지와 프롤레타리아트에 대한 의존을 포기하고 농촌 깊숙이 다시 정착하는 것이었다. 가난한 농민과 더불어 살고 그들의 지원에 의존하게 되자, 중국공산당의 지도자들은 사상을 바꿔야만 했다. 장제스도 그의 전략과 최우선 과제를 다시 생각해야 했다. 그의 국민당은 도시에서 승리하고 가장 강력한 북부 군벌들을 패배시키거나 통합했다. 그러나 농촌에서 이기려면 대규모의 조직화된 군사적·정치적·경제적 노력이 필요했다. 장제스가 그러한 목표를 향해 분투하려면, 외국 열강의 태도가 결정적이었다. 영국의 경제적 입지는 여전히 강력하고 견고했지만, 제1차 세계대전에서 극심한 피해를 입음에 따라 제국주의적 세력으로서의 자기 존재에 대해 재고하면서 과거와 달리 적극적이지 못했다. 프랑스도 마찬가지였다. 소련은 내부적으로 경제적·정치적 위기에 빠져 당시로서는 위협적 존재가 되지 못했다. 그러나 미국, 일본 그리고 독일은 각각의 방식으로 중국의 발전에 영향을 끼칠 상당한 잠재력을 지니고 있었다. 장제스의 국내 정책은 불가피하게 세계 무대에서 일어나고 있는 여러 사건들에 말려들었다.

중국과 미국

제1차 세계대전의 종결에 뒤이은 혼란기 동안 미국의 중국정책에는 중요한 변화가 있었다. 베르사유 조약의 체결로 발생한 일련의 사건들은 이제 동아시아라는 국제무대에서 주도적인 역할을 수행하는 것은 중국이 아니라 일본이라는 것을 극적으로 증명해 주었다. 역설적이게도 협상과정에서 윌슨 대통령은 영구적인 평화를 보장해 줄 세계적인 국제연맹 결성에 대한 희망 때문에 일본의 감정을 가급적 자극하지 않으려 했다. 그러나 미국 의회는 1919년과 1920년에 거듭 미국의 국제연맹 가입을 반대하여 윌슨의 꿈을 저버렸다.

일본의 힘을 인식하고 팽창주의적 해군력 경쟁으로 불안해 하던 미국은 동아시아와 태평양에서 자신의 입지를 보호하는 동시에 일본의 최근 성과를 깎아 내리고 아시아에서 배타주의적인 영·일 동맹을 종결시킬 새로운 국제조약을 추진하기로 결정했다. 또 제1차 세계대전 이후 줄어든 자원을 가지고 전지구적 제국을 지키기 위해 고민하고 있던 영국도 이 논의에 기꺼이 참여했다. 강대국으로서의 국제적 지위를 더욱 공식적으로 인정받기를 열망했고 자국 예산의 49%가 군사비로 지출되고 있음을 너무도 잘 알고 있던 일본 역시 마찬가지였다.

프랑스 외에 다른 5개국과 더불어 이 3국의 대표들은 1921년 11월 위싱턴에 모여 1922년 2월까지 회담을 계속했다. 영국과 일본의 배타적 동맹을 끝내겠다는 미국의 목표는 영·일 군사원조조약을 폐기하는 대신 미국·일본·영국·프랑스가 위기시 '협의'한다는 4개국 조약이 체결되었다. 네 강대국은 태평양에 있는 그들의 섬들을 '비무장화'하는 데도 동의했다. 뒤따른 9개국 조약(위에 언급한 4개국과 중국·이탈리아·포르투갈·벨기에·네덜란드)은 중국 내에 있어서 세권 다툼을 비난하고 "중국의 주권과 독립, 그리고 영토적·행정적 보전"을 유지한다는 견해에 적극 찬성의 뜻을 나타냈다.

세번째 협정에서 주요 세 조약국의 해군은 무장 주력함의 상대적 크기를 적재 톤수에 따라 5:5:3의 비율로 결정하였다. 미국과 영국은 일본의 3에 대해 5를 유지할 수 있었다. 일본은 원래 10:10:7의 비율을 주장했으나 새로운 결론에 대해 만족을 표시했다. 얼핏 생각하기에는 이 협정이 일본을 2인자 자리로 내몬 것처럼 보이지만, 두 상대국의 함대가 대서양(그리고 영국의 경우는 지중해와 인도양)에 집중되어 있고 두 대서양 국가가 태평양 도서에 무장기지를 세우지 않기로 동의했기 때문에, 사실상 이 조약은 동아시아에서 일본 해군력의 우위를 확고히 해주었다. 영국은 이 조약이 싱가포르·오스트레일리아·뉴질랜드에서 확보한 기반에 영향을 주지 않았고 이미 존재하는 전함의 중포(重砲)를 이용할 수 있었기 때문에 만족해 했다. 미국은 자신이 새로운 질서와 아시아의 국제관계에 평화의 가능성을 가져왔다고 생각했다.

베이징 정부는 전(前) 주영(駐英) 공사였으며, 당시 주미 중국공사였던 스자오지(施肇基, 영어식 이름은 Alfred Sze)를 단장으로 하는 강력한 대표단을 위싱턴으로 파견했다. 스자오지의 다양한 경력을 보면 세계 무대에서 중국인에게 새로운 종류의 경험이 가능해졌음을 다시 한번 상기하게 된다. 장쑤 출신의 갑부인 그의 아버지는 거인(擧人)이었으며 동시에 수출용 비단 판매상으로 유교적 소양과 상업적 부를 겸비한 인물이었다. 1877년에 태어난 스자오지는 9세 때 청 정부가 막 창설한 베이징 외국어학교(同文館)에 입학했고, 그 후 서구식 학교인 상하이의 세인트 존스 아카데미로 전학했다. 그는 상트 페테르부르크와 워싱턴에서 중국선교단의 통역관으로 일했고 코넬 대학에 입학 1901년에 졸업하고 파이 베이터 캐퍼에 뽑혔으며 청 말에 5명의 관료 사절단과 동행하여 미국과 유럽 각국의 헌법을 연구하러 다녔다. 그 후 그는 철도 경영자, 재정부장 그리고 1919년 베르사유 평화회담의 대표로 일했다.

워싱턴에서 스자오지는 중국의 영토를 정의하기 위해 '열 가지 계획'을 수립했는데, 그 주요 내용은 중국의 주권과 독립, 그리고 행정적 보전을 존중한다는 동의를 얻어내고 치외법권을 폐지하며 관세 자주권을 회수하는 것이었다. 마지막 두 조항은 따로 분리되어 다른 열강에 의해 별도의 회의에서 다루어짐으로써 중국인의 자존심에 상처를 입혔지만, 스자오지가 대표한 '베이징 정부'가 중국인 전체를 대변하지 못한다고 간주한 열강을 비난할 수만은 없었다. 쑨원은 자신이 합법적 정부의 대변인으로 인정받지 못했기 때문에 국민당에게 워싱턴 회의의 결정을 받아들이지 말라고 지시했다. 게다가 러시아와 독일은 조인국이 아니었기 때문에 분리 조약은 그들의 서명을 받아야 했다.

일본은 회의에서 놀라울 정도로 유연성을 보였다. 남만주에서의 특별한 지위가 방해받지 않으리라는 것을 확신한 일본은 소련과 대치하고 있던 러시아의 해군기지와 사할린에서 자국 군대의 철수에 동의했다. 중국에 대해서는 1915년의 21개조 요구를 철회하고 칭다오-지난선의 경영권을 중국에 넘겨주며, 1914년에 독일로부터 빼앗은 자오저우(膠州) '조차지'를 중국 정부에 돌려주기로 했다.

1920년대 중반과 후반 동안 미국의 중국정책은 아주 소극적이었다. 미국 관리들은 처음에 코민테른이 거둔 성과를 주의깊게 관찰했고, 장제스가 점점 성장하는 공산당의 권력을 분쇄하기 위해 단호하게 이동했을 때 이에 대해 대부분 동의했다. 그러나 극단적인 중국 민족주의가 미국에 대한 적개심을 자극할 것이라는 불안감이 명백히 존재했고, 이는 1927년 한커우와 난징에서 현실로 나타났다. 상하이 공부국의 미국인 총재인 스털링 페슨던은 국민당의 상하이 진군에 직면하여 미국군의 보호와 지역 수비대의 결성을 강력히 요구했지만,

국무장관 프랭크 켈로그는 개입하려는 뜻을 보이지 않았고 미국의 언론은 전반적으로 어떤 형태의 개입에도 반대했다. '혁명적 이해집단'이 '군중 폭력'을 자극하고 상하이 조계를 파괴할 것이라고 두려워했던 페슨던은 장제스가 마음대로 조계지를 드나들며 청방이나 다른 이들과 함께 4월 쿠데타를 계획할 가능성이 있는 인물 가운데 하나라고 보았다.

1928년 여름 쑹쯔원은 베이징에서 중국 주재 미국공사를 만나 중국이 외국 수입품에 대한 관세를 스스로 결정하는 데 동의하는 조약을 체결했다. 그 해 후반에 공개된 완전히 개정된 관세표는 관세율을 7.5%에서 27.0%로 올려 국민당 정부가 절실히 필요로 하는 세입을 충당할 수 있게 했다. 워싱턴측에서 볼 때 이 조약의 조인은 국민정부에 대한 사실상의 그리고 법적인 승인을 의미했다. 그러므로 1929년 2월 이 조약에 대한 상원의 비준은 '승인'을 공식화했다. 중국에 거주하는 미국인의 치외법권 회담도 곧이어 시작되었다.

미국인들은 대체로 장제스와 쑹메이링의 결혼을 반겼다. 그녀가 메사추세츠의 웰레즐리 대학을 졸업했다는 사실이 그녀와 미국간의 가족적 유대감을 강화시켰기 때문이다. 쑹쯔원과 함께 일하기 위해 중국으로 돌아온 두 남자 형제와 계속적으로 대중적 시야를 벗어나지 않는 두 자매를 포함한 쑹가 사람들은 미국의 지원을 받아 내기 위한 효율적인 로비스트였다. 미국에서 이 가족에 대한 대중적 이미지는 1930년 10월 장제스가 상하이에서 세례를 받자 더욱 강화되었다. 장제스는 옆에 있는 젊은 아내와 함께 결혼서약을 복창하고 기독교 원칙에 합당한 삶을 살겠다고 선서했다.

이러한 일반적인 만족을 반영하듯 미국의 중국 투자는 꾸준히 증가했다. 그러나 투자 증가의 속도와 규모는 영국이나 일본에 비해서 훨씬 뒤져 있었다. 이 격차는 무역업, 은행업, 공공사업, 부동산업의 전 부문에서도 드러나지만, 만약 제조업 부문의 외국인 투자만 고려한다면 더욱 뚜렷이 알 수 있다. 미국의 투자 수익성은 영국이나 일본의 그것과 좋은 대조를 이룬다.

또한 미국이 중국에 개입하게 된 것은 대부분이 초기 기독교 선교사업의 확장에 따른 것이었다. 1920년대 말과 1930년대 초의 선교사업은 교육, 의료와 의학교육, 그리고 YMCA나 YWCA처럼 광범위한 사회적응 프로그램에 초점을 맞췄다. 1905년 중국에서 과거제가 폐지됨에 따라 대학교육의 가치를 서서히

1902-1936년, 외국의 대중국 투자 [9]

국가	1902	1914	1931	1936
영국	260.3 (33.0)*	607.5 (37.7)	1,189.2 (36.7)	1,220.8 (35.0)
일본	1.0 (0.1)	219.6 (13.6)	1,136.9 (35.1)	1,394.0 (40.0)
러시아	246.5 (31.3)	269.3 (16.7)	273.2 (8.4)	0.0
미국	19.7 (2.5)	49.3 (3.1)	196.8 (6.1)	298.8 (8.6)
프랑스	91.1 (11.6)	171.4 (10.7)	192.4 (5.9)	234.1 (6.7)
독일	164.3 (20.9)	263.6 (16.4)	87.0 (2.7)	148.5 (4.3)
벨기에	4.4 (0.6)	22.9 (1.4)	89.0 (2.7)	58.4 (1.7)
네덜란드	0.0	0.0	28.7 (0.9)	0.0
이탈리아	0.0	0.0	46.4 (1.4)	72.3 (2.1)
스칸디나비아	0.0	0.0	2.9 (0.1)	0.0
기타	0.6 (0.0)	6.7 (0.4)	0.0	56.3 (1.6)
합계	787.9(100.0)	1,610.3(100.0)	3,242.5(100.0)	3,483.2(100.0)

* 100만 달러; ( )는 %

인식하기 시작했고, 1922년에는 37개 국립대학과 지방대학, 사립 기독교 대학 등에 등록된 학생이 3만 4,880명에 이르렀다.(비교하자면 19세기에 연간 대략 1,400명의 학자가 거인, 100명 미만이 진사가 되었다.) 남아 있는 1922년의 통계에 따르면 기독교 학교는 국립대학이나 지방대학보다 학생들이 적었지만 여성이 등록하는 비율은 훨씬 높았다.

1936년, 중국의 제조업 부문에 대한 외국의 투자 [10]

제조업	영국	미국	독일	프랑스	일본	합계
직물	64.6*	1.2	3.9	0.0	112.4	182.1 (54.7)*
금속·기계·장비류	20.8	3.6	0.1	0.5	4.1	29.1 (8.8)
화학	63.0	1.7	2.0	1.0	6.8	74.5 (22.4)
목제·목공	4.0	0.5	0.0	0.0	0.9	5.4 (1.6)
인쇄·제본	0.3	0.3	0.1	0.0	0.8	1.5 (0.5)
식료·음료·담배	23.3	1.1	0.9	0.5	5.8	31.6 (9.5)
기타	3.7	1.1	0.1	0.0	3.3	8.2 (2.5)
합계	179.7 (54.1)	9.5 (2.9)	7.1 (2.1)	2.0 (0.6)	134.1 (40.3)	332.4 (100.0)

* 100만 달러; ( )는 %

1922년, 중국의 대학생 수[11]

	국립 대학	지방 대학	기독교·외국인 대학	합계
전체 학생수	10,535	20,325	4,020	34,880
여학생	405	132	350	887
여학생 비율	3.8	0.6	8.7	2.5

　미국 선교단체들은 많은 기독교 학교들을 설립했는데, 이들은 정원을 적게 유지하고 기독교 지식과 교리에 중점을 둔 교과목을 선정했다. 중국의 민족주의가 성장함에 따라 이런 교육방침은 필연적으로 이 기관들에 대한 폭발적인 반발을 불러일으켰고, 이것은 학생폭동, 폭력, 추방으로 이어졌다. 그러나 신문학과 사회학 연구로 유명했던 베이징의 옌징(燕京) 대학은 본래 감리교·조합교회파·장로교의 지원으로 건립된 4개의 대학이 연합한 것이었다. 거기에서 여러 세대의 중국 학생들은 사업이나 행정 또는 농촌 재건계획에 대한 참여를 통해 자신의 사회를 분석하고 이롭게 하는 법을 배웠다.

　톈진의 비종교적인 난카이(南開) 대학은 컬럼비아 대학 사범대학에 유학갔던 청 말의 자강운동가에 의해 설립되었고, 미국의 민간후원자나 록펠러 재단의 지원 덕에 경제와 사회 연구의 중심지로 발전했다. 칭화 대학——원래 중국 학생들의 미국 유학을 준비시키기 위해 베이징에 설립되었고 의화단 보상금에서 모은 1,200만 달러에 달하는 기금으로 장학금이 제공되었던——은 1909년과 1929년 사이에 1,268명의 학생을 교육시켰다. 이 학교는 북벌 이후 국민당에 의해 '국립' 칭화 대학으로 명칭이 바뀌었고, 이미 명성 높은 문과대, 이과대, 법대에 이어 훌륭한 공과대가 추가되었다. 더욱이 1924년에 미국의 하원은 미지불 의화단 보상금 1,250만 달러를 면제하기로 결정하고, 그 돈을 중국인 10명과 미국인 5명으로 구성된 합동위원회의 재량에 맡겨 문화·교육 사업의 발전을 위해 사용하도록 했다.

　중국에서 의학의 발달 역시 상당했는데, 이는 대부분 사설 자선단체——특히 1915년 의과대학 지원에 중요한 역할을 했던 록펠러 재단——의 수혜를 받은 것이었다. 그 결실이라고 할 수 있는 베이징 연합의과대학은 중국에서 가장 큰 의료 연구와 지도의 중심지가 되었다. 방법론은 맥박에 의한 진단과 약초나 침술에 의한 치료에 집중한 중국의 전통적 방식과 동떨어진 서양식이었고 강의도 영어로 했지만, 주로 다루었던 문제들은 중국에 특수한 또는 특별히 많이 유행하는 질병들이었다. 대학 내의 훌륭한 시설을 갖춘 병원에서 진행된 수업은 상세하고 여유가 있었으며 비용이 많이 들었다. 1924년에서 1930년까지 64명의 중국인 의대생을 졸업시키기 위해 123명의 외국인과 23명의 중국인 교수와 직원이 필요했다. 그러나 1928년 1,200만 달러가 재단으로부터 더 지원되어 이 대학은 중국 내 최고의 권위를 누릴 수 있었다. 이 대학에 필적할 만한 유일한 상대는 만주에서 일본이 일본인 학생들을 위해 세운 의대였다.

후난 성 창사의 상야(湘雅) 의대도 처음에는 미국인 금융업자 에드워드 하크니스로부터 상당한 기부금을 받아 출발했지만 성장과정은 달랐다. 이 학교의 경우는 창사에 있는 예일 대학 의과수련학교의 전문의들이 후난의 성장과 지역 향신의 지원을 받아 수련병원을 짓고 직원을 두었다. 임직원 가운데 중국인이 항상 더 많았고, 1925년에는 그들이 행정 통제권을 행사했다. 이 중·미 합작팀은 천연두와 콜레라 연구, 페스트의 급속한 전염에 대처하기 위한 쥐의 박멸과 아편중독 치료 등에서 중요한 성과를 거두었다. 창사 당국은 병원의 새로운 엑스선 촬영기가 늘 작동할 수 있게 전기를 적절히 공급하도록 배려했다.

1921년에서 1926년 사이에 베이징 연합의과대학보다 훨씬 더 적은 교수진을 가진 상야 의대는 43명의 중국인 의사를 배출했다. 1926년에 이 학교 출신의 의사 2명(그들이 보다 과민하게 함께 일했음을 상상할 수 있을 것이다)이 장제스—그는 우한과 장시 작전의 마지막 단계를 논의하기 위해 창사의 장군들을 만나러 왔다—를 괴롭히던 사랑니를 뽑았을 때, 상야는 영광의 순간을 경험했다. 여성을 위한 여러 훌륭한 의대들도 역시 이 시기에 설립되었고, 그 대부분이 기독교 대학에 의해 운영되었다. 또한 상야 병원은 옌징 대학과 합동으로 중요한 간호사 교육과정도 개발했다.

미국의 영향이 미친 또 다른 경로는 그 수가 계속 증가하던 YMCA와 YWCA였다. 군벌기에 이러한 단체의 성공은 경이적이었다. 1922년에 YMCA는 중국 36개 도시에 5만 4천 명의 회원을 헤아리고 459명의 간사를 고용했는데 그 중 378명이 중국인이었다. 이들은 공중보건 계획, 아편금지 활동, 여가 활동, 교육적·사회적 문제에 대한 대중강연, 그리고 숙박소 운영 등을 포함하는 다양한 활동을 벌였다. 그러나 중국인 임원과 쿵샹시와 데이비드 위의 도량에도 불구하고, 미국인들은 1925년의 반외국인 감정을 감당할 수 없었다. 상하이에서 5·30 학살이 있은 뒤 급진적 학생들은 "YMCA는 복음활동을 하기 위해 체육이나 대중교육 등을 이용하여 젊은이들의 정치적 사상을 왜곡하려고 한다. 그들은 애국운동에 해를 입힌다"고 비난했다. 동시에 도시 노동자들 사이에서도 YMCA의 사업은 "노동자를 현실에 안주하게 하고 자본가를 그들의 은인으로 여기게 하는 기만적인" 도구라고 비판당했다.[12] 그러나 1927년 공산당의 탄압 이후 YMCA 총재인 데이비드 위가 1927년 말에 혁명을 설명하기 위해 호놀룰루로, 1931년에는 일본의 만주침략에 반대하기 위해 워싱턴으로 가서 중국인 기독교인으로서 자신의 메시지를 전한 이후, 이러한 비난은 자취를 감추었다. 1930년대 초에 국민당 지도자들은 YMCA의 활동을 공개적으로 칭송했고 심지어는 국민당 집회에서 이야기하기도 했다.

미국의 영향은 중국에 있는 선교사와 장제스의 개인적 친분을 통해 확대되기도 했다. 1920년대에 중국에 있었던 5천여 카톨릭 신부와 수녀들 가운데 대다수가 유럽인 또는 중국인이었던 데 반해, 중국에 거주하는 6,636명의 개신교 선교사의 과반수는 미국인이었고 그들은 전국 각지의 소규모 선교회에 분산되어 있었다. 장제스가 일단 장시 소비에트를 섬멸하기로 결심하자 선교단의 영향력은 증가했다. 그 이유는 장제스와 그의 아내가 정한 여름 거처인 쿠링(岵嶺, 주 강 근처)의 시원한 언덕이 외국인 공동체가 오래 전부터 선택해 온 여름 피서지였기 때문이다. 장제스 부부가 빌린 집은 난창 감리교 선교단 소유였고 장제스의 부인은 집주인 윌리엄 존슨과 각별한 친구 사이가 되었다. 존슨은 일리노이 출신의 감리교인으로 1910년 이후 중국에서 살았고, 특히 농촌 재건에 관심이 많았다. 장제스의 가장 가까운 외국인 고문은 오스트레일리아인 W. H. 도널드(전에 위안스카이의 특별 고문이었던)였지만, 장제스는 많은 미국인 선교사들과 장시간 토론을 벌이곤 했다. 나중에 장제스는 선교사들 가운데 몇몇에게 더 많이 의존하게 되었는데, 특히 뉴질랜드 태생이며 미국으로 귀화한 조합교회파 선교사 조지 셰퍼드는 장제스의 '가장 핵심적인 그룹'에서 '가장 신뢰받는 미국인'이 되었다.

원만한 관계를 형성하기 위한 또 다른 요소는 중국인의 미국 이민문제를 무마하는 것이었다. 청 말에 미국의 중국인이민금지법과 1905년의 중국의 미국

1890-1940년, 미국 내 중국인 수[13]

	미국 내 중국인 수	여성의 수
1890년	106,488	3,868
1900년	89,863	4,522
1910년	71,531	4,675
1920년	61,639	7,748
1930년	74,945	15,152
1940년	77,504	20,115

상품 불매운동은 양국의 관계를 악화시켰다. 그러나 1920년대 말경이 되면, 비록 새로운 미국의 법안들이 미국 시민의 중국인 아내나, 시민권이 있어도 미국에 거주하지 않는 중국인 부부의 자녀가 미국에 입국하는 것을 아직도 금지했음에도 불구하고, 일종의 현상유지가 이루어졌다. 이민금지법 이후 급격히 하락했던 미국의 중국인 인구는 1920년대부터 다시 서서히 증가하기 시작했고 미국에서 새로운 세대가 탄생함에 따라 성비의 불균형은 자연스럽게 조절되기 시작했다.

대다수의 중국인은 여전히 음식점이나 세탁소 따위의 사업을 했지만, 일부 중국인은 상업·소매업·제조업 등의 새로운 분야로 이동했고 지리적으로는 서부해안의 오래된 차이나타운에서 미국 전역으로 퍼져 나갔다. 광저우 출신 중국인의 득세도 끝나고, 1929년에는 장쑤·저장·장시 출신자를 지원하기 위한 새로운 친목단체가 생겼다. 1931년에는 오랫동안 미국에서 중국인에 대한 부정적인 인상을 지속시키는 데 일조했던, 중국인 경쟁자끼리 또는 다른 언어집단끼리의 폭력적인 '갱들의 전쟁'(堂鬪)이 종말을 고했다.

미국인이 중국 농촌의 생활상에 대해 조금이나마 인식하기 시작한 것도 바로 이때였다. 가장 영향력 있는 정보의 제공자는 소설가 펄 벅으로 『대지』 초판이 1931년에 출판되었다. 토지와의 끝없는 투쟁──기근과 싸우고 난징의 공산당 선전조를 경험한 뒤 그들이 다시 한번 번영할 토지로 되돌아오는──에 휩싸인 중국 농민가정의 이야기를 다룬 이 소설은 주의 깊은 관찰을 바탕으로 해서 쓰였다. 양쯔 강가 전장에 배속된 장로교 선교사 부모 사이에서 태어난 벅은 중국에서 자랐다. 그녀는 상하이에서 고등학교를 다녔고 1910년에 대학을 가기 위해 미국으로 떠났다가 1914년 다시 중국으로 돌아와 중국 농민의 경제적·사회적 상황에 대해 집중적인 연구를 진행하고 있던 농촌 전문가 존 로싱 벅과 결혼했다. 벅 부부는 수년간 북부 안후이에 살았고 나중에 난징으로 옮겼는데, 1927년 3월에 발생한 반외세 폭동 때문에 상하이로 피난해야 했다. 1928년 초 펄 벅은 그 체험이 가져온 긴장과 흥분 그리고 집필의 열망에 온통 사로잡혀, 이 소설을 3개월 만에 완성했다.

1920년대 말과 1930년대에 서양인들은 중국에 대한 또는 중국에서 영감을 얻은 글들을 유례없이 많이 접할 수 있었다. 18세기 중반 이후 중국과 중국 문화에 대해 이토록 관심이 많았던 적은 없었다. 이 저작들 중 일부는 상징적이고 허구적이었는데, 빅토르 세갈렝의 청조 말기의 부패를 다룬 소설 『르네 레이』(Rene Leys)나 프란츠 카프카의 소설 『중국의 만리장성』에 나타난 제국 시기 관료에 대한 묘사가 여기에 속한다. 일부는 매우 정치적이었는데, 장제스가 공산당을 공격하는 동안의 광저우와 상하이를 소재로 한 앙드레 말로의 두 소설(『정복자』와 『인간의 조건』을 말한다—옮긴이)이 그 예이다. 어니스트 브라마가 쓴 완고한 유교 도덕주의자 이야기꾼의 근엄한 이야기인 『카이 룽』처럼 터무니없이 우스운 것도 있었다. 어떤 것은 세계의 정복자가 될 뻔한 애교 있고 교활한 푸만추에 대한 삭스 로머의 소설같이 인종주의와 환상의 경계를 오갔다. 그 밖에 탐정 찰리 찬의 활약을 그린 대중소설이나 영화처럼 유쾌하고 지적인 중국인의 모습을 그려 낸 것도 있었다. 그러나 이 모두와 그 밖의 수백 가지 이야기들을 통틀어서 미국인에게 가장 깊은 감명을 준 것은 조용한 위엄과 인내심, 타고난 현실 감각을 지녔으며 가혹한 자연을 상대로 끊임없는 싸움을 벌이는 펄 벅의 중국 농민들이었다.

벅의 작품은 미국에서 문고판으로 확고하게 자리를 잡았다. 『대지』는 150만 부가 팔리고 퓰리처상을 받았으며 30개 언어로 번역되었다. 또 1933년에는 브로드웨이 연극으로도 상연되었고, 4년 뒤에는 영화화되어 미국에서 약 2,300만 명이 관람했다. 미국인은 그런 식으로 즐길 수만 있다면 중국에 대해 알고 싶어하는 것이 분명했으나, 이국적이거나 매력적인 중국을 요구하지는 않았다. 아마도 미국이 복합적인 대공황에 직면하기 시작하자 중국의 상황이 더 나쁘다는 사실을 아는 것이 위로가 되었는지도 모른다.

제1차 세계대전 종결을 축하하고 중국의 영토권을 주장하기 위해 베이징에 모인 희망에 찬 중국인들. 1918년 11월(시드니 D. 갬블 촬영)

1919년 여름, 베이징 천안문에서 일어난 학생시위(시드니 D. 갬블 촬영)
1919년 5월 4일 베이징 지역 학생 수천 명이 모여 산둥에 대한 중국의 권리를 주장하며 '민주주의와 과학'을 요구했다.
시위는 6월까지 계속되었다.

5·4운동기에 영향력 있는 인물 가운데 하나였던
천두슈가 발간한 잡지 『소년』

리다자오

천두슈

차이위안페이

후스

16세 때의 덩샤오핑. 프랑스에서, 1920년

마오쩌둥, 1919년경

다른 유학생들과 함께 한 저우언라이(가운데). 프랑스에서, 1921년 2월

장제스(왼쪽)와 왕징웨이(오른쪽). 광저우에서, 1925년

1925년의 5·30 사건 뒤에 군벌과 외국 제국주의자에 의해
좌지우지되는 중국 애국주의의 운명을 묘사한 포스터

아들 장쉐량(왼쪽)과 함께 한 만주 군벌이며 광신적인
반좌파인 장쭤린(가운데)

펑위샹. 국민당에 가담한 강력한 북부 군벌, 1928년

우페이푸. 그의 본거지 우한은 북벌 때 국민당군에게 함락되었다.

광저우, 1927년 12월 11~13일
광저우 무장폭동이 실패한 후 노동자와 공산주의
자의 시체가 거리에 널려 있다.

장제스, 1935년

공산당을 장시 소비에트에서 내몰아 대장정에 오르게 한 공비토벌작전 기간 동안의 국민당군

국민당군에게 징집당해 끌려 가는 농민들

만주에서 이동 중인 일본군, 1932년

상하이 차페이의 노동자지구에서 전투 중인 일본군, 1937년

쓰촨 성 다두허 강 위의 루딩교
1935년 5월 공산군은 대장정 과정에서 가장 과감한 군사작전을 시도하여 이 요충지를 장악했다.

다쉐 산(大雪山)을 넘어 쓰촨 북부로 향하는 험난한 행군
1935년 5~6월

대장정 때 제3군단 사령관 펑더화이

제1군단 사령관 린바오

마오쩌둥(왼쪽)과 주더(오른쪽)
마오쩌둥은 대장정 기간 동안 중국공산당의
정치·군사적 지도자로 부상했다.
주더는 홍군의 총사령관이었다.

"술맛도 식욕도 사라져 버렸다"(1938)

"수레가 뒤집혔는데 나를 돕는 이는 아무도 없고 참외를 집어 먹는 이는 많기도 하다"(1936)

펑쯔카이의 삽화가 들어간 루쉰의 「아Q정전」의 권두화.

펑쯔카이(豊子愷)의 수묵 소묘 세 점. 그는 1930년대 중국의 절망적인 정치적·사회적 상황을 훌륭하게 그려낸 뛰어난 화가였다.

「일상의 이야기」 1931~1936년 국민당군의 농민징집을 묘사하고 있는 신보(기명, 본명은 황신보(黃新波))의 목판화.

「인력거꾼」, 란자의 목판화

1930년대 중반에 활발히 벌어졌던 사회주의 리얼리즘 목판화 운동의 예.

「빗 속의 비행」 (가오젠푸 작, 1932)
가오젠푸는 중국 전통기법의 장점을 살리면서 그것을 서구의 리얼리즘과 융합시킨 신국민화운동을 이끈 화가이다.

중국과 일본

제1차 세계대전 발발 이후 일본의 중국정책은 많은 변화를 겪었다. 1914~ 1915년에 산둥의 독일 조계에 대한 일본의 점령과 21개조 요구의 공포는 완전히 비타협적인 태도를 보여주었다. 1921~1922년의 워싱턴 회의에서 일본은 가혹한 요구들을 철회하고 옛 독일의 재산과 철도를 중국에 돌려주는 등 타협적인 자세를 보였다. 그러나 1927~1928년에는 국공합작으로 새로운 배외주의의 시대가 열리자 중국 중부에서 일본이 누렸던 교역상의 특권적 지위와 남만주에서의 군사적 우위가 타격을 입을 수 있다는 생각에서 부분적으로 강경대응이 다시 표면화되었다. 1928년 5월 지난에서 있은 국민혁명군과의 폭력적 충돌과, 같은 해 6월 장쭤린 원수의 암살로 양국 관계는 새로운 국면에 접어들었다.

일본군과 중국의 여러 정부들 사이의 긴장은 일본 자체의 심각한 문제를 반영한 것이었다. 19세기 말과 20세기 초 내내 지속되었던 급격한 발전을 전제로 한 수많은 약속이 흔들리고 사라지기 시작했다. 1925년 모든 내국인 남성에 대한 완전한 선거권 부여와 1926년 젊고 학구적인 천황 히로히토의 즉위가 끊임없는 활력의 징조로 보였음에도 불구하고, 일본의 입헌군주제는 사실상 쇠퇴기에 접어들었다. 많은 이들은 정부가 지원하는 거대한 기업들이 너무 막강해지고 부패했으며, 선출된 정치인과 관료의 정직성을 좀먹는다고 생각했다. 장비도 잘 갖추어지고 훈련도 잘된 해군과 육군은 그들의 의미 있는 임무수행을 부정하는 것으로 보이는 일련의 국제조약과 외교정책에 실망감을 느꼈다.

일본 국내에는 반란의 공포가 늘 존재했으며, 일본공산당이 전반적으로 무력했음에도 불구하고 1920년대 말 새로운 강력한 '치안유지법'이 통과되어 경찰은 국내의 선동세력을 검거할 수 있는 특별한 권한을 갖게 되었다. 메이지 유신 이후 인구가 2배로 늘어나 1928년에는 6,500만에 달했고 이로 인해 도시의 실업문제와 농촌지역의 침체가 야기되었다. 이 두 가지 문제는 미국 증권시장의 붕괴가 일본의 거대한 미국 비단시장의 몰락을 예견하게 되었을 때 더욱 악화되었다. 수많은 노동자가 실직하고 농민 부수입의 주요 원천이 사라졌다. 1929~1930년에 비단 가격은 이전 가격의 4분의 1 수준으로 떨어졌고 일본의 대미수출은 40%나 하락했다. 진주, 통조림류, 도자기 등 일본의 대미수출품은 수입세를 평균 23%로 올린 1930년의 스무트-홀리 관세로 인해 심각한 타격을 입었다. 같은 시기 일본의 대중국 수출은 50% 떨어졌다.

수많은 일본 학자와 정치가 중에는 중국이 과거에 남긴 문화유산에 대한 존경과 현재의 곤경에 대해 거만한 경멸이 뒤섞인 태도를 보이는 사람들이 있었다. 나이토 고난(內藤湖南)은 이러한 태도를 전적으로 대표하는 인물이었다. 1894년 청일전쟁이 발발한 첫날 29세의 청년이었던 나이토는 "세계 각지에 일본의 문명과 풍습을" 전파해야 하는 일본의 새로운 '사명'에 관해 썼다. 모든 아시아 국가들 가운데 중국이 가장 크기 때문에 당연히 중국은 "일본의 사명의 주요 표적이 되어야 했다." 나이토에게 이 사명이 특별했던 까닭은 한때 성숙한 문화를 소유하고 개발한 국가로서의 중국의 지위가 혼란과 변화라는 필연적 과정을 통해 일본으로 이전되었기 때문이다.

명 말과 청 초에 장쑤·저장 지역이 누리던 문화적 지배력은 뒤이어 광둥— 나이토의 지적에 의하면 이 세 지역은 원래 비한족 오랑캐가 거주하던 곳—의 번영기로 이어졌고, 1920년대에는 "동양문명의 중심이 일본으로 이동했다." 나이토의 어조는 때때로 조잡하고 거만해지기도 했다. 1919년 5·4운동기에 그는 "우리는 중국이 언제 멸망할지 더 이상 물을 필요가 없다"고 썼다. "중국은 이미 죽었고 그 사체만이 꿈틀대고 있다." 그러나 그 이상으로 그는 중국에 대한 일본의 꿈을 진보와 변화에 대한 오래된 은유를 사용하여 자세히 설명하려 했다.

> 당신이 드넓은 논을 개척하고 관개수로를 파기 시작했다고 가정해 보라. 우연히 당신은 망치를 사용하여 아니 다이너마이트를 터뜨려 부숴야 할 큰 바위와 마주쳤다. 만일 어떤 사람이 당신의 궁극적 목표를 무시하고 땅을 파괴한다는 이유로 당신을 비난한다면 당신은 무어라 할 것인가?[14]

이것이 경제적 관점에서 중국에게 의미하는 바는 남만주철도주식회사, 일본 기업인, 그리고 이미 일본군이 고려하거나 실행하기 시작한 것, 곧 "중국은 우선 제조업에 필요한 천연자원을 생산하는 국가로 재편되어야 한다"[15]는 말과 잘 맞아떨어진다. 이러한 견해들이 결합하여, 중국에 올바른 과정을 강요하기 위해서는 일전(一戰)을 불사해서라도 중국과 일본이 일본의 강력한 군사적 지도 아래 세계에서 그들에게 적합한 위치를 찾아야 한다는 대동아공영권(大東亞共榮圈) 사상을 낳았다.

1928년 장쭤린의 암살로 북중국에서 보다 대규모의 전쟁이 발발할 것이라 기대했던 일본 육군 장교들은 실망했다. 도쿄 정부가 신중한 태도를 취하고 총동원령을 내리지 않았던 것이다. 장쭤린의 아들 장쉐량이 아버지 대신 군대의 지휘권을 이어받았다. 1898년에 태어난 장쉐량은 아버지의 만주군에서 두각을 나타내지 못한 장교였고 아편 중독자에다 아버지 수하의 지도적 지휘관들로부터 경멸당하는 문제아였다. 일본은 처음에 그를 대단한 위협거리로 보지 않았고 비아냥조의 호칭인 '청년 원수'라고 불렀다. 그러나 그는 1928년 여름과 가을에 자기 아버지의 영역이었던 동북 3성—헤이룽장·지린·랴오닝—을, 국민당의 난징 정권 아래 있던 중국의 나머지 영토와 외약적으로 통일시키는 결정을 단행하여 놀라운 결단력을 보였다. 난징 정부는 추가적인 유인책으로 장쉐량이 주도하는 동북정무위원회 내에 러허 성을 통합시킬 것을 제안했다. 만주와 중국의 다른 지역의 통일을 반대한다는 일본의 경고에도 불구하고 장쉐량은 막무가내였고, 결국 1928년 12월에 난징 정부에 충성을 서약했다.

그 이후 장쉐량은 놀라운 독립성을 보이기 시작했다. 일본은 동북부의 중요한 군사·민간 지도자이자 장쉐량의 아버지의 심복이었던 두 인물을 통해 그에게 영향력을 행사하거나 심지어 통제하기를 바랐다. 이러한 계획을 눈치챈 장쉐량은 1929년 1월 두 사람을 만찬에 초대하여 식사 도중 쏘아 죽였다. 살인이 진행되는 동안 그 자신은 상습적인 모르핀 주사를 맞기 위해 물러나 있었다. 그해 늦봄 장쉐량은 자신의 아버지가 1927년에 베이징 주재 소련 대사관을 습격한 것을 본받아 하얼빈(哈爾濱) 주재 소련 영사관을 공격하고, 그곳에 사는 모든 소련인을 축출하는 한편 소련이 통제하는 동청철도 전체를 되찾으려 했다. 스탈린이 강력한 군사적 대응을 명령하자 그는 후퇴하지 않을 수 없었다. 그러나 1930년 가을에 북부의 군·정계의 연합세력—장제스의 적은 펑위샹·옌시산·왕징웨이라는 가공할 삼인방이었다—이 장제스를 권좌에서 내쫓으려 했을 때, 장쉐량은 자신의 군대를 산하이관을 넘어 남하시켜 허베이 성 북부를 점

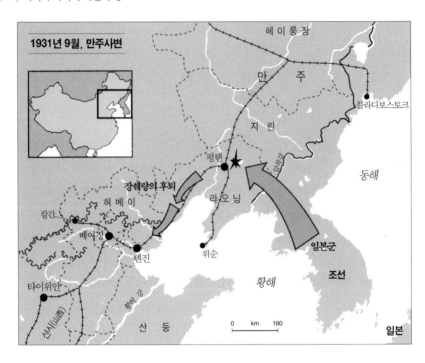

령했다. 이 이동으로 그는 베이징−우한선과 톈진−푸커우선의 북부 노선을 점 령했고 톈진의 풍부한 관세수입을 자신의 수중에 넣었다.

적대적인 삼인방을 쳐부수는 일에 정신이 팔려 있던 장제스는 장쉐량의 확 대된 기반을 인정하고 이제 40만 명을 헤아리는 동북변방군(東北邊防軍)에 대 한 장쉐량의 지휘권을 인정해 주었다. 이 두 사람은 새로운 철도협상을 거부하 고 일본이 지닌 이권의 회수를 적극적으로 추진하며, 치외법권의 폐지를 요구 하고 일본이 통치하는 뤼순의 번영을 막기 위해 남만주에 새로운 항만시설 개 발을 준비하는 등 일본에 대해 꾸준히 압력을 가했다. 조선에서 일어난 심각한 반중(反中)폭동에 뒤이어, 국민당 역시 일본 수입품에 대한 광범위한 불매운동 을 벌였다. 일본 국내에서는 분노와 좌절의 수위가 높아지기 시작했는데, 그것 은 부분적으로는 이런 예상치 못한 차질 때문이기도 했지만, 또 한편으로는 1930년 봄 런던 해군회담에서 일본 정부가 해군 보조함대와 잠수함의 비율을 기대했던 것보다 낮은 수준에서 받아들인 데 대해 군부가 충격을 받았기 때문 이기도 했다. 1930년 11월에는 이른바 애국청년으로 알려진 한 일본인이 도쿄역에서 일본 수상을 저격하여 중상을 입혔다.

정치인과 기업가들에 대한 국내의 폭력 사태와 경제 침체에 직면하게 된 도쿄의 육군성과 외무성 관리들은 만주에 주둔한 군대의 행동을 저지하려는 움직임을 보였다. 1931년 9월 초 일본 정부는 한 고위 장군을 뤼순에 보내 만주의 일본 지휘관에게 군사행동시에 '신중과 인내'를 명심하라는 지시를 전달하게 했다. 그러한 명령이 일단 공식적으로 전달된다면 만주군(관동군)은 마음대로 행동할 수 없을 것이기 때문이다. 도쿄에 있는 젊은 장교의 비밀전문을 통해 장군의 방문 목적을 미리 알고 놀란 펑톈의 일본 장교들은 그러한 명령을 받기 전에 행동을 취하기로 결정했다.

1931년 9월 18일 밤, 그들은 펑톈 외곽의 철도를 폭파시켰다. 그곳을 선택한 이유는 가장 큰 중국군 병영이 그 근처에 있었기 때문이다. 폭음과 혼란 속에서 일본과 중국 사이에 국지전이 발생했다. 펑톈 지역의 일본군 고위 참모장교는 뒤이어 중국 병영에 대한 전면 공격과 성벽으로 둘러싸인 펑톈 시의 점령을 명령했다. 일본 영사는 항의했지만, 한 장교가 칼을 뽑자 입을 다물었다. 도쿄 내각의 다수가 자제를 요청했고 중국과 미국은 전쟁 중지를 요구하도록 국제연맹에 요청했지만, 도쿄의 참모총장은 만주군에 모호한 메시지를 보냈다. 조선의 일본군 사령관은 그의 군대에게 남만주를 향해 국경을 넘도록 독자적인 지시를 내렸고, 펑톈군은 작전 반경을 넓히기 위해 자위나 비적 진압에 대비한 지침을 이용했다. 최근 후한민을 체포하여 그의 지지자들 사이에서 불만을 촉발시킨 장제스는 또 다른 대규모 전쟁을 지원할 수는 없었다. 대신 그는 장쉐량에게 격렬한 전투로 군대를 위험에 빠뜨리지 말고 만리장성 남쪽으로 철수하라고 명령했다. 그 해 말 만주는 완전히 일본의 통제 아래 들어갔다.

이 잠재적인 새로운 '국가'를 누가 이끌고 나갈 것인가 하는 문제는 쉽게 풀렸다. 1925년 이후 전 황제 푸이는 톈진의 일본 조계에서 살고 있었다. 1931년 7월 그의 동생이 일본으로 가서 여러 정치인들을 만났다. '만주사변'이 일어나고 겨우 12일 후에 만주군 사령부의 대표가 톈진으로 가서 푸이와 접견했다. 만주의 미래에 대한 회담은 10월에도 계속되었는데, 일본은 새 국가가 왕정인지 공화정인지에 대해서는 분명히 하지 않은 채 단지 장쉐량과 그의 군대에 대항하여 만주의 주민들이 독립국을 건설하는 것을 돕고자 한다고 25세의 푸이에게 확신을 주었다. 이러한 주장을 분명히 믿었고 또 가족의 만주 유산을 회복한다는 꿈에 부푼 푸이는 11월에 일본의 차를 타고 몰래 톈진을 빠져 나와 화물차로 갈아타고 탕구(塘沽)까지 가서 배편으로 뤼순에 당도했다. 1932년 3월 일본군 대표와의 긴 협상에서, 부활한 '대청국'의 '황제'가 되는 데 동의를 얻어내지 못한 푸이는 '만주족의 땅'을 뜻하는 만주국의 '집정'(執政) 직위를 받아들였다. 그가 새로운 정부를 세우자 옛 만주의 귀족들과 보수적인 청 조정의 대신들 여럿이 그에게 가담하러 왔다.

비록 행동은 느렸지만 국제연맹은 이러한 사태가 그냥 진행되도록 놔두지는 않았다. 연맹은 1931년 11월 영국 정치인 리턴 경이 지휘하는 조사단에게 상황을 파악하도록 했다. 무력 간섭을 시도할 뜻이 없었던 미국은 다른 열강에게 확실한 입장을 취하도록 영향을 주려 했다. 허버트 후버 대통령의 국무장관인 헨리 스팀슨은 1932년 1월에 미국 정부는 평화로운 국제관계의 기본법을 어긴 만주국의 "어떠한 상황, 조약 또는 협정도 인정할 뜻이 없다"고 발표했다. 그러나 영국은 "현재 중국의 불안정하고 산만한 상태"는 무슨 일이 벌어질지 예측할 수 없다는 이유로 '불인정' 원칙이라 불리게 된 이 발의를 공식적으로 인정하려 하지 않았다.[16]

중국이 '불안정하고 산만'하기는 했지만, 만주사변은 중국인 사이의 반일·반외세 감정을 더욱 심화시켰다. 상하이에서는 불매운동이 너무 심각했으므로 1932년 1월 28일 상하이 공부국이 비상사태를 선포하고 국제협정에 따라 구성된 외국 조계지의 방어를 위해 군대를 배치하여 그들이 1927년 4월처럼 방심한 틈에 당하지 않도록 대비했다. 그날 밤 그들의 주변 보루를 확보하기 위해 상륙을 명령받은 일본 해병대가 자페이(閘北)의 가난한 중국인 거주지에서 국민당의 제19로군과 총격을 주고 받았다. 이 충돌을 일본제국에 대한 '모욕'이라고 간주한 일본 해군 고위 장교가 1월 29일 자페이를 폭격하라고 명령했다.

무고한 시민이 다수 희생되어 세계 여론을 격화시킨 이 폭격은 상하이 중국 방어군에 대한 일본의 전면 공격으로 이어졌다. 일본은 전투에 3개 사단을 모두 동원했지만, 중국군은 놀라운 용기와 끈기로 맞서 싸웠다. 포화 속에서 발휘한 용맹은 북쪽 끝에 있던 또 다른 중국군이 헤이룽장을 확고하게 방어한 것과 더불어 중국의 전투력에 대한 외국인들의 존경심을 자아냈다. 그리고 일본의

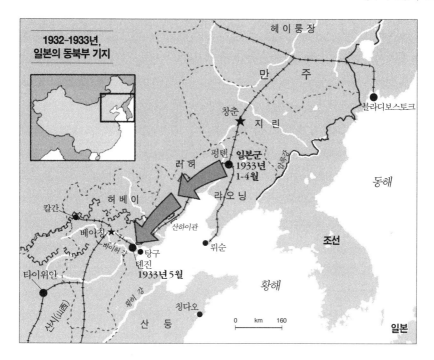

침략은 자국에서 심화되는 무질서 속에서 발생한 것이기 때문에(일본의 전직 대
장상이 2월 선거 중 총에 맞아 숨졌고 미쓰이사의 사장이 같은 달 도쿄 시내에서 암살
되었으며 또 다른 수상이 5월에 그의 공관에서 저격당했다), 분열된 중국에 질서를
가져오겠다는 일본의 주장은 허울뿐이었다.

1932년 5월 상하이에서 일본은 정전을 계획하면서 중국에게 도시 주변의 중
립지대 설치를 수용하라고 강요했다. 장제스는 상하이에서 용감히 싸웠던 제19
로군을 사령관의 충성심이 의심스럽다는 이유로 상하이 밖으로 이동시킨 다음
푸젠으로 보냈다. 그 해 후반에 일본은 공격 준비를 재개했다. 8월에 일본 정부
는 푸이의 만주국에 대한 외교적 '승인'을 선언하고 "일본·만주국·중국이 세
개의 독립적인 세력으로서 문화적·민족적 유대관계로 긴밀히 연결되어 극동의
평화와 번영의 유지 및 발전을 위해 협력할 날이 머지 않았다는 강렬한 희망"을
표명했다.[17] 1933년 1월 리턴 조사단의 보고서가 비록 유화적인 어조라고는
해도 만주에서 중국의 주권 포기를 인정하지 않으려 함을 알고 난 뒤, 일본은
"러허 지방의 문제는 의문의 여지 없이 만주국의 내부 문제"[18]라는 전제 아래

일본군의 러허 진군을 명령했다. 4월경 일본은 러허 전 지역을 효율적으로 정복했고 산하이관에 위치한 만리장성의 해안 끝의 전략적 통로를 점령함으로써 지배를 확고히 했다.

1933년 2월 내내 러허에서 치열한 전투가 벌어지는 동안 국제연맹은 마침내 리턴 보고서에 대해 전면적인 논의를 벌였다. 일본 대표는 "힘이 닿는 대로 중국을 돕기를 희망하고 있다. 그것이 우리가 받아들여야만 하는 의무"[19]임을 연맹측이 이해해야 한다고 강력히 주장했다. 그는 불가항력적인 일본의 정세를 이해하지 못한다면 치명적 결과를 가져올 소련과 '붉은 중국'의 동맹이 이루어질 것이라는 경고를 덧붙였다. 한 국가——샴(Siam)은 기권했다——를 제외한 모든 연맹국은 이에 흔들리지 않고 리턴 보고서를 지지하고 만주국을 하나의 독립국으로 인정하지 않았다. 표결이 발표되자 일본은 연맹을 탈퇴하여 다시는 복귀하지 않았다.

북중국에 기반을 건설하기 위해 일본이 마련한 각본의 마지막 장은 1933년 5월에 시작되었다. 예견된 바와 같이 만리장성의 북쪽을 따라 세력을 확고히 하기 위해서는 남쪽의 중국군을 제거해야 한다는 것을 알게 된 일본의 만주군은 허베이 성으로 이동했다. 그리고 나서 그들은 무력과 교활함, 그리고 심리전을 이용하여 그 지방의 중국군을 공격했고, 일련의 고전적인 교전을 벌여 중국군을 바이허(白河) 강까지 물러나게 했다. 또한 그들은 톈진에 주둔한 특수요원을 이용하여 지역의 장군들과 옛 군벌들을 매수하여 변절시키거나 경쟁 정부조직을 세우도록 했다. 그들은 지역의 비밀결사 지도자들과 준군사적인 세력의 반정부활동을 부추겼다. 그들은 중국군의 주파수로 라디오 기지를 세워 중국 야전 지휘관들에게 허위 명령을 내림으로써 중국측의 작전을 교란시켰다. 그리고 전투기를 베이징 상공에 저공 비행시켜 주민들을 공포에 떨게 했다.

공격을 받아 사기가 꺾이고 분열된 중국군은 1933년 5월 말 정전을 요청했다. 해안도시 탕구에서 중국측 협상자는 일본 전함과 구축함대의 총부리 아래서 모욕적인 정전협정에 서명했다. 탕구 협정은 허베이 동북 지방을 바이 강 동북쪽 선에서부터 비무장지대로 선언했고 "일본에 적대적인 무장군이 아닌" 경찰만이 순찰할 수 있다고 규정했다. 대신 예전에 의화단 의정서에 명시된 것처럼 베이징으로의 안전한 진입을 보장하기 위한 군대를 제외한 나머지 일본군은 만리장성으로 후퇴하되, 중국군이 협정을 준수하는지를 확인하기 위해 그 지역 상공을 정찰 비행할 수 있는 권리는 남겨 두었다.

탕구 정전협정이 체결된 후 수주일 안에 만주국의 정부형태에 대한 문제가 푸이와 그의 고문들, 군, 도쿄의 내각 등에 의해 다시 논의되었다. 일본의 만주군 사령관은 푸이에게 황제의 신분을 회복하는 데 일반적인 동의가 있었다고 말했다. 이것을 들은 푸이는 베이징에서 청의 마지막 성인(成人) 황제였던 광서제가 사용했던 용이 그려진 황제복을 베이징에서 배 편으로 보내도록 준비를 했다.

1934년 3월 특별 의식에서 푸이는 빌려 온 용포를 입고 새 수도 창춘(長春) 동쪽 외곽에 위치한 천단(天壇)에서 그의 등극을 선포했다. 그리고 그는 취임식을 위해 군복으로 갈아입었다. 새로운 연호로 그는 강덕(康德)을 택했는데, 이는 '고결한 평화의 시기'라는 뜻이었다. 이 단어의 첫 글자는 250여 년 전에 청을 통일하고 러시아와 만주 사이의 국경을 확정했던 강희제의 힘과 권위를 불러일으키기 위한 것이다. 무능한 푸이 주변에 일본 관리들과 함께 모여든 만주인과 중국인 아첨배들 가운데 청 초의 위대한 날들이 새롭게 시작되리라 진실로 믿는 사람은 거의 없었다.

중국과 독일

독일의 전(前) 세력권을 일본이 차지하도록 결정한 베르사유 조약의 조항들은 중국 인민을 분노케 하고 놀라게 했다. 그러나 당사자인 독일에게 이 조약은 처벌이나 매한가지였고 막대한 손해를 안겨 주었다. 독일은 프랑스·폴란드·덴마크에 이르는 방대한 영토를 잃었고 모든 식민지를 포기해야 했다. 라인 강의 독일 쪽 연안은 비무장지대가 되었고 풍부한 자르 석탄지대는 프랑스의 감독 아래 들어갔다. 육군은 10만 명으로 감축되었고 해군은 지나칠 정도로 줄어들었으며 군용 비행기 생산은 중단되었고 군수품 생산은 엄격하게 제한되었다. 심지어 상선까지도 이전 규모의 10분의 1로 줄었다. 전쟁의 모든 죄를 독일에 뒤집어 씌워 연합국은 자그마치 금화 132조 마르크의 어마어마한 배상금을 책정했다. 그 결과 1918년 카이저의 폐위와 망명 이후 유약한 연립 정부들이 독일의 중앙권력의 공백을 메우기 위해 차례로 애쓰는 동안 정치적·경제적·사회적 혼란이 야기되었다. 1922년에 미화 160달러 정도로 거래되던 독일 마르크는 1923년 7월에 달러당 16만 마르크 정도로 가치가 하락했고 1923년 11월에는 달러당 40억이라는 무의미한 비율로 폭락했다.

그러나 이 기간 동안에도 중국은 문화와 과학의 중심지로서 독일에 대해 품은 존경심을 거두지 않았다. 수많은 중국 학생들이 독일로 유학을 떠나 일부는 인문학(특히 역사학과 철학), 또 일부는 야금학·탄도학·지질학과 같은 분야를 연구했다. 공산당과 국민당의 합작과 분열은 독일에서도 나타나 서로 적대적인 중국 학생집단 사이에 종종 공개적인 분쟁이 있었다. 쑨원 사망 1주기를 기념하기 위해 베를린에서는 대립하는 분파들이 개최한 두 개의 서로 다른 집회가 열렸다. 여러 공산주의자들이 독일의 중국인 노동자들, 예컨대 함부르크의 선원들이나 베를린 슬럼가의 가난한 행상들 속에서 적극적으로 활동하고자 했지만, 독일 경찰이 감시하고 있었고 정치집회에서 중국인이 발언을 했다가는 본국 송환을 당할 위험이 있었다. 1920년대 말 독일과 중국 사이의 지적 교류가 활발했음은 베를린에서 두 차례 장기 체류한 적이 있는 쑨원의 미망인 쑹칭링에게 전문을 보낸 독일인의 경우에서 알 수 있다. 그 중에는 아놀드 츠바이크, 베르톨트 브레히트, 발터 그로피우스 그리고 케테 콜비츠 등이 있었다.

쑨원은 1920년대에 자신의 광저우 정부에 대해 기술적·군사적 자문을 구하기 위해 여러 차례 독일에 밀사를 보냈다. 그러나 쑨원이 원했던 이들은 일을 할 수 없거나 흥미 없어 했고, 독일의 외무장관은 그와 거래하는 것을 꺼려하여 독일이 "베르사유의 멍에를 벗어 버리기 위해서는 중국이 대규모 강력한 근대적 군대를 건설하도록 도움으로써 중국이 당신네 편을 들도록 하는 것보다 더 좋은 방법은 없다"[20]는 쑨원의 감동적인 말에도 전혀 흔들리지 않았다. 그래서 쑨원은 외국의 원조에 대한 희망을 대부분 코민테른과 소비에트 군사 고문에 걸었던 것이다. 마침내 광저우에 소수의 독일인 집단——3명의 항공 장교, 7명의 보병 고문, 그리고 병기창에서 일할 전문가와 철도경찰——이 도착했을 때는 이미 소련이 독보적인 존재가 된 뒤였다.

북벌시기와 장제스의 중국공산당에 대한 공격기간 동안 독일의 산업은 상당 부분 복구되기 시작했고 중화기 생산도 재개되었다. 1925년 프랑스군이 철수

함에 따라 루르 지역——독일의 배상금 지불 연체 때문에 1923년 프랑스에게 점
령되었었다——이 독일 관할로 돌아왔다. 독일은 정회원국으로 국제연맹에 가
입했다. 독일 대통령 힌덴부르크는 어느 정도 국내정치 질서를 회복시켰고 통
화도 안정되었다. 공산당에 대하여 극히 적대적이었던 국민당의 서산파(西山
派) 회원들에게는 이제 독일이 가장 적합한 기술전문가의 제공처로 보였고,
1926년 말에 중개인을 통해 작업한 결과 이들은 막스 바우어를 그들의 경제·
군사 고문으로 채용하는 데 성공했다.

바우어는 제1차 세계대전 이전과 대전 중에 독일 참모 본부의 '작전·전략 동
원'과에 소속된 장교였다. 전쟁 후 그는 소련과 아르헨티나에서 프리랜스 군사
고문이 되었다가 1926년 독일로 돌아왔다. 전쟁 중 그의 전문분야는 산업과 군
수를 통합시키는 것이었고, 그는 군대와 기업을 연결시키는 데도 정통해 있었
기 때문에 중국인을 돕기에는 최적의 인물이었다. 바우어는 1927년 말 광저우
에 도착했고 융커스 항공기와 외를리콘 무기 제조회사의 독점적 대리인으로 중
국에서 일하겠다는 계약을 이미 마쳤다. 광저우에 있는 동안 바우어는 실패로
끝난 공산당의 12월 봉기의 성쇠를 목격했다.

바우어는 유능했을 뿐 아니라 거칠고 몽상적인 기질의 소유자였는데, 장제
스는 화려한 수사를 사용하는 그가 마음에 들었던 것 같다. 그의 초기 비망록의
하나에 바우어는 장제스에게 이렇게 썼다. "세계가 제국주의적·물질주의적인
것보다는 사회적·이타적인 새로운 시대 앞에 서 있음은 우리 모두에게 분명해
보입니다." 그는 장제스에게 '건전한 의미의 민족사상'을 장려하라고 제안했다.
또한 바우어는 하나의 민족으로서 중국인에 대한 깊은 존경심을 키우고 그들이
"물질주의, 호색, 그리고 신경과민의 영향으로 퇴보하고 있는 '백인종 주인'의
착취에 반대하는 것이" 진정 올바른 일이라고 썼다.[21]

그러나 바우어가 산업, 무기, 군사 행동에 대해 장제스에게 한 충고는 온건했
다. 1928년 장제스는 그를 독일로 다시 보내 베를린 주재 중국 공사관의 보호
아래 상업부를 세우게 했다. 그는 비싼 수수료를 줘야 하는 중개인을 거치지 않
고 군수품과 장비를 대량 구매하는 데 치중했고, 규격에 맞지 않거나 노후된 무
기들을 추려 냈으며 중국의 특수한 필요에 맞춘 물자의 생산을 촉진시켰다.
1929년 광시 군벌과의 전투 중에 천연두로 죽을 때까지 바우어는 장제스에게

근대적 전쟁에 필요한 것들—블뤼허가 가르쳐준 이전의 교훈에 덧붙여—에 대해 감지하게 해주었고 장제스를 위해 다른 여러 재능 있는 독일 참모들뿐 아니라 농촌 재정착, 도시 행정, 광물 자원, 산업공학 등의 전문가들도 소개해 주었다. 이 전문가들 가운데 다수는 그들을 고용한 독일 행정부서들의 도움으로 접근이 가능했는데, 이러한 독일의 새로운 유연성은 1929년 여름 2명의 뛰어난 통신 전문가를 중국으로 보내주었던 육군성에서 비롯된 것이었다.

1930년대 초반 동안 중국·독일의 우호는 금이 가기 시작했다. 중국은 대규모 독일 은행이 연이어 파산하고 실업자가 600만을 넘어섰으며, 1932년 대통령선거에서 아돌프 히틀러가 유력한 후보로 급부상한 것 등에 대해 불안해 했다. 독일도 베를린 중국 상업부 직원들의 청렴성에 대해 불신했고 장제스 정권의 권력유지 가능성에 대해 회의적이었다. 중국에 온 바우어의 후계자들은 장제스의 신임을 얻지 못했다. 그들은 바우어가 늘 초점을 맞추었던 경제적·산업적 영역보다는 군사훈련의 측면을 우선적으로 강조하면서 바우어가 한 작업의 대부분을 폐기하기까지 했다. 게다가 장제스의 정치적 행운도 내리막길을 걷고 있었다. 그는 만주사변 이후 주석직을 사임하고 광저우에서 분리정권을 세우려 했던 왕징웨이와 쑨커에게 국가 운영을 맡긴 채 정계에서 '은퇴'했다.

1932년 1월 장제스가 다시 공직에 추대되어 나왔을 때(1927년 말과 마찬가지로 그의 부재는 그의 필요성을 다시 증명해 주었다), 그는 더 많은 권력을 자신에게 집중시켰다. 그는 자신을 참모총장이자 육·해·공군을 지휘하는 국가군사위원회의 위원장으로 임명했다. 그뿐만 아니라 농촌 소비에트에 있는 공산당—이들을 소탕하기 위한 1931년과 1932년 두 번의 주요 군사작전이 실패했고, 장시 소비에트군에 의해 참패를 당했다—의 섬멸을 가속화하려는 시도로서 장제스는 군사위원회 밑에 공비토벌사령부(剿匪總司會)를 세우고 그 사령관에 역시 자신을 임명했다. 총사령관은 공산당이 활동하는 모든 지역에서 민간·군사·정당 통제권을 전적으로 행사하기 때문에 행정원 등 국민정부의 5원은 본질적으로 그의 행동을 견제할 아무런 수단도 갖지 못했다. 또한 그들은 재원이 군대에 집중되는 것도 막지 못했다. 정부 지출에 대한 다음의 표(461쪽)가 보여주듯이 직접적인 군사비와 누적된 채무이자—역시 군사적 필요로 차입하게 된—를 합하면, 국민정부의 나머지 부처가 사용할 수 있는 액수는 1934~

1928-1937년, 난징 정부의 군사비와 부채상환액[22]

회계연도	군사비		부채 상환액		합계	
	금액	총지출률	금액	총지출률	금액	총지출률
1928-29	210*	50.8	158	38.3	368	89.1
1929-30	245	45.5	200	37.2	445	82.7
1930-31	312	43.6	290	40.5	602	84.1
1931-32	304	44.5	270	39.5	574	84.0
1932-33	321	49.7	210	32.6	531	82.3
1933-34	373	48.5	244	31.8	617	80.3
1934-35	368	34.4	356	33.2	724	67.6
1935-36	220	21.6	275	26.9	495	48.5
1936-37	322	32.5	239	24.1	561	56.6

* 100만 위안.

1935년 동안 총액의 20%를 넘지 못했다. 그리고 보통 이 통계에는 지방의 군사 방어와 안보를 위해 할당된 액수는 포함되어 있지 않았다.

1932년 7월부터 10월까지 장제스는 그의 난창 기지에서 세번째 '공비(共匪) 토벌' 작전을 개시하여 중국 중부 소비에트 가운데 하나를 쳐부수고 멀리 장시 소비에트까지 진격하는 성공을 거두었다. 장제스와 그의 참모들은 이제 그들이 '3:7'이라 명명한 계획을 통해 전투의 심리적 측면에 대해 더 많은 관심을 보이기 시작했다. 이는 반공 노력의 3은 군사적인 것이며 7은 정치적인 것이라는 뜻이었다. '정치적'이라는 명목 아래 그들은 지방 관리의 정직과 효율을 고무시키고 중재위원회를 통해 소작료를 재조정하고 대출을 늘리고 식량·종자·농기구를 원활하게 공급하며 지방 상품을 판매하기 위한 지방 협동조합을 개발하기 시작했다. 또한 장제스의 군대는 지역농민에게 도덕적·애국적 가치를 주입시키고자 했다.

동시에 국민당은 전쟁 지역 안에 비행장과 우회도로망을 건설하기 위한 야심찬 계획을 추진하기 시작했고, 그 결과 인민에게 노역과 무거운 부가세를 새롭게 지우게 되었다. 장시 소비에트 지역 둘레에는 단단한 암석이나 벽돌로 일련의 보루를 세우기 시작했다. 이 보루는 경제봉쇄를 확실히 해주는 동시에 방어 거점, 보급품 창고, 응급 야전병원, 전진기지 등으로 사용되었다. 장제스의 군대가 의식적으로 모방한 이 모델의 원형은 70여 년 전 쩡궈판이 사용했던 염군반란 진압방법이었다. 1933년과 1934년에는 제4차, 제5차 토벌작전에 착수했는데, 이를 위해 2,400km의 새로운 도로가 건설되었으며 1만 4천 채의 보루가 세워졌다.

이 군사작전에서 여러 독일장교들이 고문으로 활동했지만, 장제스는 자신이 진실로 신뢰할 수 있고 절대적 신임이 가능하며 중국 군대의 구조 전체에 대해 지적인 조망을 할 수 있는 바우어 같은 고문이 필요하다고 느꼈다. 결국 그가 선택한 인물은 한스 폰 젝트 장군이었다. 그는 제1차 세계대전 때 탁월한 지휘관으로서, 1920~1926년 사이에 강제 축소된 독일국방군을 잘 훈련시키고 정신무장시켰으며 좋은 장비를 갖추게 한 책임자였다.

젝트는 1933년 5월 난창 부근의 쿠링에 있는 장제스의 산중 본부에 도착하여 수일간 그와 강도높은 회견을 가졌다. 젝트는 확대된 독일 사절단의 영구 수석고문이 되어달라는 장제스의 요청은 거절했지만, 그를 위해 중국의 군사적 미비점에 대한 자세한 연구논문을 쓰는 데는 동의했다. 젝트는 국민당이 통제하는 군대가 '통치력의 기초'를 제공하기 위해서는 질적으로 우수해야 하며 완벽한 열의를 가진 전문적인 장교집단에 의해 통솔되어야 한다는 점을 강조했다. 장제스는 너무 많은 수의 군대를 가졌다고 젝트는 썼다. 그가 제안한 것과 같은 군대는 10개 사단 이상이어서는 안되었다. 일종의 기동타격대로서 능력을 발휘할 수 있는, 정예요원으로 구성된 여단이 우선 개발되어야 했다. 그는 또 병참 개혁을 완수하기 위해서는 장제스가 "독일 고문의 영향력이 사실상 지배적임을 인정해야만 한다"고 했다.[23] 이 고문들은 자신이 직접 선택한 청부업자를 이용하여 중국을 위해 표준화된 군수 산업을 건설할 것이었다. 젝트는 중국의 천연자원을 중국이 필요로 하는 독일의 군수품이나 상품과 교환하는 방안을 제시하기도 했다.

이러한 방향에서 계획의 첫 단계가 1934년 1월에 시행되었다. 독일의 군사재정성은 중국과의 군사적·산업적 거래를 전담할 개인회사의 설립을 승인했다. 젝트는 한달 비용이 2천 달러에 이르는 장제스의 호화로운 접대를 받는 귀빈으로서 1934년 여름에 중국을 두번째로 방문했으며 여동생에게 보낸 편지에서 "나는 여기서 군대의 공자(孔子)로 대접받는다"[24]고 썼다. 1934년 8월에는 '일급비밀' 조약이 조인되었다. 중국은 1억 마르크의 신용차관을 비롯하여 철과 철강공장, 광석가공기계설비 그리고 근대적 병기창을 독일로부터 수입하기로 했다. 젝트는 중국에서 만들고 있는 무기는 자신이 제시한 것과 같은 근대적 군대에서는 '75~90%가 사용불가능'하다고 지적했다.

독일은 그 대가로 '고품질의 광석'을 받기로 했다. 광석의 종류는 협정에서 명시하지 않았지만, 주로 근대 전쟁에 필수적인 안티몬과 텅스텐을 의미했다. 안티몬은 탄약 제조, 특히 유산탄(榴散彈)과 탄알에 사용되는 납 합금을 경화시키는 데 필요했고, 지금까지 알려진 금속 가운데 융해온도가 가장 높은 텅스텐(철망간 중석에서 추출한)은 강철을 자르고 장갑차용 철판, 철판을 뚫는 총알, 비행기, 전구의 필라멘트, 전화 부속품 등을 만드는 데 사용되었다. 독일에서는 이 두 광물이 모두 생산되지 않았는데, 중국은 후난의 남부와 북부에서 세계 안티몬 공급의 60%를 생산하고 후난과 장시에서 세계 텅스텐 공급의 절반을 생산했다.

상호 공급의 가능성이 중요해지기 시작하자 한때 명목상 개인 무역회사가 하던 일을 독일 육군성이 공개적으로 인계받았다. 상하이 주재 독일 총영사는 1935년 5월 히틀러에게 직접 전보를 쳐서 난징 정부와의 협정을 지원하되 아무리 매력이 있어 보인다 해도 다른 중국 기업과의 거래는 장려하지 말 것을 요구했다. 중국측에서는 정부의 여러 부처에 의해 운영되는 경제개발 단체들을 보조하기 위해 국가자원위원회가 구성되었다. 이 새 위원회의 중요성은 그 활동이 장제스가 주도하는 국가군사위원회에 의해 조정되었다는 점이다. 모든 수입지출이 중국 중앙은행의 특별보조금으로 운용되었다. 1936년 초 난징 정부는 두 개의 주요 광물을 위한 독점 부서를 설립했고, 같은 해에 주로 독일 자원에 의존하는 중공업 '3개년 계획'을 발표했다.

난징을 방문 중이던 또 다른 독일 장군은 중국의 "일본의 헤게모니에 대한 투쟁"까지도 독일이 도와야 한다고 제안했고, 여러 중요한 계획이 서서히 수립되었다. 오토 볼프 회사는 굉장한 속도와 효율로 두 개의 긴 전략적 철도를 완성했다. 크룹사는 기차 구입을 위해 넉넉한 신용대부를 해주었다. 다임러-벤츠사는 타이어·유리·가죽 등의 부품 설비를 갖춘 디젤 트럭의 조립공장을 건설하기 시작했다. 융커스 항공회사는 항저우의 공장에서 단발식 폭격기와 항공기를 제조하기로 계약했다. 지멘스사는 항만 건설계약에 서명했고 I.G. 파르벤사는 화학공장 설립을 조사했다. 그 밖의 사업으로 구리제련 공장, 아연 광산, 유전 굴착, 질소공장, 그리고 진공관, 전화, 라디오, 전선 등의 전기 제조품 공장이 포함되었다. 이러한 사업들은 모두 국가자원위원회가 일본의 팽창에 충분히 저항할 수 있는 능력을 갖춘 '신경제 중심지'를 쓰촨-후난-장시 지역에 발전시키기 위해 입안했던 것이다. 이것은 19세기 말 자강운동의 핵심을 이루었던 그런 류의 사상의 야심찬 확대판이었다.

불행히도 국민당이 계획한 이 원대한 꿈은 세계정치라는 암초에 부딪혀 좌초되고 말았다. 독일의 재계, 외무·육군·재무성의 각 부서와 직업 외교관 그리고 개별 고문들 사이에는 중국에 대한 계획을 둘러싸고 서로 다른 견해들이 늘 있어 왔다. 1936년에 히틀러는 소련을 겨냥한 결정적인 '반코민테른 협정'을 일본과 맺도록 배후에서 영향력을 행사했고 독일과 만주국의 상업적인 접촉을 장려했다. 1937년 일본이 중국에 대해 전면적인 공격을 감행하자 물자교환 밀약을 유지하기 위한 마지막 시도는 쑹쯔원에 이어 재정부장이 된 장제스 부인의 형부, 쿵샹시에게 맡겨졌다. 히틀러에게 보낸 개인적 편지에서 쿵샹시는 독일의 지도자를 "우리 모두의 모범"이며 "정직과 민족의 자유와 영광의 위대한 수호자"라고 칭송했다. 쿵샹시는 유교원칙을 따르는 중국은 결코 공산국가가 되지 않을 테지만 일본은 아마도 그렇지 않을 것이며, 아울러 문화적·정치적·군사적 관점 어떤 쪽에서 보더라도 장제스가 "각하를 아주 특별히 이해할 것"이라고 확신에 차서 썼다.[25] 그러나 히틀러는 대답을 회피했다.

16장 | 전쟁으로

대장정

잘 닦인 도로와 보루를 토대로 장시 소비에트 지역의 경제봉쇄와 군사 고립을 동시에 추진한 장제스의 정책은 1934년 중반에 이르자 공산당 군대의 입지를 아주 어렵게 만들었다. 그 해 8월에 장시 소비에트의 군사 계획에서 가장 주도적인 네 사람—홍군의 총사령관 주더, 돌아온 볼셰비키 집단의 주도적 인물인 보구(博古), 저우언라이, 그리고 코민테른 특사인 오토 브라운—은 공산당원 다수가 소비에트를 포기하는 데 동의한다는 점에 대해서는 일치했지만, 떠나는 시기, 후위 엄호를 위해 남아야 할 사람의 수, 그리고 공산당 군대의 궁극적인 목적지에 대해서는 의견이 달랐다.

국민당의 봉쇄를 뚫는 유일한 희망은 기습작전에 있었기 때문에 계획은 극비리에 진행되었고 대부분의 지역 공산당 군지휘관들은 그들이 해야 할 행동에 대해 그저 어렴풋이 알고 있었을 뿐이다. 게다가 상하이에서 국민당 경찰의 급습으로 중국공산당이 모스크바와 연락을 취하는 데 사용했던 통신장비를 빼앗겼기 때문에 소련이나 코민테른 지도부와 최종적인 계획을 조율할 수가 없었다. 장제스가 공격을 재개한다는 정보와 광둥 성 북부의 한 국민당 지휘관이 공산당과 비밀리에 협상할지 모른다는 소식이 철수계획에 박차를 가하게 했다.

공산당 부대가 면밀히 조사한 결과 국민당 군대의 봉쇄망은 서남쪽 모퉁이—장시 성의 간저우(贛州)와 후이창(會昌) 시 사이—가 가장 취약했지만, 이곳도 240km에 걸쳐 퍼져 있는 네 겹의 남·북 방어선을 돌파해야 했다. 그런데 이곳을 방어하고 있는 광시와 광둥의 지방군은 장제스의 정예부대만큼 막강하지 않았다. 게다가 만일 공산당이 이 서남구역을 통해 달아난다면 장시 소비에트의 북쪽 지역에 주둔하고 있는 국민당 부대보다 앞서서 달릴 수 있었다. 그래서 9월에 공산당 부대는 서남쪽을 돌파할 준비를 하기 시작했다. 식량, 탄약, 의복, 의약품 등을 준비하고 할당해야 했으며, 당 문서와 서류철을 포장하거나 파기해야 했고, 장정에 참여할 사람과 남을 사람을 구분해야 했다.

철수 전략은 저우언라이가 지휘했다. 철수할 때 최전선 돌파는 1군단과 3군단의 노련한 부대가 맡았다. 이 부대는 북벌과 장시 소비에트 초기에 진급한 공산당의 가장 뛰어난 두 장군이 지휘하였다. 1군단은 황푸군관학교 출신이며 당시 27세인 린뱌오(林彪), 3군단은 36세인 펑더화이(彭德懷)가 이끌었다. 린뱌오의 부대는 대략 1만 5천 명의 부대원이 있었고 펑더화이는 1만 3천 명 정도 있었지만, 그들은 국민당의 봉쇄로 인해 충분히 무장하지는 못했다. 각 군은 장총 9천 정(1정당 실탄은 100발 이하), 야포 2대, 수제 포탄을 사용하는 경박격포 30대, 그리고 기관총 300대를 갖추었을 뿐이었다. 기관총 1대당 최대 500~600발의 탄환이 있었는데, 이는 격렬한 전투에서 속사할 경우 총 1대당 겨우 10분 정도 사용할 수 있는 양이었다. 그리고 대부분의 병사는 한두 개의 수류탄을 소지하고 있었다.

이 두 군단 뒤로는 대다수 장시 소비에트 요원들이 뒤를 따랐다. 중앙상무위원회 위원들, 정보원, 사관생도, 소규모 대공(對空)부대로 이루어진 '지휘종대'의 뒤에는 당원과 정부 요인, 야전병원 부대, 중국공산당이 몰래 모아온 은괴 상자, 간단한 무기와 화약을 만들 수 있는 기계류, 인쇄기와 정치 문건들을 운반하는 '지원종대'가 이어졌다. 이 두 종대에는 새로 모집된 수백 명의 운반병들이 속해 있어서 움직임이 느리고 번거로웠으며 1만 4천 명에 이르는 구성원들 가운데 4천 명 정도만이 전투병력이라 할 만했다. 비교적 소규모에 장비가 부족한 3개 군단이 종대의 측면과 후면의 엄호를 맡아 모두 8만여 명의 대규모 돌격대가 구성되었고 각자 약 2주일치의 쌀과 소금을 소지하고 있었다.

이 두 종대에는 또 35명 가량의 여성이 있었고 그 가운데는 마오쩌둥의 임신 중인 젊은 두번째 부인 허쯔전과 주더의 네번째 부인인 젊은 농민여성도 있었다.(주더의 전 부인 세 명 가운데 첫번째는 출산 후 죽었고, 두번째는 군벌에게 살해당했으며, 세번째는 국민당에 의해 처형되었다. 마오쩌둥의 첫번째 부인 양카이후이 역시 1930년에 국민당에 체포되어 처형당했다.) 그러나 대부분의 여성과 그 아이들 —새로운 자유혼인법의 제정 이후에 태어난 홍군병사의 아이들까지도— 은 장시에 잔류했는데, 이들은 국민당이 이 지역을 탈환했을 때 엄청난 고통과 개인적 희생을 치렀다.

후방을 방어할 2만 8천여 명의 공산당 부대도 잔류했는데, 그 중 2만 명 가량은 부상을 당해 행군할 수 없었다. 그들의 목표는 장시 소비에트 지역을 부분적으로 유지하기 위해 게릴라 활동을 하고 공산당 주력군이 나중에 돌아올 수 있도록 비밀 연락망을 구축하는 것이었다. 이 중에는 마오쩌둥의 동생인 마오쩌탄(毛澤覃)과 함께 1927년 2차 전투 후 당지도부에서 밀려난 취추바이도 있었다. 취추바이는 결핵에 걸려 여행을 할 수가 없었다. 나중에 마오쩌탄은 국민당 군과의 교전 중에 죽고 취추바이는 사로잡혀 처형당했다. 그는 죽기 전에 이상하고 독설적인 「못 다한 말」(多餘的話)을 썼는데, 이 글은 교조적 마르크스주의에 대한 환멸과 좀더 부드럽고 낭만적인 세계에 대한 열망을 담고 있다.

공산당의 장시 탈출은 1934년 10월 16일 어둠을 틈타 개시되었다. 이로써 중국공산당 역사에서 가장 영웅적인 서사시 '대장정'이 시작된 것이다. 전술적 후퇴로 시작된 장정은 1935년 10월 20일 공산당 군대의 잔존자들이 산시 성에 도착함으로써 전략적 승리로 끝났고, 370일 동안 9,600km에 달하는 위험한 지역을 가로질렀다.

장정의 첫 출발은 거의 계획대로 진행되었다. 선두의 두 군단은 국민당 방어선의 서남쪽 지역을 뚫었고 타오 강(桃江)을 무사히 건넌 다음 지휘종대와 지원종대가 가까이 뒤따르는 가운데 광둥 성 바로 북쪽에 있는 장시-후난 성 경계를 따라 형성된 두번째 방어선으로 다가갔다. 펑더화이의 3군단이 신속하게 두번째 방어선을 무너뜨렸지만, 린뱌오의 1군단은 남쪽 산간에서 많은 사상자를 냈다. 지방군과 국민당 군대가 바짝 추격하여 대장정군은 4시간 진군하고 4시간 휴식하는 작전으로 우한-광저우선의 세번째 방어망을 격파했다. 거대한 화

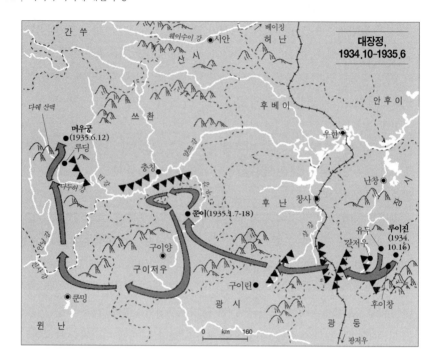

물차와 수많은 운반병의 탈영 때문에 지체되고, 광시–후난 경계지역의 조악한 지도와 열악하거나 아예 없는 도로 사정으로 말미암아 고통을 받은 대장정군은 샹 강을 따라 펼쳐진 마지막 방어선을 건너던 12월 중순에 거의 잡힐 뻔했다. 국민당과 그 연합군은 장시 주력군과 후난의 다른 공산당 군대가 합류하지 못하도록 하는 데는 성공했지만, 후난과 광시가 구이저우 성과 경계를 이루는 지점에서 공산당군이 구이저우로 진군하는 것만은 막지 못했다.

그 다음 수주 동안 대장정군은 구이저우의 여러 도시를 점령하고 탄환이 떨어진 화포 등 중장비를 버린 뒤에 그곳에서 보급품을 다시 보충하고 대열을 재정비했다. 저항이 점점 미미해져 가는 가운데 구이저우의 광활한 우 강(烏江) 방어선을 3군단과 1군단이 과감하게 대나무 뗏목으로 건넌 뒤 1935년 1월 7일 공산당의 선두 부대는 부유한 상인과 국민당 관리들이 미처 피하기 전에 쭌이(遵義)에 입성했다. 이곳에서 공산당군은 절실했던 식량과 의복을 대량으로 노획했는데, 무기 저장고는 실망스럽게도 보잘것없었다.

군대가 쭌이에서 휴식을 취하게 되자 당지도부는 이 도시를 급진적 변화의 중심지로 만들기 위해 움직였다. 그들은 대규모 집회를 열고 토지개혁에 대해 토론하고 압수된 물건을 가난한 사람들에게 분배하고 혁명위원회를 구성하면서 전에 활동할 때 가졌던 흥분을 얼마간 되살릴 수 있었다. 공산당 고위 지도부의 긴장되고 중요한 모임이 열린 곳도 바로 쭌이였다. 1935년 1월 15~18일에 열린 쭌이 회의에는 18명의 주요 공산당 지도자들이 참석했다. 6명의 공산당 정치국원, 4명의 후보위원, 7명의 군 지도자 그리고 코민테른 대표 오토 브라운이 거기에 포함되었다. 장장 4일에 걸친 토론에서 지도부는 장시 지역에서 당의 실패원인을 검토하고 이제 그들이 직면한 정치적 선택을 조망했다. 회의가 끝난 후 발표된 '결의안'에 따르면, 장시 소비에트 지도부는 '기동전'을 벌이는 대신에 '순수한 방어 일변도'의 전략을 따랐고, 1934년 초반 "소비에트에서 적들과 무모하고 목표 없는 전쟁"을 단행하여 공산당의 힘을 너무 소진시켰으며, 따라서 "소비에트 철수는 공포에 질린 도망이나 난장판 같은 이사 작전이 되었다"고 비판당했다.[1) 이 결의안은 대체로 마오쩌둥의 견해를 대변하고 있었는데, 이는 그가 장차 공산당을 장악하는 데 중요한 밑거름이 되었다. 마오쩌둥은 정치국 상임위원회의 주석으로 지명되었고 부주석인 저우언라이는 군사계획을 맡게 되었다. '돌아온 볼셰비키' 보구는 자칭 "당 중앙에 전반적인 책임이 있는 인물"로서의 지위를 박탈당했으며 오토 브라운도 군사결정에 대한 통제권을 잃었다.

쭌이 회의 이후 마오쩌둥은 저우언라이로부터 군사 지도권을 인계받기 위해 서서히 움직였다. 공산당 군대에게 이 시기는 구이저우 북부, 윈난 북부, 쓰촨 남부를 위험을 무릅쓰고 떠돌아다니면서 아직도 이 지방의 대부분을 통제하고 있던 군벌들과 국민당 정규군의 완강한 저항에 맞서고 있던 때였다. 구이양으로 피신한 장제스는 반격을 직접 지휘했으며 또한 지역 군벌을 희생시켜 서남부에서 자신의 정치적 힘을 키우는 데 공산당의 존재를 영리하게 이용했다.

대장정군은 5월 초에 쓰촨과 시캉 성으로 북진을 감행함으로써, 오래 전 바로 이 머나먼 산악지역에서 계왕과 우싼구이가 겪었던 운명을 피할 수 있었다. 그들은 8일에 걸쳐 작은 배로 진사(金沙) 강을 건넌 뒤, 거칠고 험준한 지역을 지나 북진했다. 다두허(大渡河) 강 위로 높이 설치되어 있는 루딩교(瀘定橋)에서 공산당군은 대장정에서 가장 대담한 작전을 펼쳤다. 강폭도 넓고 물살도 빠른 다두허 강을 건너는 유일한 방법은 쇠사슬로 이어져 있는 이 다리를 이용하는 것밖에 없었다. 적군은 이미 널빤지 상판을 거의 다 제거했고 다리 건너편에 더할 나위 없이 사격하기 좋은 위치를 선점하고 있었다. 그러나 수류탄을 지닌 공산당 부대원 20명은 쇠사슬에 몸을 얹고 91m 가량 포복하여 강 건너편으로 돌격해 들어가 수비대를 격파했다. 이 승전으로 나머지 공산당 군대는 1935년 5월 말에 안전하게 강을 건널 수 있었다.

그 후로는 다쉐(大雪) 산맥을 지나는 고난의 행군이 이어졌는데, 도중에 마오쩌둥은 말라리아가 재발하여 때때로 들것에 실려 가야 했고 린뱌오는 고산병 때문에 기절하기도 했으며 많은 병사들이 동상에 걸려 나중에 다리나 발을 절단하기도 했다. 티베트군의 저항을 받고 국민당 공군의 산발적인 폭격을 당하며 해발 4,800m에 달하는 곳까지 오른 대장정군은 마침내 1935년 6월 12일 쓰촨 북부의 머우궁(懋功)에 도착했다. 그들의 수는 원래의 절반인 4만 명 가량으로 줄어 있었다.

쓰촨 북부에서 대장정군은, 쓰촨 동부의 소비에트를 버리고 5만여 군대를 새로운 기지로 이끌던 장궈타오와 합류했다. 장궈타오와 마오쩌둥은 오래 전 베이징 대학에서 알게 된 사이였고 각자의 근거지 정부를 건설하기 전에 1921년 공산당 창립대회에 둘 다 참석했기 때문에, 이러한 공산당 군대의 결합은 흔쾌한 것이어야 했다. 그러나 수주간의 전략적 논의 끝에 두 지도자는 서로 의견이 맞지 않는다는 점만 확인했다. 마오쩌둥은 더 북쪽으로, 그리고 산시나 닝샤(寧夏) 동쪽으로 이동해야 한다고 주장한 반면, 장궈타오는 쓰촨-시캉 경계지역에 고립적이고 방어적인 소비에트를 건설하자고 했다. 또한 마오쩌둥은 새로운 근거지에 도착하면 '항일국민연합정부'[2]를 결성하여 모든 중국인이 일본의 침략에 대항하는 데 참여할 수 있도록 하겠다는 뜻을 표명했다. 이러한 입장은 사실상 최근 모스크바의 코민테른 결정과 일치했는데, 마오쩌둥이 그들과 연락을 취하고 있었는지 아니면 우연히 같은 생각을 하게 된 것인지는 명확하지 않다. 장궈타오는 코민테른으로부터 중국공산당의 독립을 추구했고 이러한 지시에 불쾌해 했다. 비록 마오쩌둥이 이 토론을 통해 중국공산당의 정치적·군사적 지도자로 부상하게 된 것은 분명하지만, 그는 장궈타오의 반대를 물리칠 수 없었다. 아마도 총사령관 주더에 의해 조정되었겠지만, 아무튼 두 군대는 재편되었

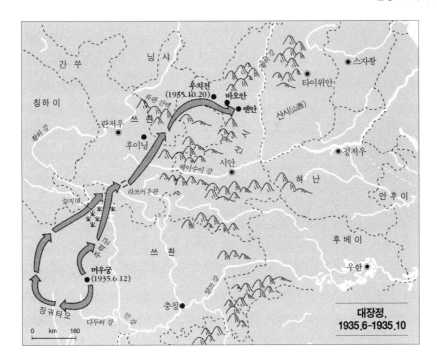

다. 마오쩌둥은 린뱌오의 잔존 부대원들과 펑더화이의 1군단과 3군단 그리고 장궈타오의 부대 가운데 두 군단을 흡수하여 새롭게 편성한 '동방종대'(東方縱隊)의 사령관을 맡았다. 장궈타오는 마오쩌둥의 5군단과 9군단을 받아들이고 거기에 자신의 군대를 더했으며 주더의 보좌를 받게 되었다.

공산당 군대는 이제 다시 갈라졌다. 장궈타오는 겨울을 대비하기 위하여 서남쪽으로 옮겨서 휴식을 취하고 보급품과 두터운 옷가지를 준비한 반면 마오쩌둥의 지친 군대는 8월 말에서 9월 초까지 칭하이-간쑤 경계지역의 황량한 늪지대를 건너기 위해 애썼다. 비와 우박, 수렁, 식량 부족 그리고 선 채로 잘 수밖에 없는 축축한 땅에 시달린 나머지 행군자들 가운데 질병과 탈진으로 사망하는 자가 속출했다. 낮에는 앞서간 정찰대가 길바닥에 남겨둔 가느다란 풀로 꼰 새끼줄을 따라 길을 더듬어 나갔다. 늪지대를 벗어난 마오쩌둥의 군대는 황허 강의 서쪽 굽이 아래를 지나 류판(六盤) 산맥을 통과하면서 간쑤와 산시 지방군의 공격을 받게 되었다. 마침내 10월 20일 닝샤 경계 근방 산시 북부의 우치전(吳起鎭)에서 마오쩌둥의 군대는 산시 북부 공산당 게릴라군과 만났다. 처음에

장시를 떠났던 8만 명의 군대 가운데 8,000~9,000명 가량만이 마오쩌둥과 함
께 했다. 이듬해에 걸쳐 장궈타오와 주더가 이끄는 '서방종대'(西方縱隊)의 생
존자들이(이 부대는 중국 서부에서 격렬한 전투로 타격을 입었다) 이곳으로 서서히
산발적으로 이동해 왔다.

1935년 12월에 대장정 경험을 총괄하며 마오쩌둥은 이렇게 썼다. "대장정은
역사의 기록 가운데 그 유례를 찾아볼 수 없는 것이다. 그것은 하나의 선언이
며, 선전력이고, 파종기(播種機)이다. ……그것은 홍군이 영웅들의 군대인 반
면 제국주의와 그들의 주구 장제스는 무능하다는 것을 세계에 천명했다."3) 참
으로 용감한 말임에 틀림없지만, 공산당이 이제 실질적으로 남부와 동부의 도
시나 농촌의 기반을 모두 잃어버렸다는 사실은 숨길 수 없었다. 15년간의 노력
은 완전히 물거품이 되었고, 산산이 부서진 구조를 재건하는 데는 큰 고통이 따
를 것으로 보였다.

국민감정과 국민당 이데올로기

군사적으로 무슨 일이 벌어졌든 간에 대장정은 하나의 선언이고 선전력이며 중
국 전역에 공산주의의 소식을 흩뿌리는 파종기라는 의미에서 하나의 승리였다
는 대담한 주장을 함으로써, 마오쩌둥은 장제스가 가장 듣고 싶어하지 않던 바
를 이야기하고 있었다. 그도 그럴 것이 중국인의 마음과 정신을 사로잡기 위한
전투에서 두 정당 중 어느 편도 완전히 이기지 못했으며, 수백만의 중국 지성인
과 수억의 농민·노동자는 아직 이념적으로 치우치지 않은 채 미래에 충성을 바
칠 대상을 위해 마음을 열어 두고 있다는 것을 국민당의 지도자는 잘 알고 있었
기 때문이다.

1920년대 후반의 충격 속에서 5·4운동의 열정적인 흥분이 전파된 이래 5·4
우상 파괴론자 세대의 대부분은 다음 다섯 가지 경우 가운데 하나의 역할을 수
행했던 것 같다. 중국공산당의 지도자, 국민당의 반공 질서론의 대변인, 중립적
인 자유주의 전통의 수호자, 엄격한 학문적 방법론의 신봉자, 또는 자유로운 정
신과 쾌락적 생활방식의 추종자가 그것이다. 이 다섯 가지 가운데 어떤 태도를

취하든 그들은 옛 고전에 대한 수련과 청 말 개혁운동의 드라마나 왕조의 몰락에 대한 참여—얼마나 적극적인 참여였건 간에—, 그리고 한두 가지 외국 문화에 대한 깊은 지식으로 권위 있게 살아갈 수 있었다. 5·4운동기에 10대였거나 그보다 어렸던 이들은, 추구할 삶의 목표에 있어서 선택의 폭은 비슷했지만 그 목표로 향하는 방법은 전보다 덜 선명해 보였다. 이들은 덜 어려운 싸움에서 이겼기 때문에 그들의 연장자들보다 더욱 혼란을 느꼈다. 그들이 자신들 곁을 떠난 것처럼 보이는 엉망이 된 유산과 도대체 무슨 관계가 있단 말인가?

진리를 탐색하던 두 젊은이, 작가 딩링(丁玲)과 그녀의 남편 후예핀(胡也頻)의 예에서 보듯이 위험은 많았고, 쟁점은 치명적일 만큼 심각했다. 1904년 후난의 향신 가정에서 태어난 딩링은 창사의 근대적 학교에서 교육을 받았다. 그녀와 그녀의 어머니는 5·4운동의 핵심에 자리잡은 새로운 중국에 대한 이상에 사로잡혔다. 1919년 프랑스로 떠났던 학생들 가운데는 그들의 절친한 친구가 많았고, 그 친구들 가운데 여럿은 그곳에서 공산당에 가입했다. 1922년 딩링은 그녀의 어머니와 후난의 친구들과 헤어져 처음에는 난징과 상하이, 그리고 나중에는 베이징까지 갔다. 그곳에서 그녀는 자유분방한 작가와 화가들의 집단 속에서 야심찬 시인 후예핀과 함께 해방된 삶을 살았다. 그녀는 분명 성공적으로 집을 떠난 노라의 전형이 되었다.

그러나 1927년 12월 출판되자마자 그녀를 일약 유명하게 만든 소설 「소피양의 일기」는 발견과 자유의 즐거움을 찬미하지 않았다. 대신 이 이야기는 소피양이라는 가공 인물의 눈을 통해 외로움과 좌절에 대한 쓰라린 견해를 제시했다. 소피의 불안은 너무도 깊어서 그녀를 육체적으로 아프게 만들었다. 그녀의 격한 성질은 가장 절친한 친구조차도 그녀를 피하게 만들었다. 그녀는 의식적으로 육욕에 집착하여 스스로에게 굴욕을 주었다. 소피 양은 힘이 있으면서도 우울한 이 이야기의 탁월한 종결부에서 미래가 무엇을 가져다 줄 것인지 깊이 생각한다.

나는 자신을 더럽혔다. 인간은 자신의 가장 무서운 적이다. 하늘이여, 내 잃어버린 모든 것을 어떻게 복수하고 회복할 수 있으랴? 삶은 나만의 장난감. 삶을 그토록 헛되게 보냈으니 새로운 경험이 나를 또 다른 심연에 빠뜨린들 내

육신에 그 무엇이 대단하리. 베이징에 머무르기도 싫고 서산(西山)으로 가고 싶지도 않다. 기차를 타고 아무도 날 모르는 남쪽에 가서 삶의 찌꺼기를 불살라 버려야지. 고통 속에서 내 가슴은 되살아난다. 그리고 이제 나는 측은히 자신을 바라보며 웃는다.

　네 멋대로 살다 죽어라, 눈에 띄지 않게. 오, 소피여, 내가 너를 얼마나 동정하는지![4]

「소피 양의 일기」에 이어 딩링은 1928년에 부유한 상하이 교양인, 지나치게 서구화된 심미안자, 교조적 급진주의자의 세계로 조심스레 이동한, 순진하지만 매력적인 시골 처녀 멍커(夢軻)의 이야기로 또 다른 성공을 거두었다. 마지막에 멍커는 영화배우로 성공하여──올바른 판단에 의해서라기보다는 행운으로──정착하게 되지만, 그녀는 성공과 동시에 남성의 세계에서 쾌락을 주는 존재로 타락하고 만다.

딩링의 명성이 커가고 있을 때 후예핀은 시와 단편소설을 썼고 딩링은 자신의 벌이로 그의 출판을 정성껏 도와 주었다. 두 사람 모두 국가의 혼돈 속에서 정치적으로 좌파의 길을 택했다. 후예핀은 1930년에 먼저 공산당에 가입했고 1925년의 5·30사건에 대해 감정적이고 과장된 소설을 썼는데, 사실 그는 그 당시 이미 베이징에 살고 있었기 때문에 그것을 목격하지는 못했다. 1930년 말에 후예핀은 농민 속에서 문화사업과 문맹타파운동을 하기 위해 잠시 소비에트에 가기로 결심했다. 1931년 1월 딩링이 그들의 첫번째 아기를 낳은 지 얼마 안되었을 때, 후예핀은 상하이 영국 조계에서 열린 중국공산당의 비밀 집회에 참석했다가 영국 경찰에 체포되어 국민당에 넘겨졌다. 후예핀과 그의 친구들은 공산당 내의 경쟁 분파에 의해 경찰에 밀고당했다는 증거가 남아 있다. 간단한 조사를 받은 후 그는 1931년 2월 7일 22명의 동료와 함께 상하이 근교 국민당 요새 사령부에서 총살되었다. 그 소식을 들은 딩링은 후난의 고향으로 돌아가 아이를 어머니에게 맡기고 다시 상하이로 와서 공산당에 가입했다.

청년들은 공산당에 입당함으로써 사회정의라는 목표를 더욱 힘차게 추구하려고 했으나, 일단 당원이 되고 나면 문화적 자유를 발견할 수 없었다. 반대로 1930년 이후 중국의 좌파 예술계는 좌익작가연맹을 통해 하달되는 소련의 정치적 심미주의에 심취해 있었다. 이 연맹의 중국인 지도자들은 소련에서 스탈린이 교시하는 문화지침을 충실히 따랐는데, 그 지침은 세계를 어떻게 조망해야 하며 정치적 우위가 어디에 있어야 하는지에 대해 설교조로 정의내리고 있었다. 스탈린식의 기본 가정은 '올바른' 것이며 사회현실에 대한 모든 묘사는 반드시 적대적인 계급관계를 그려야 하고, 사회주의 혁명의 방향과 목적에 대해 어떠한 모호성도 남겨 두어서는 안되었다. 이러한 방향으로 쓰인 소설 가운데 가장 중요한 것은, 아마도 마오둔(茅盾)이 쓴 착취적인 상하이 자본가 사회에 대한 이야기, 곧 1930년에 구상되어 1932년에 출판된 『자야』(子夜)일 것이다. 딩링도 중국공산당에 가입한 후 연맹의 규칙에 따라 새로운 작품을 썼지만, 그녀와 그녀의 친구들이 쓴 노동자·농민에 대한 소설은 대부분 허황되고 설득력이 없었다.

원로 5·4작가 가운데 청년들로부터 가장 존경받은 루쉰도 1930년에 연맹에 가입했다. 루쉰은 공산당 전 지도자 취추바이의 가까운 친구로서 그와 그의 가족이 경찰에 쫓길 때 종종 은신처를 제공했음에도 불구하고 연맹과 그 규약들이 숨막히다는 것을 알게 되었다. 루쉰은 완벽한 시에 대한 소비에트의 관념에 대해,

> 오, 기적(汽笛)이여!
> 오, 레닌이여![5]

라고 냉소적으로 썼고, 연맹의 회원들이 냉소적이고 보복적인 험담에 탐닉하면서 러시아의 지도를 노예처럼 따른다고 보았다. 중국공산당으로부터 계속 구애를 받았지만, 루쉰은 입당을 거절했다. 대신 그는 1936년에 결핵으로 숨을 거둘 때까지 젊은 작가들에게 중국 문화의 주요 주제에 대한 인식을 견지하고 날카로운 사회적 양심을 유지하며 풍자정신을 잃지 않도록 용기를 주려 노력했다. 1934년 루쉰은 친구에게 "애완용 개는 두려워할 것 없다. 진짜 두려운 것은 생각하는 바를 이야기하지 않는 이른바 '무장한 동지들'이다"라고 썼다. 그는 연맹에 대해 또 다른 친구에게 "일단 가입하게 되면 그 사람은 사소한 싸움들에 영원히 말려들 것이며 자신의 목소리를 내지 못할 것이다. 나를 예로 들어 보

자. 나는 늘 내가 쇠사슬에 매여 있고 십장이 내 등을 채찍질하는 느낌을 받는다."[6] 이것이 바로 20년 전에 그토록 열정적으로 '쇠로 밀폐된 방' 안에 잠든 중국 민중을 깨우는 꿈을 꾸었던 사람의 이야기였다.

1930년대 장제스와 국민당이 권력을 공고히 하기 시작하던 시기에 또 다른 각성의 근원은 많은 대학의 혼란에서 비롯되었다. 5·4운동의 활력이 사그라들면서 많은 학생들은 진짜 명석한 몇몇 교수들을 제외하고는 교원의 상당수가 정치적으로 소극적이고 지적으로 침체되어 있으며 진부하다는 것을 알게 되었다. 이러한 선생들은 실제로는 알지도 못하는 외국기술에 대해 깊은 지식을 가진 척 행동했고, 심지어는 그들이 자랑하는 외국의 학위가 가짜인 경우도 더러 있었다. 학생들로서는 그렇게 무능하고 활기 없는 스승을 존경하기 어려웠다. 지적 환경의 이토록 흉하고 어이없는 측면은 나중에 작가 첸중수(錢鍾書)가 그의 소설 『포위된 요새』에서 생생하게 묘사했다. 첸중수는 옥스퍼드와 파리에서 비교문학을 공부하기 위해 유럽으로 건너가기 전에 그런 학교들에서 교육을 받았다. 그의 매서운 묘사는 거의 200여 년 전 건륭 연간에 쓰인 우징쯔(吳敬梓)의 소설 『유림외사』에서 공격했던, 몰락하는 유학자의 세계에 대한 냉소적인 견해와 일맥상통한다.

그러나 중국의 많은, 아마도 대다수의 교육받은 청년들은 용기와 희망을 잃지 않았다. 그들은 오히려 공산당과 국민당의 투쟁에서 어떤 당을 선택해야 될지를 사색하고 개인적·사회적·지적 자유의 여지가 아직 남아 있는지 살펴보고 국가의 존엄성을 되찾을 방법을 모색하려 애썼다. 특히 그들은 일본을 어떻게 할 것인지 하는 문제에 열정적으로 몰두했다. 반일감정은 중국 학생 민족주의의 중심에 있었고 이것이 국민당의 교육정책 입안자들에게 가장 심각한 문제가 되었다. 그들의 목적은 중국이 저항에 성공할 만큼 강해질 때까지 일본을 달래는 동시에 학생들의 애국심을 유지시키는 것이었기 때문이다.

국민당 정치인들은 교육부를 통해 그리고 압력과 위협을 번갈아 쓰면서, 교육체제를 조이고 필수과목과 복잡한 시험제도를 개발하여 학생들이 공부하는데 너무 바빠 시위를 할 수 없게 만들었다. 어떤 대학에서는 이른 새벽에 급진적인 학생과 교직원을 급습하거나 갑작스럽게 수색하고 체포함으로써 일종의 공포 분위기를 조성했다. 이러한 공격에 대한 공식적인 통계는 없지만, 상하이에서 일본의 침략에 대한 항의시위 이후 1932년 봄과 여름에 베이징에서 22명의 학생이 살해되었고, 113명이 여러 대학들에서 제적당했으며, 471명이 체포되었다. 한 대학 교수가 추정한 바에 따르면 1934년 한해 동안 300명의 선생과 학생이 체포되었고, 그 해 말부터 1935년 3월까지 대장정이 진행되는 동안 230명이 더 체포되었다. 또한 정부 기관들은 영화와 같은 새로운 대중매체뿐 아니라 신문·잡지·서적에 대한 엄격한 검열도 시행했다. 어떤 영화감독들은 정치적 비유를 암시적인 방법으로 표현함으로써 이에 대항했고 어떤 둔한 검열관이 숨은 뜻을 감지하지 못하고 작품을 통과시키면 대중은 이를 즐겼다.

당시 유행했던 미술의 종류는 수묵화(水墨畵)나 목판화와 같은 흑백 그래픽 디자인이었는데, 이는 정치생활의 암울함에 대한 반응인 동시에 작품을 빨리 만들 수 있고 즉시 그 효과를 거둘 수 있기 때문에 선호되었다. 이 새로운 운동에서 부상한 가장 뛰어난 도안가는 펑쯔카이(豐子愷)로, 그는 중국 전통 미술과 서양 미술을 모두 배우고 한동안 일본에 살았던 인물이었다. 독실한 불교신자인 펑쯔카이는 자연과 어린이를 깊이 관찰했고, 그의 그림은 강한 사회적 암시를 담고 있는 경우에도 부드럽게 보이는 경향이 있었다. 그는 루쉰의 절친한 친구가 되어, 「아Q정전」에 아주 신선하고 직설적인 삽화를 그려 넣었다. 루쉰 자신 역시 사회(주의)적 리얼리즘 목판화 운동의 제일 가는 지지자였고 중국인들에게 판화에서 가능한 기술의 범위를 보여주기 위해 유럽의 수작들을 편집하여 출판했다. 또한 그는 도피 중인 학생들의 용기를 칭찬하고 문학 검열에 반대했으며 중국의 도시와 농촌 모두의 가난이라는 슬픈 현실을 강조한 중국 판화 모음집을 펴냈다.

장제스와 그의 측근 고문들은 만일 학생, 지식인, 그리고 특히 도시 노동자들이 국가의 통일과 경제 재건의 사명을 완수하기 위해 애쓰고 있다는 국민당의 주장을 이해한다면, 지식인에 대한 탄압이나 공산당에 대한 반복되는 공격 그리고 일본 달래기 따위보다 더 효율적인 방법을 발견할 수 있으리라고 생각했다. 1934년 초 장제스는 새로운 통일이념을 발전시키기 시작했다. 이는 부분적으로는 쑨원의 신조, 또 일부는 외국 선교단의 개혁주의적 사회 전략에 기댄 것이었고, 또 부분적으로는 특히 충성스럽고 도덕적인 인격 형성과 관련해서, 전통 유교에 대한 자신의 견해에 기반한 것이었다. 장제스는 이러한 신조를 '신생활운동'(新生活運動)이라고 명명했고, 그것이 위대한 사상운동이기를 기대했을 것이다. 그는 이것이 "새로운 민족적 각성과 대중 심리"를 형성하고, "예(禮)·의(義)·염(廉)·치(恥)"와 같은 덕성의 부활된 힘을 통해 "중국의 사회적 재생"으로 이어질 것이라 주장했다.

자신의 신조를 소개하면서 장제스는 "새로운 환경에 날마다 스스로 적응하는 사람들만이 제대로 살 수 있다. 사람들의 삶이 이러한 재적응 과정을 거칠 때, 스스로의 결함을 고치고 불필요한 요소들을 제거하게 된다. 그것을 신생활이라 부르는 것이다"[7]고 쓰면서 사회진화론으로 되돌아왔다. 장제스는 1934년 난창에서 그의 독일인 고문과 함께 장시 소비에트에 대한 마지막 진압작전을 수행하는 과정에서 이 운동을 시작했다. 신생활운동은 난창에서 국민당 조직가들에 의해 다른 지방으로, 청년단체들로, 그리고 나중에는 대중에게로 널리 전파되었다. 강의, 사진, 팜플렛, 연극, 그리고 영화 등 광범위한 종류의 대중매체를 통해 교시가 전해졌다. 장제스는 국가가 이 운동의 교훈을 수렴한다면, 자신이 의복, 식량, 주택, 교통으로 꼽은 국민의 "네 가지 가장 큰 빈곤"이라는 문제를 해결할 준비를 갖추게 될 것이라고 생각했다.

1934년 2월, 한스 폰 젝트를 통해 독일과 친밀한 관계를 형성하려 하고 있을 때, 장제스는 한 연설에서 "근대 시민으로서의 필수적 조건과 완전히 일치하여" 살아왔고, "국가에 대한 사랑의 정신과 민족에 대한 충성을 표현하기" 때문에 외국인들을 중국의 모델로 여겨야 한다고 강조했다. 중국은 이와는 반대로 "혼란스럽고, 어둡고, 정신이 결여된" 상태가 되었다. 장제스의 새로운 이념에는 파시즘의 요소와 함께 이러한 국가적 위기감이 반영되어 있었다. 그는 신생활운동을 통해 자신의 목표가 "전국의 인민들의 삶을 완전히 군사화하는 것이다. 그것이 그들에게 용기와 경각심, 고난을 견뎌 내는 능력, 그리고 특히 통일된 행동을 위한 습관과 본능을 키워 줄 것이다. 그것이 그들로 하여금 언제나 국가를 위해 기꺼이 희생하도록 할 것이다"라고 분명히 밝혔다.[8]

장제스는 침뱉기, 방뇨, 공공장소에서의 흡연, 우발적인 간통, 선정적인 옷차림 등 반사회적이거나 미숙한 행위에 대한 집단 캠페인을 시작함으로써, 국가가 차차 더 심각한 사회적·경제적 문제에 대처할 수 있게 되기를 바랐다. 그러나 각급 학교와 보이 스카우트나 YMCA 같은 단체를 통한 광범위한 선전에도 불구하고, 이 운동은 그와 같이 비교적 경미한 사회적 과오들 이상으로 대상을 발전시키지 못했다. 그것은 여전히 수많은 개인적 핍박과 사생활에 대한 간섭을 조종했다. 특히 여성은 청 왕조의 몰락 이후 변화한 여성의 행동을 혐오하는 이들의 따가운 눈총을 받아야 했고, 그들이 검소하지 못한 복장을 하거나 경박한 행동을 할 때는 학대를 당하고 심지어는 공격당하기도 했다. 예를 들어 장쑤의 젊은 중국 여성들은 '사회적 예절'에 따라 행동하라는 국민당 대변인의 연설을 들었다. 왜냐하면 서양에서는 "미혼 여성은 기혼 여성과 동행하지 않으면 공공 집회에 참석할 수 없으며 남녀는 거실에서만 만날 수 있고 함께 침실로 갈 수 없기" 때문이었다.9)

중국 여성은 '정절·용모·말씨·일'의 '4덕'을 계발하도록 요구받았고 무지(無知)하게 페미니스트 사상에 현혹되지 말라는 충고도 받았다. 같은 장쑤의 한 강사는 "오늘날 사회의 여성운동은 진정한 여성운동이 아니"며 "그것은 남성을 모방하는 운동"이라고 설명했다. 그는 중국 여성의 주요 임무는 가사, 바느질, 요리, 가구 배치, 집안과 정원 꾸미기 등을 통해 "가정을 지키는 것"임을 추호도 의심하지 않았다.10) 장시에서 제정된 더 자세한 법령은 치맛단은 무릎보다 훨씬 아래로(4인치), 전통 중국 드레스의 째진 부분은 무릎 위로(3인치), 그리고 바지와 함께 입는 블라우스는 둔부선 아래로(3인치) 정해 놓았다. 원래 의도의 심각성에도 불구하고 신생활운동은 국가를 되살리기는커녕 계속해서 하찮은 일에 빠져 들었다.

1930년대 초에도 황푸군관학교의 초기 졸업생의 주도로 더욱 과격한 조직이 형성되어, 앞으로의 장기적 투쟁을 위한 중국의 정치적·군사적 지도력을 연마했다. 도박과 매춘 또는 과음과식을 거부하는 엄격한 금욕적 삶을 맹세한 이 조직원들은 거친 푸른 면옷을 입고 있었기 때문에 비공식적으로 '남의사'(藍衣社)라 불렸다. 수가 늘어나고 나름대로 조직구조를 갖게 된 남의사는 그들의 활동과 관심이 주로 전직 관료나 군 출신자와 관련이 있었음에도 장제스의 격려를 받았다. 사실 장제스의 가장 위대한 정치적 기술 가운데 하나는 충돌 가능성이 있는 집단들을 키워 그들의 존재를 통해 중간자로서 자신의 역할을 강화하는 것이었다.

남의사의 한 이론가는 그들의 존재가 전투에서는 살상을 할 수도 있지만 또

한편으로는 인간을 해치지 않고 야채를 썰 수도 있는 칼과 같은 도구가 되어야한다고 공공연하게 주장했다. 그리고 그 칼이 정확히 어떤 용도로 쓰일 것인가는 칼을 적절히 간 이후에나 걱정할 일이었다. 왜냐하면 갈지 않은 칼은 아무쓸모가 없기 때문이다. 이 이론가는 스탈린의 소련, 히틀러의 독일, 무솔리니의이탈리아 등 세 사회에서 중국이 본받아야 할 전형을 발견했다. 세 경우 모두국가 사회주의라는 기치의 궁극적인 목표는 쑨원의 삼민주의와 유사하다는 것이었다. 그는 가난하고 무지한 대중이 있는 중국과 같은 국가에서 민주주의는해만 끼치는 눈속임일 뿐이라고 생각했다. "만일 우리가 당장 민주정치를 실시한다면, 그것은 전족한 시골 아가씨에게 굽 높은 구두를 한 켤레 주고 춤을 추라고 하는 것과 같다"고 그는 지적했다.[11]

1934년 무렵 다른 작가들은 파시즘, 특히 베니토 무솔리니의 파시즘을 공개적으로 찬양하고 있었다. 주세페 마치니와 주세페 가리발디가 이끈 이탈리아민족주의 통일운동에 대한 존경심은 청 말 량치차오의 몇몇 글에서 중심을 이루었는데, 1930년대에 무솔리니 정권이 항공기, 파일럿 교관, 심지어 항공기공장건설에 자원하면서 중국의 공군을 발전시키기 시작하자 이탈리아에 대한존경이 되살아났다. 1934년에 한 작가는 무솔리니가 부상하게 된 배경을 장제스의 그것과 대단히 유사한 것으로 보았다. "유럽전쟁 2년 뒤 지금의 우리나라와 매우 흡사했던 이탈리아는 내우외환으로 고통을 받았다. 그러나 이탈리아는무솔리니를 얻었고 그 후 수년간의 지도와 훈련, 투쟁과 고된 노동, 그리고 훌륭한 통치체제를 추구한 결과 마침내 사망 직전의 상황에서 구조되었다." "중국은 그러한 지도자를 가지고 있는가?"라고 이 작가는 수사적으로 질문했다.물론 있다. "우리의 근면하고 존경받는 뛰어난 혁명 지도자 장제스 원수가 바로그다."[12]

지도자 장제스에게 광적인 충성을 바치면서 행정·군사·당기관에서 강력한기반을 다졌고 반공 캠페인에서 특별 임무를 수행한 남의사 단원들은, 체제전복적이라 여겨지는 모든 국내외 세력에 대한 색출에 이용할 수 있는 훈련된 군대나 비밀경찰 기구로 발전했다. 저장 태생의 황푸군관학교 졸업생인 남의사단원 다이리(戴笠)는 조사통계국이라고 완곡하게 명명된 장제스의 특무기관의장이 되었다. 본래 145명의 요원을 감독했으나 1935년이 되면 그는 1,700명의 요원을 거느리고 있었다. 다이리는 장제스에 반대하는 이들에 대한 정치적 암살을 수차례 지휘한 것으로 보이며 이들 가운데는 중국인권보장동맹의 의장(1933)과 상하이의 주요 신문 편집장(1934)이 포함되어 있었다.

그러나 이러한 사람들은 의견을 달리하는 개개인을 죽이고 교수와 학생들을 위협하여 침묵케 하고 노동조합에 침투하고 반란의 잠재성이 있는 농촌지역에 대한 정보를 모을 수는 있었지만 불만의 근원을 없앨 수는 없었다. 국민당의 이념을 주입하려는 시도가 실패했음은 1936년 소설가 마오둔이 수집한 폭넓은 의견을 통해 어림해 볼 수 있다. 이전에 러시아의 작가 막심 고리키가 시도한 적이 있는 방법을 따라 마오둔과 그의 동료들은 광고와 안내문을 광범위하게 배포하여 중국 전역에서 무작위로 선택된 사람들에게 1936년 5월 21일이라는 특정한 날짜를 주고 그날 무엇을 했는지 써 달라고 요청했다. 중국의 거의 모든 지방과 모든 사회, 직업 집단이 작성한 3천여 건의 답장은 장제스의 새로운 정책과 이념에 대해 무시할 수 없는 비판으로 채워져 있었다. 응답자들은 신생활운동의 이면에 도사린 부정직성을 비웃었고 강제적인 토지 징발과 노역으로 인해 농촌생활이 파괴된 데 분노했다. 그들은 일본과 타협하거나 분쟁을 피하기 위해 허울좋은 주장을 늘어놓는 이들을 공격했다. 어떤 이는 중국의 "군과 정치 당국은 중국 북부, 특히 허베이 동부를 마치 똥처럼 피하고 있다"고 썼다. 마오둔이 받은 것 가운데 가장 재치 있으면서도 서글픈 답장은 북중국 사람이 남부 지방 동족들의 감정을 오해하도록 만든 억양의 차이에 대해 이야기한 사람의 편지였다. 그는 어떤 거리에서 아래와 같이 활기찬 문구의 글이 걸려 있는 것을 보았다.

> 모든 것이 번성하고 하늘이 보호한다.
> 사람들은 영웅이다. 이곳은 유명하다.

그러나 이것을 광둥식 억양으로 읽어서 그 발음대로 재해석하면, 글은 몹시 우울해진다.

> 모든 것이 분열되고 하늘이 폭발한다.

사람들은 사라진다. 이곳은 헐벗었다.[13]

  글쓴이는 중국인이 믿는 것은 첫번째 슬로건이 아니라 두번째 슬로건이라는
사실을 분명히 보여주었다.

시안의 위기

1930년대 중국에서 가장 인기 있는 작가 가운데 한 사람은 만주인으로 영국에
서 6년 동안 살다가 1930년에 중국으로 돌아온 라오서(老舍)였다. 찰스 디킨스,
D. H. 로렌스, 조셉 콘래드의 추앙자인 라오서는 소설을 구성하는 데 이 세 작
가의 작품에서 영향을 받았다. 그의 작품은 풍자적이면서도 현실에 확고히 근거
를 두고 있었고 사회적으로 예리하며 동양과 서양 사이의 갈등을 체념적으로 인
식하고 있었다. 산둥 성의 지난에서 1931년부터 교편을 잡고 있던 그는, 1928
년 북벌의 막바지 단계에서 일본과 중국이 격렬히 충돌했을 때 장제스로 하여금
진로를 바꾸게 했던 이 도시에서 발생한 사건에 대한 지역민의 회고에 매료되었
다. 그래서 라오서는 지난 사건에 대해 소설을 썼고 그것을 상하이의 유명한 출
판사인 상무인서관(商務印書館)에 보냈다.
  그러나 안타깝게도 유일한 필사본이었던 그 원고는 1932년 일본의 상하이
공격 때 출판사 건물이 포격을 받아 소실되고 말았다. 날려 버린 작품을 다시 집
필하려고 애쓰는 대신 라오서는 새로운 소설 『고양이 나라』(猫城記)를 써서
1932년 말과 1933년에 연속적으로 출판했다. 그는 이 작품이 예술적으로 성공
작이라 여기지는 않았지만, 1930년대의 작품 가운데 중국에서 진행 중인 내전
의 우매함과 불행을 그토록 잘, 그리고 신랄하게 지적한 소설은 없었다. 공산당
과 국민당 사이의 분쟁은 국민의 모든 에너지를 소진시켜 버리고 있었고, 일본
은 중국의 주권에 또 다른 타격을 가하기 위해 힘을 키우고 있었던 것이다.
  『고양이 나라』는 적나라한 풍자소설로서, 화성에 도착하여 고양이 나라(중
국)가 막강한 소인국(일본)의 침략을 받는 것을 목격한 우주 여행자의 이야기이
다. 이 여행자는 고양이 국민의 파당을 조장하는 뼈아픈 사회적·정치적 분열과

그로 인해 침략자에 대항하여 통일전선을 형성하지 못하는 현실을 자세히 묘사했다. 그는 자신이 존경하고 존중하며 심지어 사랑하게 된 많은 고양이 국민에게 이것이 무엇을 의미하는지 서글프게 사색한다. 라오서의 화자는 국민당과 공산당 모두에 적용될 수 있는 구절을 이렇게 썼다. "모든 혁명에는 전쟁이 뒤따른다. 그러나 무력한 것은 이긴 쪽이다. 어떻게 모든 것을 파괴할 것인가만을 아는 그들은 다시 건설하는 데 필요한 상상력과 열정이 없다. 따라서 혁명의 결과는 오직 무장한 군인과 부패한 관리의 수를 늘려 보통 사람들을 희생시키는 것이다. 이러한 상황에서 보통 사람들은 일을 하든 하지 않든 굶주리게 된다." 그러한 위기가 임박했을 때는 개인과 국가의 관계에 대해 생각해 보아야 하는데, 그 이유는 "'국가의 죽음'은 비극의 카타르시스가 아니며 그렇다고 정의로움에 대한 시인의 비유도 아닌 냉정하고 추악한 사실인 동시에 역사의 변치않는 법칙"[14]이기 때문이다. 라오서의 섬뜩한 소설의 결말은 살아남은 고양이 나라 국민이 적군의 눈앞에서 서로를 찢어 죽이는 것이다.

중국의 애국적인 학생들은 라오서가 제시한 가혹한 상상력에 반응을 보였다. 그들은 1930년대에는 반일시위를 시도했고 중국공산당은 1932년 장시 소비에트를 거점으로 일본에 '선전포고'를 함으로써 중국 내의 인기를 끌어올리는 데 성공했다. 대장정 끝에 산시에 도착했을 때 공산당은 일본에 대항하기 위한 '통일전선'의 필요성을 다시 강조했다. 마오쩌둥은 '쇄국주의자'—그는 중국공산당 내에서 중국의 모든 부르주아지를 '완전하고 영원한 반혁명세력'으로 비난하는 자들을 이렇게 불렀다—를 공격하면서 대장정 도중 쓰촨에서 제시했던 논거를 발전시켰다. 그는 일본의 침략에 대항할 모든 사람들, 예컨대 부유한 도시계급, 지식인, 부농, 정부 요인, 국민당 주도의 노동조합, 또는 군벌들일지라도 모두 한데 모을 수 있는 유연한 방식을 주장했다. 이러한 주장을 통해 그는 또다시 유럽에서 부상하는 파시스트 세력에 대항하는 동맹자를 찾으려 애쓰던 코민테른의 입장에 공명했다.

이러한 입장에 동의하게 된 막강한 인물 중 한 사람은 아버지가 1928년 일본군에 의해 기차 안에서 폭사했고, 자신의 군대와 함께 1931년에 만주에서 쫓겨난 '청년 원수' 장쉐량이었다. 그는 상하이에서 서양인 의사의 도움으로 모르핀 중독을 치료한 후 유럽으로 여행을 갔다가 이탈리아와 독일에서 뛰어난 군대를 목격하고 깊은 감명을 받았다. 장쉐량은 1934년 초 중국으로 돌아와 장제스를 위해 군대에서 일했다. 장제스는 그에게 후베이-허난-안후이 경계지역의 공산당 소비에트를 일소하는 임무를 맡겼고, 장쉐량은 이를 성공적으로 수행했다. 그러나 그는 자신의 군대를 이용하여 공산당을 죽이고 있는 바로 그때 일본이 새로운 군사적 위협을 가하고 있다는 사실에 놀랐다. 일본은 이제 내몽골에 독립 정권을 수립하고 1933년 탕구 휴전협정에 따라 설치된 비무장지대를 확대하여 허베이 성 전체를 손에 넣으려 하고 있었다. 1935년 11월 일본의 지원을 받는 한 중국인 장군이 통치하는 허베이 동부가 이른바 기동방공자치위원회(冀東防共自治委員會)의 지배 아래 들어감으로써 이 지역에서 일본은 결정적 통제권을 쥐게 되었다.

저항자들을 침묵시키려는 국민당의 노력에도 불구하고 1935년 12월 9일 수천 명의 학생들이 일본세력에 저항하기 위해 베이징에 모였다. 베이징 경찰은 성문을 잠그고 혹한의 날씨인데도 시위대를 향해 호스로 물을 뿌렸으며 곤봉으로 닥치는 대로 때리고 체포하여 시위가 확산되는 것을 막으려고 했다. 민족의 울분을 달래준 이 사건이 곧 '12·9사건'으로, 겨우 일주일 뒤의 두번째 시위에서 3만 명 이상이 행진을 했고 또 다른 수천 명이 수도인 난징과 우한·상하이·항저우·광저우에서 시위를 했다. 이들 시위에 능동적으로 참여하고 지원활동을 편 공산당 조직가들은 여성, 농민 심지어는—애국적 근거에서—경찰에게도 지지를 호소함으로써 12·9운동의 기반을 확대하려 했다.

그러는 동안 산시 소비에트에 대한 공격을 조정하기 위해 시안에 파견되었던 청년 원수 장쉐량은 체포된 시위자들이 경찰에서 풀려 나도록 도와 준 사람 가운데 하나였다. 그는 여전히 장제스의 '공비토벌' 명령을 따랐음에도 불구하고, 일본에 대항하여 단합하자는 공산당의 호소에 확실히 공감하게 되었다. 공산당군이 그의 가장 뛰어난 군대 일부를 공격하여 막심한 피해를 주었을 때, 청년 원수는 이제 "공산당 문제를 '평화적인' 방법으로 해결할" 시기가 되지 않았는지 의문을 갖기 시작했다고 친구에게 털어놓았다. 1936년 1월 공산당은 "함께 일본과 싸울 수 있도록" "노동자의 민주정부와 홍군에" 가담하라고 장쉐량의 군사—대부분 고향 만주에서 피난 온—에게 직접 호소했다.[15] 2월까지 장쉐량은 공산당 협상자와 적어도 한 차례의 회담을 했고, 산시 공산당은 그들에게 붙잡힌 만주군 포로들에게 항일 통일전선 사상을 선전한 후 전원 석방했다.

1936년 봄 장쉐량이 암묵적으로 동의한 가운데 공산당 특사들은 장쉐량의 젊은 관리와 장교들로 항일동지회(抗日同志會)라는 영향력 있는 집단을 조직했다. 그리고 4월 말, 5월 초에 장쉐량은 산시 북부 산간지방의 공산당 근거지를 방문하여 항일 협동작전의 가능성에 대해 저우언라이와 긴 회담을 가졌다. 뛰어난 외교관으로 부상한 저우언라이는 어렸을 때 펑톈에 살았다. 장쉐량은 저우언라이에게 호감을 가졌고 중국공산당의 반일감정이 진실함을 확신하게 되었다.

1936년 여름 예전에 장제스와 동맹을 맺었던 광둥 동남부와 광시 성의 지도자급 장군들이 후난과 장시로 군대를 이끌고 와서 북부에서 일본에 대항하여 싸울 수 있도록 허락해 줄 것을 요구하자 반일운동은 더욱 추진력을 얻게 되었다. 그 해 여름 장쉐량은 1917년 이후 산시와 이웃한 지방을 통치하며 장제스와 반공연합을 굳게 맺고 있던 강력한 군벌 옌시산을 비밀리에 만나도록 밀사를 파견했다. 국경에서 일본의 압력을 느끼고 또 중국의 미래에 대해 걱정하고 있던 옌시산은, 지금처럼 반공전쟁에 진력하는 것이 과연 옳은지 확신할 수 없다고 조심스레 응수했다.

장제스는 이러한 감정이 확산되고 있음을 알고 있었지만, 일본에 대한 어떤 행동을 취하기 전에 산시 공산당을 끝장내고자 하는 열망을 끈질기게 표출했다. 그는 1936년 10월 하순 시안 방문과 그달 말 자신의 50회 생일 축하연* ─옌시산과 장쉐량을 포함한 여러 장군들이 참석한 가운데─을, '공산당이 우리의 가장 큰 반역자'라는 데 동의하지 않는 사람들에게 비난을 퍼붓는 기회로 삼았다. 그러나 청중은 이 귀에 익은 수사에 더 이상 확신을 가지지 못했고 장제스는 이 문제를 미해결로 남겨 둔 채 난징으로 돌아갔다.

1936년 10월 말과 11월에 만주국의 일본 괴뢰군과 몽골군이 연합해서 일본 전투기와 탱크의 지원 아래 쑤이위안(綏遠)의 북부지방으로 전면 공격을 감행했다. 중국군은 영웅적인 저항으로 전국을 감동시켰다. 다른 곳에서는 일본인 소유 공장의 중국 노동자들이 파업에 들어갔고 자칭 구국운동(救國運動)의 지

---

* 장제스는 1887년 10월에 태어났으므로 중국인은 서양식 계산에 따라 그의 50번째 해가 시작되는 것을 축하하고 있었다.

도자들은 상하이에서 강력한 투쟁을 지휘했다. 국제무대에서는 11월에 일본과 독일의 반코민테른 협정이 체결되자 일부에서는 독일인 군사 고문에게 지나치게 의존하던 장제스가 더욱 친일적으로 되지 않을까 우려하게 되었다. 독일의 옛 조차지 칭다오에 일본 해군이 상륙—그들은 그곳에서 파업 노동자들을 축출하도록 지원하고 반일 선동가들을 체포했다—한 사건은 이런 상황을 더욱 자극했다.

12월 초에 장제스는 측근들과 다른 이들이 위험하다고 경고했음에도 불구하고 시안으로 되돌아왔다. 거기서 그는 충성심을 시험하기 위해 청년 원수 장쉐량 군대의 장군들을 잇달아 개별적으로 만났고 공산당을 당장, 그리고 완전히 분쇄하기로 결정을 내렸다. 장제스는 자신이 신뢰하는 군대를 시안 지역으로 이동시키고 중국 공군폭격기를 이 지역으로 옮겨 오도록 했으며, "8년간의 공비토벌은…… 2주 안에, 늦어도 한 달 안에는 완수되어야 한다"고 촉구했다. 그는 시안의 학생들이 1935년 12·9운동의 1주기 행사를 위해 1936년 12월 9일 시내에 수천 명이 운집했을 때도 단호하게 대처했다. 그들은 장제스의 사령부를 향해 진군하려 했지만, 경찰이 시위대를 저지하기 위해 총을 쏘았고 2명의 학생이 부상당했다. 마침내 장제스에게 반일 입장을 강요하기로 결심한 장쉐량과 그의 고위장교들이 12월 11일 장시간 긴장감이 감돈 마지막 회의를 가진 후, 장쉐량의 시안군은 12월 12일 새벽 시 외곽 언덕에 있는 장제스의 사령부로 쳐들어갔다. 그들은 호위병을 거의 다 죽이고 떨고 있는 부상당한 총통을 사로잡았는데, 장제스는 잠옷바람으로 도망쳐서 숙소 뒷담을 타고 넘어 산 속의 동굴 속에 숨어 있었다.

12월 12일 아침 장쉐량과 그 지지자들은 중국의 모든 중앙 및 지방정부 지도자들, 언론, 각종 대중단체 앞으로 회람 전문을 보냈다. 거기에는 그들이 장제스에게 제시한 여덟 가지 주요 요구사항이 기재되어 있었다. 난징 정부를 '국가재건'을 위한 광범위한 대표기구로 재조직할 것, 내란을 중지할 것, 상하이에서 체포한 애국적 저항가들을 석방할 것, 각지의 정치범들을 풀어줄 것, 애국운동을 촉진시킬 것, 정치집회의 자유를 보장할 것, 쑨원의 유지를 이행할 것, 그리고 전국 구국회의를 즉시 소집할 것이 그것이었다. 동시에 장쉐량은 자신의 군사적 지위를 굳히려 했지만, 적들의 시안 접근을 막아 주었던 전략적 도시 퉁관

(通關, 황허 강과 웨이수이 강이 만나는 곳)과 뤄양을 점령하지 못했다. 그는 서북쪽으로 간쑤의 성도 란저우를 점령하는 데는 성공했다.

이후 두 주일 동안 중국 근대사에서 가장 복잡하고 민감한 협상이 진행되었다. 난징 정부는 대규모 군사 보복을 주장하는 쪽과 장제스를 구하기 위해 유화적인 협상을 주장하는 쪽으로 나뉘었고, 결국 두 가지 모두를 결정했다. 장제스 정부는 시안 공격을 위해 뤄양에 육군과 공군을 동원하는 한편, 장제스의 고문인 오스트레일리아인 W. H. 도널드(전에 장쉐량의 개인 고문이었던)를 시안으로 보냈다. 시안에서 도널드는 장제스의 부인과 그녀의 오빠 쑹쯔원, 남의사의 지도자 다이리와 대면했다. 장제스와 동맹관계에 있던 군벌들은 대부분 사태가 어떻게 진행될 것인지를 관망하면서 한발 물러서 있었다. 그러나 전원 황푸군관학교 졸업생인 275명의 젊은 육군 장교들은 다른 군사학교 졸업생과 재학생 7만 명을 대표한다고 주장하면서 장쉐량에게 단호한 전문을 보냈다. 그들은 만일 지도자에게 무슨 일이 생긴다면 "우리 졸업생들은 우리가 가진 모든 힘을 다해 그대와 싸울 것이며, 당신뿐 아니라 당신과 관련된 모든 자들과는 같은 하늘 같은 태양 아래서 결코 함께 하지 않을 것임을 맹세한다"[16]고 썼다.

공산당의 산시 근거지에서도 장제스의 납치소식은 흥분과 혼란을 야기했다. 난징 정부와 마찬가지로 여기서도 의견이 엇갈렸다. 어떤 이들은 이것을 장제스를 제거할 절호의 기회로 보았고, 다른 이들은 항일통일전선정책으로 국가를 한데 묶는 동시에 중국공산당의 전반적인 지위를 높일 수 있는 기회라고 생각했다. 그들이 논쟁을 벌이며 모스크바의 반응을 기다리고 있을 때—그들은 그렇게 해야 한다고 장쉐량에게 말했다—스탈린이 직접 작성한 것으로 보이는 긴 전문이 마오쩌둥, 저우언라이를 비롯한 공산당 지도자들에게 도착했다. 스탈린은 민족통일전선을 지지하지만, 장쉐량이 그것을 이끌 힘이나 재능이 있다고는 생각하지 않는다고 말했다. 1927년과 그 이후 발생한 모든 사건들에도 불구하고 그 임무를 맡을 수 있는 권위를 가진 유일한 인물은 장제스라고 스탈린은 주장했다. 스탈린은 또한 중국공산당이 장제스의 석방을 도와야 한다고 지적했다. 그리고 또다시 현실에 대한 세심한 통찰력을 잃게 만드는 그의 과잉된 사고(思考)를 적나라하게 보여주는 것이지만, 스탈린은 시안 사변이 필시 중국을 더욱 분열시키고 내란에 더 깊숙이 빠져들게 하기 위해 일본이 꾸민 것일지도 모른다는 뜻밖의 의견을 내놓았다.

12월 16일 저우언라이는 청년 원수가 보내준 비행기를 타고 공산당측 협상 책임자로서 시안에 도착했다. 장쉐량과의 수차례에 걸친 개별 면담에서, 저우언라이는 서북부에 있는 장쉐량의 직속 부대에 기반을 둔 정부가 아니라 장제스가 지도하는 민족통일전선 정부를 선호한다고 주장했다. 12월 19일 중국공산당은 퉁관을 국민당과 장쉐량 군대의 경계로 삼자고 제안하고, 공산당 대표를 포함한 구국회의를 소집하며 장제스의 '처리'에 대한 신중한 논의를 요구하고 난징을 최적의 회의 개최장소로 제안하는 공동 선언문을 발표했다.

협상은 1936년 크리스마스 날까지 계속되었고 감금 이후 어떠한 서면 약속도 완강히 거부하던 장제스는 그날 장쉐량과 다른 시안 지도자들에게 상황을 재고하겠다는 '구두 약속'을 했다. 논의가 더 진행된 후 크리스마스 오후에 장쉐량과 연합한 다른 장군들이 마침내 장제스를 풀어 주는 데 동의했다. 장제스에게 약속을 지키는 동시에 동기의 진실성을 입증하고 자신이 '반역자'라는 의혹을 받지 않기 위해 장쉐량은 비행기에 동승할 것을 자청했고, 일행은 오후 2시경 시안을 떠났다. 연료를 재충전하기 위해 여러번 멈춘 끝에 장제스는 12월 26일 정오 난징에 도착하여 40만 명의 군중으로부터 열광적인 환영을 받았다. 납치와 그 과정에서 보여준 그의 결연함은 국가 지도자로서 장제스의 인기를 확실히 부활시켰다.

어떤 면에서 볼 때 이후에 발생한 사건들은 용두사미격이었다. 장쉐량은 명령 불복종으로 군법회의에 회부되었고 난징에서 재판을 받아 10년형을 선고받고 곧바로 가택연금에 들어갔다. 장제스에게 적대적인 시안의 군대는 이후 쿠데타를 시도하다 다른 지역으로 옮겨갔고, 그 자리는 장제스에 대한 충성심을 검증받은 군인으로 대체되었다. 만일 완전한 항일민족전선이 발표되었다면, 중국공산당은 자신의 군대를 국민당 지도부에 극적으로 양도했을 것이다. 그러나 1937년 2월 확대회의 이후 국민당 총회는 공산당에 대해 경계할 필요성을 다시 주장하며 통일전선에 대한 전폭적인 지지를 거부했다.

그러나 상황은 이미 변했다. 공산당은 산으로 휘감긴 분지 옌안 주위의 동굴 속에서 자기 세력을 확고히 했기 때문에 국민당은 산시 근거지를 더 이상 압박할 수 없었다. 나라 전체는—쑹메이링, 청년 원수, W. H. 도널드, 그리고 쑹쯔원을 증인으로 하여—장제스가 그의 정책방향을 바꾸기로 암암리에 약속했음을 알게 되었다. 이제는 돌연 라오서의 무시무시한 공포가 현실화되기보다는 고양이나라 국민들이 서로 할퀴어 죽이기 전에 단결하여 침략자에 맞서는 데 동의할지도 모를 기회가 생겼다.

중국의 빈곤

그러면 이런 중대한 계획과 대담하고 철두철미한 정치적 결단은 중국인들 가운데 누구를 보호하기 위한 것이었을까? 난징 정부의 통계에 따르면, 1936년에 8,582만 7,345개 가구에 4억 7,908만 4,651명의 주민이 있었다. 과연 그들은 항일전쟁을 할 준비가 되어 있었고 혁명을 갈망하고 있었을까?

1926-1936년, 중국 본토와 만주의 산업 생산*[17]

상품	중국 본토			만주		
	1926	1931	1936	1926	1931	1936
석탄	35.8	48.6	82.8	19.0	24.8	35.9
철광	0.8	3.1	3.6	2.1	2.2	4.9
주철	3.1	2.5	3.9	2.9	6.6	13.8
강철	1.2	0.6	2.8	†	†	13.8
안티몬	2.8	2.0	2.2	†	†	†
구리	†	0.1	0.1	†	†	†
금	7.8	4.8	8.8	3.4	4.9	6.3
수은	0.3	0.1	0.3	†	†	†
주석	17.5	14.8	21.6	†	†	†
텅스텐	3.3	2.7	4.0	†	†	†
면사	83.2	98.7	88.1	2.1	3.3	4.7
면직	5.8	34.4	51.8	0.6	4.7	8.4
시멘트	5.2	7.0	8.8	1.4	2.2	7.7
원유	†	†	†	0.1	5.4	15.4
전력	16.4	26.8	62.1	10.6	19.5	48.6
합계	183.2	246.2	340.9	42.2	73.6	159.5
지수	100.0	134.4	186.1	100.0	174.4	378.0

* 1933년 기준, 100만 위안
† 10만 위안 미만

1930년대 중국에서는 사회과학의 급성장, 연구기관의 증가, 설문조사 실시와 통계의 축적으로 도시와 농촌의 총인구에 대한 자료를 이전 어느 때보다 많이 이용할 수 있었음에도 불구하고 이러한 질문에 대답하기란 여전히 어렵다. 비록 일본에게 만주를 빼앗겼지만 계속적으로 성장하는 산업에서 이윤을 얻거나 새로운 농업 기술과 종자 개량을 통한 식량 생산량의 증가와 도로나 철도 교통과 유통망의 계속적인 증가로부터 혜택을 입은 대도시의 수백만 중국인에게 당시 중국의 상황은 만족스러웠을 것이다. 한편 수백만, 아마도 수천만의 중국인은 끔찍하고 지긋지긋한 가난 속에 살았고 매일매일의 생존투쟁에 얽매여 미래를 내다보거나 국가 차원의 문제를 생각하지 못하고 있었다.

조선, 철도기계 상점, 발전소, 견사 공장, 보온병 제조, 동판(銅版) 생산 등과 같은 산업분야에서 '엘리트' 직종에 종사하는 노동자들은 한 달에 100위안 이상을 벌었다. 그러나 대다수의 다른 산업 분야의 월급은 훨씬 적어서 석회, 염료, 네온 조명, 시멘트, 산(酸), 전분, 알콜, 면사 부스러기, 건전지, 성냥 등의 제조업에서는 20위안 이하를 받았다. 여성과 남녀 아동노동의 임금은 더욱 낮아서 하루에 30센트(면방적 공장의 아동 노동의 경우)나 24센트(성냥 공장의 여성 임금)로 떨어졌다. 이런 노동자들의 경우 일자리가 있다 해도 일주일에 6일을 일해야 한 달에 고작 7~8위안(미화 2달러에서 3달러 정도)*을 벌까 말까 했다. 1920년대의 강력한 노동운동에도 불구하고 중국 노동자의 노동시간은 여전히 길어서 상하이는 하루 평균 9.5시간(기록된 어떤 도시보다도 낮은 수치), 베이징과 우한에서는 하루 10시간, 일부 지방 산업 중심지에서는 11~12시간, 심지어는 13시간까지 달했다. 그리고 그 밖의 많은 노동조건들이 열악한 삶을 더욱 힘들게 만들었다. 노동자들은 종종 회사가 운영하는 기숙사에 살며 자신의 임금을 오직 회사 소유의 상점에서 파는 음식과 생활용품하고만 교환되는 쿠폰으로 받아야 했으며, 여성 노동자의 경우에는 직장에서 쫓겨나지 않기 위해서 성적 관계를 허락해야 했다.

그나마 일자리가 항상 있는 것도 아니었다. 491쪽의 표가 보여주듯이 다수의 성과 대도시가 포함되지 않은 불완전한 조사에서조차 1935년 산업지역에서

---

* 1935년 12·9운동이 일본에 대한 통일된 국민행동을 요구했을 때, 미국 달러에 대한 중국 위안의 환율이 1달러당 2.33위안으로 공식적으로 '안정'되었다.

1935년, 중국의 실업[18]

지역	실업자수
허베이	49,750
산둥	48,996
허난	58,010
장쑤	411,991
저장	278,813
안후이	5,545
장시	460,300
후베이	233,391
후난	114,756
쓰촨	534,960
광둥	1,578,482
광시	1,960
난징	161,476
상하이	610,701
베이징	500,935
합계	5,050,066

* 일부 지역에 한함.

의 실업자는 도합 500만 이상으로 산출되었다. 같은 해에 정부정책이 엄격하게 쟁의를 금지했음에도 불구하고 노동쟁의가 총 275건 있었고 그 가운데 135건이 총파업으로 이어졌다. 파업은 53개의 지역에 걸쳐 분포되었고 492쪽의 표에서 나타나는 쟁점과 산업부문에서 발생했다. 남아 있는 통계는 각 파업에 참여했던 평균 2,600명의 노동자들이 평균 8일 동안 버텼음을 보여준다. 1934년 장제스가 상하이뿐 아니라 다섯 성(허난·후베이·안후이·장시·푸젠)에서 노동조합이 조합비를 징수하는 것을 금했고, 또 살아남은 조합들은 종종 깡패들에게 지배당했기 때문에—노동자의 착취를 막아 준다는 구실로— 노동조합 조직이 미약했음은 미루어 짐작할 수 있다. 같은 해에 산업재해로 1,506명의 노동자가 죽고 4,123명이 부상당했다.

　상하이는 단연 최대의 산업노동자 도시였기 때문에 이 지역은 연구자들에 의해 가장 면밀히 조사되었다. 1936~1937년에 390가구를 대상으로 실시 한 주택위원회의 조사는 평균수입과 노동숙련도로 범주화된 상하이의 가구에서 가계 지출이 어떻게 이루어지는지 보여준다.(493쪽의 표를 보라.) 숙련노동자의

1935년, 산업 분규19)

산업	쟁점					
	임금	노동시간	해직	대우	기타	합계
농업	—	—	—	—	1 (1)	1 (1)
광업	3	3 (2)	4 (2)	(3)	3	13 (7)
공업						
목재	2 (1)	—	3	—	—	5 (1)
가구	2 (1)	—	—	—	—	2 (1)
금속	—	—	—	—	2	2
기계	1	—	1 (1)	—	1	3 (1)
자동차	2 (1)	1 (1)	2 (2)	—	—	5 (4)
벽돌·유리	2 (1)	—	—	—	—	2 (1)
주택·도로	3	—	—	—	—	3
가스·수도·전력	—	—	—	1	2	3
화학	5 (3)	1 (1)	5	2 (1)	3	16 (5)
직물	40 (24)	5 (4)	14 (10)	2 (1)	13 (8)	74 (47)
의류	7 (6)	—	—	—	1	8 (6)
피혁·고무	3	—	1	—	—	4
식료·음료	8 (3)	—	4	1 (3)	7 (2)	20 (8)
제지·출판	2 (2)	—	—	—	1 (1)	3 (3)
시계	1 (1)	—	—	1	—	2 (1)
기타	5 (1)	—	2 (2)	1	2 (1)	10 (4)
운송	19 (6)	—	9 (4)	5 (1)	33 (21)	66 (32)
상업·금융						
잡역	5 (2)	—	4 (2)	1	4 (2)	14 (6)
부동산	—	—	—	—	1	1
은행	—	—	1	—	—	1
호텔	5 (1)	2 (1)	—	—	4 (1)	11 (3)
사무직	1 (1)	—	—	1 (1)	2 (1)	4 (3)
전문직	2 (1)	—	—	—	—	2 (1)
합계	117 (55)	12 (9)	50 (23)	15 (10)	80 (38)	275 (135)

경우 총수입에서 잉여 지출이 차지하는 비율은 1930년대 미국 노동계급 가구의 지출과 좋은 대조를 이룬다. 한 달에 10위안 가량 되는 이 잉여 지출에서 가장 많이 차지하는 용도는 오락, 종교적 헌납, 대중교통, 도서구입, 의료비, 술과 담배 그리고 결혼과 장례였다. 반숙련 노동자들의 경우 기본적인 비용을 지출하고 남은 월 '잉여'가 3.55위안, 곧 미화 1달러를 조금 넘는 액수였으므로 결

1936-1937년, 상하이의 가계 지출[20]

노동자의 숙련도	식료품비	주거비	의복비	기타	합계
숙련(평균임금 월 45.82위안)	53.49%	13.50%	9.87%	23.14%	100.00%
반숙련(평균임금 월 29.55위안)	64.53	15.85	8.10	11.52	100.00
미숙련(평균임금 월 21.24위안)	83.26	18.42	9.97	—	111.65

국 기본 생활비를 채우고 나면 여가를 즐길 여유는 거의 없었다. 생필품을 위한 기본 지출은 비숙련 노동자의 월 평균수입을 11.65% 정도 초과했기 때문에, 수입과 지출을 맞추기 위해서는 빌리거나 가능하다면 다른 가족 구성원이 시간제 일거리를 찾아야 했다.

상하이의 이들 390가구 가운데 방을 둘 이상 사용하는 가정은 단 하나도 없었다. 이 조사보고서는 총 67m²의 공간을 지닌 한 가옥을 세밀히 묘사하고 있다. 무미건조한 공문서식 언어로 쓰여졌음에도 불구하고 이 보고서는 수많은 빈민에게 도시의 삶이 어떤 것이었는지 생생하게 보여준다.

안뜰에는 건물이 빽빽이 들어차 있었다. 1층 방은 칸막이벽에 의해 둘로 나뉘고 측면에 창고가 달린 복도가 만들어졌다. 대략 사방 3m 정도인 앞방에는 임대인과 그 가족 5명이 살았다. 임대인은 대개 집 전체의 집세를 집주인에게 내고 다른 방들을 다시 세입자에게 세놓았다. 대략 3m×2.4m 가량 되는 뒷방에는 3명이 산다. 부엌도 다시 구획되어 3명이 2.7m×2.7m짜리 방에서 생활한다. 위층에는 큰 앞방을 둘로 나누었다. 앞쪽은 볕이 들고 통풍도 잘 되며 집 앞면의 너비와 같기 때문에 이 집에서 가장 환경이 좋은데, 2명이 산다. 통로 때문에 약간 작은 뒤쪽은 3명이 산다. 부엌 위의 방은 따로 분리되어 있다는 장점이 있는데 이 방도 2명이 사용했다. 이 집은 원래 2층인데, 지붕 경사면에 두 개의 다락방이 만들어졌다. 앞쪽 다락방은 앞면 높이가 겨우 1.5m 정도이고 천장의 가장 높은 부분은 2.2m였으며 깊이는 2.4m 정도이며 2명의 거처이다. 지붕 경사면의 바로 아래에 있는 뒤쪽 다락방은 0.9m²의 넓이에 뒷면은 겨우 0.9m의 높이이고 1명이 산다. 전에는 빨래를 말리던 곳도 막아서 방을

만들었는데, 여기에는 2명 이상이 살며 크기는 0.83m² 정도이다.[21]

보고서는 이 가옥이 조사대상 가운데 가장 나쁜 상태는 결코 아니라는 말을 덧붙였다. 가장 열악한 상황을 보려면 2만 5,345명의 빈민—대부분 공장 노동자들—이 '방' 하나당 월 40센트에서 3위안까지 내는, 짚·대나무·갈대로 엮은 5,094채의 판잣집으로 가면 되었다.

도시들이 꾸준하고 세세한 연구대상이 된 것과 마찬가지로 농촌 역시 그랬다. 페이샤오퉁(費孝通)과 같이 잘 교육받은 신세대 사회학자들은 농촌지역에서 상당한 개인적 위험을 감수하면서 현장조사를 실시했다. 광시 성에서 한 첫 번째 답사 때 페이샤오퉁은 호랑이 덫에 걸렸고 그의 아내는 구조를 요청하던 중 익사하고 말았다. 그러나 그는 살아남아, 중국 농촌이 비참한 원인은 빈민과 국가 사이의 조화로운 경제적 균형이 붕괴했기 때문이라는 일련의 분석결과를 내놓았다. 페이샤오퉁은 외국 제국주의와 세계 시장이 성장하여 농촌지역에 새로운 형태의 재정적 압박을 가해, 농촌 가계가 빈민 수준은 겨우 넘도록 해주던 농촌 수공업과 다른 부업들을 무너뜨리기 전까지는 그러한 균형이 존재했다고 믿었다.(그러나 우리가 이미 살펴본 것처럼 청 초기 황제인 순치제나 강희제 이래 서로 다른 부류의 농민들 사이에 또는 그들과 지주들 사이에 사회적 긴장이 존재했음은 분명하다.) 영국의 학자 R. H. 토니는 1930년대 초반에 중국 농업을 조사한 결과 중국 농촌은 서로 맞물려 있는 두 가지 위기에 직면해 있다는 결론을 내렸다. 그것은 토양 유실과 침식, 남벌, 홍수, 부족한 가용 자원에 가해지는 거대한 인구 압력 등의 생태학적 위기와, 착취적인 소작제, 고리대금업자의 횡포, 빈약한 교통시설, 원시적 농업기술 등으로 인한 사회경제적 위기이다.

또 다른 영향력 있는 관찰자는 농업경제학을 독학하다시피한 미국인 선교사 존 로싱 벅이었다.(그는 소설가 펄 벅과 결혼했다가 1933년에 이혼했다.) 난징 대학 교수로 임명된 후 벅은 그의 학생들이 휴일에 고향으로 가서 모아온 자료를 바탕으로 방대한 일련의 현장보고서를 썼다. 그 후 그는 대규모의 전문적인 지원단을 만들었고, 1937년에는 '중국의 토지 이용' 실태에 대한 조사결과를 출판했다. 본문 1권과 2권의 표와 통계를 통해 벅은 22개 성의 168개 지역, 거의 1만 7천 개에 이르는 농촌에 대해 방대한 자료를 제시했다. 벅의 통계는 토지,

작물, 가축에 대해서뿐 아니라 농기구, 가구, 심지어는 농민 가족의 의복까지 상세하게 기록했다. 그에 따르면 부유한 가정도 많았지만 대다수 농민은 토지, 식량, 도구를 거의 소유하지 못하고 자기 소유라고 할 만한 것은 몸에 걸친 옷가지뿐인 궁핍의 벼랑 끝에서 살고 있었다. 비록 일부 조사결과가 납득하기 어렵고 또 상당한 논쟁을 불러일으켰지만 벅의 연구는 다른 연구자들에게 귀중한 보고(寶庫)가 되었다.

이제 경험적 지식에 대한 열망은 중국공산당이 수행했던 선구적 업적들이 왜소해 보일 정도로 큰 비중을 차지했다. 록펠러 재단의 지원금으로 출발하여 1930년대 중국 경제에 대한 가장 뛰어난 연구 가운데 일부를 해낸 톈진의 난카이 경제연구소의 한 중국인 학자는 1935년에 지난 15년간 중국 토지문제에 초점을 맞춘 간행물이 적어도 논문 102편과 잡지 251종 이상이라고 지적했다. 이 잡지 가운데 87%가 1933년 이후에 창간되었다. 이러한 연구들은 중국 농촌이 놀랄 만큼 다양해서 모든 지역에 적용할 수 있는 해결책이나 결론을 끌어내기란 어렵다는 것을 보여주었다. 어떤 지역에서는 강력한 종족조직이 공동체 전체를 지배하고 복잡한 상호부조방식을 창조해 내고 있었다. 또 어떤 지역에서는 가난한 소작 농민이 분열됨으로써 부재 지주에게 쉽게 착취당하고 있었다. 이러한 지주들은 국민당 정권의 경찰력에 의해 보호를 받았고, 1934년 이후에는 장제스가 재건한 상호책임제도인 보갑제의 도움을 받았다. 그리고 또 다른 지역, 특히 북부에서는 가장 성공한 '농민'이 경영농으로 24,000~48,000평의 농토를 소유했으며 일부는 자신이 그리고 일부는 고용한 일꾼의 도움을 받아 경작했다.

이러한 연구 중 다수가 묘사하는 사회환경과 사회적 갈등은 명 말에 팽배했던 상황과 놀라울 정도로 유사한 모습을 보여주며 중국의 경제성장이 아직도 수억의 대중에게 미치지 못했음을 암시한다. 농촌에서 수집된 자료들은 거의 전 지역의 수많은 농민들이 극심한 가난을 겪고 있다는 충격적인 증거를 보여주었다. 수백만 명이 간신히 연명하는 수준으로 살면서 농한기에는 짐마차꾼이나 짐꾼으로 일하고 파종이나 수확을 하는 들뜬 기분의 몇 주 동안은 농업노동자로 일했다. 농번기에 그들은 새벽 4시나 그보다 일찍 수십 명의 동료들과 모여 그날 혹시 어떤 일거리라도 있지 않을까 기대하면서 농기구를 들고 초조히 기다렸다. 이 사람들 가운데 결혼비용을 마련할 수 있는 사람은 거의 없었고 대부분이 짧고 비참한 생을 살다 남 모르게 죽어 갔다. 일부는 공장으로 '도망치거나' 도시의 혼잡한 길에서 두 바퀴짜리 인력거를 끄는 인간 말이 되었다. 인력거꾼은 깡패들에게 끊임없이 착취당했고, 너무나 힘든 하룻일을 마치면 차디찬 숙소로 돌아가서 막 일나간 동료가 비운 자리에 비집고 들어가 새우잠을 잤다. 그런 사람들의 인생은 『고양이 나라』를 완성한 후 라오서가 1937년에 출판한 위대한 소설 『뤄튀샹쯔』(駱駝祥子)에 감동적으로 묘사되어 있다.

그 밖에 수천만(마오쩌둥과 다른 공산당 분석가들이 말하는 '빈농') 명이 토지를 갖고 있긴 했지만 살아가기에는 너무 모자랐다. 이 농민들은 어쩔 수 없이 가족들의 노동을 혹사하고, 자신은 농번기에 일손이 가장 필요함에도 불구하고 조금이라도 돈을 더 벌기 위해 다른 집에 가서 품을 팔곤 했다. 여전히 많은 이들이 자식을 팔거나 아니면 자식이 서서히 굶어 죽어 가는 것을 지켜 봐야 했다. 가난에 찌든 가용 노동력이 남아돌자 부유한 농민들은 기계와 연료를 사용할 수 있는데도 농업 기계화에 투자하려 하지 않았다. 그들은 짐 끄는 가축도 사지 않았다. 고용노동자의 일당이 당나귀 한 마리의 하루 사료값과 같은데다가 일꾼은 필요 없으면 당장 해고할 수 있지만 당나귀는 일이 있든 없든 1년 내내 먹이고 재워 주어야 했기 때문이다.

가난한 여성들도 때로는 농촌을 도망쳐 큰 도시의 공장이나 작업장에서 일을 찾았다. 비록 그들은 도시에서 지역적·성적 차별을 겪었을 뿐 아니라 열악한 노동환경에서 일했지만, 중매결혼, 고된 농사일, 육아, 양육 그리고 모든 잉여시간을 수공예작업이나 누에치기 등에 투여해야 하는 농촌보다는 나은 삶을 영위할 수 있었다. 그들은 도시에서 저임금을 받고 착취적인 반복노동에 짓눌렸지만, 서로 도우면서 삶을 조금이라도 더 윤택하게 해줄 즐거움을 나누고 남성세계의 가장 추악한 나락에 빠지지 않도록 서로 격려하는 놀라운 능력을 보여주었다.

빈민은 평생 똑같은 음식을 먹었다. 끼니를 때우는 일이 중요하지 무엇을 먹느냐는 문제가 안되었다. 톈진 동북부 허베이의 농촌에 사는 한 농부는 그의 식사를 다음과 같이 회고했다.

　　봄에는 아침은 죽, 점심은 '쪄서 말린' 기장, 저녁은 야채죽. 여름에는 아침
은 '물을 넣고' 끓인 기장, 점심은 '쪄서 말린' 기장과 콩국수, 저녁은 삶은 기
장과 야채. 가을에는 아침은 죽, 점심은 '쪄서 말린' 기장과 콩국수 그리고 저
녁에는 '물을 넣고' 끓인 기장.[22]

　산둥 지방 농부일 경우, 그가 살고 있는 사회를 일반적으로 상징하는 것은 기
장이 아니라 고구마였다.

　　빈민은 1년 내내 매일 매끼니마다 고구마를 먹는다. 추수부터 이듬해 봄까
지 생고구마를 먹는다. 그게 다 없어지면 그들은 썰어서 말려 저장한 고구마
를 먹는다. 그것을 끓이거나 갈아서 다른 곡물 가루와 섞어 빵이나 국수로 만
들었다. 고구마 대신에는 우선 보릿가루와 땅콩가루로 만든 죽 종류, 두번째
로는 썬 순무와 콩국으로 만든 음식 그리고 세번째는 한두 가지 종류의 절
임을 먹었다. 간혹 빵 따위를 먹기도 했다.[23]

　중국 북부에서 일본 세력의 팽창이 가져온 예상치 못한 결과 가운데 하나는
일본 연구자들이 작성한 대단히 정교한 자료—원래 정치·군사적 목적으로 수
집된—가 오늘날 귀중한 가치를 지니게 되었다는 점이다. 특무부 요원들과 남
만주 철도주식회사 조사부 그리고 중국에서 일하던 일본 학생들로 1935년에
구성된 첫번째 조사단은 이듬해 북부 중국의 25개 마을에서 작업을 시작했다.
1937년 초반에 다른 일본 연구자 집단(이번에는 특무부가 개입되지 않은)이 더
심도 있는 연구를 위해 4개 마을을 택했다.
　그들이 수집한 농촌생활에 대한 자료는 7년 전 마오쩌둥이 장시 소비에트에
서 수집했던 자료를 보완하는 귀중한 성과여서 쉰우 현에 대해 마오쩌둥이 시
도한 경제적·계급적 분석의 정확성을 판단하는 데 도움이 된다. 1937년에 수
집한 허베이 성 미창(米廠) 마을에 대한 일본의 통계는 마오쩌둥의 자료가 묘사
했던 것과 유사한 면을 제공한다.
　이러한 조사를 통해 모인 자료들은 동일 지역에 대해 긴 시간적 간격을 두고
비교할 수 있는 경우가 드물다. 그러므로 비교적 가난한 중국 농민과 고용 노동

자들이 10여 년 전보다 더 궁핍해졌는지 대체로 비슷한 수준인지 아니면 혹시 조금이라도 더 부유해졌는지를 알기는 극히 힘들다. 또한 그들이 청 중기나 명말의 농민과 비교해서 어느 수준이었는지도 알기 어렵다. 중국 농민이 점차 더 가난해졌고 따라서 일종의 혁명적 위기를 예측할 수 있다고 주장하는 분석가들은 대체로 두 종류의 설명방식에 의존한다. 하나는 비정한 지주들의 태도와 외국 제국주의의 중국에 대한 압력이 농민에 대한 착취를 악화시켰다고 본다. 이 두 가지 변화 때문에 전에 토지를 소유했던 농민들은 소작농 또는 고농으로 전락했고, 기복이 심한 세계시장의 영향으로 더욱 고통받게 되었다는 것이다. 또 다른 분석가들은 계급구조의 폐해 때문이 아니라 인구증가, 원시적인 기술, 토양 유실이 농촌의 가난을 심화시킨 원인이라고 주장한다. 두 주장 가운데 어느 쪽도 완벽하고 결정적인 증거를 제시하지 못했다고 주장하는 제3의 학파도 등장했는데 이들은 트럭, 기차, 증기선의 이용에서 비롯된 유통과 운송체계의 변화나 농업의 상업화로 많은 농민들이 1900년보다 1920년에 더 잘 살았다고 반박한다.

허베이 성 미창 마을의 농가 수입과 지출에 대한 표본조사[24]

	경영농	부농	중농	빈농
농지 규모(畝)	133	60	34	13
가구당 성인남자 농업인력	2	3	2	2
타인에게서 임대한 토지(畝)	0	8	7	7
농가 총수입(위안)	2,192	1,117	514	234
농가 순수입(총수입에서 비료구입비·지대·임금·세금 등을 뺀 수치)	1,200	514	247	56
비료 구입비(위안)	152	161	114	53
총수입에 대한 비료구입비의 비율(%)	6.9	14.4	22.2	22.6
지대(위안)	0	14	35	38
총수입에 대한 지대의 비율(%)	0.0	1.3	6.8	16.2
현금임금과 식사접대비(위안)	550	259	80	66
총수입에 대한 현금임금 및 식사접대비의 비율(%)	25.1	23.2	15.6	28.2
납부한 세금(위안)	113	41	22	6
총수입에 대한 세금의 비율(%)	5.2	3.7	4.3	2.6

분명해 보이는 것은 1930년대 초반에 중국 농민들은 새로운 위기의 물결을 맞아 많은 이들이 최저 생계수준 이하로 살게 되었다는 점이다. 1931년 양쯔 강의 재앙에 가까운 홍수는 1,400만 명으로 추정되는 이재민을 발생시키고 뉴욕 주만한 크기(뉴욕 주의 면적은 약 12만 8,000km²이다―옮긴이)의 침수지를 만들었다. 일본의 만주 점령은 수많은 전통적 생활양식을 파괴했고 일본의 상하이 공격은 고도로 인구가 밀집된 지역에서 새로운 혼란을 불러일으켰다. 공황으로 인한 세계 경제의 변화는 중국의 환금작물 수출을 대폭 감소시켰고 지역의 수공업을 몰락시켰다. 국민당의 군사행동과 제도나 산업을 재건하려는 시도는 세금 인상으로 이어졌다. 정확한 자료가 없으므로 우리가 할 수 있는 일이란 헤아릴 수 없이 많은 고통이 있었고 궁핍한 가족들이 죽어 나가면 그들의 토지와 생존투쟁은 다른 사람의 몫이 되었으리라 짐작하는 정도이다. 또 이 가난한 농민 가정이 자신들과 비슷한 처지의 도시인들 이상으로 공산당의 정책이나 다가오는 전쟁의 먹구름을 알거나 두려워했는지도 정확히 알 수 없다. 그러나 그들 가운데 보다 단호한 이들은 삶이 꼭 이처럼 고통스러워야 할 필연적인 이유는 없다는 것을 내면 깊은 곳에서 감지했을 것이다.